歷史文獻研究

總第45輯

中國歷史文獻研究會 編

本刊獲全國高校古籍整理研究工作委員會資助

廣陵書社

圖書在版編目（CIP）數據

歷史文獻研究. 總第45輯 / 中國歷史文獻研究會編
. -- 揚州 : 廣陵書社, 2020.10
ISBN 978-7-5554-1554-1

Ⅰ. ①歷… Ⅱ. ①中… Ⅲ. ①中國歷史－研究－叢刊
Ⅳ. ①K207-55

中國版本圖書館CIP數據核字(2020)第196977號

書　　名　歷史文獻研究(總第45輯)
編　　者　中國歷史文獻研究會
責任編輯　李　佩　戴敏敏

出版發行　廣陵書社
揚州市維揚路349號　郵編　225009
(0514)85228081(總編辦)　85228088(發行部)
http://www.yzglpub.com　E-mail:yzglss@163.com
印　　刷　無錫市海得印務有限公司
裝　　訂　無錫市西新印刷有限公司

開　　本　889毫米×1194毫米　1/16
印　　張　23.25　插頁4
字　　數　520千字
版　　次　2020年10月第1版
印　　次　2020年10月第1次印刷
標準書號　ISBN 978-7-5554-1554-1
定　　價　98.00元

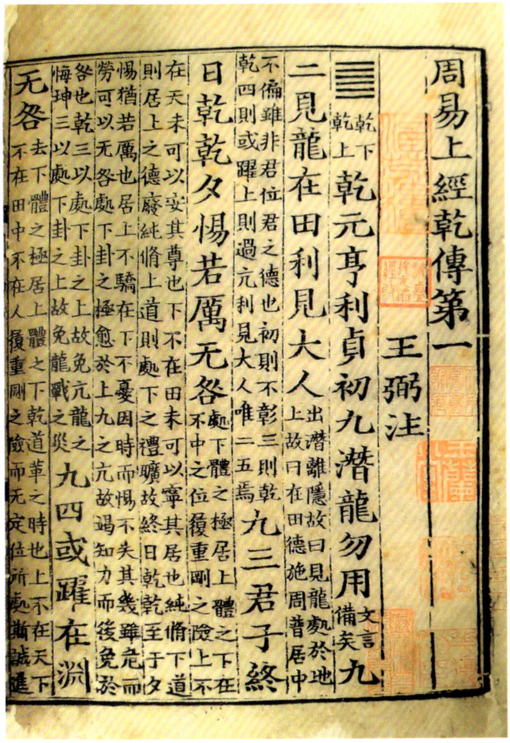

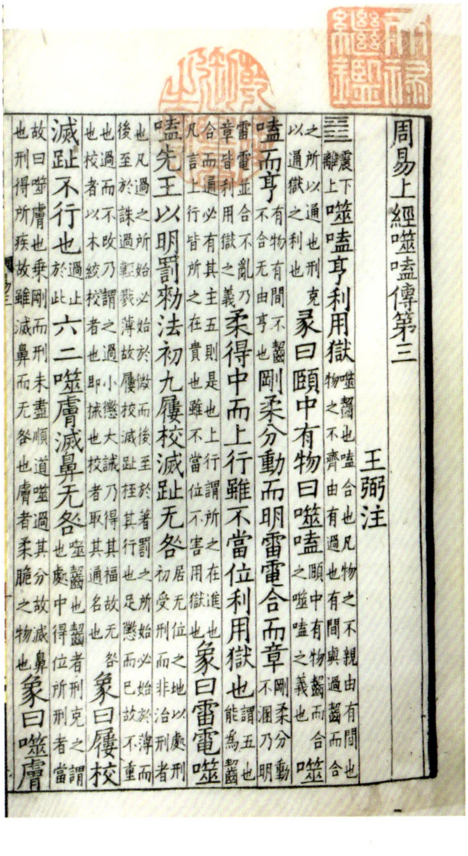

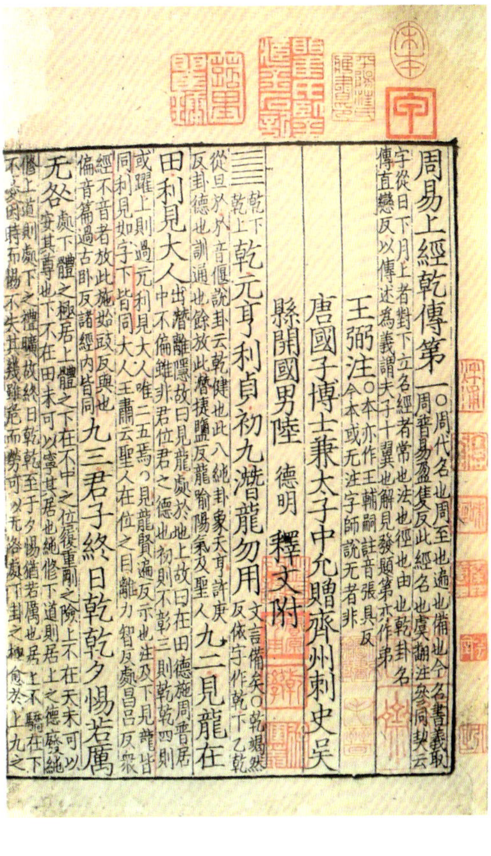

上左：季振宜舊藏撫州公使庫本《周易》卷端
下左：天禄琳琅舊藏宋刻本《周易》卷三首葉
下右：瞿氏鐵琴銅劍樓舊藏宋刻本《周易》卷端

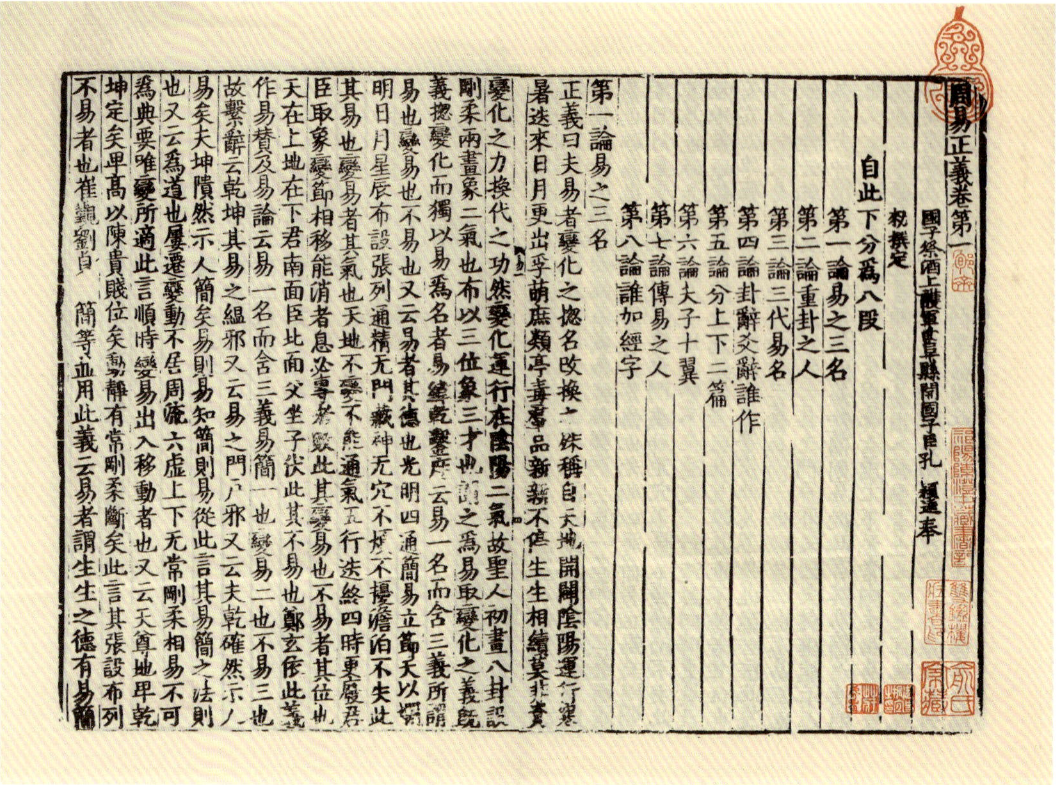
周易正義卷第一
國子祭酒上護軍曲阜縣開國子臣孔穎達奉
勑撰定
自此下分爲八段
第一論易之三名
第二論重卦之人
第三論三代易名
第四論卦辭爻辭誰作
第五論分上下二篇
第六論夫子十翼
第七論傳易之人
第八論誰加經字
第一論易之三名
正義曰夫易者變化之揔名改換之殊稱自天地開闢陰陽運行寒暑迭來日月更出孚萌庶類亭毒群品新新不停生生相續莫非資變化之力換代之功然變化運行在陰陽二氣故聖人初畫八卦設剛柔兩畫象二氣也布以三位象三才也謂之爲易取變化之義既義揔變化而獨以易爲名者易緯乾鑿度云易一名而含三義所謂易也變易也不易也又云易者其德也光明四通簡易立節天以爛明日月星辰布設張列通精无門藏神无穴不煩不擾澹泊不失此其易也變易者其氣也天地不變不能通氣五行迭終四時更廢君臣取象變節相移能消者息必專者敗此其變易也不易者其位也天在上地在下君南面臣北面父坐子伏此其不易也鄭玄依此義作易贊及易論云易一名而含三義易簡一也變易二也不易三也故繫辭云乾坤其易之緼邪又云易之門戶邪又云夫乾確然示人易矣夫坤隤然示人簡矣易則易知簡則易從此言其易簡之法則也又云爲道也屢遷變動不居周流六虛上下无常剛柔相易不可爲典要唯變所適此言順時變易出入移動者也又云天尊地卑乾坤定矣卑高以陳貴賤位矣動靜有常剛柔斷矣此言其張設布列不易者也崔覲劉貞簡等並用此義云易者謂生生之德有易簡

中國國家圖書館藏宋刻遞修單疏本《周易正義》卷端

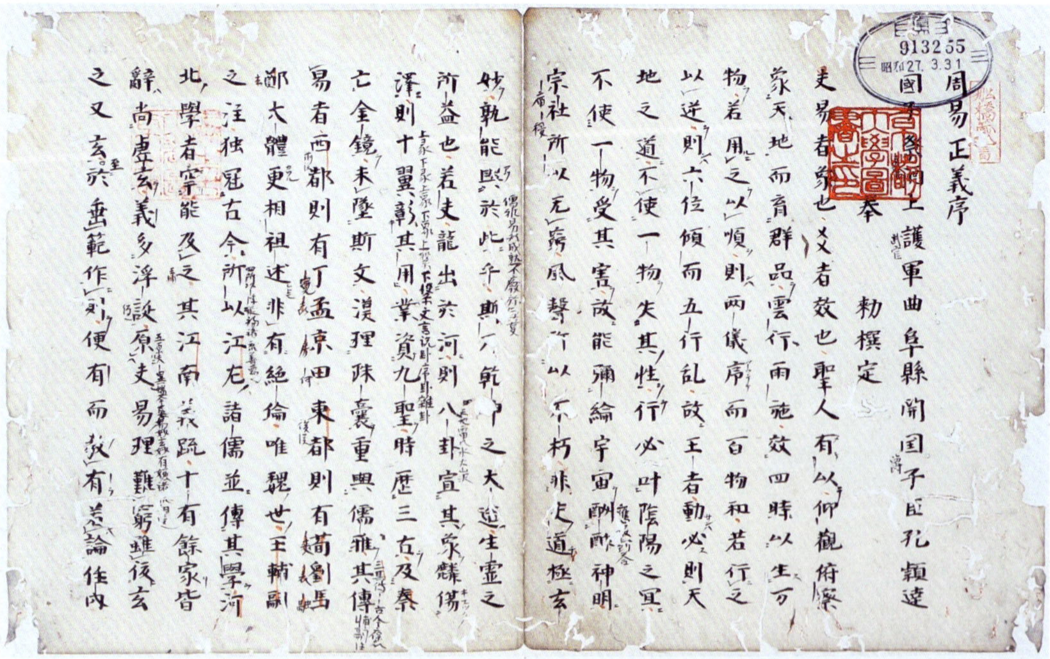
周易正義序
國子祭酒上護軍曲阜縣開國子臣孔穎達奉
勑撰定
夫易者象也爻者效也聖人有以仰觀俯察象天地而育群品雲行雨施效四時以生万物若用之以順則兩儀序而百物和若行之以逆則六位傾而五行亂故王者動必則天地之道不使一物失其性行必叶陰陽之宜不使一物受其害故能彌綸宇宙酬酢神明宗社所以无窮風聲所以不朽非夫道極玄妙孰能與於此乎斯乃乾坤之大造生靈之所益也若夫龍出於河則八卦宣其象麟傷澤則十翼彰其用業資九聖時歷三古及秦亡金鏡未墜斯文漢理珠囊重興儒雅其傳易者西都則有丁孟京田東都則有荀劉馬鄭大體更相祖述非有絕倫唯魏世王輔嗣之注獨冠古今所以江左諸儒並傳其學河北學者罕能及之其江南義疏十有餘家皆辭尚虛玄義多浮誕原夫易理難窮雖復玄之又玄至於垂範作則便有而教有若論住內

京都大學附屬圖書館清家文庫藏古鈔單疏本《周易正義》卷首《周易正義序》

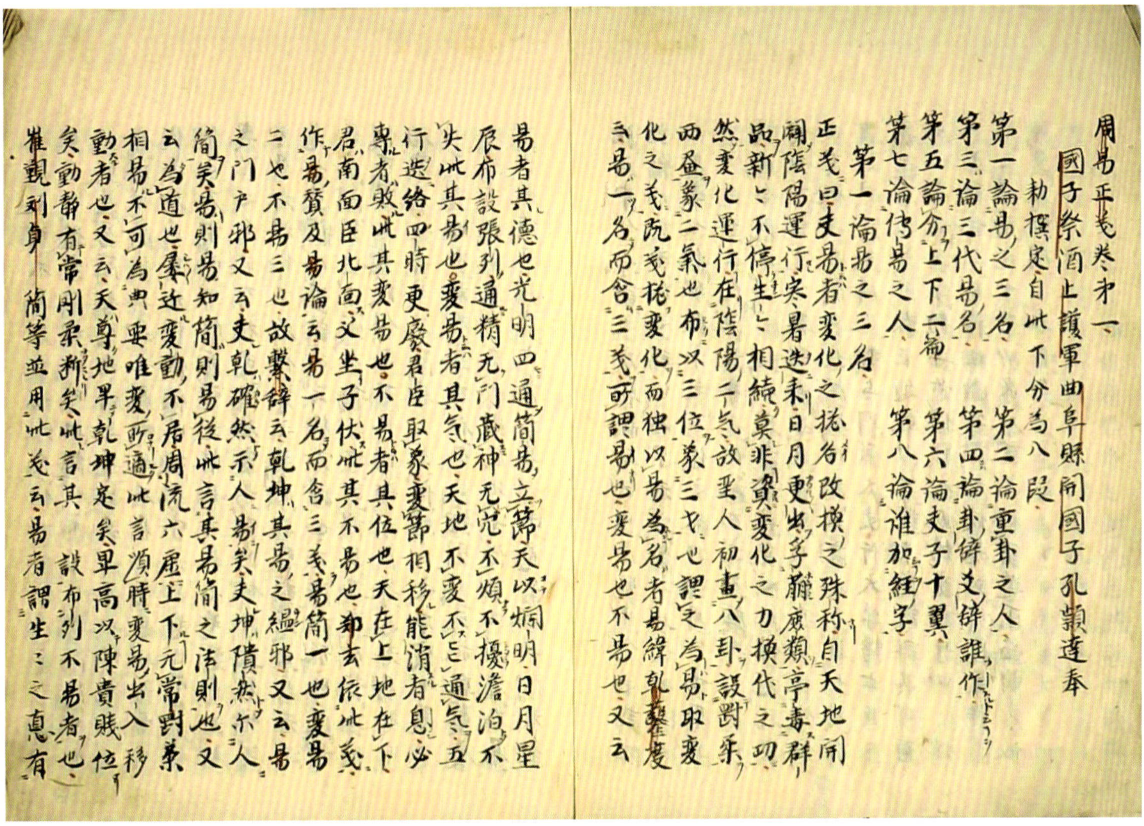

京都大學人文科學研究所藏古鈔單疏本《周易正義》卷端

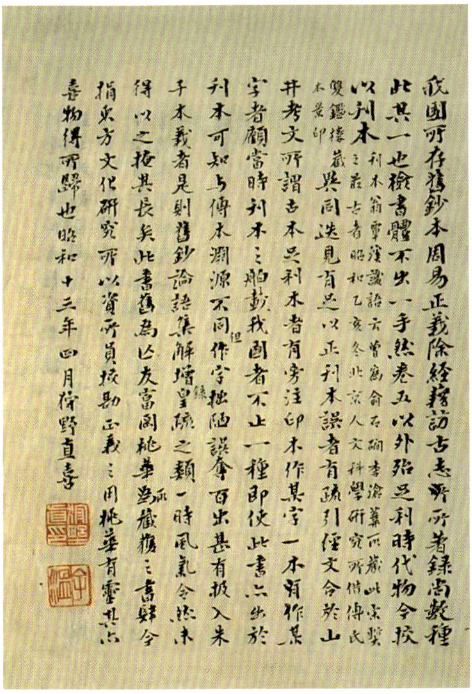

京都大學人文科學研究所藏古鈔單疏本《周易正義》書後狩野直喜跋

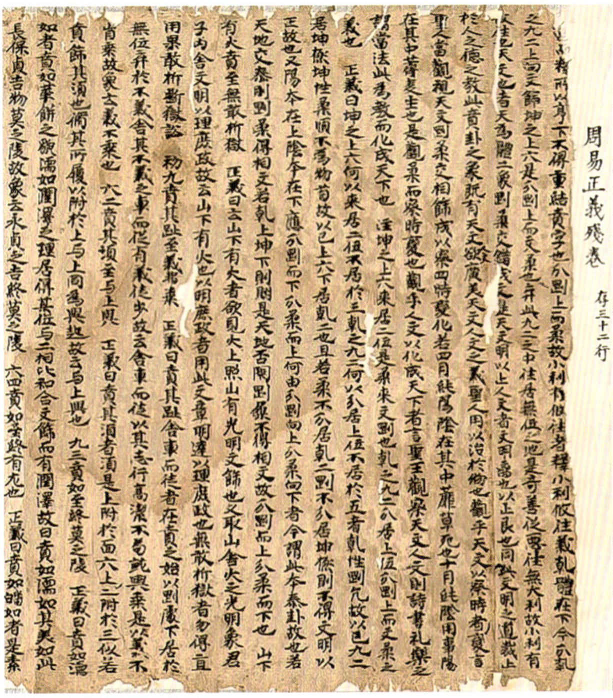

臺灣“中研院”史語所傅斯年圖書館藏敦煌單疏寫本《周易正義·賁卦》殘卷(局部)

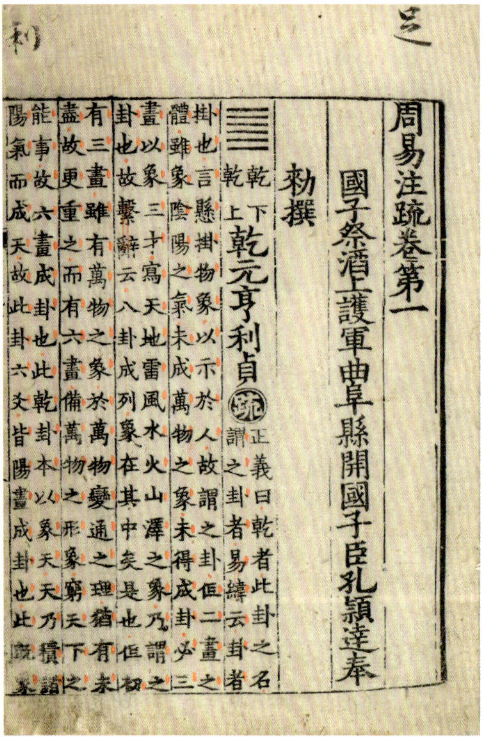
周易注疏卷第一
國子祭酒上護軍曲阜縣開國子臣孔穎達奉
勑撰
乾下乾上 乾元亨利貞 疏 正義曰乾者此卦之名謂之卦者易緯云卦者
掛也言懸掛物象以示於人故謂之卦但二畫之
體雖象陰陽之氣未成萬物之象未得成卦必三
畫以象三才寫天地雷風水火山澤之象乃謂之
卦也故繫辭云八卦成列象在其中矣是也但初
有三畫雖有萬物之象於萬物變通之理猶有未
盡故更重之而有六畫備萬物之形象窮天下之
能事故六畫成卦也此乾卦本以象天天乃積諸
陽氣而成天故此卦六爻皆陽畫成卦也此既象

左：日本足利學校遺迹圖書館藏南宋初兩浙東路茶鹽司刻八行本《周易注疏》卷端

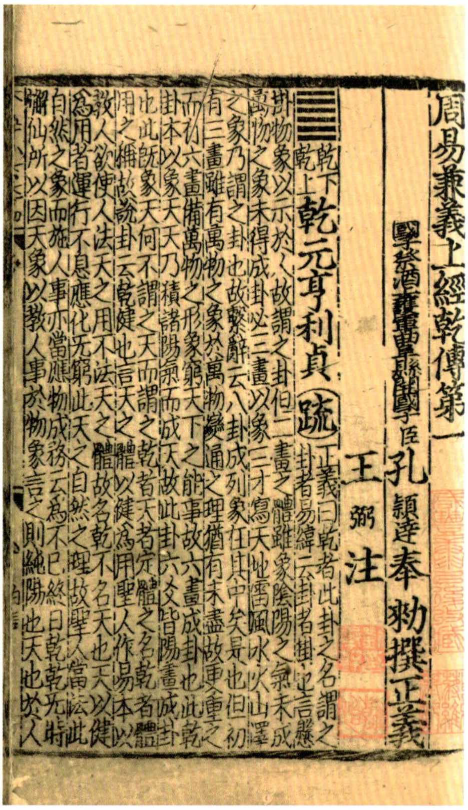
周易兼義上經乾傳第一
國子祭酒上護軍曲阜縣開國子臣孔穎達奉勑撰正義
王弼注
乾下乾上 乾元亨利貞 疏 正義曰乾者此卦之名謂之卦者易緯云卦者掛也言懸
掛物象以示於人故謂之卦但二畫之體雖象陰陽之氣未成
萬物之象未得成卦必三畫以象三才寫天地雷風水火山澤
之象乃謂之卦也故繫辭云八卦成列象在其中矣是也但初
有三畫雖有萬物之象於萬物變通之理猶有未盡故更重之
而有六畫備萬物之形象窮天下之能事故六畫成卦也此乾
卦本以象天天乃積諸陽氣而成天故此卦六爻皆陽畫成卦
也此既象天何不謂之天而謂之乾者天者定體之名乾者體
用之稱故說卦云乾健也言天之體以健為用聖人作易本以
教人欲使人法天之用不法天之體故名乾不名天也天以健
為用者運行不息應化无窮此天之自然之理故聖人當法此
自然之象而施人事亦當應物成務云為不已終日乾乾无時
懈倦所以因天象以教人事於物象言之則純陽也天也於人

右：柏克萊加州大學東亞圖書館藏元刻元印十行本《周易兼義》卷端

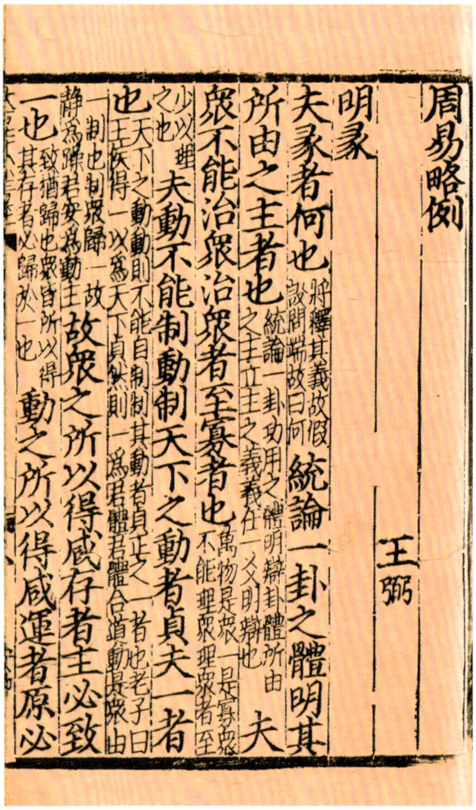
周易略例
王弼
明彖
夫彖者何也 將釋其義故假設問端故曰何 統論一卦之體明其
所由之主者也 統論一卦功用之體明辯卦體所由之主立主之義義在一爻明辯也 夫
衆不能治衆治衆者至寡者也 萬物是衆一是寡衆不能理衆理衆者至少以理之也
夫動不能制動制天下之動者貞夫一者也 天下之動動則不能自制制其動者貞正之一者也老子曰王侯得一以爲天下貞然則一爲君體君體合道動是衆由一制也制衆歸一故
靜爲躁君安爲動主 故衆之所以得咸存者主必致
一也 致猶歸也衆皆所以得其存者必歸於一也 動之所以得咸運者原必

左：柏克萊加州大學東亞圖書館藏元刻元印十行本《周易兼義》附《周易略例》

目録

Principal Contents

日系古鈔《周易》單疏本研究*

顧永新

[摘　要] 日本古代流傳的《周易》單疏本兼有唐寫本和宋刻本《周易正義》兩個源頭,見存鎌倉和室町時代古鈔單疏本究竟出於哪一系統,訖無定論。本文以敦煌唐寫本和南宋刻本《周易正義》爲參照系,根據經眼日系古鈔本及相關著録信息,通過文本校勘進行研究。古鈔本卷次分合和内容構成悉同宋刻本,體式、行款亦約略相同。古鈔本疏文標示起止語及提示語、總括語同於宋刻本而不同於敦煌本,知其源出宋刻本系統,而非唐寫本系統。而通過分析校勘所得之異文,可以進一步確切地認定古鈔本的祖本是北宋刻單疏本。

[關鍵詞] 日系古鈔本　周易　單疏本　唐寫本　宋刻本

唐太宗貞觀十二年(638),孔穎達等奉敕纂修"五經正義",高宗永徽四年(653)頒行天下。其後一直以寫本形態流傳,直至北宋太宗朝國子監校定刊行"五經正義"(其中《周易正義》於端拱元年,即988年校定完成),進入刻本時代。單疏本《周易正義》傳入日本,可以追溯至奈良朝,所傳入者當爲唐寫本。九世紀末藤原佐世奉敕編纂《日本國見在書目録》即著録單疏本《正義》十四卷。①而據平安朝末期藤原賴長的日記《台記》記載,日本康治二年(1143)至三年間,他精勤講讀《周易正義》,十分珍視並且手自校勘"《周易正義》摺本",亦即宋刻本,阿部隆一先生推定當爲北宋國子監本。②可見,日本流傳的單疏本《周易正義》當有唐寫本和宋刻本兩個源頭。至於今存鎌倉和室町時代古鈔《周易》單疏本究竟出於哪一系統,訖無定論。本文擬以敦煌寫本和宋刻單疏本爲參照系,根據經眼日系古鈔本及相關著録信息,③通過文本校勘,在中日兩國學者已有研究成果的基礎之上,對此問題做進一步深入的探討。

一、學術史梳理

除日系古鈔本外,單疏本《周易正義》早期文本尚有敦煌本和宋刻本,圍繞着這些傳本,

* 本文是教育部人文社會科學重點研究基地北京大學中國古文獻研究中心重大項目"儒家經典整理與研究·《周易》經傳注疏定本(附校勘記)"(19JJD750001)的階段性成果。拙作完成後,曾延請北大中文系博士張釗同學審讀,謹志謝忱。

① 孫猛:《〈日本國見在書目録〉詳考》本文篇,上海:上海古籍出版社,2015年,第4頁。

②《關於金澤文庫舊藏鎌倉鈔本〈周易正義〉與宋槧單疏本》,原發表在《金澤文庫研究》通卷241號(神奈川縣立金澤文庫發行,1976年9月);後收入《阿部隆一遺稿集》第一卷《宋元版篇》,東京:汲古書院,1993年,第494—495頁。

③ 爲了區別日本鎌倉、室町時代古鈔本和敦煌唐寫本,我們引入了"日系古鈔本"這一概念(下文或省稱古鈔本),這是因爲古鈔本系統内部有其相對的封閉性,各本的文本樣貌及其特徵亦皆相對一致。

中日兩國學者展開了一系列的整理和研究。我們首先梳理一下這些研究成果,並對本文所參校之古鈔本略作説明。

唐代單疏寫本今僅存臺灣"中研院"史語所傅斯年圖書館藏敦煌卷子《周易正義·賁卦》殘卷(第188071號,以下簡稱"敦煌本"),起自《彖傳·正義》"(以亨之與賁相)連而釋",終於六五爻辭王注疏文"亦無待士之(文)",凡三十二行,行四十字不等,無邊框,無界欄。疏文連同經、注文起止語俱大書,不提行,上下分别空一格。黄彰健先生稱此殘卷係抗戰勝利後史語所在北平購得。① 至於書寫年代,一般認爲是晚唐至五代。②

宋刻單疏本今僅存中國國家圖書館(以下簡稱國圖)藏傅增湘舊藏南宋刻遞修本《周易正義》十四卷(以下簡稱"傅本")。卷首長孫无忌《五經正義表》和孔穎達《周易正義序》,卷一"八論",卷二以下正文起。左右雙邊(23.8cm×16.5cm),有界,每半葉十五行,行二十六字不等。版心白口,單魚尾,記"易幾"(附記葉次)。此本經過宋代修補版,原版和修補版玄、鉉、弦、蓄、敬、驚、弘、殷、筐、竟、境、鏡、恒、貞、徵、樹、讓、桓、完、構、媾、慎字缺筆,避諱至孝宗,敦、郭等光宗、寧宗以下諱字不缺筆。阿部先生通過對刻工、諱字以及字體的研究,認爲此本也是應高宗紹興年間詔由臨安府或江浙地方州郡鏤版、孝宗初期隆興、乾道年間刊刻完成的,修補版距原刻時間不長,或爲孝宗朝後期,恐怕不會晚到光宗紹熙以後。③

自宋元之際俞琰以下,此本迭經明唐寅、王世貞,清季振宜、莊虎孫、徐松、徐坊,民國傅增湘、陳清華等遞藏,私家嚴扃深鐍,故不爲世人所知。宋刻《周易》單疏本最早爲學人所取資,始於明末清初藏書家錢孫保(1624—?,字求赤)鈔本《周易注疏》(以下簡稱"錢本"),他彙校衆本,其中包括"予所獲單疏本一,注疏合刻一,又單注本二,皆宋刻最精好完善者,真天下之至寶也"。④ 不過錢氏藏本當爲另一本,恐非前揭傅本。錢本並未注明哪些内容或異文屬單疏本所有,⑤ 所以並無直接可資利用的單疏本異文。乾嘉學者盧文弨(1717—1796)、阮元(1764—1849)先後校勘《周易》經傳、注疏即以錢本爲參校本,⑥ 明確提及單疏本者止乾卦《彖傳·正義》"《正義》曰夫子所作彖辭",阮元《校勘記》云:"按自此以下,錢本揔在注'各以有君也'之下,蓋每一節末下接《正義》,又釋經都畢,然後釋注。錢校單疏本、注疏本

① 黄彰健:《唐寫本〈周易正義〉殘卷跋》,《大陸雜誌》第42卷第9期,第296頁。後收入氏著《經學理學文存》(臺北:臺灣商務印書館,1976年,第241—248頁)。

② 參見蘇瑩輝《略論"五經正義"的原本格式及其標記經、傳、注文起訖情形》,《敦煌論集續編》,臺北:臺灣學生書局,1983年,第82頁;許建平:《敦煌文獻合集·敦煌經部文獻合集》,北京:中華書局,2008年,第96—97頁。

③ 以上避諱字係阿部先生查考所得,參見《關於金澤文庫舊藏鎌倉鈔本〈周易正義〉和宋槧單疏本》,第500—503頁。趙萬里先生認爲"此書當是紹興十五年後南宋監本"(《中國版刻圖録·目録》圖版二八,北京:文物出版社,1961年增訂本,第12頁)。張麗娟教授、橋本秀美教授亦皆有説,詳參下文。

④ 國圖藏陳鱣舊藏宋刻宋元遞修八行本《周易注疏》卷首迻録錢求赤康熙九年(1670)題記(《中華再造善本》影印本,北京:北京圖書館出版社,2003年)。

⑤ 錢本并非影鈔本,而是以宋刻宋元遞修八行本和明萬曆北監本爲主體,兼及單疏本和經注本,彙校各本異文重構而成的、新的校定本。説詳拙作《錢求赤鈔本〈周易注疏〉考實》(《文獻》2018年第1期)。

⑥ 阮元主持校勘"宋本"《十三經注疏·周易兼義》所引據之錢本係據盧文弨校本過録,并非直接參校錢本。

亦同。十行本、閩、監、毛本每節内每段分屬，雖便讀者，究失舊第。後皆準此。”[①]

最早言及日系古鈔單疏本《周易正義》的日本學者是江户時代中期考證學者吉田篁墩（1745—1798），他本人曾抄寫一通，所從出之底本爲“孔穎達《周易正義》十四卷，永禄年鈔本，柴學士（邦彦）家藏，《繫辭》以下缺。增島子篤（信道）亦有鈔本。余合二家本，謄録成足本”。[②]他的鈔本後來歸增島氏竹蔭書屋插架，《經籍訪古志》見於著録。[③]接下來是近藤守重（1771—1821），他自己珍藏“《周易正義》古鈔真本十四卷”數通，其中，大永永禄鈔本和清家傳本寫樣小有異同。卷首長孫无忌《進五經正義表》，次孔穎達《周易正義序》，序後提行題“周易正義卷第一”（“這是卷子本遺制”），次行題“八論”。《周易》上、下經正文始於卷二，首題“周易正義卷第二”。這種分卷舊式，“保留卷子寫樣，無孔維版行標記，更信其爲李唐傳本”。[④]

澀江全善（1805—1858）和森立之（1807—1855）合著《經籍訪古志》，共著録古鈔單疏本《周易正義》十四卷六通，舉凡兩種體式，一是經文大書，疏文小字雙行，計有二通：求古樓舊藏應永間鈔本（九行二十一字）、弘治永禄間鈔本（八行二十一字）；[⑤]一是經文、疏文俱大書，計有四通：竹蔭書屋舊藏弘治永禄間鈔本（十二行二十字。今藏臺北故宫）、澀江氏容安書院（十三行二十字。今藏臺北故宫）、求古樓（十七行二十五字）、昌平學（十一行二十字。今藏日本國立公文書館）舊藏元龜天正間鈔本。[⑥]其中，卷首有長孫《進表》者僅求古樓舊藏元龜天正間鈔本一通，餘者卷首僅有《孔序》。按語云：

> 以上六通，並係單疏本。前二通則《正義》分注，後四通則《正義》同經文大書。意者分注者蓋即爲唐本舊式。古人情樸實，無改單行爲雙行之理。且句末長有“之”“矣”等字，亦絶與諸卷子古本類。其《正義》爲大書者，蓋從北宋本鈔，其體與楓山官庫所藏《尚書正義》北宋槧本相符。以二本相比校，自當知其所淵源也。[⑦]

森氏等以爲上述兩種體式分别源出唐寫本和北宋刻本，其實不然。宋刻單疏本沿襲的就是唐寫本舊式，經傳、注文標示起止語和疏文盡皆單行大書，並無分注者。蓋森氏等未見唐寫

① 《宋本十三經注疏併經典釋文校勘記》卷一《周易注疏校勘記》，《續修四庫全書》第180册影印清嘉慶十一年（1806）文選樓刻本，上海：上海古籍出版社，1995年，第292頁。

② 《近聞寓筆》卷一，日本國會圖書館藏和泉屋金右衛門文政九年（1826）序刊本，第6頁b。

③ 《經籍訪古志》卷一經部上，廣谷國書刊行會《解題叢書》本，1925年，第9頁。

④ 《正齋書籍考》卷一經部經總類一“五經正義”，《近藤正齋全集》第二，國書刊行會，1964年，第27頁。

⑤ ［日］阿部隆一《中國訪書志·楊氏觀海堂善本解題》著録此本（三册），正文部分八行廿一字，經文大書，《正義》小字雙行；另有伏原家舊藏本（十四册），行款、體式亦同，且卷首有長孫《進表》，爲他本所無（東京：汲古書院，1976年，第16頁）。

⑥ 《經籍訪古志》卷一經部上，第9—10頁。各書存佚及今藏者信息采自長澤規矩也《〈經籍訪古志〉考·儒部現藏者表》（《長澤規矩也著作集》之二《和漢書的印刷及其歷史》，東京：汲古書院，1985年，第214頁）。其中，求古樓、竹蔭書屋舊藏弘治永禄間鈔本、容安書院舊藏弘治永禄間鈔本又見於阿部隆一《中國訪書志·楊氏觀海堂善本解題》著録（第15—17頁）。

⑦ 《經籍訪古志》卷一經部上，第10頁。

諸經單疏本,故此致誤。

楊守敬(1839—1915)光緒六年至十年(1880—1884)在日期間,致力於蒐集漢籍珍善本,所得日系古鈔《周易》單疏本即有六通,除前揭竹蔭書屋舊藏弘治永禄間鈔本和澀江氏容安書院藏元龜天正間鈔本外,另有紀州新宫城主水野忠央、森立之、伏原家舊藏室町寫本三通(森立之舊藏本有楊氏校以崇禎毛氏汲古閣刻本的校記),以及求古樓舊藏弘治永禄間鈔本。① 其中,求古樓舊藏本著録於《日本訪書志》,稱作"單疏古鈔本","凡標經注起止並大字居中,《正義》則雙行小字"。楊氏注意到"其文字大抵與明錢保孫(當作"孫保")所校宋本單疏合",② 至於疏文所出位置及其内容分合,單疏本和錢本爲"總疏",與十行本以下各本"分屬"不同,"唯錢本所據尚是宋刻,此則爲唐鈔之遺"。此外,他還根據日系古鈔《周易》經注本乾卦《文言》"知至至之,可與幾也""與"下有"言"字,求古樓舊藏本疏文復述傳文亦有"言"字,"可知《正義》所據經文本有'言'字,後人據石經並删《正義》,錢氏所據單疏已删此字,不待注疏合刻矣"。③ 楊氏認爲古鈔本的祖本是唐寫本,此説當受到森立之的影響。

最早以日系古鈔單疏本《周易正義》校勘通行刻本的日本學者是海保漁村(1798—1866),嘉永三年(1850),海保以所獲舊鈔單疏本(以下簡稱"海保本")校勘並訂補阮元《周易注疏校勘記》,撰成《周易校勘記舉正》一卷,首次具體地揭示了古鈔本的諸多優長。卷首《周易校勘記舉正序》有曰:

> 今詳加點勘,其可據以訂今本之訛,補阮氏未道之遺者,蓋有更僕不能罄者焉。而盧文弨、浦鏜、孫志祖輩,以意私改之陋,亦皆灼然可辨。譬如揭日星以行,明莫不照,豈不亦愉快乎?蓋無是本,則《校勘記》之作,吾知其不得已也;有是本矣,《校勘記》可復不作焉。遂條舉其字句之大者,以示是本之卓然可據,名曰《周易校勘記舉正》。
>
> 嗟夫!是本在天壤間,《周易正義》十四卷始無一疑滯矣;《正義》十四卷無一疑滯,而王注始可得而讀焉;王注可讀,而後兩漢先儒之義詁,亦得以溯洄從之矣,豈不更偉乎?聞又有應永間抄本、永禄間抄本,若得比校,以從一是,抑亦善之善者矣。跂予望之。④

海保盛稱古鈔本的校勘價值和學術意義,一則可以取代《校勘記》乃至其他清儒的校勘成果,二則基於是本足以使《正義》"無一疑滯",進而上溯王弼注乃至漢儒訓詁,無不迎刃而解。

① 《中國訪書志·楊氏觀海堂善本解題》,第15—17頁。

② 如上所述,錢本的整體架構出自八行本,至於其異文何者出自八行本,何者出自單疏本,多已不辨。因此,楊氏以爲錢本異文皆屬單疏本是不準確的。

③ 《日本訪書志》卷一"舊鈔本《周易正義》十四卷"解題,《日本藏漢籍善本書志書目集成》影印光緒二十三年宜都楊氏鄰蘇園刻本,北京:北京圖書館出版社,2003年,第9册第23—24頁。

④ 《周易校勘記舉正》卷首,〔日〕關儀一郎編《儒林雜纂》本,東洋圖書刊行會,1938年,第1—2頁。

由是知其過份迷信古鈔本，抹殺清儒的校勘成果，不足深取。至於古鈔本的文本來源，他認爲"其卷數與《現在書目》《台記》及《舊唐書》所記皆合，其傳録果出自唐時古本，與鈔自北宋刊本，皆未可知也。但據陳振孫所記，稱'序云十四卷，《館閣書目》亦云，今止十三卷'，則其失舊第，蓋亦久矣。而是本全然存唐以來之本真，豈不可貴重乎？"[①]

島田翰（1879—1914）繼之，其所撰貞和鈔本《周易正義》十四卷解題，起首迻録海保《舉正》序言及部分異文，論曰：

> ……但漁邨所獲即大永鈔本，而予所校則係於貞和鈔本。其體式則首載《周易正義序》，卷端題"周易正義卷第一"，次行記"國子祭酒上護軍曲阜縣開國子臣孔穎達奉勅撰"。（原注："臣穎達"三字小書，"勅"字提起，與"國"字等。）《正義》同經文大書，每葉十五行，行二十四字，"貞""玄"等字間闕其末筆。蓋《正義》單行之書，多是十五行，而又有避諱可以徵之，其出於宋本也審矣。末卷尾有"貞和三丁亥年二月廿三日書寫加點"之識語。[②]

前揭海保《舉正》序言及跋語皆未及舊鈔本的抄寫時間，島田氏却明確稱作"大永鈔本"（1521—1527），不知何據。海保尚以未得應永（1394—1427）、永禄（1558—1569）鈔本爲憾，島田氏所認定的時間大永處於二者之間。東京大學總合圖書館藏《周易校勘記舉正》鈔本，書寫者及書寫時代不明，使用存誠塾紙型，鈐"島田鈞一收藏圖書"等印記，知其乃島田翰長兄鈞一藏本。島田翰所校貞和鈔本，今不知所在，據其行款及避諱可推知當出自宋刻單疏本。

民國三年（1914），劉承幹（1882—1963）據楊守敬影鈔日系古鈔單疏本《周易正義》翻刻，收入《嘉業堂叢書》（以下簡稱"嘉業堂本"），並校以嘉慶二十年阮元校刻南昌府學本《周易兼義》（以下簡稱"阮本"）及其《校勘記》，撰成《周易單疏校勘記》二卷，"庶可彌阮本之缺憾，於《易》家不無小補云"。據卷末劉氏跋，知其迄未見宋刻單疏本，"《周易》單疏，初見於歙縣程春海侍郎《遺集》，云宋本藏徐星伯先生家。陳東之《筆記》亦云雍熙二年官槧，末葉上有吕蒙正等十餘人銜名，後歸道州何氏，今歸臨清徐梧生監丞"，此即前揭傳本，先後經徐松（星伯）、徐坊（梧生）遞藏。劉氏注意到"日鈔本譌字、破體觸目皆是，重文均空格，悉爲改正、補足，不得奉日鈔爲金科玉律，諒原本决不如是也。深惜宋本錮藏，未能詳攷，實爲憾事"。[③] 在宋刻單疏本未被世人所識之時，劉氏刊行單疏本，使國人初識單疏本舊式，具有重要的學術意義。至於嘉業堂本所從出之底本，劉氏曰："此本爲宜都楊惺吾舍人從日本鈔出，

---

① 《周易校勘記舉正》卷末跋，《儒林雜纂》本，第25頁。對於海保校記的評騭和討論，詳參拙作《海保漁村〈周易校勘記舉正〉舉正》，《饒宗頤國學院院刊》第三期，香港浸會大學饒宗頤國學院編，香港：中華書局（香港）有限公司，2016年5月。

② 《古文舊書考》卷一，北京：北京圖書館出版社影印明治三十七年東京民友社聚珍排印本（題作《漢籍善本考》），2003年，第72—73頁。

③ 《嘉業堂叢書·周易正義》卷末劉承幹跋，民國中吴興劉氏嘉業堂刊本。

歸予插架,真海内驚人秘笈,故首刊此以餉學人。”傅增湘先生稱“楊君惺吾使東邦,曾收一本,歸國後贈繆藝風”;[①]柳詒徵先生則稱“楊惺吾氏自東瀛得傳寫本,歸之江陰繆藝風先生,先生以授劉翰怡京卿”。[②]三人説法不盡相同,但傅、柳二人都提及其中的關鍵人物——繆荃孫(1844—1919)。事實上,繆氏明確地記述了此事,“《周易正義》十四卷,影寫東洋單疏本。宜都楊惺吾同年守敬遺予,爲阮文達公所未見,真驚人秘笈也”。由此可知,此本並非古鈔本原本,而是影寫本(或即出自楊氏之手);楊氏贈予繆氏在先,歸劉氏插架並據以翻刻在後,劉氏跋省略了這個環節。繆氏還提及宋刻本,“此書宋本先藏徐星伯先生家,見《程侍郎遺集》詩注。陳東之《筆記》亦云雍熙二年官槧,末葉銜名有吕蒙正等十餘人。(原注:此本無官銜。)近聞由長沙何氏歸吾友徐梧生户部,惜南北隔绝,未能借校異同也”。[③]不難看出,其内容與劉氏跋語基本相同,所以一般認爲劉氏校記及跋文皆出自繆氏之手,良有以也。

1935年,長澤規矩也先生在《書誌學》第五卷第四號發表《周易校勘記補遺(一)》,以静嘉堂文庫所藏元龜天正間鈔單疏本《周易正義》殘卷(存卷二至四,八至十,有闕葉。以下簡稱“静嘉堂本”)校勘阮元《校勘記》及海保、劉氏校記,同時參校嘉業堂本和静嘉堂文庫藏元刻明前期修補十行本。他認爲古鈔單疏本不屬於宋刻本系統,而是“李唐傳鈔本”系統。[④]

1934年,前揭宋刻單疏本《周易正義》歸傅增湘先生插架,翌歲郵至日本用珂羅版影印,這樣宋刻本纔真正進入中國學界的視野。傅氏手書跋文,歷述此書遞藏源流,尤其是入藏藏園的經過,“一旦異寶來歸,遂巋然爲群經之弁冕,私衷榮幸,如膺九錫”,念及“若復私諸帳秘,使昔賢留貽之經訓,前代守護之遺編,將自我而沉霾,何以對古人,更何以慰來者”,所以纔影印行世。他指出前人侈言此本乃北宋本非是,從避諱、刻工及相關史料記載推斷,刊刻時間當在紹興九年至二十一年之間。至於此本的文獻價值,主要是校勘文本和考訂卷次,傅氏也注意到“日本所傳鈔本尚多”,嘉業堂本“第以展轉傳鈔,舛誤觸目,深以宋本錮藏不得校訂異同爲恨。……源出舊鈔,又經藝風手勘,宜正定可傳,今開卷籤題大書‘周易正義十卷’,已爲巨謬,而跋尾叙述各卷編次又復與宋本差違,殊難索解”。[⑤]

1937年,柳詒徵先生校勘宋刻單疏本(影印本)和嘉業堂本,發表《〈周易正義〉校勘記》一文。他肯定“(宋刻本)其爲珍異,自遠過于根據傳寫本而重雕者(嘉業堂本),傅氏自詡爲奇中之奇,寶中之寶,亦非溢量之詞”,但對傅氏“手寫跋語抑劉刻而揚宋槧,往往有過分語……似但憑記憶,未及細檢宋槧,故隨筆臚舉,迥非事實”提出批評,並具體指出傅氏謬誤所在,如遯卦、艮卦是否脱文,嘉業堂本籤題《周易正義》卷數之爲十卷抑或十四卷,劉氏堂名之爲嘉業堂抑或嘉惠堂等,旁及二本文字異同“互有短長”“抑揚軒輊,正自難言”,質疑傅

① 藏園傅氏1935年影印宋刻單疏本《周易正義》書後傅增湘跋,《師顧堂叢書》本《景宋單疏本〈周易正義〉》,杭州:浙江古籍出版社,2017年,第455頁。
② 柳詒徵:《〈周易正義〉校勘記》,《江蘇省立圖書館學刊》第十年刊,1937年,第22頁。
③ 繆荃孫:《藝風藏書記》卷一,上海:上海古籍出版社,2007年,第4—5頁。
④ 該文後收入《長澤規矩也著作集》第一卷《書誌學論考》,第352—353頁。
⑤ 傅增湘跋,《師顧堂叢書》本《景宋單疏本〈周易正義〉》,第453—458頁

氏“何以不經意若是”“校勘專家不應疏忽若此”。[1]

1941年，向宗魯先生校勘宋刻單疏本(影印本)，並撰寫《〈周易疏〉校後記》。據屈守元先生跋，此文旨在總結單疏本(宋刻本和古鈔本)和注疏合刻本(八行本、十行本、阮本)文本之淵源及其從違。向先生以單疏本校十行本，“知其大謬有六”，分别是改易卷第、分割疏文、文理不貫、多所脱漏、以注爲疏、妄改標題，批評阮元未能假盧文弨和陳鱣所藏之本(即前揭錢本和宋刻宋元遞修八行本)，以作刊印之資，“擇本不善，負兹盛舉，致堪惋惜”。他還注意到“惟日本亦自宋刊鈔出，而妄有改易”，且不同日鈔本自有異同(海保本和嘉業堂本)，所以劉氏倡言不得奉日鈔爲金科玉律“信通人之言也”；“榷而論之，同一單疏也，則日鈔本不如宋刊本；(原注：日鈔源出宋刊，故所標起止，無不吻合。而日鈔劉刻本，其第十卷渙卦以下輒齟差不合，蓋鈔者所據宋刊，此卷脱爛，以意補綴也。如謂别出一源，何以他卷皆合，而此半卷獨否耶？此足爲日鈔不盡可據之切證。)同一注疏合刻也，則十行本不如八行本”。對於晚近出現的劉氏、傅氏二本，他認爲劉氏嘉業堂本“其中足正阮刻之脱誤者固多，獨惜劉氏校刻時，並其足證異同者而亦改之，其所刻有與所爲校記不相應者”，其校記亦多襲用海保《舉正》，“其所刊乃屢與《舉正》相背，不得謂劉氏之本即日鈔之舊，更不得謂即沖遠之舊矣”。至於傅氏影印本，“使吾人得據以觀沖遠之真，正俗本之誤。《易疏》之傳於今者，蓋莫善於此矣。傅君傳古之功，夫豈可忘？第觀其所作跋文，頗多疏舛，蓋由率爾爲之也”，“傅君雖有小誤，不掩其大功；猶宋刊雖有譌字，不害其爲最佳之本也”。[2] 較之柳氏，向氏評論更爲客觀公允，可謂不刊之論。

昭和十三年(1938)，富岡謙藏(1873—1918)舊藏室町鈔單疏本《周易正義》十四卷(七册)入藏京都大學人文科學研究所(以下簡稱“京文研本”)。此本無邊框，無界欄，十五行二十字。鈐有“桃華庵珍藏印”，知爲富岡氏印記。書後有狩野直喜先生同年四月所撰跋文，其文略曰：

我國所存舊鈔本《周易正義》，除《經籍訪古志》所著録，尚數種，此其一也。檢書體不出一手，然卷五以外，殆足利時代物。今校以刊本，異同迭見，有足以正刊本誤者，有疏引經文合於山井《考文》所謂“古本”“足利本”者，有旁注印本作某字、一本有作某字者。顧當時刊本之舶載我國者，不止一種，即使此書，亦出於刊本可知，與傳本淵源不同。但作字拙陋，誤奪百出，甚有扱入朱子《本義》者，是則舊鈔《論語集解》增録皇《疏》之類，一時風氣令然，未得以之掩其長矣。此書舊爲亡友富岡桃華所藏，獲之書肆，今捐東方文化研究所，以資所員校勘《正義》之用。桃華有靈，其亦喜物得所歸也。

① 《江蘇省立圖書館學刊》第十年刊，1937年，第1—23頁。
② 原發表在《華西學報》第六、七期合刊本，1941年，第1—17頁。後經屈守元先生整理，重刊於《中國歷史文獻研究集刊》第三集，長沙：岳麓書社，1983年，第90—99頁。

狩野先生通過校勘認定日系古鈔單疏本出自刻本系統,與古鈔經注本(所謂“傳本”)並不同源。

昭和五十一年(1976),水府明德會(彰考館)藏金澤文庫舊藏鎌倉中期鈔單疏本《周易正義》殘卷列爲重要文化財,阿部隆一先生撰寫《關於金澤文庫舊藏鎌倉鈔本〈周易正義〉和宋槧單疏本》一文,進行研究,並探究其與宋刻單疏本之間的關係。此殘卷存五卷(五至九),卷子裝,是日本現存最古的古鈔《周易》單疏本。書衣爲散金箔香色厚手表紙(31.5cm×26cm),中央題籤“金澤本《周易正義》 幾”。烏絲欄,界高22.8cm,界幅2.2cm。見開一紙廿二行,每半折十一行,行十七字。每卷首尾鈐“金澤文庫”“彰考館”印記。每卷首題“周易正義卷第幾”,次行、三行分别低五字署“國子祭酒上護軍曲阜縣開國子臣孔穎達奉/勑撰”(出以小字)。正文後間一行尾題(與首題同),提行附記“計幾字”。疏文與標示起止語之間空二格,冠以“《正義》曰”,皆單行大字,與宋刻單疏本體式保持一致。此本不避唐諱(世、民等),敬、殷、竟、恒、貞、完等北宋諸帝諱缺末筆,加之行款、字體也忠實於宋本,所以阿部先生稱其底本爲宋國子監刻單疏本這一點是明確的,但究竟是北宋版還是南宋版,頗難斷定。[①] 阿部先生另編有日本現存古寫本目録,凡著録古鈔單疏本《周易正義》十五通,除金澤文庫本外,餘者皆爲室町鈔本,包括京大本(室町末。説詳下文)、京文研本(室町末近世初)、廣大本(室町末天文中。説詳下文)、林家本(室町末。説詳下文)等。[②]

1995年,野間文史先生校勘廣島大學附屬圖書館藏天文舊鈔單疏本《周易正義》十四卷(以下簡稱“廣大本”),撰成《廣島大學藏舊鈔本〈周易正義〉考附校勘記》。廣大本係室町末期天文十二年(1543)寫成,凡八册,另附《周易要事記》和《周易命期秘傳略》各一册。卷一末識語云:“天文十二癸卯曆九月十八日,一條烏丸於柳原亭書之訖。　□□□□經　春秋三十二才。(花押)”由此可以考知抄寫者及抄寫時間等相關信息。此本四周單邊,有界欄,卷首和卷一十行十七字,卷二以下十二行二十字。通過對廣大本進行全面校勘和研究,野間先生認爲日系古鈔本屬宋版以前的李唐鈔本系統。[③] 而在野間先生之前,户田豐三郎先生也曾對廣大本進行過研究,不過他認爲“我邦舊鈔本的基礎是北宋刊本還是李唐傳鈔本,能够下定論的資料目前尚不完備”。[④]

除前揭静嘉堂本、廣大本、海保本、京文研本、嘉業堂本外,本文據以參校的日系古鈔《周易》單疏本尚有二本:一爲京都大學附屬圖書館清家文庫藏本(以下簡稱“京大本”),分裝天、地、人三册。此本無邊框,無界欄,卷首和卷一十行十七字,卷二以下十四行二十一字。每册首鈐“船橋藏書”長方印記和“京大　昭和27.3.31”橢圓形印記,知其爲舟橋家傳來清原家

① 《阿部隆一遺稿集》第一卷《宋元版篇》,第493—499頁。

② 《阿部隆一遺稿集》第一卷《宋元版篇·本邦現存漢籍古寫本類所在略目録》,第212—213頁。

③ 〔日〕野間文史:《廣島大學藏舊鈔本〈周易正義〉考附校勘記》,《廣島大學文學部紀要》特輯號,1995年,第53頁。後收入氏著《五經正義之研究》(研文出版,1998年)。

④ 〔日〕户田豐三郎:《〈周易〉注疏諸本考》,《東洋文化》復刊第九號,1964年,第29頁。後收入氏著《易經註釋史綱》(風間書房,1968年)。

舊物，1952 年入藏京大圖書館。一爲國立公文書館藏林羅山舊藏本（以下簡稱“林家本”），凡七册。此本四周單邊，有界欄，十一行二十字。行格疏朗，字畫嚴整，不同於其他古鈔本。卷二、卷十、卷十四末題“大明國人王氏月軒（謹）書”，卷六末題“月軒書”。卷十四末識語云：“持主修養道人永好齋永雲之□特□□□年（原注：壬午。）孟冬吉月吉日，在武州川越郡抄書也。”鈐有“江雲渭樹”“林氏藏書”“昌平坂學問所”“大學藏書”“書籍館印”“淺草文庫”等印記。《經籍訪古志》所著録之昌平學舊藏元龜天正間鈔本即此本。據其解題，知“年”上三字爲“天正十”（壬午，1582），當爲確切的抄寫時間；抄寫者“王氏月軒，蓋歸化明人……豈月軒以傭書爲生與？”[①]

日本學者對於古鈔單疏本《周易正義》的關注和研究始於十八世紀，吉田篁墩肇端，以下綿延不絶，不斷深入。近藤守重和長澤規矩也、野間文史先生明確地認定古鈔本的文本來源是唐寫本，島田翰、狩野直喜、阿部隆一先生則認定爲宋刻本。《經籍訪古志》著録兩種體式的古鈔本，以爲分别源出唐寫本和北宋刻本。中國學者最早接觸、蒐集並研究日系古鈔本的是楊守敬，他受到森立之的影響，認爲古鈔本的祖本是唐寫本。其後劉承幹據楊氏影寫本翻刻古鈔本，日系古鈔單疏本這纔廣爲國人所知。今存南宋刻單疏本（傅本），宋元以降傳承有緒，直至民國間爲傅增湘先生所得並加以影印，也纔真正地爲中日學界所利用。柳詒徵、向宗魯先生先後校勘劉氏翻刻本和傅氏影印本（向先生兼及海保本），對於二者的優劣、得失都有評騭、探討。

二、古鈔本與敦煌本、宋刻單疏本體式異同

我們考察日系古鈔單疏本《周易正義》的基本參照系有二，一爲敦煌本，一爲宋刻單疏本。

如上所述，敦煌本《周易正義》殘卷每行四十字不等，宋刻本行款則是十五行二十六字，而古鈔本行數、字數更是頗多參差。那麽，究竟哪一種行款於古有徵、淵源有自呢？蘇瑩輝先生注意到英藏《毛詩正義》（斯 498，行二十二字不等）、法藏《春秋正義》（伯 3635，行二十一字不等）兩種敦煌卷子，認爲“就敦煌本《毛詩》《春秋正義》兩殘卷的體裁”和行款、字數（每行二十幾字）、朱墨分書等特徵看來，其接近《正義》原書的可能性較寫本《周易正義》殘卷爲大。[②] 事實上，王國維先生早已指出群經單疏本每行二十幾字至三十字不等乃“六朝以來義疏舊式”，“其餘唐人所書佛經疏，亦無不然”。[③] 他如日本京都市藏唐寫本《毛詩正義·秦風》每行二十二字不等，東洋文庫藏唐寫本《禮記正義·曲禮》每行二十五至二十九字不等，行款亦皆如是。由此推知敦煌本《周易正義》每行四十字不等絶非單疏本舊式，或根據紙張規格

① 《經籍訪古志》卷一經部上，第 10 頁。
② 蘇瑩輝：《略論“五經正義”的原本格式及其標記經、傳、注文起訖情形》，《敦煌論集續編》，第 57—84 頁。
③ 《王國維手定觀堂集林》卷一七《史林九·宋刊本〈爾雅疏〉跋》，杭州：浙江教育出版社，2014 年，第 433—434 頁。

而改造每行字數歟？傅本每半葉十五行(宋刻群經單疏本悉同),行二十六字不等,當如王先生所云,係沿襲六朝以來舊式。至於古鈔本,由於開本和字體大小不同而導致行款容有不同,但前揭各本大多數還是每行二十字不等,雖然與敦煌本和傅本皆有所不同,不過與六朝以來每行二十幾字的傳統相去不遠(尤其是島田翰所校之貞和鈔本十五行二十四字,京文研本十五行二十字,與宋刻本的親緣關係更爲顯見)。

敦煌本和宋刻本《周易正義》體式相同,疏文連同經傳、注文起止語盡皆大書,本文所參校之古鈔諸本莫不皆然,並無《經籍訪古志》所著録之經文大書、疏文小字雙行的體式(如上所述,臺北故宫楊氏觀海堂舊藏本中有兩通係這種體式)。揆之其他各經唐寫本(諸如前揭敦煌卷子本《毛詩正義》《春秋正義》以及日藏唐寫本《毛詩正義》《禮記正義》殘卷體式悉同)和宋刻本亦莫不如是。故可推知,森立之等所謂經文與疏文大、小字分注者乃唐本舊式、經文與疏文皆大書者從北宋本出的説法是完全不能成立的,單疏本體式,無論是唐寫本還是宋刻本,標示經傳、注文起止語和疏文悉皆大書,分注者當爲日人抄寫之時據經注本體式進行了改造。

宋刻本和古鈔本《周易正義》卷數相同,均爲十四卷,卷次分合和内容構成亦全同。傅本卷首爲《進表》《孔序》,《孔序》後另葉正文起,卷端首行頂格大題“周易正義卷第一”,次行、三行分别低五字署“國子祭酒上護軍曲阜縣開國子臣孔穎達奉 / 勅撰定”,四行低三字題“自此下分爲八段”,五行至十二行分别低五字題“八論”篇目。前揭古鈔諸本卷首皆無《進表》(如上所述,近藤守重舊藏大永永禄鈔本、清家傳本和求古樓舊藏元龜天正間鈔本卷首有《進表》),祇有《孔序》;卷一爲“八論”,各本卷端行款與傅本略有異同:林家本、京文研本序後另葉正文起,卷端首行頂格大題,次行(或次行、三行)結銜,三行(或四行)題“自此下分爲八段”,以下平書“八論”篇目,分列四行,上下兩排,與傅本八行單排不同。嘉業堂本序後提行頂格大題,次兩行分别低二字結銜,“勅撰定”下空三字題“自此下分爲八段”,以下四行臚列篇目。京大本序後提行題“八論(空三字)自此下分爲八段”,無大題及銜名。廣大本與上述諸本皆不盡相同,序後另葉正文起,卷端首行頂格大題,次行低一字結銜,三行題“八論”,四行題“自此下分爲八段”,但無“八論”篇目。卷二上、下經六十四卦正文起,傅本首行頂格題“周易正義卷第二”,次行、三行分别低五字署“國子祭酒上護軍曲阜縣開國子臣孔穎達奉 / 勅撰”,廣大本、林家本、京大本、京文研本略同(結銜或一行或兩行,廣大本奪“勅撰”二字)。嘉業堂本顯係經過改造,雜糅經注本和單疏本題名,首行小題“周易上經乾傳第一”,次行大題“周易正義卷第二”,三行低一字結銜,四行正文起(卷三以下與諸本同)。

宋刻本和古鈔本《周易正義》各卷卷末多有尾題,但並不完全一致。傅本卷一末尾題作“周易正義卷第一”,間一行低十二字記本卷字數“(計)幾萬幾千幾百幾十幾字”(除卷八、十三、十四有尾題而無字數外,餘卷皆如是,標記字數或有尾題後提行者,或有尾題下空數字連寫者)。古鈔諸本卷一末尾題有所不同,海保本作“周易正義八論終”(廣大本、林家本、京文研本、嘉業堂本略同,終上有“之”字),京大本作“周易序并八論”。傅本卷九末尾題“周易正義卷第九”，林家本、嘉業堂本同，京大本、京文研本作“周易疏卷第九”，不同於其餘各卷。值得注意的是，除金澤文庫本外，古鈔諸本尾題後一般不記字數（市野光彦和伏原家舊藏室町鈔單疏本卷十二、卷三尾題下分别記字數[①]），這一點與傳本有所不同。我們認爲，鐮倉鈔本尚保留字數，而室町鈔本偶有記字數者，之所以出現這種狀況，或可以後世抄寫者趨簡取便來解釋。

傳本每卦自爲起訖，首卦形及其所示下、上體名、卦名及卦辭，提行冠以“《正義》曰”疏文起（卷二、三、五、六、七、九提行，卷四、八、十不提行），以下分釋《彖傳》《大象傳》、各爻爻辭和《小象傳》及相應王注（乾卦《彖傳》《象傳》整體次於卦、爻辭後，不同於他卦），經傳、注文標示起止語（文句較短者則逕引全文）及其疏文均連寫（二者之間及其上、下並空二格）。卷十一、十二《繫辭上》、十四《説卦》《序卦》《雜卦》十分整飭，每章節（篇）自爲起訖，均連寫（卷十一小題“周易繫辭上第七”及卷十二首第六章標示起止語“聖人有以至如蘭”獨立成行，提行疏文起）；卷十三《繫辭下》則頗不規律，小題“周易繫辭下第八”不獨立成行，下空二格疏文起，以下各章標示起止語或提行另起，或與上一條疏文連寫（中間空二格），並無一定之規。敦煌本僅存賁卦殘卷，經傳、注文標示起止語及其疏文均連寫（二者之間及其上、下並空一格）。古鈔本每卦自爲起訖這一點與傳本是一致的，但具體的行款則更加不規則，這也是古鈔本的個性化特徵所決定的。廣大本、林家本、京文研本乾卦卦名及卦辭低二或三字書寫，獨立成行（廣大本有卦形而無下、上體名，林家本、京文研本二者皆無），提行疏文起（冠以“《正義》曰”）。以下解釋各爻爻辭、《彖傳》《象傳》《文言》及相應注文，或提行另起，或接續上一條疏文連寫（上、下並空一、二乃至多格不等），並不十分規律。京大本全書標示經傳、注文起止語及其疏文均連寫，不另提行，二者之間及其上、下並空一格，頗有規律。嘉業堂本則更加有規律，經傳、注文標示起止語均提行，顯係劉氏在刊刻過程中進行了改造。

綜上所述，古鈔本的基本體式（經傳、注文與疏文大、小字分注者爲變體）與敦煌本和宋刻本是相同的，即疏文連同經傳、注文標示起止語盡皆大書。古鈔本卷次分合和内容構成悉同宋刻本，雖然各本具體行款容有不同，但卷首題名和卷末尾題，以至每卦（章節）自爲起訖，分釋其經、傳及相應注文之疏文基本上都連寫、上下並空一、二格等特徵，亦皆約略相同，足見古鈔本與宋刻本整體上並無二致。

三、古鈔本與敦煌本、宋刻本標示經傳、注文起止語異同

六朝以降群經通行本均爲經注本，唐代單疏本出，與經注本各自别行，故須標示所釋經傳、注文起止。考察《周易正義》標示起止之異同，着眼點舉凡有三：一是疏文所出位置異同，二是由於位置不同而造成的内容分合之不同，三是標示起止語文字異同。無論是古鈔本還

① 〔日〕阿部隆一《中國訪書志·楊氏觀海堂善本解題》其書解題，第15—16頁。

是敦煌本、宋刻本,前兩者蓋無不同,標示起止語則繁簡或異同有别。

黄彰健先生發現敦煌本《周易正義》殘卷標示經、注文起止用字多較傳本爲繁,進而推斷孔穎達原本對經、注文應未省略,乃是遵循六朝義疏舊式,如《論語義疏》《禮記子本疏義》然。至於後來省略經、注文、僅標明起止的做法可能是受到佛教經疏、論疏的影響。[①] 蘇瑩輝先生注意到敦煌本《毛詩正義》《春秋正義》以朱書標經、注文起止,疏文空一格,墨書連書其下。因此,他認爲"正經注語,皆標起止,而列疏其下"、朱墨分書者,其式最古。[②]

標示起止語之異同是考察從唐寫本過渡到宋刻本、以及古鈔本與敦煌本、宋刻本關係的標誌性特徵。敦煌本標示經傳、注文起止語不規則,文字多寡不一;傳本則是比較規則的,經傳、注文多取首尾各二三至四五字(文句較短者則逕引全文)以爲起訖,中間出以"至"字。李霖教授比對唐寫本和宋刻單疏本標示起止語,《周易》無一全同,《毛詩》幾乎全同,《春秋》多不相同,《禮記》格式相對鬆散,多不相同。[③] 我們以傳本爲底本,校以敦煌本和古鈔本(林家本、京大本、京文研本、嘉業堂本),臚列異文如下:

"注'坤之上六'至'之義也'",林家本、京大本、京文研本、嘉業堂本同;敦煌本作"坤之上六,來居二位,是'柔來文剛'也。乾之九二,分居上位,'分剛上而文柔'之義也"。新案:此乃《彖傳》王注之疏文標示注文起止,敦煌本係節略王注而成。[④] 其中"是'柔來文剛'也",通行刻本作"'柔來文剛'之義也",表達方式略有變化。

"'《象》曰山下'至'折獄'",林家本、京大本、京文研本、嘉業堂本同;敦煌本作"'山下有火,賁'至'無敢折獄'"。新案:此乃《大象》之疏文標示傳文起止,敦煌本起止句並爲完整的意義單元(分句)。

"'初九賁其趾'至'弗乘也'",林家本、京大本、京文研本、嘉業堂本同;敦煌本作"'初九賁其趾'至'義弗乘'"。新案:此乃初九爻辭及《小象》之疏文標示經、傳文起止,敦煌本起始語(爻辭)同於傳本,終止語(《小象》末句"義弗乘也")爲完整的分句(無"也"字)。

"'六二賁其須'至'上興也'",林家本、京大本、京文研本、嘉業堂本同;敦煌本作"'六二賁其須'至'与上興'"。新案:同上例,《小象》末句"與上興也",無"也"字。

"'九三賁如濡'至'之陵也'",林家本、京大本、京文研本同,嘉業堂本濡下有如字;敦煌本作"'九三賁如'至'終莫之陵'"。新案:此乃九三爻辭及《小象》之疏文標示經、傳文起止,敦煌本起始語(爻辭)不同於傳本,蓋以爻辭爲"賁如濡如",故"賁如""濡如"分别爲一意義單元,終止語(《小象》末句"終莫之陵也")爲完整的分句(無"也"字)。

---

① 黄彰建:《唐寫本〈周易正義〉殘卷跋》,《經學理學文存》,第 241—248 頁。

② 蘇瑩輝:《略論"五經正義"的原本格式及其標記經、傳、注文起訖情形》,《敦煌論集續編》,第 57—84 頁。

③ 李霖:《宋本群經義疏的編校與刊印》第二章"北宋官校《五經正義》管窺"結論"《五經正義》的唐宋差異",北京:中華書局,2019 年,第 215—216 頁。

④ 賁卦《彖傳》王注原文:"剛柔不分,文何由生?故坤之上六,來居二位,'柔來文剛'之義也。柔來文剛,居位得中,是以亨。乾之九二,分居上位,'分剛上而文柔'之義也。剛上文柔,不得中位,不若柔來文剛,故'小利有攸往'。"(據《四部叢刊》影印季振宜舊藏南宋淳熙撫州公使庫刻遞修本録文)

“‘六四賁如’至‘无尤也’”，林家本(无誤元，尤作𡯁)、京大本、京文研本(尤作𡯁)、嘉業堂本同；敦煌本作“‘六四賁如’至‘終有𡯁也’”。新案：此乃六四爻辭及《小象》之疏文標示經、傳文起止，敦煌本起始語同於傳本，終止語(《小象》末句“終无尤也”)爲完整的分句(“无”誤“有”，“尤”字字形與古鈔本略同)。

“‘六五賁于’至‘有喜也’”，林家本、京大本、京文研本、嘉業堂本同；敦煌本作“‘六五賁於丘園’至‘有憙’”。新案：此乃六五爻辭及《小象》之疏文標示經、傳文起止，敦煌本起始語不同於傳本(爻辭“賁于丘園”，所截取者並非完整的意義單元)，爲完整的分句(“于”作“於”)；終止語略同於傳本(《小象》末句“有喜也”，“喜”作“憙”，無“也”字)。

“注‘處得’至‘終吉也’”，林家本、京大本、京文研本、嘉業堂本同；敦煌本作“注‘處得尊位’至‘終吉’”。新案：同上例，王注末句爲“乃得終吉也”，不取“乃得”二字，且無“也”字。

分析上述標示起止語之異文，古鈔本悉同傳本(個別異體字、誤字除外，嘉業堂本“九三賁如濡”下有“如”字，顯係據爻辭改造而成)，而不同於敦煌本，知其源出宋刻本系統殆無疑義；而敦煌本與宋刻本、古鈔本表現出明顯的系統性差異，其中除《象傳》王注疏文標示起止語係節略王注而成外，餘者皆表現出十分明確的特徵，那就是起始語和終止語着意於擷取相對完整的意義單元，更具體地説，就是完整的分句(不含句末“也”字)，這與傳本衹着眼於形式，截取首尾各二、三字，唯字數論、不及意義的做法有着本質的差異。因此，我們認爲，敦煌本看似没有規律，實則有規律可尋，至於《象傳》王注疏文標示起止語節略王注衹是個例，迥異於其餘各條(下文六五王注疏文標示起止語即分别擷取首末句若干字而成“注‘處得尊位’至‘終吉’”，仍是通例)，並不影響整體規律性。

我們還注意到，與標示起止語相關的還有提示語(即疏文解説某句經傳、注文，冠首往往引述原文領起，多綴以“者”字)和總括語(解説已畢，往往再引述原文作結，多冠以“故”或“故曰”)，提示語和總括語直接關聯，往往是成對出現的，以提示語開頭，以總括語收尾，構成一個完整的闡釋單元。敦煌本與傳本、古鈔本提示語和總括語也都存在着異文，並且也表現出一定的規律性，如下所示：

“‘分剛上而文柔，故小利有攸往’者”，林家本、京大本、京文研本、嘉業堂本同，敦煌本脱“文”字。

“‘山下有火，賁’者”，林家本、京大本、京文研本、嘉業堂本同，敦煌本“山”上有“云”字，且無“賁”字。

“‘无敢折獄’者”，敦煌本、林家本、京文研本、嘉業堂本同，京大本“者”誤“言”，敦煌本“无”作“無”。

“‘匪寇婚媾’者”，林家本、京大本、京文研本、嘉業堂本同，敦煌本“婚”作“**㛰**”。

“《象》曰‘六四當位疑’者”，林家本、京大本、京文研本、嘉業堂本同，敦煌本無“象曰”二字。

“‘匪寇婚媾，終无尤’者”，林家本、京大本、京文研本、嘉業堂本同，敦煌本無“終”字。

"'施飾丘園,盛莫大焉'者",林家本、京大本、京文研本、嘉業堂本同,敦煌本"施"上有"云"字。

"'故賁于束帛,丘園乃落'者",林家本、京大本、京文研本、嘉業堂本同,敦煌本"故"上有"云"字,且脱"丘園乃落者,束帛,財物也,舉束帛"十三字。

"'爲飾之主,飾之盛'者",林家本、京大本、京文研本、嘉業堂本同,敦煌本衍"爲"字,且上有"云"字。

以上爲提示語異文。

"故《象》云'與上興'也",林家本、京大本、京文研本、嘉業堂本同,敦煌本無"象"字。

"故《象》云'六五之吉,有喜也'",林家本、京大本、京文研本、嘉業堂本同,敦煌本無"象"字。

"釋'小利有攸往'義",林家本、京大本、京文研本、嘉業堂本同,敦煌本無"有"字。

"故云'山下有火,賁'也",林家本、京大本、京文研本、嘉業堂本同,敦煌本無"賁"字(與前揭提示語可以相互印證)。

以上爲總括語異文。

分析上述提示語和總括語異文,不難看出一個具有標誌性的現象,敦煌本除脱衍、譌誤文字外,提示語多冠以"云"字(至於敦煌本與傳本無異文者則未出校,並無"云"字),而且提示語和總括語引述經傳、注文原文多有簡省,或删省"象"或"象曰",或删省非意義單元所必需的文字如"賁"字、"終"字、"有"字,也呈現出一定的規律性。因此,我們推測,敦煌本反映了孔穎達《正義》原本樣貌,至北宋國子監校刻"五經正義"單疏本,集中地做了整齊劃一的工作,故提示語"云"字一并删省,引述原文亦補齊。上述諸例古鈔本基本上都與傳本相同而不同於敦煌本,由此亦可證明古鈔本出自宋刻本,絶無疑義。

我們通校敦煌本,除前揭標示起止語和提示語、總括語之異同外,其他異文尚有50餘例。值得注意的是,這些異文呈現出一邊倒的特徵,那就是古鈔本(林家本、京大本、京文研本、嘉業堂本)與傳本相同,而不同於敦煌本,除了寫本(敦煌本)的個性化和不穩定性所造成的脱衍譌誤之外,另有如下六種情形:

1.句末增減虚字,如"所以亨下不得重結賁字",下有"也"字;"是天文也",下無"也"字;"故《象》云'永貞之吉,終莫之陵'也",下無"也"字;"則質素之道乃隕落",下有"也"字。

2.删省句中起連接或指代作用的虚字,如"天之爲體",無"之"字;"聖人用之以治於物也",無"之"字;"而從有義之徒步",無"之"字;"何須欲往而致遲疑也",無"而"字(脱"遲"字);"故是其吝也",無"故"字。

3.增減句中實詞,如"當法此教而化成天下也","此"下有"爲"字;"若非九三爲己寇害","非"下有"有"字。

4.同義或近義詞切换,如"何因分剛向上","因"作"由";"用此文明之道","用"作"同"。

5.單音節詞和雙音節詞切换,如"用此文章明達以治理庶政也",無"治"字;"丘,謂丘墟”,無下“丘”字;“園,謂園圃”,無下“園”字;“則丘園之士乃落也”,“落”上有“彫”字。

6.義可兩通或敦煌本於義爲長,如“未敢輒進也”,“輒”作“趣”;“二象剛柔,剛柔交錯成文”,“剛柔”二字不重;“言聖人觀察人文”,上“人”字作“王”,“察”下有“天文”二字;“折斷訟獄”,“訟獄”作“獄訟”;“乃棄於不義之車”作“弃於不義,舍其不義之車”;“或以文飾”,“以”作“欲”;“若賁飾丘園之士與之”,“士”下有“束帛”二字。

上述異文古鈔本皆同於傅本而不同於敦煌本,亦足以確切無疑地證明古鈔本源出宋刻本,而非出自唐寫本也。

四、古鈔本與宋刻本的關係

上文以敦煌本爲參照系,通過比對體式行款、標示起止以及異文等,判定古鈔本與宋刻本同屬一個系統,不出於敦煌本。下面,我們進一步探討古鈔本與傅本之間的關係,具體地説,就是判明古鈔本所從出之祖本是南宋刻單疏本還是北宋刻單疏本。今通校《周易正義》乾坤二卦,以日本足利學校遺迹圖書館藏南宋初兩浙東路茶鹽司刻本《周易注疏》(採用1973年汲古書院影印本,以下簡稱“足利八行本”)爲底本,校以傅本及林家本、京大本、京文研本、嘉業堂本,並據前揭海保、長澤、野間校記分别迻録海保本、静嘉堂本、廣大本異文信息,列表於下:

《周易》乾坤二卦《正義》異文一覽表

序號	足利八行本	傅本	静嘉堂本	廣大本	海保本	林家本	京大本	京文研本	嘉業堂本	備註
1	言懸掛物象	同				同	同	同	懸作縣。	阮本作縣。
2	體用之稱	同		體用誤作用。		體用誤作用。	同	同	同	
3	雖取物象	同		雖誤難。		同	同	同	同	
4	以長萬物,物得生存。	同			物字不重。	同	同	同	同	
5	比“潛龍”始起	同	比作此。	比作此。	比作此。	比作此。	比作此。	比作此。	比作此。	日本學者以爲作此是,恐非。
6	他皆放此	同		放作效。		放作効。	放作效。	放誤敢。	同	《要義》同。阮本放作倣。
7	仍有陽在	同	在作存。	在作存。	在作存。	在作存。	在作存。	在作存。	在作存。	《要義》同。
8	處於地	同				地下有上字。	地下有上字。	地下有上字。	地下有上字。	
9	二爲大夫	同		夫作人。		夫作人。	夫作人。	夫作人。	夫作人。	
10	可與幾也	同	與下有言字。	與下有言字。	與下有言字。	與下有言字。	與下有言字。	與下有言字。	同	阮本同。
11	猶疑或也	同	或作惑。	或作惑。	或作惑。	或作惑。	或作惑。	同	同	
12	持疑猶豫(疏引注文)	持作遲。	持作遲(旁注持字)。		同	持作遲。	同	持作遲。	持作特遲二字。	
13	若周西伯内執王心	同				同	同	同	作“若周文王西伯事”。	
14	上下皆无定位所處也	位誤住。		同		同	同	同	同	
15	但逼迫於下	於誤在。		同		同	同	同	同	

續表

序號	足利八行本	傅本	静嘉堂本	廣大本	海保本	林家本	京大本	京文研本	嘉業堂本	備註
16	用心存公	同				同	存作在。	存作在。	存作在。	
17	純陽進極	進作雖。	同	同	同	同	同	同	同	《要義》同。
18	其悔若无	同		无誤亢。		同	同	同	同	
19	若復卦初九"不遠復,无祇悔"之類是也	悔下空兩格。	悔下有元吉二字。	悔下有元吉二字。	悔下有元吉二字。	悔下有元吉二字。	悔下有元吉二字。	悔下有元吉二字。	悔下有元吉二字。	《要義》悔下有元吉二字(無之類二字)。
20	則見群龍之義	同		見誤是。		同	同	同	同	
21	非是一爻之九	九誤凡。		同		同	同	同	同	
22	所以名爲象也	名誤明。		同		同	同	同	同	
23	又以元大始生萬物	大誤犬。				同	同	同	同	
24	恐學者之徒勞心不曉也	學誤牽。		同		同	學作孝。	學作孝。	同	
25	但萬物之體	但萬作釋爲。		同		同	同	同	同	
26	今夫子釋此卦之所象	此作其。		同		同	同	同	同	
27	君子以自彊不息(疏引注文)	同				彊作疆。	彊作疆。	彊作疆。	同	阮本彊作强。
28	於時配夏	時誤是。				同	時誤是。	同	時誤是。	
29	土則分王四季	土誤士。		同		同	同	同	同	
30	更陳餘事	同	下有於下二字。	下有於下二字。	下有於下二字。	下有於下二字。	下有於下二字。	下有於下二字。	同	《要義》同。阮本同。
31	隨時曲變	同	曲作由。	曲作由。		曲作由。	曲作由。	曲作由。	同	
32	利是利益也	同	利益乙作益利(上利字誤作剥)。	利益乙作益利。		利益乙作益利。	利益乙作益利。	利益乙作益利。	利益乙作益利。	
33	潛隱避世,心守道。	心下一字不可辨。	心下有志字。	心下有志字。	心下有志字。	心下有志字。	心下有志字。	心下有志字。	心下有志字。	《要義》心下有志字。
34	可與幾者	同	與下有言字。	與下有言字。	與下有言字。	與下有言字。	與下有言字。	與下有言字。	同	阮本同。
35	謂居下體之上位而不驕也	同	驕下有"者謂居下體之上位而不驕"十一字。	驕下有"者謂居下體之上位而不驕"十一字,旁註:"自是十一字衍文。"		同	同	同	驕下有"者謂居下體之上位而不驕"十一字。	劉氏《校記》以爲阮本脱十一字,恐非。
36	"同聲相應"已下,至"各從其類也"。	同				同	同	同	無同聲至類也十二字。	阮本無此十二字。
37	銅山崩而洛鐘應	同				同	鐘誤鍾。	同	同	
38	貌恭心恨	同	恨作狠。	恨作狠。		恨作狠。	恨作狠。	同	恨作狠。	
39	明龍潛、龍見之義	脱此七字。		脱下龍字。		脱下龍字。	同	脱下龍字。	同	
40	初、末雖无正位	同	同	正誤丕。		同	同	同	同	

續表

序號	足利八行本	傳本	静嘉堂本	廣大本	海保本	林家本	京大本	京文研本	嘉業堂本	備註
41	以辯決於疑也	同				同	同	辯作辨。	同	
42	周氏云上第六節	同	六作五。	六作五。	六作五。	六作五。	六作五。	六作五。	六作五。	
43	所以今日潛者	同	日作曰。	日作曰。	日作曰。	日作曰。	日作曰。	日作曰。	日作曰。	
44	故心惑之也	同	同	惑作或。		同	同	惑作或。	同	
45	是疑惑之辭	同	惑作或。	惑作或。		同	惑作或。	惑作或。	惑作或。	
46	言地之爲體	同				地誤坤。	同	地誤坤。	地誤坤。	
47	此假象以明人事	同				此誤是。	同	此誤是。	此誤是。	
48	是得朋	同				同	同	是作更。	同	
49	包含弘厚	弘字漫漶不可辨。	同			同	同	同	同	
50	不敢干亂先聖正經之辭	干誤于。	干誤于。	干誤于。		干誤于。	干誤于。	干誤于。	同	《要義》同。
51	故分爻之《象》辭	爻誤文。	同	同		同	同	同	同	
52	不可不制其節度	節誤尊。		同		同	同	同	同	
53	與傳相附	同	傳下有年字(年作季)。	相作年。	傳下有年字。	傳下有年字。	傳下有年字。	傳下有年字。	同	《要義》同。阮本同
54	故曰“于野”	同	于上有戰字。	于上有戰字。	于上有戰字。	于上有戰字。	同	于上有戰字。	于上有戰字。	
55	則是柔而又圓	同	無是字。	無是字。		無是字。	同	無是字。	無是字。	
56	六爻皆陰	爻誤又。				同	同	同	同	
57	則上云“履霜堅冰”是也	同	冰下有至字。	冰下有至字。		冰下有至字。	冰下有至字。	冰下有至字。	冰下有至字。	
58	又地能生物	又誤爻。				同	同	同	同	
59	“含萬物而化光”者	含誤舍。				同	同	同	同	
60	即不敢爲物之先	物誤如。		同		同	同	同	同	
61	由辯之不早辯者	同	辯並作辨。	辯並作辨。		從“積善之家”疏“來者漸矣”至“陰雖有美含之以從王事”疏“若或從王事,不”缺。	辯並作弁。	上辯作辨,下辯作弁。	辯並作辨。	
62	乃終至禍亂	同	脱乃字。	同		缺	同	同	同	《要義》同。
63	義則與物无競	无誤元。				缺	同	同	同	
64	互而相通	同				同	同	同	互誤反。	

我們所擇取的異文都是單疏各本互有異同者,包括古鈔本與傳本之間,也包括古鈔本系統内部各本。通過對異文進行量化分析,不難看出,古鈔本系統内部除一本顯誤或迥異於其他各本者 14 例(№ 1、3、4、13、18、20、36、37、40、41、48、50、62、64),以及各本異文明顯呈現出兩種不同傾向者 6 例(№ 2、12、28、35、44、61),餘者 44 例皆爲古鈔本與傳本不同者(古鈔本

系統内部或略有異同,所謂“不同”係指傳本與大多數古鈔本存在着異文),佔全部異文總數的68.75%,足見在單疏各本異文之中二者之間的差異是根本性的。其中,傳本非而古鈔本是者凡21例:№14、15、17、19、21、22、23、24、25、26、29、33、39、49、51、52、56、58、59、60、63;古鈔本非而傳本是或義可兩通者凡23例:№5、6、7、8、9、10、11、16、27、30、31、32、34、38、42、43、45、46、47、53、54、55、57。總之,古鈔本與傳本的差異是系統性、整體性的;二者互有優劣,顯誤者和優長者約略相當,傳本顯誤者古鈔本並未因襲,反之亦然,由此亦可證明二者並無直接的承繼關係。

當然,古鈔本自身的個性化和不穩定性特徵也是十分明顯的,所以纔會出現系統内部的差異性,除一本顯誤或迥異於其他各本者14例,尚有6例系統内部各本之間的異文,其中№2“體用之稱”,廣大本、林家本“體用”誤作“用”;№28“於時配夏”,林家本、京文研本同,京大本、嘉業堂本“時”誤“是”;№35“謂居下體之上位而不驕也”,林家本、京大本、京文研本同,静嘉堂本、廣大本“驕”下有“者謂居下體之上位而不驕”十一字衍文。除此之外,餘者3例爲“或”與“惑”、“辨”與“辯”、“遲疑”與“持疑”等古鈔本經常通用或譌混的字詞。這些整體性的特徵説明古鈔本系統具有一定的封閉性,呈現出高度的一致性和同源性,故可推知各本當有共同的祖本(當然,即便是古鈔本與傳本不同的44例異文之中也有一小部分各本不盡相同,這也是古鈔本的個性化特徵所決定的)。

至於古鈔諸本之間的源流關係則不甚明晰,根據異文尚找不出十分顯彰的規律性,無法做出判斷。其中嘉業堂本是最爲特殊的,因爲它是重新翻刻的,不但改易行款,而且文字亦有據阮元校刻南昌府學本修訂者,所以相對於其他古鈔本,更加接近於通行刻本,個性化異文更多,而這些異文多爲通行刻本尤其是阮本所有。如№1“言懸掛物象”,嘉業堂本同於阮本“懸”作“縣”,其他古鈔本皆作“懸”;№10“可與幾也”,阮本、嘉業堂本同,其他古鈔本“與”下皆有“言”字;№34“可與幾者”,阮本、嘉業堂本同,其他古鈔本“與”下皆有“言”字;№36“‘同聲相應’已下,至‘各從其類也’”,嘉業堂本同於阮本無此十二字,而其他古鈔本皆有。№53“與傳相附”,阮本、嘉業堂本同,其他古鈔本“傳”下多有“年”字。以上5例嘉業堂本迥異於其他古鈔本,而同於阮本,至少可以説明存在着嘉業堂本據阮本改訂的可能性。

如果排除嘉業堂本來考察古鈔本系統内部的源流,那麽相對而言林家本和京文研本較爲接近[我們注意到林家本和京文研本“八論”尾題前都迻録雙行小字“《禮記·經解篇》”云云(“温柔敦厚”至“《春秋》教也”),文字全同,這或許可以從一個側面説明二者具有共同底本或直接承繼關係],而京大本的個性化特徵略顯突出,如№28“於時配夏”,林家本、京文研本同,京大本和傳本“時”誤“是”;№37“銅山崩而洛鐘應”,傳本、林家本、京文研本同,京大本“鐘”誤“鍾”;№39“明龍潛、龍見之義”,京大本同,廣大本、林家本、京文研本脱下“龍”字,傳本脱此七字;№46“言地之爲體”,傳本、京大本同,林家本、京文研本“地”誤“坤”;№47“此假象以明人事”,傳本、京大本同,林家本、京文研本“此”誤“是”;

№ 54“故曰‘于野’”,傳本、京大本同,静嘉堂本、廣大本、海保本、林家本、京文研本“于”上有“戰”字;№ 55“則是柔而又圓”,傳本、京大本同,静嘉堂本、廣大本、林家本、京文研本無“是”字。上述諸例皆爲京大本不同於其他古鈔本,而多與傳本乃至十行本、明刻諸本同。這是一個有意思的現象,反映出京大本在抄寫過程中可能曾據通行刻本做過修訂,[①]這或許揭示出古鈔本形成的一般規律?當然也存在着另外一種可能性,那就是京大本淵源至早,更接近於祖本(宋刻單疏本),所以古鈔本系統所特有的一些異文尚未呈現出來。

我們還注意到,在古鈔本非而傳本是或義可兩通的 23 例異文之中,除去古鈔本顯誤者 15 例,其餘義可兩通者 8 例基本上都是受到日系古鈔經注本的影響加以改造而成。如№ 10“可與幾也”(疏文引述《文言》),古鈔本“與”下有“言”字,同於古鈔經注本乾卦《文言》傳文;№ 34“‘可與幾’者”係疏文提示語,同上例。又如№ 11“猶疑或也”,古鈔本“或”多作“惑”;№ 44“故心惑之也”、№ 45“是疑惑之辭”,古鈔本“惑”多作“或”,這和古鈔經注本“四則或躍”“或躍在淵”“故或之”“或之者”或、惑二字多通用是一致的。№ 57“履霜堅冰”,古鈔本冰下均有“至”字,這與坤卦初六《小象》“履霜堅冰,陰始凝也”古鈔經注本冰下均有“至”字也是完全一致的。其餘 2 例則爲據他書或經文臆補,№ 53“與傳相附”,傳本同,古鈔本“傳”下多有“年”字(杜預《春秋序》傳下有“之年”二字);№ 54“故曰‘于野’”,傳本同,古鈔本“于”上多有戰字(爻辭“龍戰于野”)。這説明古鈔本不同於傳本的異文除了無意造成的譌誤,大多是根據本國明經博士清原家傳承有緒的古鈔經注本(山井鼎稱之爲“古本”)改訂的,也就是説從根本上講並不存在超出古本和通行刻本系統之外的異文。

如上所述,古鈔本絶無可能出自唐寫本(敦煌本),而是源出宋刻單疏本系統,但其異文又與南宋刻單疏本(傳本)有着整體性的差異,所以,衹能推導出源自北宋刻單疏本這一種可能性。爲了論證這一問題,我們試以足利八行本爲參照系(以其據以重構的單疏本之爲北宋刻單疏本抑或南宋刻單疏本爲考察對象),通過分析異文來實現。前揭古鈔本不同於傳本的異文之中,傳本非而古鈔本是者 21 例,除№ 19、33 兩例外,餘者 19 例八行本皆同於古鈔本;古鈔本非而傳本是或義可兩通者 23 例,八行本均與傳本同。由此可推知,無論是傳本還是古鈔本與八行本所從出之單疏本皆無直接的對應關係,二者不同於八行本的異文基本上都是錯誤的,而皆同於八行本的異文基本上都是正確或優長的(當然也有個别反例,如乾卦上九疏文“天而極盛”,傳本同於古鈔本、魏了翁《周易要義》,[②]“天”下有“上”字,而八行本奪“上”字。又如前揭№ 33“潛隱避世,心守道”,古鈔本和《要義》“心”下有“志”字,傳本“心”下有一字,漫漶不可辨,八行本奪“志”字),這説明八行本據以重構的單疏本的異文較之傳本或古鈔本皆爲優長,衹可能是北宋刻單疏本,爲傳本和古鈔本正確或優長的異文所從出,

① 我們發現京大本個别異文衹同於明刻諸本,如《周易》同人上九疏文“楚得之”,傳本、京文研本、嘉業堂本以及八行本、十行本皆同,唯京大本同於閩本、監本、毛本“楚”下有“人”字。我們認爲,這種現象恐非偶然。

② 〔宋〕魏了翁:《周易要義》十卷,《中華再造善本》影印國圖藏南宋淳祐十二年(1252)魏克愚刻本,前揭異文表及下文簡稱《要義》。

而二者脱衍誤倒的異文尚未出現(當然,傅本的部分譌誤出現在修、補版之中,原刻版葉當不誤)。總之,我們認爲八行本所據單疏本當爲北宋刻單疏本。① 傅本無疑是據北宋刻單疏本翻刻的,但在刊刻或修補版過程中産生了上述 21 例譌誤(如№ 39 “明龍潛、龍見之義”,古鈔本略同,或脱下“龍”字,傅本“明”下逕脱此六字,且無空格);古鈔本亦源出北宋刻單疏本,但在輾轉傳抄過程中産生了上述 23 例異文。

爲了更加具體地説明傅本、古鈔本與八行本所從出之北宋刻單疏本的關係,我們選取具有特異性的傅本版面空白進行研究。對於版面空白而言,須區分兩種情形,一種是版片的自然缺損造成的,包括書版經反覆刷印不斷磨損而致版面漫漶、殘缺、刓損,或者由於版片斷裂而出現版裂或斷版等,總之都是無意造成的版面空白;另一種是人爲地剜改造成的空白,版片刊刻完成之後,尚須校對,對於發現的譌誤進行局部剜改,如有文字脱漏,則增補文字擠排;如有文字冗餘、重複,則逕删削,留下空白。修版當亦有類似操作。傅本版面空白大致有以下兩種情形:一是空白始出於南宋本,如恒卦《彖傳》王注之疏文“咸明感應”,傅本“咸”下有二字空格,林家本、京大本、京文研本、嘉業堂本及《要義》皆無空格。又如謙卦《彖傳·正義》“廣説謙德之美,以結君子能終之義也”,廣大本、林家本、京大本、京文研本、嘉業堂本及《要義》作“君子”同,傅本“君子”二字爲空格。此 2 例可證古鈔本和八行本所據單疏本皆爲北宋本,必然早於傅本。前揭№ 19 “若復卦初九‘不遠復,无祇悔’之類是也”,古鈔本和《要義》“悔”下有“元吉”二字,傅本“悔”下有二字空格。八行本逕删“元吉”二字,取意當與傅本剜去二字留白相同。二是空格始出於北宋本,如“八論”之一“論《易》之三名”疏文,“崔覲、劉貞簡等並用此義”,京大本同,傅本和廣大本、京文研本、嘉業堂本“貞”下有一字空格,林家本“簡”上有“周”字。② 又如履卦九五疏文“以其位正當”,八行本下有一字空格,傅本下有二字空格,廣大本“當”下有“也”字,林家本、京大本、京文研本、嘉業堂本“當”下既無空格亦無“也”字。再如同人上九疏文標示注文起止“注‘郊者’至‘其志’”,林家本、京大本、嘉業堂本同,傅本和廣大本、京文研本“注”下有一字空格。③ 此 3 例可以説明,對於北宋本已存在之空格,南宋本一仍其舊,八行本則多予以删削;而古鈔本或有分歧,有因仍者亦

---

① 張麗娟教授認爲南宋初高宗紹興九年(1139)、十五、二十一年分別有詔重刻北宋監本,重新編輯注疏合刻本當更在其後。所以,她傾向於認爲南宋刻單疏本刊於紹興九年之後、二十一年之前(《師顧堂叢書》本《景宋單疏本〈周易正義〉》卷首《影印説明》,第 2 頁),八行本的刊刻時間當在紹興後期(《宋代經書注疏刊刻研究》第五章“越州刻八行注疏本”,北京:北京大學出版社,2013 年,第 327 頁)。橋本秀美教授和李霖教授則認爲八行本刊行在先,單疏本在後,也不排除二者幾乎同時刊刻的可能性(《影印南宋官版〈周易正義〉》書後《編後記》,北京:北京大學出版社,2017 年,第 347—349 頁)。

② 日本山井鼎考文,物觀補遺《七經孟子考文補遺》:“(古本)‘簡’上有‘周’字。”(國立公文書館藏昌平坂學問所舊藏享保十六年初刻本)清汪文臺《十三經注疏校勘記識語》:“案《孝經疏》亦云今文‘劉貞簡’有説,即劉瓛也,謚貞簡先生。依寫本,即是二人,唐以前説《易》者無劉貞、周簡名。”(《續修四庫全書》影印清嘉慶中阮氏文選樓刻本,第 183 册,第 549 頁)汪説是也。山井氏據以參校之足利學校舊藏古鈔本(古本)和林家本“周”字蓋後人據下文“周簡子”(周弘正)云云臆補。

③ 上九爻辭王注:“郊者,外之極也。……亦未得其志。”是以知“郊”字上不得有其他文字,空格當爲删削冗餘文字後留下的。

有改訂者，知其抄寫過程中有一定的隨意性，這也是寫本的個性化特徵所決定的。

綜上所述，我們以敦煌本和傅本爲參照系來考察日系古鈔《周易》單疏本，可以證明古鈔本並非唐寫本之遺，而是屬於宋刻本系統，更確切地説源出北宋刻單疏本。本文所參校之古鈔本與敦煌本、傅本的基本體式都是相同的，即疏文連同經傳、注文標示起止語盡皆大書。古鈔本卷次分合和内容構成悉同傅本，雖然各本具體行款容有不同，但卷首題名、卷末尾題以及每卦（章節）自爲起訖、分釋經、傳及相應注文之疏文連寫等特徵，亦皆約略相同，整體上並無二致。疏文行文有相對固定的格式，即冠以標示起止語，起首有提示語，結尾有總括語，通過比勘古鈔本標示起止語及提示語、總括語與敦煌本、傅本，可見古鈔本的這些標誌性特徵同於傅本而不同於敦煌本，由此亦可明確地認定古鈔本出自宋刻本，並非唐寫本。除了體式方面的特徵，最有説服力的就是異文。通過引入疏文出自北宋刻單疏本的八行本，校勘乾坤二卦《正義》，可見古鈔本與傅本表現出明確的整體性差異，二者不同於八行本的異文基本上都是錯誤的，而皆同於八行本的異文基本上都是正確或優長的，也就是説古鈔本的祖本絶非南宋刻單疏本（傅本），而是北宋刻單疏本，古鈔本和傅本在抄寫或刊刻過程中分別都産生了一定數量的譌誤，爲北宋刻單疏本所無。

（顧永新，北京大學中文系、中國古文獻研究中心研究員）

今存宋刻《周易》經注本四種略説*
——兼論十行本《周易兼義》的經注文本來源

張麗娟

[摘　要] 本文比勘今存四種宋刻《周易》經注本,結合宋越刊八行本《周易注疏》、元十行本《周易兼義》及元相臺岳氏本《周易》,梳理諸本具有特徵性的異文,進而考察十行本《周易兼義》經注文本與其他早期《周易》版本之間異文分佈的規律性。期望由此獲得有關宋刻《周易》版本源流的深入認識,並對十行本《周易兼義》經注文本來源及注疏合刻問題做初步探討。

[關鍵詞] 周易　經注本　十行本　注疏合刻

宋刻《周易》經注本今存四種,包括中國國家圖書館藏宋淳熙撫州公使庫刻遞修本《周易》、中國國家圖書館藏天禄琳琅舊藏宋刻本《周易》、中國國家圖書館藏鐵琴銅劍樓舊藏宋刻本《周易》、臺北"中央圖書館"藏宋刻本《纂圖互注周易》,今皆有影印本或網絡全文圖像。本文抽樣比勘四種宋刻《周易》經注文本,結合宋越刊八行本《周易注疏》、元十行本《周易兼義》及元相臺岳氏本《周易》異文,梳理諸本異同,希望獲得有關宋刻《周易》版本源流的深入認識,並對十行本《周易兼義》的經注文本來源做初步探討。

一、今存四種宋刻《周易》經注本

宋代《周易》經注本的刊刻,見諸記載的有北宋及南宋國子監刻本、南宋高宗紹興初年葉夢得建康府學刻本、高宗紹興間興國軍學刻本、孝宗淳熙間撫州公使庫刻本,四川地區所刻蜀大字舊本、蜀學重刊大字本、中字本、中字有句讀附音本,杭州地區的廖氏世彩堂刻本,福建地區的余仁仲萬卷堂刻本及各類民間坊刻重言重意本等,紛繁複雜,版本衆多。不過今有傳本者,僅以下四種:

1. 宋淳熙撫州公使庫刻遞修本(以下簡稱"撫州本")。中國國家圖書館藏,卷七以下配補清影宋抄本。十行十六字,小字雙行二十四字,白口,四周雙邊,卷末記本卷經注字數。鈐有"玉蘭堂""華氏明伯""華復初印""季振宜讀書"等藏印,則明代中期至清初經文徵明、華復初、季振宜遞藏,可稱流傳有緒。民國間歸涵芬樓所有,《四部叢刊》影印即此本。

南宋撫州公使庫刻六經三傳,見於黄震《修撫州六經跋》及元初岳氏《刊正九經三傳沿

* 本文是國家社會科學基金項目"《十三經注疏》版本研究"(14BTQ020)的階段性成果。

革例》的記載。[①] 今存世者僅《周易》《禮記》《左傳》《公羊》四經，諸經版式字體一致、刻工相通，其中《禮記》有淳熙四年(1177)撫州公使庫刻書銜名，他經之刻亦當在此前後。此本《周易》爲修補後印本，曾經多次補版，版心標明補版年份，包括"癸丑重刊""壬戌刊""開禧乙丑换""壬申重刊"。經考證，這些補版年份分别爲紹熙四年(1193)、嘉泰二年(1202)、開禧元年(1205)、嘉定五年(1212)，[②] 此本印刷時間當在嘉定五年之後不久，距初刻已歷三十餘年。書中避諱嚴格，"敦"字可見缺筆，當出補版所改。

2. 天禄琳琅舊藏宋刻本(以下簡稱"天禄本")。今藏中國國家圖書館，卷一首半葉抄配。十二行二十四字，小字雙行同，白口，左右雙邊。鈐"貞元""伯雅""天禄琳琅""天禄繼鑒"諸印。《天禄琳琅書目後編》著録此本云："是書不載鎸板年月，於孝宗以上諱俱闕筆，乃淳熙乾道年刊。字畫圓匀，槧法净密，宋本中之佳者。明王世貞家藏，貞元、伯雅皆其家印。"[③] 有文物出版社 2016 年影印本。

此本歐體精刻，紙墨俱佳。避諱嚴格，"媾""慎"等字缺筆避諱，卷二《臨》"敦臨吉無咎""象曰敦臨之吉"，卷三《復》"六五敦復無悔""象曰敦復無悔"，卷五《艮》"敦艮吉""象曰敦艮之吉"，並注文多處"敦"字，無一缺筆。刻工有劉昭、周彦、濮宣、章中、李、宋等，其中劉昭、周彦、濮宣曾同時参与紹熙四年(1193)兩浙東路茶鹽司《禮記正義》之刊刻，周彦、章中曾同時参与淳熙三年(1176)張杅桐川郡齋本《史記》之刊刻，[④] 劉昭更曾參與慶元六年(1200)紹興府刊《春秋左傳正義》、嘉泰四年(1204)吕喬年刊《麗澤論説集録》、嘉定五年(1212)序刊《歷代故事》、嘉定十三年(1220)陸子遹刊《渭南文集》等的刊刻工作。[⑤] 結合本書避諱字情况，《天禄琳琅書目後編》判斷此本爲"淳熙乾道年刊"，當得其實。具體到刻工劉昭在嘉定十三年前後仍在刻書，以刻工工作壽命四十年計，此本之刊刻蓋不會早至乾道，疑爲淳熙年間浙江地區官刻本，較撫州本同時或稍晚。

3. 瞿氏鐵琴銅劍樓舊藏宋刻附釋文本(以下簡稱"瞿藏本")。今藏中國國家圖書館。十二行二十一字，小字雙行二十八字，白口，左右雙邊。鈐"玉蘭堂圖書記""文震孟印""毛晋""徐健庵""乾學""秦蕙田印""味經窩藏書印""汪士鐘印""小謨觴仙館""鐵琴銅劍樓"等，有明董其昌、文嘉、文震孟、文從簡、清秦蕙田跋。《中國版刻圖録》著録此本云："宋諱缺筆至慎字，書體秀媚，字近瘦金體，知是南宋初葉建陽坊本。文字較他本多勝處。傳世宋版《周易》除淳熙間撫州公使庫刻本外，當推此爲最善之本。近年瞿氏鐵琴銅劍樓印本，即據此帙影印。"[⑥] 今有《中華再造善本》影印本。

---

① 〔宋〕黄震：《修撫州六經跋》，《慈溪黄氏日抄分類》卷九十二，元後至元三年刻本。

② 參見筆者《宋代經書注疏刊刻研究》，北京：北京大學出版社，2013 年，第 77 頁。

③ 〔清〕彭元瑞等：《天禄琳琅書目後編》，北京：中華書局，1995 年，第 243 頁。

④ 〔日〕尾崎康：《正史宋元版之研究》，北京：中華書局，2018 年，第 268 頁。

⑤ 以上諸本，除《歷代故事》藏日本静嘉堂文庫(參見《静嘉堂宋元本圖録》解題第 30 頁)，其他皆中國國家圖書館藏本，據《中華再造善本》影印本。

⑥ 《中國版刻圖録》第 1 册，北京：文物出版社，1960 年，第 35 頁。

此本刻書字體,與國圖藏南宋初年王叔邊刻本《後漢書》、北京大學藏南宋初建陽地區刻本《史記》、日本武田科學振興財團杏雨書屋藏紹興十年邵武東鄉朱中奉宅本《史記》等南宋早期建陽地區坊刻本的字體風格頗爲一致,[①] 即《中國版刻圖録》所謂"瘦金體"。日本學者尾崎康論南宋前期與中後期建陽刻書的不同字體風格,云:"不同於《書林清話》所云'有一種横輕直重者,謂之爲宋字'(蓋據南宋中期建刊本而言),此類字體不僅'横輕',且整體輕盈,微顯右上勢,謂'遒勁有力'似不相稱,謂'娟秀'則頗覺恰當。""至中期,建本字體變粗大剛硬,絶不似'瘦金'。"此瞿藏本《周易》字體即典型的南宋前期建刻本風格。書中避諱至"慎"字,則刊刻已在孝宗時。

4. 宋刻十一行本《纂圖互注周易》(以下簡稱"纂圖本")。臺北"中央圖書館"藏。十一行二十一字,小字雙行二十五字,細黑口,左右雙邊,有書耳。鈐印有"周錫瓚印""曾存定邸行有恒堂""陸印樹聲""莚圃收藏"等。

此本除附釋文外,还刻入"重言""重意""互注"等内容,以白文陰刻標識;釋文出字以墨圍標識。卷十末附序上下經圖、楊氏太極圖、河圖之數、洛書之數、古今易學傳授之圖及六十四卦大象圖。今存宋刻經書版本中,有一大批題爲"纂圖互注""監本纂圖""重言重意"等類型的傳本,但《周易》僅存此一部。此類型版本出自南宋中後期建陽地區書坊,多成系列刊刻,其内容在經注附釋文本基礎上,增入纂圖、重言、重意等,是南宋中後期民間流行的經書文本。此本可見"慎""敦"字缺筆避諱,刊刻時間當在寧宗之後,在今存四種宋刻經注本《周易》中最爲晚出。

二、四種《周易》經注文本之比勘

筆者以四種宋刻《周易》經注本卷一做局部比勘,並參考其他幾種早期《周易》版本:宋兩浙東路茶鹽司刻八行本《周易注疏》(日本足利學校及中國國家圖書館藏本,簡稱"八行本")、元刻元印十行本《周易兼義》(柏克萊加州大學東亞圖書館藏本,簡稱"十行本"),[②] 元初岳氏相臺書塾本《周易》(中國國家圖書館藏本,簡稱"岳本"),以便觀察諸本的異文分佈及相互間關係。

卷一共録得異文三十餘處,其中二十餘處爲各本獨有異文,即他本(包括岳本、八行本、十行本)皆同,此本獨異者。各本獨有之異文,有的可斷爲此本之版刻誤字,有的則不能排除有其他版本淵源。如《屯》注"不可以進故盤桓也",撫州本"桓"誤作"恒",他本皆不誤,此處撫州本正爲補刻版葉,疑補版偶誤。天禄本《坤》注"地形不順其勢順",脱"順"字;《蒙》注"蒙以養正,乃聖功也","養"作"義";《蒙》"象曰利用刑人以正法也",脱"以"字。此數

① 參見《中國版刻圖録》之《後漢書注》《史記集解》等條,及尾崎康《正史宋元版之研究》第65頁。
② 此本元刻元印,未經修補,可反映元刻十行本本來面貌,避免常見後印本中補版改字的干擾。

處他本皆不如是，疑亦天禄本偶然脱誤。四本中瞿藏本獨有異文最突出，如《乾》注"萬國所以寧"，瞿藏本"國"作"物"；"至於九三乾乾夕惕"，"三"作"二"；"乾體皆龍"作"乾之體皆龍"；《坤》注"居中得正"作"居中得位"；"任其自然而物自生"，"其"作"於"；《屯》注"民思其主之時也"，"主"上有"求"字；《需》注"盛德光亨"，"亨"作"享"；《訟》注"柔體不争繫應在上"，"繫"作"擊"；《比》注"用三驅之道者也"，無"者"字；《比》注"爲時所棄，宜其凶也"，"也"上多出一"者"等，皆他本相同、瞿藏本獨異者。

瞿藏本如此衆多的獨有異文，一方面反映其校勘質量不高，如"九三乾乾夕惕"作"九二"、"繫應在上"作"擊應在上"，文義不通，似因字形相近、上下文相涉等原因而偶然致誤；另一方面，瞿藏本獨有異文中，又多有文意兩通者，或虚詞之有無，並非出自手民之訛，而可能有早期版本依據。如《乾》卦"可與幾也"，他本皆如是，阮元《校勘記》有校云："石經、岳本、閩、監、毛本同，古本、足利本'與'下有'言'字。"（293 頁）[①] 瞿藏本"與"下有"言"字，與古本、足利本同。《小畜》注"上爲畜盛不可牽征"，他本皆如是，《校勘記》出校云："岳本、閩、監、毛本同，古本'可'下有'以'字，足利本有'不'字。"（301 頁）瞿藏本"可"下有"以"字，與古本合。

瞿氏《鐵琴銅劍樓藏書目録》已指出自藏《周易》文字上的獨特之處，其據以對勘者，乃相臺岳氏本及通行本。今以瞿氏所舉諸例，核以諸宋本及八行本、十行本，則瞿藏本獨異之處仍復不少。如《中孚》《繫辭》"吾與爾靡之"作"縻"不作"靡"，《遯》注"矰繳不能及"作"繒"不作"矰"，《巽》注"巽悌以行"作"弟"不作"悌"，此亦諸本皆同，惟瞿藏本異。《大壯》注"持疑猶豫"作"與"不作"豫"，則纂圖本與瞿藏本同作"與"，他本作"豫"。此數例瞿藏本皆與《經典釋文》一本合。又《説卦》"合順於道德而理於義"下諸本皆無注，惟瞿藏本多出小字注文"易所以和天道，明地德，理行義也"十三字。按《校勘記》此處有校記："此下古本有'易所以和天道，順地德，理行義'十二字注，足利本同，惟'理行義'作'理仁義'也。"（344 頁）瞿藏本與古本、足利本合，文字稍有不同。

排除上述各本獨有之異文，卷一各本互有參錯、具有系統性特徵的異文共得十二條，具列如下：

1.《乾》注"反覆皆道也"。[②]"覆"，纂圖本、八行本、十行本同，撫州本、天禄本、瞿藏本、岳本作"復"。阮元《校勘記》無校記。

2.《乾》注"反覆皆道也"。"皆"，撫州本、岳本、八行本、十行本同，天禄本、瞿藏本、纂圖本下有"合"字。《校勘記》云："岳本、閩、監、毛本同，古本、足利本'皆'下有'合'字。"（293 頁）

3.《坤》注"求安難矣"。"矣"，撫州本、天禄本、岳本、八行本、十行本同，瞿藏本、纂圖本

---

① 〔清〕阮元《校勘記》用《續修四庫全書》第 180 册影印本。括號内爲影印本頁次，下同。

② 以下出文皆用《四部要籍選刊》影印《阮刻周易兼義》，杭州：浙江大學出版社，2014 年。

作"哉"。《校勘記》云:"岳本、閩、監、毛本同,古本下有'哉'字,足利本'矣'作'哉'。"(295頁)

4《屯》注"莫善建侯也"。撫州本、纂圖本、岳本、八行本、十行本同,天禄本、瞿藏本作"莫善於建侯也"。《校勘記》無校記。

5.《屯》注"二雖比初,執貞不從"。"貞",撫州本、天禄本、岳本、八行本、十行本同,瞿藏本、纂圖本作"往"。《校勘記》無校記。

6.《蒙》注"刑不可長"。撫州本、瞿藏本、纂圖本、岳本、十行本同,天禄本、八行本"長"下有"也"字。《校勘記》云:"岳本、閩、監、毛本同,錢本、宋本、古本下有'也'字。"(297頁)

7.《蒙》注"故包蒙吉也"。撫州本、瞿藏本、十行本同,天禄本、纂圖本、岳本、八行本"故"下有"曰"字。《校勘記》云:"閩、監、毛本同,岳本、錢本、宋本、古本、足利本'故'下有'曰'字。"(298頁)

8.《比》注"故必有他吉也"。"他",天禄本、十行本同,撫州本、瞿藏本、纂圖本、岳本、八行本作"它"。《校勘記》云:"閩、監、毛本同,岳本'他'作'它'。"(301頁)

9.《小畜》注"今不能制初九之復道"。"復道",撫州本、天禄本、八行本、十行本同,瞿藏本、纂圖本、岳本作"復自道"。《校勘記》無校記。

10.《小畜》注"夫大畜者,畜之極也"。撫州本、天禄本、瞿藏本、八行本、十行本同,纂圖本、岳本"極"下有"者"字。《校勘記》云:"閩、監、毛本同,岳本、古本、足利本'也'上有'者'字。"(302頁)

11.《履》注"履道尚謙,不喜處盈"。"喜",撫州本、天禄本、十行本同,瞿藏本、纂圖本、岳本、八行本作"憙"。《校勘記》云:"閩、監、毛本同,岳本、錢本、宋本、古本'喜'作'憙',《釋文》出'不憙'。"(302頁)

12.《履》注"而志存于五"。"五",天禄本、瞿藏本、纂圖本、十行本同,撫州本、岳本、八行本作"王"。《校勘記》云:"岳本、閩、監、毛本同,宋本'五'作'王'。按盧文弨云'王'字非也,毛居正云:正義云以六三之微而欲行九五之事,則'五'字無疑。"(302頁)

四種宋刻《周易》經注本中,撫州本、天禄本爲單經注本,瞿藏本、纂圖本爲附釋文經注本,纂圖本除附釋文外,還加入重言重意等内容。從文本類型來説,撫州本、天禄本沿襲了五代北宋國子監本以來經注本的傳統;瞿藏本、纂圖本均屬於南宋建陽地區新興起的私坊刻經籍體系。撫州本、天禄本的刊刻時間相近,地區不同;瞿藏本與纂圖本均屬建陽坊刻,但有時代區隔,文本類型也有差異。四種宋刻《周易》經注本的異文分佈,與其刻書時間、地點、刻書主體、文本類型等相對應,具有一定的規律性。

從參錯異文的分佈來看,瞿藏本與纂圖本共通異文最多,特别是《屯》注"二雖比初,執貞不從",獨瞿藏本、纂圖本"貞"作"往";《乾》注"反覆皆道也",瞿藏本、纂圖本及天禄本"皆"下多出"合"字;"今不能制初九之復道",瞿藏本、纂圖本及岳本"復"下多出"自"字,特徵性明顯,説明瞿藏本、纂圖本關係較近。兩本同爲建陽地區坊刻本,異文接近實屬自然。

不過，瞿藏本大量的獨有異文並未被纂圖本繼承，交錯異文中也有表現出一定差異，此外兩本的附釋文文本也有明顯不同，可知其並無直接繼承關係。在《禮記》《周禮》《左傳》等經的比勘研究中，纂圖本與余仁仲本異文具有高度一致性，[①] 纂圖本當由類似余仁仲本發展而來。《纂圖互注周易》或亦如是。瞿藏本刊刻時間較早，屬於建陽坊刻經籍中的早期版本，其刊刻時間尚在余仁仲本之前。兩本之間有我們未知的版本缺環，故異文分佈表現出相當的差異。

撫州本爲南宋官刻經籍的代表性版本。在《禮記》《左傳》等經的比勘研究中，撫州本與八行本異文最近，兩者形成一個系列，與余仁仲本－纂圖本系列兩相對立。[②]《周易》比勘同樣反映這樣的規律。最突出的是《履》注“而志存于五”一例。毛居正《六經正誤》曾指南宋國子監本之誤：“六三注‘志存于五’，‘五’作‘王’，誤。正義云以六三之微而欲行九五之事，是解注文‘志存于五’也。紹興注疏本、興國軍本皆誤作‘王’，唯建安余氏本作‘五’。”[③]毛居正所見南宋國子監本、紹興注疏本（即今傳八行本）、興國軍本（今已不傳）皆作“志存于王”，惟建安余氏本（當即余仁仲本）作“志存于五”。今撫州本、八行本正作“王”，與南宋國子監本同；而天禄本、瞿藏本、纂圖本皆已改作“五”，與建安余氏本同。《蒙》注“故包蒙吉也”，八行本雖較撫州本多出一“曰”字，但其“故曰包”三字擠刻於二字空格内，疑初刻時與撫州本同爲“故包蒙吉也”，後校改補“曰”字。又《六經正誤》記《隨》卦：“彖辭注‘爲隨而令大通’，‘令’作‘今’，誤。《釋文》‘令，力呈反，使令也’，‘今’字全無意義。”毛居正所見國子監本“令”誤作“今”，今檢撫州本此處亦誤作“今”，而他本包括八行本皆已改作“令”字，則説明撫州本較八行本更多繼承了國子監本面貌。

天禄本與撫州本同爲單經注本，刊刻時間也相當，同屬官刻一系，但從異文來看，天禄本已較多受到私坊刻經籍的影響，其異文分佈介於撫州本與瞿藏本、纂圖本之間。《乾》注“反覆皆道也”多“合”字，《屯》注“莫善建侯也”多“於”字，《蒙》注“故包蒙吉也”多“曰”字，《履》注“而志存于五”等，顯示出天禄本對監本、撫州本一系的偏離。

三、十行本《周易兼義》的經注文本

十行本爲通行《十三經注疏》的祖本，其注疏合刻的文本來源問題，是令人關注的話題。從《禮記》《公羊》《左傳》《穀梁》《周禮》等經的異文比勘來看，屬於官刻系統的撫州本、八行本，與坊刻系統的余仁仲本、纂圖本、十行本，可以明顯區分出兩個不同的異文體系。[④] 十

① 參見喬秀岩《〈禮記〉版本雜識》，載《北京大學學報》（哲學社會科學版）第43卷第5期，2006年；筆者《南宋建安余仁仲刻本〈周禮〉考索》，載《中國經學》第十七輯，桂林：廣西師大出版社，2015年；及《宋代經書注疏刊刻研究》有關余仁仲本《左傳》之比勘，第157頁。

② 參見喬秀岩《〈禮記〉版本雜識》及筆者《宋代經書注疏刊刻研究》第157頁。

③ 〔宋〕毛居正：《六經正誤》卷一，文淵閣《四庫全書》本。下同。

④ 參見喬秀岩《〈禮記〉版本雜識》等；又刁小龍《〈春秋公羊經傳解詁〉版本小識》，《國學學刊》2010年第4期。

行本中此數經的經注及釋文文本與余仁仲本高度一致,從目前研究來看,此數經十行本當由余仁仲本(或與余仁仲本相近版本)與單疏本組合而來。但十行本中的《周易兼義》顯然比較特殊,其不散入釋音的體例,與《禮記》等經完全不同,其經注與疏文的綴合方式,也與他經有較大差異。顧永新、李霖都曾討論十行本《周易兼義》的文本來源問題。顧永新通過對《周易》諸注疏本乾卦異文的比勘分析,指出十行本《周易兼義》與八行本《周易注疏》之間"表現出十分明確的差異性","八行本顯誤或不同於他本者,十行本並不與之相同,亦未見十行本與八行本相同而不同於他本者",判斷十行本《周易兼義》並非由八行本發展而來。[①]李霖則主要着眼於十行本與單疏本之異:"我們還發現《周易》單疏本的一些訛誤,元刊十行本《兼義》並未承襲,《兼義》文本更接近八行本。因疑宋刊《兼義》,可能是以八行本爲基礎重新編輯疏文,調整分卷,並加入《釋文》及《略例》;也可能是以未綴合《釋文》的經注本爲基礎,綴入北宋刊單疏。"提出了十行本《周易兼義》文本來源的兩種可能性。[②]二位學者的論點主要依據疏文比勘。今以《周易》經注本的比勘結果,與八行本、十行本相對照,或有助於對十行本文本來源的進一步討論。

上文提到,四種《周易》經注本卷一所得十二條具系統性特徵的異文中,瞿藏本與纂圖本具有較高的一致性,而撫州本與八行本異文較近,隱約呈現如我們在《禮記》《左傳》等異文體系中所見兩個系列的差異,這與其文本類型、刊刻主體、刊刻時期等正相對應。值得注意的是十行本的異文分佈。在《禮記》《左傳》等經注異文體系中,十行本與余仁仲本、纂圖本同屬坊刻體系;而在《周易》異文體系中,十行本反與官刻一系的撫州本、八行本一致度較高,與坊刻一系的瞿藏本、纂圖本差異較大。爲進一步考察此問題,筆者結合阮元《校勘記》,核校四種經注本卷二至六(因卷七以下撫州本爲抄配,故未列入考察範圍)相關異文,同樣與岳本、八行本、十行本相對照,希望獲得更多具備系統性特徵、能够反映異文體系的參錯異文,從中觀察十行本與諸本之間異文的分佈規律。

與卷一比勘結果類似,依據《校勘記》核校諸本異文中,絶大多數仍是各本獨有異文。除瞿藏本外,八行本、十行本分别有相當數量獨異於他本之處。八行本獨異者,如《隨》注"隨不失正也",他本皆如是,獨八行本無"隨"字;《復》注"復之不速,遂至迷凶",他本皆如是,獨八行本"迷"作"遠";《復》注"居厚則无怨",他本皆如是,獨八行本"无"作"免"等。十行本獨異於他本者最多,如《否》注"居尊得位",惟十行本如是,他本皆作"居尊當位";《隨》注"雖爲常義,志在濟物,心有公誠",惟十行本如是,他本"爲"皆作"違","有"皆作"存";《臨》注"乃得無咎也",惟十行本如是,他本"乃"皆作"則";《觀》注"特處異地爲衆觀",惟十行本如是,他本"觀"上皆有"所"字;[③]《賁》注"欲静則疑初之應",惟十行本如是,他本

① 顧永新:《〈周易〉注疏合刻本源流系統考——基於乾卦經傳注疏異文的完全歸納法》,載《儒家典籍與思想研究》第九輯,北京:北京大學出版社,2017年。

② 李霖:《宋本群經義疏的編校與刊印》,北京:中華書局,2019年,第337頁。

③ 柏克萊藏元十行本"特"字與諸本同,元刻明修本"特"誤爲"將",故《校勘記》出文作"將處異地爲衆觀"。

“疑”皆作“欽”；《頤》注“言飲食猶慎而節之”，惟十行本如是，他本“飲”上皆有“語”字；《大過》“大過”下，他本皆有注文“音相過之過”，惟十行本缺五字注，等等，不一一列舉。

排除諸本獨有異文後，卷二至六共篩選出如下二十三條互有交錯的異文：

13. 卷二《否》注“故茅茹以類”。撫州本、八行本、十行本同，瞿藏本作“故拔茅以類”，天禄本、纂圖本、岳本作“故拔茅茹以類”。《校勘記》云：“閩、監、毛本同，岳本、古本、足利本‘茅’上有‘拔’字。”（303 頁）

14. 卷二《謙》注“上承下接，勞謙匪解”。“接”，撫州本、十行本同，天禄本、瞿藏本、纂圖本、岳本、八行本作“綏”。《校勘記》云：“閩、監、毛本同，岳本、宋本、古本、足利本‘接’作‘綏’。山井鼎云宋板疏中‘接’字同今本。”（305 頁）

15. 卷二《隨》注“隨道已成，而特不從”。“特”，撫州本、天禄本、岳本、八行本、十行本同，瞿藏本、纂圖本作“時”。《校勘記》云：“岳本、閩、監、毛本同，古本‘特’作‘時’。”（307 頁）

16. 卷二《蠱》注“能堪其事，故終吉”。八行本、十行本同，撫州本、天禄本、纂圖本、岳本“終吉”下有“也”字，瞿藏本下有“者也”二字。《校勘記》云：“閩、監、毛本同，岳本、古本、足利本下有‘也’字。”（307 頁）

17. 卷二《蠱》注“不事王侯，高尚其事也”。撫州本、八行本、十行本同，天禄本、瞿藏本、纂圖本、岳本“也”上有“者”字。《校勘記》云：“閩、監、毛本同，岳本、古本、足利本‘也’上有‘者’字。”（307 頁）

18. 卷二《觀》注“百姓有罪，在于一人”。“于”，十行本同，撫州本、瞿藏本、岳本、纂圖本作“予”，天禄本、八行本作“余”。《校勘記》云：“閩本同，岳本、足利本‘于’作‘予’，宋本、古本作‘余’，監、毛本作‘於’，按‘予’是。”（308 頁）

19. 卷三《復》注“反覆不過七日”。“覆”，八行本、十行本同，撫州本、天禄本、瞿藏本、纂圖本、岳本作“復”。《校勘記》云：“錢本同，岳本、閩、監、毛本‘覆’作‘復’。”（310 頁）

20. 卷四《大壯》注“持疑猶豫”。“豫”，撫州本、天禄本、岳本、八行本、十行本同，瞿藏本、纂圖本作“與”。《校勘記》云：“岳本、閩、監、毛本同，《釋文》：猶與，一本作預。按：與，豫之假借字，預又豫之俗字。”（317 頁）

21. 卷四《明夷》注“巧所辟也”。“巧”，八行本、十行本同，撫州本、天禄本、瞿藏本、纂圖本、岳本作“乃”。《校勘記》云：“閩、監、毛本同，古本、足利本‘巧’作‘乃’。”（318 頁）

22. 卷四《睽》注“未至於治先見殊怪”。“治”，十行本同，撫州本、天禄本、岳本、八行本作“洽”，瞿藏本、纂圖本作“合”。《校勘記》云：“閩、監、毛本同，岳本、錢本、宋本、足利本‘治’作‘洽’，古本‘治先’作‘合志’，一本‘治’作‘合志’二字。”（319 頁）

23. 卷四《睽》注“四剠其應”。“剠”，撫州本、瞿藏本、纂圖本、岳本、十行本同，天禄本作“剋”，八行本作“刺”。《校勘記》云：“岳本、閩、監、毛本同，錢本、宋本、古本‘剠’作‘刺’，《釋文》出‘四剠’。”（320 頁）

24. 卷四《蹇》注“往則失之”。撫州本、天禄本、纂圖本、岳本、十行本同，瞿藏本、八行

本作“往之則失”。《校勘記》云:“岳本、閩、監、毛本同,錢本、宋本、古本作‘往之則失’。”(320 頁)

25. 卷四《損》注“不敢宴安”。“敢”,撫州本、天禄本、八行本、十行本同,瞿藏本、纂圖本、岳本作“可”。《校勘記》云:“閩、監、毛本同,岳本、古本、足利本‘敢’作‘可’。”(321 頁)

26. 卷五《姤》注“正乃功成也”。“正”,天禄本、瞿藏本、纂圖本、十行本同,撫州本、八行本、岳本作“匹”。《校勘記》云:“閩、監、毛本同,岳本、宋本、古本、足利本‘正’作‘匹’,釋文‘正亦作匹’。”(323 頁)

27. 卷五《萃》注“已爲正配”。“配”,撫州本、八行本、十行本同,天禄本、瞿藏本、纂圖本、岳本作“妃”。《校勘記》云:“閩、監、毛本同,岳本、古本‘配’作‘妃’,釋文出‘正妃’。按:釋文‘正’云‘本亦作匹’。”(323 頁)

28. 卷五《鼎》注“飪孰也”。“孰”,撫州本、岳本、八行本、十行本同,天禄本、瞿藏本、纂圖本作“熟”。《校勘記》云:“岳本同,閩、監、毛本‘孰’作‘熟’。”(326 頁)

29. 卷五《震》注“威駭怠懈”。“懈”,撫州本、天禄本、瞿藏本、纂圖本、岳本同,八行本、十行本作“解”。《校勘記》底本作“懈”,云:“岳本、閩、監、毛本同,宋本‘懈’作‘解’。”(327 頁)

30. 卷五《歸妹》注“嫁而係娣”。“娣”,天禄本、瞿藏本、纂圖本、十行本同,撫州本、岳本、八行本作“姊”。《校勘記》云:“岳本、閩、監、毛本同,宋本、古本‘娣’作‘姊’。”按:岳本作“姊”不作“娣”,《校勘記》所云有誤。(328 頁)

31. 卷六《旅》注“止以明之,刑戮詳也”。“以”,撫州本、八行本、十行本同,天禄本、瞿藏本、纂圖本、岳本作“而”。《校勘記》云:“閩、監、毛本同,岳本‘以’作‘而’。”(329 頁)

32. 卷六《中孚》注“立誠篤至”。“至”,撫州本、天禄本、八行本、十行本同,瞿藏本、纂圖本、岳本作“志”。《校勘記》云:“宋本、閩本、古本、足利本同,岳本、監、毛本‘至’作‘志’。”(332 頁)

33. 卷六《小過》注“不爲責主”。“責”,天禄本、瞿藏本同,撫州本、纂圖本、岳本、八行本、十行本作“貴”。《校勘記》底本作“責”,云:“閩、監、毛本同,岳本、宋本、足利本‘責’作‘貴’。”(332 頁)

34. 卷六《既濟》注“以既濟爲安者”。“安”,撫州本、天禄本、瞿藏本、八行本、十行本作“家”,纂圖本、岳本作“象”。《校勘記》底本作“安”,云:“岳本、閩、監、毛本同,錢本、古本、足利本‘安’作‘象’,宋本作‘家’。案‘家’即‘象’之誤。”《校勘記》云岳本作“安”誤。(333 頁)

35. 卷六《既濟》注“故曰初吉終亂,終亂不爲自亂”。撫州本、天禄本、瞿藏本、八行本、十行本同,纂圖本、岳本不重“終亂”二字。《校勘記》出校云:“閩、監、毛本同,岳本、足利本不重‘終亂’二字,古本同,‘初吉終亂’下有‘也’字。”(333 頁)

以上僅據《校勘記》檢核各本,所録容有遺漏,但當可反映整體大勢。檢核結果與卷一比勘結果類似,撫州本、八行本一系,瞿藏本、纂圖本一系,兩個系列的區隔還是比較明顯的,而十行本仍與撫州本、八行本保持較高的一致性。以全部三十五條參錯異文統計，十行本與撫州本、八行本一致度最高，與撫州本相同者二十四條，與八行本相同者二十三條，關係顯然較近。與瞿藏本、纂圖本一致度最低，相同條目各爲九條。天禄本仍處於中間位置，十行本與其相同者有十五條。相較於《禮記》《左傳》等經十行本與余仁仲本、纂圖本爲一系，與撫州本、八行本相對立，十行本《周易兼義》的情形剛好相反，它的經注文本明顯屬於撫州本、八行本陣營，而與建陽坊刻經注本有較大區隔。

我們説十行本與撫州本、八行本異文較近，並不意味其直接來源於撫州本或八行本，無論是十行本與撫州本之間，或與八行本之間，包括撫州本與八行本之間，都各有相當程度的差異。八行本既有如第 12 條《履》注"而志存于五"保持與撫州本一致之處，也有如第 7 條《蒙》注"故包蒙吉也"擠刻入"曰"字之處，反映出八行本校刻過程中所發生的文字變異。十行本在第 11 條《履》注"履道尚謙，不喜處盈"、第 13 條《否》注"故茅茹以類"、第 14 條《謙》注"上承下接，勞謙匪解"，第 27 條《萃》注"己爲正配"等條目中表現出與撫州本的高度一致，但第 12 條《履》注"而志存于五"，第 25 條《歸妹》注"嫁而係娣"，同於瞿藏本、纂圖本而不同於撫州本，説明十行本《周易兼義》的經注文本，較撫州本爲代表的監刻一系，也已經有了一定程度的偏離。因我們所見十行本僅有元代翻刻本，距離十行本經注文本的底本來源，中間有相當的缺環，這種偏離發生在哪一環節尚難斷言。[①] 但八行本與十行本各自有相當數量的獨有異文，參錯異文中亦有不少差異，兩者經注文本當無直接繼承關係，十行本並非由八行本而來。此從顧永新《乾》卦注疏整體比勘中亦可見，從十行本與八行本注疏綴合方式的極大差異亦可見。而第 20 條《明夷》注"巧所辟也"，十行本獨同於八行本；第 22 條《蹇》注"往則失之"，八行本又獨同於瞿藏本，説明各本之間錯綜複雜的關係。

總體來看，目前所見元十行本雖然本身多有錯訛脱漏，作爲其底本的宋十行本或亦如是，但宋十行本所據以合刻的經注文本，應當來源較早，其文本更接近於撫州本及八行本。

四、經注本與十行本之《周易略例》

阮刻底本《周易兼義》缺《周易略例》，故阮本《周易兼義》九卷之後僅附刻《周易音義》，未附刻《周易略例》。今由柏克萊東亞圖書館所藏元刻元印十行本《周易兼義》可知，十行本《周易兼義》除附刻《周易音義》外，亦附刻有《周易略例》。撫州本卷七以下抄配所據爲他本，無法反映撫州本《周易略例》原貌，八行本又無《周易略例》，故此處我們引入宋刻本《周易集解》之《周易略例》作爲參照版本。

宋刻本《周易集解》，今藏德國柏林國立圖書館，凡六册十卷，現存殘卷四册卷六至十，末

① 目前所存最早的十行本《周易兼義》即柏克萊藏元刻元印十行本，其與宋十行本《周易兼義》之間已有一層翻刻，文字有所變異；而宋十行本注疏綴合時亦可能受到他本影響，文字上與來源文本有所不同。

附《周易略例》,全書圖像已在柏林國立圖書館網站公佈,頗便利用。此書爲唐李鼎祚蒐輯兩漢至唐三十餘家《易》注而成。其初刻於北宋慶曆間,南宋乾道初鮮于侃守資州時刻於學官,嘉定年間鮮于侃之子鮮于申之又於蜀地大字刻之,今存宋刻本《周易集解》據研究即嘉定年間蜀刻大字本。[①] 此本僅存卷五至十,卷十末題"易傳卷第十",另起葉題"周易略例　王弼",版心葉次另起,版心刻"略例"。據李鼎祚自序云:"其王氏《略例》,得失相參,采葑采菲,無以下體,仍附經末,式廣未聞。"則《周易集解》末附《略例》,乃自李氏撰作即如是。

以柏克萊藏元刻元印十行本《周易兼義》末附《略例》與天祿本、瞿藏本、纂圖本、岳本及宋刻《周易集解》本比勘,可以發現十行本《周易略例》與諸經注本差異極大,而與宋刻《周易集解》本具有令人驚異的一致性。筆者取《明彖》及《明爻通變》兩篇,以諸本與宋刻《周易集解》相校,短短篇幅得異文五十餘條,除各本獨有異文外,絶大多數異文十行本與《周易集解》同,與天祿本與瞿藏本、纂圖本及岳本不同,且有的文句差異極大。如《明彖》注"統論一卦功用之體,明辯也,辯卦體功用所由之主"(天祿本、瞿藏本、纂圖本、岳本如是,下同),十行本、《周易集解》作"統論一卦功用之體,明辯卦體所由之主"。"衆不能治衆,治衆者至少以治之也",十行本、《周易集解》三"治"字皆作"理"。"制其動者貞之一者也",十行本、《周易集解》"貞"下有"正"字。"天下之衆,衆皆无妄",十行本、《周易集解》"衆"字不重。"無爲之一者,道也,君也",十行本、《周易集解》無此句。"天地之運不足怪其大",十行本、《周易集解》"天地之運"作"天地大運"。"忠貞之用,終無踈遠",十行本、《周易集解》"忠貞"作"中正"。"明至少者爲至多之所主",十行本、《周易集解》作"明至少者多之所主"。"棄此一爻而舉二體",十行本、《周易集解》作"棄此中之一爻而舉二體"。"道能生物,君能養民",十行本、《周易集解》"民"作"人"。"非天下之至賾,神武之君,其孰能與於此",十行本、《周易集解》作"非天下之至賾,其誰能與於此"。《明爻通變》"不必均高卑也",十行本、《周易集解》作"不必限高下"。"道者虚無也",十行本、《周易集解》作"道者虚也",等等。岳本偶有與他經注本不同之處,《明彖》注"致由歸也,衆得皆存其存,有心歸於一,故無心於存,皆得其存也",岳本"有心"作"有必"。而十行本、《周易集解》此節注作"致猶歸也,衆皆所以得其存者,必歸於一也",無末二句。《明爻通變》注"身雖潛屈",天祿本、瞿藏本、纂圖本如是,岳本上有"初九"二字,與十行本及《周易集解》同。

從上述比勘來看,十行本《周易略例》與宋本《周易集解》所附《周易略例》有高度一致性,而與三種宋刻經注本有較大差别,且此種差别並非偶然的文字之異。天祿本、瞿藏本、纂圖本、岳本《周易略例》卷前皆有邢璹序,而十行本、宋本《周易集解》無此序。天祿本、瞿藏本、纂圖本題下有"略例者舉釋綱目之名,統明大理之稱,略不具也,例舉並也。然以先儒注《易》二十餘家,雖小有異同,而迭相祖述,雖比王氏所見特殊,故作《略例》二篇,以辯諸家之

① 〔日〕高田時雄:《宋刊本〈周易集解〉的再發現》,《國際漢學研究通訊》第2期,北京:中華書局,2011年;李致忠:《唐李鼎祚〈周易集解〉略考》,《文獻》2010年第4期。

惑，錯綜文理，具録之也”一節注文；十行本、《周易集解》及岳本無此段注文。天禄本、瞿藏本、纂圖本、岳本題“周易略例第十”或“周易略例卷第十”，十行本及《周易集解》僅題“周易略例”，無“第十”字樣。按《經典釋文》於“周易略例”題下有云：“此是輔嗣所作，既釋經文，故相承講之，今亦隨世音焉。或有題爲‘第十’者，後人輒加之耳。”則諸經注本《周易略例》題爲“第十”者爲後起。十行本與《周易集解》皆於卷末附刻《周易略例》，不題“第十”或“卷十”，當屬早期文本特徵。又《周易集解》多存唐諱，[①] 今《明象》注“衆不能治衆，治衆者至少以治之也”，諸經注本皆已回改作“治”，獨十行本與《周易集解》作“理”。“道能生物，君能養民”，諸經注本皆作“民”，獨十行本同《周易集解》作“人”。此諸例尤可證十行本《周易略例》之淵源甚古。

《明象》及《明爻通變》録得五十餘條異文中，亦有宋本《周易集解》獨異之處，約十餘條。如《明象》注“然則一爲君體，君體合道”，諸本皆如是，惟《周易集解》不重“君體”二字；“剛柔相乘，可立主以定也”，惟《周易集解》“乘”作“承”；注“夫陰陽相求之物，以所求貴也”，惟《周易集解》“相求”二字作空格；《明爻通變》注“情欲僞動，數莫能求”，惟《周易集解》作“情僞之動”；注“而聖明巧歷尚測不知”，惟《周易集解》“測不”作“不測”；“語成器而後有格”，惟《周易集解》無“器”字。[②] 十行本及天禄本、瞿藏本、岳本等亦各有少量獨有異文，一二條或三四條不等。整體來看，十行本附刻之《周易略例》與宋本《周易集解》附《周易略例》或無直接繼承關係，但兩者具有同源性，而與經注本《周易略例》有系統性差別。

以上對宋刻《周易》經注本與越刊八行本、元十行本具有特徵性的異文做了粗略梳理。從異文分佈情况看，十行本《周易兼義》最初據以合刻的經注文本，與撫州本、八行本較爲接近。十行本《周易兼義》所附《周易略例》亦更具早期版本特徵。又十行本《周易兼義》以釋文整體附刻於書末，題爲“經典釋文卷第一　周易音義”，保持《經典釋文》單行本特徵，其注疏綴合體例在諸注疏本中又最爲獨特。由以上種種現象看，十行本《周易兼義》的注疏綴合路徑、注疏綴合時間，與《禮記》《左傳》等經當有所不同。我們推測十行本《周易兼義》注疏合刻之初，蓋以類似撫州本一系的早期經注本（《周易略例》或另有來源）與單疏本綴合而成，其綴合時間當早於《禮記》《左傳》等經。[③] 當然這衹是就經注比勘所得粗淺的印象，還有待今後更全面深入的研究。

（張麗娟，北京大學《儒藏》編纂與研究中心研究員）

---

① 〔清〕劉毓崧《周易集解跋上篇》：“《郡齋讀書志》云‘鼎祚《集解》皆避唐諱’，今以《集解》全書核之，其中以‘代’字易‘世’字，以‘人’字易‘民’字，避太宗之諱也。以‘理’字代‘治’字，避高宗之諱也。以‘通’字代‘亨’字，避肅宗之諱也。”《通義堂文集》卷一，各句下原有小注，文繁不録。

② 《經典釋文》此處出“語成而後有格”，與《周易集解》同。

③ 一方面，《周易兼義》經注文本來源較早，而據李霖研究，其疏文來源亦較早，則其合刻時間當不會太晚；另一方面，若《周易》注疏合刻與《禮記》《左傳》時間相當，其時余仁仲本《九經》已成，《周易》完全可以仿效《禮記》等經用余仁仲本或類似版本作爲來源文本。

元明時代的福州與十行本注疏之刊修

張學謙

[摘　要] 元刻十行本注疏,除《爾雅註疏》外,皆可確認是元泰定間福州路所刻,版片存貯路學經史庫中。入明以後,版片仍存原處,至少歷經明前期、正德六年、正德十二年、正德十六年、嘉靖三年、嘉靖前期六次修版。從宋代到明代晚期,福州路(府)均注意保存、修補書版,同時也刊刻新書。刻書主要集中在重要的經史典籍,且往往部帙較大。與其他區域相較,福州官方刻書具有系統性、持續性的特點,其在出版史、書籍史上的地位值得重新評估。

[關鍵詞] 十行本　十三經注疏　福州　補版

一、元代福州路與十行本注疏的刊刻

十行本注疏因半葉十行而得名,[①]有宋刻、元刻之別。[②]南宋建陽坊刻十行本,今僅存三種:《附釋音毛詩註疏》(日本足利學校遺迹圖書館藏)、《附釋音春秋左傳註疏》(一部藏日本足利學校遺迹圖書館,另一部分藏中國國家圖書館和臺北故宫博物院)、《監本附音春秋穀梁註疏》(中國國家圖書館藏),前兩種皆劉叔剛刻本。[③]元十行本是以宋十行本爲底本翻刻的,其版片在明代屢經修補刷印,流傳較廣,未經明代修補的元刊元印本則甚爲稀見,目前所知僅有四種:《周易兼義》(美國伯克萊加州大學東亞圖書館藏)、《附釋音尚書註疏》(北京大學圖書館藏)、《附釋音春秋左傳註疏》(中國國家圖書館藏)、《孝經註疏》(中國國家圖書館

① "十行本"之得名較晚,據張麗娟考查,"'十行本'稱呼的廣爲流行,蓋自嘉慶間阮元《十三經注疏校勘記》以十行本爲底本校各經,又以十行本爲底本重刊《十三經注疏》",見氏著《宋代經注疏刊刻研究》第六章《建陽坊刻十行注疏本及其他宋刻注疏本》,北京:北京大學出版社,2013年,第362頁。

② 元刻十行本長期被誤爲宋刻,清人中僅顧廣圻等個別學者知爲元刻,阮元以此爲底本刊刻《十三經注疏》,仍稱"重刻宋本"。直至近代,經過傅增湘、長澤規矩也、汪紹楹、阿部隆一等中日學者的揭示,學界方纔逐漸認識到十行本有宋刻、元刻之别,今存十行本絶大多數爲元刻。關於前人對十行本認識的變遷,詳參張麗娟《宋代經注疏刊刻研究》,第361—372頁。可以補充的兩條史料是:孔繼涵《雜體文稿》卷二《重栞趙注孟子跋》(按:此跋作於乾隆三十八年)舉宋本趙注《孟子》與"元刻《十三經注疏》同者",是亦知有元刻十行本。孔氏并未詳述,但正確認識早於顧廣圻。孔氏藏有元十行本《孝經註疏》(今藏江西省樂平市圖書館),雖多數版片已爲明前期補版,但僅存的元版版心刻有"泰定三年"字樣。(郭立暄:《中國古籍原刻翻刻與初印後印研究·實例編》,上海:中西書局,2015年,第229頁)孔氏蓋據此書知有元刻十行本注疏。又蕭穆《敬孚類稿》卷八《記附釋音周禮注疏》云:"驗其字畫規格及紙色,確爲元代坊間仿宋刻麻沙本。然各卷中又時有補刊多葉,字畫稍細,紙色稍白,又確爲明代正嘉以前補刊之版。"雖已時值晚清,但蕭氏之認識仍超越同時代的藏書家。

③ 此外,劉叔剛刻本《附釋音禮記註疏》有清乾隆六十年(1795)和珅翻刻本,參見張麗娟《宋代經注疏刊刻研究》,第355—359頁。

藏)。[1] 實際上,元刻注疏並非一套完整的《十三經注疏》叢刊,其中《儀禮》無注疏合刻本,以楊復《儀禮圖》充之。《爾雅注疏》爲九行本,與其餘各經有異。從行款、版式、刻工的一致性上看,除《爾雅注疏》外的十二種十行本當是同一時段、同一地域所刊。[2] 十二種注疏版片體量巨大,當時的書坊絶無能力獨立承擔,這種統一的刊刻活動衹能是官方主導。至於刊刻時間,現在一般認爲在泰定(1324—1327)前後。[3] 刊刻地域雖然一般認爲在福建,但具體地點尚不明確。元版左右雙邊,版心白口,雙黑魚尾,上方刻大小字數,中刻"易幾""書充幾""秋充幾""經充幾"等簡略書名及卷次,下刻葉數及刻工名,左欄外有耳題記篇名。現將各經元版刻工開列如下(交叉刻工以下劃綫標誌):

1.《周易兼義》九卷《釋文》一卷《略例》一卷[4]

安卿、伯壽、德成、德甫、德山、德遠、高、古月、國祐、敬中、君善、君錫、賴、茂、仁甫、善慶、壽甫、禔甫、天易、王榮、王英玉、文仲、以清、應祥、余中、智夫、住。

2.《附釋音尚書註疏》二十卷[5]

蔡壽甫、陳伯壽、德山、德元、德甫、德成、葛二、二甫、古月、國祐、和甫、君錫、君善、茂卿、瑞卿、天錫、天易、王榮、文仲、葉德遠、以清、英玉、應祥、余安卿、仲高、住郎、子明。

3.《附釋音毛詩註疏》二十卷[6]

伯、宸(辰)、德、甫、國祐、進、君、孟、七才、謙、榮、山、時中、叔、天、王君粹、文仲、希、興宗、秀、埜、昌善、應、玉、元、枝、子明、子興。

4.《附釋音周禮註疏》四十二卷[7]

安卿、伯壽、伯秀、德甫、德山、德元、德遠、古月、國祐、和甫、君善、君錫、壽甫、彌高、茂、天易、王榮、王英玉、文仲、以清、應成、應祥、智夫、仲高、住郎、子明。

---

① 張麗娟:《國圖藏元刻十行本〈附釋音春秋左傳注疏〉》,《國學季刊》第 11 期,濟南:山東人民出版社,2018 年。

② 李霖:《宋本群經義疏的編校與刊印》,北京:中華書局,2019 年,第 325 頁。李霖所説的十二種有《爾雅注疏》而無《儀禮圖》,但《爾雅注疏》爲細黑口,無刻工,與元十行本注疏版式不合,反而與宋建刻十行本近似,故應分開討論。

③ 推定爲泰定前後的主要依據是元十行本《論語註疏解經》版心有"泰定四年程瑞卿""泰定丁卯王英玉",《附釋音周禮註疏》亦有"泰定四年王英玉"(據森立之《經籍訪古志》,《監本附音春秋公羊註疏》亦有"泰定四年"年號)刊記,見〔日〕長澤規矩也:《正德十行本注疏非宋本考》,《長澤規矩也著作集》第一卷,東京:汲古書院,1982 年,第 32—39 頁。此據蕭志强譯文,載《中國文哲研究通訊》第十卷・第四期《日本學者論群經注疏專輯》,第 41—47 頁。〔日〕阿部隆一:《阿部隆一遺稿集》第一卷《日本國見在宋元版本志經部・孟子註疏解經》,東京:汲古書院,1993 年,第 348—350 頁。

④ 據《柏克萊加州大學東亞圖書館藏宋元珍本叢刊》(北京:中華書局,2014 年)影印元刻元印本,亦見《伯克萊加州大學東亞圖書館中文古籍善本書志》,上海:上海古籍出版社,2005 年,第 3 頁。

⑤ 據北京大學圖書館藏元刻元印本(LSB/2659)。郭立暄據上海圖書館藏元刻明修本記録元版刻工,亦基本一致,見氏著《中國古籍原刻翻刻與初印後印研究・實例編》,第 259 頁。

⑥ 據臺灣"國家圖書館"藏元刻明修本(00235),參見長澤規矩也《静盦漢籍解題長編》(上海:上海遠東出版社,2015 年,第 15—16 頁)及《"國家圖書館"善本書志初稿・經部》(臺北:臺灣"國家圖書館",1996 年,第 70 頁)。《舊京書影》(北京:人民文學出版社,2011 年)載北平圖書館藏舊内閣大庫殘本,從圖像看,版面十分清晰,似未經明修。(第 3、37 頁)

⑦ 據臺灣"國家圖書館"藏元刻明修本(00346),參見《"國家圖書館"善本書志初稿・經部》(第 96 頁)。此本爲明初修版印本,卷三三末葉版心刻"泰定四年王英玉"。《阿部隆一遺稿集》第一卷《日本國見在宋元版本志經部》亦著録刻工(第 297 頁)。

5.《儀禮》十七卷《儀禮圖》十七卷《儀禮旁通圖》一卷[①]

伯玉、德謙、范興、貢、漢臣、季和、進秀、時中、叔、王君粹、希孟、興宗、昭、昭甫、鄭七才、智文、子、子仁、子興、子應、應、宗文、文甫。

6.《附釋音禮記註疏》六十三卷[②]

伯、辰、崇、國祐、明、埜、子。

7.《附釋音春秋左傳註疏》六十卷[③]

安卿、粹、德成、德甫、德遠、古月、國祐、君善、君美、茂、孟、謙、善卿、善慶、壽甫、天、鐵筆、王仁甫、王榮、王英玉、文粲、希、以清、應祥、余中、正、仲高、朱亨、朱文、子。

8.《監本附音春秋公羊註疏》二十八卷[④]

安卿、伯壽、德甫、德遠、高、古月、敬中、君美、君錫、李、茂、丘文、仁甫、山、善卿、善慶、禔甫、壽甫、天易、王榮、王英玉、文、文粲、以德、以清、應祥、余中、仲、住。

9.《監本附音春秋穀梁註疏》二十卷[⑤]

安卿、伯壽、德遠、敬中、君美、君善、茂卿、丘文、仁甫、善卿、善慶、禔甫、壽甫、天易、以德、以清、英玉、應祥、余中、住郎、正卿、仲高。

10.《孝經註疏》九卷[⑥]

蔡壽甫、程瑞卿(泰定二年程瑞卿)、崔德甫、劉德元、劉和甫、王榮、王英玉(泰定丙寅英玉、泰定三年英玉)、葉德遠。

11.《論語註疏解經》二十卷[⑦]

蔡壽甫、程瑞卿(泰定四年程瑞卿)、崔德甫、德成、德山、胡古月、江住郎、江子明、劉德元、劉和甫、茂卿、天易、天錫、王國祐、王君錫、王榮、王英玉(泰定丁卯王英玉)、葉德遠、以德、以清、詹應祥。

---

① 據臺灣"國家圖書館"藏元刻明修本(00393),參見長澤規矩也《静盦漢籍解題長編》(第 25—26 頁)及《"國家圖書館"善本書志初稿·經部》(第 107 頁)。《阿部隆一遺稿集》第一卷《日本國見在宋元版本志經部》亦著録刻工(第 299 頁)。

② 據臺灣"國家圖書館"藏元刻明修本(00413),參見《"國家圖書館"善本書志初稿·經部》(第 113—114 頁)。所見各本均修版至明嘉靖初,元版所剩無幾,刻工模糊難辨。

③ 據中國國家圖書館藏元刻元印本(善 03288),亦見張麗娟《國圖藏元刻十行本〈附釋音春秋左傳注疏〉》,略有出入。

④ 據臺灣"國家圖書館"藏元刻明修本(00650),參見《"國家圖書館"善本書志初稿·經部》(第 174 頁)。《阿部隆一遺稿集》第一卷《日本國見在宋元版本志經部》亦著録刻工(第 337 頁)。

⑤ 據中國國家圖書館藏元刻明修本(善 03290)。此本僅有四葉明補版(卷五葉九、十,卷十五葉十三、十四)和兩葉鈔配(序葉三、四,據元版鈔配),餘皆元版。從補版葉版式和刻工(仲刊、豪)看,應是正德十二年補刊,但版心年號經書賈割補,今已不存(參見善 00851 同葉)。同館善 07285 補版、鈔配及割補情況與此本相同,張元濟《涵芬樓燼餘書録》(《張元濟全集》第 8 卷,北京:商務印書館,第 202—203 頁)著録,并録刻工,可參看。北京大學圖書館藏李盛鐸舊藏本亦僅四葉補版,見張麗娟《宋代經書注疏刊刻研究》(第 378 頁),録有部分刻工。

⑥ 據中國國家圖書館藏元泰定三年刻本(善 05499),亦見郭立暄《中國古籍原刻翻刻與初印後印研究·實例編》,第 229 頁。

⑦ 據臺灣"國家圖書館"藏元刻明修本(00744),參見長澤規矩也《静盦漢籍解題長編》(第 52—53 頁)及《"國家圖書館"善本書志初稿·經部》(第 198—199 頁)。

12.《孟子註疏解經》十四卷[①]

伯、宸、君祐、山、昌善、枝、中、仲明。

可見十二種十行本注疏確實是同一批刻工所刻。當時不僅覆刻十行本注疏，還覆刻了南宋建陽刻十行本正史。現存的有《晋書》《唐書》《五代史記》三種，亦半葉十行，白口，雙魚尾，版心上記大小字數，下記刻工名，左欄外有耳題，版式與元十行本注疏相同。《晋書》刻工仲明，《唐書》刻工德謙、子明、王君粹、王榮、君美、茂卿、范興、德成，《五代史記》刻工仲明等，均與十行本注疏重疊。[②]《唐書》卷一首葉版心更有"己巳冬德謙刊"六字，己巳當天曆二年(1329)，僅後於十行本注疏中的"泰定四年"兩年。諸經注疏和正史大概是在相近時段的同一地域刊刻，版片明代存貯福州府學，屢經修版。洪武二十一年(1388)，福建布政使司曾進呈《禮記註疏》三十一部。[③] 又楊士奇(1365—1444)曾得《春秋左傳註疏》《南史》《北史》《新唐書》諸書，均謂"刻板在福州府學"。[④] 既然十行本經史版片明初即在福州府學，從情理推斷，其元代刊刻者應該就是福州路。另一個證據是，十行本經史的刻工也參與了不少元代中期福州路的刻書活動，如仁甫、文仲、伯玉、和甫、余安卿、壽甫等見於南宋福唐郡庠刊《漢書》《後漢書》的元大德至元統間補版，[⑤] 王英玉、王仁甫、王君粹、〔王〕智夫、伯玉、〔丁〕君美、〔虞〕君祐等見於元至大二年三山郡庠刊《通志》，[⑥] 子明、昌善、應祥、仲明、君善、君祐、英玉、德祐、德成、德甫、德遠、茂卿等見於元福州刊《晦庵先生朱文公文集》。[⑦] 實際上，阿部隆一已經注意到了這一現象，但由於對部分版本和刻工的認定存在問題，以及受限於版片明代轉移到南京國子監的錯誤認識，僅存疑待考，未能得出準確結論。[⑧]

十行本經史刻成後，版片當存貯於福州路學經史庫中。弘治《八閩通誌》卷七三《宮室·福州府·閩縣》云：

---

① 據臺灣"國家圖書館"藏元刻明修本(00761)，參見《"國家圖書館"善本書志初稿·經部》(第205—206頁)。《阿部隆一遺稿集》第一卷《日本國見在宋元版本志經部》亦著録刻工(第347頁)。

② 〔日〕尾崎康著，〔日〕喬秀岩、王鏗編譯：《正史宋元版之研究》，北京：中華書局，2018年，第463、640、668頁。單名刻工重疊者更多，不俱列。

③ 《明實録·明太祖實録》卷一八八，臺北："中央研究院"歷史語言研究所，1962年，第5頁a。

④ 〔明〕楊士奇：《東里文集》卷一〇《新唐書》，影印明萬曆刻遞修本，沈乃文主編：《明别集叢刊》第1輯第25册，合肥：黄山書社，2013年，第598頁下欄b。〔明〕楊士奇：《東里文集續編》卷一六《春秋左傳二集》，中國國家圖書館藏明嘉靖二十九年(1550)黄如桂刻本(善13383)，第15頁a。〔明〕楊士奇：《東里文集續編》卷一八《南北史》，第22頁b。

⑤ 〔日〕尾崎康著，〔日〕喬秀岩、王鏗編譯：《正史宋元版之研究》，第306—309、362—363頁。馬清源認爲所謂"景祐本"、福唐郡庠本、明正統八年翻刻本一脉相承，是一種版本遞經修補演化而成。因此，福唐郡庠本并非一種單獨的版本，而是一個中間過渡的印本狀態。但馬氏也認爲"景祐本"《漢書》刊刻之後版片一直置於福州州學，於州學内不斷修補刷印，故不影響本文之推論。參氏著《〈漢書〉版本之再認識》，《版本目録學研究》第五輯，北京：北京大學出版社，2014年。

⑥ 〔日〕尾崎康：《日本現在宋元版解題·史部》上，《斯道文庫論集》第二十七輯，1992年，第270—271頁。《"國家圖書館"善本書志初稿·史部》，臺北："國家圖書館"，1997年，第18—20頁。

⑦ 郭立暄：《中國古籍原刻翻刻與初印後印研究·實例編》，第233頁。郭氏定爲元代建刻。今按：據明蘇信《重刊晦庵先生文集序》(見明嘉靖十一年福建按察司刻本書首)"是集舊刻閩臬"，知此本刻於福州。

⑧ 〔日〕阿部隆一：《阿部隆一遺稿集》第一卷《日本國見在宋元版本志經部》，第348—350頁。

> 經史閣,在御書閣後,即舊九經閣也。宋大觀二年詔曰:“比聞諸州學有閣藏書,皆以經史名,方今崇八行以迪多士,尊六經以黜百家,史何足云,可賜名曰‘稽古’。”紹熙四年帥守辛棄疾重修,仍扁曰“經史”。朱文公爲記,景定四年燬。咸淳二年帥守吴革重建,閣之下扁曰“止善堂”。元至大二年以止善堂爲經史庫,凡書板皆貯於此。…… 閣在府學内。①

可見此閣原爲藏書之所,元至大二年(1309)改爲經史庫,用於存貯書版。劉壎《隱居通議》云:“近大德歲間,東宫有令下福州刊《通志》…… 凡萬幾千板,裝背成凡百十册。”② 福州路學刊刻《通志》出於上命,版心刻工所鐫時間恰是至大二年,萬餘版所需存儲空間較大,以止善堂爲經史庫或許與此有關。此後福州路刻書版片自然都會存貯於經史庫。

二、明代福州府與十行本注疏的版片修補

前人長期以爲元十行本注疏的版片入明後轉歸南京國子監,屢經修補刷印,故稱“南監本”或“南雍本”,此誤説已經郭立暄、程蘇東等學者廓清。③ 十行本注疏版片明代應仍存貯於福州府學經史庫内,遞經修補。府學在府城南興賢坊内。④ 十行本《周易兼義》現存元刻元印本及明前期、正德間、嘉靖間四個不同時期的印本,⑤ 故可以此書爲例,並參考其他各經,通過比對前後印本的版面情況,確認十行本注疏各期修補的時間和特徵。

(一)明前期。補版版式與元版相近,但版心變爲黑口,無補版時間及刻工名,字體鬆垮,與元版較易區别。(圖一)⑥ 嘉靖修補印本中,此類版片漫漶程度僅次於元版,故修補時間當在明代前期。此次修補,《周易兼義》補版約二十葉。⑦《孝經註疏》則替換了大多數版片。⑧

---

① 〔明〕黄仲昭修纂:《八閩通誌》卷七三《宫室》,日本國立公文書館藏明弘治四年(1491)刻本,第 1 頁 b。

② 〔元〕劉壎:《隱居通議》卷三一《雜録 · 夾漈通志》,〔清〕潘仕成輯:《海山仙館叢書》,清道光咸豐間番禺潘氏刻光緒中補刻本,第 7—8 頁。據《元史 · 成宗紀》,大德九年六月立德壽爲皇太子,十二月皇太子德壽薨,大德間東宫存在的時間僅有半年。疑劉氏所記時間稍有不確,或是大德九年令下,而遷延至武宗至大二年方開版。

③ 郭立暄:《元刻〈孝經註疏〉及其翻刻本》,《版本目録學研究》第二輯,北京:國家圖書館出版社,2010 年,第 309—310 頁。程蘇東:《“元刊明修本”〈十三經注疏〉修補彙印地點考辨》,《文獻》2013 年第 2 期。

④ 〔明〕黄仲昭修纂:《八閩通誌》卷四四《學校》,第 2 頁 a。

⑤《周易兼義》的明前期修補印本僅日本静嘉堂文庫有藏,參見〔日〕阿部隆一《阿部隆一遺稿集》第一卷《日本國見在宋元版本志經部》,第 248—249 頁。

⑥《孝經註疏》對比圖,參見郭立暄《中國古籍原刻翻刻與初印後印研究 · 圖版編(實例)》,第 87 頁。

⑦ 杜以恒:《元刊明修十行本〈周易兼義〉墨丁考》,未刊稿。

⑧ 郭立暄:《中國古籍原刻翻刻與初印後印研究 · 實例編》,第 229 頁。按:郭氏定爲明前期翻刻本,謂《中國古籍善本書目》作“元泰定三年刻明修本”未確。然又言“序文末葉、卷一末葉版心鐫有‘泰定三年’字樣”,似仍存有兩葉元版。

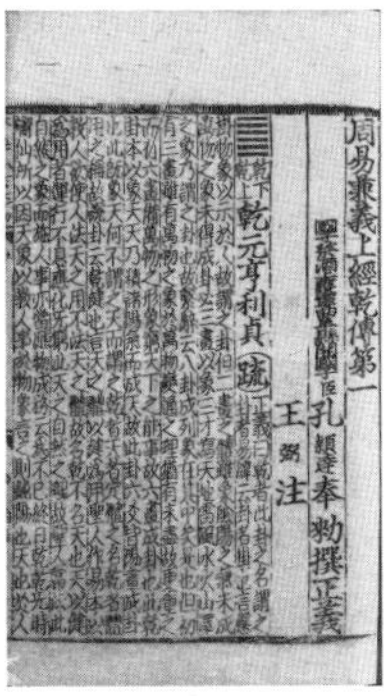

左：《周易兼義》元刻元印本（美國伯克萊加州大學藏）　　右：《周易兼義》明前期補版（日本静嘉堂文庫藏）

圖一

（二）正德六年。補版版式爲四周雙邊，雙黑魚尾，多白口，版心上方有“正德六年刊”字樣，中刻謄録工名（如“王世珍謄”），下方爲刻工名。偶有版心下方大黑口者，鎸陰文刻工名（如“徐伯文刊”）。此次修補，《周易兼義》補版僅二葉，[1]而《孝經註疏》的全部版片均經替换，重刻全書。[2]元覆宋建陽刻十行本《晋書》《唐書》《五代史記》亦有同期補版。[3]

（三）正德十二年。補版版式爲四周單邊，單黑魚尾（偶有四周雙邊，雙魚尾相對，上花魚尾，下黑魚尾在葉數下，刻工：興）。部分版心上方刻“正德十二年”字樣，上魚尾與書名間有“○”，版心中偶有校勘者刊記（如“張重校”“張校正”“張通校”等），下方有刻工名（如“清”“廷”“冒”“江三”“豪”“佛貟”“劉立”等）。此次補版數量較大，《周易兼義》有二十九葉，佔全書之比逾百分之八。[4]

（四）正德十六年。補版版式爲四周單邊（偶有四周雙邊），雙黑魚尾，大黑口，版心上方刻“正德十六年”，下無刻工。此次補版僅見於《儀禮圖》《附釋音春秋左傳註疏》《論語註疏解經》三種。[5]

（五）嘉靖三年。補版版式爲四周單邊或左右雙邊，白口，雙黑魚尾，版心上方刻“嘉靖三年刊”或“嘉靖三年新刊”字樣。此次並非大規模修補，補版僅見於《附釋音禮記註疏》的個别版片。[6]汪文盛於嘉靖二年任福州知府，[7]任内據陳鳳梧本翻刻《儀禮注疏》，[8]亦半葉十行，

① 杜以恒：《元刊明修十行本〈周易兼義〉墨丁考》。

② 郭立暄：《中國古籍原刻翻刻與初印後印研究·實例編》，第229頁。

③ 〔日〕尾崎康著，〔日〕喬秀岩、王鏗編譯：《正史宋元版之研究》，第462、642、668頁。

④ 杜以恒：《元刊明修十行本〈周易兼義〉墨丁考》。

⑤ 楊新勛：《元十行本〈十三經註疏〉明修叢考——以〈論語註疏解經〉爲中心》，《南京師範大學文學院學報》2019年第1期。

⑥ 《“國家圖書館”善本書志初稿·經部》，第114頁。楊新勛：《元十行本〈十三經註疏〉明修叢考——以〈論語註疏解經〉爲中心》。

⑦ 〔明〕葉溥修，〔明〕張孟敬等纂：《（正德）福州府志》卷一七《官政志·名宦》，明正德十五年（1520）刻嘉靖間增刻本，中國國家圖書館藏，第25頁a。按：嘉靖增補正德志原文作“嘉靖癸未知福州府”，而萬曆志、乾隆志均作嘉靖三年，未知孰是。

⑧ 廖明飛：《〈儀禮〉注疏合刻考》，《文史》2014年第1期。李開升：《〈儀禮注疏〉陳鳳梧本、汪文盛本補考》，《文史》2015年第2期。按：李文推測汪文盛離任時間爲嘉靖五年五月至十二月間，然《（嘉靖）羅川志》卷三《觀寺志第十五·佑聖宫》（明嘉靖二十四年刻本，第7頁a）云“至嘉靖丁亥年，郡公汪文盛毁前宇以築城址”，則汪氏嘉靖六年時仍在任。

應是爲補足一套《十三經註疏》。嘉靖三年的個别補版,或即此次刻書時補刊。

(六)嘉靖前期。補版版式爲四周單邊,白口,雙魚尾相對,字體趨於方正。版心刻"懷浙胡校""林重校""林重校訖""蔡重校""運司蔡重校"等字様,版心下方爲刻工名,無年號標識。檢元十行本他經注疏之嘉靖補板,版心尚有"閩何校""侯番劉""侯吉劉""懷陳校""府舒校"等字様。元十行本《晋書》《唐書》亦有同期補版,版心刻"府劉校"。[①] 據《明史·地理志》,福州府領縣中有閩縣、侯官、懷安,[②]"閩何校"等乃以任職縣名或機構名加姓氏標識校勘者,爲區别同官同姓,又加本人籍貫。"懷浙胡"當爲胡道芳,浙江歙縣人。嘉靖二年進士,嘉靖初任懷安縣知縣,[③] 嘉靖九年任監收船料南京户部分司主事。[④]"運司蔡"當爲蔡芳,浙江平陽人。嘉靖九年前後任福建都轉運鹽使司副使。[⑤]"閩何"當爲何器,廣東南海人。嘉靖七年前後任閩縣儒學訓導。[⑥]"侯番劉"當爲劉文翼,廣東番禺人。[⑦]"侯吉劉"當爲劉簪,江西吉安人。[⑧] 以上二人嘉靖間均任侯官縣儒學訓導。[⑨]"府劉"或爲劉金,湖廣漢陽人,嘉靖間任福州府學教授。[⑩]"府舒"當爲舒鏊,福州府儒學訓導。嘉靖十一年福建按察司刻《晦庵先生朱文公文集》《續集》《别集》,各卷末署名有"福州府儒學訓導舒鏊校""閩縣學訓導何器校""侯官縣儒學訓導劉簪校",其校勘者與十行本嘉靖補版有重疊。[⑪] 由此可見,此次補版的校勘者,除了一位知縣、一位轉運司副使外,多是府學、縣學的訓導。雖然涉及一府、一司、三縣,但實際上閩、侯官、懷安三縣同治於府城,府學、縣學、運司亦在其中(圖二、圖三),再次印證了元刊明修十行本《十三經注疏》在福州府修補、彙印一事。此次修補,抽换元版數量巨大,《周易兼義》本期補版佔全書百分之六十以上,《論語註疏解經》佔比亦達百分之四十。[⑫] 此次修補,版心未刻具體年份,但可框定在嘉靖三年至十五年間。[⑬] 考慮到以上校勘者的任職時間,修補活動在嘉靖七年至九年間的可能性較大。

---

① 〔日〕尾崎康著,〔日〕喬秀岩、王鏗編譯:《正史宋元版之研究》,第462、642頁。

② 《明史·地理志》福州府領九縣,其中侯官縣下注云:"侯官……西北有懷安縣,洪武十二年移入郭内,與閩、侯官同治,萬曆八年九月省。"懷安萬曆八年(1580)方省入侯官,嘉靖時尚爲福州府屬縣之一。

③ 〔明〕葉溥修,〔明〕張孟敬等纂:《(正德)福州府志》卷一四《官政志·職官》,第45頁b。

④ 〔明〕楊洵修等纂:《(萬曆)揚州府志》卷八《秩官志上》,明萬曆刻本,第9頁b。

⑤ 〔明〕葉溥修,〔明〕張孟敬等纂:《(正德)福州府志》卷一三《官政志·職官》,第51頁a。王理孚修,符璋、劉紹寬纂:《平陽縣志》卷三七《人物志六》,民國十五年刻本,第20頁a。以上二人已經李振聚考得,見氏著《〈毛詩注疏〉版本研究》,山東大學博士學位論文,濟南,2018年,第138—139頁。

⑥ 《嘉靖七年順天府鄉試録》,明嘉靖七年(1528)刻本,第1頁b。

⑦ 〔清〕任果等纂:《(乾隆)番禺縣志》卷一三《選舉下·貢生》,清乾隆三十九年(1774)刻本,第4頁a。

⑧ 〔明〕余之禎修,〔明〕王時槐纂:《(萬曆)吉安府志》卷九《選舉表六·貢士》,明萬曆十三年(1585)刻本,第13頁a。

⑨ 〔明〕葉溥修,〔明〕張孟敬等纂:《(正德)福州府志》卷一四《官政志·職官》,第44頁b。

⑩ 〔明〕葉溥修,〔明〕張孟敬等纂:《(正德)福州府志》卷一四《官政志·職官》,第30頁a。

⑪ 〔宋〕朱熹:《晦庵先生朱文公文集》一百卷《續集》十一卷《别集》十卷,《四部叢刊初編》影印明嘉靖刻本。

⑫ 杜以恒:《元刊明修十行本〈周易兼義〉墨丁考》。楊新勛:《元十行本〈十三經註疏〉明修叢考——以〈論語註疏解經〉爲中心》。

⑬ 李元陽刻本的刊刻時間在嘉靖十五年至十七年間,參見王鍔《李元陽本〈十三經注疏〉考略——以〈禮記注疏〉〈儀禮注疏〉爲例》,《〈禮記〉版本研究》,北京:中華書局,2018年,第434—445頁。李振聚認爲,此本的實際刊刻者是江以達(嘉靖十四年至十七年間任福建按察司提學僉事),參見氏著《〈毛詩注疏〉版本研究》,第151—156頁。

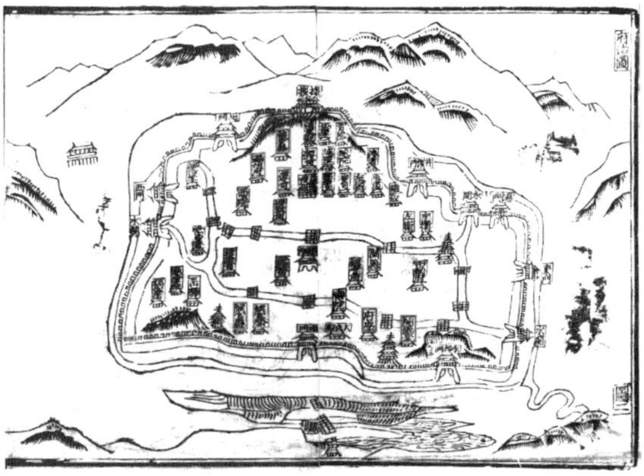
圖二：明正德間福州府城圖（正德《福州府志》）

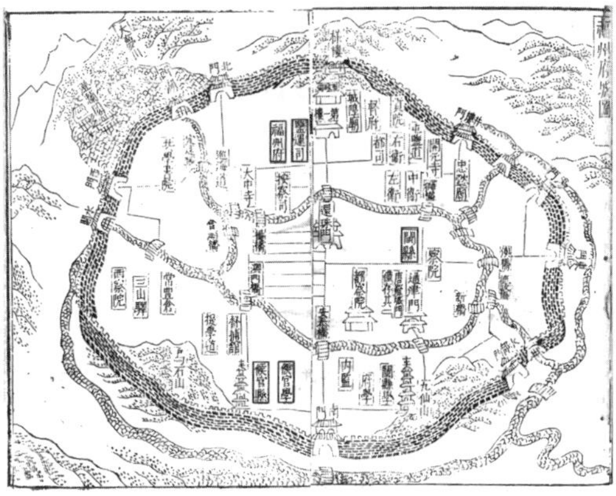
圖三：明萬曆間福州府城圖（萬曆《福州府志》）

三、關於福州官方刻書的延伸思考

經過上文分析，除《爾雅註疏》外的十二種十行本注疏，皆是元泰定間福州路所刻，版片存貯路學經史庫中。入明以後，版片仍存原處，至少歷經明前期、正德六年、正德十二年、正德十六年、嘉靖三年、嘉靖前期六次修版，並屢經刷印。通過對十行本注疏這一案例的分析，可以引發我們對福州出版史的一些思考。

提及元代福建刻書，人們想到的往往是建陽書坊，而對當時的官方刻書則關注不多。張秀民在《中國印刷史》中說元代福州刻書無可稱述，[①] 這種認識顯然有失偏頗。從宋代到明代晚期，福州路（府）均注意保存、修補書版，持續時段之長僅次於南宋國子監—元西湖書院—明南京國子監的書版變遷。在前後三朝的時段裏，福州路（府）不僅修補前代舊版，同時也刊刻新書。作爲官方，福州路（府）的刻書主要集中在重要的經史典籍，且往往部帙較大。元代刻書，除了上文提及的十行本注疏、十行本正史、《通志》、《晦庵先生朱文公文集》，還有至正七年刻《樂書》二百卷、《禮書》一百五十卷等，以上各書在明代多經修補重印，影響深遠。總之，宋元明三朝，與其他區域相較，福州官方刻書具有系統性、持續性的特點，其在出版史、書籍史上的地位值得重新評估。

附記：本文曾在北京大學中國古文獻研究中心主辦的“2019 年中國古典文獻學新生代研討會”上宣讀，得到北京師範大學文學院董婧宸老師、寧波天一閣博物館李開升老師的指教，謹致謝忱。

（張學謙，北京大學中文系助理教授）

① 張秀民著，韓琦增訂：《中國印刷史》上，杭州：浙江古籍出版社，2006 年，第 198 頁。

上博簡《詩論·關雎》章的編聯與復原*

張固也　王　傑

[摘　要] 上博簡《詩論》關於《關雎》等詩的論述共有八枚殘簡,現有各家編聯方案所排簡序都存在一些問題,還有不少缺文没有補出。本文在前人編聯方案基礎上,提出一個調整意見,並嘗試補齊缺文,形成一個比較完整的復原文本。其層次清晰,結構嚴謹,首尾呼應,獨立成章,可以擬名爲"《關雎》章"。

[關鍵詞] 上博簡　詩論　關雎

上海博物館藏戰國楚竹書中有一篇重要的《詩》學文獻,整理者命名爲"孔子詩論"。[②] 它在上博簡中最早公佈於世、長期受到學界關注、研究成果最爲豐富,僅筆者所見編聯分章方案就多達二十五種以上。[③] 其中簡 10 合論《關雎》等七篇《國風》之詩,另有幾枚殘簡文字與之相關,整理者依次編排爲簡 11 至 16。其後學者在討論簡序時,對這七簡的順序也有所調整,並多傾向於將簡 24 前移到這組簡文末尾或中間,合成一組,或稱之爲"《關雎》七篇",或稱之爲"《關雎》組"。然而,筆者仔細比較現有各家編聯方案,發現都還有些不盡合理的地方,且迄今無人做過系統的復原。本文在時賢研究基礎上,提出一點新的編聯意見,並嘗試補齊缺文,擬成一個比較完整的復原文本。其層次清晰,結構嚴謹,首尾呼應,獨立成章,可以擬名爲"《關雎》章"。這對《詩論》全篇的編聯、復原和研究,都具有一定的啓發意義。

---

① 本文是國家社科基金項目"竹簡《文子》復原與研究"(15BZS009)的階段性成果。

② 馬承源:《上海博物館藏戰國楚竹書》(一),上海:上海古籍出版社,2001 年,第 11—42 頁圖版,第 119—168 頁釋文考釋。下引此書不再出注。另,爲行文簡潔,以下提到各學者一律不加先生等敬稱,望見諒。

③ 曹建國曾將馬承源、李學勤、廖名春、李零、姜廣輝、曹峰、季旭昇、李鋭、范毓周、李守奎、濮茅左、曹建國、黄懷信、馮時、俞志慧等十五家編聯方案列爲一表,並提出他本人的第二種新方案,見氏著《楚簡與先秦〈詩〉學研究》,武漢:武漢大學出版社,2010 年,第 77—78、85—88 頁。此外,僅筆者零星所見尚有如下七家:江林昌:《試析上博簡〈詩説〉的編聯與結構》,《齊魯文化研究》2003 年總第二輯,第 143—151 頁;徐正英:《上海博物館藏〈戰國楚竹書·孔子詩論〉簡序與簡文復議》,陳飛主編:《中國古典文學與文獻學研究》第二輯,北京:學苑出版社,2003 年,第 80—93 頁;康少峰:《〈詩論〉簡制、簡序及文字釋讀研究》,四川大學博士學位論文,成都,2005 年,第 72—92 頁;陳斯鵬:《戰國竹簡〈詩論〉編聯新探》,《簡帛文獻與文學考論》,广州:中山大學出版社,2007 年,第 23—36 頁;馬銀琴:《戰國楚簡與〈詩〉在楚國的傳播》,《周秦時代〈詩〉的傳播史》,北京:社會科學文獻出版社,2011 年 7 月,第 143—162 頁;曾子瀠《〈孔子詩論〉的整理及其與四家〈詩〉的比較》,復旦大學碩士學位論文,上海,2009 年,第 23—63 頁;趙苑夙《上博楚簡〈孔子詩論〉文字研究》,臺北:花木蘭文化出版社,2012 年,第 18—19 頁;侯乃峰:《上博楚簡儒學文獻校理》,上海:上海古籍出版社,2018 年 6 月,第 1—40 頁;賈旭東:《〈孔子詩論〉綜合研究》,吉林大學博士學位論文,長春,2020 年 6 月,第 54—69 頁。此外,晁福林認爲"《詩論》簡可能應當分爲四個部分",並提出一個大概的簡序,與其逐簡分析有所矛盾,兹不計入,見氏著《上博簡〈詩論〉研究》,北京:商務印書館,2013 年,第 18 頁。

一、《關雎》章編聯

目前學界關於《關雎》章及相關殘簡的編聯分章方案，據筆者所見共有十家。兹將各家排序先後列之於下，以方便讀者比較其異同：

馬承源：10→11→12→13→14→15→16→17－23→24
李學勤：10→14→12→13→15→11→16→24①
李　零：11→16→10→12→13→14→15→24②
曹　峰：10→11→14→12→13→15③
范毓周：10→11→19→15→16→12→14→13→24④
李守奎：10→12→13→15→14→11→16→17－23→24⑤
濮茅左：10→14→15→11→12→13→16→20→24⑥
俞志慧：10→14→11→12→13→15→16→24⑦
曹建國：10→14→15→11→16→24→20→19→12→13⑧
馮　時：10→12→13→14→15→11→16→24⑨

在以上編聯方案中，馬承源作爲竹書整理者，其所排簡序成爲各家討論的基礎。他以出現七個篇名的簡10居首，簡12和13相同句式連接居中，簡16有“孔子曰”而居尾，大體可從。他把簡15放在簡16前，没有看出簡24可以緊接在簡16下，雖皆有誤，影響不大。然而他考釋簡14時説：“此文先論《鵲巢》，次論《關雎》，與此前所論篇名的次序不同，文意可

① 李學勤在2001年12月29日清華大學的簡帛研討班上，提出了《詩論》的新編聯和分章方案，2002年1月《國際簡帛研究通訊》第2卷第2期首次發表其釋文。又見《〈詩論〉簡的編聯與復原》，《中國哲學史》2002年第1期，第5頁；《〈詩論〉與〈詩〉》，《中國哲學》第二十四輯《經學今詮三編》，瀋陽：遼寧教育出版社，2002年，第121—134頁；《〈詩論〉説〈關雎〉等七篇釋義》，《齊魯學刊》2002年第2期，第90頁。

② 李零：《上博楚簡校讀記（之一）》，簡帛研究網（www.bamboosilk.org）2002年1月4日；後收入《上博楚簡三篇校讀記》，北京：中國人民大學出版社，2009年，第3—37頁。

③ 曹峰：《試析上博楚簡〈孔子詩論〉中有關“關雎”的幾支簡》，簡帛研究網（www.bamboosilk.org）2001年12月26日；又載《楚地出土資料與中國古代文化》，東京：汲古書院，2002年。按：關於《關雎》章的編聯，曹氏後改從李學勤之説，見氏撰《對〈孔子詩論〉第八簡以後簡序的再調整》，朱淵青、廖名春主編：《上博館藏戰國楚竹書研究》，上海：上海書店出版社，2002年，第199—209頁。

④ 范毓周：《上海博物館藏楚簡〈詩論〉的釋文、簡序與分章》，簡帛研究網，2002年2月3日；又載《上博館藏戰國楚竹書研究》，第173—186頁。

⑤ 李守奎：《戰國楚竹書〈孔子詩論〉“邦風”釋文訂補》，《古籍整理研究學刊》2002年第2期，第8頁。

⑥ 濮茅左：《〈孔子詩論〉簡序解析》，朱淵清、廖名春主編：《上博館藏戰國楚竹書研究》，第9—50頁。文後附録“《孔子詩論》竹書現狀”。

⑦ 俞志慧：《〈孔子詩論〉五題》，朱淵清、廖名春主編：《上博館藏戰國楚竹書研究》，第307—326頁。

⑧ 曹建國：《論上博〈孔子詩論〉簡的編連》，簡帛研究網（www.bamboosilk.org）2003年4月11日。

⑨ 馮時：《戰國楚竹書〈子羔·孔子詩論〉研究》，《考古學報》2004年第4期，第377—418頁。

和前簡相連接,雖與上文相似而體例不一致,當是與前七篇不相連續的另一次論述。'兩矣',乃'百兩矣'的殘文。"這裏出現一個很關鍵的問題。廖名春最先指出:"從論《關雎》七篇的順序看,是《關雎》《樛木》《漢廣》《鵲巢》《甘棠》《緑衣》《燕燕》;從下文看,仍爲論《關雎》之語。因此,'兩矣,其四章則喻矣'不是論《燕燕》,就是論《關雎》,不可能是論《鵲巢》的殘文。"①這一錯誤的嚴重後果,季旭昇説得最爲中肯:"各家大都承馬承源先生的解釋,以爲'兩矣'是'百兩矣'的殘文,所以認爲這兩個字是屬於《鵲巢》篇的論述。其實這是没有證據的,由於這樣的誤釋,連帶地使得《孔子詩論》的編聯也跟着發生了錯誤,把13簡和14簡排在一起,以致兩簡的文義無法連貫。"②而由於簡14後移,連帶又導致簡11被前移,這是馬氏編聯出現問題的主要原因。因此,除了黄人二認爲這一編聯基本可行以外,③多數學者紛紛另行編排,或采用其他編聯方案。

李學勤没有詳述其編聯的理由,但他對這一組簡序的調整,顯然是從簡14突破的。正如季旭昇的分析:"簡14説'兩矣,其四章則喻矣。以琴瑟之悦,擬好色之願;以鐘鼓之樂……',其爲《關雎》篇的論述,非常明顯。再接下去的簡12的'好,反内於禮,不亦能改乎?'也很明顯地是屬於《關雎》的論述,其下又緊接着《樛木》,與簡10《關雎》緊接着《樛木》的次序完全一致。這樣編聯,'關雎'組的論述就可以非常完整地呈顯了。"簡14前移,則簡11需要後移到句式相同的簡16前,剩下簡13、15正好是兩枚半簡,於是李先生將它們像簡14、12一樣拼合爲一枚整簡。李先生對全篇編聯作出了巨大的調整,得到學界的高度贊譽。如劉信芳認爲其"行文邏輯清晰,較之整理者的簡序,無異於推倒重來";④李鋭認爲"内中有邏輯、句式上的痕迹可循,確實不可移易";⑤姜廣輝甚至斷言"編聯準確,一定是如此"。⑥他們都舉《關雎》的編聯爲例,認爲是全篇編聯成功的最顯著例證。除以上諸人外,廖名春、黄懷信等采其全篇編聯方案;江林昌、徐正英、康少峰、陳斯鵬、馬銀琴、曾子瀠、趙苑夙等雖對他處排序有所調整,這一組則仍從李先生的編聯;曹峰曾提出自己的編聯意見,後來這一組又改從李先生的編聯。可見李先生編聯方案影響之大。然而,將簡13、15拼合爲一簡,其實並非無懈可擊。雖然前者末存"甘"字,後者正好論《甘棠》,但前者應該爲"《□□》……,不亦……乎"句式,詩名下僅幾個字,而後者論《甘棠》,爲肯定句式,且多達五句,僅殘存簡文就有十八個字,顯然不相協調。

李零將簡11移到這一組的開頭,純粹是因爲簡首有"情愛也"三字,就以爲這是"討論

① 廖名春:《上海博物館藏詩論簡校釋》,《中國哲學史》2002年第1期,第11頁。
② 季旭昇:《〈孔子詩論〉分章編聯補缺》,《古文字研究》第25輯,北京:中華書局,2004年,第388頁。
③ 黄人二:《上海博物館藏戰國楚竹書(一)研究》,武漢大學博士學位論文,武漢,2002年6月,第48頁。
④ 劉信芳:《〈孔子詩論〉與新世紀的學術走向》,《安徽大學學報》(哲學社會科學版)2002年第4期,第33頁。
⑤ 李鋭:《〈孔子詩論〉簡序調整芻議》,朱淵清、廖名春主編:《上博館藏戰國楚竹書研究》,第192頁。
⑥ 姜廣輝:《古"詩序"留白簡的意含暨改换簡文排序思路》,簡帛研究網(www.bamboosilk.org)2002年1月19日。又見《關於古〈詩序〉的編連、釋讀與定位諸問題研究》,《中國哲學》第二十四輯《經學今詮三編》,瀋陽:遼寧教育出版社,2002年,第143—171頁。

《國風》中涉及‘情愛’方面的篇章”，而簡16與之句式相同，又被跟着提前，其他簡序仍按馬氏排列。這是各種編聯方案中最不合理的，因爲“情愛也”三字顯然是論《燕燕》的，並非合論七詩的，焉能代表七詩的主題？簡11句式爲“《□□》之□，則……也（矣）”，不可能在簡10句式“《□□》之□”之前；簡16有“孔子曰”，前移導致作者自論與引用孔子之言混雜而無法區别。他把簡13末“甘”字臆改爲“曰”，然後作了一番曲折的解釋，以與簡14相連，尤屬牽强。

曹峰説：“上博本釋文在簡序排列上存在一定問題，即第十一號簡的後面應該緊接第十四號簡。第十一號簡的最後是‘《鵲巢》之歸，則離者’，上博本第十二號簡的開頭是‘好反内於豊，不亦能改乎’，説的是《關雎》，顯然接不上去。而如果接第十四號簡，文意就格外通順，因爲第十四號簡的開頭是‘兩矣’，正好與《鵲巢》的‘百兩’相對應。”這顯然是受馬承源“‘兩矣’乃‘百兩矣’的殘文”説的誤導，故後來他放棄了這一編聯，而改從李先生之説。

范毓周對其編聯和分章，並没有詳盡的解釋，衹是説根據竹簡内容的内在聯繫和原簡上的分章標志作出調整。他將簡19排在簡11、15中間，而將簡12、14、13移到簡16後，都很令人難以理解。因爲簡18、19、20論及《木瓜》《杕杜》等詩，而與《關雎》七篇無關，何以將之竄入？簡12之末論《樛木》，簡13開端論《漢廣》，且同爲“不亦……乎”的句式，各家公認相互銜接，簡14夾在中間也有欠妥當。

李守奎認爲“第十一簡應移到第十六簡之前，二簡内容緊密相連，兩支簡當位於這組簡的最後”，並具體列舉了五點理由，都言之成理。但他同時又將簡14移到簡15後，而不是前移與簡12拼合爲一枚整簡，且没有交代任何理由，這正是其遠不如李學勤的編聯相對合理之處。

作爲上博簡的主要整理者之一，濮茅左基本贊同馬承源的編聯方案，認爲“這一簡序是合理的、邏輯的，所復原的文本是通暢的，符合孔子思想的”。但他對這一組的簡序還是做出了一處重要調整，即把簡14、15移到簡11前，可惜並没有説明理由。其最明顯的特點是没有綴合較短的殘簡爲一枚整簡，而將七枚殘簡看作是七枚整簡之殘餘，並具體推測簡14下半所缺内容爲論《樛木》《漢廣》《鵲巢》，簡15下半所缺内容爲論《緑衣》《燕燕》，簡12上半所缺内容爲論《甘棠》《緑衣》《燕燕》，簡13下半所缺内容爲論《甘棠》《緑衣》《燕燕》，甚至還在簡13、16中間補了一枚全缺整簡，内容爲論《關雎》《樛木》《漢廣》《鵲巢》。按照他的推測，在簡16“孔子曰”之前總共脱漏字數多達230個左右。曾子濴曾經列表比較李學勤、濮茅左兩家編聯的論述層次，指出“相對李李勤等人認爲《關雎》等七篇詩是分三層論述的看法，濮茅左的排序將《關雎》等七篇詩的論述增至五層，如此一來，即此章圍繞同一主題反覆論述五次”。[①] 其中濮先生第三層“《□□》之□，則……也（矣）”，與第五層“《□□》之□，……也”顯然可以合屬於同一句式，他誤以後者爲另一種句式，故未能將簡11與簡16相連，而多

① 曾子濴：《〈孔子詩論〉的整理及其與四家〈詩〉的比較》，復旦大學碩士學位論文，上海，2009年，第30頁。

補出簡13、16中間的一枚所謂全缺整簡和簡12上半,實際都不足信。但他對各簡首尾所缺字數的推測,以及不盲從李學勤拼合殘簡的做法,都很值得注意,具有極大的參考價值。

俞志慧認爲:"簡10'害曰'至斷殘部分皆論《關雎》,文未完,簡14上端弧形完整,殘存簡文皆論《關雎》,當與此相接。簡13下端始論《甘棠》,上下端殘損嚴重,但從簡16上端殘餘部分仍有'召公'字樣看,簡15全簡都在評論《甘棠》,准此,簡15上當與簡13相承,下當與簡16相連。"這其實是在上博簡釋文基礎上,簡單地把簡14提前,這樣前後兩層都没有全部論及《關雎》等七篇,他對此解釋説:"前一層詳於《關雎》,略於後三首;後一層詳於《甘棠》,略於後二首。由總到分,層層深入,邏輯清楚,秩序井然。"這一解釋其實是比較勉强的。

馮時將簡11移到簡16前,認爲"《關雝》之改,則其思益矣"以下是"第四次申論七詩之教,乃對七詩教旨的總結,闡明《詩》教的目的"。其他簡序仍從上博簡釋文,其中簡14、15並無統一的句式,各論《關雎》《甘棠》二詩,被説成"第三次申論七詩之教",則脱漏了論其餘五詩的文字,其實是不妥當的。

曹建國將簡14、15移到簡11前,簡12、13移到簡16、24、20、19與簡18之間。他把這十一枚簡合爲中篇,從開頭至簡11"情愛也"爲第一章,是"以禮説詩",理由是"賢於其初"之"'初'即指'禮'而言";其下第二章是"以'德智'説詩",理由是簡11説"《關雎》之改,其思益也",强調的是"益","是人内在修養的提高",與"改"强調"和"不同;簡16"孔子曰"以下爲第三章,又是"以禮説詩";第四章是總結,理由是"第12、13簡的反問句式衹能出現在11、16簡之後,語氣不容置疑,帶有總結性質"。實際上,"賢於其初"是合論七詩的,猶言"人之初,性本善";"改"字學界讀法多樣,多數人傾向於讀作"改",此處以"益"釋"改",同於《易·益卦》象辭:"益,君子以見善則遷,有過則改。"所以曹氏所謂"以禮説詩""以德智説詩"的區分,並不存在,據此來作編聯分章當然也不會成功。他後來又提出另一種編聯方案,其中論《關雎》等七篇部分與馮時編聯相同,理由説得具體一些:"這組簡中,簡12、簡13不可分,簡11、簡16不可分。但簡14與簡15同樣也不可分,因爲此兩簡都是對詩的内容予以細説,所以應編在一起。"並認爲它們應排在簡13、11中間。在李學勤早已將簡14、12拼合爲一簡並得到多數學者贊同的情況下,輕易斷言簡14、15不可分,當然難以令人信服。

總之,《詩論·關雎》章現有十家編聯方案,多多少少都存在一些問題,相對而言,李學勤的方案最值得重視,對學界的影響也最大。但正如上文所述,他將簡13、15拼合爲一簡的做法尚欠妥當。筆者在其基礎上,做一點小小的調整,即把簡15移到簡24後,居於本章末尾,形成以下簡序:

10 → 14 → 12 → 13 → 11 → 16 → 24 → 15

按照這一簡序來讀簡文,各家編聯方案中存在的問題都很容易得到解決,甚至補足所有缺文,比較完整地復原《關雎》章。

二、《關雎》章復原

在簡牘文獻研究中，文字考釋和竹簡編聯是兩項最基本的工作，這兩個基礎不扎實，下一步研究就難以深入開展。比如簡序不正確，上下文意不通暢，當然不可能準確補出殘簡之間所缺的文字。各家《關雎》章編聯方案中，有的以爲當有一百個左右缺文，有的以爲缺文有二百多字。李守奎甚至説："對這一組七首詩，孔子是作爲一個整體去評論的，内容非常豐富。今存的七支殘簡雖不及其全部的二三，但也可以略窺其體例。"則缺文將多達近一千字，似乎不可能完全復原出來。

筆者調整簡序後，參考濮茅左統計缺文的方法，可以推算出《關雎》章缺文當在九十個左右。其中部分缺文，有些學者曾經提出一些零星的補字主張。比如簡 14、12 拼合爲一簡，中間缺四個字。廖名春補作"喻求女之"，黄懷信補作"擬婚姻之"，姜廣輝補作"成兩姓之"，與後一簡首"好"字足爲一句。周秦古書中未見相同的文句，而《禮記》《大戴禮記》《春秋穀梁傳》《孔子家語》等書談論婚禮，都記載孔子説過"合二姓之好"一語，據以補足前四字，相對更加妥當一些。又如，根據上下文意和句式，簡 12 末顯然可補"亦□□乎？《漢廣》不求"八字，"亦"下二字，黄懷信補作"有時"，姜廣輝補作"能持"。前者取"不亦有送乎""《樛木》之時"中的"有""時"二字；後者則取"不亦能改乎"中的"能"字，以及"時"讀作"持"之説。筆者認爲此處當作"能時"，下文則有"時，持也"的缺文來作解釋。以上兩例補字，僅僅是準確與否的問題，各家對上下文意的理解並無多大差異。更爲重要的是以下幾處補字，時賢或未加措意，或未得門徑，成爲影響《關雎》章編聯和復原的關鍵障礙。

第一，關於簡 10 末尾的補字。

據濮茅左介紹，簡 10 上端完整呈弧形、下端殘，當補十個缺字，有的學者推測爲八九個字。簡 14 開頭的"兩矣"，上文已指出馬承源讀爲"百兩矣"殘文之誤，多數學者已承認這是論《關雎》的，與簡 13 論《鵲巢》的"出以百兩"無關。但是對於"兩矣，其四章則喻矣"的解釋，學界存在争議，其前缺字没有人能够補全。

姜廣輝認爲，"'兩'，兩分也，未諧爲兩"，"已諧爲俞"，因此"據文義試補"其前四字爲"其三章猶"，意謂《關雎》第三章還是"兩分"的，第四章則和諧了。[①]

黄懷信説："'兩矣'上闕文，據文義當是'其首章'云云，'兩矣'當是從'逑(仇)'字引出。兩，匹也，謂對象。"他把簡文大意譯爲"第一章……講到對象，第四章就用了比喻。"但他又謹慎地表示："或釋文有誤，亦未可知，當存疑。"[②]

李零懷疑"兩矣"前面的"缺文是講《綠衣》《燕燕》"，都分成四章，其前的《葛覃》《關

---

① 姜廣輝：《關於古〈詩序〉的編連、釋讀與定位諸問題研究》，《中國哲學》第二十四輯《經學今詮三編》，第 174、179 頁。

② 黄懷信：《上海博物館藏戰國楚竹書〈詩論〉解義》，北京：社會科學文獻出版社，2004 年，第 26、27 頁。

雎》《樛木》《漢廣》《鵲巢》《甘棠》等都是三章,因此他把“俞”讀爲“逾”,“是指《綠衣》《燕燕》比前面幾篇多出一章”。[①]

晁福林説:“由‘其四章則俞(喻)矣’的語式分析,其前一句當爲‘[其二章則]兩矣’。此處的‘兩’字當依本義訓爲耦。……是評析《關雎》第二章之辭,……意指男女雙方皆是如此,皆有卧不安席之意。”[②]

于淑華認爲:“闕文所寫一定是對《關雎》‘色’的内容的總結,它是從兩個角度或兩個方面來説的,比如,君子對淑女的一見鍾情,對淑女的無限思念等。所以總結爲‘兩矣’,即兩點了、兩方面了的意思。”[③]

這些説法驗之以《關雎》的分章,頗嫌迂滯難通。《關雎》有兩種分章,毛公分爲三章,第一章四句,第二、三章各八句。鄭玄分爲五章,章四句:

> 關關雎鳩,在河之洲,窈窕淑女,君子好逑。
> 參差荇菜,左右流之,窈窕淑女,寤寐求之。
> 求之不得,寤寐思服,悠哉悠哉,輾轉反側。
> 參差荇菜,左右采之,窈窕淑女,琴瑟友之。
> 參差荇菜,左右芼之,窈窕淑女,鐘鼓樂之。

李學勤指出:“簡文説‘其四章則喻’,不稱卒章,是兼指第四、五章,有‘琴瑟’‘鐘鼓’之語。可見當時的分章與鄭玄一樣。”[④] 邢文另擬一個四章的分法,第二章八句,其餘三章各四句。其目的是爲了把“琴瑟友之”解釋成“卿卿我我的琴瑟之親、好色之願”,而“鐘鼓樂之”,則是“向以鐘鼓導志的禮樂之好、鐘鼓之樂的改變”。[⑤] 這種别出心裁的説法,明顯不可信,因爲無論《關雎》的詩句,還是《詩論》的簡文,都是以“琴瑟”與“鐘鼓”對言,都是禮樂的物化指代,不可能一爲好色,一爲禮樂,“擬好色之願”即明言超越了純粹的“好色”。如果戰國時《關雎》分爲四章,則必定是前三章章四句,第四章八句。細味《詩論》之意,顯然其與鄭玄同樣分爲五章,其中第一、第二章兩次提到“窈窕淑女”,但前三章衹説“寤寐求之”“輾轉反側”,是純粹的“好色”;第四、五章也兩次提到“窈窕淑女”,但緊接着説“琴瑟友之”“鐘鼓樂之”,已經一改純粹的“好色”,而升華爲愛好禮樂,這是“以色喻於禮”。準此,則“兩矣”前的缺文可以擬補爲“其一章二章,言窈窕淑女”,正好十個字,與濮茅左的推測相符。

第二,關於簡 13 後半的補字。

---

① 李零:《上博楚簡三篇校讀記》,第 18 頁。
② 晁福林:《上博簡〈詩論〉研究》,第 153—154 頁。
③ 于淑華:《〈孔子詩論〉中〈關雎〉論釋義》,《赤峰學院學報》(漢文哲學社會科學版)2007 年第 4 期,第 38 頁。
④ 李學勤:《〈詩論〉與〈詩〉》,《中國哲學》第二十四輯《經學今詮三編》,第 121—143 頁。
⑤ 邢文:《〈詩論〉之“改”與〈周易〉之“革”》,《中國哲學史》2011 年第 1 期,第 11—18 頁。

簡 13 末殘存"甘"字，廖名春、黃懷信等都曾指出其下脱漏了"棠"字以及對《甘棠》的評論。而簡 15"及其人，敬愛其樹，其保厚矣！《甘棠》之愛，以召公"，雖然上下皆殘，但明顯是評論《甘棠》的文字。所以李學勤將兩枚殘簡拼合爲一簡，並得到許多學者的贊賞。上文已經指出，這是李先生編聯方案中唯一的漏洞，因爲兩者句式完全不同，如此拼合很不協調。而李零把"甘"字臆改爲"曰"，説其下"缺文是講《緑衣》《燕燕》"，既欠嚴謹，也不合理。黃懷信采用李學勤拼合簡 13、15 的做法，然後在簡 15 末尾、簡 11 前部各補十、十六個缺文或缺字符，連讀爲"之故也。《緑衣》憂無已，憂無忘，不亦有思乎？《燕燕》□□□□□□□□"，這樣《緑衣》《燕燕》的評論都是十一個字，表面上看相當巧妙。但前六詩評論都以"不以□□乎"結束，唯《燕燕》評論之末爲"情愛也"，這一關鍵問題無法彌縫。這裏最值得注意的是濮茅左的做法，他没有采用李學勤的拼合之説，而按照句式補作"《甘［棠》□□□□，不亦□□乎？《緑衣》□□□□，不亦□□乎？《燕燕》□□□□，不亦□□］"，即在簡 13 後半補三十一字。其謹慎態度，有足多焉，但因其下接簡 16 的排序仍然不對，没法準確推斷此處缺文的字數。

筆者認爲，簡 13 下當接以簡 11，根據下文分析，"情愛也"前可補出與之句式相同的六句話十八個字，但前兩字當居簡 13 殘泐文字之末。上文在簡 12 末補出"《漢廣》不求"，簡 13 首端須補一"不"字以上接其文意，再加簡文二十四字和這末尾二字，已有二十七個字，則"甘"字以下可再補二十八字，全簡五十五字，較爲妥當。"棠"下四個缺文，可以直接用簡 15"敬愛其樹"補入。《緑衣》前兩章重複説"心之憂矣"，後兩章重複説"我思古人"，簡 16 則説"《緑衣》之憂，思古人也"，這裏《緑衣》下衹能補兩個字，當爲"心憂"。《燕燕》前三章重複描寫"瞻望弗及"這一動作，來表示詩人感情之深，這裏《燕燕》下同樣衹能補兩個字，必爲"瞻望"無疑。三個"不亦"下，參考上文應分别補作"有保""有思""有情"。這樣復原的結果，上下文意相當通暢，句式更加協調。

第三，關於簡 11 開頭的補字。

馬承源在竹書釋文中已經指出，簡 11 開頭的"'情愛也'爲上篇評述之最後三字，當爲《燕燕》篇評語之殘"，這一點基本得到公認。但這三個字如何讀，却是一個長期被人忽視而又極其關鍵的問題。比如李學勤在《〈詩論〉簡的編聯與復原》一文中將"情愛"二字連用，而在《〈詩論〉説〈關雎〉等七篇釋義》一文則將其斷開讀作"……情，愛也"。其他學者大多連用，周鳳五則斷開來讀。[1] 晁福林認爲這"似乎是比較妥當的做法"，並説"依照'《關雎》之改'的文例，可以擬補爲'［《燕燕》之］情，愛也'"。[2] 其實簡文中衹有"《關雎》之改"，並没有"《關雎》之改，□也"的句式，直接補出這三個字是没有依據的。廖名春衹補上《緑衣》《燕燕》兩個篇名，後標省略號，表示不知道缺文的情況。上引黃懷信之説，則又在《緑衣》下

① 周鳳五：《〈孔子詩論〉新釋文及注解》，朱淵清、廖名春主編：《上博館藏戰國楚竹書研究》，第 154 頁。
② 晁福林：《上博簡〈詩論〉研究》，第 140 頁。

補出十一個缺字,在《燕燕》下補標八個缺字符而下接簡文“情愛也”三字。對於這類説法,没有人提出過異議,大概此處缺了兩個篇名,已經被視爲理所當然。

然而,在上文補出簡 13 後半的缺文以後,再來思考這一問題,就會發現,簡 11“情愛也”前的缺文中絶對不可能再出現篇名,而應該是六個與“情,愛也”句式相同的簡短判斷句,它們一一對應於簡 10“《關雎》之改”等七句,是用來解釋其句末一字之意的。那麽,如何復原這六句話呢?

“《關雎》之改”,釋讀紛歧,僅黄懷信所列舉,就有“改”“怡”“婴”“妃”“巹”“逑”“哀”“已”等。[①] 奇怪的是,所見大量論著無一引用《易·益》彖曰:“益動而巽,日進無疆,天施地生,其益無方。凡益之道,與時偕行。”象曰:“益,君子以見善則遷,有過則改。”特别是簡 11 説:“《關雎》之改,則其思益矣。”足以説明此處最妥當的,應該是補“改,益也”三字。但其不是像姜廣輝所説通“溢”,釋爲“過也”,而是説有所進益。

“《樛木》之時”,簡文原作“旹”,馬承源釋作“時”,並謂“或當讀爲‘持’”。李學勤“訓爲‘會’,意思就是時會”。廖名春、晁福林、劉信芳等人從之。王志平疑讀爲“侍”,[②] 邴尚白説“似應訓爲‘承’”。[③] 姜廣輝説:“此詩在先秦常被人引用,並引申出以德持禄的思想,認爲德是保持禄位的根本。因此‘《樛木》之時’,‘時’當爲‘持’。”細味簡 11“《樛木》之時,則以其禄也”之意,應該不是“持禄”,而是“以其禄”相持。前面的“時”字,是指君臣時時相互依靠。在作出“時,持也”的訓釋後,再點明君臣之間是通過“禄”聯繫起來,形成一種相互依存關係的。

“《鵲巢》之歸”,釋讀也相當紛歧,兹不繁引。廖名春《上海博物館藏詩論簡校釋》認爲:“簡文以‘離’釋‘歸’,‘離’是離開母家,‘歸’是前往夫家,詞異義同。但這種‘離’和‘歸’,是‘出以百輛’,禮節是極其隆重的。‘不亦有離乎’,可謂是‘離’其所當‘離’,‘歸’其所當‘歸’。”並主張讀“離者”爲“離諸”,下補“父母也。《甘棠》之保,敬”八字,下接簡 16。姜廣輝則擬補作“百兩矣,《甘棠》之保,美”八字。而裘錫圭指出,文中“從‘辵’‘悤’聲之字,應該是‘送’字的異構……‘送’當指娘家送女而言。……簡 11、13 的‘送’也可讀爲‘媵’。”[④] 考毛傳云:“百兩,百乘也。諸侯之子嫁於諸侯,送御皆百乘。”鄭箋云:“御,迎也。是如鳲鳩之子,其往嫁也,家人送之,良人迎之,車皆百乘,象有百官之盛。”詩句“百兩御之”“百两将之”“百两成之”,都是指男方迎嫁而言。毛傳、鄭箋都補充説明女方送嫁,也是用百乘相送的。這應該是早期《詩》學的通行做法,足證簡 11 前面的訓釋當補作“歸,送也”,簡末“送者”下

① 黄懷信:《上海博物館藏戰國楚竹書〈詩論〉解義》,北京:社會科學文獻出版社,2004 年,第 23—24 頁。

② 王志平:《〈詩論〉箋疏》,朱淵青、廖名春主編:《上博館藏戰國楚竹書研究》,第 215 頁。

③ 邴尚白:《上博〈孔子詩論〉札記》,謝維揚、朱淵青主編:《新出土文獻與古代文明研究》,上海:上海大學出版社,2004 年,第 67 頁。

④ 裘錫圭:《釋古文字中的有些“悤”字和從“悤”、從“兇”之字》,復旦大學出土文獻與古文字研究中心編:《出土文獻與古文字研究》第二輯,上海:復旦大學出版社,2008 年,第 3—4 頁;后人氏著《裘錫圭學術文集》第 3 卷《金文及其他古文字卷》,上海:復旦大學出版社,2012 年,第 453—454 頁。

缺文可補作"亦百兩也"。

簡 11 前面另外三條訓釋當補作"智，知也"，"保，報也"，"憂，思也"，從字面上就能够理解，兹毋贅述。據濮茅左推測，簡 13 末端殘缺了兩個字，簡 11 上端殘缺了十六個字，合計爲十八個缺文。以上所補六條訓釋，每條三個字，正好相符。

第四，關於簡 15 的補字。

將簡 13、15 拼合爲一簡，除上文所説句式不同外，竹簡形制上也有疑問。按照竹書整理者之一濮茅左的介紹，簡 15 屬於整簡的上半部分，殘端距離上契口 0.1 厘米，上端約殘缺八個字。如果這一説法可信，就不能把它當作下半簡與簡 13 拼合。那麽它應該排在何處呢？簡 16、24 編聯後"孔子曰"的内容爲：

> 吾以《葛覃》得氏初之詩。民性固然，見其美，必欲反其本。夫葛之見歌也，則（簡 16）以絺綌之故也；后稷之見貴也，則以文武之德也。
>
> 吾以《甘棠》得宗廟之敬。民性固然，甚貴其人，必敬其位；悦其人，必好其所爲。惡其人者亦然。（簡 24）

前一小節"吾以"句後，先略論"民性"，再以"夫"字引出結合《葛覃》内容的評論。後一小節僅有與之相對應的"吾以""民性"部分，而没有用"夫"字引出結合《甘棠》内容的評論。將簡 15 移到簡 24 後，正好可以彌補這一部分缺失，而且其兩大句與前一小節的兩分句，也基本對應，字數又相差無幾，完全合適。

再來看看如何補字。簡 15"及其人，敬愛其樹，其保厚矣！《甘棠》之愛，以召公"，古書中類似的説法主要有：

> 《左傳》襄公十四年：周人之思召公焉，愛其甘棠，况其子乎？
>
> 《左傳》定公九年：《詩》云："蔽芾甘棠，勿翦勿伐，召伯所茇。"思其人，猶愛其樹，况用其道，而不恤其人乎？
>
> 《孔子家語·廟制》：《詩》云："蔽芾甘棠，勿翦勿伐，邵伯所憩。"周人之於邵公也，愛其人，猶敬其所舍之樹。
>
> 《孔子家語·好生》：孔子曰：吾於《甘棠》，見宗廟之敬。甚矣，思其人，必愛其樹；尊其人，必敬其位，道也。

時賢多謂"及"字前應補"思"字，可從。其上據《孔子家語·廟制》補"周人之於召公也"七字，簡 15 上端所缺八個字就都補足了。簡 24 末缺一字，則爲"夫"字無疑。《甘棠》一章"召公所茇"，二章"召公所憩"，《左傳》及《孔子家語》所引，亦一作"茇"，一作"憩"，此處補兩者之一皆可，兹姑從廖名春補"所茇也"三字。

根據以上論述,可以補足《關雎》章的九十個缺文,得到一個比較完整的復原文本,兹移録於下。本文重點不在文字考證,故釋文采寬式,用通行字代替古文字。

《關雎》之改、《樛木》之時、《漢廣》之智、《鵲巢》之歸、《甘棠》之保、《緑衣》之思、《燕燕》之情,曷?

曰:動而皆賢於其初者也。

《關雎》以色喻於禮,[其一章二章,言"窈窕淑女"](簡10)兩矣!其四章則喻矣!以琴瑟之悦,擬好色之願;以鐘鼓之樂,[合二姓之]好,反納於禮,不亦能改乎?《樛木》福斯在君子,不[亦能時乎?《漢廣》不求](簡14+12)[不]可得,不攻不可能,不亦知恒乎?《鵲巢》出以百兩,不亦有送乎?《甘[棠》敬愛其樹,不亦有保乎?《緑衣》心憂,不亦有思乎?《燕燕》瞻望,不亦有情乎?

改,益](簡13)[也。時,持也。智,知也。歸,送也。保,報也。憂,思也]。情,愛也。

《關雎》之改,則其思益矣。《樛木》之時,則以其禄也。《漢廣》之智,則知不可得也。《鵲巢》之歸,則送者(簡11)[亦百兩也。《甘棠》之保,報]召公也。《緑衣》之憂,思故人也。《燕燕》之情,以其獨也。

孔子曰:"吾以《葛覃》得氏初之詩。民性固然,見其美,必欲反其本。夫葛之見歌也,則(簡16)以絺綌之故也。后稷之見貴也,則以文武之德也。吾以《甘棠》得宗廟之敬。民性固然,甚貴其人,必敬其位;悦其人,必好其所爲。惡其人者亦然。[夫](簡24)[周人之於召公也,思]及其人,敬愛其樹,其保厚矣!《甘棠》之愛,以召公[所茇也]。"(簡15)

三、餘論

竹簡古書的編聯和復原,表面上主要包括給竹簡排序和擬補缺文,但其牽一髮而動全身,往往與其他問題密切相關。本文關於《詩論·關雎》章的編聯和復原,其中隱含了對於《詩論》的文體、作者以及編聯方法等方面的若干不成熟認識,或許對其全篇之研究不無啓發意義。

關於《詩論》的文體,有些學者認爲它是具有内在邏輯的專題論文。如李學勤説"《詩論》是有嚴密組織和中心主旨的論文",姜廣輝稱贊它是"一篇結構講究、邏輯清晰、語意連貫、首尾呼應的古代佳作",范毓周認爲"這是一篇邏輯關係非常清晰的論述《詩經》象徵性含義的論文,其作用有如《毛詩》的大序"。相反,廖名春認爲"《孔子詩論》屬於問答語録體而非專題論文"。張三夕説:"孔子當年授《詩》以及弟子們的記述,不大可能像今人寫論文那樣,按照嚴格的合邏輯的寫作提綱,先有一個概論性的觀點,然後分述論證這個觀點。孔子教學是啓發式的，因人因事不同，有時是隨文的、即興的、靈活的。《詩論》從形制和文義上有助於我們印證這一點。"[①] 其實雙方的説法不過各有側重，認爲屬於問答語録體的則拿編排在中間的那些比較零散的簡文説事，承認是專題論文的就拿《關雎》章這樣的章段説事，看上去都有道理，却都難以説服對方。

關於《詩論》作者，上博簡整理者發表竹書時，把這篇詩學文獻命名爲《孔子詩論》，似以爲孔子所作。而李學勤等多數學者認爲，《詩論》中的六處孔子言論屬於作者闡發自己學説時徵引的言論，並未貫穿全篇。如彭林説："將此篇定名爲《孔子詩論》，需要有一個前提，即篇内論《詩》的文字全部或基本上是孔子之言，否則就有名實不符之嫌。""如果竹書全部是孔子之語，則在篇首出一次'孔子曰'即可，而竹書中多次出現'孔子曰'，則表明某些話並非孔子所説。""該篇有可能是某位傳《詩》者（很有可能是子夏）的言論，故文中既稱引孔子的話，也有自己的議論。如果此推論不誤，則該篇的定名，似可删去'孔子'二字，徑名《詩論》爲妥。"[②] 此外，還有作者爲子羔、孔子再傳弟子等多種説法。

然而，無論持何種觀點，學者對《詩論》中孔子本人的評論所占地位，估計都比較高。如徐正英说："在共二十九簡一千餘字的《詩論》中，能够確定論《詩》之語非出自孔子之口者僅有第七簡中'誠謂之也''誠命之也，信矣'數語及第十簡中'《關雎》之怡'七句。且後者並非論述，而僅是以此七個定評性問題向孔子發問，孔子對此一一作了詳盡解答，内容體現的仍完全是孔子的思想而非問者的思想。"[③] 因此，濮茅左提出《詩論》的三點復原方法，首先就是"'孔子曰'的傳統骨幹"，即把"孔子曰"作爲一章開端的重要標志。這一做法得到許多學者的支持，如以《關雎》章爲例，絶大多數編聯方案，都是以"孔子曰"爲界，分爲前後兩章的。

筆者認爲将《關雎》章分爲兩章的做法實不可取，因爲《詩論》是一篇結構嚴謹的《詩》學論著，《關雎》章的論述層次尤其豐富而清晰，前呼而後應。上文的編聯和復原中，最關鍵的是對簡 11 上端補字的處理。由於竹簡殘損嚴重，簡首"情，愛也"三個字之前内容不明，研究者長期没有意識到它們代表了一個文意層次。因而包括馬承源、李學勤在内的多數學者認爲，《關雎》等七詩前後共出現三次，或者説這段論述是分成三層或三輪的。馮時分爲四層，濮茅左分爲五層，不過是簡序錯亂而導致的誤增。曹峰曾對三輪的特點有所分析："第一輪集中用一個字表達各詩的意旨，第二輪的討論，各篇的展開雖有長有短，但前四篇均以'不亦'句式來結尾，後三篇因殘缺而看不到這種現象，但其存在或許可以推測的。第三輪的展開依舊是十分整齊的，即在復述第一輪的四字句後，用'則……矣''則……也''……也'的短句來進一步突出主題。"[④] 這主要還是從句式上着眼的，並没有説出隱藏在文字後面的真

① 張三夕：《關於上博簡〈孔子詩論〉編聯排序的幾個問題》，《華中師範大學學報》2002 年第 5 期，第 65 頁。
② 彭林：《關於〈戰國楚竹書·孔子詩論〉的篇名與作者》，《孔子研究》2002 年第 2 期，第 9 頁。
③ 徐正英：《上博簡〈詩論〉作者復議》，《中州學刊》2004 年第 6 期，第 80 頁。
④ 曹峰：《對〈孔子詩論〉第八簡以後簡序的再調整》，朱淵清、廖名春主編：《上海博物館藏戰國楚竹書研究》，第 203 頁。

正層次特點。根據上文的編聯和復原,則可以清楚看出其中多出了第三層而成爲四個層次。以評論《關雎》爲例:

《關雎》之改……

《關雎》以色喻於禮,[其一章二章,言"窈窕淑女"]兩矣! 其四章則喻矣! 以琴瑟之悦,擬好色之願;以鐘鼓之樂,[合二姓之]好,反納於禮,不亦能改乎?……

[改,益也。]……

《關雎》之改,則其思益矣。……

其中第一層用一個字評論該詩特點,第二層結合該詩内容具體闡述其特點,末句仍歸結到這個字,第三層用另一個字訓釋前一個字,第四層用含有這個訓釋之字的一句話,來揭示該詩特點的重心所在。[①] 四層之間,依次遞進,邏輯嚴密,反映出作者具有極高的詩學詮釋藝術和水準。如果缺了第三層,第四層就會顯得突兀,甚至難以理解。

不過從文章結構上説,以上四層的劃分其實並不完全妥當。"《關雎》之改"等七詩評論下接之字,無論是讀作"曷"成爲問辭,還是讀作"蓋"連下成爲引辭,其下的"曰:動而皆賢於其初者也"一句話都是統七詩而言的總論,這是説人的行爲動作從其最初動機或思想感情上説都是"賢"的,與後世所謂"人之初,性本善"意思相近。後面三層内容,一一分述《關雎》等七詩反映出人的七種美好思想感情,如"好色"即愛美,有了這種愛美之心,再進一步升華,方能愛好禮樂,"好色"有什麽不好呢? 相對於前面這那句總論來説,都可以視作分論。如果就此結束,那句總論没有得到呼應。而"孔子曰"評論《葛覃》《甘棠》二詩,認爲它們反映了"氏初之詩""宗廟之敬"。其中《甘棠》包括在七詩之内,前面已有論述,爲何還要重複? 這實際上是引孔子之言,對前面的七種思想感情進行歸納和升華,把敬初報本作爲人的最高思想境界,使得那句總論中多少有點空洞的"賢"字的内容得以充實和豐富。可見,《關雎》整章論述具有"總→分→總"的結構特徵。如此嚴謹的結構,如此明顯的引述,怎麽能够説是問答語録體? 怎麽可能是孔子所作? 怎麽可以把"孔子曰"排除在《關雎》章之外? 這不但是《關雎》章編聯和復原時必須注意的問題,也應該會對研究《詩論》全篇具有一定的啓發意義。

(張固也,華中師範大學歷史文獻所教授;王傑,華中師範大學歷史文獻所博士研究生)

① 有個别例外:"送"字提前出現,因其不是純釋字義,而是要引出"送者亦百兩"之説。"以其禄也""以其獨也"兩句中没有使用訓釋之字,但隱含其意,即因其禄而相持,因其獨而相愛。

由安大簡《詩經》之"寺子"小議《書》類文獻中的"時"字*

寧鎮疆

［**摘　要**］ 今本毛詩"之子"，安大簡屢作"寺子"，"寺"讀爲"時"，理解爲指代詞"是"，與"之子"之"之"同。清華簡《書》類文獻中，指代詞亦往往以"寺"表示，與安大簡同。清華簡《書》類文獻屢見"若寺""惟寺"，其中之"寺"，都應徑讀爲"時"，理解爲指代詞"是"。今《尚書》《逸周書》中"時"字非常多見，舊解或讀以本字，或以音轉讀爲"承"，隨文釋義極不統一，其實很多都應理解爲指代詞"是"，它們有非常豐富的語法表現。《書》類文獻中廣泛存在的用爲指代詞的"時"字，對我們辨識出土文獻中類似功能的"寺"字非常重要，可以避免一些不必要的誤釋。

［**關鍵詞**］ 之子　時　清華簡　尚書

一

今本毛詩屢見表指稱的"之子"，如"之子于歸""之子于征""子之于苗"等等。有意思的是，今本毛詩的"之子"安大簡《詩經》作"寺子"，請看下面的例子：①

《周南·桃夭》："寺子于歸，宜其室家。"
《周南·漢廣》："寺子于歸，言秣其馬。"
《召南·雀巢》："寺子于歸，百兩御之。"
《召南·江有汜》："寺子于歸，不我以。"

整理者認爲"'寺'從'之'聲，故二字可通用"，且云"'之子于歸'的'之子'，簡本皆作'寺子'"，② 表明簡本於"寺子"極具系統性。今毛傳於《桃夭》之"之子"云："之子，嫁子也。"其實主要側重在"于歸"，似乎並未着意於"之子"。於《燕燕》之"之子"説"之子，去者也"，於《衛風·有狐》之"之子"説"無室家者"，於《小雅·車攻》之"之子"説"有司也"，於《小雅·鴻雁》之"之子"説"侯伯卿士也"，似乎始終在回避這個問題。但從"去者""無室家者""有司""侯伯卿士"來看，"之子"明顯是針對人的指代詞。相對於毛傳，反倒是鄭箋於"之子"旗幟鮮明。鄭君於《漢廣》《鵲巢》《江有汜》《有狐》《王風·揚之水》《羔裘》《汾沮洳》《椒聊》

*　本文是國家社科基金重大課題"出土簡帛文獻與古書形成問題研究"（19ZDA250）的階段性成果。
①　釋文徑用寬式。
②　黄德寬、徐在國主編：《安徽大學藏戰國竹簡（一）》，上海：中西書局，2019年，第79頁。

《候人》《采緑》等篇之"之子",不厭其煩地一再云"之子,是子也",明顯以"之"當"是",表指代詞。鄭君的解釋可以説滲透了整部毛詩的用語習慣,同樣也非常有系統性,也基本爲後世大部分説《詩》者所接受,即將"之"理解爲指代詞"是"。安大簡整理者對"寺"與"之"相通借之説雖不無道理,但"時"從"寺"聲,故"寺子"其實可以徑讀爲"時子",[①]而"時"字在古漢語特别是《詩》《書》中用作指代詞"是"是很常見的,[②]故"時子"即"是子",與鄭君的理解是相合的。關於這一點,前人也有總結。[③]古漢語中,表指代詞的"是"與"之"又常通用,王引之《經傳釋詞》即云:"'是',猶'之'也。"[④]有意思的是,今本毛詩中"之"作爲指代詞,有時安大簡《詩經》中直接就用"是"表示。如今本《秦風·車鄰》"未見君子,寺人之令",安大簡作"寺人是命",整理者正是引上舉王引之"是""之"通用爲説的。[⑤]又今本《魏風·園有桃》"園有桃,其實之殽","園有棘,其實之食",安大簡屬《侯風》,其文曰"園有桃,其實是肴","園有棘,其實是食",今本的"之",簡本都作"是"。如此,我們可以看到安大簡《詩經》中"寺(時)"與"是"在用作指代詞上的共時性。這一點,今毛詩也有存在。《大雅·韓奕》云"以先祖受命,因時百蠻",《大雅·崧高》曰"因是謝人,以作爾庸",兩詩都是講受封之諸侯對當地土著的統治和管理,"因時""因是"云云,猶《左傳·定公四年》講到封魯時云"因商奄之民"。"因時""因是"中的"時"與"是"顯然都是指代詞,却用字有異。又,今本毛詩《秦風·駟驖》:"奉時辰牡,辰牡孔碩。"簡本對應部分爲"奉寺₌辰₌牡",整理者認爲前二短横爲"之寺"合文,後二短横爲重文符號,因此將此句斷讀爲"奉之時辰,辰牡孔碩",[⑥]這樣與今本毛詩差異明顯,但詩義就扞格難通了。我們懷疑簡文此處可能屬重文符號誤標,即本來應該爲"奉寺辰₌牡₌",以"辰牡"爲重文,與今本毛詩無異。這樣一來簡文就作"奉寺辰牡,辰牡孔碩","寺"仍當讀爲"時",與今本全同。有意思的是,毛傳於"奉時辰牡"云:"時,是也;辰,時也。"同樣用"時"表指代詞"是",而且"是"與作爲"時"義的"辰"區分得很清楚。

---

① 武漢大學簡帛網(http://www.bsm.org.cn/)"簡帛論壇"上關於安大簡之研讀,49樓"紫竹道人"和53樓"不求甚解"(沈培)兩位先生均有此意見。但西南大學孟蓬生等先生所發起的"安大簡《詩經》讀書班"的微信群裹,有學者(如王弘治等先生)認爲"寺"與"之"通借,音上仍嫌稍寬。

② 《爾雅·釋詁》:"時、寔,是也。"關於《詩》《書》中"時"字用例,以及"時"與"是"的關係,可參張玉金:《西周漢語代詞研究》,北京:中華書局,2006年,第238—257頁。張先生是書於古書中"時""是"之用例舉例甚夥,對它們的語法功能辨析尤細。不過,張先生寫此書時,清華簡等新材料尚未公佈,在材料使用上難免有一定限制。另外,張先生注意到西周金文中都用"是"而不用"時",《詩》《書》中則"是""時"並見,因此傾向認爲"是"與"時"記録的應是同一個代詞,我們基本認同。

③ 高亨:《古字通假會典》,濟南:齊魯書社1989年,第407頁。不過,沈培先生在上述"安大簡《詩經》讀書班"微信群裹認爲"時"與"是"還是微有不同。他在武漢大學簡帛網上早有類似意見,而且認爲"時"與"是"雖同爲指代詞,但一表遠指,一表近指,不盡相同。但筆者認爲,古人在日常生活中使用這些代詞時,很難説會如今天我們做語法分析時區分得這麽細,從下文提到的《書》類文獻中的大量用例看,所謂"遠指"與"近指"的分别其實是很模糊的。又,張玉金先生也認爲"時"(是)當指代詞時多是近指,參張著第240—242頁。

④ 〔清〕王引之:《經傳釋詞》,南京:江蘇古籍出版社,2000年,第90頁。

⑤ 黄德寬、徐在國主編:《安徽大學藏戰國竹簡(一)》,第99頁。

⑥ 黄德寬、徐在國主編:《安徽大學藏戰國竹簡(一)》,第102頁。

二

安大簡《詩經》以“寺(時)”表代詞，最容易使我們聯想到《書》類文獻中的“時”，因爲“時”從“寺”聲。關於《書》類文獻中的“時”字，傳統上有時解爲指代詞“是”，但有時徑以本字“時”字爲解，有時學者甚至以音轉讀爲“承”，① 極不統一。今天來看，不但將“時”讀爲“承”的讀法明顯有問題，讀爲本字的看法其實也多靠不住。其中很多“時”同樣應該作指代詞“是”或“之”來理解。②《詩》《書》大多都是時代相近且較早的文獻，有類似的語言習慣是很自然的。清華簡中多有《書》類文獻篇目，類似楚簡《詩經》這樣用“寺(時)”爲“是”的例子非常多。

首先要提到的是著名的“若時”。最早公佈的清華簡《尹至》篇有這樣的話：

> 汝告我夏隱率若寺(時)？尹曰：“若寺(時)。”

李學勤先生讀“寺”爲“時”，將“若寺”理解爲“若是”。但其他學者另有“詩”“兹”等多種讀法。在後來陸續公佈的清華簡《説命》《攝命》中“若寺”又反復出現，如清華簡《説命中》“(王)曰：‘汝來惟帝命？’説曰：‘允若寺’”，“余告汝若寺”，清華簡《攝命》篇亦有“王子則克悉用王教王學，亦義若寺”。③ 現在學者多已認識到“若寺(時)”幾乎是彼時的成語，李先生理解爲“若是”正確可從。而且，《尹至》的“率若時(是)？”與“若時(是)”，理解爲“像這樣嗎？”——“就是這樣”，一問一答，文義非常順適，也極有現場感。同樣，《説命中》傳説的“允若寺(時)”，也是回答的話，與《尹至》同，讀爲“允若是”是非常合適的。現在從安大簡《詩經》又多以“寺(時)”當指代詞的辭例看，這一結論可以説就更無疑義了。由此出發，傳世《尚書》中以下“若時”同樣都應該作“若是”④ 解：

> 《皋陶謨》：“禹曰：‘吁！咸若時，惟帝其難之。知人則哲，能官人。’”
>
> 《洛誥》：“王曰：‘公功棐迪，篤罔不若時。’”
>
> 《無逸》：“厥或告之曰：‘小人怨汝詈汝，則皇自敬德。厥愆，曰朕之愆。’允若時，不啻不敢含怒。此厥不聽，人乃或譸張爲幻，曰小人怨汝詈汝，則信之，則若時，

① 如《顧命》“明時朕言”之“時”，孔傳訓爲“是”，其實不誤。但楊筠如《尚書覈詁》(西安：陝西人民出版社，2005 年，第 414 頁)、曾運乾《尚書正讀》(上海：華東師範大學，2011 年，第 275 頁)、周秉鈞《尚書易解》(上海：華東師範大學，2010 年，第 262 頁)顧頡剛、劉起釪《尚書校釋譯論》(北京：中華書局，2005 年，第 1730—1731 頁)却均以音轉解爲“承”，實無必要。

② 前揭張玉金先生之書對此有非常詳盡的分析，本文主要是結合新出材料對《書》類文獻中“時”字的理解談點粗淺的意見。

③ 整理者徑解“時”爲“是”，參黄德寬、徐在國主編：《安徽大學藏戰國竹簡(一)》，第 119 頁。

④ 《詩·大雅·召旻》：“維昔之富，不如時；維今之疚，不如兹。”“如”與“若”近，故其中的“不如時”其實即“不若時”。

不永念厥辟,不寬綽厥心,亂罰無罪,殺無辜。"

值得注意的是,傳世早期文獻中,以"若時"表"若是",似乎衹在《書》類文獻中猶有保存,其他如《左傳》、《國語》、《儀禮》、大小戴《禮記》、《論語》等書,則基本都作"若是",如《儀禮》屢見"若是者三""若是以辨"云云。

再來看一個由新材料提示,説明《尚書》中"時"與"之"亦可通用的例子。今本《尚書》之《召誥》《洛誥》《多方》有如下句子:

《召誥》:"旦曰:'其作大邑,其自時配皇天,毖祀于上下,其自時中乂'。"
《洛誥》:"曰其自時中乂,萬邦咸休,惟王有成績。"
《多方》:"爾乃自時洛邑,尚永力畋爾田。"

這三篇屢見"自時",此前學者多將其中的"時"理解爲"是",是很正確的。因此,"自時"即"自是";"自時中"即"自是中",意謂"從這裏的中(邑)"。有意思的是,周初著名銅器何尊有銘文也有與此類似表述,其文曰:

余其宅茲中國,自之辥(乂)民(集成6014)

關於銘文的中"自之辥(乂)民",早先李學勤先生已經注意到其辭例與上舉《尚書》等篇目文例的關聯。[①] 前幾年董珊先生討論此器時再次提到其辭例與上述《尚書·召誥》《洛誥》(李、董兩先生文於《多方》辭例失檢)等句接近。[②] 李、董兩位先生還提到今本《逸周書·祭公》"尚皆以時中,乂萬國"與此相關,亦確。不過,他們寫上述文章時,清華簡本《祭公》尚未公佈,今知簡本《祭公》此處作"其皆自時中,乂萬邦",其中"時中"與今本同。董氏評論上述這些相近辭例時專門説:"'時'讀爲代詞'是'或'之','時中'就是天下之中國。"董説已就何尊辭例,把上古"之""時""是"作指代詞的功能明白揭櫫,問題意識非常清晰。不過,董説"'時中'就是天下之中國",其實就"時"字的指代詞義來看,準確地説應該是"這個中(國)"或"這裏的中(國)"。與上述"時中"類似的辭例,還可舉《大雅·民勞》的"惠此中國,以綏四方","此中國"顯然就對應《尚書》中的"時中",以及何尊的"茲中國","此"與"茲"皆近指代詞,這也印證"時中"之"時"理解爲代詞"是",確不可易。不過,這裏有一個值得注意的問題是,無論是《召誥》《洛誥》《多方》還是何尊銘文,他們提到的"自時(是)中"或"自之"都與洛邑有關,説"是中"是不奇怪的。然《祭公》篇乃祭公其人臨終對王的"顧命",

① 李學勤:《何尊新釋》,《新出青銅器研究》,北京:人民美術出版社,2016年,第34頁。
② 董珊:《"宅茲中國"——何尊新説》,臺北:《"故宫"文物月刊》第366期,2013年9月。

實景感非常强。在王趨前問計的情況下，祭公説“其皆自時（是）中，乂萬邦”，仍言“時（是）中”，然則他們對話的地點在洛邑乎？

另外一處《尚書》中“時”字用例，清華簡《攝命》公佈以來，也被提起，那就是《吕刑》中下面的句子：

王曰：“嗟！四方司政典獄，非爾惟作天牧？今爾何監？非時伯夷播刑之迪。其今爾何懲？惟時苗民匪察于獄之麗……”

馬楠説畫綫句子與《攝命》篇中“余一人曷假？不則職知之聞之言；余曷假？不則高奉乃身”句法相同，“言當監於伯夷，懲於有苗”，[①]馬説甚確（不過“非時”表反問，“惟時”乃肯定判斷，二者還是微有不同）。《攝命》與《吕刑》這類句式都是自設問答，其中的“非時”“惟時”都是判斷性的答語：衹不過一個表反問，一個表肯定罷了。準此，“非時”“惟時”，都應該理解爲表判斷的“非是”“惟是”。[②]其實，當初清華簡《程寤》篇公佈時，李學勤先生同樣也注意到《吕刑》這種特殊句式，[③]他舉的是《吕刑》下文的“在今爾安百姓，何擇？非人。何敬？非刑。何度？非及”，以與《程寤》篇的“何監，非時？何務（務），非和？何褁（褢），非文？何保，非道？何愛，非身？何力，非人”相參，並且引僞孔傳來解釋這幾句：“在今爾安百姓兆民之道，當何所擇，非惟吉人乎？當何所敬，非惟五刑乎？當何所度，非惟及世輕重所宜乎？”《吕刑》的“非人”“非刑”“非及”，孔傳都解釋爲“非惟”，明顯也是反問式的判斷句，與前面的“非時”義同：衹不過“非時”結構中“時”爲指代詞“是”，而“非人”“非刑”之類省略了代詞而已。

下面我們儘量簡略論證，把出土及傳世《書》類文獻中用爲“是”的“時”字，分類列之如下：

有徑用“時”表代詞“是”者

清華簡《祭公》：“余多寺（時）叚懲。”（實爲“多叚懲是”的倒裝）[④]
《尚書·酒誥》：“今惟殷墜厥命，我其可不大監撫于時！”
《尚書·無逸》：“自時厥後立王，生則逸，生則逸，不知稼穡之艱難。”
“自時厥後，亦罔或克壽。或十年，或七八年……”

---

① 馬楠：《清華簡〈攝命〉初讀》，《文物》2018年第9期，第47頁。

② 由於《吕刑》的“非時”“惟時”對應《攝命》的“不（丕）則”，該詞也是《尚書》中常見之成語，從與《吕刑》“非時”“惟時”的對應看，該詞無疑也是表示判斷的。又，清華簡第九册有《成人》一篇，篇首屢見表反問判斷的“毋則……”［黄德寬主編：《清華大學藏戰國竹簡（九）》下册，上海：中西書局，2019年，第154頁］，可以翻譯爲“難道不是……”，其中的“毋則”明顯應與《尚書》中的“不（丕）則”有關。

③ 李學勤：《清華簡九篇綜述》，《文物》2010年第5期，第53頁。

④ 《大雅·思齊》的“神罔時怨，神罔時恫”結構上與《祭公》的“多時叚懲”近同，“時（是）”都是賓語前置。

有置“時”於名詞前表指代詞者

清華簡《厚父》:“其在寺(時)後王之鄉(享)或(國)……”

《尚書·盤庚上》:“相時憸民,猶胥顧于箴言,其發有逸口。”

《尚書·洪範》:“斂時五福,用敷錫厥庶民。”

《尚書·無逸》:“乃非民攸訓,非天攸若,時人丕則有愆。”

《尚書·君奭》:“在時二人。天休滋至,惟時二人弗戡。……嗚呼! 篤棐時二人,我式克至于今日休?”

《尚書·顧命》:“爾尚明時朕言。”

《尚書·多士》:“上帝引逸,有夏不適逸;則惟帝降格,嚮于時夏。”[①]

“王曰:‘告爾殷多士,今予惟不爾殺,予惟時命有申。’”

《尚書·多方》:“乃惟有夏圖厥政,不集于享,天降時喪,有邦閒之。乃惟爾商後王逸厥逸,圖厥政不蠲烝,天惟降時喪。”

《無逸》與《君奭》中“人”的指代詞都用“時”,但有意思的是,清華簡《皇門》中則徑用“是”:

我王訪良言於是人……是人斯乃訡惻。[②]

上述指代詞“時”有多例置於“人”(“王”)前,而在出土文獻中,“時”又多用“寺”表示,這提醒我們對類似的新材料要有足夠的警覺,這樣在釋讀時可以少走不少彎路。像清華簡《周公之琴舞》題“成王作”的第八啓開頭云:

差寺王聰明,其有心不易。

整理者以及目前的主流意見多讀“差寺”爲“佐持”或“佐侍(事)”,[③] 這樣一來其中的“寺”就被理解爲動詞,其實是不對的。該句當斷讀爲“嗟! 寺(是)王聰明”,“寺”仍然是置

---

① 《周頌》之《時邁》《思文》亦見“時夏”,《賚》與《般》還屢見“時周”,意思都是一樣的。

② 清華簡《皇門》通篇代詞用“是”而不用“寺(時)”,與他篇不同,非常有規律性。究竟是底本如此還是傳抄導致出土楚簡中“寺(時)”與“是”的區分,還有待研究。

③ 參見高中華《清華簡〈周公之琴舞〉研究》,清華大學博士後出站報告,北京,2019年,第90—91頁。高氏讀“差”爲“嗟”是,但讀“寺”爲“事”,基本上還是依循整理者的思路。

於"王"前的指代詞，與上舉《厚父》的"寺後王之鄉(享)或(國)"之"寺"類似。[①]

有與"惟"字聯合爲"時惟"成詞，而義與"是惟"相若者：[②]

清華簡《祭公》："厚顏忍恥，寺(時)惟大不淑哉。"
《尚書·洛誥》："朕教汝于棐民彝，汝乃是不蘉，乃時惟不永哉！"
《尚書·多士》："非我一人奉德不康寧，時惟天命。"
"非予罪，時惟天命。"
《尚書·多方》："時惟爾初，不克敬于和，則無我怨。"

另，《康誥》有文："王曰：'我時其惟殷先哲王德，用康乂民作求。'"其中的"時其惟"我們懷疑也是"時惟"的變體。

有與"惟"字聯合爲"惟時"成詞，功能上有輕度表原因意味者：

清華簡《説命下》："惟寺(時)太戊盍曰……"
清華簡《祭公》："我聞祖不豫有遲，余惟寺(時)來見。"
"惟寺(時)皇上帝宅其心，享其明德。"
清華簡《厚父》："惟寺(時)下民鴻帝之子。"
《尚書·大誥》："爾時罔敢易法，矧今天降戾于周邦。"
《尚書·多方》："我惟時其教告之，我惟時其戰要囚之，至于再，至于三。"
"于惟時求民主，乃大降顯休命于成湯，刑殄在夏。"
《尚書·多士》："王曰：'猷！告爾多士，予惟時其遷居西爾'。"
《尚書·多士》："惟時天罔念聞，厥惟廢元命，降致罰。"
"罔顧于天顯民祇，惟時上帝不保，降若茲大喪。"
"今爾惟時宅爾邑。"

其中清華簡《祭公》篇兩例、《多方》篇三例"惟時"表原因之意味尤濃。而且，如果把"惟時(是)"理解爲表原因，用爲指代詞的"時(是)"當然可以代指前文的原因，但從語法上講，"惟時(是)"又有領起下文的作用。因此，從功能上講，"惟時(是)"之"時(是)"又常與下文構成同義複指。像《多士》的"予惟時其遷居西爾"和"今爾惟時宅爾邑"都是這樣，尤

① 筆者有文《由它簋蓋銘文説清華簡〈周公之琴舞〉"差寺王聰明"句的解讀——兼申"成王作"九啓中確有非成王語氣詩》(《出土文獻》2020年第4期)，對此有詳細分析。另，《周公之琴舞》尚有"弼寺其有肩"一句，對應今毛詩《敬之》的"佛時仔肩"，李學勤先生將簡文的"寺"括注爲"時"(李學勤：《新整理清華簡六種概述》，《文物》2012年第8期，第66頁)，是很正確的。這個"時"也應該理解爲代詞"是"，鄭箋："時，是也。"就是佐證。學者多將"寺"理解爲"持"一類的動詞，我們有不同意見，擬另文討論。

② 《詩經》中此類"時惟(維)"例子也很多，如《大明》"維師尚父，時維鷹揚"，《生民》"厥初生民，時維姜嫄"。

其是後者表原因的意味就非常弱,“惟時(是)”似乎衹是簡單的領起下文的“宅爾邑”,故“時(是)”作爲指代詞實與“宅爾邑”構成了同義複指。這種同義複指,其實還有前面提到的《吕刑》:“其今爾何懲? 惟時苗民匪察于獄之麗……”張玉金先生把“時”僅視爲“苗民”的指代詞,[①]我們認爲是不準確的。前面問“其今爾何懲?”“懲”的是什麽呢? 準確地説是苗民“匪察于獄之麗”等不法之行,因此這裏的“時”其實是與下文的“苗民匪察于獄之麗”等講不法之行的話構成了同義複指。另外,清華簡《厚父》有云:“欽之哉,厚父! 惟寺(時)余經念乃高祖克憲皇天之政工。”“時(是)”置於句子前面,明顯不是表原因,衹具有領起下文的功能。實際上,前文提到的《康誥》文:“王曰:‘我時其惟殷先哲王德,用康乂民作求。’”其中的“時(是)”也不妨看作是領起下文的“其惟……”句,當然兩者之間也一定程度上構成同義複指關係。

最後來説一下《康誥》中的兩處“時”字用例,其文如下:

> 王曰:“外事,汝陳時臬司師,兹殷罰有倫。”
> 王曰:“汝陳時臬事,罰蔽殷彝,用其義刑義殺,勿庸以次汝封。”

兩處的“陳時臬司師”與“陳時臬事”非常接近,其中的“時”也當理解爲指代詞“是”,從孔傳到晚近學者於此不誤。但其中的“臬”,近來筆者曾有小文提到,其字古文作“槷”,從“執”聲,此字當讀爲“設”。[②]然則此兩句分别可讀爲“陳是設司師”與“陳是設事”:“陳”與“設”對舉,且“陳是”與下文的“設司師”“設事”同樣構成複指關係。

(寧鎮疆,上海大學古代文明研究中心教授)

① 張玉金:《西周漢語代詞研究》,第251、254頁。從本質上講,代詞本來就有複指功能,對此張先生辨析尤詳,區分出諸如“話語回指”“話語後指”“同位複指”等不同類型,而且正確指出有複指“整個句子”的情況(參張著第255頁),但於《吕刑》此處似有失察。

② 參見拙文《由清華簡〈攝命〉的“奔告”説伯攝之職的秩級——兼申毛公鼎銘文之“楚(胥)賦”當爲職官》,《西北早期區域史學術研討會暨第十一届中國先秦史學會年會論文集》,西安:三秦出版社,2020年,第277—288頁。

北大簡零札三則*

高中正

［摘　要］本文對《北京大學藏西漢竹書》相關篇目語詞進行研究。第一則認爲《反淫》之“旋山”、《七發》“玄山”及晋人張協《七命》的“瓊山”，所指爲一，“旋”“玄”“瓊”音近可通，與昆侖山之玄圃有關，原是采石之山，“旋山”等可能因出産璿瑰等玉石而得名。進而結合“旋”“瓊”音義關係，考察阜陽漢簡《詩經》簡S075“報之以△琚”未釋之字。第二則，《周馴》“既箸於志”，“箸”即後世之“著”，秦漢文字中“箸”“書”用法有同有異。第三則對北大簡釋文、注釋中存在的部分問題加以討論。

［關鍵詞］北大漢簡　字詞　研究

一、“玄山”與“旋山”

《北京大學藏西漢竹書》第四册收録的《反淫》簡14有如下文句：

> 楚苗之食，旋山之飯；梡【之】不毀，壹啜而散。[①]

其中“旋山之飯”，枚乘《七發》“旋”作“玄”。整理者認爲旋山“即玄山，古山名，未詳”。所舉之例證如下：

> （1）《吕氏春秋·本味》：“飯之美者，玄山之禾，不周之粟，陽山之穄，南海之秬。”
> （2）《説文·禾部》：“秏，稻屬。《伊尹》曰：‘飯之美者，玄山之禾，南海之秏。’”
> （3）《藝文類聚》卷五七引東漢崔駰《七依》曰：“乃導玄山之粱，不周之稻。”[②]

例（1）爲伊尹對商湯所問的答語，與（2）文句相近，又均涉及伊尹事，後者可能引自前者，也不排除有共同來源；（3）當係擬《七發》而作。《反淫》《七發》與《吕氏春秋·本味》往往有一些相似的文句與表述，除“旋（玄）山之飯”外，又如“旄象之約”“玃玃之炙”等。《殷本紀》説伊尹“以滋味説湯，致於王道”。清華簡所見的跟伊尹相關的文獻如《湯在啻門》以及

*　本文是國家社科基金青年項目“北大漢簡語詞考釋及相關問題研究”（20CYY039）的階段性成果。

①　北京大學出土文獻研究所編：《北京大學藏西漢竹書［肆］·反淫》，上海：上海古籍出版社，2015年，放大圖版第92頁，釋文注釋第124頁。

②　北京大學出土文獻研究所編：《北京大學藏西漢竹書［肆］·反淫》，釋文注釋第125頁。

馬王堆帛書《九主》等,均可以反映黄老道家中“伊尹”學説在戰國到西漢初期的流行。《反淫》的編寫,很可能采用了《本味》等一類文獻。漢初的儒道鬥争頗爲激烈,① 直到建元六年(前 135)尊崇黄老的竇太后去世,丞相田蚡得以罷黜黄老刑名百家言,獨延攬文學儒者,當時的學風纔有所轉向。②《反淫》本段所涉“飲食滋味”,應當就是在這之前黄老家伊尹説養生觀念的部分寫照。③

本節所要討論的是其中的“玄山”與“旋山”異文。“玄”“旋”音近。對於前者,王利器先生已經注意到《山海經·海内西經》有關記載。《海内西經》説昆侖之墟“上有木禾”,郭璞注:“木禾,穀類也,生黑水之阿,可食。見《穆天子傳》。”據此他懷疑“玄山,疑即黑水之阿,亦即所謂玄圃也。”④

王注意見值得重視。《反淫》篇“玄”字作“旋”,給我們提供了新的綫索。《文選》卷三五收録晋人張協的《七命》一篇(又見《晋書·張協傳》),與上舉崔駰《七依》一樣,問答格式類似《七發》。其中有“大夫曰:‘大梁之黍,瓊山之禾,唐稷播其根,農帝嘗其華’”。這裏的“瓊山”,跟《反淫》的“旋山”顯然有關。李善注“瓊山禾,即崐崘之山木禾”,⑤ 並引上文《海内西經》的記載。李善去漢晋未遠,所注應屬可信。古書及漢碑往往用“旋”來表示“琁/璇”⑥,後者則跟“瓊”的關係密切。《説文·玉部》“瓊”字的或體作“琁”,“琁”又“从旋省”;東漢孟孝琚碑稱碑主字“孝琚”,十二歲時曾“隨官受《韓詩》”,因而改名“琁琚”,“琁”字形作璿。⑦ 此人的改名當是用《詩·衛風·木瓜》首章“報之以瓊琚”,高文先生據此懷疑三家《詩》中的《韓詩》本“瓊琚”應作“琁琚”。⑧ 大概可信。又阜陽漢簡《詩經》簡 S075“報之以△琚(字左半殘泐)”,△原作如下之形:⑨

① 參看胡適:《漢初儒道之争》,原載《北京大學研究所國學門周刊》第 1 卷第 2 期,1925 年 10 月 21 日,收入歐陽哲生編:《胡適文集》第 4 册,北京:北京大學出版社,1998 年,第 490—492 頁。

② 〔漢〕司馬遷:《史記》卷一二一《儒林列傳》,北京:中華書局,2014 年修訂本,第 3762 頁。

③ 傅剛先生認爲《反淫》的寫作“早於武帝時”,當可信從。見傅剛:《北京大學藏漢簡〈反淫〉簡説》,北京大學出土文獻研究所編:《北京大學藏西漢竹書[肆]·反淫》附録,第 163—164 頁。

④ 王利器:《吕氏春秋注疏》卷十四《本味》,成都:巴蜀書社,2002 年,第 1435 頁。

⑤ 俞紹初等點校:《新校訂六家注文選》第四册,鄭州:鄭州大學出版社,2015 年,第 2299 頁。

⑥ 高亨纂著,董治安整理:《古字通假會典》“旋與琁”條,濟南:齊魯書社,1989 年,第 170 頁。

⑦ 圖版見徐玉立主編《漢碑全集》第三册,鄭州:河南美術出版社,2006 年,第 833 頁;字形采自于淼《漢代隸書異體字表與相關問題研究·上編:漢隸異體字表》,吉林大學博士學位論文,長春,2015 年,第 8 頁。

⑧ 高文:《漢碑集釋》,開封:河南大學出版社,1997 年,第 17 頁注 7。

⑨ 圖版據《中國簡牘集成》簡 S79,中國簡牘集成編輯委員會編:《中國簡牘集成》第 14 册“圖版選·下”,蘭州:敦煌文藝出版社,2008 年,第 332 頁;參看《阜陽漢簡詩經研究》簡 S075,胡平生、韓自强:《阜陽漢簡詩經研究》,上海:上海古籍出版社,1988 年,圖版第 4 頁。

此字殘泐難識，原多闕釋，[1] 但與"瓊"字絶不相類。△字右半上部从象旌旗之流的"人"形，右下兩筆似是"止"形殘畫，可與《反淫》簡 14 "旋山"字作相比照。頗疑此字亦是"旋"省聲之字，簡文中用爲"琁琚"之"琁"，與孟孝琚碑所用《韓詩》相合。

《反淫》之"旋"字同樣應該用作{琁}[2]。關於昆崙山所産之"木禾"，《穆天子傳》《山海經》《淮南子》等都有記述。《穆天子傳》卷四載"黑水之阿"有"野麥"與"采石之山"，前者即"西膜地所謂木禾"，"采石之山"則産"璿瑰""琅玕"等玉石之器。[3] 記録較寫實。上引《海内西經》郭璞注稱昆侖之墟木禾位於黑水之阿，"見《穆天子傳》"，應即本《穆天子傳》此節。《山海經・西山經》的槐江之山"其陽多丹粟，其陰多采黄金銀。實惟帝之平圃……其中多玉"，郭璞注以"平圃"即"玄圃"，蔣禮鴻指出"平"是"玄"之誤字。[4] 到了《淮南子》裏，同時有穀物與玉石出産的玄圃，神異色彩愈發明顯。《墬形》稱昆侖虚"上有木禾，其脩五尋"，又"珠樹、玉樹、琁樹、不死樹在其西，沙棠、琅玕在其東，絳樹在其南，碧樹、瑶樹在其北"。[5]

由上不難得知，在戰國時人的地理認知中，黑水之阿本有一采石之山，出産璿（按："璿"與瓊、琁音義皆近，可以通用）瑰等玉石。同時在傳聞過程中不斷增飾而賦予神異，遂以昆侖虚上長有玉樹神山，名之爲"玄圃"，[6] 成爲黄老家及神仙家傳説中求取長生的聖地，在戰國晚期至漢晋賦文中屢有反映。《反淫》《七命》中寫作"旋/瓊山"，可能也跟其上出産璿瑰、琁樹等玉石有關。[7]

二、秦漢文字中的"箸"與"書"

北大漢簡第三册《周馴》六月章記周昭文公向共太子講述晋獻公之子四人代立嗣國，最終均遭廢置之事，簡文此後有段議論（簡 83—84）：

此《書》之所謂曰"主擇臣=（臣，臣）亦擇主"者也，既箸於志。

---

① 胡平生、韓自强：《阜陽漢簡詩經研究》，第 10 頁；中國簡牘集成編輯委員會編：《中國簡牘集成》第 18 册"河北省・安徽省（上）卷"，第 1715 頁。參看胡旋：《阜陽漢簡〈詩經〉集釋》，吉林大學碩士學位論文，長春，2013 年，第 96 頁。

② 本文用"{某}"來表示某詞，下同。

③ 王貽樑、陳建敏：《穆天子傳匯校集釋》卷四，北京：中華書局，2019 年，第 171 頁。

④ 蔣禮鴻：《讀〈山海經校注〉偶記》，《蔣禮鴻集 3・語言文字學論叢》，杭州：浙江教育出版社，2001 年，第 425 頁。

⑤ 何寧：《淮南子集釋》卷四，北京：中華書局，1998 年，第 323—324 頁。

⑥ 《廣雅・釋山》："崐崘虚有三山：閬風、板桐、玄圃。"可見漢人以"玄圃"爲昆侖之山名。〔清〕王念孫：《廣雅疏證》卷九下，北京：中華書局，2004 年，第 302 頁。

⑦ 作"玄山"，則可能跟"旋山"音近有一定關係。又如"玄圃"，在《離騷》《天問》等文獻中也作"懸圃"。這種同地的異名，常因傳聞輾轉所致，且往往有語音上的聯繫，在文獻中時可見到。所表達的很可能是同一個詞。如王家臺秦簡《歸藏》"昔者夏后啓卜鯿帝大陵上鈞臺而支占……"（王明欽：《王家臺秦墓竹簡概述》，艾蘭主編：《新出簡帛研究》，北京：文物出版社，2004 年，第 38 頁），今傳本《歸藏》"鈞臺"作"璿臺"，王明欽先生認爲"鈞臺和璿臺實際上是同一臺，衹是因爲形容的角度不同而取的異名"（王明欽：《〈歸藏〉與夏啓的傳説》，《華學》第三輯，北京：紫禁城出版社，1998 年，第 216 頁），似未必。"鈞""璿"應也是音近通假關係，未必有形容角度的不同。

其中“箸”字,整理者認爲“通‘書’,戰國楚文字‘書’即寫作‘箸’。”① 按,整理者注釋有誤。楚文字中的確可用“箸”來表示書寫之{書},但以“箸”爲{書}並不符合漢簡《周馴》的用字習慣,本篇均以“書”來表示“書寫”之{書}。蘇建洲先生認爲簡文“既箸於志”“完全可以如字讀”,“‘箸’在秦漢文獻中多與‘著’相通”,② 似不够準確。秦漢文字,往往以“箸”來表示記録之{著},“著”字則是因漢代隸書竹頭常與艸頭易混而由“箸”分化之字,此後二者語義亦有所分工。③《説文·聿部》:“書,箸也。”先秦兩漢漢語中用作動詞“書寫”的“書”跟“箸/著”雖然詞義相近,但用法上存在一定區别。“書”作動詞一般衹表示動作行爲,可以翻譯爲“寫、記載、記録”,强調“書寫”這一活動:

(4)《左傳·隱公十一年》:“凡諸侯有命,告則書,不然則否。師出臧否,亦如之。雖及滅國,滅不告敗,勝不告克,不書于策。”④

(5)《墨子·尚賢》:“古者聖王既審尚賢,欲以爲政,故書之竹帛,琢之槃盂。”⑤

(4)“告則書”,是説“(諸侯如果來)通告,就記録(在竹簡上)”,“不書于策”與“告則書”相對,是説如果諸侯有事不相告,即使他們發生了滅國或戰勝這類大事,“(我們)也不會記録在竹簡上”;(5)“書之竹帛”與“琢之槃盂”平列,“書”是書寫,“琢”是琢刻,同樣是强調動作行爲。

而“箸/著”既可以表示動作行爲:

(6)《韓非子·大體》:“豪傑不著名於圖書,不録功於盤盂,記年之牒空虚。”⑥

(7)《史記·孝文本紀》:“請著之竹帛,宣佈天下。”⑦

(8)《釋名·釋書契》:“(書)亦言著也。著之簡紙永不滅也。”⑧

也可以表示動作行爲的結果:⑨

① 北京大學出土文獻研究所編:《北京大學藏西漢竹書(叁)·周馴》,上海:上海古籍出版社,2015年,釋文注釋第130頁。《簡帛古書通假字大系》從之,見白於藍《簡帛古書通假字大系》,福州:福建人民出版社,2017年,第329頁。

② 蘇建洲:《論〈北大漢簡(叁)·周馴〉的抄本年代、底本來源以及成篇過程》,李學勤主編:《出土文獻》第十一輯,上海:中西書局,2017年,第278—279頁。

③ 裘錫圭:《文字學概要》(修訂版),北京:商務印書館,2014年,第215—216頁。

④ 《春秋左傳注疏》卷四,〔清〕阮元校刻:《十三經注疏》,北京:中華書局,1980年,第1737頁。

⑤ 〔清〕孫詒讓撰,孫啓治點校:《墨子閒詁》卷二《尚賢下》,北京:中華書局,2001年,第69頁。

⑥ 〔清〕王先慎撰,鍾哲點校:《韓非子集解》卷八《大體》,北京:中華書局,1998年,第210頁。

⑦ 〔漢〕司馬遷:《史記》卷十《孝文本紀》,第551頁。

⑧ 〔東漢〕劉熙撰,〔清〕畢沅疏證、〔清〕王先謙補,祝敏徹、孫玉文點校:《釋名疏證補》卷六,中華書局,2008年,第207頁。

⑨ 古漢語中有關動詞分爲動作行爲與動詞結果的研究,見王誠《上古漢語動詞語義内涵研究》,北京:商務印書館,2018年,第78—87頁。參看石毓智《古今漢語動詞概念化方式的變化及其對語法的影響》,《漢語學習》2003年第4期,第1—8頁。

(9)《左傳·襄公二十三年》："初，斐豹，隸也，著於丹書。"[①]

(10)《墨子·明鬼》："當是之時，周人從者莫不見，遠者莫不聞，著在周之春秋。"[②]

(11)馬王堆帛書《戰國縱横家書》232行："且五國之主嘗合横謀伐趙，疏分趙壤，箸之盤盂，屬之祝詛。"[③]

(12)《漢書·孫寶傳》："周公上聖，召公大賢。尚猶有不相説，著於經典，兩不相損。"[④]

(8)"書""著"同義。(6)(7)與(5)句意相近，孫詒讓《墨子閒詁》以(6)注(5)。[⑤](6)是説"豪傑不會將名記録在圖書上"，(7)是説請將爲高皇帝和孝文皇帝立廟這件事"寫在竹帛上，宣佈給天下人"。(6)(7)(8)之"著"同樣可譯爲"寫、記録"，將其替换爲"書"，不會對文意造成影響。

(9)至(12)則不同，文句往往是對過去已發生事實的陳述。"箸/著"表示"寫、記録"這一動作行爲的結果，即動作的完成。此類"著"意思是"寫了"，"著於"用現代漢語可以直譯爲"寫在了、記録在了"。(9)以"初"追記斐豹爲隸臣事，"著於丹書"是對已發生事實的陳述，劃綫部分可翻譯爲"記録在了丹書中"，不能够替换成"書於丹書"。(10)劃綫處是説杜伯射王致死這件事"記録在了周春秋裏"，同樣是已記録完成之結果。(11)五國謀伐趙分地，"箸之盤盂"是説"已將盟誓之辭銘刻在了盤盂"。(12)是説周公、召公二人不合之事明白"寫在了經典中"，却不損害他們的賢聖形象。

《周馴》簡文此句説"既箸於志"，也是已經發生的事實，那麽"箸"衹能是表示{著}，讀爲"書"則文意不通。

秦漢文字中"箸""書"代表不同之詞，用法也有分别。過去或受到楚文字用字習慣影響，將"箸"讀爲"書"，都存在問題。戰國晚期的《詛楚文》："敢數楚王熊相之倍(背)盟犯詛，箸者(諸)石章，以盟(明)大神之威神。"[⑥]其中"箸者(諸)石章"，趙平安先生認爲是將詛楚的文辭刻寫於石璋。[⑦]或據楚文字用字習慣讀"箸"爲"書"，[⑧]恐怕不妥。

2013年湖南益陽兔子山遺址9號井出土的秦二世元年詔書，有如下文字：

---

① 《春秋左傳注疏》卷三五，〔清〕阮元校刻：《十三經注疏》，第1976頁。

② 〔清〕孫詒讓撰，孫啓治點校：《墨子閒詁》卷八《明鬼下》，第224頁。

③ 裘錫圭主編：《長沙馬王堆漢墓簡帛集成(叁)·戰國縱横家書》"蘇秦獻書趙王章"，北京：中華書局，2014年，釋文第248頁。引文用寬式。

④ 〔漢〕班固：《漢書》卷七七《孫寶傳》，北京：中華書局，1962年，第3263頁。

⑤ 〔清〕孫詒讓撰，孫啓治點校：《墨子閒詁》卷二《尚賢下》，第69頁。

⑥ 參看郭沫若《石鼓文研究·詛楚文考釋》，《郭沫若全集·考古編》第九卷，北京：科學出版社，1982年，第320—332頁。

⑦ 趙平安：《從"箸者石章"的解釋看詛楚文刻石的形制》，《學術研究》1992年第1期，第115頁；又趙平安：《詛楚文辨疑》，《河北大學學報》1992年第2期，第26—27頁。

⑧ 張海燕：《〈詛楚文〉補論》，首都師範大學碩士學位論文，北京，2011年，第39—41頁。

朕奉遺詔,今宗廟吏及箸以明至治大功德者具矣,律令當除定者畢矣。[①]

其中"箸"字,有學者讀爲"書",我們過去在利用這則材料時也同意這一看法[②],現在看來並不正確。此字應當如鄔文玲先生意見理解爲"顯著"之"著","箸以明至治大功德者"所言即《史記·封禪書》所載二世元年仿效始皇帝循行郡縣刻石勒名"以章始皇之功德"一事。[③]

三、釋文、注釋等方面的問題

《周馴》十一月章的訓誡之辭以周昭文公"稱于《大雅》"開始(簡134—135):

維歲十一月更旦之日,龏(恭)大子朝,周昭文公自身貳[貣(敕)]之,用兹念也。稱于《大雅》曰:"於乎小子,未智(知)臧否。"

對於"大雅",整理者解釋説:

《釋名·釋典藝》:"《詩》言王政事謂之雅。"《毛詩·周南·關雎序》:"雅者,正也,言王政之所由廢興也。政有大小,故有小雅焉,有大雅焉。"昭文公下所言"廢興之所以",亦即《毛詩序》"王政之所由廢興",其説或本於《詩序》,故曰"稱于大雅"。[④]

按所謂"大雅"即《詩經》之《大雅》,"稱于《大雅》"的"於乎小子,未智(知)臧否",出自《大雅·抑》篇,整理者因不明此句出處,所以錯誤標點爲"於乎!小子未智(知)臧否"。對引《詩》也未能揭示。

《反淫》簡51"乃近A之聖人",A字圖版作,[⑤]字形殘泐,整理者未釋。此字當是"世"字。同篇簡45"衰世"之"世"作,北大漢簡其他篇目之"世"字如:

《周馴》簡130

《周馴》簡49

---

① 湖南省文物考古研究所、益陽市文物處:《湖南益陽兔子山遺址九號井發掘簡報》,《文物》2016年第5期,第40頁。

② 陳偉:《〈秦二世元年十月甲午詔書〉通釋》,《江漢考古》2017年第1期,第124頁。高中正:《〈趙正書〉與西漢前期的秦末記憶》,《南京師範大學文學院學報》2018年第2期,第172頁。

③ 鄔文玲:《秦漢簡牘中兩則簡文的讀法》,中國文化遺産研究院編:《出土文獻研究》第十五輯,上海:中西書局,2016年,第221頁。益陽兔子山秦二世詔書的"箸"字及鄔文玲先生意見,蒙蔡一峰先生賜告。

④ 北京大學出土文獻研究所編:《北京大學藏西漢竹書[叁]·周馴》,釋文注釋第138頁。

⑤ 北京大學出土文獻研究所編:《北京大學藏西漢竹書[肆]·反淫》,紅外綫圖版第113頁。

《趙正書》簡 18

“近世”猶言“近代”，古書用例頗多，此不贅舉。

《反淫》簡 19：“嫪(嫽)艾男女，相引爲友”，整理者注“引”爲“導引”。[①] 按“引”當理解爲牽、拉，《史記·滑稽列傳》及本篇有“相引爲曹”，所説相近。

又簡 25“臨石岸之上，陰(蔭)瀿楊之下。”整理者以“瀿”从㕁聲，讀爲“樛”：

> “樛”同“朻”，《説文·木部》：“朻，高木也。”《文選》班固《幽通賦》：“葛緜緜於樛木兮。”張銑注：“樛木，高木也。”《文選》孫綽《遊天台山賦》：“攬樛木之長蘿。”李周翰注：“樛木，長木也。”故“瀿楊”即長楊。[②]

整理者認爲“瀿楊”是長楊，恐不確。先秦兩漢的“楊”大多是指水楊，即《爾雅·釋木》“楊，蒲柳”之蒲柳，生長在水邊。[③] 上文稱“瀿楊”生於“洞庭之浦”“石岸之上”，可見當是指“蒲柳”之類。“蒲柳”是低矮樹種。古書中“樛木”的準確訓解當爲“下曲之木”，樹枝下垂方可有樹蔭，簡文“蔭樛楊之下”即是。“樛木”“樛楊”與“高木”有别。後者在古書中往往稱作“喬木”，一般木枝上曲，無法供人蔭蔽，《周南·漢廣》“南有喬木，不可休思”，《毛傳》解釋“喬”爲“上竦”，詩句即是針對喬木生長“上曲”無法供人蔭蔽休息的特點而發。因此，“瀿楊”注釋爲“木枝下曲而垂的蒲柳”，方纔妥當。

《妄稽》簡 34 形容虞士躲避周春“嫖蓂便圜(旋)，桃(逃)入北房。”原注説：“‘蓂’讀若‘緲’。‘蓂’爲明母耕部，‘緲’爲明母宵部。‘嫖緲’，輕快飄忽的樣子。”[④] 整理者對文義理解是對的，但耕宵兩部相隔較遠，難以通假。“嫖蓂”即“縹緲”變式，前字滂母，後一字明母，屬於語音格式相同的聯綿詞，[⑤] 類似語音格式相同的一組聯綿詞如“杳渺”“杳冥”，聲式爲前字影母，後字明母，意思相近，同樣是同族聯綿詞，不必以通假視之。宋玉《小言賦》：“飄妙翩綿，乍見乍泯。”[⑥]“嫖蓂便圜”與“飄妙翩綿”意義接近。

附記：本文據 16 年舊稿增訂改寫，舊文部分意見曾發佈於復旦大學出土文獻與古文字研究中心網站論壇，此次修改先後請余堅、李豪、蔡一峰諸兄批評指正，作者很感謝。

（高中正，南京師範大學文學院講師）

① 北京大學出土文獻研究所編：《北京大學藏西漢竹書［肆］·反淫》，釋文注釋第 127 頁。
② 北京大學出土文獻研究所編：《北京大學藏西漢竹書［肆］·反淫》，釋文注釋第 129 頁。
③ 參看郭郛《爾雅注證——中國科學技術文化的歷史記録》第十四章，北京：商務印書館，2013 年，第 527 頁。
④ 北京大學出土文獻研究所編：《北京大學藏西漢竹書［肆］·妄稽》，釋文注釋第 67 頁。
⑤ 蘭佳麗：《聯綿詞族叢考》，北京：學林出版社，2012 年，第 22 頁。
⑥ 吴廣平編注：《宋玉集》，長沙：岳麓書社，2001 年，第 111 頁。

略議清華簡《攝命》記事年代問題*

趙 争 丁 宇

[摘　要] 目前有關《攝命》記事年代的意見主要有“孝王説”和“穆王説”兩種,兩者的論證依據及推論過程均有可商之處,兩種假説均有待進一步論定。《攝命》所記曆日、以士爲右者以及王命宣讀方式等内容稍有利於“穆王説”。

[關鍵詞] 清華簡　攝命　記事年代

《攝命》爲《清華簡》第八輯中的一篇,内容爲周王對伯攝的册命,篇末記有此次册命的時間地點及相關人物等信息。原文無篇題,整理者據簡文内容擬定今名。對於《攝命》與相關傳世文獻的關係,目前主要有兩種意見,一是認爲《攝命》當與《書序》之《冏命》《史記·周本紀》之《臩命》對應,《攝命》所記當爲穆王對伯攝的册命;[①]一是認爲“攝”當爲懿王太子夷王燮,册命伯攝者當爲孝王。[②]本文將以上兩説分别簡稱爲“穆王説”和“孝王説”。《攝命》本身較爲難讀,且其體例及内容均不乏特殊之處,故雖有論者根據相關材料及綫索對《攝命》記事年代提出了非常具有啓發性的意見,然相關論證或有可商之處。

一、《攝命》記事“孝王説”覈論

《攝命》記事“孝王説”是由馬楠先生提出的,並作爲《攝命》的整理意見公佈。馬楠先生主要從《攝命》所記册命文的結構、册命的儀式及曆日,以及伯攝的身份、職守等來推斷《攝命》記事年代。[③]其中伯攝的“王子”身份及“出納王命”、統攝衆多重要行政事務的情形確實極易被視爲“孝王説”之佐證,然細繹之下,雖然册命文中伯攝確被稱爲“王子”,然而此“王子”是否即懿王燮,此次册命儀式中的周王是否即孝王,實質上是另一個問題,需進一步

* 本文是國家社科基金重大項目“出土簡帛文獻與古書形成問題研究”(19ZDA250)、國家社科基金青年項目“基於出土文獻的古書成書及古書體例研究”(17CZS001)、上海市哲學社會科學規劃項目“基於出土文獻的古書成書及古書體例研究”(2016ELS002)的階段性成果。

① 李學勤:《在〈清華大學藏戰國竹簡(柒)〉成果發佈會上的講話》,《出土文獻》第11輯,2017年;賈連翔:《“攝命”即〈書序〉“臩命”“冏命”説》,《清華大學學報》(哲學社會科學版)2018年第5期;程浩:《清華簡〈攝命〉的性質與結構》,《清華大學學報》(哲學社會科學版)2018年第5期。若無特别説明,本文所引程浩意見均據此文。

② 清華大學出土文獻研究與保護中心編,李學勤主編:《清華大學藏戰國竹簡(捌)》,上海:中西書局,2018年,第109頁;馬楠:《清華簡〈攝命〉初讀》,《文物》2018年第9期。王寧也贊同“孝王説”,參王寧《由清華簡八〈攝命〉釋〈書序·冏命〉的“太僕正”》,復旦大學出土文獻與古文字研究中心網(www.gwz.fudan.edu.cn)2018年12月6日;陳民鎮也傾向此説,參其《清華簡〈攝命〉性質小議》,清華大學出土文獻研究與保護中心網(www.ctwx.tsinghua.edu.cn)2018年11月17日。

③ 馬楠:《清華簡〈攝命〉初讀》,《文物》2018年第9期。若無特别説明,本文所引馬楠意見均據此。

論證。單就《攝命》本身而言，其内容並未透露任何具體的王世信息，伯攝的"王子"身份與具體的西周王世之間也並未顯露明確的及唯一的對應關係。實際上，就伯攝的王子身份，有論者便得出了不同意見。[①]也就是説，單就伯攝的"王子"身份及職守是無法論定伯攝與此次册命之周王身份的。目前有關伯攝與周王分别爲懿王燮和周孝王的推論，其實背後已然隱含了伯攝與周王分别對應懿王和孝王的預設，而這略有循環論證之嫌。再者，《攝命》册命儀式中的右者"士趞"，其執掌可能與刑獄無關，[②]且金文中以士爲右者之例目前僅見殷簋之"士戍"，其年代大致在穆、恭之世，[③]這或許對討論《攝命》記事年代略有幫助。

鑒於《攝命》内容本身缺乏有效的信息，故基於《攝命》内容的"内證"尚無法爲其記事年代提供確鑿證據。相較之下，《攝命》所記册命儀式、曆日及其文本結構等外部證據似更有助於年代推定，從而爲研究者所關注。

首先來看册命儀式。馬楠引據韓巍先生的意見，認爲典型的册命銘文於穆、共之際出現，共王時期成熟，共、懿之際基本定型，並據此推斷《攝命》的可能年代。韓巍先生基於對相關銅器銘文的調查得出了具有統計學意義的結論，然而統計學意義上的通例本質上是多數材料所呈現規律的反映，並非涵括所有材料通過完全歸納所得，並且相關通例的總結也並不排斥特例的存在。實際上，統計學意義上的通例多與特例共存，如韓氏總結出西周中後期政治權利中心從"葊京"向"周"地轉移，這是具有統計學意義的論述，然而我們並不能反過來推論共王之後的册命及賞賜儀式都是在"周"地進行的，也不能反推出西周前期的册命及賞賜儀式都不在"周"地進行。實際上，西周前期周王常在"周"地舉行包括册命及賞賜在内的儀式，共王之後周王也仍在"葊京"舉行相關儀式。[④]故此，我們似乎不能以基於多數材料的統計學意義上的通例來反推特定的材料和案例，也不能以統計學意義上的大致規律作爲討論特定材料及案例的絶對標準。[⑤]這一意見對册命文同樣適用。如韓氏總結共王之後西周册命體制確立，這無疑是具有統計學意義的論述，然而我們不能據此反推所有共王世及此後的册命銘文都是諸要素齊備的"典型"册命文。册命儀式及册命體制這種制度性變遷應是漸變的而不太可能突變，故反映相關情形的册命文的變遷無疑也具有相應的過程，這也就意味着，以册命文及册命儀式演變作爲參考時，標準宜粗不宜細。

據此，具體到《攝命》册命信息的討論，我們在運用册命銘文的相關"通例"時無疑應當

---

① 如子居持"平王説"，認爲伯攝爲周平王太子泄父，參子居《清華簡八〈攝命〉首段解析》，中國先秦史網站（www.xianqin.tk）2018年12月7日。李世佳認爲伯攝爲宣王太子幽王"涅"，參李世佳《清華簡〈攝命〉"伯攝"身份綜論》，《清華簡〈攝命〉研究高端論壇論文集》，上海，2019年5月，第140—151頁。

② 何景成：《西周王朝政府的行政組織與運行機制》，北京：光明日報出版社，2013年，第224頁；王治國：《金文所見西周王朝官制研究》，北京大學博士學位論文，北京，2013年，第161頁。

③ 何景成：《西周王朝政府的行政組織與運行機制》，第128頁。

④ 參何景成：《西周王朝政府的行政組織與運行機制》，第239—246頁。

⑤ 韓巍先生在討論"右者原則"時提到，"當儘量考慮到册命銘文中存在的種種複雜因素，避免將這一原則絶對化"，韓巍：《册命體制與世族政治——西周中晚期王朝政治解析》，《九州學林》2011年春季號，上海：上海人民出版社，2012年，第8頁。這對基於册命文的相關"通例"的使用無疑同樣適用。

更加謹慎。實際上,《攝命》篇的册命儀式記録格式似乎並不局限於西周中後期,西周早期也有類似的册命銘文,如穆王世的虎簋蓋、廿七年裘衛簋、親簋、瘨壺、諫簋、師晨鼎、師艅簋蓋,甚至更早的望簋、走簋、四年瘨盨等。以下表格對此有更直觀地呈現:[①]

器名	時代	銘文册命信息	著録
望簋	昭穆	隹王十又三年六月初吉戊戌,王才周康宫新宫。旦,王各大室,即立,宰倗父右望,入門,立中廷,北鄉,王呼史年册命望……	《集成》04272
走簋	昭穆	隹王十又二年三月既望庚寅,王才周,各大室,即立,司馬井白[入]右走。王乎作册尹[從命]走……	《集成》04244
四年瘨盨	昭穆	隹四年二月既生霸戊戌,王才周師录宫,各大室,即立,司馬共右瘨,王乎史微册……	《集成》04462
虎簋蓋	穆王	隹卅年三月初吉甲戌,王才周新宫,各于大室,密叔入右虎,即立。王乎内史曰:"册令虎。"	《近出》0491
廿七年裘衛簋	穆王	隹廿又七年三月既生霸戊戌,王才周,各大室,即立。南伯入右裘衛,入門,立中廷,北鄉。王乎内史易衛……	《集成》04256
親簋	穆王	隹廿又四年九月既望庚寅,王在周,格大室,即位。司工逨入右親,立中廷,北鄉。王呼作册尹册申命親曰……	《銘圖》05362
十三年瘨壺	穆王	隹十又三年九月初吉戊寅,王才成周司土淲宫,各大室,即立,徲父右瘨,王乎作册尹册賜……	《集成》09723
諫簋	穆王	隹五年三月初吉庚寅,王在周師录宫,旦,王格大室,即立。司馬共右諫,入門,立中廷,王乎内史微册命諫,曰……	《集成》04285
師晨鼎	穆王	隹三年三月初吉甲戌,王才周師录宫,旦,王各大室,即立,司馬共右師晨,入門,立中廷,王呼作册尹册命師晨……	《集成》02817
師艅簋蓋	穆王	隹三年三月初吉甲戌,王才周師录宫,旦,王各大室,即立,司馬共右師艅,入門,立中廷,王乎乍册内史册命師艅……	《集成》04277

與《攝命》篇相同,上表所列銘文對册命儀式信息的記録也包含時間、地點、人物、過程等要素,格式與《攝命》篇大體一致。尤其是望簋、廿七年裘衛簋、親簋銘文,除了王命内容較短外,所記册命儀式信息與《攝命》篇高度一致。有鑒於此,僅根據册命儀式的相關信息,我們目前似無法將《攝命》篇遽斷在孝王世。[②] 目前看來,以册命儀式的演變規律作爲斷代依據的做法尚需更深入的討論。

其次再來看《攝命》所記曆日。馬楠先生據張培瑜《中國先秦史曆表》和《三千五百年曆日天象》指出"公元前 889 年九月丁巳朔,十六日壬申既望",並據朱鳳瀚先生對師虎簋及曶鼎的斷年來推證《攝命》曆日。不過翻查張先生《三千五百年曆日天象》,公元前 889 年中曆九月望日在壬申,[③] 則既望當在癸酉;反倒是公元前 951 年中曆九月丁巳朔,望日辛未,壬

① 表格器物信息基於《商周青銅器銘文暨圖像集成》《商周青銅器銘文暨圖像集成續編》,《殷周金文集成》,《新收殷周青銅器銘文暨器影彙編》,《近出殷周金文集録》《近出殷周金文集録二編》。下文表格資料及信息來源同此,恕不煩注。

② 王少林根據册命金文的相關句型及作册的出現時段,得出《攝命》所記年代當在共王世的結論,參王少林《册命金文、作册職官與〈攝命〉史事的年代問題》,《清華簡〈攝命〉研究高端論壇論文集》,第 159—176 頁。

③ 張培瑜:《三千五百年曆日天象》,鄭州:大象出版社,1997 年,第 517 頁。

申既望，[①]而公元前951年屬穆王世。這其中要注意的是，朱鳳瀚先生對師虎簋、曶鼎及相關銅器年代的判斷采用的是望日（既望）時段説，[②]這與張培瑜先生推算曆日天象的望日定點説不同，[③]故在綜合基於這兩種意見的材料時當注意其間可能存在的問題。此外還需要説明的是，對相關銅器的斷代，學界其實多有不同意見，不僅如此，有關銅器斷代的依據、方法甚至理論，不同研究者的側重及意見多不一致；實際上，僅有時日而無王年本就不足以論定年代。故此，以曆日作爲《攝命》斷代依據的做法看來也需要更進一步的討論。

再次，來看《攝命》的文本結構。《攝命》的册命儀式信息後置，論者多注意到其與詢簋及師詢簋的近似之處。不過將此作爲斷代依據可能面臨一些問題，主要有以下兩個方面：其一是册命儀式信息後置與銘文年代的對應關係，再者要考慮的是《攝命》文本結構所可能反映的成書情形。

第一個問題其實可以具體化爲詢簋、師詢簋這種册命信息後置的形式是否爲某個時段所獨有。實際上，册命（及其他儀式）信息後置的形式有其相應的發展過程。對此，可以通過以下表格瞭解相關情況：

器名	年代	儀式信息及其位置	類别	著録
四祀邲其卣	晚商	乙巳，王曰……己酉，王才梌，邲其賜貝。才四月，隹王四祀，翌日。	賞賜	《集成》05413
小臣艅尊	晚商	丁巳，王省夒𠂤，王錫小臣艅夒貝……隹王十祀又五，彡日。	賞賜	《集成》05990
犅伯卣	晚商	亞：……在二月，有祐。	祭祀	《近出二》546
寢孳方鼎	晚商	甲子，王賜寢孳……在十月又二，遘祖甲劦日，唯王曰祀。	賞賜	《新收》NA 0924
阪方鼎	晚商	乙未……王賞阪貝……在五月，唯王廿祀又二。	賞賜	《新收》NA 1566
作册般黿	晚商	丙申……王命寢馗貺于作册般……	賞賜	《銘圖》19344
利簋	武王	武王征商……辛未，王才管師，賜右史利金……	賞賜	《集成》04131
何尊	成王	隹王初壅，宅于成周……王咸誥，何賜貝卅朋，用作囩公寶尊彝。隹王五祀。	賞賜	《集成》06014
保卣、保尊	成王	乙卯，王令保及殷東國五侯……用作文父癸宗寶尊彝。遘于四方，迨王大祀，祓于周，才二月既望。	賞賜	《集成》05415 《集成》06003
小盂鼎	康王	隹八月既望，辰在甲申，昧爽……用作□伯寶尊彝。隹王廿又五祀。	獻俘 賞賜	《集成》02839
大盂鼎	康王	隹九月……隹王廿又三祀。	册命 賞賜	《集成》02837
覨公簋	成康	覨公作郪姚簋……唯王廿又八祀。	改封	《銘圖》04954
五祀衛鼎	共王	隹正月初吉庚戌……衛其萬年永寶用。隹王五祀。	訴訟	《集成》02832
叔尊	西周中期前段	侯曰……唯三月，叔賜貝于原……	賞賜	《銘圖》11818

① 張培瑜：《三千五百年曆日天象》，第509頁。公元前951年8月22日爲中曆九月，此可參張培瑜《中國先秦史曆表》，濟南：齊魯書社，1987年，第47頁。據張氏此書，西周似僅有公元前951年滿足中曆九月丁巳朔壬申既望這一條件。

② 朱鳳瀚：《關於西周金文曆日的新資料》，《故宫博物院院刊》2014年第6期。

③ 相關問題可參葉正渤《20世紀以來西周金文月相問題研究綜述》，《徐州師範大學學報》（哲學社會科學版）2004年第5期。

續表

器名	年代	儀式信息及其位置	類别	著録
叔卣乙	西周中期前段	侯曰……唯六月,叔錫貝于寢……	賞賜	《銘圖》13328
應侯見工鐘	西周中期	唯正二月初吉……辛未,王格于康宫,榮伯入右應侯見工,賜彤弓一……	賞賜	《集成》00107
大師虘簋	懿王	正月既望甲午,王在周師量宫。旦,王各大室,即立。王乎師晨召大師虘,入門,立中廷。王乎宰曶賜大師虘虎裘……隹十又二年。	賞賜	《集成》04251
師詢簋	夷王	王若曰……隹元年二月既望庚寅,王各于大室,榮入右詢。	册命	《集成》04342
詢簋	夷王	王若曰……隹王十又七祀,王才射日宫,旦,王各,益公入佑詢。	賞賜	《集成》04321
大克鼎	夷王	克曰……王才宗周,旦,王各穆廟,即立,醽季右善夫克,入門,立中廷,北鄉,王乎尹氏册令善夫克……	册命	《集成》02836

通過對目前所見的相關銘文儀式信息後置情形的分析可見,王年後置是晚商西周比較常見的樣式,王年與其他儀式信息後置的情形也並不稀見。相較而言,與《攝命》類似的師詢簋和詢簋銘文衹是後置的信息更多而已。誠然,以目前所掌握的銘文來看,類似《攝命》篇這種將儀式信息整體後置的情形見於西周中期,然而我們仍無法完全排除在西周早期也存在類似情形的可能,尤其是在目前西周早期銅器及銘文存世相對較少的情況之下。除了銅器銘文材料,還可注意的是,傳世的《尚書·洛誥》也和《攝命》一樣,將儀式信息整體後置,而《洛誥》一般被認爲大體屬西周早期文獻。故此,綜合來看,基於文本格式而將《攝命》與師詢簋及詢簋相關聯,從而作爲推證《攝命》年代依據的做法略有未安之處。

對於根據册命儀式信息後置從而將《攝命》與詢簋及師詢簋相關聯這一思路,還需要考慮的是《攝命》册命儀式信息特殊抄寫方式及其可能反映的文本結構信息。[①] 對此,程浩引據張懷通先生的意見,將册命金文中王在册命儀式前後對受封者告誡的"訓誥"與格式化册命金文中宣讀部分的"任命"進行了區分,認爲《攝命》其實是前面占主體部分的王言内容纍加了一篇格式化的册命金文。這一對《攝命》文本結構的分析應該説有其合理性。這也就意味着,《攝命》後置的册命儀式信息有較大可能是從它處補録的。若果真如此,則《攝命》册命儀式信息後置並非其原始的文本樣態,那麽《攝命》與詢簋及師詢簋的關聯也當慎重考慮。[②] 需要注意的是,有學者對册命銘文的生成及使用進行了討論,認爲册命儀式中的"王命書"爲事先寫就的,並進一步指出,由兩位官員同時宣讀王命書的制度直到西周晚期纔出現,

① 《攝命》全文雖與西周銘文絶類,然《攝命》不大可能是由金文轉抄而來,因爲目前已知的篇幅最大的毛公鼎銘文字數纔近五百,字數過千的《攝命》無疑篇幅過大。

② 另,學者多有將師詢簋銘文"亡承于先王"句理解爲"王位非承自先王",並據此推斷此器年代者。寧鎮疆先生對"亡承于先王"句有新解,他認爲此句當斷作"亡承于先王鄉",意爲"無以承受社稷之重任",當爲某種習語,參寧鎮疆《清華簡〈攝命〉"亡承朕鄉"句解——兼説師詢簋相關文句的斷讀及理解問題》,武漢大學簡帛網(www.bsm.org.cn)2019 年 1 月 2 日,該文亦見《中華文化論壇》2019 年第 2 期。準此,則將此句解爲王位非承自先王之特定事件,並以之作爲斷代依據的做法當重新考慮。

在西周中期這兩位官員的角色並無差别，可由一位官員完成。[①] 這或有助於我們思考《攝命》的年代問題。

以上對《攝命》"孝王説"的相關"外證"進行了考察，發現相關論證多有需進一步討論之處。除此之外，有論者通過對傳世文獻相關記載的分析來推證《攝命》的記事年代。如王寧先生據《史記·周本紀》《集解》所記版本學信息，綜合考察《書序》與《史記·周本紀》的相關記載，結合相關文獻材料，運用通假、訓詁等方法對"太僕正"進行解讀，論證及結論均頗爲精妙，並據此支持《攝命》記事"孝王説"。[②] 王寧先生的相關論證，如《史記》别本"僕"或作"部"，後人傳抄時誤植於"誠"字下，以及基於新解對《書序》與《史記·周本紀》相關記載的重新斷句等確實令人印象深刻，不過對於古書流傳而言，要滿足的流變要求越多流傳條件越複雜，則這一過程實際發生的可能性便越低。也就是説，王寧先生的相關論證需要其文中所論列的諸如通假、誤抄、不同斷句方案這些情形全都發生纔能成立，這無疑使其論證過程略嫌迂曲，降低了所論情況實際發生的可能性。[③] 不僅如此，王先生將"僕"訓"附"，意爲托付，這種解釋可能還要考慮金文的相關字例及用法。金文中確有"僕""附"通用例，然此爲"附"字僅見的用例，在五年召伯虎簋中用作"附庸土田"；[④] 同樣，"僕"在金文中基本用作名詞，似未見此用作動詞例。[⑤] 也就是説，目前所見的金文詞例中似未見僕、附用作動詞之例。總而言之，王先生的相關論證雖不乏啓發性，然亦略有可進一步加强之處。

綜上所述，雖然《攝命》記事"孝王説"的相關論證爲《攝命》斷代提供了值得重視的信息和綫索，然而目前的相關論證多還需更進一步的推進。當然，除了相關討論本身可能存在的問題外，《攝命》斷年所據的某些通例和規律本身也需要更細緻的討論和更謹慎的對待。

二、《攝命》記事"穆王説"覈論

賈連翔先生通過文字考訂補證了李學勤先生《攝命》可能對應《冏命》的意見，程浩先生則主要從《攝命》所記人物等"内證"以及《攝命》的文本結構與册命銘文演變規律等"外證"入手推證《攝命》記事屬穆王世。以下就程浩先生的相關討論提些粗淺的意見。

程浩討論《攝命》記事年代所據"内證"主要涉及作爲右者的"疌"與"作册任"。對於"疌"，他認爲《攝命》"即位，咸。士疌右伯攝"句當斷爲"即位，咸士。疌右伯攝"，並指出其

① 李峰：《青銅器和金文書體研究》，上海：上海古籍出版社，2018年，第113—114頁。李峰先生似乎認爲册命儀式上宣讀的内容屬於册命書，這與張懷通先生認爲"王若曰"作爲命官之辭與命書分屬不同類别的意見有異，張先生意見，參張懷通《"王若曰"新釋》，《歷史研究》2008年第2期。

② 王寧：《由清華簡八〈攝命〉釋〈書序·冏命〉的"太僕正"》。若無特别説明，本文所引王寧意見均據此。

③ 當然，這並不意味着王先生所討論的情形一定不可能發生。

④ 華東師範大學中國文字研究與應用中心：《金文引得（殷商西周卷）·青銅器銘文釋文引得》，南寧：廣西教育出版社，2001年，第102頁。

⑤ 華東師範大學中國文字研究與應用中心：《金文引得（殷商西周卷）·青銅器銘文釋文引得》，第226—227頁。

中“士”爲“事”之假借。如此,則作爲右者的“疌”便可擺脱“士”之身份,並根據右者身份高於受命者的“右者原則”被解爲祭公。對於“作册任”,程浩認爲《逸周書・史記》中的“左史戎夫”與“作册任”爲同一人。如此,則祭公與作册任均爲穆王世人,那《攝命》所記也當屬穆王世。程浩先生的推證略有可商之處。

首先,雖然金文中“士”“事”通用較爲常見,且“咸事”也是常見詞例,然“事”用借字“士”而作“咸士”,目前似未見有詞例。因此,將上述文句斷爲“咸士。疌右伯攝”似缺少詞例支持。鑒於此,本文仍維持整理者的斷句方案,即册命儀式中的右者爲“士疌”。程浩先生將“疌”讀爲“祭”或無誤,不過“士疌”是否爲祭公則需要進一步討論。這其實牽涉到西周時期“士”的身份及構成問題。西周時期“士”的用法並不唯一,如叔夨鼎(又稱叔虞方鼎)中的“士”當爲某種統稱,指王朝官員。① 對於“士疌”這種官職較爲明確的“士”,有學者認爲當是隨侍周王左右守衛王宫的貴族子弟“小子”中被銓選而有職爵者,“士”與西周貴族子弟的仕前歷練密切相關。② 若準此,則“士疌”爲祭公的可能性便不大了。西周銘文中的不少場合可以見到“士”的身影,然“士”作爲右者目前似僅見於殷簋之“士戍”,上文已論士戍的活動範圍大致在穆、恭之世,這或有助於推斷《攝命》所記的年代。

程浩據以推定册命伯攝之右者爲祭公的根據之一是册命銘文中的“右者原則”:即册命儀式中的右者往往爲受命者之上級長官。③ 對待這一通例,原理與上文所論類似,即統計學意義上的通例並不排斥特例,這種通過不完全歸納所得的通例不應被用作絶對標準來討論特定材料及案例。右者與受命者的關係即是如此,上述殷簋右者“士戍”與受命者殷(職守爲“司東鄙五邑”)的關係便是一例;《攝命》其實也是這種特例——伯攝爲王子且被授予如此重要的職守,怕是很難找到比其地位更高的右者吧。這其實與近年有關西周册命儀式中“右者原則”的討論所得出的意見一致,如有論者指出,對於右者官階一般高於受命者這一通例,極少數高級官員可能例外,④ 受命者也不一定爲右者的直接下屬;且西周册命制度隨着不同階段的權力結構産生過相應的變化,作爲册命儀式元素之一的右者也體現出某種規律:共王之前右者身份不規律,此後到厲王期間右者由重要世族成員擔任,宣王後右者身份不再集中,由新興世族成員、周王近臣(如宰)擔任。⑤ 若準此規律,則大致看來以“士”任右者很可能是册命儀式還未定型時期的情形,而這對《攝命》記事“穆王説”較有利。

其次,將“作册任”與“左史戎夫”視爲同一人需要進一步討論。從銅器銘文來看,“作

① 如叔夨鼎銘文有“隹十又四月……王乎殷厥士……其萬年揚王光厥士”,見李伯謙《叔夨方鼎銘文考釋》,《文物》2001年第 8 期。柞伯簋銘文有“王命南宫率王多士”,李學勤先生認爲此器銘文中“多士”也包括卿、大夫、士等王朝衆臣,同《尚書・多士》、《詩》“雅”“頌”的“多士”性質類同,見李學勤《柞伯簋銘考釋》,《文物》1998 年第 11 期。

② 詳參何景成《西周王朝政府的行政組織與運行機制》,第 218—225 頁。王治國對“士”亦有論,參王治國《金文所見西周王朝官制研究》,第 160—162 頁。

③ 有關册命銘文中的“右者原則”論者較夥,較晚近的討論參韓巍《册命體制與世族政治——西周中晚期王朝政治解析》,《九州學林》2011 年春季號,第 3—9 頁。

④ 殷簋銘文即表明,右者秩級高於受命者這一通例的例外情形也並非僅限於高級官員。

⑤ 韓巍:《册命體制與世族政治——西周中晚期王朝政治解析》,《九州學林》2011 年春季號,第 8—9、26—27 頁。

册”“史”等官職後所接爲私名，即便“任”與“戎”同，其與“戎夫”畢竟不同。目前銅器所見有“任氏”、[①]有“史戎”，[②]未見“戎夫”或與之相類的稱名，故此“任”“戎”與“戎夫”是否爲同一人還有待進一步論證。不過録有“任氏”的作任氏簋爲西周早期器，這或許對討論“作册任”的年代稍有助益。

綜上所述，目前論者將“𨑥”解爲祭公、“作册任”解爲“左史戎夫”的意見當遠非定論，仍有待進一步檢討。除了這些基於《攝命》内容的“内證”外，程浩先生還從《攝命》的文本結構及册命儀式演變規律這類“外證”入手，討論《攝命》記事年代問題。

程浩認爲，《攝命》最後部分對册命儀式的記録與之前的周王“訓誥”部分當有不同來源。對此，正如上文所述，我們是基本贊同的。不過程浩認爲在册命儀式中對周王訓辭的省略情形從西周早期至西周中晚期漸行徹底，雖然他在此並未明確論及《攝命》的記事年代，然册命儀式中年代越晚王言愈行省略的規律其實是不利於《攝命》記事“穆王説”的。不僅如此，册命儀式中對王言漸行省略這一規律實際上亦可商議。最典型者如毛公鼎，不僅不省略王言，反而將長篇王言鑄於鼎上；再如西周晚期的頌鼎，其册命儀式上的“王曰”内容並不比早期銘文少，四十二年及四十三年逨鼎的王言部分篇幅也較大，類似情形多有。也就是説，對王言内容的省略有多種可能，似乎並不存在較爲明顯的趨勢性變化規律。此處需要注意的是，雖然目前我們主要是通過銅器銘文來瞭解册命制度的，但銅器銘文並非原始的册命文書，它們都是根據更基礎的官方檔案或類似資料轉寫鑄刻而成，且銅器銘文有其獨有的鑄造及使用情境，因此我們並不能期待從銅器銘文中獲得相關制度及歷史事實的完整信息。這也意味着，我們應當謹慎對待基於銅器銘文的通例與規律，尤其是將之用於《攝命》這種非銘文材料的討論。實際上，鑒於《攝命》篇王言的主體部分的篇幅，其似乎不大可能是銘文的轉録，且從其較爲原初的文本面貌來看，《攝命》篇王言部分可能直接淵源於當時的官檔（或某種基於官檔的文本）；《攝命》篇末另行抄寫的册命儀式信息可能源於銘文，也可能源自非銅器銘文材料，且不能排除其綴於文末的格式並非原初形態的可能。

結　語

《攝命》篇本身確實較爲難讀，通過相關綫索推斷其記事年代也殊爲不易。目前學界對《攝命》記事年代的討論多爲提出較合理之推測，相關意見尚多難於論定。本文也祇是在前賢基礎上對《攝命》記事年代問題及相關討論稍加檢討。並未提出任何實質性的新見。本文的討論略可總結如下：

目前據《攝命》記事年代“孝王説”的主要依據——册命儀式發展規律、《攝命》文本結

① 見“作任氏簋”，中國社會科學院考古研究所：《殷周金文集成》（第六册）3455—3456，北京：中華書局，1986年，第168頁。

② 見“史戎鼎”，中國社會科學院考古研究所：《殷周金文集成》（第四册）2169，第186頁。

構(册命儀式信息後置)、《攝命》所記曆日、伯攝身份以及傳世文獻相關記載,尚無法論定《攝命》記事屬孝王世,並且部分材料反利於《攝命》記事"穆王説",如《攝命》所記曆日、右者身份及王命宣佈方式。

目前有關《攝命》記事年代"穆王説"的主要依據——册命儀式中右者及作册的身份,還需要更進一步的檢視,以之作爲"穆王説"的論證依據稍嫌薄弱。

綜合來看,目前有關《攝命》記事年代的意見均有尚待推進之處。相較而言,目前的證據對《攝命》記事"穆王説"稍稍有利,如曆日、右者、王命宣讀情形。當然,正如本文所指出的,《攝命》不記王年僅載曆日的情形似乎使我們目前無法對其精確斷年,"右者原則"及册命儀式發展規律也無法作爲《攝命》斷代的可靠依據。《攝命》記事年代問題無疑還需要更精細、更深入的探討。

(趙争,上海大學歷史系講師;丁宇,上海大學歷史系碩士研究生)

《尚書》三字連言考

王篤堃

[摘　要]《尚書》中存在較多三字連言現象,如“劓殄滅”“凶短折”“擇建立”“側頗僻”。結合三字連言用法,可以發現某些經文故訓尚可商榷。如“嚴祗敬”之“嚴”當是動詞而非副詞,且與“祗”“敬”並列。“無傲從康”可看作“無傲、無從(縱)、無康”。“犧牷牲用”屬於“上三字平列,而下一字總承之”的連言類型,“用”作“用物”解。“建保乂”連用,訓釋時不必特意斷開。

[關鍵詞]　尚書　三字連言　訓詁　新釋

《尚書》素稱古奥,一是因爲經文在流傳中的變異,如字體改竄與文本脱衍,二是因爲文本語言的時地特徵,如當時的方言與特殊語言習慣。三字連言作爲一種特殊的語言現象,在《尚書》中並不鮮見。

目前,學界對古代典籍中的三字連言現象多有揭示,如《左傳》中的“繕完葺”、《離騷》中的“覽相觀”、《史記》中的“城市邑”、佛經中的“奇異妙”等。[①]至於《尚書》,自俞樾提出“郊牧野”屬三字連言後,[②]學者雖多沿襲,但未再專門舉證别例。有鑒於此,筆者希望在前人研究成果的基礎上,梳理《尚書》中的三字連言現象,進而對部分經文之訓釋提出新的看法,以供學界參正。

一、《尚書》三字連言現象舉證

需要指出的是,不同於現代漢語中的三音節合成詞,本文所討論的古代典籍中的三字連言範圍極小,是指三字共同充當同種語法成分,在語法功能上保持一致。下文將逐條論述幾則語例,證明《尚書》中的三字連言現象確實存在。

1.《盤庚》:乃有不吉不迪、顛越不恭、暫遇奸宄,我乃**劓殄滅**之,無遺育。

僞孔傳:“劓,割;育,長也。言不吉之人當割絶滅之,無遺長其類。”[③]《正義》:“我乃割絶滅之。”[④]均釋“劓”爲“割”。後袁燮、孫星衍、王鳴盛、簡朝亮等承之。宋明學者多持異見。《東

① 關於三字連言在中國古代典籍中的語例,許多學者在其論著中已大量列舉。參見竺家寧《魏晋佛經的三音節構詞現象》,《紀念王力先生百年誕辰學術論文集》,北京:商務印書館,2002年,第236—245頁;王雲路:《關於“三字連言”的重新思考》,《寧波大學學報》(人文科學版)2011年第1期,第1—6頁;丁喜霞:《漢語相似語言學》,北京:語文出版社,2010年,第183—185頁。

② 〔清〕俞樾:《古書疑義舉例》卷二,〔清〕俞樾等:《古書疑義舉例五種》,北京:中華書局,2005年,第28頁。

③ 〔漢〕孔安國傳,〔唐〕孔穎達正義:《尚書正義》卷九,上海:上海古籍出版社,2014年,第357頁。

④ 〔漢〕孔安國傳,〔唐〕孔穎達正義:《尚書正義》卷九,第357頁。

坡書傳》:"輕者劓之,重者殄滅之。"[①]《增修東萊書説》:"小則劓,大則殄滅之。"[②]蔡沈、陳經、胡士行、吴澄、朱祖義等皆承之。于省吾曰:"劓字此篇(《吕刑》,筆者注)凡三見,隸古定本並作劓。《盤庚》'我乃劓殄滅之',《多方》'劓割夏邑',二劓字敦煌隸古定本亦作劓。《説文》:'劓,刑鼻也。從刀臬聲。《易》曰:天且劓。'按叔弓鎛、辛鼎均有劓字,甲骨文作劓。自,鼻之初文。從臬從鼻從自,一也。狹義爲刑鼻,引申爲鏟伐之義。"[③]則《東坡書傳》一系主本義,僞孔傳一系主引申義。《經義述聞》:"又案:'劓'爲截鼻之名,又爲斷割之通稱。'我乃劓殄滅之,無遺育',當以'劓殄'二字連讀。哀十一年《左傳》作'劓殄無遺育',《史記·伍子胥傳》作'劓殄滅之,俾無遺育',皆其證也。'劓殄'猶言'刑殄',《多方》曰'刑殄有夏'是也。《多方》又曰:'劓割夏邑。'是'劓'爲斷割之通稱,《傳》訓'劓'爲割,是也。蔡《傳》乃訓'劓'爲截鼻,而讀'我乃劓'爲一句,'殄滅之無遺育'爲一句。夫既滅之無遺育矣,又何須言劓乎?乃又爲之説曰:'小則加以劓,大則殄滅之無遺育。'經言'我乃劓殄滅之',不言小則劓,大則殄滅也,且劓非死刑,下文何以言'無俾易種于兹新邑'乎?蓋但知劓之爲截鼻,而不知其又爲斷割之通稱,故古訓失而句讀亦舛也。"[④]王氏結合後文辨"劓""割",甚審矣。至於蔡《傳》等誤釋"劓",《書傳補商》曰:"《傳》云'小則劓,大則殄滅'者,蓋以'劓殄滅之'爲刑太重,故添'小則劓'一條,不知此申嚴號令以防道路之奸。"[⑤]宋明學者誤釋"劓"爲本義,當與特意美化盤庚以張揚王道政治有關。

綜上,"劓"當作"割"解,有"滅絶"之意。《尚書正讀》:"劓,斷也。殄,絶也。"[⑥]《爾雅》:"契、滅、殄,絶也。"[⑦]則"劓""殄""滅"三字近義,"劓殄滅"爲三字連言,後"之"所指代的"不吉不迪、顛越不恭、暫遇奸宄"者即共同賓語。

2.《洪範》:人用**側頗僻**,民用僭忒。

僞孔傳:"在位不敦平,則下民僭差。"[⑧]則"側頗僻"即"不敦平"之意。《洪範》:"無反無側,王道正直。"僞孔傳:"言所行無反道不正,則王道平直。"[⑨]側,不正也。《説文解字》:"頗,頭偏也。"段玉裁注:"引伸爲凡偏之稱。《洪範》曰:'無偏無頗,遵王之義。'人部曰:'偏者,頗也。'以頗引伸之義釋偏也。俗語曰頗多、頗久、頗有,猶言偏多、偏久、偏有也。古借'陂'爲頗,如《洪範》古本作'無偏無陂',顔師古《匡謬正俗》、李善《文選注》所引皆作'陂'可證。迄乎天寶,乃據其時所用本作'頗',而詔改爲'陂',一若古無作'陂'者,不學而作聰之過也。陂義古皆在歌戈部,則又不知古音之過耳……言部曰:'詖,古文以爲頗字。'言古文之假借

---

① 〔宋〕蘇軾:《東坡書傳》卷八,《叢書集成新編》第106册,臺北:新文豐出版社,1985年,第509頁上欄。
② 〔宋〕時瀾修定:《增修東萊書説》卷十一,《叢書集成新編》第106册,臺北:新文豐出版社,1985年,第599頁下欄。
③ 于省吾:《雙劍誃尚書新證》卷四,《于省吾著作集》,北京:中華書局,2009年,第293、294頁。
④ 〔清〕王引之撰,虞思徵等校點:《經義述聞》,上海:上海古籍出版社,2017年,第186、187頁。
⑤ 〔清〕戴鈞衡:《書傳補商》卷二,《續修四庫全書》第50册,上海:上海古籍出版社,2002年,第51頁下欄b。
⑥ 曾運乾著,黄曙輝點校:《尚書正讀》卷三,上海:華東師範大學出版社,2011年,第114頁。
⑦ 〔晋〕郭璞注,〔宋〕邢昺疏,李傳書整理,徐朝華審定:《爾雅注釋》卷二,北京:北京大學出版社,2000年,第38、39頁。
⑧ 〔漢〕孔安國傳,〔唐〕孔穎達正義:《尚書正義》卷十一,第465頁。
⑨ 〔漢〕孔安國傳,〔唐〕孔穎達正義:《尚書正義》卷十一,第464頁。

也。"① 則"頗"者,偏也,亦即不正之意。僻,或作邪僻説,亦即不正。《尚書集注述疏》:"僻,偏也。"② 綜言之,"側頗僻"三字同義連言。

3.《洪範》: 稽疑,**擇建立**卜筮人,乃命卜筮。

僞孔傳:"考正疑事,當選擇知卜筮人而建立之。"③《正義》:"考正疑事,當選擇知卜筮人而建立之。建,亦立也。復言之耳。鄭、王皆以建、立爲二,言將考疑事,選擇可立者,立爲卜人、筮人。"④《書集傳》:"卜筮者亦必至公無私,而後能傳蓍龜之意。必擇是人而建立之,然後使之卜筮也。"⑤《尚書今古文注疏》:"建者,鄭注《周禮》云:'立也。'經言'建',復言'立',故云'選擇可立者,立爲卜人、筮人。'"⑥《尚書校釋譯論》:"決疑的方法: 擇用善於卜筮的人,叫他們用龜甲來占卜和用蓍草來筮卦。"⑦ 按從鄭玄至清人,關於此句之疏解均無截然分别,惟於"建立"上稍有不同。"鄭、王皆以建、立爲二",故特意在串解時將"建"化作名詞,依據其經解,經文應斷爲"擇建/立卜筮人",後人多承其説。今人在串解中則不求字字落實,反而更顯順暢。實則,可明顯看出,"卜筮人"是"擇""建""立"的共同賓語,"擇建立"三字連言,衹不過其中"建立"又是同義連用。"擇建立卜筮人"可訓爲"選擇並定立卜筮的人"。

4.《洪範》: 一曰**凶短折**。

僞孔傳:"動不遇吉。短,未六十。折,未三十。言辛苦。"⑧《正義》:"鄭玄以爲凶、短、折皆是夭枉之名,未齔曰凶,未冠曰短,未婚曰折。《漢書・五行志》云:'傷人曰凶,禽獸曰短,草木曰折。一曰凶夭是也,兄喪弟曰短,父喪子曰折。'並與孔不同。"⑨《書集傳》:"凶者,不得其死也。短折者,横夭也。禍莫大於凶短折,故先言之。"⑩ 蔡氏以"短折"與"凶"並言,不與鄭同。按"短折"成詞,屬同義連用。曾運乾認爲,"'凶短折'與'壽'對",⑪ 則"凶"與"短""折"義近,均有"夭死"之意。《玉篇・凶部》:"凶,短折也。"⑫《尚書覈詁》:"凶短折三字,義略相近,謂不得其死耳。"⑬"凶短折"當爲三字同義複用者。

---

① 〔漢〕許慎撰,〔清〕段玉裁注,許惟賢整理:《説文解字注》卷九,南京: 鳳凰出版社,2015 年,第 738 頁。
② 〔清〕簡朝亮:《尚書集注述疏》卷十二,《續修四庫全書》第 52 册,上海: 上海古籍出版社,2002 年,第 315 頁上欄 a。
③ 〔漢〕孔安國傳,〔唐〕孔穎達正義:《尚書正義》卷十一,第 467 頁。
④ 〔漢〕孔安國傳,〔唐〕孔穎達正義:《尚書正義》卷十一,第 468 頁。
⑤ 〔宋〕蔡沉撰,王豐先點校:《書集傳》卷四,北京: 中華書局,2018 年,第 168 頁。
⑥ 〔清〕孫星衍撰,陳抗、盛冬鈴點校:《尚書今古文注疏》卷十二,北京: 中華書局,2017 年,第 310 頁。
⑦ 顧頡剛、劉起釪:《尚書校釋譯論》第 3 册,北京: 中華書局,2016 年,第 1203 頁。
⑧ 〔漢〕孔安國傳,〔唐〕孔穎達正義:《尚書正義》卷十一,第 478 頁。
⑨ 〔漢〕孔安國傳,〔唐〕孔穎達正義:《尚書正義》卷十一,第 479 頁。
⑩ 〔宋〕蔡沉撰,王豐先點校:《書集傳》卷四,第 172 頁。
⑪ 曾運乾著,黄曙輝點校:《尚書正讀》卷三,第 147 頁。
⑫ 王平、劉元春、李建廷編著:《宋本玉篇》(標點整理本),上海: 上海書店出版社,2017 年,第 188 頁。
⑬ 楊筠如:《尚書覈詁》卷三,西安: 陝西人民出版社,1959 年,第 149 頁。

二、《尚書》三字連言與經文重釋

上文借助四例,詳細論證了《尚書》中存在的三字連言語例。實則,如果檢視全部經文,其中的三字連言現象當不止此。在三字連言這一特殊語言習慣的觀照下,現今《尚書》注本的部分訓解就有必要重新審視了。下文將選取歷史上重要觀點,並結合現今較流行之名家注本展開論述。

1.《皋陶謨》: 日宣三德,夙夜浚明,有家。日**嚴祗敬**六德,亮采,有邦。

僞孔傳:"日日嚴敬其身,敬行六德,以信治政事,則可以爲諸侯。"①《正義》:"'祗'亦爲敬。敬有二文,上謂敬身,下謂敬德。'嚴'則敬之狀也,故言'日日嚴敬其身,敬行六德。以信治政事,則可以爲諸侯'也。"② 錢時《融堂書解》:"能日日嚴於祗敬其德而不怠,有德而祗敬,不放逸矣。又嚴以自律,是無時而不祗敬也。"③《書集傳》:"九德有其六,尤必日嚴而祗敬之,而使之益以謹也。"④《尚書集注音疏》:"日益儼然敬行六德以相事于國者,謂已仕者也。"⑤《尚書啓幪》:"嚴,急也,見《説文》。'祗'即敬也……日急敬此六德之人,是能佐事以有邦土。"⑥ 以上數則,訓"嚴"雖有異,却均以"嚴"修飾"祗敬"。陳經《尚書詳解》:"苟能於九德之中,得其六德之人,日日嚴之、祗之、敬之,禮貌之隆,畏憚之至,使之得以安其心而無所顧忌,則六德之人必能明其事於有邦。"⑦《尚書全解》:"王氏以爲:'貌嚴、行祗、心敬。'亦不必如此之分别也。要之,既曰嚴,又曰祗,又曰敬,但謂好賢樂善之心有加而無已也。"⑧ 朱駿聲《尚書古注便讀》:"嚴,儼也。儼、祗、敬皆肅也。"⑨ 以上三則,以"嚴祗敬"爲同義並列。較之,後者爲佳。

按"嚴"本有"敬"義,如《吕刑》"具嚴天威",《禮記·學記》"嚴師爲難"鄭玄《注》曰:"嚴,尊敬也。"⑩《爾雅》:"儼、恪、祗、翼、諲、恭、欽、寅、熯,敬也。"⑪《雙劍誃尚書新證》"嚴恭寅畏天命"條曰:"恭本應作龏。秦公鐘'嚴龏寅天命',較此少一畏字。"⑫ 清華簡《厚父》:"廼嚴禎畏皇天上帝之命。"⑬"嚴龏寅""嚴禎畏"均與"嚴祗敬"相似。再者,"日嚴祗敬六德"與

① 〔漢〕孔安國傳,〔唐〕孔穎達正義:《尚書正義》卷四,第149頁。
② 〔漢〕孔安國傳,〔唐〕孔穎達正義:《尚書正義》卷四,第150頁。
③ 〔宋〕錢時:《融堂書解》卷二,《叢書集成新編》第106册,臺北:新文豐出版社,1985年,第676頁下欄。
④ 〔宋〕蔡沉撰,王豐先點校:《書集傳》卷一,第37頁。
⑤ 〔清〕江聲:《尚書集注音疏》,〔清〕阮元輯:《皇清經解》卷三百九十一,清道光阮元輯刻咸豐年間補刊本,第6頁b。
⑥ 〔清〕黄式三:《尚書啓幪》卷一,《續修四庫全書》第48册,上海:上海古籍出版社,2002年,第695頁上欄b。
⑦ 〔宋〕陳經:《尚書詳解》卷三,《叢書集成新編》第106册,臺北:新文豐出版社,1985年,752頁上欄、下欄。
⑧ 〔宋〕林之奇著,陳良中點校:《尚書全解》卷五,北京:人民出版社,2019年,第84頁。
⑨ 〔清〕朱駿聲:《尚書古注便讀》卷一,民國華西國學叢書活字本,第14頁a。
⑩ 〔漢〕鄭玄注,〔唐〕孔穎達正義,吕友仁整理:《禮記正義》中册,上海古籍出版社,2008年,第1443頁。
⑪ 〔晋〕郭璞注,〔宋〕邢昺疏,李傳書整理,徐朝華審定:《爾雅注釋》卷二,第38—39頁。
⑫ 于省吾:《雙劍誃尚書新證》卷三,第211頁。
⑬ 李學勤主編:《清華大學藏戰國竹簡(五)》,上海:中西書局,2015年,第110頁。

"日宣三德" 並列,則"嚴""祇""敬"應通作"敬"解,以與"宣"對言。綜上,"嚴""祇""敬"三字同義並列。

"日嚴祇敬六德,亮采有邦",《尚書校釋譯論》譯作"如果每天能嚴敬地做到其中六種,用以誠信地治理政事,就能有你們諸侯的國",[①]《尚書今注今譯》注"嚴,馬融讀爲儼(見《釋文》)。儼,矜莊貌",[②]《尚書譯注》注"嚴,馬融讀嚴爲儼,矜莊的樣子",[③] 錢宗武先生注"嚴:通'儼',矜持、莊重的樣子"。[④] 四家皆直承前人,訓"嚴"爲副詞,不知"嚴"與"祇敬"並列,爲三字連言。

2.《盤庚》:格汝衆,予告汝訓汝,猷黜乃心,無**傲從康**。

僞孔傳:"謀退汝違上之心,無傲慢從心所安。"[⑤]《東坡書傳》:"謀自抑黜其心,無傲,無懷安也。"[⑥]《書集傳》:"無與毋同。毋得傲上之命,從己之安。蓋傲上則不肯遷,從康則不能遷,二者所當黜之私心也。"[⑦] 曾運乾曰:"毋傲從康,猶言毋得傲上而懷安也。"[⑧] 均視"從康"一體,訓爲"懷安"或"從安"。《尚書啓幪》:"黜乃心,袪其傲、康之心也。康,空也,大也。傲者,好作空大之言。"[⑨] 訓"傲""康"爲並列,未解"從"字。《尚書故》云:"《莊子·庚桑楚》,《釋文》引《廣雅》'驁,妄也',傲、驁同字。《漢書·王嘉傳》引'無教逸欲'作'亡敖佚欲','亡敖'與此'無傲'正同。'從康'者,縱佚也。言無妄縱佚也。"[⑩] 訓"從康"作"縱佚"。

"無傲從康",《尚書校釋譯論》訓"從"作"放縱","康"作"安逸",[⑪] 譯作"不要傲視我的命令,單顧自己的安樂";[⑫]《尚書今注今譯》注"從,與縱通;放縱。康,安逸",譯作"不要遊樂而放縱地安逸";[⑬]《尚書譯注》注"傲,傲慢。康,安逸",譯作"不要傲慢和追求安樂"。[⑭] 錢宗武先生注"傲:傲上。從:追求。康:安樂"。[⑮] 前二家訓"從"作"縱",以"從康"爲狀中或動賓結構。後二家"從"作本字解。

按《禮記·曲禮》"敖不可長,欲不可從",《經典釋文》釋"從""足用反,放縱也"。[⑯] 則"從"與"縱"通。吴汝綸訓"從"作"縱",有據可依。前人多連"從康",不辭,不得不增"心"或"己"

---

① 顧頡剛、劉起釪:《尚書校釋譯論》第1冊,第502頁。
② 屈萬里注譯:《尚書今注今譯》,北京:新世界出版社,2011年,第16頁。
③ 李民、王健譯注:《尚書譯注》,上海:上海古籍出版社,2016年,第41頁。
④ 錢宗武解讀:《尚書》,北京:國家圖書館出版社,2017年,第73頁。
⑤〔漢〕孔安國傳,〔唐〕孔穎達正義:《尚書正義》卷九,第340頁。
⑥〔宋〕蘇軾:《東坡書傳》卷八,第507頁上欄。
⑦〔宋〕蔡沉撰,王豐先點校:《書集傳》卷三,第120頁。
⑧ 曾運乾著,黄曙輝點校:《尚書正讀》卷三,第106頁。
⑨〔清〕黄式三:《尚書啓幪》卷二,第728頁上欄a。
⑩〔清〕吴汝綸:《尚書故》卷二,《續修四庫全書》第50冊,上海:上海古籍出版社,2002年,第595頁上欄b。
⑪ 顧頡剛、劉起釪:《尚書校釋譯論》第2冊,第936頁。
⑫ 顧頡剛、劉起釪:《尚書校釋譯論》第2冊,第953頁。
⑬ 屈萬里注譯:《尚書今注今譯》,第43頁。
⑭ 李民、王健譯注:《尚書譯注》,第160頁。
⑮ 錢宗武解讀:《尚書》,第176頁。
⑯〔唐〕陸德明:《經典釋文》卷三,上海:上海古籍出版社,1985年,第635頁。

字訓釋,非是。實則,“康”含貶義時,古書常有與“無”“不”連用者,如《康誥》“無康好逸豫”,《國語·周語》“成王不敢康”。則“無傲從康”當視作“無傲、無從(縱)、無康”,意爲“不要倨傲、放縱且貪圖安逸”。“傲”“從”“康”三詞同類連用。

3.《微子》:今殷民乃攘竊神祇之**犧牷牲**用,以容將食無災。

僞孔傳:“色純曰犧,體完曰牷,牛羊豕曰牲,器實曰用。盜天地宗廟牲、用,相容行食之,無災罪之者。言政亂。”[1]斷句爲“今殷民乃攘竊神祇之犧牷牲用,以容將食無災”,釋“用”爲“器實”。蘇軾、林之奇、錢時、朱祖義、郝敬等均承之。《書集傳》:“犧、牷、牲,祭祀天地之物,禮之最重者,猶爲商民攘竊而去,有司用相容隱,將而食之,且無災禍,豈特草竊奸宄而已哉?”[2]讀“用”屬下句,不依僞孔傳釋爲“器實”。金履祥、吴澄、簡朝亮、姜兆錫等遵之。《書蔡氏傳集録纂注》駁蔡氏曰:“然則所謂‘犧牷牲用’乃一物而異名耳,蔡氏以‘用’字屬下句,使兩句皆不成文,何邪?”[3]

按元、明學者直借僞孔傳“器實”之説以駁蔡《傳》,自不客觀。《書蔡氏傳旁通》云:“古注謂‘器實曰用’,《疏》以爲‘簠簋之實’,則‘以容’二字不通。故蔡氏不從。”[4]《旁通》爲蔡《傳》之羽翼,從文法角度論證,予以回護。《書傳補商》:“用,語詞;以,與也;將,取也。言今殷民之‘草竊奸宄’,非特小事已也,乃直攘竊神祇之犧、牷、牲,有司相與包容,聽其取食而無災禍及其身,紀綱法度尚復有存哉?”[5]戴氏認爲“用”乃虚詞。孫詒讓曰:“此當讀‘用以容’三字句,猶《召誥》(筆者按:當爲《梓材》)云‘合由以容’,由、用義亦同,言用此以相容隱,故將食無災也。僞孔釋‘用’爲器實,與犧、牷、牲平列爲四,殊不成文義。又讀‘以容’屬下句,尤誤。”[6]在先秦原典中,“用”作“器實”解,未見他處;又《禮記·祭義》:“古者天子、諸侯必有養獸之官。及歲時,齋戒,沐浴,而躬朝之。犧牷祭牲,必於是取之。”《禮記·表記》:“子曰:‘牲牷,禮樂齊盛,是以無害乎鬼神,無怨乎百姓。’”“犧”“牷”“牲”,古書中多兩兩連用,屬同類。孫詒讓以“用以容”與“合由以容”對看,一則尚缺其他佐證,二則《尚書》中“用”無此用法。

筆者以爲,此處當依僞孔傳之斷句,作“犧牷牲用”,但“用”非“器實”之意。《大禹謨》“正德、利用、厚生”,“用”同“德”“生”爲名詞;《管子·重令》“民不務經産,則倉廩空虚,財用不足”,《禮記·王制》“冢宰制國用”,“用”亦作名詞,可訓作“用物”。《左傳·襄公十年》“牲用備具”之“牲用”即是“犧牷牲用”的簡寫,同指犧牲之用物。則“犧牷牲用”去“用”平列

① 〔漢〕孔安國傳,〔唐〕孔穎達正義:《尚書正義》卷九,第388頁。
② 〔宋〕蔡沉撰,王豐先點校:《書集傳》卷三,第142頁。
③ 〔元〕董鼎:《書蔡氏傳集録纂注》卷三,〔清〕納蘭性德輯:《通志堂經解》第6册,揚州:江蘇廣陵古籍刻印社1996年影印本,第419頁下欄。
④ 〔元〕陳師凱:《書蔡氏傳旁通》卷三,〔清〕納蘭性德輯:《通志堂經解》第6册,揚州:江蘇廣陵古籍刻印社1996年影印本,第566頁上欄。
⑤ 〔清〕戴鈞衡:《書傳補商》卷四,第59頁上欄a。
⑥ 〔清〕孫詒讓:《尚書駢枝》,《續修四庫全書》第51册,上海:上海古籍出版社,2002年,第33頁下欄b。

爲三,如王引之論三字連言所謂"其上三字平列,而下一字總承之者",[①]既契文理,又合古例。

《尚書校釋譯論》承僞孔傳,訓"用"作"祭祀時盛在祭用物簠簋中的黍稷等物,一稱'器實'。又叫'粢盛'";[②]《尚書今注今譯》讀"用"屬下句,未訓"用"字,從譯文看,似看作虚詞;[③]《尚書譯注》同《尚書今注今譯》。[④]錢宗武先生以"今殷民乃攘竊神祇之犧牷牲用以容將食無災"作一句,未釋"用"字。[⑤]四家或遵注、疏,或以"用"爲虚詞,據上文,皆有未洽之處。

4.《多士》:自成湯至于帝乙,罔不明德恤祀。亦惟天丕**建保乂**有殷,殷王亦罔敢失帝,罔不配天其澤。

僞孔傳:"亦惟天大立安治於殷。"[⑥]陳經《尚書詳解》:"亦惟天大立其保乂於有商,商之治安者,皆天建也,天建保乂於商……"[⑦]此二者以"保乂"爲名詞。郝敬《尚書辨解》:"成湯至帝乙皆天所大建以保治殷。"[⑧]《尚書集注述疏》:"言殷諸王之明德,總惟天大立之,以安治有殷也。"[⑨]此二者之訓釋將"建"與前文之"諸王"相連,又增一"以"字,使"保乂"成爲"建"之目的。

按"保乂"屢見於《尚書》,如《康誥》"保乂民"、《君奭》"保乂有殷"、《康王之誥》"保乂王家",均作動詞。僞孔傳訓作名詞,非是。郝、簡二氏增字爲訓,又牽連前文以强解,亦不妥洽。《書集傳》:"亦惟天大建立,保治有殷。"[⑩]訓"建"爲"建立","保乂"爲"保治",更合文理。《尚書今古文注疏》:"建者,《説文》云:'立。'保者,《詩傳》云:'安也。'乂者,《釋詁》云:'治也。'……經言自湯至於祖乙共有七世,無不勉德顧祀者,亦惟天大建立之,以安治有殷……"[⑪]孫氏之句解落入前人窠臼,然分釋"建""保""乂"三字,則無誤。吴汝綸曰:"'丕'讀如'蟄蟲坯户'之'坯',培之假音也。《爾雅》:'艾,相也。'乂與艾同。'丕建保乂'四字連文。"[⑫]吴氏訓"丕"作"培",實爲過度詮釋;《文侯之命》"造天丕愆",吴氏又默認王肅訓"丕"爲"大",則前後不一。故綜言之,此處之"丕"作"大"説,"建保乂"三字連言,主語爲人格化之"天",賓語爲"有殷"。

"亦惟天丕建保乂有殷",《尚書校釋譯論》於"建"下斷爲兩句,譯作"天也就建立了商的天下,平安保佑了他們";[⑬]《尚書今注今譯》同於"建"下斷爲兩句,譯作"也就因此老天建

---

① 〔清〕王引之撰,虞思徵等校點:《經義述聞》,第1088頁。
② 顧頡剛、劉起釪:《尚書校釋譯論》第2册,第1080頁。
③ 屈萬里注譯:《尚書今注今譯》,第57頁。
④ 李民、王健譯注:《尚書譯注》,第202、203頁。
⑤ 錢宗武解讀:《尚書》,第224頁。
⑥ 〔漢〕孔安國傳,〔唐〕孔穎達正義:《尚書正義》卷十五,第621頁。
⑦ 〔宋〕陳經:《尚書詳解》卷三十四,第832頁上欄。
⑧ 〔明〕郝敬:《尚書辨解》卷六,《續修四庫全書》第43册,上海:上海古籍出版社,2002年,第224頁上欄a。
⑨ 〔清〕簡朝亮:《尚書集注述疏》卷二十,第458頁上欄b、下欄a。
⑩ 〔宋〕蔡沉撰,王豐先點校:《書集傳》卷五,第224頁。
⑪ 〔清〕孫星衍撰,陳抗、盛冬鈴點校:《尚書今古文注疏》卷二十,第427頁。
⑫ 〔清〕吴汝綸:《尚書故》卷三,第676頁上欄a。
⑬ 顧頡剛、劉起釪:《尚書校釋譯論》第3册,第1525頁。

立了、保護了殷國”;[①]《尚書譯注》同於“建”下斷爲兩句,注“丕,大。建,建立”,“保,安。乂,治”。[②]錢宗武先生注“保乂:安治。《尚書易解》:‘保乂有殷,謂安治殷國之人,乃“建”之賓語。’”[③]前三家注本在訓詁上無大區别,但似乎都未留意此處“建保乂”爲三字連言,不必在“建”下斷句。錢宗武先生引用《尚書易解》,以“保乂”爲“建”之賓語,則“建保乂有殷”不好理解,而以“建保乂”連言,共作“有殷”之動語,則翻譯相較更加暢達。

(王篤堃,山東大學儒學高等研究院博士研究生)

① 屈萬里注譯:《尚書今注今譯》,第 111 頁。
② 李民、王健譯注:《尚書譯注》,第 332 頁。
③ 錢宗武解讀:《尚書》,第 376 頁。

陳鵬飛《書解》研究

朱玉霞

［摘　要］ 陳鵬飛爲伊洛理學之後進，其《書解》三十卷是兩宋之際重要的《尚書》學著作之一，是可與蘇軾、林之奇、張九成諸家《書》學比肩之卓然顯著者。然此書久佚，今輯諸家所引得九十六條共萬餘字，可裨補南宋初期《尚書》學之研究。陳氏解經好牽合他經、他篇作解，簡明考辨以明經義，譯注經文以通俗解經等，然又因文學解經而被朱子目爲"文人之經"。此外，其資《學》《庸》以發明義理，可藉以管窺時之理學建構概况和進程。

［關鍵詞］ 陳鵬飛　書解　輯佚　解經特點　解經思想

陳鵬飛（1099—1148），字少南，永嘉（今浙江永嘉）人，紹興十二年（1142）進士，任左迪功郎、明州鄞縣主簿，移浙西安撫司屬官，召爲太學博士兼崇政殿説書，遷禮部員外郎。因經筵侍講中言事開罪秦檜，謫居惠州，罹瘴疾，終卒於貶所。葉適稱陳氏"自爲布衣，以經術、文辭名當世，教學諸生數百人"。[①] 其兼善於治經和吟詠文辭，且頗勤於施教，爲"中興師儒之首"。[②] 秦檜子熺曾从其學，又有門人黄補（字季全）、林光朝（世稱"艾軒先生"）和范端臣（世稱"蒙齋先生"）等。陳鵬飛經學著作有《書解》三十卷、《詩解》二十卷，文學著作有《管見集》十卷、《羅浮集》二卷，四書皆佚。

一、陳鵬飛《書解》及其存世概况

陳氏此書稱名不一，《宋志》稱"《書解》三十卷"，[③]《（雍正）浙江通志》等同之；他書如《黄氏日抄》稱"《書傳》"，[④]《授經圖義例》稱"《尚書解》三十卷"，[⑤]《宋元學案》稱"《陳博士書傳》三十卷"。[⑥] 元代馬端臨引《中興藝文志》曰："紹興時，太學始建，陳鵬飛爲博士，發明理學，爲《陳博士書解》。"[⑦] 南宋太學始建、陳鵬飛中進士均在紹興十二年（1142），又陳氏於

---

① 〔宋〕葉適著，劉公純等點校：《葉適集》，北京：中華書局，2010年，第229頁。
② 〔清〕黄宗羲原著，〔清〕全祖望補修，陳金生、梁運華點校：《宋元學案》，北京：中華書局，1986年，第1421頁。
③ 〔元〕脱脱等：《宋史》，北京：中華書局，2004年，第5043頁。
④ 〔宋〕黄震：《黄氏日抄》，《景印文淵閣四庫全書》第708册，臺北：臺灣商務印書館，1986年，第649頁。
⑤ 〔明〕朱睦㮮：《授經圖義例》，《景印文淵閣四庫全書》第675册，臺北：臺灣商務印書館，1986年，第268頁。
⑥ 〔清〕黄宗羲原著，〔清〕全祖望補修，陳金生、梁雲華點校：《宋元學案》，第1422頁。
⑦ 〔元〕馬端臨：《文獻通考》，北京：中華書局，1986年，第1535頁。

紹興十三年(1143)二月任太學博士,[①] 十四年(1144)三月以太學博士兼任崇政殿説書,[②] 十二月罷。[③] 陳振孫言"今觀其書,紹興十三年所序",[④] 其成書或就在紹興十三年(1143)。時瀾(1156—1222)序夏僎《尚書詳解》曰:"《書》説之行於世,自二孔而下,無慮數十家,而卓然顯著者不過河南程氏、眉山蘇氏與夫陳氏少南、林氏少穎、張氏子韶而已。程氏温而邃,蘇氏奇而當,陳氏簡而明,林氏博而贍,張氏該而華,皆近世學者之所酷嗜。"[⑤] 時瀾以陳鵬飛與程頤、蘇軾、林之奇、張九成並爲解《書》之卓然顯著者,"酷嗜"二字可見"其書在當時是頗負盛名的,南宋人著作中往往提到",[⑥] 正如葉適(1150—1223)所言,少南"既死不泯滅,而南方學者尤思之,至今稱焉",[⑦] 即該書確爲宋代《尚書》學中的可取之作。又由《中興藝文志》之記載可知,此書爲發明理學之作,近人劉起釪先生更直以陳鵬飛爲"一傳程頤理學反王氏新學的健將"。[⑧] 黄宗羲將其歸入《趙張諸儒學案》,以之爲洛學後進。輯録和研究陳鵬飛之《書解》,可略窺陳氏《書》學梗概,驗證前人之評點和認識,更爲南宋初期的《尚書》學研究提供一定的文獻資料。

是書雖久佚,然因當時頗負盛名,故後人著述中多有徵引,如林之奇(1112—1176)《尚書全解》、夏僎《尚書詳解》、吕祖謙(1137—1181)《書説》、黄倫《尚書精義》、蔡沈(1167—1230)《書集傳》、董鼎《書傳輯録纂注》和胡廣(1370—1418)《書傳大全》等。其中,黄倫《尚書精義》徵引最多,辨之如下:首先,該書中稱"陳氏"者有二:陳暘(字晋之)稱名兩次、稱字一次;陳鵬飛初稱名,后稱氏,此爲《尚書精義》引書慣例,無有相亂。其次,《尚書精義》在同一節經文下引同一人説法有兩條者,第二條稱"又曰",其中所引"陳氏暘"附於"陳氏"后而稱名,可見"陳氏"非陳暘而爲陳鵬飛。其三,前賢對此有考證,如四庫館臣曰"'克明俊德'注陳氏鵬飛,案:陳氏名鵬飛,字少南,永嘉人,《書解》三十卷已佚,篇中採録頗多",[⑨] 即書中多次引用的"陳氏"爲陳鵬飛;又如錢儀吉《衎石齋記事續稿》謂《精義》"更取諸家附益之,如范祖禹、顔復、張綱之《講義》,吴孜之《大義》,胡伸之《解義》,王安石及其子雱之《新經義》,黄君俞之《關言》,楊繪之《九意》,孫覺之《十述》,陳鵬飛、王當、王日休之《解》"。[⑩] 其四,陳氏經解之佚文,有同一條而被兩本著作引用者,可互作參稽,如《多士》"王曰:'又曰時予,乃或言,爾攸居'"下,《尚書精義》引陳氏曰:

---

① 〔宋〕李心傳撰,辛更儒點校:《建炎以來繫年要録》,上海:上海古籍出版社,2018年,第2518頁。
② 〔宋〕李心傳撰,辛更儒點校:《建炎以來繫年要録》,第2575頁。
③ 〔宋〕李心傳撰,辛更儒點校:《建炎以來繫年要録》,第2603頁。
④ 〔宋〕陳振孫撰,徐小蠻、顧美華點校:《直齋書録解題》,上海:上海古籍出版社,2015年,第30—31頁。
⑤ 〔宋〕夏僎:《夏氏尚書詳解》,《景印文淵閣四庫全書》第56册,臺北:臺灣商務印書館,1986年,第405頁。
⑥ 劉起釪:《尚書學史》(訂補修訂本),北京:中華書局,2017年,第237頁。
⑦ 〔宋〕葉適著,劉公純等點校:《葉適集》,第229頁。
⑧ 劉起釪:《尚書學史》(訂補修訂本),第237頁。
⑨ 〔清〕王太岳、〔清〕王燕緒等輯:《欽定四庫全書考證》,北京:書目文獻出版社,1991年,第108頁。
⑩ 〔清〕錢儀吉:《衎石齋記事續稿》,《清代詩文集彙編》五四一,上海:上海古籍出版社,2010年,第512頁。

"王曰"之下當有缺文，其簡脱矣。"又曰"者，承上文而言之也。《多方》之末曰："王曰：我不惟多誥，我惟祗告爾命。"又曰："時惟爾初不克敬于和，則無我怨。"用是知"王曰"之下當有文也。乃或言爾攸居，其文承上，上簡脱矣，予不能知其下矣。[①]

林之奇亦曾徵引此段經解，文字無一字之差，且林氏直言其爲陳少南之説。[②]又《君陳》篇引陳氏曰：

鄭氏以君陳爲周公之子，或曰不然。成王先命君陳，而後命畢公。畢公弼亮四世，豈以周公之子先四世之老臣哉？然則君之命臣，以先後爲老壯，固未必然。至於以爲周公之子，其不然必矣。周公命康叔曰"乃丕顯考文王"，又曰"乃穆考文王"，成王命蔡仲曰"無若爾考之違王命"。父子之苗裔，見於告戒之辭如是之審，況周公叔父有大勛勞於成王？今命其子以繼父事，獨無懿親之語，但曰"昔周公師保萬民"，又曰"爾式時周公之猷訓"，又曰"爾弘周公丕訓"，若言他人，然决無是理也。君之命辭，雖曰告戒，亦兼以寵其存没。成王命微子，且曰"殷王元子"，曰"乃祖成湯，克齊聖廣淵"。安有命周公之子而不以父子之辭寵之哉？[③]

林之奇《尚書全解》亦引此，其文如下：

陳少南爲詳明，謂："周公命康叔，成王命蔡仲，父子之苗裔，見於告戒之辭如是之審，況周公叔父有大勛勞於成王，今命其子以繼父事，何無懿親之語？若言他人，然决無是理。"[④]

陳少南謂："觀《君陳》《畢公》二篇，其辭輕重不同，不得以命之先後而分老壯。"[⑤]

兩書所引文字有詳略之分，林氏雖因摘其要而約其語，然其明示爲陳鵬飛之説。概言之，《尚書精義》之"陳氏"確爲陳鵬飛。今裒輯諸家所引，暫得九十六條共萬餘字以管窺陳氏《尚書》學之特點。

---

① 〔宋〕黄倫：《尚書精義》，《景印文淵閣四庫全書》第58册，第573頁。
② 〔宋〕林之奇著，陳良中點校：《尚書全解》，北京：人民出版社，2019年，第545—546頁。
③ 〔宋〕黄倫：《尚書精義》，《景印文淵閣四庫全書》第58册，臺北：臺灣商務印書館，1986年，第641—642頁。
④ 〔宋〕林之奇著，陳良中點校：《尚書全解》，第621頁。
⑤ 〔宋〕林之奇著，陳良中點校：《尚書全解》，第621頁。

二、陳鵬飛《書解》之解經特點

朱子曰："後世之解經者有三：一儒者之經；一文人之經，東坡、陳少南輩是也；一禅者之經，張子韶輩是也。"[①] 朱子以陳鵬飛文學解經，故稱其經解爲"文人之經"。觀之《書解》，陳氏除了從文學角度關注《尚書》中的情感表達，解經好用修辭外，又常牽合他經和《尚書》他篇作解，並簡明地考辨經文以裨補經義。

(一)體察文理，文學解經

葉適言陳鵬飛"以經術、文辭名當世"，[②] 可見其兼善經學和文學，《書解》可見其文學和經學修養之交融。

首先，陳氏注意體察經文感情色彩。《尚書》雖不乏文學性，然言情實鮮，陳鵬飛經解對此却頗爲敏感。例如《大禹謨》"念兹在兹，釋兹在兹。名言兹在兹，允出兹在兹，惟帝念功"，陳鵬飛解曰："'念兹在兹'者，禹戒舜以念皋陶也。'名言兹在兹'者，禹自言皋陶之功也。舜念此，則皋陶當在念慮之間。及其久也，念之熟矣。舜雖欲釋皋陶，不可得也。禹名言皋陶之功常在皋陶，然言有窮而情不可窮。禹於不言之間，其情未嘗不允出於皋陶也。"[③] 此處本是禹辭讓舜授位之命時，言皋陶有功有德，欲舜念此而使皋陶攝位。陳氏側重於體會大禹此時對皋陶功業品德之顧念和思慮之情，即大禹對皋陶功德之深刻而真誠地認同和對其如何能被舜熟知之思慮。一則明"皋陶邁種德"之實和大禹顧念之深切，一則明大禹以使舜念皋陶功勞爲讓攝命策略，其因在於念慮久熟則難略之。又如《堯典》"乃命羲、和欽若昊天，曆象日月星辰，敬授人時"，陳鵬飛解謂："尧命羲、和，欲以授民時。乃散處四方之極，則作曆者一何勞乎？"[④]注家多解古農時於政治之重要性，陳氏則關注其中所體現的作曆授時者之辛勞，因制曆者需散處四方以察物候變遷，而古時交通不便，四方之極較遠，故甚辛勞。然作曆之官若尸位素餐，則無甚勞苦可言，故辛勞又可反見其爲官之稱職。又《康誥》"王曰：'封，予惟不可不監，告汝德之説于罰之行。今惟民不静，未戾厥心，迪屢未同。爽惟天其罰殛我，我其不怨。惟厥罪無在大，亦無在多，矧曰其尚顯聞于天'"，陳氏解云："罪無微而不著，無小而不積。毫釐之微，皆不可逃，况今天以罰殛我，我何可逃乎？成王之自責至矣。"[⑤] 人主有教化民衆之責，民之有過，不論大小，君自有罪。注家多論此而及君責，然陳氏則發見成王之自責和自覺。成王知此而不怨天尤人，此可反見成王對自身責任之清醒認知，而不像紂王竟言

---

① 〔宋〕黎靖德編，王星賢點校：《朱子語類》，第193—194頁。
② 〔宋〕葉適著，劉公純等點校：《葉適集》，第229頁。
③ 〔宋〕夏僎：《夏氏尚書詳解》，《景印文淵閣四庫全書》第56册，第468—469頁。
④ 〔宋〕夏僎：《夏氏尚書詳解》，《景印文淵閣四庫全書》第56册，第413頁。
⑤ 〔宋〕黄倫：《尚書精義》，《景印文淵閣四庫全書》第58册，第526頁。

“我生不有命在天”。陳氏對情感色彩之體察，是從另一個角度反觀《尚書》人物行爲背後之深意，可助益於我們對《書》教之理解。此解經側重點較爲獨特，頗有人情解經之意味。發掘《尚書》中的“人情”，使此軌範之書多了幾分親切感而更容易貼合人心，也更有利於《書》教之傳播和接受。

其次，陳氏經解好用修辭。陳鵬飛之經解中常用修辭手法，此於諸家不多見。其或比喻以使經解形象生動，如陳鵬飛解《禹貢》之“導山”曰：“天地猶人之一身，山與川猶人之有脉絡也。脉之經，其行有常度，而其絡則迭相貫理。善導山者，因其所由出而行之，亦猶醫者能疏導脉絡，使復其故，不能更張而易置也。”[①] 陳氏以人身之脉絡喻天地山川，以醫者順脉絡之常度疏導以復其舊喻禹順山行之勢導山治水以平水土。醫者行醫乃司空見慣之事，以此喻治水，生動易懂，且又可見其對大禹順自然之性而方治水功成之理解。又如《泰誓上》“大勛未集，肆予小子發，以爾友邦冢君觀政于商。惟受罔有悛心，乃夷居弗事上帝神祇，遺厥先宗廟弗祀。犧牲粢盛，既于凶盗，乃曰吾有民有命，罔懲其侮”，陳鵬飛解曰：“聖人之舉事，其圖終也甚審，其發端也甚謹。堯、舜不爲惡，與桀、紂之不爲善，如水之不可使熱，如炭之不可使寒，安有改過之理？武王觀兵，猶或庶幾。紂有悛心者，仁厚之辭也。君臣之分，不敢以遽瀆也，故武王退守臣節，遲以數年。紂死而諸侯歸周，亦無不可。然紂惡極矣，民窮久矣，天怒甚矣，武王不得已而再駕，亦武王之所甚病也。”[②] 陳氏以冰[③]之不可熱和炭之不可寒喻堯、舜爲惡及桀、紂改過遷善之不可能性，以明武王觀兵於商之必要性和合理性。又或反問以强調經義，如《立政》“桀德惟乃弗作，往任是惟暴德，罔後”，陳鵬飛解曰：“夏桀不能作效往古以任賢，而所任者皆暴德之人，安能有後？”[④] 陳氏反問“安能有後”以强調夏桀昏庸，其“罔後”乃必然之果。又《五子之歌》“予視天下愚夫愚婦，一能勝予”，陳鵬飛解曰：“天下之民，或哲或愚。愚者固愚矣，然邦國恃之以爲本，安有愚而不能勝我哉？”[⑤] 反問以明天下之愚仍能勝君，强調民無論賢愚均爲邦國之根本，而太康竟不明此理嗎？此一反問，五子之無奈躍然紙上。又如《胤征》“告于衆曰：嗟予有衆，聖有謨訓，民徵定保。先王克謹天戒，臣人克有常憲，百官修輔，厥后惟明明”，陳鵬飛解曰：“謀合大禹者，聖人之謀也；言合伊尹者，聖人之訓也。聖人之謨洋洋乎美大，所以謀於一時，足以傳于萬世。聖人之訓亞於其謨，非特施於當時，亦足以垂於後世，故言於古必有以驗於今，言于微必有以顯於著，故言稽謨、訓於聖人者，居室可以見四海，處今可以聞久遠，是其言可以明徵而不疑，其事可以定保而不危。羲、和有罪，胤侯徂征。彼其告衆而誓之，必曰‘聖有謨訓，明徵定保’者，以謂羲、和所爲非合聖人謨、訓，不足以明徵定保，雖欲無誅，得乎哉？”[⑥] 反問以説明羲、和終被誅之必然性，突出了羲、和之所爲不合聖

① 〔宋〕黄倫：《尚書精義》，《景印文淵閣四庫全書》第 58 册，第 262 頁。
② 〔宋〕黄倫：《尚書精義》，《景印文淵閣四庫全書》第 58 册，第 412 頁。
③ 按：此“冰”字，文淵閣《四庫全書》本原作“水”，根據上下文義改。
④ 〔宋〕黄倫：《尚書精義》，《景印文淵閣四庫全書》第 58 册，第 619 頁。
⑤ 〔宋〕黄倫：《尚書精義》，《景印文淵閣四庫全書》第 58 册，第 280 頁。
⑥ 〔宋〕黄倫：《尚書精義》，《景印文淵閣四庫全書》第 58 册，第 285 頁。

人之謨和訓,故而罪過甚深,同時“雖欲無誅,得乎哉”之反問,可見君臣之義。君不欲臣死,然臣罪孽深重而不得不誅之。此中可見其時人君之仁義。陳氏或以常見之事物作比,將大經大法化爲日常之理,以簡易立體的方式點出其中關鍵;又或反問以强調經義,其問中帶着對人物語氣和情感之揣摩,看似不經意的發問却使人物之形象和内心都更加清晰了。

(二)牽合他篇,發掘經義

“經也者,恒久之至道,不刊之鴻教也。”[①]或相因於經典教化之本質,又或相因於産生時代均十分古老,諸經之間自有一定的内在一致性。陳鵬飛解《書》好資衆經以爲説,又注重發掘《尚書》本經之内在呼應處。

其一,牽引他經作解。經本先賢垂型教化之本,參證之可互明經義,陳氏解經常有牽合處,如《舜典》“欽哉!欽哉!惟刑之恤哉”,陳氏曰:“不幸而有敗常亂俗者,舜不得已而用刑,則是舜之所憂也。恤,憂也。孔子曰:‘脩己以安百姓,堯舜其猶病諸。’夫惟不得已而用刑,則民有不安者矣。民之有不安宜,舜之所以憂也。”[②]歷來諸家多以憂訓恤,然所憂内容不一,如僞孔《傳》謂“憂欲得中”,[③]唐孔氏《疏》亦謂“憂念此刑,恐有濫失,欲使得中也”,[④]即其默認用刑,衹是認爲憂之内容是用刑適當與否。陳氏則以《論語・憲問》篇孔子之語明舜所憂者爲用刑帶給百姓之不安,即出發點在是否可以不用刑,從而與皋陶所言帝其難之“在安民”相應,可謂聖人之憂。又如《禹貢》“又東過漆、沮,入于河”,陳氏牽合《詩經》作解曰:“漆、沮之名有二,《公劉》詩言‘民之初生,自土沮漆,公劉都豳’,此漆、沮之在扶風者也;‘瞻彼洛矣,維水泱泱’,釋者以爲漆、沮之水入洛,此漆、沮之在鎬京者也。今長安南三十里,鎬京之洛,又與東都‘伊洛’之‘洛’不同。”[⑤]顧頡剛先生認爲“‘漆沮’,分流時爲二水名,合流後成爲一水名”,[⑥]關於漆、沮之説法繁亂,陳氏一説可供參詳。又其引《孟子》“如智者若禹之行水也,則無惡於智矣。禹之行水也,行其所無事也”[⑦]論大禹治水,認爲禹治水功成之因在“行其所無事”,而反思鯀殛死之因在“障洪水”;又結合《洪範》篇“水曰潤下”分别解之謂:“知潤下之爲水,則禹之爲治水也,隨水原之所自出者濬之以爲川,寖寖乎水有所歸矣。鯀也者,障之而使東,陻之而使不濫。今年一堤成,明年一防决,歷九年而無功者,汩陳其潤下之性故也。”[⑧]進一步解釋禹能行其所無事之因乃其知水潤下之性,故能順其自然而導之,鯀不知此,陻塞洪水而無功。

---

① 〔南朝梁〕劉勰著,詹鍈義證:《文心雕龍義證》,上海:上海古籍出版社,1989年,第56頁。
② 〔宋〕黄倫:《尚書精義》,《景印文淵閣四庫全書》第58册,第175頁。
③ 〔漢〕孔安國傳,〔唐〕孔穎達正義,黄懷信整理:《尚書正義》,上海:上海古籍出版社,2007年,第88頁。
④ 〔漢〕孔安國傳,〔唐〕孔穎達正義,黄懷信整理:《尚書正義》,第92頁。
⑤ 〔宋〕黄倫:《尚書精義》,《景印文淵閣四庫全書》第58册,第268頁。
⑥ 顧頡剛、劉起釪:《尚書校釋譯論》,北京:中華書局,2005年,第743頁。
⑦ 楊伯峻:《孟子譯注》,北京:中華書局,1960年,第180頁。
⑧ 〔宋〕黄倫:《尚書精義》,《景印文淵閣四庫全書》第58册,第231頁。

其二，呼應本經作解。《尚書》亦經亦史，叙帝王大法爲經，述帝王言動爲史。由此，《尚書》經文或因事、或因義而不乏對應處，陳鵬飛《書解》常呼應《尚書》他篇以明前後經義，例如《無逸》"爰知小人之依，能保惠于庶民，不敢侮鰥寡"，解曰："庶民，有常産之民也。鰥寡，無告之民也。有常産之民，則保以安之，惠以懷之；無告之民，則敬之而不敢侮，保惠之仁也。不敢侮，禮也。祖甲之不明，卒能保惠庶民，不侮鰥寡者，豈非伊尹訓之'先王子惠困窮，民服厥命'之力哉？"[①] 保惠庶民、不侮鰥寡即"惠困窮"之意，陳氏承孔安國之説而以祖甲爲太甲，并牽合《太甲》中篇伊尹之訓而言。此聯繫前後經文，可見太甲聽伊尹之訓言而"克終允德"後的進一步成效，即"享國三十有三年"，亦可謂太甲爲政始末概觀。又如《武成》"既戊午，師逾孟津。癸亥，陳于商郊，俟天休命。甲子昧爽，受率其旅若林，會于牧野"，解曰："武王之聖，其以甲子日興，而紂以甲子日亡。必有前知之祥，以其日而告武王者矣。武王由河朔經朝歌，歷六日而行四百里，蓋將以赴甲子之休命，不敢緩也。且其於甲子之前期，陳師以俟之，所謂見乎夢卜，協於休祥是也。"[②] 陳氏牽合《泰誓中》"天其以予乂民，朕夢協朕卜，襲于休祥，戎商必克"以解"俟"之因，同時又指出《泰誓中》"朕夢""朕卜"之内容當是告以甲子之期，然此有想象牽强之嫌。又《多士》"王曰：'又曰時予，乃或言，爾攸居'"，解曰："'王曰'之下，當有文，其簡脱矣。'又曰'者，承上文而言之也。《多方》之末曰：'王曰：我不惟多誥，我惟祇告爾命。'又曰：'時惟爾初，不克敬于和，則無我怨。'用是知'王曰'之下當有文也。乃或言爾攸居，其文承上，上簡脱矣，予不能知其下矣。"[③] 陳氏聯繫《多方》篇相類的行文，以懷疑《多士》篇之脱簡，有一定道理。此外，陳鵬飛解經有時亦注意同篇前後文之呼應，如《立政》"其在受德，暋惟羞刑，暴德之人同于厥邦，乃惟庶習逸德之人同于厥政"，解曰："羞刑暴德之人同於厥邦者，虐民也；逸德之人同厥政者，政事不立也。湯之三俊，至紂而紊亂矣。"[④] 此段經文下接"亦越文王、武王，克知三有宅心，灼見三有俊心"，陳氏點明紂之時三俊已亂，後周文王、武王"灼見"三俊之意義方顯。同篇"繼自今文子文孫，其勿誤于庶獄、庶慎，惟正是乂之"，解曰"惟正是乂之者，伸前'末惟成德之彦以乂我受民'之言也"，[⑤] 即明當用成德之人治獄訟之事方可不誤矣，此一提點可見《立政》篇於任用有德者之重視和强調，一篇而二致意焉。陳鵬飛牽合他篇解《書》，關注經典自身及其與他經之關聯，此可見其作爲傳統士大夫之經學素養，又有助於拓展經義。

（三）簡明考辨，裨補經義

陳鵬飛解《書》素重簡明，故其考辨亦宥於此而較爲淺顯，然其於經義不乏裨補之功。

---

① 〔宋〕黄倫：《尚書精義》，《景印文淵閣四庫全書》第 58 册，第 578 頁。
② 〔宋〕黄倫：《尚書精義》，《景印文淵閣四庫全書》第 58 册，第 443 頁。
③ 〔宋〕林之奇著，陳良中點校：《尚書全解》，第 545—546 頁。
④ 〔宋〕黄倫：《尚書精義》，《景印文淵閣四庫全書》第 58 册，第 621 頁。
⑤ 〔宋〕林之奇著，陳良中點校：《尚書全解》，第 603 頁。

例如《君陳》篇,鄭玄以君陳爲周公之子,陳氏否之,並從兩種角度辨之:首先,辨以君命臣之慣例,雖非必以先後爲老壯,但也有一定關係,"成王先命君陳,而後命畢公。畢公弼亮四世,豈以周公之子先四世之老臣哉",[①] 此其不合理之一。其次,緣《尚書》各篇命辭用語特點而論,《康誥》篇"周公命康叔曰'乃丕顯考文王',又曰'乃穆考文王'",《蔡仲之命》篇成王命蔡仲曰"'無若爾考之違王命'",《微子之命》篇成王命微子"曰'殷王元子',曰'乃祖成湯,克齊聖廣淵'",甚至命前朝之微子亦有寵辭,而周公於周,功烈甚偉,然其子之命辭無懿親之語,此又一不合理處。陳氏之辨解可謂有理有據,足備參稽。又如《金縢》"周公居東二年",二孔氏、王肅均以爲周公東征。陳氏則同吴棫之説,認爲周公乃避居東方而非東征,其曰:"成王方疑周公,周公不應自往征以重成王之疑。"[②]顧頡剛先生認爲此乃言"周公因避嫌疑,離開國都,暫居東邊某地。'東'可泛指國都之東,也可指較具體的地區",[③] 且"'東'可以指酆鎬以東至於洛邑之地"。[④] 又如《西伯戡黎》,陳少南則以西伯爲武王,[⑤] 吴棫説法同之。戡黎之西伯爲誰,乃《書》中迄今猶無定論者,陳氏於此表明傾向,當有考辨,惜今不復見。又《泰誓中》"予有亂臣十人",陳氏解曰:

> 周公、太公、召公奭、畢公、榮公、太顛、閎夭、散宜生、南宫括之九人,其一人,孔子謂婦人焉,鄭康成輩皆曰婦人爲文母。夫文王九十七而終,至武王伐紂,則又歷年矣。使其母尚在,當百餘歲矣。此其言不可考,不知所謂婦人者果誰歟?余不敢臆説,然則婦人何預武王之治亂?蓋婦人治内,周公、太公治外,故俱謂之亂臣也。[⑥]

自孔子所謂"有婦人焉"[⑦] 而下,鄭玄及二孔氏等多以文王之母爲亂臣之一,陳鵬飛據文王年齒和武王伐紂之歷年示其疑竇,然存疑而不遽斷,反轉而以傳統女主内之思想解婦人能爲亂臣之原因。再如《君奭》"在太戊,時則有若伊陟、臣扈,格于上帝,巫咸乂王家",陳氏謂:"湯十三年,太甲三十三年,沃丁二十九年,太庚二十五年,小甲十七年,雍己十二年,然後太戊立。自湯勝夏以至太戊立,凡一百有三十年矣,臣扈在湯勝夏之初年已不知其年若干,閱一百有三十,又相太戊若干年,而能格于上帝乎?是必有二臣而名同者也。"[⑧]《尚書》兩及"臣扈":《書序》曰"湯既勝夏,欲遷其社,不可,作《夏社》《疑至》《臣扈》",[⑨] 唐孔氏曰"'疑至'

① 〔宋〕黄倫:《尚書精義》,《景印文淵閣四庫全書》第58册,第641頁。
② 〔宋〕陳大猷:《書集傳或問》,《景印文淵閣四庫全書》第60册,臺北:臺灣商務印書館,1986年,第257頁。
③ 顧頡剛、劉起釪:《尚書校釋譯論》,第1237頁。
④ 顧頡剛、劉起釪:《尚書校釋譯論》,第1237頁。
⑤ 〔宋〕夏僎:《夏氏尚書詳解》,《景印文淵閣四庫全書》第56册,第688頁。按:《書經大全》《尚書砭蔡編》《尚書埤傳》等均有載此條。
⑥ 〔宋〕黄倫:《尚書精義》,《景印文淵閣四庫全書》第58册,第421頁。
⑦ 楊伯峻:《論語譯注》,北京:中華書局,1958年,第83頁。
⑧ 〔宋〕林之奇著,陳良中點校:《尚書全解》,第566頁。
⑨ 〔漢〕孔安國傳,〔唐〕孔穎達正義,黄懷信整理:《尚書正義》,第288頁。

與‘臣扈’相類，當是二臣名也”，[①] 即商朝立國之初即有臣扈，歷商七君至太戊而又有臣扈，即若爲同一人則歲必逾百三十餘年(按：陳氏少算外丙和仲壬兩君共七年)。陳氏由此而知商朝當有二臣同名臣扈者，不可謂無理據。《尚書》涵蓋既廣，加之歷今、古文問題等，其中不乏有争議而迄今尚無定論之處，故歷代經學家常有辨説，陳氏自不例外。陳鵬飛之考辨雖有不乏理據者，然往往簡練易懂而有失深刻，頗類於提問性考辨，即指出《尚書》學史之問題，而或略辨之或存疑。此乃其考辨之缺陷，然亦可見陳氏解經態度之審慎，即已能考者辨之，無據可説者存疑，似今日“有幾分材料説幾分話”之意味。

（四）譯注經文，通俗解經

《尚書》經文艱澀難懂，劉勰謂其“覽文如詭”，[②] 韓愈亦認爲“周誥殷盤，佶屈聱牙”，[③] 陳氏解經喜譯註經文，頗類於今日之文言翻譯，而此種譯解使經文通俗易懂。如《盤庚中》“厥攸作，視民利用遷。汝曷弗念我古后之聞？承汝俾汝，惟喜康共，非汝有咎，比于罰”，陳氏譯曰：“上浮天時，下觀地利，此先王遷之大略也。汝之臣民不從我以遷者，何不念汝所聞於古我先后之事？其所以遷，大抵敬汝民而承之，遂使汝從其遷徙之事，惟欲與汝共其喜樂安康而已。非汝之有過咎，近于謫罰，而遂迫汝以遷也。”[④] 又如《大誥》“天休于寧王，興我小邦周。寧王惟卜用，克綏受兹命。今天其相民，矧亦惟卜用。嗚呼！天明畏，弼我丕丕基”，陳氏譯解曰：“在昔上天休我文王，自小邦而有天下，未嘗敢違卜，以至於安受天命。今天助我民，况我敢不用卜哉？天之命昭然可畏，我既不敢違卜，汝亦宜順天而輔我大此大基也。”[⑤] 再如《無逸》“昔在殷王中宗，嚴恭寅畏，天命自度，治民祗懼，不敢荒寧”，陳氏直譯爲：“外致其嚴恭，内致其寅畏。自度，言自治以法度也。言祗以欽之，言懼以畏之。中宗嚴恭寅畏於天命，故以之治身則自度，以之治民則祗懼。如是，豈以逸豫爲哉？故於事不敢荒，於心不敢寧，尤以畏天爲主也。”[⑥] 再如《吕刑》“無僭亂辭”，陳氏曰：“無以獄辭之亂而至有僭差。”[⑦] 陳氏之譯解逐句釋義而直截了當，可謂信達，不僅使得經義通順明朗，且很大程度上淡化了《尚書》經文之晦澀。

三、陳鵬飛《書解》之解經思想

陳鵬飛解《書》或緣訓詁、或資他經以闡發義理，此乃典型的宋學範式，從中可見其以

① 〔漢〕孔安國傳，〔唐〕孔穎達正義，黄懷信整理：《尚書正義》，第 289 頁。
② 〔南朝梁〕劉勰著，詹鍈義證：《文心雕龍義證》，第 74 頁。
③ 〔唐〕韓愈著，馬其昶校注，馬茂元整理：《韓昌黎文集校注》，上海：上海古籍出版社，2014 年，第 51 頁。
④ 〔宋〕林之奇著，陳良中點校：《尚書全解》，第 300 頁。
⑤ 〔宋〕黄倫：《尚書精義》，《景印文淵閣四庫全書》第 58 册，第 502 頁。
⑥ 〔宋〕黄倫：《尚書精義》，《景印文淵閣四庫全書》第 58 册，第 577 頁。
⑦ 〔宋〕林之奇著，陳良中點校：《尚書全解》，第 682 頁。

《學》《庸》解經之思想。例如《堯典》"克明俊德,以親九族。九族既睦,平章百姓。百姓昭明,協和萬邦。黎民於變時雍",陳氏解"克明俊德"曰:"克,能也。俊者,能其至也。克之謂能者,謂能有所勝也。天下之人莫不有能,非堯獨能也。物之不格,知之不至,意之不誠,心之不正,皆不克之謂也。今堯之明德,無一介之私存乎其中,故無不極其至。"[①]"克"字,陳氏雖如諸家之訓能,然其内涵延展爲格物、致知、誠意、正心;而"俊"字,諸家多訓爲有俊德者,如鄭玄謂"有德又能明俊德之士者",漢孔氏以其爲"俊德之士",[②]蘇軾曰"俊,傑也"[③]等,然陳氏以其爲克之程度和結果,即無私心私意之阻,而物格、知至、意誠、心正,最後身修。簡言之,陳氏以"克"爲修身之行爲,"俊"爲修身之成果。繼解之曰"由是而齊家,則九族親;由是而治國,則百姓昭明;由是而治天下,則黎民雍矣",[④]即以"克明俊德"爲修身而身修,"以親九族,九族既睦"爲齊家而家齊,"平章百姓,百姓昭明"爲治國而國治,"協和萬邦,黎民於變時庸"爲平天下而天下平。《尚書》和《大學》互通爲證,堯之天下大治爲《大學》修、齊、治、平理論提供實踐之明證,《大學》之理論則爲《尚書》實踐經驗之提煉,二者之内在聯繫由此而明,聖人治天下之大法由此而更立體可信。又如《益稷》"安汝止,惟幾惟康,其弼直。惟動丕應,徯志,以昭受上帝。天其申命用休",陳鵬飛解曰:

> 大學之道,在止於至善,知止然後能定,能定然後能静,能静然後能安。君止於仁,臣止於敬。既知其止,則反覆倒置,無非仁與敬也。所居之位不同,所臨之事不一,而皆有一至善以爲止。反覆終始不忘於止,然後能定能静,至於能安。至於安矣,則舉天下之事不能易其止,其慮患也甚微,其應物也出於無心。慮患甚微者,幾也;應物無心者,康也。惟幾則嗜欲不生於心,惟康則利害不汩於中。嗜欲消而利害之甚者不能汩,則凡弼輔乎我者自然直矣。君能幾康而輔弼之臣又直,是惟無動,動則天下大應吾志,而無有逆我者矣。此不言而信,信在言前之功用也。如此則非惟人應之,天亦將申錫其命以休美之矣。[⑤]

《大學》開篇曰:"大學之道,在明明德,在親民,在止於至善。知止而後有定,定而後能静,静而後能安,安而後能慮,慮而後能得。"[⑥]首先,陳氏藉此解"止"和"安",即"安汝止"意爲君主能仁,人臣能敬,君臣能止於至善,則天下安,而憂患少、應物無心。其次,陳氏以慮患甚微爲"幾",應物無心爲"康",認爲慮患甚微則心不生嗜欲,應物無心則心不爲利害所亂。君若能幾康,則其輔弼之臣自然直。君臣如此,一旦向志而動,則天人均將應之而成其休美。

① 〔宋〕黄倫:《尚書精義》,《景印文淵閣四庫全書》第58册,第149頁。
② 〔漢〕孔安國傳,〔唐〕孔穎達正義,黄懷信整理:《尚書正義》,第36頁。
③ 〔宋〕蘇軾:《書傳》,《儒藏》(精華編第13册),北京:北京大學出版社,2014年,第151頁。
④ 〔宋〕黄倫:《尚書精義》,《景印文淵閣四庫全書》第58册,第149頁。
⑤ 〔宋〕黄倫:《尚書精義》,《景印文淵閣四庫全書》第58册,第220頁。
⑥ 〔宋〕朱熹撰,金良年今譯:《四書章句集注》,上海:上海古籍出版社,2006年,第5頁。

環環相扣，陳氏由“止”“安”二字切入《大學》思想，將《益稷》此句内在義理和前後關聯作了順理成章的闡釋，更將天下大美之源頭歸結爲“止於至善”，而對君臣提出了相應的要求。又《高宗肜日》“惟先格王”之“格”，陳氏解謂：“格，正也。祖已之意，謂天示變異，當先正心。王心正，然後可以正其事。”[①] 其以《大學》之正心作解，心正而後身修，便可治國、平天下而免天變之異，强調君主修身於天下之重要性，此與宋儒重視“内聖”之特征相符契。又如《西伯戡黎》“格人元龜”，陳氏解曰：“格，至也。《大學》曰‘致知在格物’，所謂致知者，窮理也。窮理而至萬物之所至，則格之爲言能極物理之所至也。至誠之道，可以前知。國家將興，必有禎祥；國家將亡，必有妖孽。見乎蓍龜，動乎四體。今以格人而考元龜，不見其吉，則商之事可知矣。”[②] 其承二孔氏將“格人”解爲“至人”，並賦予“格”以“能極物理之所至”之義，《大學》有所謂“物格而后知至，知至而后意誠”，即其以格人已達“至誠之道”，故能如元龜可知吉凶。《中庸》曰：“唯天下至誠，爲能盡其性；能盡其性，則能盡人之性；能盡人之性，則能盡物之性；能盡物之性，則可以贊天地之化育；可以贊天地之化育，則可以與天地參矣”。[③] 又唐孔氏謂“若能至誠，所以贊天地動蓍龜也”。[④] 陳氏結合《學》《庸》發揮義理而使格人先知得到較爲合理的解釋，更使其在宗教維度外又有了儒家聖人理論色彩，而稍具真實性。再如《湯誥》“惟皇上帝，降衷于下民，若有恒性，克綏厥猷惟后”，陳氏曰：

> 衷，裏也，藏于裏，即所謂“喜怒哀樂未發”者也，若既發則見于表矣。蓋天之於民，皆降以衷，然不能保其不失其常性，故爲之立君者，非徒尊也，將使順斯民之性而安其所謂道也。故能順其性而安其道，則足以爲君矣。不然則違天，違天則天必絶之矣。湯之言此，蓋所以繩桀之罪，見其不能順常性而綏厥猷，故不足以爲君也。既言若恒性，又言綏厥猷者，蓋率性之謂道，能順其性則能安其道；不能順其性則悖理傷道，安能綏厥猷哉！[⑤]

陳氏以“中庸”之“中”即“不偏不倚、無過不及”[⑥] 釋“衷”。《中庸》言“喜怒哀樂之未發，謂之中”，[⑦] 朱熹注曰“其未發，則性也”，[⑧] 保民不失此性而安其道爲君之責，並以此明桀之罪。《中庸》曰“率性之謂道，修道之謂教”，鄭玄注謂“循性行之之謂道。脩，治也。治而廣之，人放傚之，是曰教”，[⑨] 此點明君師教民職責之具體内容，即使民不失其性。人君歷來有化民之

① 〔宋〕黄倫：《尚書精義》，《景印文淵閣四庫全書》第58册，第388頁。
② 〔宋〕黄倫：《尚書精義》，《景印文淵閣四庫全書》第58册，第394頁。
③ 〔漢〕鄭玄注，〔唐〕孔穎達正義，吕友仁整理：《禮記正義》，上海：上海古籍出版社，2008年，第2023—2024頁。
④ 〔漢〕鄭玄注，〔唐〕孔穎達正義，吕友仁整理：《禮記正義》，第2016頁。
⑤ 〔宋〕夏僎：《夏氏尚書詳解》，《景印文淵閣四庫全書》第56册，第617—618頁。
⑥ 〔宋〕朱熹撰，金良年今譯：《四書章句集注》，第23頁。
⑦ 〔宋〕朱熹撰，金良年今譯：《四書章句集注》，第23頁。
⑧ 〔宋〕朱熹撰，金良年今譯：《四書章句集注》，第24頁。
⑨ 〔漢〕鄭玄注，〔唐〕孔穎達正義，吕友仁整理：《禮記正義》，第1987頁。

責,然陳氏以《中庸》作解,賦予"化民"更深一層的意義,即保民不失其性而使其安道,很大程度上將"化民"形而上化,使這一方面的君責偏性理化而更爲深刻。同時,這也是判定其是否能爲君之標準。此種人君責在助民保性之思想在其解《洪範》"惟天陰騭下民,相協厥居,我不知其彝倫攸叙"時有更明顯的體現,其解曰:"隲,升也。天降格於民,民升達於天。使其性命之理,陰有以相通也。天之使是民相通其道,蓋将以助民而協其居。所謂助民而協其居者,資之以生生之道也,水、火、土、金、木自是而用矣,九疇自是而起矣。武王言我不知其常倫之所叙,是咨之以九疇之次序也。"[①] 陳氏訓"隲"爲升,並將天所陰騭者釋爲性命之理與天相通,而天使之相通者乃因天將助民協其居以葆其性。武王咨箕子九疇者,即爲履行爲君之責,此明顯體現其天立君主以保民常性之思想。陳鵬飛藉助《大學》《中庸》發明義理,一則與宋代"四書"地位之提高密切相關,二則符契於陳氏經筵官之身份,何銘鴻先生認爲"講讀重在發揮經典要義,成就君德"。[②] 兩宋之際,《學》《庸》思想對《尚書》之滲透漸顯,陳氏之《書解》可爲一佐證。

四、餘論

《宋元學案》謂陳鵬飛"於經,不爲章句新説,至君父人倫、世變風俗之際,必反復詳至而趨於深厚",[③] 可見陳鵬飛對當時之政治形勢等當有深刻用心,如其解《文侯之命》曰:"驪山之禍,申侯啓之,平王感申侯之立己,而不知其德之不足以償怨,鄭桓公友死於難,而武公復娶於申,君臣如此,而望其振國恥,難矣。"[④] 陳振孫評曰:"嗚呼! 其得罪於檜,豈一端而已哉!"[⑤] 陳振孫認爲陳鵬飛獲罪乃因其解《書》以譏諷秦檜;諸橋轍次先生則認爲陳鵬飛"於《文侯之命》篇的注釋中鼓吹復仇思想",[⑥] 劉力耘更結合當時之政治情勢分析了陳鵬飛所表達的復仇思想和反對紹興議和的政治立場等,她認爲"陳鵬飛由《文侯之命》感慨平王君臣無志,很可能是藉此批評高宗、秦檜等人",[⑦] 因爲"與平王無復仇之志一致的是,高宗决意議和以及其後表現出的退縮姿態"。[⑧] 其實不止於此,陳氏解《禹貢》"五百里綏服,三百里揆文教,二百里奮武衛"曰:"揆文教者,四方于宣也;奮武衛者,四國于蕃也。天子内服,亦未嘗無武,但德柔中國,刑威四夷,於遠者尤宜尚武爾。"[⑨] 陳氏主張用武,且强調於遠者尤尚武力,此或與時主求和之政治形勢有關。再如《無逸》"古之人猶胥訓告、胥保惠、胥教誨,民無

① 〔宋〕黄倫:《尚書精義》,《景印文淵閣四庫全書》第 58 册,第 451 頁。
② 何銘鴻:《宋代經筵〈尚書〉講義研究》,新北:花木蘭文化事業有限公司,2018 年,第 78 頁。
③ 〔清〕黄宗羲原著,〔清〕全祖望補修,陳金生、梁運華點校:《宋元學案》,第 1421 頁。
④ 〔宋〕陳振孫撰,徐小蠻、顧美華點校:《直齋書録解題》,第 31 頁。
⑤ 〔宋〕陳振孫撰,徐小蠻、顧美華點校:《直齋書録解題》,第 31 頁。
⑥ 〔日〕安井小太郎、〔日〕諸橋轍次等講述,林慶彰、連清吉譯:《經學史》,臺北:萬卷樓,1996 年,第 141 頁。
⑦ 劉力耘:《〈尚書〉諸篇闡釋與宋代復仇論》,《湖南大學學報》2018 年第 5 期,第 116 頁。
⑧ 劉力耘:《〈尚書〉諸篇闡釋與宋代復仇論》,第 116 頁。
⑨ 〔宋〕黄倫:《尚書精義》,《景印文淵閣四庫全書》第 58 册,第 272 頁。

或胥譸張爲幻”，陳氏曰：“古人之言言胥訓，小人之訓不言胥，則知古之人君兼聽，亂世之君專聽小人而已。”① 胥，《爾雅·釋詁下》曰“胥，相也”②，《盤庚序》“盤庚五遷，將治亳殷，民咨胥怨”，③ 僞《孔傳》曰“胥，相也”，④ 陳氏由此一字見古人言和小人言之别，進而發見人君之兼聽、偏聽，或爲對應其時之治亂等。“熙寧八年王安石《尚書新義》出現到高宗朝結束”⑤ 爲宋代《尚書》學之第二期，“此一時期《書》學研究伴隨宋學的形成發展。疑古惑經，訴求回歸原典，義理解經，顛覆漢學傳統。這一階段《書》學研究的明顯特點是經學直接介入時代思想政治。”⑥ 蔡根祥先生亦認爲：“自靖康之禍至南宋之初，王氏之學稍息，伊洛理學之士紛起，或懲國禍之痛，藉《尚書》著述之警戒激勵，若陳鵬飛《書説》、張九成《尚書詳説》《書傳統論》是也。”⑦ 陳鵬飛經解中當不乏其對當時政治形勢之見解，惜今不得見其書之全貌。

（朱玉霞，華東師範大學古籍研究所博士研究生）

---

① 〔宋〕林之奇著，陳良中點校：《尚書全解》，第 559 頁。

② 〔晋〕郭璞注，〔宋〕邢昺疏，王世偉整理：《爾雅注疏》，上海：上海古籍出版社，2010 年，第 75 頁。

③ 〔漢〕孔安國傳，〔唐〕孔穎達正義，黄懷信整理：《尚書正義》，第 335 頁。

④ 〔漢〕孔安國傳，〔唐〕孔穎達正義，黄懷信整理：《尚書正義》，第 335 頁。

⑤ 陳良中：《宋代〈尚書〉學述略》，錢宗武、盧鳴東主編：《第四届國際〈尚書〉學學術研討會論文集》，揚州：廣陵書社，2017 年，第 585 頁。

⑥ 陳良中：《宋代〈尚書〉學述略》，錢宗武、盧鳴東主編：《第四届國際〈尚書〉學學術研討會論文集》，第 585 頁。

⑦ 蔡根祥：《宋代尚書學案》，新北：花木蘭文化出版社，2006 年，第 33 頁。

賈公彦《周禮疏》義例研究*

吕友仁

[摘　要] 本文認爲,賈公彦《周禮疏》有如下七條義例:一、有所選鄭注乃謂鄭玄一家之學例。换言之,就是指鄭玄的全部著作。二、有注可破經例。三、有疏可破經例。四、有疏可破注例。五、有疏當補注之未備例。六、有"以一家爲主,旁及異聞,廣採博搜"之例。七、有旁及異聞用來作爲反面教材例。

[關鍵詞] 賈公彦　周禮疏　義例　注可破經　疏可破注

清人錢大昕非常重視古書的義例。他在《潛研堂集·答問八》中説:"讀古人書,先須尋其義例。"① 在同書《秦三十六郡考》中又説:"讀古人書,須識其義例。"② 錢氏之所以一而再地强調"義例"者,蓋義例乃一書之總體設計,是讀懂該書的指南。對於古書的義例,如果誤讀,或者不知,其爲害之大,不言而喻。

古書的義例何處尋呢?吕思勉《史通評·序例第十》説:"惟古人著書,雖有例,而恒不自言其例。欲評其得失,必先通貫全書,發明其例而後可。"③ 張舜徽先生《廣校讎略》云:"古人著述不言例,而例自散見於全書之中。後人籀繹遺編,多爲之方以窮得其例,信能執簡馭繁,持類統雜。"④ 根據兩位大師的指教,要想得到古書的義例,就必須細心閲讀古人全書。在下之賈公彦《周禮疏》義例研究,即用此法。

閲讀賈公彦《周禮疏》,⑤ 得出如下七條義例:

一、《周禮疏》有所選鄭注乃謂鄭玄一家之學例。换言之,就是指鄭玄的全部著作,並非僅僅指鄭玄之《周禮注》一書。

二、《周禮疏》有注可破經例。

三、《周禮疏》有疏可破經例。

四、《周禮疏》有疏可破注例。

五、《周禮疏》有疏當補鄭注之未備例。

---

* 本文是國家社科基金項目《孔穎達〈五經正義〉中疏與注的關係研究》(14BZS007)的階段性成果。按:"義例",也叫"凡例",古人也往往稱之爲"例",詳文内。

① 〔清〕錢大昕撰,吕友仁標校:《潛研堂集》卷十一,上海:上海古籍出版社,1989年,第179頁。

② 〔清〕錢大昕撰,吕友仁標校:《潛研堂集》卷十六,第260頁。

③ 吕思勉:《史學四種》,上海:上海人民出版社,1981年,第110頁。

④ 張舜徽:《廣校讎略》,武漢:華中師範大學出版社,2004年,第4頁。

⑤ 〔唐〕賈公彦《周禮疏》,這是《舊唐書·經籍志》和《新唐書·藝文志》的叫法。此後,有叫之《周禮注疏》者,有叫之《周禮正義》者,叫法不同,要之,是一書也。

六、《周禮疏》有“以一家爲主，旁及異聞，廣採博搜”之例。所謂“異聞”，謂其他注家。

七、《周禮疏》有旁及異聞用來作爲反面教材例。

下面逐例説之。

一、《周禮疏》有所選鄭注乃謂鄭玄一家之學例。换言之，就是指鄭玄的全部著作，並非僅僅指鄭玄之《周禮注》一書。

賈公彦《周禮疏》中，有九例“鄭君兩解”。所謂“鄭君兩解”，亦即鄭玄對《周禮》某個具體問題的兩種注解。這種“鄭君兩解”，一方面反映了鄭玄的猶豫不决，未知孰是；一方面給我們提供了認識所謂《周禮》鄭注乃是鄭玄一家之學的資料。因爲在“鄭君兩解”中，其中的一解是《周禮》注，而另外一解則是鄭玄的其他著述。由此可見，所謂《周禮》鄭注，並非僅僅指鄭玄的《周禮注》一書，而是一個更大的概念，即指鄭玄的一家之學。换言之，是指鄭玄的全部著述。

1.《周禮·天官·屨人》：“掌王及后之服屨。爲赤舄、黑舄，赤繶黄繶；青句，素屨，葛屨。”鄭玄注：“屨自明矣，必連言服者，著服各有屨也。複下曰舄，禪下曰屨。凡屨舄，各象其裳之色。下有白舄、黑舄。”賈疏：

> 云“下有白舄、黑舄”者，白舄配韋弁、皮弁，黑舄配冠弁服。案：《司服》注：“韋弁以韎韋爲弁，又以爲衣裳。”則韋弁，其裳以韎之赤色韋爲之。今以白舄配之，其色不與裳同者，《鄭志》及《聘禮》注韋弁服，皆云以素爲裳。以無正文，鄭自兩解不定，故得以白舄配之。①

愚按：所謂“鄭君兩解”，其中的一解是《鄭志》及鄭玄《儀禮注》。

2.《周禮·春官·典命》：“上公九命爲伯，其國家、宫室、車旗、衣服、禮儀皆以九爲節。侯伯七命，其國家、宫室、車旗、衣服、禮儀皆以七爲節。子男五命，其國家、宫室、車旗、衣服、禮儀皆以五爲節。”鄭玄注：“國家，國之所居，謂城方也。公之城蓋方九里，侯伯之城蓋方七里，子男之城蓋方五里。”賈疏：

> 云“公之城蓋方九里”云云，此經國家及宫室、車旗以下，皆依命數而言。既言國家、宫室以九、以七、以五爲節，以天子城方十二里而言，此九、七、五亦當爲九里、七里、五里爲差矣。但無正文，故言“蓋”以疑之也。案《書·無逸》傳云：“古者百里之國，九里之城。”玄或疑焉。《周禮·匠人》：“營國方九里。”謂天子之城。今大

① 〔漢〕鄭玄注，〔唐〕賈公彦疏，彭林整理：《周禮注疏》，上海：上海古籍出版社，2010年，第291—293頁。本文所有括注頁碼，皆是上海古籍出版社2010年彭林校點本《周禮注疏》頁碼，下不一一。

國與之同,非也。然大國七里,次國五里,小國三里之城,爲近可也。或者天子實十二里之城,諸侯大國九里,次國七里,小國五里。如是,鄭自兩解不定。鄭必兩解者,若案《匠人》營國方九里,據周天子而言,則公宜七里,侯伯宜五里,子男宜三里,爲差也。又案:《文王有聲》箋云:"築城伊洫,適與成方十里等,小於天子,大於諸侯。"以其雖改殷制,仍服事殷,未敢十二里。據此二文而言,則周之天子城方十二里,公宜九里,侯伯宜七里,子男宜五里也。①

愚按:天子的都城,其起點究竟是"方十二里",還是"方九里","鄭自兩解不定",而這關係到公侯伯子男的都城的大小。"鄭自兩解"之中,其中一解是指鄭玄的《毛詩箋》。

3.《周禮·春官·司服》:"凡兵事,韋弁服。"鄭玄注:"韋弁,以韎韋爲弁,又以爲衣裳。"賈疏:

云"又以爲衣裳"者,《左氏傳》成十六年,楚子曰:"韎韋之跗注,君子也。"使工尹襄問郤至以弓。若賈、服等説,跗謂足跗,注,屬也。袴而屬於跗。若據鄭《雜問志》,則以跗爲幅,注亦爲屬,以韎韋幅如布帛之幅,而連屬以爲衣,而素裳。既與諸家不同,又與此注裳亦用韎韋有同異者,鄭君兩解,此注與賈、服同,裳亦用韎韋也。至彼《雜問志》裳用素者,從白舄之義。②

愚按:鄭君兩解,其中一解是鄭玄《雜問志》。

4.《周禮·春官·外史》:"掌達書名于四方。"鄭玄注:"謂若《堯典》《禹貢》,達此名使知之。或曰:古曰名,今曰字,使四方知書之文字,得能讀之。"賈疏:

《尚書》有《堯典》《舜典》《禹貢》之等,是書之篇名。《聘禮·記》云:"百名以上,書之於策,不滿百名,書之於方。"是文字之書名俱是書名。此經直云"書名",未知何者之書名,故鄭兩解之。③

愚按:鄭玄注中的"或曰:古曰名,今曰字",見《儀禮·聘禮·記》鄭玄注。由此可知,鄭玄兩解,其中一解是指鄭玄《儀禮注》。

5.《周禮·春官·車僕》:"掌戎路之萃,廣車之萃,闕車之萃,苹車之萃,輕車之萃。"鄭玄注:"萃,猶副也。此五者皆兵車,所謂五戎也。"賈疏:

---

① 〔漢〕鄭玄注,〔唐〕賈公彦疏,彭林整理:《周禮注疏》,第785—786頁。
② 〔漢〕鄭玄注,〔唐〕賈公彦疏,彭林整理:《周禮注疏》,第794頁。
③ 〔漢〕鄭玄注,〔唐〕賈公彦疏,彭林整理:《周禮注疏》,第1028頁。

云“所謂五戎也”者，凡言“所謂”者，謂他成文。檢諸文，不見更有五兵車爲五戎之文，惟有《月令》季秋云“以習五戎”，鄭彼注以五戎爲弓矢、殳、矛、戈、戟，不爲五兵車解之，則未知鄭所謂五戎者，所謂何文。或可鄭解彼五戎，或爲此五兵解之。以五戎之事無正文，故鄭兩解之也。[1]

愚按：讀此節賈疏，可知鄭君兩解之另一解是鄭玄《禮記注》。

6.《周禮·夏官·大司馬》：“羣吏聽誓于陳前，斬牲以左右徇陳，曰：‘不用命者斬之。’”鄭玄注：“《月令》：‘季秋，天子教于田獵，以習五戎，司徒搢扑，北面以誓之。’此大閱禮實正歲之中冬，而説季秋之政，於周爲中冬，爲《月令》者失之矣。”賈疏：

云“而説季秋之政，於周爲中冬，爲《月令》者失之矣”者，吕不韋作《月令》者，以爲此經中冬爲周之中冬，當夏之季秋，故説於季秋，是失之矣。案：《月令》季秋云“是月也，天子乃教於田獵，以習五戎，班馬政”云云，注引“中秋教治兵法，王載大常”已下爲證，不云失，至此乃以《月令》是中冬教大閱法，而言爲《月令》者失，鄭君兩解之。[2]

愚按：讀此節賈疏，可知鄭君兩解之另一解是鄭玄《禮記注》。

7.《周禮·夏官·牧師》：“中春通淫。”鄭玄注：“中春，陰陽交，萬物生之時，可以合馬之牝牡也。《月令》‘季春，乃合累牛騰馬，遊牝于牧’，秦時書也。秦地寒涼，萬物後動。”賈疏：

按《月令》“季春乃合累牛騰馬，遊牝於牧”，彼注云：“此月可以合牛馬，繫在廄者。其牝欲遊，則就牧而合之。”若然，彼不繫在廄，亦二月通淫，則與此經合矣。今此注以爲“《月令》秦時書，秦地寒涼，萬物後動”，與彼注不同者，鄭君兩解，故彼此不同也。[3]

愚按：讀此節賈疏，可知鄭君兩解之另一解是鄭玄《禮記注》。

8.《周禮·考工記·輪人》：“上尊而宇卑，則吐水疾而霤遠。”鄭玄注：“蓋者，主爲雨設也。乘車無蓋。禮所謂潦車，謂蓋車與？”賈疏：

云“禮所謂潦車，謂蓋車與”者，案：《既夕禮》云“乘車載旜，道車載朝服，稾車載蓑笠”，注云：“今文‘稾’爲‘潦’。”此注云“禮所謂潦車”者，指《儀禮》今文而

① 〔漢〕鄭玄注，〔唐〕賈公彦疏，彭林整理：《周禮注疏》，第1052—1053頁。
② 〔漢〕鄭玄注，〔唐〕賈公彦疏，彭林整理：《周禮注疏》，第1125—1126頁。
③ 〔漢〕鄭玄注，〔唐〕賈公彦疏，彭林整理：《周禮注疏》，第1261頁。

言也。鄭彼不從今文,此引之者,鄭兩解,故此從之。[①]

愚按:讀此節賈疏,可知鄭君兩解之另一解是鄭玄《儀禮注》。

9.《周禮·考工記·匠人》:"匠人營國,方九里,旁三門。"鄭玄注:"營,謂丈尺其大小。天子十二門,通十二子。"賈疏:

案《典命》云:"上公九命,國家、宫室、車旗、衣服、禮儀,以九爲節。"侯、伯、子、男已下,皆依命數。鄭云"國家,謂城方。公之城蓋方九里,侯伯七里,子男五里"。并《文王有聲》詩箋差之,天子當十二里。此云"九里"者,案下文有夏殷,則此九里,通異代也。鄭《異義駁》"或云周亦九里城",則公七里,侯伯五里,子男三里,不取《典命》等注,由鄭兩解,故義有異也。[②]

愚按:讀此節賈疏,可知鄭君兩解之另一解包括鄭玄《毛詩箋》和《駁五經異義》。

10.《周禮·地官·大司徒》:"以本俗六安萬民,五曰聯朋友。"鄭玄注:"同師曰朋,同志曰友。"賈疏:

案:《尚書·泰誓》,武王云:"我友邦冢君。"是謂諸侯爲友。《洛誥》云:"孺子其朋。"謂羣臣爲朋。"朋友"之文,所施廣矣。鄭君皆望文爲義,是以所注不同也。[③]

愚按:觀賈疏"鄭君皆望文爲義,是以所注不同"之語,可知鄭玄之《尚書注》也納入了鄭玄《周禮》注中。

二、《周禮疏》有注可破經例

皮錫瑞(1850—1908)《經學歷史·經學統一時代》:"案:著書之例,注不駁經。"[④]而俞樾(1821—1907)《鄭君駁正三禮考》則云:"自來經師,往往墨守本經,不敢小有出入。唯鄭學宏通,故其注《三禮》,往往有駁正禮經之誤者。"[⑤]徵諸事實,皮氏説誤而俞氏説是也。

1.《周禮·夏官·校人》:"駑馬三良馬之數,麗馬一圉,八麗一師,八師一趣馬,八趣馬一馭夫。"鄭玄注:"駑馬自圉至馭夫,凡馬千二十四匹,與三良馬之數不相應,'八'皆宜爲'六',字之誤也。"賈疏:

---

① 〔漢〕鄭玄注,〔唐〕賈公彦疏,彭林整理:《周禮注疏》,第1552—1553頁。
② 〔漢〕鄭玄注,〔唐〕賈公彦疏,彭林整理:《周禮注疏》,第1663頁。
③ 〔漢〕鄭玄注,〔唐〕賈公彦疏,彭林整理:《周禮注疏》,第365—366頁。
④ 〔清〕皮錫瑞著,周予同注釋:《經學歷史》,北京:中華書局,1959年,第201頁。
⑤ 〔清〕俞樾:《鄭君駁正三禮考》,王先謙輯:《清經解續編》第5册,上海:上海書店,1988年,第1007頁。

云“駑馬自圉至馭夫，凡馬千二十四匹，與三良之數不相應”者，依經“八”計之，得此千二十四匹。其三良馬，有千二百九十六匹，故言不相當。若作“六”計，得千二百九十六匹，與三良馬數合，故破從“六”也。[1]

愚按：鄭玄認爲，經文中的三個“八”字，皆當作“六”。

2.《周禮·夏官·職方氏》：“正南曰荆州，其山鎮曰衡山，其澤藪曰雲瞢，其川江、漢，其浸潁、湛。”鄭玄注：“潁出陽城，宜屬豫州，在此非也。”賈疏：“云‘潁出陽城，宜屬豫州，在此非也’者，鄭據《地理志》，故知合在豫州。又昭元年，王使劉定公勞趙孟于潁，亦在豫州，故破之。”[2]

愚按：鄭玄認爲，“潁出陽城，宜屬豫州，在此非也”。

3.《周禮·夏官·職方氏》：“河南曰豫州，其浸波、溠。”鄭玄注：“《春秋傳》曰：‘楚子除道梁溠，營軍臨隨。’則溠宜屬荆州，在此非也。”賈疏：“《春秋》者，《左氏》莊四年文。”[3]

愚按：鄭玄認爲，“溠宜屬荆州，在此非也”。

4.《周禮·夏官·職方氏》：“正東曰青州，其山鎮曰沂山，其澤藪曰望諸，其川淮、泗，其浸沂、沭，其利蒲魚，其民二男二女。”鄭玄注：“二男二女，數等，似誤也。蓋當與兗州同二男三女。”贾疏：“云‘二男二女，數等，似誤也’者，若本有此數等，當言一男一女，明不作‘二男二女’。青州西北與兗州相接，宜與兗州同二男三女也。”[4]

愚按：鄭玄認爲，“二男二女，數等，似誤也”。

5.《周禮·秋官·掌客》：“凡諸侯之禮：上公五積，皆眡飧牽，三問皆脩，羣介、行人、宰、史皆有牢。”鄭玄注：“‘上公三問皆脩’，下句云‘羣介、行人、宰、史皆有牢’，君用脩而臣有牢，非禮也。蓋著脱字失處且誤耳。”賈疏：

云“上公三問皆脩，下句云‘羣介、行人、宰、史皆有牢’，君用脩而臣有牢，非禮也”者，言非禮者，君尊用脩，臣卑用牢，故云非禮。云“蓋著脱字失處”，案下文，“凡介、行人、宰、史”，皆在饗食燕下，此特在上。有人見下文脱此語，錯差著於此。更有人於下著訖，此剩不去，故云“蓋著脱字失處”也。云“且誤耳”者，下文皆云“凡介”，此云“羣介”，故云且誤耳。[5]

愚按：鄭玄認爲此節經文，既有脱文，還有誤字。

① 〔漢〕鄭玄注，〔唐〕賈公彦疏，彭林整理：《周禮注疏》，第1251—1253頁。
② 〔漢〕鄭玄注，〔唐〕賈公彦疏，彭林整理：《周禮注疏》，第1274頁。
③ 〔漢〕鄭玄注，〔唐〕賈公彦疏，彭林整理：《周禮注疏》，第1274—1275頁。
④ 〔漢〕鄭玄注，〔唐〕賈公彦疏，彭林整理：《周禮注疏》，第1275—1276頁。
⑤ 〔漢〕鄭玄注，〔唐〕賈公彦疏，彭林整理：《周禮注疏》，第1493—1498頁。

6.《周禮·考工記·輪人》:“五分其轂之長,去一以爲賢,去三以爲軹。”鄭玄注:

鄭司農云:“賢,大穿也。軹,小穿也。”玄謂此大穿,徑八寸十五分寸之八,小穿,徑四寸十五分寸之四,大穿甚大,似誤矣。大穿實五分轂長去二也,去二,則得六寸五分寸之二。

賈疏:“云‘大穿甚大,似誤矣’者,以其大穿與藪中及小穿,三者須相類,故鄭以五分去二爲允也。”[①]

愚按:鄭玄認爲“大穿甚大,似誤矣”,是破經也。

三、《周禮疏》有疏可破經例

1.《周禮·春官·大宗伯》:“朝覲會同,則爲上相。大喪,亦如之。王哭諸侯,亦如之。”鄭玄注:“相,詔王禮也。哭諸侯者,謂薨於國,爲位而哭之。《檀弓》曰:‘天子之哭諸侯也,爵弁絰,紂衣。’”賈疏:

云“哭諸侯者,謂薨於國,爲位而哭之”者,若來朝,薨於王國,則王爲之緦麻,不應直哭之而已。故引《檀弓》云:“天子之哭諸侯也,爵弁絰,紂衣。”案:彼注云:“麻不加於采。絰,衍字。”以其遥哭諸侯,著爵弁紂衣而已,不合加麻絰於紂衣爵弁之上也。[②]

愚按:此破《禮記·檀弓》經文衍“絰”字也。

2.《周禮·夏官·序官》:“馭夫,中士二十人,下士四十人。”賈疏:

案:其職云“掌馭貳車、從車、使車”之等,馭僕之類,故亦在此。馭夫摠六十人,按《校人》:“三乘爲皁,皁一趣馬;三皁爲繫,繫一馭夫。”則馬三十六匹一馭夫,計良二千一百六十匹,則六十馭夫。又駑六麗一師,六師一趣馬,六趣馬一馭夫,則一馭夫主四百三十二匹。駑千二百九十六匹,則馭夫三人,并前六十三人,與此不合者,蓋此《序官》脱三人也。[③]

愚按:此破《周禮·校人》“六十馭夫”當作“六十三馭夫”也。

3.《周禮·夏官·校人》:“凡頒良馬而養乘之。乘馬一師四圉。三乘爲皁,皁一趣馬;三

① 〔漢〕鄭玄注,〔唐〕賈公彦疏,彭林整理:《周禮注疏》,第1541頁。
② 〔漢〕鄭玄注,〔唐〕賈公彦疏,彭林整理:《周禮注疏》,第694—695頁。
③ 〔漢〕鄭玄注,〔唐〕賈公彦疏,彭林整理:《周禮注疏》,第1091頁。

皁爲繫，繫一馭夫。”賈疏：

> 案此經，“乘馬一師四圉，三乘爲皁，皁一趣馬，三皁爲繫，繫一馭夫”。案：《序官》云：“趣馬下士，皁一人，徒四十人。”即與此云“皁一趣馬”合。自師至馭夫，中士二十人，下士四十人，并之六十，正充此良馬之馭夫。又不見駑之馭夫者，或脱也。[①]

愚按：賈疏認爲經文“不見駑之馭夫者，或脱也”。

四、《周禮疏》有疏可破注例

國人對唐人《九經義疏》的誤讀，以此“例”爲甚。疏不破注説始於何時？據管見所及，蓋始于北宋孫復（992—1057）。知者，孫復《孫明復小集·寄范天章（按：即范仲淹）書二》云：“國家以王弼、韓康伯之《易》，《左氏》《公羊》《穀梁》，杜預、何休、范甯之《春秋》，毛萇、鄭康成之《詩》，孔安國之《尚書》，鏤板藏於太學，頒於天下。後之作疏者無所發明，但委曲踵於舊之注説而已。”[②] 孫復所謂“後之作疏者無所發明，但委曲踵於舊之注説而已”，就是“疏不破注”之義。

清季以降，學者持疏不破注説者日多，其中許多是令人仰止的大師級學者。例如，皮錫瑞《經學歷史》云：“著書之例，疏不破注。”[③] 劉師培《國學發微》：“故自《五經正義》頒行，而後賈氏疏《儀禮》《周禮》，徐氏疏《公羊》，楊氏疏《穀梁》，亦用孔氏一家之例，執守一家之言，例不破注。”[④] 孫詒讓《周禮正義略例》：“唐疏例不破注，而六朝義疏家則不然。”[⑤] 范文瀾《中國通史簡編》：“《正義》解釋注文，不得有所出入。注文錯了，或有比注文更好的説法，一概排斥，總要説注文是對的，這叫做‘疏不破注’。”[⑥] 大師們尚且如此，則其他學者之持“疏不破注”説者滔滔皆是，不足怪也。實際上，唐疏有兩種疏可破注之例。一曰直言破注。二曰微言破注。直言破注者，疏家直言不諱地指出注文有誤也。微言破注者，委婉破注也。即疏家不敢肯定所選注家必然有誤，於是就旁及異聞，拿來與之比較。比較的結果，孰是孰非，仍無定見，從而動摇了注文一貫正確的格局。

（一）《周禮疏》的直言破注例：

1.《周禮·天官·醢人》：“掌四豆之實。朝事之豆，其實韭菹、醓醢，昌本、麋臡，菁菹、鹿臡，茆菹、麇臡。”鄭玄注：“鄭司農云：‘菁菹，韭菹。’玄謂：菁，蔓菁也。”賈疏：

---

① 〔漢〕鄭玄注，〔唐〕賈公彦疏，彭林整理：《周禮注疏》，第1252—1254頁。
② 〔宋〕孫復：《孫明復小集》，文淵閣《四庫全書》第1090册，上海：上海古籍出版社，1987年，第171頁。
③ 〔清〕皮錫瑞著，周予同注釋：《經學歷史》，第201頁。
④ 〔清〕劉師培：《劉師培全集·國學發微》，北京：中共中央黨校出版社，1997年，第493頁。
⑤ 〔清〕孫詒讓著，王文錦、陳玉霞點校：《周禮正義》卷一《天官·略例》，北京：中華書局，1987年，第3頁。
⑥ 范文瀾主編：《中國通史簡編》三編下册，北京：人民出版社，1965年，第641頁。

又"菁菹,韭菹"者,以菁爲韭菁,於義不可,後鄭不從。若爲菲字,菲則蔓菁,於義爲是。後鄭不應破之,明本作韭,不作菲也。"玄謂菁,蔓菁"者,破司農爲"韭菁"。[①]

愚按:賈疏明云"後鄭不應破之",是直言破注也。阮元《周禮注疏校勘記》:"考疏云:'以菁爲韭菁,於義不可,後鄭不從。'據此,是先鄭作'菁菹,韭菁菹也'。韭花謂之韭菁,漢人語尚如此。後人奪下'菁'字,賈時不誤。"[②]孫詒讓《周禮正義》云:"阮説是也。"[③]

2.《周禮·天官·外府》:"掌邦布之入出,以共百物,而待邦之用,凡有灋者。"鄭注:

布,泉也。布讀爲宣布之布。其藏曰泉,其行曰布。王莽改貨而異作,泉布多至十品。今存於民間多者,有貨布、大泉、貨泉。貨布長二寸五分,廣寸,首長八分有奇,廣八分;其圜好徑二分半,足枝長八分。其右文曰貨,左文曰布,重二十五銖,直貨泉二十五。大泉徑一寸二分,重十二銖,文曰大泉,直十五貨泉。貨泉徑一寸,重五銖,右文曰貨,左曰泉,直一也。

賈疏:

云"今存於民間多者,有貨布大泉"已下者,是從莽至漢末鄭君時,見行此三者,故云今存於民間也。案彼文,其貨布,直云"長二寸五分,廣寸,首長八分,圜好徑二分",無"有奇廣八分半足支長八分"等十一字,今鄭言之者,此並鄭君目所覿見,以義增之耳。又案彼大泉直五十,不云"十五",言"十五"者亦誤,當從"五十"爲正也。[④]

愚按:賈疏明確指出鄭注有二失:第一,隨意增加"有奇廣八分半足支長八分"等十一字;第二,把大泉直五十誤作"十五"。

3.《周禮·春官·守祧》:"既祭,則藏其隋與其服。"鄭玄注:"鄭司農云:'隋,謂神前所沃灌器名。'玄謂隋,尸所祭肺脊黍稷之屬,藏之以依神。"賈疏:

案《特牲》《少牢》及《曾子問》皆有墮祭之事,今先鄭以隋爲"神前沃灌器",故後鄭不從也。玄謂"隋,尸所祭肺脊黍稷之屬"者,案《特牲禮》:"祝命挼祭,尸

---

① 〔漢〕鄭玄注,〔唐〕賈公彦疏,彭林整理:《周禮注疏》第189—190頁。
② 〔清〕阮元校刻:《十三經注疏》(附校勘記),北京:中華書局,1980年,第680頁。
③ 〔清〕孫詒讓著,王文錦、陳玉霞點校:《周禮正義》卷十《天官·醢人》,第398頁。
④ 〔漢〕鄭玄注,〔唐〕賈公彦疏,彭林整理:《周禮注疏》,第217—218頁。

取菹，擩于醢，祭于豆間，佐食取黍稷肺祭授尸，尸祭之。”注云：“肺祭，刌肺。”是其隋者，彼不言“脊”似誤。所以誤有“脊”者，《特牲禮》云：“佐食舉肺脊以授尸，尸受振祭，嚌之。”是以於此誤有“脊”。但彼是尸食而舉者，故有脊，此隋祭不合有也。[①]

愚按：賈疏明確指出鄭注中的“脊”不應有。

4.《周禮·春官·神仕》：“以冬日至致天神人鬼，以夏日至致地示物鬽，以禬國之凶荒、民之札喪。”鄭玄注：“百物之神曰鬽。《春秋傳》曰：‘螭鬽魍魎。’”贾疏：

云“百物之神曰鬽。《春秋傳》曰‘螭鬽魍魎’”者，案：《左氏》宣公三年，楚子問鼎之大小輕重，王孫滿對曰：“夏之方有德也，遠方圖物，貢金九牧，鑄鼎象物，故民入川澤山林，不逢不若，魑魅罔兩，莫能逢之。”服氏注云：“螭，山神，獸形。魅，怪物。罔兩，木石之怪。”文十八年注：“螭，山神，獸形。或曰：如虎而噉虎。或曰魅，人面獸身而四足，好惑人，山林異氣所生，爲人害。”如賈、服義，與鄭異，鄭君則以螭鬽爲一物，故云“百物之神曰鬽”，引《春秋》“螭鬽”以證之。經無“魍魎”，連引之，以《國語》“木石之怪夔魍魎”，賈、服所注是也。[②]

愚按：“螭鬽”之注，賈疏認爲“賈、服所注是也”，然則，不言而喻，鄭玄注誤也。

5.《周禮·夏官·射人》：

以射灋治射儀：王以六耦，射三侯，三獲三容，樂以《騶虞》，九節五正。諸侯以四耦，射二侯，二獲二容，樂以《貍首》，七節三正。孤卿大夫以三耦，射一侯，一獲一容，樂以《采蘋》，五節二正。士以三耦，射豻侯，一獲一容，樂以《采蘩》，五節二正。

鄭玄注：“九節、七節、五節者，奏樂以爲射節之差。言節者，容侯道之數也。《樂記》曰：‘明乎其節之志，不失其事，則功成而德行立。’”賈疏：“云《樂記》曰‘明乎其節之志，不失其事，則功成德行立’者，證侯道遠近亦爲節也。此《射義》文，云《樂記》者誤也。”[③]

愚按：賈疏指出鄭注記錯引文出處。

6.《周禮·秋官·司儀》：“諸公之臣相爲國客，則三積，皆三辭拜受。”鄭玄注：“受者，受之於庭也。侯伯之臣不致積。”賈疏：

① 〔漢〕鄭玄注，〔唐〕賈公彦疏，彭林整理：《周禮注疏》，第811頁。
② 〔漢〕鄭玄注，〔唐〕賈公彦疏，彭林整理：《周禮注疏》，第1065頁。
③ 〔漢〕鄭玄注，〔唐〕賈公彦疏，彭林整理：《周禮注疏》，第1174—1175頁。

此謂在道之禮，於路館致之，亦有束帛致之。知“侯伯之臣不致積”者，案《聘禮》以五介，又張旜，是侯伯之卿聘使者，經不云積，明侯伯之臣不致積可知。但不以束帛行禮致之，豈於道全無積乎，明有也。[1]

愚按：賈疏指出鄭注不够嚴密。

7.《周禮·秋官·司儀》：“出，及中門之外，問君，客再拜對。”鄭注：

中門之外，即大門之内也。問君曰：“君不恙乎？”對曰：“使臣之來，寡君命臣於庭。”問大夫曰：“二三子不恙乎？”對曰：“寡君命使臣於庭，二三子皆在。”勞客曰：“道路悠遠，客甚勞。”勞介則曰：“二三子甚勞。”問君，客再拜對者，爲敬慎也。

賈疏：“‘問君曰’已下，未知鄭君所出何文，或云是孔子聘問之辭，亦未得其實也。”[2]

愚按：賈疏對鄭注之出自何典表示强烈懷疑。

(二)《周禮疏》的微言破注例

1.《周禮·天官·序官》：“腊人，下士四人，府二人，史二人，徒二十人。”鄭玄注：“腊之言夕也。”賈疏：“注‘腊之言夕也’，乾曰腊，朝曝，於夕乃乾，故云‘腊之言夕’。或作‘久’字，久乃乾成，義亦通也。”[3]

愚按：賈疏提出或説，認爲“義亦通也”，形成與鄭注分庭抗禮的局面，是微言破注也。

2.《周禮·天官·小宰》：

以官府之六屬舉邦治。一曰天官，其屬六十，掌邦治。二曰地官，其屬六十，掌邦教。三曰春官，其屬六十，掌邦禮。四曰夏官，其屬六十，掌邦政。五曰秋官，其屬六十，掌邦刑。六曰冬官，其屬六十，掌邦事。

鄭玄注：“前此者，成王作《周官》，其志有述天授位之義，故周公設官分職以法之。”賈疏：

云“前此者，成王作《周官》，其志有述天授位之義”者，鄭依《書傳》云“周公攝政三年，踐奄”，與滅淮夷同時。又按：成王《周官》：“成王既黜殷命，滅淮夷，還歸在豐，作《周官》。”則成王作《周官》，在周公攝政三年時；周公制禮，在攝政六年時，故云“前此”者，謂成王前於此時作《周官》。其志，謂成王志意有述天授位之義，

---

① 〔漢〕鄭玄注，〔唐〕賈公彦疏，彭林整理：《周禮注疏》，第1482—1483頁。
② 〔漢〕鄭玄注，〔唐〕賈公彦疏，彭林整理：《周禮注疏》，第1485頁。
③ 〔漢〕鄭玄注，〔唐〕賈公彦疏，彭林整理：《周禮注疏》，第14頁。

即彼《周官》云："唐虞稽古，建官惟百，夏商倍之。今予小子，訓廸厥官，以立大師、大傅、大保，兹惟三公，論道經邦，燮理陰陽。"下又云立三孤及天地四時之官，是其志有述天地三百六十官位之義，故周公設官分職法之也。此鄭義，不見《古文尚書》，故爲此解。若孔據《古文尚書》，《多士》已下，並是周公致政後成王之書。周公攝政時，淮夷、奄與管、蔡同作亂，成王即政後，又叛，成王親征之，故云"滅淮夷"。還歸在豐，作《周官》用人之法。則彼《周官》在此《周禮》後，與鄭義異也。①

愚按：《周官》一書，鄭注據伏生《尚書大傳》作解，而孔安國據《古文尚書》作解，"與鄭義異"，是微言破注也。

3.《周禮·天官·宫伯》："掌王宫之士庶子，凡在版者。"鄭玄注："玄謂王宫之士，謂王宫中諸吏之適子也；庶子，其支庶也。"賈疏：

案《大司馬》云；"王弔勞其士庶子。"文與此同。鄭彼注云："弔其死者，勞其傷者。庶子，卿大夫之子從軍者。"彼士爲卿大夫士，庶子爲卿大夫之子，則兼適庶，與此不同者，彼更無弔勞卿大夫士身，故上爲卿大夫，庶子中兼適庶。是鄭望文以爲義，故注與此不同也。②

愚按："庶子"之解，鄭玄在《周禮·夏官·大司馬》中的注解與此處不同，原因是"是鄭望文以爲義"，是微言破注也。

4.《周禮·天官·醫師》："掌醫之政令，聚毒藥以共醫事。"鄭注："毒藥，藥之辛苦者。藥之物，恒多毒。《孟子》曰：'藥不瞑眩，厥疾不瘳。'"賈疏：

又引《孟子》者，案《孟子》，"滕文公爲世子，將之楚，過宋，見孟子"。而謂之云："今滕國，絶長補短，將五十里，可以爲善國乎？《書》曰：'藥不瞑眩，厥疾不瘳。'"注云："逸《書》也。藥使人瞑眩悶亂，乃得瘳愈。猶人敦德惠乃治也。"引之者，證藥中有毒之意。此是古文《尚書·説命》之篇，高宗命傅説之言也。不引《説命》而引《孟子》者，鄭不見《古文尚書》故也。③

愚按："若藥不瞑眩，厥疾不瘳"這兩句話，最早見於《尚書·説命》。此條鄭注不引《尚書·説命》而引晚出之《孟子》，原因何在？賈疏云"鄭不見《古文尚書》故也"，是微言破注也。

5.《周禮·春官·酒正》："辨五齊之名，一曰泛齊。"鄭玄注："泛者，成而滓浮泛泛然，如

① 〔漢〕鄭玄注，〔唐〕賈公彦疏，彭林整理：《周禮注疏》，第77—78頁。
② 〔漢〕鄭玄注，〔唐〕賈公彦疏，彭林整理：《周禮注疏》，第105—106頁。
③ 〔漢〕鄭玄注，〔唐〕賈公彦疏，彭林整理：《周禮注疏》，第149頁。

今宜成醪矣。"賈疏:

> 云"如今宜成醪矣"者,宜成,説以爲地名,故曹植《酒賦》曰:"宜成醴醪,蒼梧縹清。"若馬融所云"今之宜成,會稽稻米,清似宜成",以爲酒名。故劉杳《要雅》,亦以宜成爲酒名。二者未知孰是。今鄭云"宜成醪矣",亦未知鄭意酒名、地名。①

愚按:鄭注之"如今宜成醪矣"句,語意含混不清,被賈疏指出,是微言破注也。

6.《周禮·地官·大司徒》:"以本俗六安萬民,五曰聯朋友。"鄭玄注:"同師曰朋,同志曰友。"賈疏:

> 案:《尚書·泰誓》武王云:"我友邦冢君。"是謂諸侯爲友。《洛誥》云:"孺子其朋。"謂羣臣爲朋。"朋友"之文,所施廣矣。鄭君皆望文爲義,是以所注不同也。②

愚按:"朋友"之鄭玄注,賈疏指出其釋義與《尚書·泰誓》《尚書·洛誥》不同,"皆望文爲義",是微言破注也。

7.《周禮·春官·大宗伯》:"以禋祀祀昊天上帝,以實柴祀日月星辰,以槱燎祀司中、司命、飌師、雨師。"鄭玄注:"昊天上帝,冬至於圜丘所祀天皇大帝。星謂五緯,辰謂日月所會十二次。司中、司命、文昌第五第四星。"賈疏:

> 此經星辰與司中、司命、風師、雨師,鄭君以爲六宗。案:《尚書·堯典》:"禋于六宗。"但六宗之義,有其數,無其名,故先儒各以意説,鄭君則以此星也、辰也、司中也、司命也、風師也、雨師也,六者爲六宗。案:《異義》:"今歐陽、夏侯説:'六宗者,上不及天,下不及地,傍不及四時,居中央,恍惚無有,神助陰陽變化,有益於人,故郊祭之。'《古尚書》説:'六宗,天地神之尊者。謂天宗三,地宗三。天宗,日、月、星辰。地宗,岱山、河、海。'"③

愚按:"六宗"的釋義,除鄭注外,賈疏又列舉了《五經異義》與《古文尚書》之説,孰是孰非,不置可否,是微言破注也。

8.鄭玄注《周禮·春官·司服》云:

> 玄謂《書》曰:"予欲觀古人之象,日、月、星辰、山、龍、華蟲作繢,宗彝、藻、火、

① 〔漢〕鄭玄注,〔唐〕賈公彦疏,彭林整理:《周禮注疏》,第162頁。
② 〔漢〕鄭玄注,〔唐〕賈公彦疏,彭林整理:《周禮注疏》,第365—366頁。
③ 〔漢〕鄭玄注,〔唐〕賈公彦疏,彭林整理:《周禮注疏》,第646—650頁。

粉米、黼、黻希繡。”此古天子冕服十二章，舜欲觀焉。華蟲，五色之蟲。

賈疏：“云‘華蟲，五色之蟲’，孔君注以爲華，象草華；蟲，雉也。義亦通。”①

愚按：“華蟲”之解，鄭注之外，賈疏又徵引了孔安國《尚書》注的解釋，認爲“義亦通”，是微言破注也。

9.《周禮·春官·大卜》：“其經兆之體，皆百有二十，其頌皆千有二百。”鄭玄注：“頌，謂繇也。百二十每體十繇，體有五色，又重之以墨坼也。五色者，《洪範》所謂曰雨、曰濟、曰圛、曰蟊、曰尅。”賈疏：

> 云“《洪範》所謂曰雨、曰濟、曰圛、曰蟊、曰尅”者，彼鄭注云：“曰雨者，兆之體氣如雨氣然。曰濟者，兆之光明如雨止。曰蟊者，氣不澤，鬱冥也。曰圛者，色澤者。曰尅者，氣色相犯入。”此鄭義。若孔注，則云：“有似雨者，有似雨止者。蟊，謂陰闇。圛，氣落圛不連屬。尅，兆相交錯。”與鄭異也。②

愚按：“《洪範》所謂曰雨、曰濟、曰圛、曰蟊、曰尅”的解釋，賈疏徵引了孔安國、鄭玄兩家之説，衹説“(孔)與鄭異也”，不言孰是孰非，是微言破注也。

10.《周禮·秋官·小行人》：“凡諸侯入王，及郊勞、眡館、將幣，爲承而擯。”鄭玄注：“王使勞賓於郊，致館於賓，至將幣，使宗伯爲上擯，皆爲之丞而擯之。”賈公彦疏：

> “使宗伯爲上擯”者，惟謂將幣時。于郊勞及眡館二者，不使大宗伯爲上擯者。以其使者或大行人，官卑，何得使大宗伯爲擯也？當别遣餘官爲上擯，小行人爲承擯。而言“宗伯爲上擯”者，取《宗伯》成文，爲將幣而言也。③

按：秦蕙田《五禮通考》卷二百二十一：“蕙田案：賈疏駁注説甚當。”④筆者按：此蓋微言破注也。孫詒讓《周禮正義》：“方苞云：‘《國語·周語》：“敵國賓至，卿出郊勞。”《覲禮》：“王賜侯氏，命諸公奉篋服。”則郊勞宜使卿。’劉台拱云：‘諸公相爲賓，郊勞、致館，皆主君親之。王雖不親行，亦當使卿。然則此二事，皆大行人爲上擯，小行人爲承擯歟？’按：方、劉説近是。”⑤近與友人王鍔先生通信，得知彼所搜集之疏可破注例中也有此條，甚喜，是亦所謂智者所見略同也。

---

① 〔漢〕鄭玄注，〔唐〕賈公彦疏，彭林整理：《周禮注疏》，第791—793頁。
② 〔漢〕鄭玄注，〔唐〕賈公彦疏，彭林整理：《周禮注疏》，第920—921頁。
③ 〔漢〕鄭玄注，〔唐〕賈公彦疏，彭林整理：《周禮注疏》，第1459—1460頁。
④ 〔清〕秦蕙田：《五禮通考》，文淵閣《四庫全書》第141册，上海：上海古籍出版社1987年，第38頁上欄b。
⑤ 〔清〕孫詒讓著，王文錦、陳玉霞點校：《周禮正義》卷七十二《秋官·小行人》，2997頁。

五、《周禮疏》有疏當補注之未備例

爲什麽《周禮疏》會有“疏當補注之未備”的設計?《朱子語類》卷一三五:“漢儒注書,衹注難曉處,不全注盡本文,其辭甚簡。”① 按:朱子此言是也。孔安國《尚書序》:“伏犧、神農、黄帝之書,謂之《三墳》,言大道也。少昊、顓頊、高辛、唐、虞之書,謂之《五典》,言常道也。”孔穎達疏:“其《三墳》直云‘言大道也’,《五典》直云‘言常道也’,不訓‘墳’‘典’之名者,以‘墳,大’‘典,常’,常訓可知,故略之也。”② 是其例。問題是,漢代學者認爲的“易曉處”,數百年後,時過境遷,對於唐代的學者來説就有可能成了“難曉處”。職此之故,疏當補注之未備之例也就應運而生。請看:

1.《周禮·天官·序官》:“
人,中士二人,下士四人,府二人,史四人,胥三十人,徒三百人。”賈疏:“案其職云:‘掌以時
,爲梁。春獻王鮪。’亦供魚物,故在此也。徒亦三百人者,馬融云:‘池塞苑囿,取魚處多故也。’”③

愚按:此官何以徒亦三百人,鄭玄無注,賈疏以馬融《周禮注》補之。

2.《天官·序官》:“職内,上士二人,中士四人,府四人,史四人,徒二十人。”鄭玄注:“職内,主入也,若今之泉所入謂之少内。”賈疏:

> 案王氏《漢官解》云:“小官嗇夫,各擅其職,謂倉庫少内嗇夫之屬,各自擅其條理所職主。”由此言之,少内藏聚,似今之少府,但官卑職碎,以少爲名。④

愚按:鄭注之“少内”一詞,其涵義若何?賈疏徵引東漢王隆《漢官解詁》説明之。

3.《周禮·天官·序官》:“典枲,下士二人,府二人,史二人,徒二十人。”賈疏:“枲,麻也。案:《喪服傳》云:‘牡麻者,枲麻也。’則枲是雄麻,對苴是麻之有蕡實者也。”⑤

愚按:經文“枲”字,鄭玄無注,賈疏徵引《儀禮·喪服傳》彌補之。

4.《周禮·地官·大司徒》:“以天下土地之圖,周知九州之地域廣輪之數。”鄭玄注:“九州,揚、荆、豫、青、兖、雍、幽、冀、并也。輪,從也。”賈疏:“馬融云:‘東西爲廣,南北爲輪。’”⑥

愚按:經文“廣輪”一詞,鄭玄僅注“輪”字,未析,賈疏以馬融《周禮注》補之。

5.《周禮·春官·序官》:“司服,中士二人,府二人,史一人,胥一人,徒十人。”賈疏曰:“在此者,案:其職云:‘掌王之吉凶衣服。’《公羊傳》云:‘命者何?加我服也。’再命已上,得命

---

① 〔宋〕黎靖德編,王星賢點校:《朱子語類》卷一三五,北京:中華書局,1986 年,3228 頁。
② 〔漢〕孔安國傳,〔漢〕孔穎達正義,黄懷信整理:《尚書正義》,上海:上海古籍出版社,2007 年,第 5 頁。
③ 〔漢〕鄭玄注,〔唐〕賈公彦疏,彭林整理:《周禮注疏》,第 14 頁。
④ 〔漢〕鄭玄注,〔唐〕賈公彦疏,彭林整理:《周禮注疏》,第 22—23 頁。
⑤ 〔漢〕鄭玄注,〔唐〕賈公彦疏,彭林整理:《周禮注疏》,第 29 頁。
⑥ 〔漢〕鄭玄注,〔唐〕賈公彦疏,彭林整理:《周禮注疏》,第 334 頁。

即得服。故司服列職於典命之下也。”[①]

愚按：“司服”一官何以置於“典命”之後，鄭玄無注，賈疏徵引《公羊傳》彌補之。

6.《周禮·春官·天府》：“凡吉事變几，凶事仍几。”賈疏：“凡几之長短，阮諶云：‘几長五尺，高二尺，廣二尺。’馬融以爲長三尺。舊圖以爲几兩端赤，中央黑也。”[②]

愚按：經文“几”的形制，鄭玄未注，賈疏徵引東漢阮諶《三禮圖》與馬融《周禮注》補之。

7.《周禮·秋官·野廬氏》：“凡道路之舟車轚互者，敘而行之。”鄭玄注：“舟車轚互，謂於迫隘處也。車有轘轅、坻閣，舟有砥柱之屬。其過之者，使以次敘之。”賈疏：

> 云“舟有砥柱之屬”者，案《禹貢》：“導河積石，至于龍門，南至于華陰，東至于底柱。”孔安國云：“底柱，山名。河冰分流，包山而過，山見水中，若柱然，在西虢之界。”是底柱爲水之隘道者也。[③]

愚按：鄭注中的“砥柱”一詞尚須注解，賈疏徵引《尚書》孔傳注解之。

六、《周禮疏》有“以一家爲主，旁及異聞，廣採博搜”之例

所謂“異聞”，謂其他注家。《周禮疏》選中的注家是鄭玄，但賈疏在疏通經文時，並不拘于鄭玄一家，往往旁及其他注家。例如：

1.《周禮·天官·冢宰》：“以九職任萬民：一曰三農，生九穀；二曰園圃，毓草木。”鄭玄注：“樹果蓏曰圃，園，其樊也。”賈疏：

> 云“樹果蓏曰圃，園，其樊”者，案《漢書·食貨志》云：“田中不得有樹，用妨五穀。環廬樹桑麻、菜茹、瓜瓠、果蓏。”應劭曰：“木曰果，草曰蓏。”張晏曰：“有核曰果，無核曰蓏。”臣瓚曰：“木上曰果，地上曰蓏。”劭與瓚義同，晏獨異也。[④]

愚按：“果蓏”二字何解？賈疏旁及應劭、張晏、臣瓚三家之説。

2.《周禮·春官·序官》：“典同，中士二人，府一人，史一人，胥二人，徒二十人。”鄭注：“同，陰律也。《書》曰：‘協時月，正日，同律度量衡。’”賈疏：“案：孔注《尚書》，律爲法制，當齊同之，則‘同’不爲陰律，與鄭義別也。”[⑤]

愚按：“同”字何解？賈疏引孔《傳》解之。

---

① 〔漢〕鄭玄注，〔唐〕賈公彦疏，彭林整理：《周禮注疏》，第626頁。
② 〔漢〕鄭玄注，〔唐〕賈公彦疏，彭林整理：《周禮注疏》，第759—760頁。
③ 〔漢〕鄭玄注，〔唐〕賈公彦疏，彭林整理：《周禮注疏》，第1412—1413頁。
④ 〔漢〕鄭玄注，〔唐〕賈公彦疏，彭林整理：《周禮注疏》，第46—48頁。
⑤ 〔漢〕鄭玄注，〔唐〕賈公彦疏，彭林整理：《周禮注疏》，第632頁。

3.《周禮·春官·大司樂》:“乃奏夷則,歌小吕,舞《大濩》,以享先妣。”鄭玄注:“先妣,姜嫄也。姜嫄履大人迹,感神靈而生后稷,是周之先母也。”賈疏:

云“先妣,姜嫄也。姜嫄履大人迹,感神靈而生后稷”者,《詩》云:“履帝武敏歆。”毛君義與《史記》同,以爲姜嫄,帝嚳妃,履帝武敏歆,謂履帝嚳車轍馬迹,生后稷,后稷爲帝嚳親子。鄭君義依《命歷序》,帝嚳傳十世乃至堯,后稷爲堯官,則姜嫄爲帝嚳後世妃。而言“履帝武敏歆”者,帝,謂天帝也。是以《周本紀》云:“姜嫄出野,見聖人迹,心悦,忻然踐之,始如有身動而孕,居期生子。”是鄭解聖人迹與毛異也。①

愚按:如何解釋聖人迹,賈疏向讀者介紹了與鄭解不同的《史記》與毛亨的解釋。

4.《周禮·春官·大卜》:“其經兆之體,皆百有二十。”鄭玄注:“百二十每體十繇,體有五色,又重之以墨坼也。五色者,《洪範》所謂曰雨、曰濟、曰圛、曰蟊、曰剋。”賈疏:

云“《洪範》所謂曰雨、曰濟、曰圛、曰蟊、曰剋”者,彼鄭注云:“曰雨者,兆之體氣如雨氣然。曰濟者,兆之光明如雨止。曰蟊者,氣不澤,鬱冥也。曰圛者,色澤者。曰剋者,氣色相犯入。”此鄭義。若孔注,則云:“有似雨者,有似雨止者。蟊,謂陰闇。圛,氣落圛不連屬。剋,兆相交錯。”與鄭異也。②

愚按:對“《洪範》所謂曰雨、曰濟、曰圛、曰蟊、曰剋”的解釋,賈疏不僅介紹了鄭玄的注釋,也介紹了孔安國的注釋,是旁及異聞也。

5.《周禮·春官·占夢》:“以日、月、星、辰占六夢之吉凶。”鄭注:

日、月、星、辰,謂日月之行及合辰所在。《春秋》昭三十一年,十二月辛亥朔,日有食之。是夜也,晋趙簡子夢童子倮而轉以歌,旦而日食。占諸史墨,對曰:“六年及此月也,吴其入郢乎?終亦弗克。入郢必以庚辰,日月在辰尾,庚午之日,日始有適。火勝金,故弗克。”此以日月星辰占夢者。

賈疏:

服氏云:“是歲,歲在析木,後六年在大梁,大梁水宗。十一月,日在星紀,爲吴國分。楚之先,顓頊之子老童。老童,楚象,行歌,象楚走哭姬姓日。月在星紀,星

① 〔漢〕鄭玄注,〔唐〕賈公彦疏,彭林整理:《周禮注疏》,第841—842頁。
② 〔漢〕鄭玄注,〔唐〕賈公彦疏,彭林整理:《周禮注疏》,第920—921頁。

紀之分，姬姓，吴也。楚衰則吴得志，吴世世與楚怨。楚走去其國，故曰吴其入郢。吴屬水，水數六，十月水位，故曰六年及此月也，有適而食，故知吴終亦不克。（下略）”服氏以庚午之日，日始適，火勝金，故不克。入楚，必以庚辰。此與鄭義别，其餘略相依也。①

愚按：對“晋趙簡子夢童子倮而轉以歌”的解釋，賈疏給出的服虔的解釋與鄭玄注不同。

6.《周禮·春官·神仕》：“以冬日至致天神人鬼，以夏日至致地示物鬽。”鄭玄注：“百物之神曰鬽。《春秋傳》曰：‘螭鬽魍魎。’”賈疏：

云“百物之神曰鬽，《春秋傳》曰‘螭鬽魍魎’”者，案：《左氏》宣公三年：“魑魅罔兩，莫能逢之。”服氏注云：“螭，山神，獸形。魅，怪物。罔兩，木石之怪。”如賈、服義，與鄭異。鄭君則以“螭鬽”爲一物，故云“百物之神曰鬽”，引《春秋》“螭鬽”以證之。②

愚按：“螭鬽”怎樣解釋，賈疏介紹了與鄭玄不同的賈逵、服虔的解釋。

7.《周禮·夏官·序官》：“司爟，下士二人，徒六人。”鄭玄注：“玄謂爟，讀如‘予若觀火’之觀，今燕俗名湯熱爲觀。”賈疏：“後鄭讀如‘予若觀火’者，盤庚告其羣臣不欲徙而匿情者，予若觀熱也。我有刑罰，如熱火可畏。孔安國以觀爲視，我觀汝情如視火，與鄭義異也。”③

愚按：“予若觀火”的“觀”字，鄭玄解作“湯熱”，而孔安國解作“視”。賈疏介紹孔安國的解釋，是旁及異聞也。

七、《周禮疏》有旁及異聞用來作爲反面教材例

1.《周禮·天官·序官》：“惟王建國。”鄭玄注：

建，立也。周公居攝而作六典之職，謂之《周禮》，營邑於土中。七年，致政成王，以此禮授之，使居雒邑，治天下。《司徒職》曰：“日至之景，尺有五寸，謂之地中，天地之所合也，四時之所交也，風雨之所會也，陰陽之所和也，然則百物阜安，乃建王國焉。”

賈疏：

---

① 〔漢〕鄭玄注，〔唐〕賈公彦疏，彭林整理：《周禮注疏》，第939—940頁。
② 〔漢〕鄭玄注，〔唐〕賈公彦疏，彭林整理：《周禮注疏》，第1065頁。
③ 〔漢〕鄭玄注，〔唐〕賈公彦疏，彭林整理：《周禮注疏》，第1079頁。

> "乃建王國"者,於百物盛安之處,乃立王國。王國,則洛邑王城是也。鄭引此者,破賈、馬之徒,建國爲諸侯國。此六官同序,皆云"建國",豈王國未立,先建諸侯國乎? 明不可也。[①]

愚按:經文"建國",賈逵、馬融認爲是"建諸侯國",非是,被賈疏視作反面教材。

2.《周禮·天官·玉府》:"凡王之獻金玉、兵器、文織、良貨賄之物,受而藏之。"鄭玄注:"謂百工爲王所作,可以獻遺諸侯。古者致物於人,尊之則曰獻。"賈疏:

> 云"古者致物於人,尊之則曰獻"者,若正法,上於下曰賜,下於上曰獻。若尊敬於人,雖上於下,亦曰獻。是以天子於諸侯云獻。案:《月令》"后妃獻繭",鄭注:"謂獻於后妃。"知此"王之獻金玉"非是獻金玉於王者。案下《内府職》:"凡四方之幣獻之金玉。"彼是諸侯獻王,入内府藏之,不得在此,故知金玉是獻遺諸侯者也。况諸侯中兼有二王之後,二王之後,王所尊敬,自然稱獻也。若王肅之義,取《家語》曰:"吾聞之,君取於臣曰取,與於臣曰賜,臣取於君曰假,與於君謂之獻。"以此難鄭君。鄭君弟子馬昭之等難王肅:"《禮記》曰'尸飲五,君洗玉爵獻卿'。"况諸侯之中有二王之後,何得不云獻也![②]

愚按:經文"獻"字之鄭注,王肅取《孔子家語》之説駁鄭注,非是,被賈疏視作反面教材。

3.《周禮·地官·載師》:"凡任地,國宅無征,園廛二十而一,近郊十一,遠郊二十而三。"鄭玄注:"征,税也。周税輕近而重遠,近者多役也。園廛亦輕之者,廛無穀,園少利也。"賈疏:

> 《異義》第五《田税》:"今《春秋公羊》説,十一而税,過於十一,大桀小桀;減於十一,大貉小貉。十一税,天子之正,十一行而頌聲作。故《周禮》國中園廛之賦,二十而税一,近郊十而税一,遠郊二十而税三。有軍旅之歲,一井九夫,百畮之賦,出禾二百四十斛,芻秉二百四十六,釜米十六斗。案:《公羊》十一税,遠近無差。漢制收租,田有上中下,與《周禮》同義。玄之聞也:《周禮》制税法,輕近而重遠者,爲民城道溝渠之役,近者勞,遠者逸故也。其授民田,家所養者多,與之美田;所養者少,則與之薄田。其調均之而足,故可以爲常法。漢無授田之法,富者貴美且多,貧者賤薄且少,美薄之收不通相倍蓰,而上中下,與《周禮》同義,未之思也。又《周禮》六篇,無云軍旅之歲,一井九夫百畮之税,出禾、芻秉、釜米之事,何以得此言乎?"[③]

---

① 〔漢〕鄭玄注,〔唐〕賈公彦疏,彭林整理:《周禮注疏》,第2—3頁。
② 〔漢〕鄭玄注,〔唐〕賈公彦疏,彭林整理:《周禮注疏》,第214—215頁。
③ 〔漢〕鄭玄注,〔唐〕賈公彦疏,彭林整理:《周禮注疏》,第473—475頁。

愚按：賈疏徵引許慎《五經異義》作爲反面教材。

4.《周禮·春官·大宗伯》："九命作伯。"鄭玄注："上公有功德者，加命爲二伯，得征五侯九伯者。"賈疏：

> 云"得征五侯九伯"者，僖公四年《左氏傳》云："昔召康公命我先君大公曰：五侯九伯，汝實征之，以夾輔周室。"賈、服之等諸侯，九州之伯。若然，與天子何殊，而爲夾輔乎？故鄭以爲五侯者，九州有九牧，牧即侯。但二伯共分，各得四侯半。侯不可分，故二伯皆言五侯也。言九伯者，九州有十八伯，各得九伯，故云九伯也。此二伯，其有違逆者，各征半天下，故云"五侯九伯，汝實征之"也。引之者，證二伯尊，得征半天下之事也。①

愚按："五侯九伯"當作何解？鄭玄與賈逵、服虔異解，賈疏徵引賈服之説作爲反面教材。

5.《周禮·春官·守祧》："掌守先王、先公之廟祧，其遺衣服藏焉。"鄭玄注："廟，謂大祖之廟及三昭三穆。遷主所藏曰祧。先公之遷主，藏于后稷之廟，先王之遷主，藏于文、武之廟。"賈疏：

> 云"先王之遷主藏于文、武之廟"者，當周公制禮之時，文、武本親廟四之内，未毁，不得爲祧。然文、武雖未爲祧，已立其廟，至後子孫，文、武應遷而不遷，乃爲祧也。其立廟之法，后稷廟在中央，當昭者處東，當穆者處西，皆别爲宫院者也。案：孔君、王肅之義，二祧乃是高祖之父、高祖之祖，與親廟四，皆次第而遷，文、武爲祖宗，不毁矣。鄭不然者，以其守祧有奄八人，守七廟，并姜嫄廟，則足矣。若益二祧，則十廟矣，奄八人何以配之？明其義非也。②

愚按：經文"祧"字之鄭注，賈疏是之，復徵引孔安國、王肅之説作爲反面教材。

6.《周禮·春官·大卜》："凡國大貞，卜立君。"鄭玄注："卜立君，君無冢適，卜可立者。"賈疏：

> 鄭云"君無冢適，卜可立者"，若然，君無冢適，則有卜法。按昭二十六年《傳》曰："王后無適，則擇立長。年鈞以德，德鈞以卜。王不立愛，公卿無私，古之制也。"何休以爲："《春秋》之義，三代異，建適媵，别貴賤，有姪娣以辨親疎。立適以長不以賢，立子以貴不以長。王后無適，明尊之敬之，義無所卜筮。不以賢者，人狀難别，

① 〔漢〕鄭玄注，〔唐〕賈公彦疏，彭林整理：《周禮注疏》，第678—679頁。
② 〔漢〕鄭玄注，〔唐〕賈公彦疏，彭林整理：《周禮注疏》，第809—810頁。

嫌有所私,故絶其怨望,防其覬覦。今如《左氏》言,云'年鈞以德,德鈞以卜',君之所賢,下必從之,豈復有卜?隱桓之禍,皆由是興,乃曰古制,不亦謬哉!《左氏》爲短。"玄箴之曰:"立適固以長矣,無適而立子,固以貴矣。今言無適則擇立長,謂貴均如立長,王不得立愛之法,年均則會羣臣、羣吏、萬民而詢之,有司以序進而問,大衆之中,非君所能掩,是王不得立愛之法也。《禮》有詢立君,示義在此,休之言謬,失《春秋》與《禮》之義矣。"①

愚按:賈疏以經文"卜立君"之鄭注爲是,復徵引何休之説作爲反面教材。

7.《周禮·考工記·冶氏》:"重三鋝。"鄭玄注:

鄭司農云:"鋝,量名也,讀爲刷。"玄謂許叔重《説文解字》云:"鋝,鍰也。"今東萊稱或以大半兩爲鈞,十鈞爲環,環重六兩大半兩,鍰、鋝似同矣。則三鋝爲一斤四兩。

賈疏:

先鄭讀"鋝"爲"刷",取音同。後鄭引許叔重《説文解字》云"鋝,鍰也"者,《尚書·吕刑》有"墨罰疑赦,其罰百鍰及大辟千鍰",許氏以此"鋝"與《尚書》"鍰"爲一,云"今東萊稱或以大半兩爲鈞,十鈞爲環,環重六兩大半兩,鍰、鋝似同矣"者,鋝、鍰輕重無文,故王肅之徒皆以六兩爲鍰,是以鄭引許氏及東萊稱爲證也。②

愚按:經文"鋝"字,鄭玄、王肅異解,賈疏徵引王肅説作爲反面教材。

8.《周禮·考工記·匠人》:"左祖右社,面朝後市。"鄭玄注:"王宫所居也。祖,宗廟。面猶鄉也。王宫當中經之涂也。"賈疏:

言"王宫所居也"者,謂經左右前後者,據王宫所居處中而言之,故云"王宫所居也"。云"王宫當中經之涂也"者,按《祭義》注云:"周尚左。"桓二年:"取郜大鼎,納於大廟。"何休云:"質家右宗廟,尚親親;文家左宗廟,尚尊尊。"義與此合。按劉向《别録》云:"路寢在北堂之西,社稷宗廟在路寢之西。"又云:"左明堂辟廱,右宗廟社稷。"皆不與禮合,鄭皆不從之矣。③

① 〔漢〕鄭玄注,〔唐〕賈公彦疏,彭林整理:《周禮注疏》,第 926 頁。
② 〔漢〕鄭玄注,〔唐〕賈公彦疏,彭林整理:《周禮注疏》,第 1584 頁。
③ 〔漢〕鄭玄注,〔唐〕賈公彦疏,彭林整理:《周禮注疏》,第 1664 頁。

愚按：宗廟、社稷在王宫中的位置，劉向《别録》所言，“皆不與禮合，鄭皆不從之矣”，是以劉向《别録》爲反面教材矣。

（吕友仁，河南師範大學教授）

皇侃《禮記義疏》之詮釋體例及時代特色*

張 帥 丁 鼎

[摘 要] 皇侃《禮記義疏》輯本及殘卷《禮記子本疏義》所體現出的詮釋體例有：一是好用聲訓之法來闡發對禮義的主觀認識；二是在義疏體框架下，多有違背鄭注之處，疏亦破注，表現出較强的懷疑精神；三是保留問答體式，邏輯思辨色彩濃厚。以上三點可以看出皇侃禮學上繼漢學，下啓宋學。四是通過屬辭比事之法，發明經例與禮例，其中禮例可以指導現實的禮制建設；五是刻意追求經文的邏輯一貫性，維護經典權威，爲禮制建設提供理論指導。後兩點可以看出皇侃禮學與禮制建設密切相關。孔穎達《禮記正義》在删理南北朝義疏時有一定的義例，導致以上五點一定程度上體現了時代特色。

[關鍵詞] 皇侃 南北朝 禮記義疏 詮釋體例 義疏體

皇侃是南北朝禮學研究的集大成者之一。他是三國書法家皇象的後人，師承禮學名家賀瑒，通五經，尤精於《三禮》。皇侃禮學當時在國子學備受推崇，曾給禮學造詣很深的梁武帝講《禮記義》，[①] 其所著《禮記講疏》收藏於官府。除了《南史・儒林傳》所載《禮記講疏》與《禮記義》以外，皇侃還有《喪服文句義疏》《喪服問答目》見於《隋書・經籍志》。[②]

《隋書・經籍志》記載皇侃名下還有《禮記義疏》一書，這部書應該就是《禮記義》。《禮記義疏》是皇侃禮學著述的代表作，也是唐代孔穎達《禮記正義》據以編纂成書的底本。《禮記正義・序》云："爰從晋、宋，逮於周、隋，其傳《禮》業者，江左尤盛。其爲義疏者，南人有賀循、賀瑒、庾蔚(之)、崔靈恩、沈重、(范)宣、皇甫侃[③]等；北人有徐遵明、李業興、李寶鼎、侯聰、熊安(生)等。其見於世者，唯皇、熊二家而已。……今奉敕删理，仍據皇氏以爲本，其有不備，以熊氏補焉。"[④] 據此可知《禮記正義》主要據皇侃《禮記義疏》删理成書。

皇侃《禮記義疏》後來散佚，馬國翰在《玉函山房輯佚書》中將皇侃《禮記義疏》佚文輯佚整理成册。另外皇侃《禮記義疏》流傳於後世的還有一段非常珍貴的殘卷——《禮記子

* 本文是國家社科基金"南北朝禮學史研究"(14CZX027)的階段性成果。

① 〔唐〕李延壽:《南史》卷七一《儒林傳》,北京：中華書局,1975年,第1744頁。

② 〔唐〕魏徵、〔唐〕令狐德棻:《隋書》卷三二《經籍志一》,北京：中華書局,1973年,第920—922頁。

③ 按：皇甫侃，當爲"皇侃"之誤。《四庫提要》已指出：明北監本以皇侃爲皇甫侃，誤。吕友仁整理《禮記正義》(上海：上海古籍出版社,2008年)已改正。

④ 〔唐〕孔穎達:《禮記正義・序》,《十三經注疏》,北京：中華書局1980年影印阮刻本,第1222頁。

本疏義》,[①]乃皇侃的學生鄭灼抄自皇侃《禮記義疏》,保存了《禮記·喪服小記》皇疏[②]的部分內容。拙作《〈禮記正義〉據皇侃〈禮記義疏〉删理成書考述》一文通過對比《禮記子本疏義》與《禮記正義》,比較系統地論述了《禮記正義》據皇侃《禮記義疏》删理成書的基本義例。拙作指出,《禮記正義》在引用、概括、删減皇疏時基本不加標注,所以很有可能皇疏大部分內容都遺存在孔穎達《禮記正義》中,衹是我們現在很難辨識。孔穎達等人衹有在認爲皇疏有誤或皇疏有違鄭注或是皇疏相對經、注有合理的創新之處時,纔加以標誌。[③]這説明《禮記正義》在明確標識皇疏時,是有一定的體例的,而這個體例也會用於對南北朝其他禮學注疏的剪取,所以《禮記正義》中有明確標識的皇疏之詮釋體例很有可能在某種程度上體現出南北朝禮學的共性。

目前學界對皇侃《禮記義疏》進行專門研究的主要有焦桂美、[④]潘斌、[⑤]王啓發[⑥]以及喬秀岩等人[⑦]。這幾位學者的著述對於我們的研究都有很重要的參攷作用。本文將在已有的研究基礎上,擬從《禮記正義》中爲數不少明確標識是皇疏的內容以及《禮記子本疏義》殘卷,來探尋皇侃《禮記義疏》詮釋經注的體例,以期能對皇侃《禮記義疏》有更全面的認識,並進而探尋皇侃《禮記義疏》所體現出的時代文化特色。

一、依托聲訓之法來闡發對禮義的主觀認識

皇侃《禮記義疏》繼承了漢學的特點,比較重視對字詞的訓釋,在這方面,皇侃比較擅長運用聲訓之法。聲訓之法,古已有之,此法在先秦文獻已有萌芽,到漢代得到推廣,如鄭玄注經,聲訓之例多見,張舜徽先生在《鄭學叢著》中有兩節內容專門概述鄭玄聲訓之例。[⑧]皇侃注經,亦好用此法,如《禮記·喪服小記》經云:“苴杖,竹也。削杖,桐也。”皇疏云:“必用桐者,桐者,同也,明其外雖削,而心本同也。且桐隨時凋落,此爲母喪,示外被削殺,服從時除,而終身之心裳常與父同也。”[⑨]皇侃釋“桐”爲“同”,明顯就是聲訓之法。皇侃認爲爲母服喪之削杖用“桐”,就是爲了表明子女爲母所服喪服雖相對爲父的規格要低一等,但是子女對母

① 《禮記子本疏義》,現存於日本早稻田大學圖書館,早稻田大學已公佈其清晰影象,網址:http://www.wul.waseda.ac.jp/kotenseki/html/ro12/ro12_01134/index.html。

② 皇疏爲本文皇侃《禮記義疏》之簡稱,下同。

③ 張帥、丁鼎:《〈禮記正義〉據皇侃〈禮記義疏〉删理成書考述》,《古典文獻研究》第15輯,南京:鳳凰出版社,2012年,第507—513頁。

④ 焦桂美:《皇侃〈禮記義疏〉略論》,《船山學刊》2010年第2期,第89—92頁。

⑤ 潘斌:《皇侃〈禮記〉學探論》,《青海社會科學》2008年第2期,第103—106頁。

⑥ 分别見王啓發:《南朝皇侃的〈禮記學〉及其經學史價值》上,《湖南科技大學學報》(社會科學版)2018年第5期,第154—162頁,與王啓發:《南朝皇侃的〈禮記學〉及其經學史價值》下,《湖南科技大學學報》(社會科學版)2018年第6期,第167—178頁。

⑦ 〔日〕喬秀岩:《義疏學衰亡史論》,北京:生活·讀書·新知三聯書店,2017年,第127—160頁。

⑧ 張舜徽:《鄭學叢著》,濟南:齊魯書社,1984年,第108—119頁。

⑨ 見《禮記子本疏義》。

親與對父親的終身思念之情是一樣的。

再如《禮記·王制》經云:"夏曰禘",皇疏云"禘者,次第也。夏時物雖未成,宜依時次第而祭之。"皇侃云"禘"爲"次第"之義,也是運用聲訓之法。皇侃進一步引申云:"夏時物雖未成,宜依時次第而祭之"。依皇氏之意,禘爲次第之義,爲夏時之祭,但先秦文獻中夏時之祭多不名"禘"。如《詩經·小雅·天保》曰:"禴祠烝嘗,於公先王。"《周禮·春官·大宗伯》曰:"以祠春享先王,以禴夏享先王,以嘗秋享先王,以烝冬享先王。"《禮記·名堂位》曰:"是故夏礿、秋嘗、冬烝。"《爾雅·釋天》曰:"春祭曰祠,夏祭曰礿,秋祭曰嘗,冬祭曰蒸。"這幾篇中夏祭都名"禴(礿)"。《禮記·郊特牲》曰:"春禘而秋嘗。"此篇春祭而非夏祭名禘。古書中夏祭名"禘"的除了上文的《禮記·王制》,再就衹有《禮記·祭統》了,《祭統》曰:"凡祭有四時:春祭曰礿,夏祭曰禘,秋祭曰嘗,冬祭曰烝。"針對古書"禘"祭所指的分歧,鄭玄云"此蓋夏殷之祭名。周則改之,春曰祠,夏曰礿,以禘爲殷祭。《詩·小雅》曰:'礿祠烝嘗,於公先王。'此周四時祭宗廟之名。"按:此是鄭玄彌縫之説,用以調和古書記載的矛盾。鄭玄認爲《王制》謂夏祭爲"禘"是夏時與殷時之禮;依周禮,夏祭應名"禴(礿)"。周時禘祭已是殷祭,而非一般四時之祭。皇侃並未説明他文夏祭不名"禘"之原因,其所作結論之理據並不充分,值得商榷。

魏晋南北朝時期是中國聲韵學的一個自覺的時期,如三國魏人李登著有《聲類》,西晋吕静著有《韵集》。給五經注音的專著也漸漸出現,如東晋徐邈就著有《正五經音訓》。到梁代時對聲調之學也開始重視起來,據《梁書·沈約傳》載:"(沈約)撰《四聲譜》,以爲'在昔詞人累千載而不悟,而獨得胸衿,穹其妙旨'。自謂入神之作。武帝雅不好焉,嘗問周捨曰:'何謂四聲?'捨曰:'天子聖哲是也。'然帝竟不甚遵用約也。"① 從上文可見皇侃所處的梁代是聲韵之學的一個大發展時期。比皇侃稍晚一點的陸德明就專門著有《經典釋文》這本釋音之作。到隋文帝時期,陸法言等人又合著了《切韵》。上文中提到的梁武帝、沈約、周捨等人也都是禮學大家,皇侃作爲其中的一份子,自然也會受到這種風潮的影響。所以皇侃詮釋經、注好用聲訓之法,既與鄭玄釋經的傳統有關,也與當時的聲韵之學的大發展有關。不過雖然表面上看,皇侃好用聲訓之法,似乎是繼承了鄭學之傳統,但是張舜徽《鄭學叢著》中言明,鄭玄用聲訓之法有比較嚴格的體例,相對鄭玄注,皇侃在運用聲訓的方法時,顯得比較隨意,皇侃並非全都是真心去尋找字詞的本義,很多情況下衹是通過因聲求義這種方式,來闡發個人的禮學思想,所以上文皇疏無論是釋"桐"爲"同",還是釋"禘"爲"次第",皇侃並未給出相關的文獻證據,而主要是表達自己的禮學理念,從這方面看,皇侃禮學研究相對於鄭學,主觀性更强。

① 〔唐〕李延壽:《南史》卷五七《沈約傳》,第1414頁。

二、義疏體框架下的“疏亦破注”

南北朝義疏體經注之通例爲既釋經文又釋注文。皇侃《禮記義疏》就是當時很有代表性的義疏體著述。《禮記義疏》所釋之注就是鄭注，《北史·儒林傳》云：

> 大抵南北所爲章句，好尚互有不同。江左，《周易》則王輔嗣，《尚書》則孔安國，《左傳》則杜元凱。河洛，《左傳》則服子慎，《尚書》《周易》則鄭康成。《詩》則並主於毛公，《禮》則同遵於鄭氏。南人約簡，得其英華；北學深蕪，窮其枝葉。考其終始，要其會歸，其立身成名，殊方同致矣。①

上面引文明確指出“《禮》則同遵於鄭氏”，即無論南朝還是北朝，當時的禮學研究都以鄭玄注爲宗。不過南朝與北朝禮學在遵鄭注的程度上是不一樣的，北朝禮學嚴守鄭注，疏不破注，而南朝禮學雖主宗鄭注，却更具懷疑精神，多有疑注甚至疑經之處。下文將探析皇疏與鄭注不同之論，其表現如下：

（一）提出與鄭注不同的新説

皇侃若認爲鄭注有明顯錯誤，會直接點明注文有誤。如《禮記·曾子問》經云：“孔子曰：‘非禮也。古者男子外有傅，内有慈母，君命所使教子也，何服之有？’”鄭玄注云：“大夫、士之子，爲庶母慈己者服小功，父卒乃不服。”皇疏云：“有‘士’誤也。”② 皇侃認爲鄭注所謂“大夫、士之子”不應該有“士”。皇侃之所以明確指明鄭注有誤，是因爲《儀禮·喪服》“君子子爲庶母慈己者。傳曰，君子子者，貴人之子也。爲庶母何以小功也？以慈己加也。”鄭玄注云：“士之妻自養其子。”③ 既然鄭玄已認爲“士之妻自養其子”，則“爲庶母慈己者服小功”就不應該包括士之子，所以皇侃直接指明“有‘士’誤也”。相對皇侃疏文直接指明鄭注有誤，作爲北朝禮學家的代表熊安生則不認爲鄭注有誤，熊安生《禮記義疏》云：“士之適子無母，乃命妾慈己，亦爲之小功。”④ 即熊安生認爲雖士之妻自養其子，但若此嫡子無母，其父之妾慈己，則此慈己之妾亦是此子之慈母，此子應爲其慈母服小功。

皇侃有時認爲鄭玄之説有不合理時，會提出自己的見解，表現一定的創新精神。如《禮記·月令》經云：“季冬之月……命有司大難，旁磔，出土牛，以送寒氣。”又《論語》“鄉人儺”，鄭玄注云：“十二月命方相氏，索室中驅疫鬼。”《月令》經文所記載之儺爲季冬十二月之儺，

---

① 〔唐〕李延壽：《北史》卷八一《儒林傳上》，北京：中華書局，1974年，第2709頁。
② 〔唐〕孔穎達：《禮記正義》卷一八，《十三經注疏》，第1393頁下欄。
③ 〔唐〕賈公彦：《儀禮注疏》卷三三，《十三經注疏》，北京：中華書局1980年影印阮刻本，第1119頁上欄。
④ 〔唐〕孔穎達：《禮記正義》卷一八，《十三經注疏》，第1393下欄—1394頁上欄。

《論語》"鄉人儺",依鄭玄注認爲也是十二月之儺,既然是"鄉人儺",則必是鄉人(民衆)都參與其中。由此可以看出鄭玄認爲十二月之儺民衆應參與。皇侃云:"以季春國難,下及於民。"[①]就是説皇侃認爲季春國儺,民衆參與,言外之义,季冬大儺,不及民,即民衆不參與。按:這個問題,皇侃在《論語集注義疏》有詳細論述,他認爲"十二月儺(季冬之儺)雖是陰,既非一年之急,故民亦不得同儺也"[②]。

(二)另取他説

皇侃《禮記義疏》既主要遵循鄭注,又時有棄鄭注而從他説之處。如《禮記·王制》經云:"天子犆礿,祫禘、祫嘗、祫烝。"鄭玄注云:

> 魯禮,三年喪畢而祫於大祖,明年春禘於群廟。自爾之後,五年而再殷祭,一祫一禘。[③]

依上引文,鄭所云"五年而再殷祭,一祫一禘"指的是每五年之内要舉行一次祫祭、一次禘祭兩次大的祭祀。鄭玄又在《駁五經異議》裏明確提到"三年一祫,五年一禘,百王通義"。[④]而皇侃則在《禮記義疏》中引用他人之説,云:"虞夏祫祭,每年皆爲。"[⑤]也就是説皇侃認同虞、夏兩代,每年都有祫祭之説,而鄭玄則認爲自虞到周,都是"三年一祫,五年一禘"。

總之在義疏體大的框架下,皇疏違鄭注之處甚多,這與北朝及唐代的《三禮》義疏之學有明顯的不同。北朝的《三禮》義疏之學也會在鄭注之外提出新的見解,但是北朝《三禮》學從不直接批判鄭注;同樣其後唐代孔穎達的《禮記正義》雖然以皇侃《禮記義疏》爲主體删理成書,但是凡是皇侃疏文有違鄭注之處,《禮記正義》則直接點明皇疏爲誤。可以説北朝與唐代《三禮》義疏多"疏不破注",而以皇侃《禮記義疏》爲代表的《三禮》義疏則多"疏亦破注"。

三、遺存問答體式,思辨色彩濃厚

禮學體系龐大,且有嚴密的邏輯性,同時禮學又有很强的實踐性與應用性,善治禮者必要有很强的邏輯推理能力以及分析解決實際問題的能力。魏晋南北朝時期,原本佛學與玄學領域談辯的風氣就很濃厚,而禮學領域又有大量可以進行辯難的題材,所以佛、玄領域内

① 〔唐〕孔穎達:《禮記正義》卷一七,《十三經注疏》,第1383頁下欄。
② 〔南朝梁〕皇侃:《論語義疏》第3册,古書流通處1926年影印《知不足齋叢書》本。
③ 〔唐〕孔穎達:《禮記正義》卷一二,《十三經注疏》,第1336頁中欄。
④ 〔唐〕孔穎達:《禮記正義》卷一二,《十三經注疏》,第1336頁中欄。
⑤ 〔唐〕孔穎達:《禮記正義》卷一二,《十三經注疏》,第1336頁中欄。

的談辯之風很快流行於禮學領域，正如牟潤孫先生云：

> 潤孫則以爲講服制可以推理，可以論名分，可以講比例，爲經學上論辯佳題。魏晋以來論辯《喪服》問題之文字，保存於《通典》中者猶有十五卷，皆是禮無明文而須後人以名理討論者。討論服制不始於魏晋而盛於魏晋談玄時者，以論名理與玄相同。桓温聽人講《禮記》，便覺咫尺玄門，似即緣於玄、禮均論名理。所争論之問題不同而辯論之方法與條例則一致也。[①]

牟潤孫先生指出禮學領域的喪服制度因爲“可以推理，可以論名分，可以講比例，爲經學上論辯佳題”。誠如牟先生所言，皇疏殘卷《禮記子本疏義》中就記載了爲數不少互相問難的内容。如《喪服小記》經云：“庶子不祭祖者，明其宗也。”鄭玄注云：“禰則不祭矣。言不祭祖者，主謂宗子、庶子，俱爲適士，得立祖禰廟者也。”《禮記子本疏義》載皇侃疏云：

> 或問曰：“若宗子爲下士，庶子爲上士，此上士得祭祖廟不耶？”答曰：“立祖廟在宗子家，而供以上牲，宗子主之也。”又問曰：“若如此，則宗子爲下士，而庶子亦不得祭，鄭何意舉俱爲上士耶？”答：“早則有義，若宗子爲下士，不得自立祖廟，而爲庶子立之，又用上牲，不敢云已有祝，故辭云爲介子某薦其常事，若自爲上士，則自爲祖立廟，用上牲，則庶子上士無復此事，故云不祭也。”[②]

按：上文經注提出宗子、庶子同爲嫡士，其廟祭之例爲庶子不祭祖。皇侃疏文則通過問答的形式針對此例的變例展開討論，即問者提出一個問題：當宗子爲下士，庶子爲上士，此時廟祭之例該如何處理。答者答到：此時應在宗子之家立家廟，由庶子提供上牲，由宗子主祭。問者又問到：既然宗子爲下士，庶子爲上士，庶子都不得主祭，鄭注何必要專門指出宗子、庶子都要爲上士的情况？答者又答曰：如果宗子爲下士，不得自立祖廟，庶子在宗子家代宗子立之，但不得代替宗子祭廟。而如果宗子、庶子都爲上士，則不需庶子爲宗子立廟。皇疏通過兩問兩答的形式，比較清楚地解釋了鄭注之深意以及經例之變例，有利於加深對經義的理解。

可以看出，皇疏所記問答辯難之語充滿了邏輯思辨性，有利於啓迪思維，將禮學問題進行深入分析。孔穎達在編訂《禮記正義》時出於學術統一之需要，將皇疏中問難之語删除殆盡。

以上三點，可以看出皇侃《禮記義疏》一方面繼承漢學或鄭學，另一方面對傳統多有批

① 牟潤孫：《論魏晋以來之崇尚談辯及其影響》，《注史齋叢稿》，北京：中華書局，1987年，第229—230頁。
② 見《禮記子本疏義》。

判,多有創新。張恒壽先生認爲:"惟由皇侃諸人書中,推尋佛儒雜揉及以後演進之痕迹,庶可見思想發展之路徑,亦無損於宋儒之創新。"① 牟潤孫先生認爲:"同爲義疏,於宋則有助於義理之樹立,於清則建考據之基礎。"② 這説明張、牟二人都認爲南北朝《三禮》義疏兼具漢學與宋學兩方面特點,上繼漢學的"我注六經"之風,下啓宋學的"六經注我"之風。

四、屬辭比事,探尋行文與行禮的規律

《禮記·經解》云:"屬辭比事,《春秋》教也。"何謂"屬辭比事",鄭玄云:"屬,猶合也。《春秋》多記諸侯朝聘、會同,有相接之辭,罪辯之事。"孔穎達進一步解釋:"屬,合也;比,近也。《春秋》聚合、會同之辭,是屬辭,比次褒貶之事,是比事也。"③ 鄭、孔衹把"屬辭"局限於《春秋》中聚合、合同之辭。"比事"衹局限於比次褒貶(罪辯)之事。曹元弼在《禮經學》中將"屬辭比事"推廣到對禮經的研究,他在《禮經學》中云:

> 禮有禮之例,經有經之例,相須相成。……《傳》曰:"屬事比辭,春秋教也。"……凌氏釋禮例,屬事也。今釋經例,比辭也。④

可見曹先生明確區分了禮之例與經之例,他認爲"屬事"爲求禮例之法,"比辭"則爲求經例之法。⑤ 所謂經例就是經文行文的規律,禮例就是經文所記載的禮的運行的規律。

(一)屬辭以求經例

古人著書,多喜發凡起例,於《春秋》之學最盛,蔣伯潛先生云:

> 《春秋》之"微言",不能於文字中求之;其"大義"則固可於文字中求之矣。於文字中求《春秋》之"義",則必"屬辭比事",以尋繹《春秋》書法之異同,而發現其中所以同異之點,此即所謂"例"也。⑥

蔣先生所云之"書法"爲經文行文之例,可稱爲《春秋》之經例。《三禮》中也有書法行文的規律,即禮書之經例。皇侃《禮記義疏》佚文保存了對《禮記》經例的發掘與闡釋。如《禮記·表記》經云:"子言之:'歸乎,君子隱而顯,不矜而莊,不厲而威,不言而信。'"皇疏云:

---

① 張恒壽:《六朝儒經注疏中之佛學影響》,《中國社會與思想文化》,北京:人民出版社,1989年,第408—409頁。
② 牟潤孫:《論儒釋兩家之講經與義疏》,《注史齋叢稿》,第63頁。
③〔唐〕孔穎達:《禮記正義》卷五〇,《十三經注疏》,第1609頁下欄。
④〔清〕曹元弼:《禮經學》,《續修四庫全書》第94册,第567—568頁。
⑤ 按:曹氏所謂之"屬事比辭"應與《禮記·經解》所謂"屬辭比事"同,"屬"與"比"在文中意思差不多,都有連屬比較之義。
⑥ 蔣伯潛:《十三經概論》,上海:上海古籍出版社,1983年,第462頁。

皆是發端起義，事之頭首，記者詳之，故稱“子言之”。若於“子言之”下更廣開其事，或曲説其理，則直稱“子曰”。①

依皇侃之意，《表記》中有一條非常明顯的經例，即凡經云“子言之”，都是經文要引用孔子之語來開啓一個大的論題，若經文要將此論題從不同角度展開分别加以論述，依經例則以“子曰”引出孔子之語。如經文云：“子言之：‘歸乎，君子隱而顯，不矜而莊，不厲而威，不言而信’。”其下經文分别云：

子曰：“君子不失足於人，不失色於人，不失口於人。是故君子貌足畏也，色足憚也，言足信也。《甫刑》曰：‘敬忌，而罔有擇言在躬。’”

子曰：“裼襲之不相因也，欲民之毋相瀆也。”

子曰：“君子慎以辟禍，篤以不揜，恭以遠恥。”

……②

從上下文可見，此一“子言之”以及其後數“子曰”所引孔子諸語都是圍繞着如何在行禮時保持虔敬之心這一論題的。

（二）比事以求禮例

古禮繁複，千頭萬緒，但是在不同的古禮儀節之間有着共同的規律，掌握這些禮的一般原則與規律，有利於後人更好地學禮、習禮，這種規律就是禮例。《三禮》典籍中已記載不少禮例，如：“凡執幣者不趨，容彌蹙以爲儀。執玉者則唯舒武，舉前曳踵。”③

皇侃《禮記義疏》繼承并發揚了這一傳統，花大精力發掘禮例。如《禮記・王制》經云：“凡養老，有虞氏以燕禮，夏后氏以饗禮，殷人以食禮，周人修而兼用之。”其中提供了殷代的食禮。那麽何爲“食禮”？其禮有何規則與節目？經傳並無明文，皇疏云：

“食禮”者，有飯有肴，雖設酒而不飲，其禮以飯爲主，故曰食也。其禮有二種：一是禮食，故《大行人》云諸公三食之禮有九舉，及《公食大夫禮》之屬是也。二是燕食者，謂臣下自與賓客旦夕共食是也。按：鄭注《曲禮》“酒漿處右”云：“此大夫士與賓客燕食之禮。”④

① 〔唐〕孔穎達：《禮記正義》卷五四，《十三經注疏》，第1638頁中欄。
② 〔唐〕孔穎達：《禮記正義》卷五四，《十三經注疏》，第1638頁中欄—1644頁下欄。
③ 〔唐〕賈公彦：《儀禮注疏》卷七，《十三經注疏》，第978頁中欄。
④ 〔唐〕孔穎達：《禮記正義》卷五四，《十三經注疏》，第1345頁下欄。

有關食禮的記載散見於《周禮》《儀禮》《禮記》等經文及傳注中,皇侃通過歸納指出食禮應遵循的共同規律,即食禮之禮例就是“有飯有肴,雖設酒而不飲,其禮以飯爲主”,[①]並指明食禮可以分爲兩種,一種是禮食,一種是燕食。

不僅皇侃重視禮例,南北朝禮學都有這種特點。如筆者在《北朝儒宗熊安生治禮探析》中已指出熊氏在其《禮記義疏》就有多處對禮例的探尋。[②]歸納、發明禮例固然是爲了解經的需要,由此可以更好地從例的角度來理解複雜的經文;另一方面,所發明的禮例可以直接轉换爲現實的禮制,可以促進現實的禮制建設。據《晋書·禮志》載:“昔漢氏之初,承秦滅學之後,采摭殘缺以備郊祀。自甘泉後土,雍宫五畤,神祇兆位多不經見。並以興廢無常,一彼一此四百餘年。”[③]其中所謂“多不經見”,指的是漢代禮制建設多不依經典進行。魏晋以後,禮制建設開始自覺地以禮學經典爲指導,特别是到了皇侃所處的梁代,在梁武帝的大力推動下,五禮制度終於成熟,而在五禮制度建設過程中,禮經中現成的禮文不足以指導現實的禮制建設,這就需要禮學家從《三禮》經、注中去總結、發明相關禮的運行規律,從而指導現實的禮制建設。正如《宋書·禮志三》云:“夫《禮記》殘缺之書,本無備體,折簡敗字,多所闕略。正應推例求意,不可動必徵文。”[④]其中所謂“推例求意,不可動必徵文”正是由禮例來指導現實禮制建設的意思。

五、刻意强調經義的邏輯一貫性,維護經典權威

《禮記》一書,共有四十九篇,成於衆手,各篇體例差别很大,有的篇章基本由獨立的片段拼湊而成,各段之間幾乎没有什麽邏輯關係,如《曲禮》《檀弓》等,有的篇章内部上下文之間的邏輯性相對要强一些,如《大學》《中庸》《學記》《樂記》等;另外《禮記》各篇在某些問題上的前後觀點甚至相左。皇疏特别注意這方面的問題,在對經文進行詮釋時,采取了有針對性的方法進行處理,使前後文義在邏輯上顯得更具一貫性。皇侃主要采取了三種方法:一是通過對經文的重新詮釋,疏理前後經文之間的邏輯照應關係;二是通過分科段的方法來釐清經文内部的邏輯結構層次;三是彌縫前後經文之間的矛盾,解决經文之間的邏輯齟齬問題。

如《禮記·喪服小記》經云:“王者禘其祖之所自出,以其祖配之。”皇侃疏云:

> 前明親親,此辨尊尊而尊也。其祖,始祖也,自出謂所感帝其祖配之。若周之先祖出自靈威仰也。唯天子以此禮,故云不王不禘也。[⑤]

---

① 〔唐〕孔穎達:《禮記正義》卷五四,《十三經注疏》,第1345頁下欄。
② 張帥:《北朝儒宗熊安生治禮探析》,《求索》2012年第5期,第72頁。
③ 〔唐〕房玄齡等:《晋書》卷一九《禮志上》,北京:中華書局,1974年,第583頁。
④ 〔梁〕沈約:《宋書》卷一六《禮志三》,北京:中華書局,1974年,第426—427頁。
⑤ 見《禮記子本疏義》。

上條經文云："親親以三爲五，以五爲九。上殺，下殺，旁殺，而親畢矣。"對比前後經文，皇侃認爲前後兩條經文之間有一種邏輯照應關係，即上條經文隱含着"親親"之義，此條經文則隱含着"尊尊"之義。孔穎達等人在編《禮記正義》時將此類皇疏大多删除，大概是孔穎達等認爲此類皇疏屬於過度闡發，並不符經文本義。以上是皇侃采用的第一種方法，即重新詮釋上下經文之間的邏輯照應關係。

又如《史記·樂書》云：

凡音之起，由人心生也。人心之動，物使之然也。……禮樂刑政，其極一也，所以同民心而出治道也。

《史記正義》引皇疏云：

此章有三品，故名爲《樂本》，備言音聲所起，故名《樂本》。夫樂之起，其事有二：一是人心感樂，樂聲從心而生；一是樂感人心，心隨樂聲而變也。[①]

皇侃將此章命名爲《樂本》章，此章又分爲三段（品）。其中第三段又分爲二重，《史記正義》引皇疏云：

此《樂本》章第三段也。前第一段明人心感樂，第二段明樂感人心，此段聖人制正樂以應之。此段自有二重：自"凡音"至"反人道"爲一重，却應第二段樂感人心也；又自"人生而静"至"王道備矣"爲一重，却應第一段人心感樂也。[②]

皇疏運用分科段之法將《樂記》分爲十一章，每章分段分重，皇侃又特别强調不同章、段、重之間都有邏輯結構關係。以上是皇疏采用的第二種方法，即針對《樂記》等内部邏輯性較强的篇章，皇疏采用分科段並歸納段義的方法來釐清經文内容的邏輯結構層次。

再如《禮記·王制》經云："大夫祭器不假。祭器未成，不造燕器。"《禮記·禮運》經云："大夫具官，祭器不假，聲樂皆具，非禮也。"細比較兩則經文，前云大夫"祭器不假"爲是，後云大夫"祭器不假"爲非，前後文義矛盾，針對這一矛盾，皇疏云：

此謂有地大夫，故祭器不假。若無地大夫，則當假之，故《禮運》云"大夫祭器不假，聲樂皆具，非禮也"，謂無地大夫也。[③]

① 〔漢〕司馬遷撰，〔唐〕張守節正義：《史記》卷二四《樂書第二》，北京：中華書局，1963年，第1179頁。
② 〔漢〕司馬遷，〔唐〕張守節正義：《史記》卷二四《樂書第二》，第1186頁。
③ 〔唐〕孔穎達：《禮記正義》卷一三，《十三經注疏》，第1347頁中欄。

此處皇疏運用了彌縫之法,認爲《王制》與《禮運》在"祭器不假"這一問題之所以前後矛盾,是因爲《王制》是針對有地大夫而言的,而《禮器》是針對無地大夫而言的。按:彌縫之法,從鄭玄注經已大量使用,最常見的是用不同朝代來解釋前後經文觀點不一的情況,皇侃繼承此法,目的就是解釋經文前後觀點矛盾之處。以上是皇侃采用的第三種方法,即彌縫前後經文矛盾。

焦桂美、喬秀岩都注意到皇侃釋經的這一特點。[①] 皇侃采用以上三種方法,其目的基本上是一致的,就是使《禮記》全文邏輯更具一貫性,有時候爲了達到這一目的,甚至不惜過度闡發,如上舉第一例。喬秀岩由此認爲南北朝義疏爲"文字通理之學",而非清人考據實學。[②] 筆者認爲以皇侃爲代表的南北朝禮學家之所以通過對經文的重新詮釋,使經義更具邏輯上的前後一貫性,主要是爲了維護經典的權威。因爲南北朝時期是中國傳統禮制建設的一個非常關鍵時期,這一時期五禮制度建設深入開展,禮學家針對現實的禮制難題進行討論時,首先要求議禮的理論根據即《三禮》經典本身在邏輯上經得起推敲,具有較高的權威性,衹有這樣纔能更好地指導現實的禮制建設。

上述皇侃《禮記義疏》詮釋體例的的五個特點其實在一定程度上反映了南北朝尤其是南朝《三禮》義疏詮釋體例的共性,從中都可以看出南北朝禮學發展的某些共同趨勢。比如説南北朝禮學既好沿用漢學的聲訓之法,又好闡發己意;既主要遵循鄭學,又有懷疑精神,多有對鄭學的批判,同時還好辯難,這都説明南北朝禮學有上啓漢學、下承宋學的特質。另外南北朝禮學多好發明禮例並刻意追求經文的前後邏輯一致性,與當時的禮制建設密切相關。

(張帥,曲阜師範大學孔子文化研究院副教授;丁鼎,孔子研究院尼山學者特聘專家,山東師範大學教授)

① 焦桂美:《皇侃〈禮記〉義疏略論》,《船山學刊》2010年第2期,第91頁;〔日〕喬秀岩:《義疏學衰亡史論》,第130頁。
② 〔日〕喬秀岩:《義疏學衰亡史論》,第221頁。

據出土文獻校讀《史記》舉隅

王志勇

［摘 要］《史記》是中國第一部紀傳體通史，其史料價值歷來受到學者的重視。因其成書較早，且在流傳過程中難免有訛誤，故有不少句子、詞語目前還很難解讀。其中一些問題可以利用傳世文獻予以討論，而隨着出土材料不斷發現和公佈，能與《史記》聯繫起來的越來越多，整合出土文獻中有關《史記》的材料，能够解決一些疑難問題，或者將討論推進一層。本文利用出土文獻中與《史記》相關文句、語詞聯繫密切者，參考相關傳世文獻，對《史記》中一些疑難問題如“翁仲”“隱宮”“武負”“稍人”“繆卜”“晋畏”“車子”“文無害”“草具”“大黄”“奸蘭出物”“玉櫝隻雉”等進行了新的解讀與考證。所引《史記》原文據中華書局二〇一四年八月出版的“點校本二十四史修訂本”《史記》，括注内容爲篇名、册數及頁碼。

［關鍵詞］ 史記　出土文獻　校讀

1．收天下兵，聚之咸陽，銷以爲鍾鐻，金人十二，重各千石，置廷宫中。（《秦始皇本紀》1-307）

《索隱》：按：二十六年，有長人見于臨洮，故銷兵器，鑄而象之。謝承《後漢書》“銅人，翁仲，翁仲其名也”。（1-308）

按：“翁仲”，《索隱》注引謝承《後漢書》“翁仲其名”，以“翁仲”爲銅人之名，似乎有些不妥。“翁仲”不能視爲“姓翁名仲”，或“名翁仲”，也非“長人”之名，應該看作是泛稱，類於“老翁”。《江陵鳳凰山西漢簡牘》一〇號墓有一枚記出錢人名大木牘，云：“載翁仲七十，莊伯五十，應小伯五十，閻翁仲五十，陶仲五十……王翁季五十，胡兄五十……姚季五十，張母卌……倀父卌。”[①] 木牘所載各人稱謂，如“翁仲”“伯”“小伯”“兄”“仲”“翁季”“季”“母”“父”都非直呼其名，可知“翁仲”應是尊稱，“伯”“仲”“季”指行次，“翁”尊其年高，所以既有“仲”亦有“翁仲”。又，一〇號墓簡一一八：“九月四日付五翁伯枲一唐卌……”[②] 簡文中出現“翁伯”，與“翁仲”用法一致。原文標點“銅人，翁仲，翁仲其名也”宜改爲“銅人翁仲，翁仲其名也”。“銅人翁仲”即“銅翁仲”，類於“鐵羅漢”。《水經注校證》卷一六“門南屏中舊有置銅翁仲處”。[③] 即作“銅翁仲”。金人以銅鑄，狀類老翁，故稱爲“銅翁仲”。

① 湖北省文物考古研究所：《江陵鳳凰山西漢簡牘》，北京：中華書局，2012年，第93頁。
② 湖北省文物考古研究所：《江陵鳳凰山西漢簡牘》，第135頁。
③ ［北魏］酈道元著，陳橋驛校證：《水經注校證》，北京：中華書局，2007年，第399頁。

2.隱宫徒刑者七十餘萬人,乃分作阿房宫,或作麗山。發北山石椁,乃寫蜀、荆地材皆至。(《秦始皇本紀》1-327)

《正義》:餘刑見於市朝。宫刑,一百日隱於蔭室養之乃可,故曰隱宫,下蠶室是。(1-328)

按:"隱宫",《正義》以爲即宫刑。《蒙恬列傳》:"趙高昆弟數人,皆生隱宫,其母被刑僇,世世卑賤。"(8-3114)《集解》引徐廣云"爲宦者"。《索隱》云"謂'隱宫'者,宦之謂也。"兩處注解均以"隱宫"爲宫刑。這樣的解釋似乎有些牽强,隨着一些出土文獻的發現,爲正確理解"隱宫"提供了新的思路。睡虎地秦簡《秦律十八種》簡一五五、一五六:"欲歸爵二級以免親父母爲隸臣妾者一人,及隸臣斬首爲公士,謁歸公士而免故妻隸妾一人者,許之,免以爲庶人。工隸臣斬首及人爲斬首以免者,皆令爲工。其不完者,以爲隱官工。"①《法律答問》簡一二五、一二六:"'將司人而亡,能自捕及親所智(知)爲捕,除毋(無)罪;已刑者處隱官。'•何罪得'處隱官'?•群盜赦爲庶人,將盜械囚刑罪以上,亡,以故罪論,斬左止爲城旦,後自捕所亡,是謂'處隱官'。•它罪比群盜者皆如此。"② 馬非百認爲:"則所謂'隱官',乃是一個收容受過刑,而因立功被赦免的罪人的機關。處在隱官的罪人,是要從事勞動的,其性質約和後世的勞動教養所大致相同。"並指出"隱宫"是"隱官"之誤。③ 我們認爲,馬氏的觀點大致是正確的,後來學者亦有更深入的討論,結論各有異同,但可以確定的是,"隱官"是一種機構。"宫""官"形近易誤。如《秦陶文新編》所載"麗山食官右","麗山飤宫右","麗山飤官左"。④ 其中"飤宫"亦是"飤官"之誤。因此,《史記》中出現的兩處"隱宫"應爲"隱官"之誤。即便"隱宫"無誤,亦不可當作"宫刑"解。

3.常從王媪、武負貰酒,醉卧,武負、王媪見其上常有龍,怪之。(《高祖本紀》2-437)

按:"負"非其人名負,而是同媪一樣,是對女子的稱呼,義同"婦"。明郝敬云:"王、武,二姓。王家之媪,武家之負。負、媍同,即婦字。"⑤《史記》多次出現稱呼女子的"負"。如:《外戚世家》"媪之許負所相,相薄姬,云當生天子。"(6-2391)《陳丞相世家》:"久之,户牖富人有張負,張負女孫五嫁而夫輒死,人莫敢娶。"《索隱》:"按:負是婦人老宿之稱,猶'武負'之類也。然此張負既稱富人,或恐是丈夫爾。"(6-2494)《史記新證》云:"許負亦見《絳侯世家》及《游俠郭解傳》。應劭注爲老嫗是也,《考證》疑之則大誤。《窸齋尺牘》卷三,有許負穿帶印一方,一面爲'許負'二字,一面爲'許女'二字。印形極大,爲西漢初期穿戴印之特點,當即許負之遺物。……負當爲媍字省文,即婦字之或體。又《居延漢簡釋文》卷一、四十九頁,有'移觻得萬歲里鄭負,自言夫望之不幸死(下略)'。以簡文斷之,鄭負亦爲女子,與《史》《漢》均同。"⑥ 陳直所説的"《考證》疑之則大誤",是指《史記會注考證》認爲的"許負,郭解

---

① 睡虎地秦墓竹簡整理小組:《睡虎地秦墓竹簡》,北京:文物出版社,1990 年,第 55 頁。
② 睡虎地秦墓竹簡整理小組:《睡虎地秦墓竹簡》,第 123 頁。
③ 馬非百:《雲夢秦簡中所見的歷史新證舉例》,《鄭州大學學報》(哲學社會科學版)1978 年第 2 期,第 67 頁。
④ 袁仲一、劉鈺:《秦陶文新編》下編,北京:文物出版社,2009 年,第 145 頁。
⑤ 郝敬:《批點史記瑣瑣》,孫曉主編:《史記考證文獻彙編》第 3 册,北京:人民出版社、成都:巴蜀書社,2013 年,第 41 頁。
⑥ 陳直:《史記新證》,北京:中華書局,2006 年,第 102 頁。

外祖父"。陳氏所言極是,"負"或爲"媍"字省文,也有可能是同音假借,義同"婦"。但未必如《索隱》言"負是婦人老宿之稱"或應劭所説的"老嫗","負"義同"婦",並不包含"老"的意思。這在睡虎地出土的簡牘中有相關證據。睡虎地4號秦墓11號木牘云:"……驚多問新負(婦),毀得毋恙也?新負(婦)勉力視瞻丈人,……垣柏未智(知)歸時。新負(婦)勉力也。"① 這裏出現幾處"新負(婦)",既然稱"新婦",按常理推斷,不能言老。另外陳直先生所舉許負穿帶印的例子中,同時出現"許負""許女",可見"負"未必包含"老"義,理解爲"婦"即可。

4.數歲,河移徙,渠不利,則田者不能償種。久之,河東渠田廢,予越人,令少府以爲稍入。(《河渠書》4-1701)

按:"稍入",《集解》云:"如淳曰:'時越人有徙者,以田與之,其租稅入少府。'"《索隱》云:"其田既薄,越人徙居者習水利,故與之,而稍少其稅,入之于少府。"此段文字亦見於《漢書·溝洫志》,顏師古注云:"稍,漸也。其入未多,故謂之稍也。"②《索隱》解爲"稍少其稅,入之于少府",從字義上作解,比較牽强。其實"稍入"爲漢代常語,顏師古云"其入未多,故謂之稍也",近之。"稍入"出土簡牘常見,如:《肩水金關漢簡(貳)》73EJT24:148:"☐□稍入茭望城東草中根從河上呼萬=年=之根所。"③ 居延漢簡簡二六九·一〇A:"肩水候。甲戌置佐博敢言之,謹移稍入。"④ 居延新簡破城子房屋簡二二·四八七:"☐□毋狀,官毋稍入,迫計四時到。"⑤ 居延新簡破城子房屋簡二二·五二二:"☐府,官毋稍入,自給費直,☐"。⑥

此類例子很多,早期的學者如陳直、于豪亮等就有討論,他們據《周禮·內宰》"均其稍食"鄭注"吏禄稟也"及《大府》"以待稍秣"鄭注"芻秣也",認爲"稍入"即指"吏禄"。這種觀點後來被一些學者否定,陳松長據《説文解字》"稍,出物有漸也"段注"凡古言稍稍者,皆漸進之謂",認爲"'稍入錢'或也可解讀爲'漸入之錢'。"⑦ 路方鴿《居延漢簡"稍入"是邊塞的財政收入之一》認爲"從'稍入'的用途以及單獨記録成册的'稍入簿''稍入錢出入簿'來看,居延漢簡中的'稍入'應當是一種獨立管理運行的、有别於賦錢的資金來源,概言之,是一項額外的收入。"⑧ 又説"茭和地租都屬於候官的'稍入',這種收入相對賦錢來説,數量較少,且不穩定,因此祇能作爲候官的一項額外收入,靈活使用。"⑨

單從字面理解,《漢書》顏師古注已以"漸"釋"稍",陳松長據《説文》段注亦得出相近結論,路方鴿對"稍入"的來源及性質的判斷,也有很多可取之處。需要説明的是,"稍入"不

① 武漢大學簡帛研究中心等編,陳偉主編:《秦簡牘合集》壹上,武漢:武漢大學出版社,2014年,第629頁。
② 〔漢〕班固:《漢書》,北京:中華書局,1962年,第1680—1681頁。
③ 甘肅簡牘保護研究中心等:《肩水金關漢簡(貳)》上,上海:中西書局,2012年,第297頁。
④ 中國簡牘集成編輯委員會:《中國簡牘集成》七,蘭州:敦煌文藝出版社,2001年,第158頁。
⑤ 中國簡牘集成編輯委員會:《中國簡牘集成》十二,蘭州:敦煌文藝出版社,2001年,第112頁。
⑥ 中國簡牘集成編輯委員會:《中國簡牘集成》十二,第115頁。
⑦ 陳松長:《睡虎地秦簡'關市律'辯正》,《史學集刊》2010年第4期,第19頁。
⑧ 路方鴿:《居延漢簡"稍入"是邊塞的財政收入之一》,《南都學壇》2012年第4期,第19頁。
⑨ 路方鴿:《居延漢簡"稍入"是邊塞的財政收入之一》,《南都學壇》2012年第4期,第20頁。

僅僅是候官的收入，我們討論的《河渠書》“令少府以爲稍入”即少府的收入，另外據漢簡中一些材料可知，“稍入”甚至適用於個人。《肩水金關漢簡（壹）》73EJT10:219云：“李子威稍用計：出錢百藁二乘☐，出錢廿箕一☐，出錢卅茭一乘☐，……凡八百五十☐”[①] 這裏的“稍用”與“稍入”應該是相對應的概念，可以理解爲“稍出”，從記録中也可以看出“稍用”的錢每次二十、三十，最多也僅一百，是比較零散的支出，據此我們推斷，“稍入”“稍用”的主要特徵是“少”，即零散。而這樣的用法，來源甚早，《周禮·地官·載師》云：“以家邑之田任稍地”，賈疏云“名三百里地爲稍者，以大夫地少，稍稍給之，故云稍也。”這裏的“稍地”即少給之地，亦是强調“少”。《河渠書》“令少府以爲稍入”可以理解爲“令少府用來作爲一筆小收入”。這樣的小收入與賦税不同，應該是即可零散地收入，亦可零散地支出。

5. 武王克殷二年，天下未集，武王有疾，不豫，羣臣懼，太公、召公乃繆卜。周公曰：“未可以戚我先王。”（《魯周公世家》5－1834）

按：“繆卜”，亦作“穆卜”，見《周本紀》：“武王病。天下未集，羣公懼，穆卜，周公乃祓齋，自爲質，欲代武王，武王有瘳。”（1－169）《集解》孔安國曰：“穆，敬也。”“穆卜”事出自《尚書》，孔安國以“敬”訓“穆”，鄭玄認爲“二公欲就文王廟卜”，這兩種是以前比較主流的觀點，但是也有很多不同的意見。據晁福林總結：“總括以上諸説，‘穆卜’之意有，一、至文王廟而卜；二、敬卜；三、共卜；四、求卜；五、占卜習語；六、密卜；七、特殊占卜等七説。七説雖然各自皆有道理，於文字訓詁亦能通暢無礙，但於解釋文意皆似有窒礙之處，所以尚有再討論的餘地。”[②] 其中“特殊占卜”説爲姚蘇傑的觀點，他在《論〈尚書·金縢〉中的“穆卜”》一文中云：“首先，‘以身代死’當爲‘穆卜’的核心内容。”“其事必須秘而不宣（除參與者外），這當是穆卜應驗的必要條件。”“第三，穆卜的靈驗程度，同占卜者的個人才能及其與被占卜者的血緣關係有關聯。”“第四，穆卜有一套特殊的儀式流程，與普通的占卜不同。”[③] 晁福林在評述姚蘇傑的論點時説：“這個説法指出‘穆卜’的特殊性是可取的。但是，把它定爲周公所進行的占卜，則是不對的。愚以爲‘特殊的儀式流程’並非周公所進行的占卜，而應當是恰恰相反的，因爲經文已經明言欲‘穆卜’者是‘二公’，而周公當時則是反對‘穆卜’的。”[④] 而晁福林自己的觀點是：“從‘穆’字的静默本義來看，‘穆卜’當即默卜，即不將所貞問之事項説出來而占卜，衹是貞問占卜者所想之事是爲吉，抑或是凶。”[⑤] 又指出：“‘穆卜’的方式，賦予占卜者以更多的主動權力，單就這種方式所展現的神人關係看，是神圍繞人的意志來判斷吉凶，而不是人匍伏於神靈之前的稟報與祈禱。”[⑥]

晁福林認爲周公並没有穆卜，根據是文中云：“周公曰：‘未可以戚我先王。’”所以認爲

① 甘肅簡牘保護研究中心等：《肩水金關漢簡（壹）》上，上海：中西書局，2011年，第276頁。
② 晁福林：《“穆卜”“枚卜”與“蔽志”——周代占卜方式的一個進展》，《文史》2016年第2輯，第8頁。
③ 姚蘇傑：《論〈尚書·金縢〉中的“穆卜”》，《安徽大學學報》（哲學社會科學版）2013年第1期，第80頁。
④ 晁福林：《“穆卜”“枚卜”與“蔽志”——周代占卜方式的一個進展》，《文史》2016年第2輯，第8頁。
⑤ 晁福林：《“穆卜”“枚卜”與“蔽志”——周代占卜方式的一個進展》，《文史》2016年第2輯，第10頁。
⑥ 晁福林：《“穆卜”“枚卜”與“蔽志”——周代占卜方式的一個進展》，《文史》2016年第2輯，第11頁。

周公是反對穆卜的。但下文發《金縢》書之後，"成王執書以泣，曰：'自今後其無繆卜乎！昔周公勤勞王家，惟予幼人弗及知。今天動威以彰周公之德，惟朕小子其迎，我國家禮亦宜之。'"其中"自今後其無繆卜乎"意爲"從此之後不要再穆卜了吧"，這也就是説周公昔日是進行了穆卜的。因爲周公"自以爲質"，所以成王"執書以泣"，也就是説，穆卜是需要付出很大的代價的。周公説"未可以戚我先王"，但後來又"告于太王、王季、文王"，並非如他所説。我們認爲，因爲穆卜要做出一定犧牲，所以周公拒絶了太公、召公，而自己秘密進行。姚蘇傑所指出的"'以身代死'當爲'穆卜'的核心内容"應該是合理的推斷。另外，穆卜還有一個重要的因素，即能够得到自己期待的結果。"武王有疾，不豫，羣臣懼，太公、召公乃繆卜"，因爲武王有疾，所以纔用穆卜這一方式。穆卜之所以不同於普通占卜，是因爲穆卜的目的不是貞問、預測武王的病情，而是治癒武王。《清華大學藏戰國竹簡（壹）·金縢》簡1—3亦有相關内容："武王既克殷三年，王不豫有遲。二公告周公曰：'我其爲王穆卜。'"[①]"王不豫有遲"意即"武王久久不能病癒"，因此二公纔打算穆卜。下文云"明日，武王有瘳"，即實現了穆卜的目的。穆卜一般用於祈求病癒，《宋書》卷四四云："及聖體不預，穆卜無吉。召臣等四人，同升御牀，顧命領遺，委以家國。"[②]亦是以穆卜求病癒。因此，我們認爲穆卜是一種以貢獻犧牲爲代價祈求穆卜對象實現自己願望的占卜方式，其性質更接近於巫祝。

6. 幽公之時，晋畏，反朝韓、趙、魏之君。獨有絳、曲沃，餘皆入三晋。（《晋世家》5-2032）

按："晋畏"，《索隱》云："畏，懼也。爲衰弱故，反朝韓、趙、魏也。宋忠引此注《系本》，而'畏'字爲'衰'。""晋畏"，疑爲"晋卑"之訛，"畏""卑"形近易誤。卑，即地位低，實力衰弱，因此纔"反朝韓、趙、魏"，而不是畏懼。且先秦文獻中屢見記載"晋卑"的材料，《左傳》襄公三十一年："及趙文子卒，晋公室卑，政在侈家。"又昭公十六年："公至自晋。子服昭伯語季平子曰：'晋之公室，其將遂卑矣。君幼弱，六卿彊而奢傲，將因是以習。習實爲常，能無卑乎？'"在注文中亦常見"晋公室卑"之語。可見，晋之公室地位卑下早已有之，衹是在幽公時已達到極致。另外，《魏世家》有一段文字云："今不存韓，二周、安陵必危，楚、趙大破，衛、齊甚畏，天下西鄉而馳秦入朝而爲臣不久矣。"（6-2250）恰好在《長沙馬王堆漢墓簡帛集成（叁）·戰國縱横家書》行169—170亦有相關記載："今不存韓，二周、安陵必弛，楚、趙大破，燕、齊甚卑，天下西舟（輈）而馳秦，而入朝爲臣不久矣。"[③]《魏世家》"衛、齊甚畏"帛書作"燕、齊甚卑"，有兩處不同，裘錫圭先生曾指出古文"燕""衛"易誤。據整理者的意見，"這裏是不可能把小國的衛與齊國並提的"，[④]是傾向帛書的記載。即便我不能肯定孰是孰非，但可以證明"畏""卑"易誤是常見的現象。反觀《晋世家》之"晋畏"是極可能原寫作"晋卑"的。

---

① 清華大學出土文獻研究與保護中心編，李學勤主編：《清華大學藏戰國竹簡》壹，上海：中西書局，2010年，第158頁。
② 〔梁〕沈約：《宋書》，北京：中華書局，1974年，第1356頁。
③ 裘錫圭主編：《長沙馬王堆漢墓簡帛集成》叁，北京：中華書局，2014年，第231頁。
④ 裘錫圭主編：《長沙馬王堆漢墓簡帛集成》叁，第233頁。

7. 魯哀公十四年春,狩大野。叔孫氏車子鉏商獲獸,以爲不祥。(《孔子世家》6-2350)

按:"車子",《集解》云:"服虔曰:'車子,微者也;鉏商,名也。'"《索隱》云:"《春秋傳》及《家語》並云'車子鉏商',而服虔以'子'爲姓,非也。今以車子爲主車車士,微者之人也。人微故略其姓,則'子'非姓也。"服虔云"車子,微者也",其説是也,但不詳細。《索隱》以"車子"爲"主車車士",未必如此,叔孫氏御者並非一般微賤之人。我們認爲"車子"之"子"即"豎子",是隨車侍從人員,非御者。"車子"亦可稱爲"車豎"。《孔子世家》上文有云:"魯君與之一乘車,兩馬,一豎子俱,適周問禮,蓋見老子云。"這裏的"豎子"亦未必是御者,而是隨從人員。《江陵鳳凰山西漢簡牘》八號墓遣册有相關資料可以幫助解决這個問題,其簡三九云:"大奴賢御,食箄二。"簡四〇云:"小奴堅從車。"又簡四一云:"大奴甲車豎。"① 三簡中"御""從車""車豎"並見,可知"車豎"並非"御",亦並非"從車",而是在車上的隨從人員。雖然西漢與魯哀公時代相去較遠,未必如當時之制度,但亦可能反映一定之事實。

8. 蕭相國何者,沛豐人也。以文無害爲沛主吏掾。(《蕭相國世家》6-2445)

按:"文無害",《集解》云:"《漢書音義》曰:文無害,有文無所枉害也。律有無害都吏,如今言公平吏。一曰,無害者如言'無比',陳留間語也。"《索隱》云:"按:裴注已列數家,今更引二説。應劭云'雖爲文吏,而不刻害也'。韋昭云'爲有文理,無傷害也'。"後世關於"文无害"的理解,幾乎不出此範圍。這幾種解釋裏,可分爲兩類,一是以"文無害"爲一事總説,認爲"無害"如言"無比",以"文"爲"文吏";一是分説,即解爲"有文無所枉害也"或"爲有文理,無傷害也"。我們認爲分説者是。"文無害"不是一個固定的詞語,在文獻中屢見"無害",如學者常引用的《墨子·號令》:"舉吏貞廉、忠信、無害,可任事者。"又如《酷吏列傳》:"然亞夫弗任,曰:'極知禹無害,然文深,不可以居大府。'"(10-3809)《酷吏列傳》:"湯給事内史,爲寧成掾,以湯爲無害,言大府,調爲茂陵尉,治方中。"(10-3810)顯然,"文"與"無害"是評價官吏的兩個方面。在出土文獻中亦不乏其例:張家山漢簡《二年律令》簡三九六:"二千石官令毋害都吏復案。"② 睡虎地秦簡《秦律十八種》簡一六一:"官嗇夫即不存,令君子毋害者若令史守官,毋令官佐、史守。"③《嶽麓書院藏秦簡》(叁)簡148:"洋以智治研詗,廉求而得之。洋清潔,無害。敦慤,守事,心平……"④ 出土秦漢簡牘中,"文無害"與"無害"均有出現,而"無害"爲多,不能簡單視爲"文無害"之省略。

于振波早已指出:"秦漢時期常常以'文無害'一語來評價文法吏,實則'文'與'無害'是評價的兩個方面。首先,'文'並不僅僅指通曉法令,而重在執法是否平和。"在文中,于氏引用了兩條居延漢簡材料:"肩水候官並山燧長公乘司馬成,中勞二歲八月十四日,能書會

---

① 湖北省考古研究所:《江陵鳳凰山西漢簡牘》,第 23 頁。

② 張家山二四七號漢墓竹簡整理小組:《張家山漢墓竹簡(二四七號墓)》(釋文修訂本),北京:文物出版社,2006 年,第 62 頁。

③ 睡虎地秦墓竹簡整理小組:《睡虎地秦墓竹簡》,第 56 頁。

④ 朱漢民、陳松長:《嶽麓書院藏秦簡》叁,上海:上海辭書出版社,2013 年,第 181 頁。

計，治官民頗知律令，武。張掖居延甲渠塞有秩士吏公乘段尊，中勞一歲八月廿日，能書會計，治官民頗知律令，文。"並説"雖然兩人都'治官民頗知律令'，却有'文''武'之别，可見僅僅通曉法律是不足以稱之爲'文'的。"[①] 于氏以"執法是否平和"來討論"文""武"未必合情理，如果"文"是執法平和，那麽"武"豈不是執法粗暴了？這顯然是不合適的。但他提到的這兩條材料對於討論"文無害"的"文"是很有啓發的。而這樣的例子在居延漢簡是常見的，如：居延漢簡簡五六二·二："……候長公乘□士長富，中勞三歲六月五日，能書會計，治官民，頗知律令，武。"[②] 居延漢簡簡一七九·四："肩水候官執胡隧長公大夫奚路人，中勞三歲一月，能書會計，治官民，頗知律令，文。"[③]"能書會計，治官民，頗知律令"爲套語，而"文""武"不宜依于振波從"執法是否平和"角度來討論，也不宜如一些學者認爲的指文吏或武吏，因爲這些人均爲候隧長官，工作性質相同，不可能或文吏或武吏。我們認爲，"文""武"是説某人的特點（優點）是"能文"或是"能武"，這裏的"文"與"文無害"的"文"性質相同，前人以"有文"或"有文理"訓之，皆可。

9. 項王既疑之，使使至漢。漢王爲太牢具，舉進。見楚使，即詳驚曰："吾以爲亞父使，乃項王使！"復持去，更以惡草具進楚使。（《陳丞相世家》6–2498）

按："草具"，《集解》："《漢書音義》曰：'草，粗也。'"《索隱》："《戰國策》云'食馮煖以草具'。如淳云'藁草麄惡之具也'。"亦見於《范睢蔡澤列傳》："秦王弗信，使舍食草具。"（7–2917）《索隱》："草具謂麄食草萊之饌具也。"對於"草具"的理解，現在一般籠統地解釋爲"粗惡的飲食"或"粗劣的食物"，這樣的解釋自然没有問題。但對於"具"的理解，有些學者會認爲是盛裝食物的器具，並認爲"粗劣的食物"這個意義是從"粗劣的食具"這個意義上引申出來的，這是值得商榷的。朱維德曾指出："將'具'解作一種'食具'，正是由於對'具'字本義内涵察之欠深而導致的。"並據《爾雅》《説文》等書考察，最後認爲"'具'字從鼎正表明具之本義當是指備辦陳設肉食佳肴，可引申指肉食佳肴；後來詞義擴大，指備辦陳設各種食物（飯食）；再引申指各種食物"。[④] 最後得出結論，認爲"'草具'即是'菜飯'"。[⑤]

我們認爲朱氏的思路是正確的，其認爲"具"之本義指備辦陳設肉食佳肴，大致無誤，但引申義則不限於食物。《説文》云："具，共置也。"《爾雅·釋詁》云："供、峙、共，具也。"可以肯定的是"具"的本義爲"共（供），""具"字爲會意字，象雙手捧物，而所捧之物不盡爲食物。《周禮》卷二："祀五帝，則掌百官之誓戒，與其具脩。"注云"具，所當共。脩，掃除糞洒。"這裏的"具"指準備祭祀所用之物。《嶽麓書院藏秦簡（壹）·質日》簡四九："癸亥之鄢具事。"[⑥]

① 于振波：《秦漢時期的"文法吏"》，《中國社會科學院研究生院學報》1999年第2期，第67頁。
② 中國簡牘集成編輯委員會：《中國簡牘集成》八，蘭州：敦煌文藝出版社，2001年，第221頁。
③ 中國簡牘集成編輯委員會：《中國簡牘集成》六，蘭州：敦煌文藝出版社，2001年，第177頁。
④ 朱維德：《古文詞語注譯商兑》，《衡陽師專學報》（社會科學）1995年第1期，第38頁。
⑤ 朱維德：《古文詞語注譯商兑》，《衡陽師專學報》（社會科學）1995年第1期，第39頁。
⑥ 朱漢民、陳松長：《嶽麓書院藏秦簡》壹，上海：上海辭書出版社，2010年，第63頁。

《嶽麓書院藏秦簡(壹)・卅四年質日》簡二〇:"丙辰騰之宜陽具事。"[①] 簡文"具事"指向上級匯報事情。可知"具"字核心意義在於"供置"的行爲而不是對象。並且上文提到的"太牢具",與"惡草具"性質應該是一樣的,"太牢""惡草"是相對應的,也就是進獻的"對象","具"應理解爲"置備",而不是"食具"。"具"的"容器"義項是後來纔引申出來的,《長沙馬王堆漢墓簡帛集成》(陸)一號墓竹簡遣册簡195:"漆畫小具杯廿枚,其二盛醬、鹽。"[②] 此簡中"具杯"的量詞是"枚",可見這裏的"具"還是作爲"供置"理解妥當。斯文赫定所獲樓蘭出土簡牘、殘紙文書九〇:"出粟七斛六斗五升,給假路死囚十人作祭具。"[③] 這裏的"具"也同樣用爲"供置"。"惡草"依前人的訓釋理解爲"粗劣"即可,"惡草具"指"粗劣的食物"。

10.廣乃令士持滿毋發,而廣身自以大黄射其裨將,殺數人,胡虜益解。(《李將軍列傳》9-3473)

按:"大黄",《集解》云:"徐廣曰:'《南都賦》曰"黄閒機張,善弩之名"。'駰案:鄭德曰'黄肩弩,淵中黄朱之'。孟康曰'《太公六韜》曰"陷堅敗强敵,用大黄連弩"'。韋昭曰'角弩色黄而體大也'。"(9-3473)《集解》所引注家,皆從顔色立説,其當有所根據,無法細考。值得注意的是,韋昭云"角弩色黄而體大也","色黄"且不論,"體大"則尤爲重要。良弓善弩,最重要的衡量標準是殺傷力,即拉開弓弩所需要的力氣大小。這在諸家注解中没有體現,不過在西北漢簡中發現了相關材料,可爲補充。居延漢簡簡五二・一七,八二・一五:"大黄力十石弩一,右淵彊一分,負一算。"[④] 居延新簡簡五〇・九五:"大黄力十五石具弩一。"[⑤] 這兩條材料中的大黄弩,一張稍有損傷云"力十石",一張爲完好的"具弩"云"力十五石"。而漢簡中記載的一般弓弩,多爲力五六石。甘肅敦煌酥油土漢簡有一枚簡云:"兵弩各有數,檄到,嚴教吏卒謹敬持兵弩毋弛,大黄弩、六石五石弩更。"[⑥] 這裏"大黄弩"與"六石五石弩"並稱,更看出二者主要的區别在於力之大小。雖然還不能肯定大黄弩的準確力數範圍,但據上述材料分析,力超過十石的弩一般可以稱爲大黄,因其力大,非一般人能够使用,李廣以善射聞名,故能用之。

11.漢使馬邑下人聶翁壹奸蘭出物與匈奴交,詳爲賣馬邑城以誘單于。單于信之,而貪馬邑財物,乃以十萬騎入武州塞。(《匈奴列傳》9-3510)

按:"奸蘭出物",《集解》:"奸音干。干蘭,犯禁私出物也。"《索隱》:"上音干。干蘭謂犯禁私出物也。"是二注皆以"奸蘭"爲一語。一些工具書也將"奸蘭"作爲一個詞條。《漢書》卷九四《匈奴傳》:"漢使馬邑人聶翁壹間闌出物與匈奴交易,陽爲賣馬邑城以誘單于。""奸蘭出物"作"間闌出物",注云:"孟康曰:'私出塞交易。'"無論作"奸"或"間",都宜視爲

---

① 朱漢民、陳松長:《嶽麓書院藏秦簡》壹,第74頁。
② 裘錫圭主編:《長沙馬王堆漢墓簡帛集成》陸,第201頁。
③ 中國簡牘集成編輯委員會:《中國簡牘集成》二十,蘭州:敦煌文藝出版社,2005年,第2094頁。
④ 中國簡牘集成編輯委員會:《中國簡牘集成》五,蘭州:敦煌文藝出版社,2001年,第147頁。
⑤ 中國簡牘集成編輯委員會:《中國簡牘集成》十,蘭州:敦煌文藝出版社,2001年,第36頁。
⑥ 李均明、何雙全:《秦漢魏晋出土文獻散見簡牘合輯》,北京:文物出版社,1990年,第20頁。

“蘭”的支配語，即動詞。“蘭”爲“闌”之假借，《説文解字》云：“闌，門遮也。”故“闌”本義爲門前的遮擋物，類於栅欄。《楚世家》“雖儀之所甚願爲門闌之斯者亦無先大王”，此即用爲本義。又引申爲“攔”“止”，《魏世家》“有河山以闌之”、《滑稽列傳》“日暮酒闌”即是。《史記》中另有言“闌出財物”者，《汲鄭列傳》：“愚民安知市買長安中物而文吏繩以爲闌出財物于邊關乎？”(10－3778)《集解》云：“應劭曰：‘闌，妄也。律，胡市，吏民不得持兵器出關。雖於京師市買，其法一也。’瓚曰：‘無符傳出入爲闌。’”可知“奸蘭”應該視爲一個詞組，類於後世之“犯闌”。《集解》《索隱》以“犯禁”訓之是也，然“奸蘭”無“私出物”義，“奸蘭出物”方爲“犯禁私出物”之義。

“奸蘭”“間闌”中的“蘭(闌)”應視爲名詞，而“闌出”之“闌”則爲動詞。與“闌出”相對，文獻中亦多見“闌入”。《惠景閒侯者年表》：“侯當坐與奴闌入上林苑，國除。”(3－1180)《漢書・酷吏傳》：“闌入上林中蠶室門，攻亭格殺信，射中苑門。”關於“闌”的解釋，“無符傳出入爲闌”是被普遍認可的説法。但準確地説，“無符傳出入爲闌”是解釋“闌出”“闌入”。而除了“闌出”“闌入”，文獻中還有“闌”的其他用法。如：

> 《法律答問》簡四八：“告人曰邦亡，未出徼闌亡，告不審，論何也？爲告黥城旦不審。”①
>
> 《肩水金關漢簡(叁)》73EJT25:47：“☐界亭去署亡持橐一飯二斗蘭越肩水騂北。”②
>
> 《肩水金關漢簡(叁)》73EJT25:193：“通長生先以亡人命者蘭渡關津□□□□☐。”③
>
> 馬圈灣烽燧遺址簡五一八：“塞曹言：守候長趙嘉劾亡卒楊豊蘭越塞，移龍勒。”④

以上簡文所見的“闌亡”“蘭越”“蘭渡”，與“闌出”“闌入”用法一致，顯然以“無符傳出入爲闌”來訓解“蘭(闌)”不是完全準確的。我們認爲“闌”可以理解爲“犯闌”，是一種違法的行爲。《漢書》卷八六：“王嘉字公仲，平陵人也。以明經射策甲科爲郎，坐户殿門失闌免。”注：“師古曰：‘户，止也。嘉掌守殿門，止不當入者而失闌入之，故坐免也。’”⑤王嘉以户殿門爲職，有“闌”者而失之，故免。這裏的“闌”即可理解爲“犯闌”，即違法通過門闌。這也應該是“闌出”“闌入”“闌亡”“蘭越”“蘭渡”之“闌”的合理解釋。與傳統的解釋“無符傳出

① 睡虎地秦墓竹簡整理小組：《睡虎地秦墓竹簡》，第104頁。
② 甘肅簡牘博物館等：《肩水金關漢簡》叁下，上海：中西書局，2013年，第34頁。
③ 甘肅簡牘博物館等：《肩水金關漢簡》叁下，第43頁。
④ 中國簡牘集成編輯委員會：《中國簡牘集成》三，蘭州：敦煌文藝出版社，2001年，第66頁。
⑤ 〔漢〕班固：《漢書》，北京：中華書局，1962年，第3488頁。

入爲闌”其實意思上基本一致。《龍崗秦簡》簡二:“竇出入及毋符傳而闌入門者,斬其男子左趾。”① 簡一二:“有不當入而闌入,及以它詐僞入而……”② 可見傳統注釋有充分依據,“毋符傳”即“不當入”皆是説不合法。我們的論述旨在闡明“闌”之“違法”意義的根本來源。

12. 王獨不聞玉櫝隻雉,出於昆山。(《龜策列傳》10-3927)

按:《集解》引徐廣曰:“隻,一作雙。”隻,《説文解字》云:“鳥一枚也。”雙,《説文》云:“隹二枚也。”單、雙字義不同,從《集解》所引徐廣語來看,“玉櫝隻雉”在較早的《史記》版本中存在異文,或者説有訛誤。但經過考察漢代出土簡牘中“隻”字用法,我們發現“玉櫝隻雉”的“隻”,其實也是“雙”的意思。如《敦煌懸泉漢簡釋粹》所載一段簡文云:“•最凡鷄卌四隻(雙)。正月盡十二月丁卯受縣鷄廿八隻(雙)一枚,正月盡十二月丁卯置自買鷄十五隻(雙)一枚,直錢千二百一十五,唯廷給。”(Ⅰ 0112③:129)③ 又:“出鷄十隻(雙)一枚,以過長羅侯軍長史二人、軍侯丞八人、司馬丞二人,凡十二人。”(Ⅰ 0112③:68)④ 兩段簡文中“隻”“枚”並用,可知“隻”表雙數。吉林大學歷史系考古專業赴紀南城開門辦學小分隊《鳳凰山一六七號漢墓遣策考釋》一文指出:“鳳凰山一六八號漢墓遣册凡言‘隻’者,出土實物多爲雙。‘雙’簡省作‘隻’,蓋漢代習俗。”⑤ 亦引《龜策列傳》“玉櫝隻雉”爲例。《江陵鳳凰山西漢簡牘》九號墓簡二四:“柯(問)一隻(雙)。”簡二八:“尺卑(椑)虒(榹)五隻(雙)。”⑥ 整理者讀“隻”爲“雙”,參之出土實物,是也。《龜策列傳》“玉櫝隻雉”應即爲“玉櫝雙雉”,原文用“隻”,或正是反映了當時的用字習慣。

(王志勇,陝西省社會科學院助理研究員)

---

① 中國文物研究所等:《龍崗秦簡》,北京:中華書局,2001 年,第 69 頁。
② 中國文物研究所等:《龍崗秦簡》,第 76 頁。
③ 胡平生、張德芳:《敦煌懸泉漢簡釋粹》,上海:上海古籍出版社,2001 年,第 78 頁。
④ 胡平生、張德芳:《敦煌懸泉漢簡釋粹》,第 148 頁。
⑤ 吉林大學歷史系考古專業赴紀南城開門辦學小分隊:《鳳凰山一六七號漢墓遣策考釋》,《文物》1976 年第 10 期,第 40 頁。
⑥ 湖北省考古研究所:《江陵鳳凰山西漢簡牘》,第 67、68 頁。

唐代碑誌所見洛陽雅稱摭拾*

宋　婷

［摘　要］碑誌作爲共時文獻，記録了洛陽歷史上的諸多别稱，皆清麗雅致，意藴深厚，多與洛陽帝京身份相關。唐代碑誌中散見的洛陽雅稱，不僅是一種語言現象，也是古都洛陽的歷史記憶與當代書寫，是其獨特歷史文化的縮影和痕迹，對後人客觀認知洛陽歷史地位和影響有重要意義。
［關鍵詞］唐代　洛陽　碑誌　雅稱

洛陽是中國四大古都之一，在中國及東亞文化圈具有重要歷史地位和文化影響。東周洛陽始稱"東都"，《左傳·昭公三十二年》："昔成王合諸侯，城成周，以爲東都，崇文德焉。"① 隋初稱"東京"，後改"東都"。唐代洛陽曾稱"東都""東京"，武周時稱"神都"。唐代碑誌作爲出土文獻，保留了諸多洛陽歷史上的雅稱，從來源看，主要源自周、漢兩代。

周　京

公元前771年，平王東遷，周王城由鎬京遷至洛邑，遂爲東周之"京"。《詩·曹風·下泉》云："愾我寤歎，念彼周京。"孔穎達疏："周京者，周室所居之京師也。"② 史思明稱帝，號洛陽爲"周京"："乾元二年正月朔…夏四月，更國號大燕，建元順天…號范陽爲燕京，洛陽周京，長安秦京。"③

碑誌文獻顯示，乾元二年（759）史思明稱帝前，唐人已用"周京"代稱洛陽。咸亨五年（674）《黄素墓誌》："自遠葉寓居洛州河南郡，因爲縣人焉…逮乎晚歲，卜構周京…以咸亨五年四月三日遘疾，終於洛陽縣景行坊私第。"④ 黄素家在洛陽縣"景行坊"，"逮乎晚歲，卜構周京"之"周京"即指洛陽。開元七年（719）《李强友墓誌》："從還周京，膏肓延禍。開元七年五月十七日，奄歸真於洛陽殖業里之旅舍。"⑤ 開元廿三年（735）《王傳侯夫人王氏墓誌》："以

* 本文是國家社會科學基金"新出土碑誌所見唐東都鄉里村坊資料整理與研究"（18CTQ018）、國家社科重點項目"河洛新出墓志匯集、整理與研究"（19AZW011）的階段性成果。

① ［周］左丘明撰，［晋］杜預注，［唐］孔穎達疏：《春秋左傳正義》卷五三，《十三經注疏》下册，北京：中華書局，1983年，第2127頁下欄。

② ［漢］毛亨傳，［漢］鄭玄箋，［唐］孔穎達疏：《毛詩正義》卷七，《十三經注疏》上册，北京：中華書局，1983年，第386頁上欄。

③ ［宋］歐陽修等：《新唐書》卷二二五，北京：中華書局，1975年，第6430頁。

④ 陳長安主編：《隋唐五代墓誌匯編·洛陽卷》（以下簡稱《隋唐匯編》）第5册，天津：天津古籍出版社，2009年，第172頁。

⑤ 陳長安主編：《隋唐匯編》第9册，第33頁。

開元廿三年四月廿一日寢疾,終于周京殖業里,享年卅有九。"[①]"殖業里"乃唐東都洛陽城坊,位於東城之東第四南北街,北當安喜門東街,[②]故二誌所言"周京"皆指洛陽。

宋代洛陽爲"西京"。《宋史·地理志》云:"西京。唐顯慶間爲東都,開元改河南府,宋爲西京,山陵在焉。"[③]但宋人詩文以"周京"指洛陽者亦不鮮見。宋庠《洛京王尚書學士寄惠牡丹十品五十枝因成四韵代書答》云:"十種仙葩各有名,相逢暫似到周京。"[④]題文皆稱頌洛京寄來的牡丹花。陳襄《英宗皇帝挽詞二首》之一云:"永言配昭考,陵寢卜周京。"[⑤]英宗趙曙,葬永厚陵,在今河南省鞏義市義堂堡一帶。鞏義,舊稱鞏縣,唐代屬洛州,宋代屬河南府,西臨洛陽,乃北宋帝陵所在。開寶三年(970)三月,升河南府鞏縣爲次赤,以奉安陵。[⑥]《汴京遺迹志·雜誌一》:"《一統志》:宋太祖永昌陵、太宗永熙陵、真宗永定陵、仁宗永昭陵、英宗永厚陵、神宗永裕陵、哲宗永泰陵,皆在河南府鞏縣西南。"[⑦]故詩中"周京"皆指洛陽。

東 周

南朝碑誌中,已有以"東周"稱洛陽者。天保四年(553)《司馬遵業墓誌》:"遇東周不守,莊帝蒙塵,攸攸夏迹,所在狼顧。"[⑧]其中"莊帝蒙塵"即《魏書》等所謂"元顥入洛,莊帝北巡",[⑨]指永安二年(529)五月元顥攻入洛陽,北魏孝莊帝元子攸出逃事。以"東周"稱洛陽,乃因洛陽曾爲東周都城。

碑誌在叙述唐人祖籍、府第、葬地、仕歷時多以"東周"指洛陽。開元十年(722)《楊曜墓誌》:"本恒農華陰人,漢太尉之裔,厥遠祖因官而寓於東周,遂爲洛陽人也。"[⑩]楊曜本恒農華陰人,因先祖仕於"東周"而爲洛陽人。開元十八年(730)《盧正言及妻李氏墓誌》:"(夫人李氏)以開元十八年歲次庚午,享年七十,薨於東周行脩里之第也。"[⑪]"東周行脩里"即洛陽修行坊,位於東都城内。《唐兩京城坊考》卷五:"定鼎門街東第二街,從南第一曰樂和坊…次北正平坊…次北修行坊。"注云:"劉軻《陳玄奘塔銘》:'歲丁巳,開成紀年之明年,有具壽沙門曰令檢,自上京抵洛,師以縹囊盛三藏遺文傳記,訪余柴門于行修里。''行修'即'修行'之訛。"[⑫]

---

① 陳長安主編:《隋唐匯編》第10册,第109頁。
② 〔清〕徐松撰,〔清〕張穆校補:《唐兩京城坊考》卷五,北京:中華書局,1985年,第175頁。
③ 〔元〕脱脱等:《宋史》卷八五,北京:中華書局,1977年,第2103頁。
④ 北京大學古文獻研究所編:《全宋詩》卷一九七,北京:北京大學出版社1998年,第2253頁。
⑤ 北京大學古文獻研究所編:《全宋詩》卷四一三,第5084頁。
⑥ 〔宋〕李燾:《續資治通鑑長編》卷一一,北京:中華書局,1979年,第245頁。
⑦ 〔明〕李濂:《汴京遺迹志》卷一二,三怡堂叢書本。
⑧ 毛遠明:《漢魏六朝碑刻校注》第8册,北京:綫裝書局,2008年,第291頁。
⑨ 〔北齊〕魏收:《魏書》卷一二,北京:中華書局,1974年,第392頁。
⑩ 陳長安主編:《隋唐匯編》第9册,第82頁。
⑪ 吴鋼主編:《全唐文補遺·千唐志齋新藏專輯》,西安:三秦出版社,2006年,第158頁。
⑫ 〔清〕徐松撰,〔清〕張穆校補:《唐兩京城坊考》卷五,第149頁。

開元廿九年(741)《張守珍墓誌》："其先范陽人，因仕居東周，今即河南人也。"① 張守珍因仕居"東周"而爲河南人。大曆五年(770)《荷恩寺法律禪師墓誌》："其先馮翊蓮芍人也…因宦東周，今爲河清人也。"② 法師因先祖仕於"東周"而爲"河清人"，"河清"即河清縣(今孟津縣)，爲河南府轄縣。大曆八年(773)《張顏墓誌》："君諱顏，字雲卿，其先趙中山人也…始遭羯胡盜國，東周煙塵，吉士寄命草莽，巨猾遊魂於天邑。"③"東周煙塵"指南朝陳慶之攻破北魏都城洛陽事，以"東周"代指北魏洛陽城。建中元年(780)《崔祐甫墓誌》："屬禄山構禍，東周陷没，公提挈百口，間道南遷…夫人太原王氏，暨厥一女，隴西李緄妻，哀奉紼紖，歸於東周，即以其年十一月廿四日，有司奉詔，備禮葬於河南邙山之先塋。"④"禄山構禍，東周陷没"指安禄山攻陷洛陽城之事，"歸於東周"則對應"葬於河南邙山之先塋"，皆以"東周"指洛陽。

大曆四年(769)《盧君妻鄭氏墓誌》："以大曆四年，歲次己酉，十月廿七日，遷窆於東周北邙山之原。"⑤ 貞元十五年(799)《張滂妻郭儀墓誌》："歸葬於東周洛陽舊鄉邙山。"⑥ 所言"東周"之"邙山"，即洛陽之"邙山"，亦名"北邙""邙嶺"，是著名風水葬地。《元和郡縣圖志・河南道一》云："北邙山，在(偃師)縣北二里，西自洛陽縣界東入鞏縣界。舊説云北邙山是隴山之尾，乃衆山總名，連嶺修亘四百餘里。"⑦ 元和十五年(820)《劉倫及妻李氏墓誌》："夫人趙郡李氏，後公逾紀，殁於東周，卜宅於龍門，亦廿年矣…合祔於東周趙郡夫人龍門之舊塋。"⑧ 大和八年(834)《李鶠墓誌》："歸祔於東周伊芮鄉萬安山南原先塋，禮也。"⑨ 所言"東周"境内之"龍門""萬安山"，皆在洛陽城南。

"東周"也出現在銘辭中。永徽二年(651)《王順孫墓誌》："以永徽二年，歲次辛亥，二月乙丑朔，九日癸酉，葬於洛陽北邙之山原也…祖載轜兮東周道，茹哀袂兮北邙塵。"⑩"東周道"與"北邙塵"對舉。龍朔二年(662)《斛斯祥墓誌》："君諱祥，字德善，東京河南人也…其詞曰：東周沃壤，原隰夷平，哲人斯出，載誕吾生。"⑪"東周沃壤…載誕吾生"對應"東京河南人"。長安三年(703)《崔惲墓誌》："粤以長安三年，歲在癸卯，冬十月廿六日，返葬於洛之金谷鄉昭覺原…西隴坡，東周城，路逶迤，馬悲鳴。"⑫"西隴坡，東周城"與"洛之金谷鄉昭覺原"對應。以上"東周"皆指洛陽。

---

① 陳長安主編：《隋唐匯編》第10册，第195頁。
② 中國文物研究所等編：《新中國出土墓誌・陝西》(貳)，北京：文物出版社，2003年，第147頁。
③ 陳長安主編：《隋唐匯編》第12册，第51頁。
④ 陳長安主編：《隋唐匯編》第12册，第91頁。
⑤ 中國文物所等編：《新中國出土墓誌・河南三・千唐志齋卷》，北京：文物出版社，2008年，第202頁。
⑥ 陳長安主編：《隋唐匯編》第12册，第154頁。
⑦ 〔唐〕李吉甫：《元和郡縣圖志》卷五，北京：中華書局，1983年，第132頁。
⑧ 中國文物所等編：《新中國出土墓誌・河南三・千唐志齋卷》，第274頁。
⑨ 趙君平、趙文成主編：《河洛墓刻拾零》，北京：書目文獻出版社，2007年，第549頁。
⑩ 陳長安主編：《隋唐匯編》第3册，第13頁。
⑪ 周紹良主編：《唐代墓誌彙編》，上海：上海古籍出版社，1992年，第363頁。
⑫ 趙君平編：《邙洛碑誌三百種》，北京：中華書局，2004年，第117頁。

鼎 邑

《左傳·桓公二年》云:"武王克商,遷九鼎於雒邑。"① 周武王遷九鼎於洛邑,後世遂有稱洛陽爲鼎邑者。唐代碑誌中,常以"鼎邑"指洛陽。咸亨二年(671)《王慈善墓誌》:"以咸亨二年四月廿一日遘疾,終於本第…即以其年□月□日窆於□□之平樂鄉…前臨鼎邑。"② 葬地"平樂鄉"係唐東都河南縣轄地,在今洛陽城北孟津縣朝陽鎮、送莊鎮一帶。③ 故"鼎邑"指洛陽。久視元年(700)《李節墓誌》:"弱冠,解褐補洛州參軍、偃師縣丞、汴州司倉參軍,敕授同州司户參軍,又遷洛州司士參軍…隨例左遷爲資州司倉參軍。鼎邑辭京,銅梁仕郡…"④ 文中"鼎邑辭京"指其釋褐初仕"洛州"事,對應前文"弱冠,解褐補洛州參軍"。先天元年(712)《趙克廉及妻劉氏墓誌》:"即以先天元年十一月十九日,合葬於洛陽城北邙山之平原,禮也。其地前臨鼎邑,仰對王城,眺金埒而依希,望銅街而隱軫。"⑤ 趙克廉夫婦葬於洛陽城北邙山平原,文中"鼎邑""王城""金埒""銅街"皆洛陽地名。"王城"指東周王城,《元和郡縣圖志·河南道一》云:"周成王定鼎於郟鄏,使召公先相宅,乃卜澗水東,瀍水西,是爲東都,今苑内故王城是也。"⑥ "金埒"本指用錢幣築成的界垣,《世説新語·汰侈》:"王武子被責,移第北邙下。於時人多地貴,濟好馬射,買地作埒,編錢匝地竟埒。時人號曰'金溝'。"⑦ "金埒"在洛陽北邙山附近,景龍三年(709)《楊處濟及妻周氏墓誌》云夫婦合葬於洛州永昌縣之北原,其地"路近圭廛,塋鄰金埒"。⑧ "銅街"爲銅駝街省稱,庾信《周上柱國齊王憲神道碑》云:"鐵市銅街,風飛塵起。"清人倪璠注云:"'鐵市',即金市。'銅街',銅駝街也。俱在洛陽。陸機《洛陽記》曰:'洛陽凡三市,大市曰金市,又曰銅駝街,在洛陽宫南、金馬門外,人物繁盛。俗語云:金馬門外集群賢,銅駝街上集少年。'"⑨

開元十五年(727)《王思齊墓誌》:"開元十五年十月五日癸酉,遷祔於河南府河南縣梓澤之原,禮也。共河東注,鼎邑前通。"⑩ 葬地"梓澤"乃西晋石崇别墅金谷園别稱。《水經注》卷十五經云:"瀍水出河南穀城縣北山。"注云:"縣北有晉亭,瀍水出其北梓澤中,梓澤,地名也。"⑪ "鼎邑"則指洛陽。開元九年(721)《裴撝及妻權氏墓誌》:"以太極元年三月廿六日寢

---

① 〔周〕左丘明撰,〔晋〕杜預注,〔唐〕孔穎達疏:《春秋左傳正義》卷五,《十三經注疏》下册,第1743頁上欄。
② 北京圖書館金石組編:《北京圖書館藏中國歷代石刻拓本匯編》(以下簡稱《北圖匯編》)第15册,鄭州:中州古籍出版社,1989年,第147頁。
③ 宋婷:《碑誌所見唐代東都洛陽縣之鄉名再考》,《中國歷史地理論叢》2018年第3期,第63頁。
④ 趙君平、趙文成編:《河洛墓刻拾零》,第156頁。
⑤ 陳長安主編:《隋唐匯編》第8册,第179頁。
⑥ 〔唐〕李吉甫:《元和郡縣圖志》卷五,第129頁。
⑦ 〔南朝宋〕劉義慶著,〔梁〕劉孝標注,余嘉錫箋疏,周祖謨等整理:《世説新語箋疏》,北京:中華書局,1983年,第883頁。
⑧ 趙君平、趙文成編:《河洛墓刻拾零》,第195頁。
⑨ 〔北周〕庾信撰,〔清〕倪璠注,許逸民校點:《庾子山集注》卷一三,北京:中華書局,1980年,第737—738頁。
⑩ 陳長安主編:《隋唐匯編》第9册,第181頁。
⑪ 〔北魏〕酈道元撰,陳橋驛校證:《水經注校證》卷一五,北京:中華書局,2007年,第379頁。

疾，薨於東都宣教里之私第，春秋七十有七…與夫人權氏合葬於河南縣平樂鄉北邙山之南原，禮也…鼎邑喧闐，邙山窈窕。"[①]"鼎邑喧闐"述生前居地，"邙山窈窕"述死後葬地。裴氏家於東都宣教坊，葬在河南縣平樂鄉，故"鼎邑"指洛陽。開元十九年（731）《胡君妻楊無量壽墓誌》："以開元十九年六月六日，薨於鼎邑殖業里私第也…葬於洛陽縣清風鄉北邙山之原。"[②]楊氏卒於"鼎邑殖業里私第"，"殖業里"乃唐東都城坊，"鼎邑"指洛陽。大曆四年（769）《張獻誠及妻崔氏墓誌》："乾元二年，思明攻孟津，盜鼎邑，公陷身增歎，無翼高飛…及天兵收洛邑，朝義乞復郊，公使堅壁者善守，銜枚者出戰…"[③]記述安史之亂期間，張獻誠效力朝廷，協助收回洛邑事，"孟津"乃洛陽地名，"盜鼎邑"諱稱洛陽陷於史思明。

唐代詩文中亦有以"鼎邑"稱洛陽者。楊炯《途中》云："悠悠辭鼎邑，去去指金墉。"[④]"鼎邑""金墉"對舉，"金墉"乃金墉城，在漢魏洛陽城西北角，築於魏明帝時期。《水經注》卷十六注云："魏明帝於洛陽西北角築之，謂之'金墉城'。"[⑤]王勃《乾元殿頌》頌美唐代洛陽皇城内之乾元殿："晷緯齊明，臨鼎邑而重威靈。"[⑥]柳宗元《弘農公以碩德偉材屈於誣枉左官三歲復爲大僚天監昭明人心感悦宗元竄伏湘浦拜賀末由謹獻詩五十韵以畢微志》云："高居遷鼎邑，遥傳好書王。碧樹環金谷，丹霞映上陽…淵龍過許劭，冰鯉弔王祥。玉漏天門静，銅駝御路荒。澗瀍秋瀲灧，嵩少暮微茫。"[⑦]詩中"金谷""銅駝"乃漢魏洛陽地名，"上陽"指唐代洛陽上陽宫，"澗瀍"乃洛陽境内澗水和瀍水，"冰鯉弔王祥"亦發生於洛陽，[⑧]其中"鼎邑"即指洛陽。

唐代碑誌中也稱洛陽爲"鼎城"。開元十年（722）《鄭華墓誌》："以開元十年閏五月二十六日，薨於洛陽永通里之私第，凡十八日，權厝於鼎城南龍門鄉之原。"[⑨]墓誌出土於洛陽。葬地洛陽城南"龍門鄉"唐屬河南縣。[⑩]開元十九年（731）《陳祚墓誌》："以開元十九年十一月廿四日，終於鼎城嘉善里，謚曰□。"[⑪]"嘉善里"乃唐代洛陽城坊，位於長夏門之東第二街，在陶化坊之北、南市以南。[⑫]故"鼎城"指洛陽。

"鼎城"與"鼎邑"同義，皆指洛陽，此二雅稱，不僅是"武王克商，遷九鼎於雒邑"的歷史痕迹，也是武則天在洛陽重鑄"九州鼎"事件的當代書寫："天册萬歲二年三月，重造明堂成，

① 陳長安主編：《隋唐匯編》第9册，第70頁。
② 陳長安主編：《隋唐匯編》第10册，第25頁。
③ 陳長安主編：《隋唐匯編》第12册，第33頁。
④ 〔清〕彭定求等編：《全唐詩》卷五十，北京：中華書局，1960年，第614頁。
⑤ 〔北魏〕酈道元撰，陳橋驛校證：《水經注校證》卷一六，第393頁。
⑥ 〔清〕董誥等編：《全唐文》卷一七八，北京：中華書局，1983年，第1807頁（下欄）。
⑦ 〔清〕彭定求等編：《全唐詩》卷三五一，第3927頁。
⑧ 王勝明：《"卧冰求鯉"三題》，《光明日報》2017年01月09日第13版。
⑨ 趙君平編：《邙洛碑誌三百種》，第136頁。
⑩ 趙振華、何漢儒：《唐代洛陽鄉里村方位初探》，趙振華：《洛陽古代銘刻文獻研究》，西安：三秦出版社，2009年，第126頁—128頁。
⑪ 陳長安主編：《隋唐匯編》第10册，第34頁。
⑫ 〔清〕徐松撰，〔清〕張穆校補：《唐兩京城坊考》卷五，第159頁。

號爲通天宫…其年,鑄銅爲九州鼎。既成,置於明堂之庭,各依方位列焉。神都鼎高一丈八尺,受一千八百石。冀州鼎名武興,雍州鼎名長安,兖州名日觀,青州名少陽,徐州名東原,揚州名江都,荆州名江陵,梁州名成都。"[①]

周南

"周南"一語,最早見於《詩經》,泛指成周以南地區民歌。《吕氏春秋·季夏紀·音初》云:"塗山氏之女乃令其妾候禹於塗山之陽。女乃作歌,歌曰:'候人兮猗。'實始作爲南音。周公及召公取風焉,以爲《周南》《召南》。"[②] 西周初期,"召公既相宅,周公往營成周"。[③] 周公旦和召公奭分陝(今河南陝縣)而治,周公居東都洛邑(即成周),統治東方,"周南"即指周公所治成周以南地區。漢代"周南"特指洛陽,《史記·太史公自序》:"是歲,天子始建漢家之封,而太史公留滯周南,不得與從事,故發憤且卒。而子遷適使反,見父於河洛之間。"裴駰《史記集解》云:"徐廣曰:摯虞曰:'古之周南,今之洛陽。'"司馬貞《史記索隱》云:"張晏云:自陝已東,皆周南之地也。"[④]《漢書·司馬遷傳》如淳注曰:"周南,洛陽也。"張晏注曰:"洛陽而謂周南者,自陝以東皆周南之地也。"[⑤]

碑誌在叙述唐人居處、葬地,以及書寫相關歷史事件時,亦有以"周南"指洛陽者。如永徽六年(655)《李强墓誌》:"君諱强,字元强,河南人也…自晋室南遷,君祖歸北,魏文都洛,依附家焉…以永徽四年八月十二日,終於愛州官舍,春秋五十五。以六年正月十一日,歸殯邙山,禮也。庶遊魂反於東越,不慮炎洲之濤;靈柩葬於周南,無復思歸之魄。"[⑥] 李强卒於愛州(今越南清化附近一帶)而"歸殯邙山","靈柩葬於周南","周南"指洛陽。垂拱二年(686)《王玄宗臨終口授銘》:"伊垂拱二歲孟夏四日,悦舀寅卯之際…委化於伊洛之間,僑居惠和里之官舍…直垂拱二年四月四日,順大衍之數,奄忽而終…且伊洛之間,迺昔者周南之域,吾祖上賓之地,吾身得姓之鄉…托體嵩石,言追洛笙。"[⑦] 王玄宗"委化於伊洛之間,僑居惠和里之官舍"。"伊洛"指伊水和洛水,代指洛陽地區。"惠和里"即惠和坊,爲洛陽城坊,位於長夏門之東第一街。[⑧]"周南之域"則指洛陽。長安三年(703)《霍松齡及妻陸氏墓誌》:"粤以長安三年,歲次癸卯,七月庚寅朔,十三日壬寅,合葬於洛陽縣北邙山…地列周南,山迴洛北。"[⑨] 霍松齡夫婦合葬於洛陽北邙山,"周南"與"洛北"對舉,指洛陽。貞觀廿二年(648)《毛

① 〔後晋〕劉昫等:《舊唐書》卷二二,北京:中華書局,1965年,第867—868頁。
② 〔漢〕高誘注,〔清〕畢沅校,徐小蠻標點:《吕氏春秋》卷六,上海:上海古籍出版社,2014年,第119頁。
③ 〔漢〕孔安國傳,〔唐〕孔穎達疏:《尚書正義》卷十五,《十三經注疏》上册,北京:中華書局,1983年,第214頁上欄。
④ 〔漢〕司馬遷:《史記》卷一三〇,北京:中華書局,1963年,第3295頁。
⑤ 〔漢〕班固:《漢書》卷六二,北京:中華書局,1964年,第2716頁。
⑥ 陳長安主編:《隋唐匯編》第3册,第108頁。
⑦ 北京圖書館金石組編:《北圖匯編》第17册,第41頁。
⑧ 〔清〕徐松撰,〔清〕張穆校補:《唐兩京城坊考》卷五,第155—157頁。
⑨ 中國文物所等編:《新中國出土墓誌·河南三·千唐志齋卷》,第75頁。

盛墓誌》："君諱盛，字轉興，滎陽人也…屬隋季云亡，參墟啓聖。方欲杖戈辭楚，抱樂歸周。而天步未夷，王塗尚阻，世充逆命，竊據伊瀍。思北上而逾艱，望西歸而失路…皇恩曠蕩，得伍堯民。乃紀綱周南，張羅洛涘…以貞觀廿二年八月廿八日，終于洛陽之私第，春秋六十有八。即以其年九月十八日葬於北邙之曲。"[①] 毛盛卒於洛陽，葬於北邙，文中追憶其經歷時云"紀綱周南，張羅洛涘"，"周南"與"洛涘"對舉，"周南"指洛陽。麟德二年(665)《王宣及妻張氏墓誌》："君諱宣，字文義，太原祁人也…往因述職，遂居洛焉…屬隋曆失序，匿影周南，歎息銅駝，徘徊白社…(王宣)以麟德二年二月十二日，終於敦厚里私第…(夫人張氏)以麟德二年十月十一日，與府君合葬於河南縣平樂鄉邙山之陽。"[②] 文中"銅駝""白社"皆洛陽地名。"銅駝"詳見前"鼎邑"條。"白社"在今洛陽市東。《抱朴子·雜應》："洛陽有道士董威輦，常止白社中，了不食，陳子叙共守事之，從學道積久，乃得其方。"[③]《洛陽伽藍記·城東》："瓔珞寺在建春門外御道北，所謂建陽里也，即中朝時白社池，董威輦所居處。"[④] 王宣卒於"敦厚里"，葬於"邙山之陽"。"敦厚里"即敦厚坊，爲洛陽城坊。《唐兩京城坊考》卷五云："東城之東，第三南北街，北當安喜門西街，從南第一曰景行坊。次北北市，次北敦厚坊。"[⑤] 故"周南"指洛陽。大曆十一年(776)《崔公妻李氏墓誌》："歸葬於周南龍門畢圭鄉西原。"[⑥]"畢圭鄉"在唐代屬河南縣，舊址在隋唐洛陽城南，今洛陽市洛龍區龍門鎮龍門石窟、伊河一帶。[⑦] 此處"周南"亦指洛陽。

唐代洛陽亦有"周南里"。大中二年(848)《崔元膺妻李順之墓誌》："(夫人李氏)以大中戊辰歲四月廿二日，終於洛陽周南里。"該墓誌于2004年7月出土於河南省洛陽市伊川縣水寨鄉。[⑧]

鴻　都

漢代洛陽城内曾設鴻都，爲國家藏書之所。《後漢書·儒林傳序》云："初，光武遷還洛陽，其經牒秘書載之二千餘兩，自此以後，參倍於前。及董卓移都之際，吏民擾亂，自辟雍、東觀、蘭臺、石室、宣明、鴻都諸藏典策文章，競共剖散，其縑帛圖書，大則連爲帷蓋，小乃制爲縢囊。"[⑨]

唐代碑誌有以"鴻都"稱洛陽者。開元二十年(732)《朱氏女墓誌》："開元十九年十二

① 陳長安主編:《隋唐匯編》第2册,第123頁。
② 陳長安主編:《隋唐匯編》第4册,第214頁。
③〔晋〕葛洪撰,王明校釋:《抱朴子内篇校釋》卷一五,北京:中華書局,1985年,第267頁。
④〔北魏〕楊銜之撰,范祥雍校注:《洛陽伽藍記校注》,上海:上海古籍出版社,1978年,第78頁。
⑤〔清〕徐松撰,〔清〕張穆校補:《唐兩京城坊考》卷五,第159頁。
⑥ 趙君平、趙文成主編:《秦晋豫新出土墓誌蒐佚》,北京:北京圖書館出版社,2012年,第777頁。
⑦ 趙振華、何漢儒:《唐代洛陽鄉里村方位初探》,趙振華:《洛陽古代銘刻文獻研究》,第125頁—126頁。
⑧ 趙君平、趙文成編:《河洛墓刻拾零》,第576頁。
⑨〔南朝宋〕范曄:《後漢書》卷七九上,北京:中華書局,1965年,第2548頁。

月十七日,夭於鴻都樂城之私第。粵以開元廿載正月廿八日,從皇妣同窆於邙山平樂之塋焉。”[①] 朱氏女卒於“鴻都樂城”,“樂城”乃“樂城坊”,爲東都洛陽城坊,麟德元年(664)《張氏墓誌》[②]、開元二十年(732)《杜孚墓誌》[③] 皆録東都樂城坊。《河南志》注云:“(次北樂成坊)即唐南市與通利坊之地。”又云:“(次北安遠坊)續增之坊,即唐樂成坊之地。”[④] 故此處“鴻都”指洛陽。

京 洛

漢代詩文中,已有稱洛陽爲“京洛”者。曹植《箜篌引》云:“陽阿奏奇舞,京洛出名謳。”[⑤] 班固《東都賦》云:“子徒習秦阿房之造天,而不知京洛之有制也。”[⑥] 北魏碑誌中,亦有言“京洛”者。永安元年(528)《元昂墓誌》:“顧懷京洛,臨楚黿梁。勛勒天府,功書廟堂。”[⑦] 天統元年(565)《趙道德墓誌》:“及大樹已顛,黄河不塞,泠然京洛,□絶羅者。”[⑧] 唐代碑誌中,常以“京洛”稱洛陽。顯慶三年(658)《宋君妻王氏墓誌》言及王夫人因家人離亂而居“京洛”:“夫人姓王,太原人也… 夫人屬大業喪亂,兄弟分離,歸路莫從,遂居京洛。”[⑨] 顯慶四年(659)《成願壽及妻李氏墓誌》記載成氏夫婦家在東都思恭里:“君諱願壽,字願壽,其先燕趙盛谷人也… 幸遇明時,優遊京洛…(夫人李氏)忽以顯慶四年三月八日卒於思恭里第。”[⑩] 咸亨元年(670)《蓋蕃及妻孫氏墓誌》記述永徽年蓋蕃來京洛:“及秩滿,兄亦當赦,接轡連車,共遵歸路。以永徽元年至於京洛。”[⑪] 久視元年(700)《吴續墓誌》謂祖先仕於京洛,而成爲洛州合宫縣人:“君諱續,字光紹,其先濮陽人也。祖考從宦京洛,今復爲洛州合宫縣人也。”[⑫] 合宫縣即河南縣,《唐會要》卷七十:“河南縣,永昌元年,改爲合宫縣。”[⑬] 敦煌寫本斯78背《縣令書儀抄》亦提及“京洛”:“某前年中已隨常調… 去冬又之京洛,重下文書,首尾三年,當始判就。”[⑭] 趙和平考訂其爲“後唐長興中太原府某縣縣令的書儀”。[⑮] 上述文獻中“京洛”皆指稱洛陽。

---

① 趙君平、趙文成編:《河洛墓刻拾零》,第275頁。
② 趙君平、趙文成編:《河洛墓刻拾零》,第87頁。
③ 陳長安主編:《隋唐匯編》第10册,第56頁。
④ 〔清〕徐松:《河南志》,北京:中華書局,1994年,第15頁。
⑤ 〔梁〕蕭統編,〔唐〕李善注:《文選》卷二七,上海:上海古籍出版社,1986年,第1286頁。
⑥ 〔梁〕蕭統編,〔唐〕李善注:《文選》卷一,第39頁。
⑦ 胡海帆:《〈元昂墓誌〉及北魏陽平幽王嗣息之探析》,《中國國家博物館館刊》2011年第9期,第114頁。
⑧ 毛遠明:《漢魏六朝碑刻校注》第9册,第227頁。
⑨ 陳長安主編:《隋唐匯編》第3册,第199頁。
⑩ 陳長安主編:《隋唐匯編》第4册,第4頁。
⑪ 陳長安主編:《隋唐匯編》第5册,第101頁。
⑫ 陳長安主編:《隋唐匯編》第7册,第177頁。
⑬ 〔宋〕王溥:《唐會要》卷七〇,北京:中華書局,1955年,第1248頁。
⑭ 郝春文等:《英藏敦煌社會歷史文獻釋録》第一卷,北京:社會科學文獻出版社,2018年,第183頁。
⑮ 趙和平:《敦煌表狀箋啓書儀輯校》,南京:鳳凰出版社,1999年,第223—225頁。

亦有以“洛京”指稱洛陽者。《晋書・王浚傳》：“使者未及發，會洛京傾覆，浚大樹威令，專征伐。”[①] 唐代碑誌中以“洛京”稱洛陽例亦多。永隆二年(681)《李慎墓誌》：“誕靈嵩嶽，稟秀洛京。”[②] 聖曆二年(699)《貞隱子墓誌》：“先生諱弘則，字崇道，本太原祁縣，大業初，因官徙於洛京，今爲緱氏人也。”[③] 長安四年(704)《姚處賢墓誌》：“有制，徵詣洛京，歷試高第。”[④] 神龍二年(706)《劉仁叡墓誌》：“大父因官徙洛京，謀孫便居於瀍汭，故今爲洛陽人也。”[⑤] 神龍二年(706)《李通墓誌》：“君諱通，字庶幾…終於洛陽遵教里第…粤以神龍二年十一月廿日，合葬於北邙山平陰之原，禮也…茹哀風樹禄不遂，蔬食洛京守淳粹。”[⑥] 景龍三年(709)《臧崇亮墓誌》：“北臨河府，南望洛京。國容來葬，是謂哀榮。”[⑦] 景雲二年(711)《盧玢墓誌》：“歸葬于洛陽河陰之舊塋，禮也。洛京南望，城池滿目，琴觴尚在，無複青春之遊。”[⑧] 開元十四年(726)《鄭戎墓誌》：“本家于滎陽，因筮仕洛京，今爲河南偃師人也。”[⑨] 開元十八年(730)《李承先墓誌》：“授河南府澠池主簿。西控兮陝，東達洛京。”[⑩] 天寶六載(747)《源光乘及妻姜氏墓誌》：“世雄北野，分王西平。錫姓雲代，登臺洛京。”[⑪] 天寶七載(748)《李琚及妻薛氏墓誌》：“公生於衰緒，褓抱而孤。長於昌期，噫嗚遂晚。家在漳鄴，時來洛京。”[⑫]

五代後唐時，官方文獻亦有以“洛京”代稱洛陽者。《新五代史・職方考第三》云：“洛陽，梁、唐、晋、漢、周常以爲都。唐故爲東都，梁爲西都，後唐爲洛京，晋爲西京，漢周因之。”[⑬]

皇　都

班固《東都賦》曾以“皇都”稱洛陽：“獲白雉兮效素烏，嘉祥阜兮集皇都。”《水經注》“穀水”条云：“穀水又東逕宣陽門南，故苑門也，皇都遷洛，移置于此。”[⑭]《唐六典》亦曾以“皇都”稱洛陽：“禁苑在皇都之西，北拒北邙，西至孝水，南帶洛水支渠，穀、洛二水會于其間。”[⑮] 唐代碑誌中，也有以“皇都”代指洛陽者。聖曆二年(699)《司空儉墓誌》：“曾祖議，隋任許州刺

① 〔唐〕房玄齡：《晋書》卷三九，北京：中華書局，1974年，第1147頁。
② 陳長安主編：《隋唐匯編》第6册，第59頁。
③ 陳長安主編：《隋唐匯編》第7册，第146頁。
④ 北京圖書館金石組編：《北圖匯編》第19册，第121頁。
⑤ 陳長安主編：《隋唐匯編》第8册，第83頁。
⑥ 陳長安主編：《隋唐匯編》第8册，第84頁。
⑦ 陳長安主編：《隋唐匯編》第8册，第134頁。
⑧ 陳長安主編：《隋唐匯編》第8册，第154頁。
⑨ 洛陽市文物工作隊編：《洛陽出土歷代墓誌輯繩》，北京：中國社會科學出版社，1991年，第479頁。
⑩ 趙君平編：《邙洛碑誌三百種》，北京：中華書局，2004年，第150頁。
⑪ 陳長安主編：《隋唐匯編》第11册，第86頁。
⑫ 陳長安主編：《隋唐匯編》第11册，第100頁。
⑬ 〔宋〕歐陽修：《新五代史》卷六十，北京：中華書局，1974年，第737頁。
⑭ 〔北魏〕酈道元撰，陳橋驛校證：《水經注校證》卷一六，第400頁。
⑮ 〔唐〕李林甫等撰，陳仲夫點校：《唐六典》卷七，北京：中華書局，2014年，第220頁。

史。伊瀍舉扇,帝里風生;宛洛行車,皇都潤及。"[①]追述曾祖生平德範威儀,以"伊瀍""宛洛"對舉,伊、瀍是洛陽境内河流,宛、洛本指南陽和洛陽,此處虚言宛,實指洛,故"皇都"指洛陽。長安四年(704)《張方仁墓誌》:"以長安四年,歲次甲辰,八月甲寅朔,七日庚辰,葬於洛州合宫縣之北原也。其地形勝,邙山之奥區;其勢最奇,洛川之第一。北臨千里,黄河一帶而長流;南枕百城,皇都四面而修麗。"[②]"合宫縣"乃永昌元年(689)改河南縣置,治於神都毓德坊,葬地邙山、洛河皆洛陽地名,此"皇都"指洛陽。

唐人詩歌亦有以"皇都"指洛陽者,崔塗《過洛陽故城》云:"三十世皇都,蕭條是霸圖。片牆看破盡,遺迹漸應無…"[③]描述洛陽故城之頹敗。王建《賞牡丹》云:"此花名價别,開豔益皇都。"[④]讚頌洛城牡丹之姿。李商隱《井泥四十韵》云:"皇都依仁里,西北有高齋。"[⑤]"依仁里"乃唐代洛陽城坊,《唐兩京城坊考》卷五注曰:"(永通坊)本曰依仁。"[⑥]天寶七載(748)《王同福及夫人裴雍熙墓誌》:"夫人終於洛陽縣依仁坊私第。"[⑦]大中十一年(857)《鄭長誨墓誌》[⑧]、咸通八年(867)《盧約妻崔氏墓誌》[⑨]等均有唐代洛陽"依仁坊"相關記載,故"皇都依仁里"即洛陽依仁坊。

碑誌文獻以"皇都"稱洛陽,集中於武則天執政期間,反映武周時期洛陽爲首都而非陪都的歷史事實。貞觀十一年(637)三月,改洛州爲洛陽宫,[⑩]洛陽開始承擔部分都城功能。洛陽稱"都"始於高宗,與武則天有直接關係。永徽六年(655),高宗廢皇后王氏爲庶人,立昭儀武氏爲皇后。顯慶二年(657)十二月,手詔改洛陽宫爲東都,洛州官員階品並准雍州。[⑪]洛陽政治地位顯著提升。公元684年,武則天掌國柄,一年三改元,改"東都"爲"神都",洛陽地位遂至巔峰。先廢中宗李顯爲廬陵王:"二月戊午,廢皇帝爲廬陵王,幽於别所,仍改賜名哲。己未,立豫王輪爲皇帝,令居於别殿。大赦天下,改元文明,皇太后仍臨朝稱制。""(文明元年)九月,大赦天下,改元爲光宅。旗幟改從金色,飾以紫,畫以雜文。改東都爲神都。"[⑫]神龍元年(705)正月,中宗李顯復辟,復"神都"爲"東都",洛陽地位開始下降。"二月甲寅,復國號,依舊爲唐。社稷、宗廟、陵寢、郊祀、行軍旗幟、服色、天地、日月、寺宇、臺閣官名,並依永淳以前故事。神都依舊爲東都,北都爲并州大都督府。"[⑬]天寶元年(742),玄宗變革行政體制,改

① 王仁波主編:《隋唐五代墓誌匯編·陝西卷》第3册,第121頁。
② 陳長安主編:《隋唐匯編》第8册,第37頁。
③ 〔清〕彭定求等編:《全唐詩》卷六七九,第7774頁。
④ 〔清〕彭定求等編:《全唐詩》卷二九九,第3400頁。
⑤ 〔清〕彭定求等編:《全唐詩》卷五四一,第6247頁。
⑥ 〔清〕徐松撰,〔清〕張穆校補:《唐兩京城坊考》卷五,第165頁。
⑦ 陳長安主編:《隋唐匯編》第11册,第110頁。
⑧ 中國文物所等編:《新中國出土墓誌·河南三·千唐志齋卷》,第326頁。
⑨ 周紹良主編:《唐代墓誌彙編》,第2422頁。
⑩ 〔後晋〕劉昫等:《舊唐書》卷三,第47頁。
⑪ 〔後晋〕劉昫等:《舊唐書》卷四,第77頁。
⑫ 〔後晋〕劉昫等:《舊唐書》卷六,第116—117頁。
⑬ 〔後晋〕劉昫等:《舊唐書》卷七,第136頁。

侍中爲左相，中書令爲右相，左右丞相依舊爲僕射。又改黄門侍郎爲門下侍郎，東都爲東京，北都爲北京。天下諸州改爲郡，刺史改爲太守。① 改“東都”爲“東京”，政治地位進一步降低。

在中國古代社會中，“京”與“都”皆有“國都”義，但政治地位並不相同。“京”指天子所居之地，“都”特指有宗廟的城邑。《説文解字·邑部》云：“都，有先君之舊宗廟曰都。”② “國之大事，在祀與戎。”③ 具有宗廟的城邑纔能成爲國家政治生活中心，具有其他城邑難以比擬的崇高政治地位。洛陽之所以被稱“都”，與其建有宗廟的獨特身份有關。早在隋代，隋煬帝已在洛陽建立宗廟，故其名稱由“東京”改爲“東都”。《隋書・禮儀二》：“既營建洛邑，帝無心京師，乃於東都固本里北，起天經宫，以遊高祖衣冠，四時致祭。於三年，有司奏，請准前議，於東京建立宗廟。”④ 唐代洛陽也曾建有宗廟，建廟時間與其由“洛陽宫”改爲“東都”“神都”步驟一致，是武則天“革唐命”的重要組成部分。《舊唐書・禮儀志五》云：“垂拱四年正月，又於東都立高祖、太宗、高宗三廟，四時享祀，如京廟之儀。别立崇先廟，以享武氏祖考。”⑤《舊唐書・則天皇后本紀》：“（載初元年）九月九日壬午，革唐命，改國號爲周。改元爲天授，大赦天下，賜酺七日。乙酉，加尊號曰聖神皇帝，降皇帝爲皇嗣。丙戌，初立武氏七廟於神都。追尊神皇父贈太尉、太原王士彠爲孝明皇帝。”⑥ “天授二年，則天既革命稱帝，於東都改制太廟爲七廟室，奉武氏七代神主，祔於太廟。改西京太廟爲享德廟，四時唯享高祖已下三室，餘四室令所司閉其門，廢其享祀之禮。又改西京崇先廟爲崇尊廟，其享祀如太廟之儀。”⑦ 正因如此，武周時期的洛陽纔會被稱爲“皇都”，因爲“聖王建社以厚本，立廟以尊祖，所以京邑必有宗社”“若無宗廟，何謂皇都？”⑧ 武則天在洛陽建立九廟，即以洛陽爲武周都城，既有宗廟，“神都”洛陽自然可稱“皇都”。

結　語

唐代碑誌所見洛陽雅稱，載録了在洛陽發生或與之相關的重要歷史事件信息，是洛陽豐富多様歷史文化的縮影和痕迹。從這些雅稱中，可以看出唐人對周、漢洛陽城的尊崇。一方面，平王東遷洛邑，劉秀定都洛陽，使洛陽在東周、東漢曾作爲全國政治、經濟、軍事和文化中心，對後世産生深遠影響，這種影響體現在唐代民間對洛陽城的當代書寫中頻繁使用帶有明顯周、漢都城歷史痕迹的雅稱；另一方面，唐代墓誌較多使用源自周、漢的雅稱，也映照出有

---

① 〔後晋〕劉昫等：《舊唐書》卷九，第 215 頁。
② 〔漢〕許慎撰，（宋）徐鉉校定：《説文解字》卷六，北京：中華書局，1963 年，第 131 頁。
③ 〔周〕左丘明撰，〔晋〕杜預注，〔唐〕孔穎達疏：《春秋左傳正義》卷二七，《十三經注疏》下册，第 1911 頁（中欄）。
④ 〔唐〕魏徵：《隋書》卷七，北京：中華書局，1973 年，第 139 頁。
⑤ 〔後晋〕劉昫等：《舊唐書》卷二五，第 944 頁。
⑥ 〔後晋〕劉昫等：《舊唐書》卷六，第 121 頁。
⑦ 〔後晋〕劉昫等：《舊唐書》卷二五，第 945 頁。
⑧ 〔後晋〕劉昫等：《舊唐書》卷二六，第 986 頁。

唐一代法漢與宗周兩條不同政治路綫明争暗鬥的歷史痕迹。唐高祖李淵尊崇周制,《舊唐書·高祖本紀》云:"(武德二年)六月戊戌,令國子學立周公、孔子廟,四時致祭,仍博求其後。"[①]而太宗李世民則尊奉漢制,《舊唐書·太宗本紀》云:"(貞觀十一年)甲子,幸洛陽宫,命祭漢文帝。""(貞觀二十三年)己巳,上崩於含風殿,年五十二。遺詔皇太子即位於柩前,喪紀宜用漢制。"[②]武則天革唐命,建武周,則依周制,《舊唐書·則天皇后本紀》云:"載初元年春正月,神皇親享明堂,大赦天下。依周制建子月爲正月,改永昌元年十一月爲載初元年正月,十二月爲臘月,改舊正月爲一月。"[③]

唐代碑誌中散見的洛陽雅稱,不僅是一種語言現象,也是古都洛陽的歷史記憶與當代書寫,是其歷史文化的縮影和痕迹,對後人客觀認知洛陽歷史地位和影響力具有重要意義。

(宋婷,陝西師範大學中國史流動站博士後,西華師範大學副教授)

① 〔後晋〕劉昫等:《舊唐書》卷一,第 18 頁。
② 〔後晋〕劉昫等:《舊唐書》卷三,第 47 頁、第 62 頁。
③ 〔後晋〕劉昫等:《舊唐書》卷六,第 120 頁。

西晋學者劉逵仕履及其《三都賦注》的相關問題*

杜志强

[摘　要] 劉逵歷任尚書郎、陽翟令、中書郎、黄門侍郎、侍中等職，時間在西晋元康、永康年間。政治上，劉逵對於賈氏集團和趙王司馬倫勢力采取依違之間的態度，既未明確反對，亦未積極奔走。劉逵注《三都賦》三卷，包括《蜀》《吴》《魏》三篇，李善注釋《文選》時，由於僅存劉逵《蜀》《吴》兩注，故李善衹能采録其《蜀》《吴》兩注（《魏都》主要采録張載注）。劉逵注的主旨是辨别名物典章，廣記載之未備，兼寓傳揚聲教、美頌王化之初衷；其大量徵引文獻的注釋方式，是漢魏注釋學的深度發展，也是向李善注過度的關鍵津梁；其注釋中的稀見文獻及内容，許多都是今見最早的徵引，具有重要的史料價值。

[關鍵詞] 劉逵　三都賦　文選

劉逵是西晋較有名的學者，可是除了他注《三都賦》之外，其餘的生平細節却微而不顯，其注《三都賦》也頗有異議。劉逵仕履如何？他果真注《三都賦》了嗎？是注了吴都、蜀都、魏都三賦，還是僅注了前兩篇？其注的特色與價值何在？這些問題，學界有的有定論，有的有討論，有的則尚未深究。本文接受已有的定論，討論那些尚有争議和未深究的問題。

一、劉逵仕履

劉逵，字淵林，濟南（今山東歷城）人，《晋書》無傳，生平資料也極爲罕見。目前，僅見到崔潔對劉逵生平、學術做了有益的探索，[①] 然尚有較多補充的空間，兹考索如下：

（一）元康間（291—299），劉逵任尚書郎、陽翟令、中書郎

現一般文獻介紹劉逵"元康中爲尚書郎"，其依據應當是唐鈔集注本《文選》陸善經注："劉逵自尚書郎爲陽翟令，與傅咸、陸機、杜育同時。"[②] 既然劉逵與陸機同時，陸機於元康後期曾任尚書郎，那麽，劉逵任尚書郎應在元康年間。尚書郎"選極清美，號爲大臣之副"，[③] 西晋設尚書郎 23 人，一般每州 1 人，[④] 劉逵籍屬青州，任尚書郎，應該是他才望兼美的體現。之後，

* 本文是國家社科基金重大項目"《全先秦漢魏晋南北朝文》編纂整理與研究"（10 & ZD 103）的階段性成果。

① 崔潔：《劉逵小考》，《蘭臺世界》2017 年第 12 期，91—94 頁。

② 周勛初：《唐鈔文選集注彙存》，上海：上海古籍出版社，2011 年，第 13 頁。

③ 〔唐〕杜佑：《通典》卷二二，北京：中華書局，1988 年，第 605 頁。

④ 俞士玲：《論二陸不可能同時爲尚書郎》，《陸機陸雲年譜》，北京：人民文學出版社，2009 年，第 125 頁。

劉逵由尚書郎出任陽翟令,這也是當時尚書郎任職之後的正常流轉。據《通典》,正常情況下,西晋官員任尚書郎五年之後,遂“遷大縣令”。[①] 陽翟即今河南禹州,爲春秋時韓國都城、漢代潁川郡治所在,洵爲“大縣”。

陽翟令之後,劉逵繼任中書郎。衛權《左思〈三都賦〉略解》云:“有晋徵士故太子中庶子安定皇甫謐,西州之逸士,耽籍樂道,高尚其事,覽斯文而慷慨,爲之都序。中書著作郎安平張載、中書郎濟南劉逵,並以經學洽博,才章美茂,咸皆悦玩,爲之訓詁。”[②] 從中可知劉逵曾任中書郎。他何時任中書郎? 由於别無資料參證,學人衹好推證,如姜劍雲分析道:“張載再任著作郎與劉逵爲中書郎,或爲同時,皆在太康中,故相與爲左思《三都賦》作注。”[③] 對此,我們不認同。假如劉逵在太康年間(280—289)已經任職中書郎,後來又在元康年間降任尚書郎,如果没有特殊原因,這個現象不會發生。西晋官員的任職,從尚書郎轉縣令,再遷升爲中書郎,較爲常見,如夏侯湛由尚書郎轉野王令繼遷中書郎,[④] 鄧颺由尚書郎轉洛陽令再遷中書郎,[⑤] 劉逵由尚書郎轉陽翟令,再遷中書郎,正符合西晋官員遷升的基本情况。由此推斷,劉逵任中書郎,衹能是元康年間的事,應在元康末期。

(二)永康間(300—301),劉逵任黄門侍郎、侍中

永康元年(300)四月至次年三月,趙王司馬倫專權,其間劉逵曾任黄門侍郎、侍中。《晋書·司馬倫傳》載:“或謂秀曰:‘散騎常侍楊準、黄門侍郎劉逵欲奉梁王肜以誅倫。’會有星變,乃徙肜爲丞相,居司徒府,轉準、逵爲外官。”這是一個關於劉逵參與政變陰謀的讒言。從中可知,有人進讒於孫秀,説楊準、劉逵欲擁戴梁王司馬肜,以誅司馬倫,孫秀因此任楊、劉爲“外官”(與“中官”相對,指朝廷其他官職)。此時應該是司馬倫篡位前後,即永康元年,孫秀的權威“振於朝廷”。[⑥] 如果劉逵確實圖謀擁戴司馬肜以誅司馬倫的話,那麽,以孫秀之陰狠,其處理結果或許不會如此輕描淡寫,相似的例子是,潘岳、石崇企圖擁戴淮南王司馬允、齊王司馬冏以誅司馬倫,結果是被夷三族。

所以,較爲可能的情形是,劉逵與司馬肜的關係親密,孫秀借讒言來打擊政治對手。司馬肜與司馬倫一起廢殺賈后,以太宰守尚書令,又與孫秀一同輔政,地位很高。孫秀以讒言爲托辭,徙司馬肜爲丞相,顯然是一種明升暗降的手段,而楊準、劉逵衹不過是實施這個手段的幌子而已。當時楊準任散騎常侍,劉逵任黄門侍郎,均屬“中官”。[⑦]“魏晋散騎常侍、侍郎

① 〔唐〕杜佑:《通典》卷一九,第485頁。
② 〔唐〕房玄齡等:《晋書》卷九二《文苑傳》,北京:中華書局,1974年,第2376頁。
③ 姜劍雲:《太康文學研究》,北京:中華書局,2003年,第262頁。
④ 〔晋〕潘岳:《夏侯常侍誄》,董志廣:《潘岳集校注》,天津:天津古籍出版社,2005年,第186頁。
⑤ 〔晋〕陳壽:《三國志》卷九《魏志·曹爽傳》裴松之注引《魏略》,北京:中華書局,2006年,第175頁。
⑥ 〔唐〕房玄齡等:《晋書》卷五九《司馬倫傳》,第1600頁。
⑦ “中官”即内朝官,在宫中理事,故稱。漢代中官包括大司馬、將軍、侍中、中常侍、左右曹、諸吏、散騎等。參見祝總斌《兩漢魏晋南北朝宰相制度研究》,北京:中國社會科學出版社,1990年,第72頁。

與侍中、黄門侍郎共平尚書奏事",[①] 然則楊準、劉逵具有評議尚書奏事的參政權。若他們與太宰司馬肜聯合,那就會對孫秀的權力構成威脅,所以孫秀任其爲"外官"。

劉逵此次所任"外官",應該爲時極短,或者根本就未到任,旋即升任侍中。侍中亦爲"中官"。《晋書·傅祗傳》載:"初,倫之篡也,孫秀與義陽王威等十餘人預撰儀式、禪文,及倫敗,齊王冏收侍中劉逵、常侍騶捷、杜育、黄門郎陸機、右丞周導、王尊等,付廷尉。以禪文出中書,覆議處祗罪,會赦,得原。後以禪文草本非祗所撰,於是詔復光禄大夫。"[②] 司馬冏誅除司馬倫,追查爲司馬倫撰寫禪文之人,首當其衝者便是侍中劉逵。然則永康二年劉逵任侍中。如果劉逵自黄門侍郎轉任"外官"屬實的話,那也肯定爲時極短,從永康元年九月司馬肜轉任丞相算起,到次年四月司馬冏治草禪文之罪截止,最多不超過八個月時間,然後即任侍中。

侍中之職,"魏晋以來置四人",[③] 形同宰輔。司馬倫篡位之前,侍中有孫秀、司馬詡、嵇紹、劉逵,恰好爲四人。其中孫秀爲親佞之臣,司馬詡爲司馬倫第四子,嵇紹素有人望,可算是士大夫的代表。相比之下,劉逵以一儒者厠身其中,更像一個朝章禮儀的顧問。篡位之後,司馬倫爲籠絡人心而大肆封官,使得"每朝會,貂蟬盈座,時人爲之諺曰:'貂不足,狗尾續'"。[④]"狗尾續貂"之典遂鑿空而出。可以理推,在侍中遍地的政局中,劉逵的地位應當不會太顯赫,他也不至於爲惡多少。但無論如何,他都成了司馬倫集團比较重要的人物之一。

(三)劉逵的人生結局

司馬冏治草禪文之罪,如何處置劉逵？奈人尋味。從前引《晋書·傅祗傳》的文字來看,劉逵排第一,這應當是官職的級别使然(在起草禪文的相關人物中,劉逵官職級别最高)。禪文出自中書省,劉逵所在的侍中省雖然有評議職能,但顯非第一責任。禪文起草的具體組織者應是孫秀,而非劉逵。

司馬冏逮捕的起草禪文之人,前引《晋書·傅祗傳》稱"十餘人",而《陸機傳》則明確稱爲"九人","收機等九人付廷尉"。[⑤] 其間差異,應該是孫秀、司馬威兩人,他們不僅組織起草禪文,而且司馬威還逼宫,迫使晋惠帝交出玉璽,所以當即被處死。《陸機傳》所載之"九人",如果再加上孫秀、司馬威,即爲"十餘人"。這"九人",我們祇能落實到劉逵、傅祗、騶捷、杜育、陸機、周導、王尊等七人上,其他二人不詳。司馬冏如何處置他們？九人中,傅祗、杜育、陸機確定被赦免,傅祗甚至位至三公。《傅祗傳》稱"會赦,得原",即他們遇到了大赦。據《晋書·惠帝本紀》,四月"辛酉"逮捕司馬倫黨羽,處死了孫秀、駱休等人,"癸亥"發佈了赦免司馬倫追隨者的詔書,時間上僅隔一天。在這一天多的時間裏,傅祗、陸機等没有被定罪,而是

---

① 〔梁〕沈約:《宋書》卷四〇《百官志下》,北京:中華書局,1974年,第1244頁。
② 〔唐〕房玄齡等:《晋書》卷四七《傅祗傳》,第1332頁。
③ 〔唐〕杜佑:《通典》卷二一《職官三》,第547頁。
④ 〔唐〕房玄齡等:《晋書》卷五九《司馬倫傳》,第1602頁。
⑤ 〔唐〕房玄齡等:《晋書》卷五四《陸機傳》,第1473頁。

等到了赦免,那麽,我們有理由推理,劉逵在此次問罪中也幸免於難。

問題是,此後的劉逵不知所終。他是終究没有逃出那場鏟除司馬倫的政治風暴,還是像摯虞那樣卒於戰亂,還是在赦免之後心灰意冷,像左思、張協那樣遠離了官場,以致不知所終? 對此,難以具體推究了。從任尚書郎、陽翟令、中書郎、黄門侍郎、侍中來看,其任職均爲親要而升遷迅速的政樞機構,劉逵走的是仕途快車道。五次任職均在元康之後,聯繫當時的政局來説,這頗爲不易,因爲這期間的西晋政局風雲動蕩,先後有賈氏誅除楊駿集團、司馬倫誅除賈氏集團、司馬冏誅除司馬倫集團等政變,其中僅最後一次殃及劉逵,其他似乎都影響不大,這需要一個解釋(詳後)。

二、劉逵的政治立場

由於資料匱乏,我們無法直接論證劉逵的政治立場,但爲使問題深入,兹分别以楊準、司馬肜爲參照,分析劉逵對於賈氏和司馬倫集團的政治傾向。總體看法是,劉逵的政治立場在若即若離的依違之間。

(一)以楊準爲參照

《晋書·司馬倫傳》云:"散騎常侍楊準、黄門侍郎劉逵欲奉梁王肜以誅倫。"儘管這衹是讒言,但基本可以確定,楊準和劉逵應該有着較爲接近的政治立場,因此,楊準可以作爲理解劉逵生平的一個參照。楊準是楊修之孫,名門之後,與樂廣友善,年輕時與嵇康之子嵇紹、山濤之子山簡、劉伶之子劉漠齊名,曾任愍懷太子文學,[①] 司馬倫篡權後,楊準任散騎常侍。由此推理,在賈后、潘岳等人構陷、殺害愍懷太子的過程中,楊準很可能同情太子,至少未參與構陷,所以司馬倫纔任其爲散騎常侍。同理,劉逵任中書郎時,正是賈后專權之時,如果劉逵傾向於賈后,那他也很有可能參與起草構陷、罷廢愍懷太子的詔書,但從司馬倫任其爲侍中來看,劉逵與賈氏集團還是保持有距離的。

劉逵與賈氏集團保持距離的另一側證是,賈謐組織"二十四友",網羅才俊,劉逵不在其中。前引陸善經語:"劉逵……與傅咸、陸機、杜育同時。"其中陸機、杜育爲"二十四友"成員,劉逵與之年紀相仿,儒學造詣頗高,却未能預入其中,這或許與他長於經術、不善文學有關,但更應與他有意保持距離有關。

司馬倫專權、篡位前後,楊準任散騎常侍,嵇紹、劉逵任侍中,可以確定,此時他們三人同時具有平章尚書奏事的權力。司馬倫在誅除賈氏之後,對於那些疏離於賈氏集團的士人多有任用,對於那些名門之後且有才華者,更是委以清要之華職,陸氏兄弟之任職殆亦因此。由

① 〔唐〕房玄齡等:《晋書》卷五三《愍懷太子傳》,第 1457 頁。

此推理，劉逵家族門第雖不如楊、嵇等人之顯，但亦當不至低太多。[①] 後來，楊準於"惠帝末爲冀州刺史"，[②] 時間應當在光熙元年(306)。這也證明，在司馬冏誅除司馬倫時，楊準並未禍及，而是安全地走出了八王之亂。

如果劉逵不支持或親近賈氏集團，那賈氏掌權時他任中書郎，又是誰薦舉、任命呢？我們推測應是張華。張華雖是賈后主政時的宰輔，但亦算清流，他在賈氏集團與其他朝臣之間極力周旋，有能力汲引那些有才華的、處於賈氏勢力之外的士大夫。

(二)以司馬肜爲參照

作爲司馬倫鏟除賈氏集團的重要助手，司馬肜在司馬倫篡權後任太宰、司徒，位望很高。但是，司馬倫倒臺後，司馬肜立即上書彈劾司馬倫，這一方面是其見風使舵的政治投機，另一方面也體現出他對司馬倫的不滿。然則前引關於楊準、劉逵欲聯合司馬肜以誅司馬倫的謡言，也似乎透露出司馬肜、司馬倫之間隱隱的政治裂痕。司馬肜卒後，博士蔡克指責其大節有虧，證據有三：愍懷太子之難，司馬肜無一言勸阻；司馬允起兵討伐司馬倫，兵敗而死，司馬肜未能給予支持；司馬倫篡位，司馬肜不能抽身離開，而是坐享高位。[③] 應該説在這三事上，司馬肜唯求明哲保身，不能維護晋惠帝的權威，政治投機的意味明顯。但他預誅賈氏，應該肯定；他與司馬倫之間貌合神離，似亦屬實；其所乏者，是不能果斷決策、堅決從義。

對照司馬肜的立場，劉逵所爲差近之。他既没有明顯支持司馬倫，也没有鮮明反對，依違之間，他成了司馬倫統治的重要成員。其任職侍中，或即賴司馬肜之力。今天來看，對於劉逵這樣一個處於政治風暴中的學者來説，其不能堅決反對和勇敢從義，似亦不必苛責，畢竟當時的政局很殘酷，而且他發揮的實際作用也有限。

三、劉逵學術成就及其《〈三都賦〉注》諸問題

(一)劉逵《喪服要記》二卷

劉逵是當時比較有名的學者，"經學洽博，才章美茂"。[④] 其"才章美茂"今已難印證，但"經學洽博"却大致可考。《隋志》著録云："《喪服要集》二卷，晋征南將軍杜預撰。又有《喪服要記》二卷，晋侍中劉逵撰，亡。"[⑤] 可知劉逵有《喪服要記》二卷，且與杜預《喪服要集》並列，唐前即已亡佚。《通典》卷四一《禮序》下，羅列漢代以來"朝有典制可酌而求者"，[⑥] 於晋

---

① 王琳先生推理劉逵或爲西晋儒者濟南劉兆之族人。王琳：《齊魯文人與六朝文風》，濟南：齊魯書社，2008年，第288頁。
② 龔斌：《世説新語校釋》，上海：上海古籍出版社，2011年，第772頁。
③ 〔唐〕房玄齡等：《晋書》卷三八《宣五王傳・梁王肜傳》，第1128頁。
④ 〔西晋〕衛權：《左思〈三都賦〉略解》序，〔清〕嚴可均輯：《全晋文》卷一〇五，北京：商務印書館，1999年，第1114頁。
⑤ 〔唐〕魏徵等：《隋書》卷三二《經籍一》，第920頁。
⑥ 〔唐〕杜佑：《通典》卷四一，第1122頁。

列38家,其中劉逵與羊祜、杜預、摯虞、束皙、傅咸、賀循等西晉名儒同列,也説明劉逵專精於禮制研究。劉逵《喪服要記》的完成時間,應當在杜預《要集》之後,摯虞《要注》之前,以任尚書郎時的可能最大。可以肯定,劉逵是西晉較重要的學者,其《喪服要記》是西晉論禮的重要文獻。

(二)劉逵《三都賦注》的著作權問題

劉逵注左思《三都賦》,爲《三都賦》延邀聲譽,對《三都賦》的流傳起到了重要作用。李善注《三都賦》,除了在《魏都賦》注中補充較多之外,《吴都》《蜀都》二賦則基本全盤接納了劉逵注,極少補充。因此,劉逵有功於《三都》。但劉孝標注《世説新語》時,引《左思别傳》的記述,否定了劉逵的著作權,提出了左思自注、假時人之名以重其文的説法。由於劉孝標注影響很大,所以後來學者紛紛著論予以駁正,如王世貞《古夫于亭雜録》卷三、嚴可均《全晋文》卷一四六、高步瀛《文選李注義疏》,以及余嘉錫、龔斌等人的《世説新語》注,傅璇琮《左思〈三都賦〉寫作年代質疑》、曹道衡和沈玉成《中古文學史料叢考》、姜劍雲《太康文學研究》等,均駁正劉孝標注,還劉逵以著作權,同時也還左思以清白。應該説,劉逵注《三都賦》的事實已基本澄清。

但是,劉逵是僅僅注了《吴》《蜀》兩賦,還是兼注《魏都》? 各家記載多有差異。面對諸多資料,論者取捨不一,見仁見智。大致來説,學界的主要觀點有三:

1.張載注《魏都》,劉逵注《吴》《蜀》。

唐鈔集注本《文選·三都賦》注云:"李善曰:臧榮緒《晋書》曰:'《三都賦》成,張載爲注《魏都》,劉逵爲注《吴》《蜀》。自是至後,漸行於代。'"[①] 顯然,臧榮緒的記載是劉逵注《吴都》《蜀都》兩賦,這與《晋書·左思傳》之"張載爲注《魏都》,劉逵注《吴》《蜀》"的記載相合,亦與李善注吻合。臧修《晋書》是唐前諸《晋書》中影響最大的一部,李善又是權威的注釋學者,他們的一致意見,使得張載注《魏都》、劉逵注《吴》《蜀》的説法得到學界的廣泛認可。胡克家《文選考異》、梁章鉅《文選旁證》等均是。[②]

臧榮緒生於晋末,卒於南齊,臧修《晋書》爲唐修《晋書》之藍本,然則唐修《晋書》自然會繼承臧榮緒的説法。至於李善,從他對臧榮緒《晋書》的引用,及所引張載、劉逵注文來看,顯然是接受了臧修《晋書》的觀點。陸善經也認同臧榮緒的記載,有其"依臧爲定"的話可證。[③] 所以,臧榮緒《晋書》、唐修《晋書》、李善、陸善經諸家觀點明顯存在着繼承關係。

2.張載注《蜀都》,劉逵注《吴》《魏》。

這個説法源於綦毋邃。唐鈔集注本《文選》陸善經注文云:"綦毋邃序注本及《集》題云:

---

① 周勛初纂輯:《唐鈔文選集注彙存》,第13頁。
② 〔清〕梁章鉅:《文選旁證》,福州:福建人民出版社,2000年,第181頁。
③ 周勛初纂輯:《唐鈔文選集注彙存》,第13頁。

張載注《蜀都》，劉逵注《吴》《魏》。"[①] 綦毋邃生活於東晋初年，僅比劉逵等晚五、六十年，也早於臧榮緒，而記載却與臧榮緒大相徑庭。材料稱"綦毋邃序注本"，似乎綦毋邃僅僅注了《三都賦序》，而未注正文。[②] 從現存七條綦毋邃的注文來看，[③] 綦毋邃注是兼及《三都賦序》和正文的。材料所稱之"集"，一般認爲是綦毋邃所見之《左思集》。《隋志》有著録《左思集》，但該集早佚，已説明不了什麽問題。綦毋邃要注《三都賦》，必然會搜羅相關資料；如果他搜羅到張載、劉逵《三都賦注》，那爲何會有這樣迥異的記載？難道是他僅僅搜羅到三篇賦中的個别單篇？或者是他根本就僅憑他人之言而記録？我們以爲，作爲東晋頗有注疏成績的學者，綦毋邃之注《三都賦》，應當是比較嚴謹的，他不可能作輕率甚至錯誤的記録。之所以會出現這樣截然迥異的記載，很可能是僅看到了《三都賦》的單篇注，即衹看到張載之《蜀都》注和劉逵之《吴都》《魏都》注。這也使我們有理由推理，《三都賦》篇體長大，注釋之後文字會更長，所以當時應有分篇流傳，綦毋邃看到的應是分篇的賦和注。

若將一、二兩説合并，則恰好成全了第三種説法。

3.張載、劉逵分别注《三都賦》三卷。

《隋書·經籍志》"雜賦注本"載："梁有……張載及晋侍中劉逵、晋懷令衛權注左思《三都賦》三卷，綦毋邃注《三都賦》三卷，……亡。"[④] 對於其中"張載及晋侍中劉逵、晋懷令衛權注左思《三都賦》三卷"一句，學界有不同理解。第一種理解是，張載、劉逵、衛權各有《三都賦注》三卷，如日本學者狩野充德云："張載、劉逵、衛權和綦毋邃都注《三都賦》三卷。"[⑤] 高步瀛先生的觀點大體同此。另一種理解是，這衹是一個由張載、劉逵、衛權前後相續注釋而成的合注本，如唐普認爲："《隋志》所著録當是衛權的合注本。"[⑥] 崔潔也認爲："《三都賦》先唐舊注，除綦毋邃注本外，尚有'張載及晋侍中劉逵、晋懷令衛權注左思《三都賦》三卷'，即合注本。"[⑦] 現在來看，這些説法都屬推理。從著録來看，《隋志》的作者也未見到衛權注本，僅僅是依據阮孝緒《七録》轉録而已，他們也未必知道這即爲"合注本"。因此，所謂"合注本"，更多是學者的猜測。衛權在注釋時吸收、補充張載、劉逵注，也盡在情理之中，[⑧] 但不一定要稱之爲"合注本"。我們認同高步瀛和狩野充德的觀點，即張載、劉逵、衛權、綦毋邃各有《三都賦注》三卷（詳後）。

由此來看，晋宋時期的綦毋邃、臧榮緒所見材料有限，所以記載偏差較大；《隋志》借鑒

① 集注本《文選》李善注引。周勛初纂輯：《唐鈔文選集注彙存》，第13頁。
② 唐普云："所謂的綦毋邃'序注本'實則衹增加了《三都賦序》注，而正文中仍爲張、劉二注（或加上衛權注）之原貌。"唐普：《〈文選·三都賦〉舊注底本問題試探》，《四川大學學報》2009年4期，第110頁。
③ 羅國威輯録五條（羅國威：《左思〈三都賦〉綦毋邃注發覆》，《古籍整理研究學刊》1994年6期，第6—9頁），崔潔補輯兩條（崔潔：《李善所引〈三都賦〉舊注底本問題蠡測》，《文獻》2018年5期，第154—159頁）。
④ 〔唐〕魏徵等：《隋書》卷三五《經籍四》，第1083頁。
⑤ 〔日本〕狩野充德：《左思〈三都賦〉諸注家考證》，日文文獻，筆者托人譯爲中文。中文版尚未發表。
⑥ 唐普：《〈文選·三都賦〉舊注底本問題試探》，《四川大學學報》2009年4期，第110頁。
⑦ 崔潔：《李善所引〈三都賦〉舊注底本問題蠡測》，《文獻》2018年5期，第156頁。
⑧ 衛權《三都賦注》，今存二十九條，均是《吴都賦》注。見集注本《文選》卷九，主要是《文選抄》引。

阮孝緒《七録》等書目，將各家賦注一起題爲"雜賦注本"而著録，並注明已亡佚。顯然，《隋志》的材料來源與唐修《晋書》、李善注等有着明顯不同，因此，《隋志》的記載雖然僅此一見，却具有彌合、包羅第一、二種説法的性質，值得重視。但問題也隨之而來：既然《隋志》著録各家《三都賦注》已亡佚，可爲何此後的李善注却大量引用了張載、劉逵注，後來的唐鈔集注本《文選》也引了衛權注、綦毋邃注、陸善經注、《文選鈔》等内容？這些事實至少説明，張、劉、衛、綦毋四家注未盡亡佚。《隋志》作爲專門目録，更多是借鑒此前目録書的成果，其所注明之"亡"，應當是據秘書處藏書核量的結果，而未能在更廣的範圍内予以核實。李善師從曹憲，曹憲歷經梁代後期以至唐初，爲江淮間《文選》學的鼻祖，可以肯定，曹、李師徒應當是最注意搜羅《文選》注釋類文獻的學者，其居住之揚州亦爲梁、陳文化之核心區，也有利於保存梁代以來的文獻，因此，曹、李本人及其周圍，應是《文選》注釋類文獻的彙集之地，所以李善能看到和利用許多《隋志》著録爲亡佚的資料。

我們進而問：李善注《三都》時，爲何衹借鑒張載《魏都》注，劉逵《吴》《蜀》注？爲什麽不能全部借鑒劉逵注或張載注？其取捨的理由何在？首先，這與李善所言"舊注是者，因而留之""其有乖謬，臣乃具釋，並稱'臣善'以别之"的體例關係不大。[①] 這些體例，衹是針對具體、細微的文句解釋而言，而就通篇舊注來説，其規範性並不强。其次，與張載、劉逵注的優劣關係也不大。劉逵也有《魏都賦注》（詳後），從其《吴》《蜀》注來推理，其《魏都賦注》亦當價值不低。退一步講，即便李善認爲劉逵注不如張載注，那他至少也會參考劉逵注；衹要有參考，就必然會或多或少地有所引用，而不會一字不見；李善能在張衡賦中引一句劉逵《魏都賦》注，爲何就不能在《魏都賦》注中引劉逵注呢？情理難通。[②] 所以，這不僅僅是優劣問題。我們的解釋是，李善應該僅看到張載《魏都》注和劉逵《吴》《蜀》注，而未見張載之《吴》《蜀》注和劉逵之《魏都》注，因爲這些舊注很可能就是單篇傳佈的，因而也就單篇留存。這樣的解釋，也可以兼顧前引綦毋邃、臧榮緒等人觀點的分歧。

接下來的問題是：既然李善未見到劉逵《魏都賦注》，那他注張衡《二京賦》時所引劉逵《魏都賦注》一句，又從何而來？對此，學界歧見紛呈，兹將與之相關的幾條材料一起論析如下：

（1）《文選》卷二張衡《二京賦》"設在蘭錡"句李善注云："劉逵《魏都賦注》曰：受他兵曰蘭，受弩曰錡。"[③] 這是未見於《文選·三都賦注》中的文字，其中李善明確引作"劉逵《魏都賦注》"。從現存《文選》版本來看，無論是敦煌吐魯番本、唐鈔集注本，還是後來的刻印本，在這個記載上都完全相同，因此可以排除傳刻錯誤。可是，這與臧榮緒"張載注《魏都》，劉

---

① 《文選》卷二張衡《西京賦》薛綜注後李善注語。〔梁〕蕭統編，〔唐〕李善注：《文選》（胡刻本），上海：上海古籍出版社，1986年，第47頁。

② 唐普也有類似疑問。他考察到，集注本《文選》僅在殘卷《吴都賦》中引用了衛權注二十餘條，完帙《蜀都賦》却一無引用，"於情於理似説不過去"，對此，唐普的解釋是，"可能時間久遠，已殘缺了"（《〈文選·三都賦〉舊注底本問題試探》，《四川大學學報》2009年4期，第110頁）。

③ 〔梁〕蕭統編，〔唐〕李善注：《文選》（胡刻本），第61頁。

逵注《吴》《蜀》”的説法矛盾，與李善注也矛盾，該如何解釋？

胡克家認爲：“此有誤也，……或當爲‘張載《魏都賦注》’。”[①] 梁章鉅的説法與此同。[②] 胡、梁二人是爲了彌合李善注的矛盾，遂提出了“劉逵”應作“張載”的看法。但是，高步瀛認爲：“此注疑不誤。”[③] 顯然，高氏不認同胡、梁之説。我們以爲，胡、梁的否定有嫌輕率，高氏觀點較爲合理。即便如此，李善注自身矛盾的問題仍然没有解决。於是，就有狩野充德的觀點：劉逵確有《魏都賦注》，但李善注却没有引用；出現在李善注中的劉逵《魏都賦注》，是後來流傳過程中摻入的。[④] 表面上看，狩野的觀點既解决了李善注的矛盾，又肯定了劉逵注《魏都賦》的事實，一舉兩得；但事實也並非如此，因爲敦煌吐魯番本《文選》之《西京賦》李善注（卷號P.2528）也作“劉逵《魏都賦》”，[⑤] 而該卷寫於高宗永隆年間，其時李善尚未辭世，因此，基本可以排除後來摻入之説。

我們以爲，與其説是後來摻入，還不如説是李善注釋自身的問題。李善僅僅見到張載《魏都》、劉逵《吴》《蜀》注，但在注釋《文選》其他篇目時，他也在借鑒各種其他注釋，這些其他注釋有引到張載《吴都》、劉逵《魏都》注的零星内容，李善遂將其轉引到《文選》注中來，於是出現了類似“劉逵《魏都賦注》”這樣的語句。這與李善“張載注《魏都》，劉逵注《吴》《蜀》”的説法矛盾，但因零雜，且注文浩繁，故前後未統一，以致留存至今。

（2）尤刻本、胡刻本《文選》卷二四曹植《贈徐幹》李善注：“劉淵林《魏都賦》注曰：‘文昌，正殿名也。’”[⑥] 唐鈔集注本卷四七則作：“李善曰：張孟陽《魏都賦》注曰：‘文昌，正殿名也。’”[⑦] 這是内容相同而出處迥異的記載，其根源在《文選》本身的版本差異上。尤刻本、胡刻本作“劉淵林《魏都賦》注”，唐鈔集注本作“張孟陽《魏都賦》注”。有意思的是，李善《文選》卷六《魏都賦》張載注也有“文昌，正殿名也”一語，於是，斯波六郎、狩野充德等人認爲，這句注語應出於張載《魏都賦》注，尤刻本、胡刻本誤。斯波、狩野的看法有一定道理，畢竟唐鈔集注本要比尤刻、胡刻本早，而且還有李善注内部的證據。但這還是掩蓋不了李善注内部又一次出現矛盾的事實。如果聯繫前一條的矛盾，我們不禁疑惑，這都是傳抄錯誤、版本問題？爲何這些錯誤和問題又再次集中到劉逵及《魏都賦》注上？統籌來看，儘管斯波、狩野的觀點有一定的版本依據，但都嫌拘泥，他們都是在曲折地爲李善注打圓場。我們以爲，“文昌，正殿名也”的注釋文字，劉逵、張載都可以寫，即使雷同，亦非稀罕怪事。

（3）類似的情形尚有：《文選》卷四張衡《南都賦》“轂玃猱挺戲其巔”下，李善注引曰：

---

① 〔清〕胡克家：《文選考異》，附於《文選》卷二之後，上海：上海古籍出版社，1986年，第86頁。
② 〔清〕梁章鉅：《文選旁證》，第55頁。
③ 高步瀛：《文選李注義疏》，北京：中華書局，1985年，第339頁。
④ 〔日本〕狩野充德：《左思〈三都賦〉諸注家考》。
⑤ 金少華：《敦煌吐魯番本〈文選〉輯校》，杭州：浙江大學出版社，2017年，第303頁。
⑥ 〔梁〕蕭統編，〔唐〕李善注：《文選》（胡刻本），第1117頁。
⑦ 周勛初纂輯：《唐鈔文選集注彙存》，第226頁。

"張載《吴都賦》注曰:'涎,猨屬'。"胡刻本認爲:"'張載'當作'劉逵'。各本皆誤。"① 其中又出現了"張載《吴都賦》注"。狩野充德甚至認爲,這"本來不是李善注,而是後來誤入"。這與劉逵《魏都賦》注的問題何其相似!似乎李善注中凡所引《吴都賦》注,都應該屬於劉逵,凡《魏都賦》注,都應屬於張載;如果不合,那就應該置换,要麽就是《文選》流傳過程中的闌入。而如果按照《隋志》張、劉、衛、綦毋分作《三都賦》注的記載來看,這些問題都就迎刃而解了。

所以,與其要爲李善注曲爲之説,還不如承認這個矛盾的事實;這不妨礙李善注的嚴謹,也不影響李善注的成績。李善在《三都賦》注中分别以張載《魏都》注、劉逵《吴》《蜀》注爲底本,但在其他篇目的注釋中,却偶也闌入了零星的劉逵《魏都賦注》,這種闌入,並非李善看到劉逵《魏都賦注》全文後的有意引用,而是借鑒其他注釋時,無意間引用的,於是就出現了矛盾。

接下來的問題是,張、劉、衛、綦毋四家均作《三都賦》注,必要性在哪裏?按常理,學術如積薪,必然有一個前後接續的過程。張載注《三都》,不够詳細,纔有劉逵注的必要。從現存張載之《魏都》注來看,李善做了較大的補充,纔能廣其流傳,由此推理,張載之注《吴》《蜀》,估計不會比《魏都》更詳細。正因此,劉逵纔能展其"經學洽博"之長,接着爲《三都》做注。毫無疑問,在《三都賦》的注釋史上,劉逵注最詳審,其《吴》《蜀》注,李善很少補充,就是最好的證明。衛權注《三都》,主要目的是補缺,時人評價不高,"了無所發明,直爲塵穢紙墨,不合傳寫",② 但我們需要梳理的問題是:衛權注本如何處理張、劉二人的《三都賦注》?是有選擇地分别以張載《魏都》、劉逵《吴》《蜀》注爲底本,補入了自己的注釋,還是綜合了張載、劉逵各自的《魏》《吴》《蜀》注?我們以爲,衛權僅僅以張載《魏都注》作爲自己《魏都賦注》的底本,而毫不顧及其《吴》《蜀》兩注,或者僅僅以劉逵《吴》《蜀》注爲底本,而毫不顧及張載《魏都注》,都不合情理,他以綜合兩家六賦注的可能性較大,也就是説,衛權的注釋中應該是張、劉互見,而不是單純地《魏都》僅張載注、《吴》《蜀》僅劉逵注。可是,現在我們看到的《文選·三都賦注》,却是純粹的張載《魏都注》、劉逵《吴》《蜀》注,這與衛權注中張、劉互見的情形相差甚遠。由此可大致認定,衛權注與李善注之間的關係不大,至少李善注《三都賦》的底本並非衛權注本。這麽説來,崔潔的觀點——衛權注本"完整地保留了張載、劉逵二人之注"、是李善注《三都賦》的底本,③ 似乎也難成立。李善用以作底本的,很可能衹是張載《魏都注》、劉逵《吴》《蜀》注。

對於衛權注,李善未引其一條。李善有没有見到衛權注?應當見過。今存衛權注,都出於唐鈔集注本《文選》中的《文選鈔》。《文選鈔》撰者公孫羅與李善同爲揚州人,二人同學於曹憲,又同任職於沛王府,基於這樣的經歷,我們推理,李善肯定也有見到衛權注,之所以

① 〔梁〕蕭統編,〔唐〕李善注:《文選》(胡刻本),第165頁。
② 〔晋〕陳壽:《三國志》卷二二《衛臻傳》裴松之注,北京:中華書局,1982年,第649頁。
③ 崔潔:《李善所引〈三都賦〉舊注底本問題蠡測》,《文獻》2018年5期,第158頁。

未引一語，大概是因爲衛權注“了無發明”“不合傳寫”之故。

關於綦毋邃注《三都》，崔潔的看法較爲合理：“很可能借鑒、引用、融合了部分前人舊注，同時又别出己注。”是“另注本而非合注本”。[①] 綦毋邃之所以要另注，從其“張載注《蜀都》，劉逵注《吴》《魏》”的記載來看，他應當未見衛權注，即便張、劉之注，他可能也衹是見到張載《蜀都》和劉逵《吴》《魏》注；何况《三都賦序》也未有注，故而纔有補注的必要。既然這樣，那麽，綦毋邃所借鑒的張、劉之注，與李善所借鑒的，相去懸遠，在這種情形下，李善要較爲完整地保存張載《魏都》、劉逵《吴》《蜀》注，基本不可能。由此，再來看唐普所謂李善注《三都》以綦毋邃注本爲底本之論，[②] 似也難以説通。

總之，我們的看法是，張、劉、衛、綦毋四家之注《三都》都是各自爲注，都算是“另注本”，這並不排斥其間的借鑒、引用和融合。

（三）劉逵《三都賦注》的學術價值

1. 劉逵《三都賦注》的宗旨是辨别名物與典制，廣記載之未備，兼寓傳揚聲教、美頌王化之深衷。

劉逵《注左思〈三都賦〉序》云：“至若此賦，擬議數家，傅辭會義，抑多精緻，非夫研核者不能練其旨，非夫博物者不能統其異。”[③] 言下之意，《三都賦》辭義兼善，比較精緻，既有辭藻宏麗之美，亦能廣記載之未備，有很高的藝術水準。基於這樣的肯定，他纔有必要詳注《三都賦》。那要本着怎樣的學術宗旨做詳注呢？他寫道：“世咸貴遠而賤近，莫肯用心於明物。斯文吾有異焉，故聊以餘思爲其引詁，亦猶胡廣之於《官箴》，蔡邕之於《典引》也。”可見，劉逵詳注的基本目的是“明物”，即明辨名物、典制。而其注釋取法的範型，則是胡廣的《官箴注》和蔡邕的《典引注》，這深耐尋味。

胡廣、蔡邕是漢末重要的儒學學者，他們對於《官箴》《典引》的注釋，有着維護正統、完善典則的深衷。揚雄作《官箴》二十八篇，[④] 因有散佚，故崔駰、崔瑗、劉騊駼等人續有補作，在此基礎上，胡廣將之完善爲四十八篇，並爲作注，其目的應當是完備職官典則，明示箴誡。[⑤] 班固撰《典引》一文，欲“光揚大漢，軼聲前代”，[⑥] 體現出維護正統、盡忠王朝的鮮明立場；蔡邕之爲《典引》做注，當是有着讚賞並發揚這種立場的初衷。由此看來，劉逵以胡廣、蔡邕作爲注《三都》的範型，應該是看重《三都》中描摹洛陽、美頌中華之本意；通過作注，不僅可以

---

① 崔潔：《李善所引〈三都賦〉舊注底本問題蠡測》，《文獻》2018 年 5 期，第 156 頁。

② 唐普：《〈文選·三都賦〉舊注底本問題試探》，《四川大學學報》2009 年 4 期，第 111 頁。

③ 〔唐〕房玄齡等：《晋書》卷九二《左思傳》，第 2376 頁。

④ 揚雄《官箴》的篇數、篇名等，余嘉錫先生有詳細考證，可參。余嘉錫：《四庫提要辯證》，北京：中華書局，2007 年，第 1231—1236 頁。

⑤ 胡廣《官箴》注文已佚，但其《漢官解詁》今存。從胡廣《漢官解詁序》可知，其注釋的主旨是要明各官之職責與因革，爲“漢家禮儀”去“定位分職”，使“各有條序”。〔南朝宋〕范曄：《後漢書》卷三四《百官志一》李賢注引，北京：中華書局，1965 年，第 3556 頁。

⑥ 〔東漢〕班固《典引》。〔梁〕蕭統編，〔唐〕李善注：《文選》（胡刻本）卷四八，第 2159 頁。

廣記載之未備,亦可以傳揚聲教、美頌王化。在文體上,"箴"與"賦"文體差近(如揚雄《酒箴》,亦名《酒賦》),班固《典引》"雖不名爲賦,而實是賦",[①] 這都與《三都賦》之文體性質極爲近似,正可爲作注的範型。

2. 劉逵《三都賦注》是漢魏以來注釋學的深度發展,也是向李善《文選注》過渡的關鍵津梁。

漢魏古注側重在經、史、子部,單篇詩文的注釋很少。李善之前的詩文舊注雖也不少,如曹大家、蔡邕、薛綜、張載、晋灼、郭璞、徐爰、顔延之、沈約等,[②] 但相比劉逵注而言,這些都嫌簡單,且留存不多。劉逵《三都賦注》是李善采録最多、因而也保留最多的唐前單篇詩文舊注。從注釋的體例、内容來看,劉逵廣徵博引,辨名物,析典制,訓地理,詁風俗,將單篇文章的注釋提高到與經、史、子諸部注釋相同的高度,甚至更爲豐贍和細緻,這是注釋學史上具有風向標意義的轉變,是漢魏以來注疏之學的深度發展,對於豐富和拓展中古注釋學的領域有着重要的意義。

正因爲劉逵注《三都賦》成績突出、影響廣泛,所以,纔會推動學者更多地從事集部文獻的注釋,纔會使李善注的集大成成爲可能。王寧、李國英二先生認爲,李善之前的古書注釋主要有三種:説解式、直譯式、考證式,至李善始創新爲徵引式。[③] 按照這個標準,劉逵《三都賦注》也應屬於徵引式,甚至有很多的大段徵引,所以王琳先生評論道:"大量徵引前人文獻的注釋形式在西晋已經出現,劉逵應是一個代表人物。南北朝至唐代出現裴松之《三國志注》、劉孝標《世説新語注》、酈道元《水經注》、李善《文選注》等數部名注,而劉逵開其風氣之先。……李注與劉逵注的關係很近。"[④] 所謂"關係很近",在我們看來,即劉逵《三都賦注》是中古的集部注釋向李善《文選注》過渡的關鍵津梁。

3. 劉逵《三都賦注》保存了許多重要文獻,有着重要的史料價值。

以今存劉逵《吴》《蜀》兩注而言,引用文獻達84部(篇),其中著作62部,甚至有不少是稀見文獻,如漢代揚雄《蜀王本紀》(又名《蜀記》)、楊孚《南裔志》(又名《南裔異物志》),孫吴薛瑩《荆揚已南異物志》、康泰《扶南傳》(又名《吴時外國傳》)、朱應《扶南異物志》,蜀漢譙周《益州志》《巴蜀異物志》(劉逵引作《異物志》),西晋王隱《蜀記》,佚名之《禹所受地書》等,以及《春秋説題辭》《河圖括地象》《天官星占》《神農本草經》等文獻。由於去古未遠,有些甚至是當代著作,所以許多都是今見的最早引用,爲文獻的保存、流傳産生了積極影響,彌足珍貴。

劉逵注還保存了一些具有重要史料價值的,被不斷轉引的史料。如揚雄《蜀王本紀》中

① 孫亭玉:《班固文學研究》,長沙:湖南人民出版社,2008年,第33頁。

② 汪習波有較細緻考察,可參。汪習波:《隋唐文選學研究》,上海:上海古籍出版社,2005年,第89—107頁。劉躍進先生《文選舊注輯存》彙集最全,但也相對分散。南京:鳳凰出版社,2017年。

③ 王寧、李國英:《李善的〈昭明文選注〉與徵引的訓詁體式》,《中外學者文選學論集》,北京:中華書局1998年,第462—473頁。

④ 王琳:《齊魯文士與六朝文風》,第291頁。

關於蜀王蠶叢、拍濩、魚鳧、蒲澤、開明的記載，譙周《益州志》中蜀錦“濯之江水，其文分明，勝於初成；他水濯之，不如江水”的記載，王隱《蜀記》關於蜀王杜宇“號曰望帝”的記載，均是今見最早引用的重要史料，向爲後世高頻引用。其他如“鮫人泣珠”和“比目魚”的傳説，雖然曹植《七啓》、張華《博物志》也提及“鮫魚”，但皆不如劉逵記載之豐富；關於建業南部大、小長幹的記載，亦爲最早。其引《秦零陵令上書》中關於荆軻刺秦的記載，是現存刺秦事件中最早的歷史文獻，應當與《戰國策》“燕太子丹質於秦章”同時或更早。所引文立《蜀都賦》、曹操《滄海賦》殘句，也爲其他書所未載。

劉逵注釋中關於吴、蜀兩地詳細而豐富的地理、風物、民俗等内容，以及許多《異物志》（著者不定）的内容，[1] 其史料價值，也有待進一步發掘。如《蜀都賦》劉逵注云：“岷山特多藥草，其椒尤好，異於天下。”這是關於岷山周圍出産中藥材和椒的記載。時至今日，這裏仍是國内最重要的中藥材生産地，隴南（岷山東南脚）花椒品質爲天下最優，行銷中外。劉逵此注，正説明隴南一帶的花椒自古聞名，實爲一條重要的史料。又如《吴都賦》的注釋：“篻簩，是袁公所與越女試劍竹者也。”將袁素公與越處女比劍術的傳説與篔簹竹對應起來（《吴越春秋》僅記載袁素公折竹爲劍，並未指明何種竹），賦予了這一傳説更爲具體的細節，是史上的首次；後來宋、齊時期的戴凱之《竹譜》繼承了這一説法，但明顯晚了許多。

劉逵還引到汲塚出土文書——《汲塚地中古文書册》，雖然僅僅兩句十四字，但其中關於紂王“瓊室”的記載，十分珍貴。“瓊室”首見於《竹書紀年》，《竹書紀年》則出土於汲塚，這説明劉逵是深入閱讀了當代的出土文獻。這種注釋精神極爲可貴，如果聯繫劉逵引王隱《晋記》及爲《三都賦》作注，也足見他對時下學術動態的密切關注和瞭解。

（杜志强，西北師範大學文學院教授）

① 中古時多部《異物志》著者難定。劉緯毅：《漢唐方志輯佚》，北京：北京圖書館出版社，1997年，第151頁。

唐五代時期文學寫本的“集部”性質*

伏俊璉

[摘　要]“一個寫本”就是“一集”。寫本時期的“集部”,尤其是下層社會流通或自己使用的寫本與宋代刻本盛行以後的“集部”有較大差異。寫本製作者根據自己的需要,或者把不同的文體抄録在一起,或者抄録同一類文種時夾雜其他相關文種,或者抄録某一人别集時抄録其他人的相關文獻,或者一個寫本分數次完成而每次情況有變化。Дx.3871+P.2555,一部經過數次完成編輯的詩歌總集;P.2492+Дx.3865,一部有别於後世的白居易别集;P.2633,一部民間儀式使用的應用文學集;P.3319,一部學郎製作的有文學意味的雜抄。寫本時期的文學寫本,呈現不同的形態。

[關鍵詞]寫本時期　集部編輯　寫本性質

唐五代時期,處在中國歷史的寫本時期。本文所説的“寫本時期”,指刻本盛行之前的歷史時期,以北宋中期爲大致界限。“寫本時期”又可分爲簡帛寫本時期和紙寫本時期,簡帛寫本時期從殷商一直到東晋(公元四世紀),此後進入紙寫本時期。當然,這個劃分不是一刀切,比如,從東漢到東晋,至少有兩百多年的簡紙並用時期。十九世紀之前,學者很難看到寫本時期的寫本實物,二十世紀初,簡牘寫本和敦煌藏經洞寫本的發現,學者纔看到了簡牘寫本和紙寫本。清代乾嘉以來形成的古典文獻整理方法,主要立足於刻本,所以對寫本時期的大量文獻的認識,還是用這一套方法。比如,我們對集部的理解,對什麼是總集、什麼是别集的觀念,都是建立在對刻本文獻的認識之上。在寫本時期,抄寫是文學傳播的最重要的方式,文學寫本則是那個時期的文學作品集。古人把集部分爲總集、别集,寫本也有總集、别集性質。研究這些寫本的總集、别集的性質和特點,對於研究中古時期文學的生成和流傳是很有意義的。

1900年,敦煌莫高窟出土的五萬多件寫本,其抄寫時間從公元五世紀到公元十一世紀,數量衆多,跨越六百餘年,是典型的紙寫本時代的産物,其中大多數是九至十一世紀晚唐五代的寫本。在這些寫本中,大約有600多件文學寫本,是研究唐五代中國文學傳播的珍貴資料。對這些寫本的認識,過去主要有兩種方法:一種是選擇寫本中某一類文學作品進行研究,對寫本中的其他文獻不予理睬。比如,研究詩的學者,可能對一個寫本中詩之外的文獻就不關注。第二種方法是,着眼於寫本性質的判斷,是不是文學作品集?是總集還是别集?一個寫本主要抄某一個作家的作品,但中間夾雜了少數幾篇其他人的作品,那麼這個寫本到底是

* 本文是國家社科基金重大項目“5—11世紀中國文學寫本整理、編年與綜合研究”(16ZDA175)的階段性成果。

別集還是總集呢？一個寫本主要抄寫的是詩，但其中夾雜了幾篇散文，那麽這個寫本到底是不是詩集？一個寫本主要抄寫的是文學作品，但也抄録了部分應用文，那麽這個寫本到底算不算文學寫本？等等。這些問題，如果我們按照刻本文獻的方法和理論是不好解決的。所以，寫本時期的文學寫本，尤其是社會中下層使用的文學寫本，或者流通領域的文學寫本，用傳統文獻學的理論是不好解釋的，用傳統文獻學的方法進行整理，也是有問題的。下面，我們舉幾個文學寫本的例證，並對其性質進行判斷，以説明那個時期文學寫本的複雜性，以及它與刻本時期“集部”的差異。

Дx.3871+P.2555，一部文學總集

P.2555 是最有代表性的敦煌文學寫本。俄藏敦煌文獻公佈後，學者發現 Дx.3871 是 P.2555 殘缺的前面一部分，正好可以拼合上。[①] 拼合以後的寫本更加完整，内容也更爲豐富，共抄録詩 211 首，文 2 篇。正面和背面字體相近，内容相類，當爲同一人所抄。經考證，這個寫本抄在唐王朝滅亡數年之後，偏遠的敦煌剛剛得知這一變化，可能説是一部難得的唐人編輯、唐人抄録的唐代文學選集。[②]

文學寫本的製作，或者爲了典藏，或者爲了閲讀使用。而 P.2555 寫本顯然是爲了自己使用。我們把玩摩挲這件千年前的寫本，分析它的每一篇作品、它的抄寫格式、字體的疏緩情況等，我們發現這是一個經受了戰亂和苦難的詩人編輯而成，其中夾雜了他自己的作品，而且他製作這個寫本是分數次完成的。每次編輯的作品，都和他的情感思緒相一致。下面我們根據作品具體分析。

這個寫本的正背面内容可分爲八個部分：第一組：詩 13 首，有歌行體長詩，有律詩，有絶句；有署名的作者是張渭、安雅、岑參，都是盛唐詩人，其餘佚名；内容有的寫邊塞風光，有的寫戰争造成的離别和家破人亡。第二組：47 首七絶，其中 10 首詩的作者可以考知，有冷朝光、高適、薛維翰、王昌齡、岑參等，都是開元、天寶時期的人，其餘的詩或者缺題，或者缺作者名。詩的内容都是抒發離别之苦的，可見是編者有意識的匯集。47 首七絶之後，抄録了《明堂詩一首》和孔璋的《代李邕死表》文。這首詩和這篇文章，是寫本製作者編完前面兩組詩之後的一個停頓，是第一次編輯的標志。這個寫本編者，我們考定是一位陷蕃詩人，他被吐蕃人囚禁了兩年，終於回到敦煌，痛定思痛，整理他之前讀過的詩篇。戰亂和離别，使他痛苦萬狀。但他的思緒要掙扎，於是抄録了表現朝廷威嚴和大國氣象的《明堂詩》，他盼望着朝廷有李北海那樣的“國士”，力挽狂瀾，拯救國家。

第三組：咏物詩 16 首，前 13 首爲七絶，後 3 首爲五絶。保存的題目有：毬杖、筆、葵、六甲、

---

① 榮新江、徐俊：《新見俄藏敦煌唐詩寫本三種考證及校録》，《唐研究》第五卷，北京：北京大學出版社，1999 年，第 59—80 頁。

② 伏俊璉：《寫本時期文學作品的結集——以敦煌寫本 Дx3871+P.2555 爲例》，《文學評論》2018 年第 6 期，第 193—201 頁。

石人、絹、燭、錢等,每首詩寫一種事物的形態、功能等,題目是謎底。這組詩没有作者,可能是寫本製作者匯集的不同人的作品,有些從長安傳來,有的可能就産生在敦煌,因爲第二首《筆》的最後一句是"平明點著墨離軍",墨離是地名,在敦煌西,詩用雙關手法寫。這種謎語式的咏物詩文學性並不高,但作爲一種普及知識的詩體,在初唐比較盛行。敦煌寫本 P.3738、S.555 等抄録的《李嶠雜咏注》正是一類,由這組作品可以看出編者的生活愛好和情趣。

第四組:陷蕃詩 79 首。前 60 首爲一組(學術界過去稱陷蕃詩 59 首,按,其中《首秋聞雁並懷敦煌知己》爲兩首不同韵脚的絶句,所以當爲 60 首)。接着抄的是中唐劉商的《胡笳十八拍》,再加上毛押牙的《胡笳十九拍》。這 60 首陷蕃詩的前 24 首是記載作者從敦煌出發到吐蕃軍事重鎮臨蕃的經過,後面 36 首寫作者囚禁於臨蕃的經歷和痛苦。這組陷蕃詩的作者也是本寫本的製作者,他把記録自己痛苦經歷的一組詩抄録下來,又把劉商的《胡笳十八拍》抄在其後,並補寫了第十九拍。他的痛苦達到了高潮,"何以解憂,唯有杜康",他又抄録了《酒賦》,"醉眠更有何所憂,衣冠身外復何求。但得清酒消日月,莫愁紅粉老春秋"。《酒賦》所抒發的情感,正是他此時此刻的心理寫照。

第五組:閨怨相思詩 20 首,皆無作者題署,但可以考知者有鄭遂初、上官昭容、顔舒、李元紘、王諲、孟浩然、劉希夷等,都是七世紀末到八世紀前期的人,以開元時期人爲多。這組非一人一時所作的相思詩,寫得非常凄苦,刻骨銘心,天荒地老,痛苦而不能自拔。所選詩的情感,也是選編者的情感,但不能一味的痛苦,一味地沉浸於無盡的相思之中。因此,編者由對家人的思念,轉而想到了家鄉的山水、家鄉的布穀鳥,家鄉美麗恬静的情景讓他暫時忘記了憂愁,沉浸在詩意的愉快之中。然而,此時此刻,家鄉正在吐蕃人的統治之下,家鄉的人民遭受着外族的蹂躪。一想起這種情景,他一下子怒火中燒,他想到了從前抄録的討伐吐蕃侵略者的檄文《爲肅州刺史劉臣璧答南蕃書》,於是又把它抄録了下來,作爲第二次編輯結束的標志。

寫本背面有三組。第六組:18 首,包括歌行體、絶句等體裁,内容有邊塞從軍、離别思念、咏物閨情等,作者可考的有岑參、朱灣等。這一組詩比較雜,而作於成都的較多。我們知道,敦煌寫本的來源,除了本地抄寫的之外,主要來源於長安和成都。所以,這組詩可以叫西蜀來詩。它們是朋友寄自西蜀,所以寫本編輯者帶着比較輕鬆的心情抄録於此。我們曾考證,此寫本的編輯者是一位書法愛好者。所以,在抄完西蜀來詩後,又抄録了一首馬雲奇的《懷素師草書歌》,作爲這組詩的結束。

第七組:12 首陷蕃詩。編者有陷蕃的經歷,而且寫過 60 首詩以紀其陷蕃的痛苦歷程,所以他得到另一組陷蕃詩,就産生了共鳴。這一組詩的作者不可考,過去有學者認爲同前面 60 首陷蕃詩爲同一人所作,但細讀組詩,陷蕃行走的路綫不同,詩中表達的情感不同,所叙述的故鄉位置不同,所以肯定不是同一人所寫。

編輯至此,寫本要結束。製作者用較大的字體抄録了唐玄宗的《御制勤政樓下觀燈》。饒宗頤説:"字大如錢,十分韶秀,有蟬聯映帶之美。…… 此詩爲玄宗上元之夜於勤政樓觀燈所咏。”[1] 這首詩所宣示的盛唐太平祥和的氣象，正是編者所嚮往的。作者以這首詩爲本集做結，表達了對李唐王朝的深深懷念。與前文抄録《明堂詩一首》《爲肅州刺史劉臣璧答南蕃書》一樣，編者用這樣氣勢雄壯的作品爲自己提升勇氣和信心。

Дх3871+P.2555是一件非常有研究價值的文學寫本，是一部文學選集。我們不僅能從其中感知寫本製作者偏愛的文學主題和文學題材，還能感知他的審美傾向、情感變化。尤其是通過研究編輯過程，我們發現，編者分階段編輯抄録，編完一組詩，他都抄一篇表達他此時此刻心情的作品，這更是對其心靈世界的展示。

P.2492+Дх.3865，一部文學别集

我們再通過P.2492+Дх.3865綴合寫本闡述寫本時期别集的特點。

P.2492+Дх.3865拼合册子本爲唐詩文匯抄，無編者署名，存詩22首。可分爲三部分：首抄元白唱和詩一組，白樂天《寄元九微之》和元微之《和樂天韵同前》。其後抄詩19首，其中17首爲白居易《新樂府五十首》，第16首與17首中間夾有《李季蘭詩》1首。所抄《新樂府》皆無小序。最後抄岑參的《招北客詞》，未完，下闕。計抄白居易詩19首，元稹詩、李季蘭詩、岑參詩各1首。

這個寫本的性質，學術界有《白香山詩集》（别集）和《唐詩選集》（總集）兩種意見。自從發現Дх.3865可與P.2492綴合之後，《唐詩選集》的意見似乎已經成爲共識。從選集者的個人編集意識講，我更傾向於别集説，即認爲這個寫本是《白居易詩選》。但寫本時代的“别集”與刻本時代的“别集”是不同的。下面説明我的理由。

綴合寫本中抄録了白居易（772—846）19首，而元稹（779—831）、李季蘭（？—784）、岑參（715—770）詩各一首，可見編集者的重點是白居易的作品。因爲選録了白居易的《寄元九微之》，所以附録元稹的《和樂天韵同前》，這是合乎古人編集情理的。岑仲勉《唐人行第録》説：“唐人詩集常以和作附原作後。”豈止唐人詩集，寫本時期的詩文集多是如此。因爲古人是爲了求得事情的原委。比如《韓非子》有《存韓篇》，但收録的除了韓非的《上秦王政書》（《存韓》）外，還收録了李斯《上秦王政書》《上韓王安書》兩篇，這主要是爲了説明韓非《上秦王政書》之後秦廷出現的情况，用後世别集的眼光看，後兩篇是附録。

而《李季蘭詩》，抄在白居易《鹽商婦》和《嘆旅雁》之間。《鹽商婦》寫不勞而獲，享受榮華富貴的鹽商婦。《嘆旅雁》借旅雁喻人心難測，彼此相食者時有發生。季蘭曾出入宫中，優賜甚厚，而一經戰亂，即爲刀下冤鬼。所以，編者在此插入季蘭詩，是一種警醒和關注。作爲一種過渡，表達編集者彼時彼地的心情。而岑參的《招北客詞》，實際上是一篇招魂詞，表達一種心恢意冷，近乎絶望的心情。編集者在這裹是作爲這一節結束的標志，是一種吶喊，也是一種呼救。而寫本《招北客詞》存雙行小注，標注音訓，説明編者很在意這篇作品，悠悠

① 饒宗頤：《法京所藏敦煌群書及書法題記》，《饒宗頤二十世紀學術文集》，北京：中國人民大學出版社，2009年，第348頁。

涵咏,低沉吟誦,長歌當哭!

我們認爲,寫本的編集者是一位憂國憂民的文人,吐蕃佔領河西以後,他有家難回,流落敦煌。他集録白居易的詩,是表達對下層勞苦人民的關注;中間插入李季蘭的詩,是表達對人生無常的感悟,對戰亂頻仍的憂慮,而下篇接着抄白居易的《嘆旅雁》,就是通過白氏對淮西兵變的擔憂,來呼應他此時的心情。不然,我們就無法理解:編者本來是集録白居易《新樂府》詩的,却偏偏在《鹽商婦》《紅綫毯》(二首皆《新樂府》之一)中間,夾抄《李季蘭詩》和不是《新樂府》的《嘆旅雁》。

寫本所集白居易《新樂府》17首,次序與今本不同,題目也多與今本相異,而且没有今本的小序。説明敦煌本《新樂府》不是按照白氏編定的《新樂府五十首》抄録的。王重民《敦煌古籍叙録》説:"此小册子,蓋據元和間白氏稿本。白氏詩歌,脱稿後即傳誦天下,故别本甚多,即白氏所謂通行本也。然其價值,當仍在今行諸本之上。"[①] 唐憲宗元和初,李紳首唱《新樂府》20首(已佚),元稹和12首,白居易在他們的基礎上創作了50首。這50首,並不是同時創作的,大約經過五六年的時間。元和十年(815),白居易第一次編定自己的詩集十五卷,他把《新樂府》放在150首"諷諭詩"内。《與元九書》寫道:"自拾遺來,凡所遇所感,關於美刺興比者;又自武德至元和,因事立題,題爲'新樂府'者,共一百五十首,謂之'諷諭詩'。"這個時候流傳的《新樂府》,大致還没有經過細緻的編排,也没有寫序。王重民謂敦煌本根據"元和間白氏稿本",説的應當正是這個流傳的本子。王重民《叙録》又説"此敦煌小册子,似即當時單行之原帙",這也是他的卓見。但王先生説的單行原帙,主要指白居易新樂府的單行本,像明代流傳的《白氏諷諫》二卷那樣。其實,寫本時代,大多數詩文是以"一個寫本"的形式流傳,"一個寫本"就是一卷,可以抄一篇文章,也可能抄録數篇文章,短小的詩可能抄録更多。

寫本中的白居易、元稹詩皆署"樂天""微之"字,不署名,這在敦煌寫本中也是比較特殊的。元稹《白氏長慶集序》云:"見村校諸童競習詩,召而問之,皆對曰:'先生教我樂天、微之詩。'"大約當時元白詩傳播社會,冠以"樂天""微之"之名。而且寫本的款式很嚴格,題目單列一行,遇到應當表示恭敬處皆空格,説明寫本是作爲正式的詩集抄寫的。

寫本所抄之詩,以白居易《嘆旅雁》創作時間最晚,作於元和十年(815),這是寫本編集的上限。此時,敦煌正值吐蕃統治時期。我們認爲,從寫本編集所表現的情緒看,也應當結集於吐蕃統治敦煌時期。黄永武推斷白居易《新樂府》"完備的詩題與小注,可能是白氏親手編定前集、後集、續集時所加",而唐寫本大多題注闕失,抄寫"或許在他(白居易)自編成集之前"。[②] 這也僅是一種推測。白氏一生曾七次編集過自己的詩文集,從元和十年(815)到會昌五年(845),每一次編集的文集都在相當長的時間内廣爲流傳。敦煌本應當是這流傳廣泛

① 王重民:《敦煌古籍叙録》,北京:商務印書館,1958年,第295頁。
② 黄永武:《敦煌的唐詩》,臺北:洪範書店,1987年,第260頁。

的文集中的一種。

以上兩種是比較純的文學寫本。事實上大部分敦煌文學寫本是抄録比較雜亂的，將各種文種，尤其是文學作品和一些應用文章雜抄在一起。

P.2633，一部應用文學集

P.2633，前殘，正面抄寫：1.《齖𠰹新婦文一本》，2.《正月孟春猶寒一本》，3.劉長卿《酒賦》，4.《崔氏夫人訓女文》，5.《楊蒲山咏孝經壹拾捌章》，最後有題記："辛巳年正月五日氾員昌抄竟上。"背面是雜寫、習字，中有題記"壬午年正月九日净土寺南院學士郎"，還有"辛巳年二月十三立契，慈惠鄉百性（姓）康米子爲緣家内欠少匹帛，遂於莫高鄉百性（姓）索骨子面上，借黄絲生絹壹，長三仗柒尺五寸，福闊貳"（下缺）。經考證，寫本中的"辛巳年正月五日記"的"辛巳"，當是後梁貞明七年辛巳（921）。題記中出現的"净土寺"是敦煌有名的僧寺。

這個寫本的正面字體不佳，但抄寫得比較工整，款式也按照一定的規範：都有前題和尾題，重要段落之間有空格。在《崔氏夫人訓女文》的尾題後有"上都李家印崔氏夫人一本"，説明是按照從長安傳來規範的印本抄録的。背面的雜寫字體同正面相似，表明正背面是同一個人所抄。從背面反復抄録的"燃燈文""第三阿羅漢敬奉佛敕"以及學郎詩，反映出抄手學郎氾員昌的浮躁心態。從卷背的殘契約，還可以看出，當時敦煌寺學的學郎並不都是年齡很小的無憂無慮的少年，有些可能已經接近成人或者已經是成人，他們進寺學學習，有明確的實用性：就是學習一些謀生的本事。因此，這個寫卷既是一件典型的學郎抄本，也是一份民間儀式的應用文的匯録，是一份民間説唱藝人的備忘教材。

正面所抄録的五篇作品，按照文人作品的體裁來看，各不相同，抄在一起，不倫不類。但是寫本把它們放在一起，表明它們是在某些民間儀式中講誦的底本。我們認爲，它們可能是婚禮上使用的唱本。

1.《齖𠰹新婦文》是鬧新房時的調侃戲謔之詞。有人可能會疑惑：在結婚的大喜日子裹，講一位生性好鬥、言語尖刻的潑婦故事，是否合適。但根據敦煌文獻所反映的當時的情况，敦煌人往往講反話。給孩子起名，往往起"醜名""賤名"。如白醜奴、張醜女、荆殘奴、米狗義、米糞堆、陰豬子、安醜胡等。這些醜名賤名所反映的心理則是保平安，既然人生中總是事與願違，那麽醜賤或許帶來的結果是美貴。婚禮上講唱《齖𠰹新婦文》，除了起到調侃氣氛的作用外，也暗含着期盼進門的新婦温柔守禮、敬執婦道的良好願望。當然，在當時胡漢雜居的敦煌，確實有這樣一類任性粗暴的齖𠰹新婦，活生生地生活在我們身邊，我們衹有引以爲戒。

2.《正月孟春猶寒》是一些農諺和下層社會基本知識的彙編，這些格言性質的謡諺，屢見於其他敦煌寫本中，以書儀中所見最爲集中。它們構成了當時敦煌人的基本知識。在婚禮或其他民間儀式中，它們起到引子的作用，是民間藝人在各種儀式（包括婚儀）上展示才華的基本教材。

3.《酒賦》是江州刺史劉長卿的作品，寫瘋狂縱酒，酩酊大醉，醜態百出。西北酗酒成風，尤其是婚禮、喪禮等儀式上,更是如此。所以在婚宴上講誦《酒賦》,鼓勵客人狂歡飲酒,這也是婚儀司儀或“支客”(主人請來的勸酒陪酒人)的職責。

4.《崔氏夫人訓女文》寫女子出嫁時母親的諄諄教誨:尊敬長者,上下和睦,夫婦和氣,慎言少語,力戒讒言。本篇《訓女文》爲七言歌謡,語言通俗,是長期流傳民間的“女誡”一類的作品。西漢劉向撰有《列女傳》,文後附有四言韵文贊詞。東漢時期,曹大家就有《女誡》,杜篤有《女誡》,蔡邕有《女師篇》和《女誡》,荀爽有《女誡》,大概都要求女子三從四德,貞節柔情。唐代的這一類作品,多由女姓撰寫。如中唐時宋若莘、宋若昭姐妹所撰的《女論語》,王琳妻韋氏的《女誡》,陳邈妻鄭氏的《女孝經》等,就是其代表。但這些皆是上層貴族所作。而《崔氏夫人訓女文》是民間流行的女誡,在婚儀上由司儀代母親誦讀。

5.《孝經》在唐代地位很高,玄宗皇帝親自給《孝經》作注,並下詔讓天下家藏户備。《咏孝經十八章》用詩的形式對《孝經》的每一章進行歌咏,是莊嚴的婚禮上證婚人對新郎新娘講誦的詞章。

要特别説明的是,在題目《齖齲新婦文》下,包括《齖齲新婦文》《自從塞北起煙塵》《發憤勤學十二時》《祝曰》四篇作品。《自從塞北起煙塵》是10句七言唱詞。《發憤勤學十二時》是50句勸學唱詞。《祝曰》寫岳父打罵上門女婿,女婿携新婦出逃。四篇作品看起來没有關係,但寫本的製作者是當作一個整體的。現代整理者把後面三篇删除,是没有明白寫本時期民間寫本的特點。因爲,在敦煌民間藝人看來,這四篇是完整的,它們都是用在婚儀上的:《自從塞北起煙塵》是新郎新娘入洞房進行“安床”儀式的開場“序曲”,預示着“鬧新房”的即將開始,或是對新婚夫婦性生活的暗示,就像古代小説中“夜來風雨聲,花落知多少”暗示新婚交媾一樣。《十二時》則是希望將來生下兒子發憤讀書。《祝曰》也是“鬧新房”戲謔的噱頭。這四個部分,並不按儀式順序而來,而是根據情况,由不同的“鬧新房”者唱誦。

P.3319,一部有文學意味的雜抄

P.3319正面抄《大般若波羅蜜多經》196行,首尾俱殘,有格欄,楷書字體端正。背面抄的内容不多,第一行寫“大唐國人”四字,字體潦草,與正面非同一人所抄。下一行寫:“社司轉帖右年支春座。”隔兩行又起行寫:“孟姜女杞梁妻一去煙山更不。”又隔兩行抄寫“孟姜女杞梁妻一去煙山更不歸造得寒衣無人送不免自家送征衣長城路實難行乳酪山下雪”,共兩行。又另起一行寫“衆爲氾”三個字。再另起行書“社司轉帖右年支春座局席……”等字1行。又另起一行書“涓家有好女……”共2行五言詩。又另起一行,書“社司轉帖……”共6行。這個寫本的特殊之處,是在社司轉帖之中夾抄孟姜女曲子和學郎打油詩。

對於這個雜抄寫本,吴真博士在《寫本文化語境中的敦煌孟姜女曲子》一文中進行了認真的分析,她用學士郎日常學習的情境對雜抄内容進行了還原式研究。敦煌寺學學郎日常學習生活中主要以學習儒佛經典、抄經練字爲主,也抄實用社邑文書。爲了調節枯燥的抄寫作業,也會雜抄俗曲、俗詩。她這樣理解:當我們瞭解晚唐敦煌寺院學郎的抄寫情境之後,再反觀P.3319的雜亂無章，頭腦漸漸可以浮現當時抄寫情境：九世紀後半葉的某一天，廢棄《大般若波羅密多經》被分配給敦煌某寺的小學郎，以充作練字本。那天的作業是照抄近日社邑春座轉帖範本，小學郎先是鄭重地寫下“大唐國人”和“社司轉帖右年支春座”若干字，忽然憶起近日習得的一首流行曲，於是照着記憶默寫下“孟姜女杞梁妻一去煙山更不”，寫至此，怎麼也哼不全整首曲子，不甘心就此歇筆，於是又從頭默寫“孟姜女……乳酪山下雪”，寫至此又想不起下文，於是又另起一行書“社司轉帖右年支春座局席……”等字。然而這樣書寫終究無聊，於是又想起近日同學間流行的一首有趣的打油詩，寫下“須家有好女……”兩行字。打油詩書完，一看可供練習的作業本已經篇幅不多了，趕緊又另起一行，老老實實把今天的社司轉帖抄寫作業共六行字，一一抄畢[①]。這樣的解讀雖然頗多文學想象，但强調了當時的寫本情境，對我們理解唐五代時期文學在下層社會的生成和流傳是有幫助的。

通過對Дx.3871+P.2555、P.2492+Дx.3865、P.2633、P.3319四個文學寫本的研究，我們發現，寫本時期的“集部”，尤其是下層社會流通或自己使用的寫本與宋代刻本盛行以後的“集部”有較大差異。寫本製作者根據自己的需要，或者把不同的文體抄録在一起，或者抄録同一類文種時夾雜其他相關文種，或者抄録某一人别集時抄録其他人的相關文獻，或者一個寫本分數次完成而每次情況有變化。寫本時期的文學寫本，呈現不同的形態。

（伏俊璉，西華師範大學寫本研究中心教授）

---

① 吴真：《寫本文化語境中的敦煌孟姜女曲子》，伏俊璉、徐正英主編：《古代文學特色文獻研究》第一輯，上海：上海古籍出版社，2016年，第148頁。

《全宋詩》補遺——以宋人題跋爲路徑

李 寶

[摘 要] 宋代題跋文數量繁多,特色鮮明,内容豐富。在宋人藉由題跋闡道明志、叙事抒情、衡文論藝、品詩鑒詞的過程中,大量詩句進入到題跋文中。在我們梳理這部分被徵引到題跋文之中的詩句時,發現有部分完整的詩以及若干散句,没有收入到《全宋詩》之中。本文從宋代題跋中輯佚宋詩 30 餘首、殘詩零句 120 餘句。

[關鍵詞] 宋代 題跋 全宋詩 輯佚

由北京大學古文獻研究所主持編纂的《全宋詩》,正編 72 册,全書共 3785 卷,計收入詩人 9000 多家,收詩 25 萬餘首,共 4000 多萬字,被譽爲“是二十世紀文獻整理的傑出成就,是宋代文化史、宋代文學史、中國詩學史、宋詩研究史、中國出版史上的大事,足可稱爲皇皇偉業”。[①] 但誠如衆多學者所論,《全宋詩》成於衆手,整理者水準高低不齊,敬業精神也因人而異,雖歷經十餘載,但對於卷帙浩繁的 25 萬餘首詩而言,仍是頗爲促短,故在編纂過程中難免存在一些漏收、誤收、重收的情况。在這些方面,學界已做了不少輯佚、補正的工作,所涉論文多篇,更有專著兩部,分别是陳新等人補正的《全宋詩訂補》(以下簡稱《訂補》)和湯華泉輯撰的《全宋詩輯補》(以下簡稱《輯補》)。[②] 其中,湯華泉先生以一人之力輯佚宋詩 22000 首,殘詩零句 3600 餘句,居功甚偉。

朱騰雲在其《〈全宋詩〉重出誤收研究》一書中曾給輯佚宋詩指出了若干路徑,諸如利用史志碑刻、鄉邦文獻,類書法帖、詩話筆記,佛道兩藏,詩文别集,總集、叢編等等,筆者將題跋文作爲輯佚的一個路徑,雖然照比上述各類路徑有所狹小,却也算是有的放矢。其實《全宋詩》在編纂過程中,就大量的從題跋文之中輯補宋人的詩作。例如三蘇之中的蘇轍,其《絶勝亭》《留題石經院三首》等詩即因蘇軾的題跋文而得以保存下來,曾棗莊與馬德富二位先生在校點《欒城集》時收進《欒城集拾遺》之中,《全宋詩》也據題跋輯入。但是在《全宋詩》編纂的時代,《全宋文》仍在編纂之中,可以説題跋文材料尚處於散亂無序狀態,以此爲路徑進行《全宋詩》的輯佚工作頗爲不易。今天,不但《全宋文》已經編纂完成,并且曾棗莊先生主編的《宋代序跋全編》業已出版,[③] 爲我們翻檢題跋文提供了巨大的便利,這也是筆者能够利用宋代題跋文輯補《全宋詩》的前提條件。爲檢索方便,本文所選用題跋文,一依曾棗莊

① 朱騰雲:《〈全宋詩〉重出誤收研究》,北京:中國社會科學出版社,2017 年,第 43 頁。
② 陳新等補正:《全宋詩訂補》,鄭州:大象出版社,2005 年。湯華泉輯撰:《全宋詩輯補》,合肥:黄山書社,2016 年。
③ 曾棗莊主編:《宋代序跋全編》,濟南:齊魯書社,2015 年。

先生主編之《宋代序跋全編》(以下簡稱《全編》)。關於《全編》,有一點需要説明的是,曾先生將題跋文界定爲,“題跋,或稱跋尾、跋後、後序、後記、後録、題後、書後、讀後或題詞,是寫在一部書或一篇詩文後面的文字”。[1] 顯然,曾先生對題跋文的定義是一種廣義上的定義,在曾先生的文體觀念裹,“後序”即爲“題跋”,對此,筆者曾撰文辨析過“後序”與“題跋”之间細微的區别,認爲不能將“後序”簡單地等同於“題跋”,[2] 但是,由於我們使用曾先生的《全編》爲工作底本,出于對曾先生的尊重以及保持《全編》原貌,本文亦將曾先生列入題跋之部中的後序列入本文輯佚對象之中。[3] 海山片石,聊供一得之愚,謬誤實多,懇請方家指正。

一、補《全宋詩》散佚之詩(其人已見《全宋詩》,而詩作有漏收。其作者依《全宋詩》順序列出,並注明所在册、頁數)

(一)錢易(2/1184)

《句》:三經不滅堂不壞,君家世世爲好官。三經堂歌(樓鑰《跋晁深甫所藏東萊吕舍人九經堂詩》,《全編》第4552頁)

(二)元絳(7/4376)

《句》:孤根元是遂翁移。賦淮漕司庭檜(魏了翁《跋蔣希魯密學帖》,《全編》第4941頁)

(三)周敦頤(8/5061)

《句》:一驢載都市。(樓鑰《跋從子深所藏書畫·周蓮峰、朱灤山、王侍御伯庠》,《全編》第4550頁)

(四)何平仲(8/5067)

《句》:此地吾鄉境。和劉職方張氏園亭詩(度正《跋周子〈養心亭説〉》,《全編》第4851頁)

(五)司馬光(9/6007)

《句》:安養不在彼,浮雲非我有。(陳瓘《〈四明尊堯集〉後序》,《全編》第3362頁)

(六)釋宗本(9/6302)

《詩一首》:水裹有塊石,石上有箇寺。千人萬人題,只是這箇事。(樓鑰《跋桑澤卿〈蘭亭博議〉》,《全編》第4562頁)

(七)顧臨(11/7547)

《詩一首》:大河失故道,六月浮天流。諸公廊廟器,更爲行人謀。(林季仲《諸公送子敦詩後》,《全編》第3711頁)

---

① 曾棗莊:《宋文通論》,上海:上海人民出版社,2008年版,第901頁。

② 李寶:《關於題跋與後序——兼與張静、唐元二位商榷》,《古籍整理研究學刊》2015年第2期,第96—98頁。

③ 筆者按:《全編》的編撰體例分“序”和“題跋”兩部分。編撰者將大部分“後序”置於“題跋”類中,衹有8條“後序”被列在“序”類裹,分别爲:《全編》第1册第15頁《〈宋高僧傳〉後序》、第1册第289頁《〈善救方〉後序》、第308頁《〈華陽國志〉後序》、第451頁《〈柳氏家訓〉序並後序》,《全編》第2册第649頁《四明新本〈河東先生集〉後序》、第877頁《〈能改齋漫録〉後序》,《全編》第3册第1334頁《吴彩鸞〈唐韻〉後序》、第1623頁《建安刊〈朱子語别類〉後序》。

(八)郭知章(13/9040)

《贈黄太史長歌》:功名時來亦自然,跨風絶海非爲難。肯學陶潛歸去來,虚名浪得傳人寰。(周必大《題山谷和郭内翰長篇》,《全編》第4172頁)

(九)蘇軾(14/9083)

1.《句》:寄作詩孫符。(范成大《跋東坡詩》,《全編》第4068頁)

2.《句》:雞鳴起爲善,蝶化夢歸空。(虞舜徒《〈善誘文〉跋》,《全編》第5065頁)

(一〇)張舜民(14/9662)

《句》:常憶之官潁上時。(樓鑰《跋黄氏所藏東坡山谷二張帖》,《全編》第4542頁)

(一一)釋仲殊(14/9719)

《句》:雲幡擁上方。(黄震《晦庵書"上方"字跋》,《全編》第5508頁)

(一二)黄庭堅(17/11329)

1.《句》:高閣無長嬴。(黄庭堅《書徐會稽〈禹廟詩〉後》,《全編》第3112頁)

按:"高閣無恢台"爲唐代徐浩《寶林寺作》詩中一句,黄庭堅認爲"恢台"與古語不合,改爲"高閣無長嬴",本文將其列爲黄庭堅佚句。題跋原文節録如下:按《楚詞》云"收恢台之孟夏",恢,大也,台即胎也,言夏氣大而育物也。今言"高閣無恢台",直言無暑氣耳,似不合古語。《爾雅》云"夏爲長嬴",長嬴即恢台也,若言"高閣無長嬴",可乎?

2.《句》:吾猶昔人非昔人。(黄庭堅《題所和東坡〈與王慶源紅帶〉詩》,《全編》第3196頁)

3.《詩一首》:人言生入鬼門關,更不理爲在生日。雖從乙酉到庚辰,老夫明年五十七。(黄庭堅《書自書〈楞嚴經〉後》,《全編》第3227頁)

4.《句》:莫學今時新進士,談説性命如懸河。(汪應辰《跋山谷帖》,《全編》第3944頁)

5.《联句詩》:千古城西灩滪堆。舟客上陵下浸碧崔巍。舟客曉濤激噴萬丈雪,夜浪急回千里雷。黄庭坚(釋居簡《跋譚浚明所藏山谷〈岩下放言〉真迹》,《全編》第4817頁)

按:據題跋文意,前兩句爲舟客聯句,後兩句爲黄庭堅所聯。題跋原文節録如下:公自黔涪起廢,舟泊灩滪,鄰檣二客乘月吟嘯,曰:"今代無詩人,魯直軟語定不能寫此奇偉之觀,盍聯句賦此?"其一曰"千古城西灩滪堆",其次曰"上陵下浸碧崔嵬"。酒數行,悲嘶不已,而苦澀不續。公朗吟云:"曉濤激噴萬丈雪,夜浪急回千里雷。"二客詰姓字,公曰:"軟語魯直。"客媿謝移櫂。

(一三)任伯雨(18/11798)

《感遇篇》:言行身不用,無乃我所欲。長沙地卑濕,正可高閣足。(陸游《跋任德翁〈乘桴集〉》,《全編》第4029頁)

(一四)陳師道(19/12631)

《句》:二老曹人寶。(釋居簡《題皎如晦行書後山五詩》,《全編》第4815頁)

(一五)張耒(20/13027)

1.《詩一首》:寂寞江城數點燈,恰如漁火照寒罾。去年曾侍端門燕,白玉欄干第一層。(周

紫芝《書〈滄海遺珠〉後》,《全編》第 3643 頁)

2.《句》:稍出胸臆蘇疲民。送翟公巽赴中書舍人(汪應辰《跋張右丞送翟中書赴闕詩》,《全編》第 3950 頁)

按:此跋記録張耒改詩,“稍出胸臆蘇疲民”爲原句,後來數改爲今見“況公之意常在民”,現通行版本皆作“況公之意常在民”,故原句反倒佚去,汪應辰認爲原句勝於改句,本文將其列爲張耒佚句。題跋原文如下:右史張公送翟舍人詩,其間有云“稍出胸臆蘇疲民”,又改爲“吾民”,又改云“況公之意常在民”,然皆不如初語之勝。蓋右史時方在謫籍,故語言間其畏忌如此。

(一六)陳瓘(20/13466)

《岳山壽寧觀留題》:閣前千頃碧琅玕,喬岳蒼松苦歲寒。此是萬年峰上竹,何須更待雪中看。(魏了翁《跋陳忠肅公岳山壽寧觀留題》,《全編》第 4972 頁)

(一七)蔡肇(20/13642)

《句》:草長蝴蝶狂深見,興盡黄蜂欲退飛。(李之儀《雜題跋》,《全編》第 3278 頁)

(一八)蘇庠(22/14603)

《句》:故歲去超忽,來日俄趣裝。(張元幹《跋蘇詔君贈王道士詩後》,《全編》第 3746 頁)

(一九)胡直孺(22/14761)

《句》:阿兄驚世才。(陸游《跋胡少汲〈小集〉》,《全編》第 4022 頁)

(二〇)謝逸(22/14812)

《句》:老師登堂撾大鼓,是中能容嗇夫喋。贈普安禪師(釋惠洪《跋謝無逸詩》,《全編》第 3477 頁)

(二一)釋惠洪(23/15054)

1.《詩一首》:蚍蜉細字欲闌斑,病眼臨窗看亦難。八十一人閑鼻孔,那盧穿在一毫端。(釋惠洪《題範上人〈僧寶傳〉》,《全編》第 3458 頁)

2.《句》:華光滴露寫寒枝。(釋惠洪《題〈平沙遠水圖〉三》,《全編》第 3464 頁)

3.《句》:袖裏兩枝煙雨,門前一片瀟湘。(《題〈平沙遠水圖〉五》,《全編》第 3464 頁)

4.《句》:須知泥力士,不減石烏龜。(釋惠洪《題石龜觀壁》,《全編》第 3482 頁)

(二二)王安中(24/15971)

《句》:何敢壻君真好友,端來學道伴衰翁。

《句》:吾詩如鐘須子撞,豈可一日相參商?(樓鑰《跋王恭叔所藏淵明雪中詩圖》,《全編》第 4545 頁)

(二三)毛友(24/16180)

《句》:草色如愁衮衮來。(張侃《跋〈揀詞〉》,《全編》第 4879 頁)

(二四)李光(25/16375)

《句》:酒薄猶堪緩客愁。夜飲

《句》:野花隨處供幽香。符氏莊

《句》:夢裏分明見黎姆,生前定合到朱崖。(胡銓《跋李泰發參政詩集》,《全編》第3835頁)

(二五)朱敦儒(25/16879)

《跋逸老草書〈蘭亭禊序〉》:逸少作行書,逸老爲草字。外人那得知,當家有風味。(樓鑰《跋王逸老〈飲中八仙歌〉》,《全編》第4584頁)

(二六)張綱(27/17882)

《跋醉道士圖》:被褐祿蔌不受戒,杯盤狼藉無籍在。浪説蓬萊三萬里,醉鄉便是仙世界。(張綱《跋〈醉道士圖〉》,《全編》第3656頁)

(二七)曾幾(29/18499)

《句》:傷心昨夜杯中物,不對王郎對影斟。(李孟傳《刻〈方言〉後序》,《全編》第4483頁)

(二八)辛次膺(31/20072)

《句》:子舍有孫添老大,鄉關無路任漂浮。(趙善括《題辛參政手澤》,《全編》第4276頁)

(二九)李處權(31/20363)

《句》:還將太古意,一洗萬境寂。(邵驥《〈崧菴集〉跋》,《全編》第4278頁)

(三〇)范宗尹(33/20920)

《句》:四海已無容足地,百年空抱濟時心。(高斯得《跋趙忠簡公詩帖》,《全編》第5443頁)

按:據題跋文意,此詩句作者當爲范宗尹,但題跋所言"忠肅范公",《宋史》所載宗尹傳并無明確記載宗尹謚號,待考。題跋原文如下:中興宰相雖多,名相忠定李公、忠肅范公、忠簡趙公、忠獻張公四人而已。世惟見其勛德焜耀不可企及,而不知文章餘事亦皆絶人。忠定鉅集盛行於世,有不待論。忠肅當靖康、建炎間,有詩云:"四海已無容足地,百年空抱濟時心。"當時誦之。忠獻《清音堂詩》,其傳尤廣。

(三一)曹勛(33/21032)

《詩一首》:月净吴松碧照空,水天都在玉光中。十年不蹋長橋路,想得沈沈卧影虹。(曹勛《跋董亨道畫〈吴江圖〉》,《全編》第3802頁)

(三二)周必大(43/26677)

《句》:是家一瓣香,並爲文忠公。(周必大《跋〈三蘇畫像贊〉》,《全編》第4115頁)

(三三)朱熹(44/27461)

《詩一首》:鼎鼎百年能幾時?靈芝三秀欲何爲?金丹歲晚無消息,重歎貧簹壁上詩。(朱熹《題袁機仲所校〈參同契〉後》,《全編》第4392頁)

(三四)黄銖(45/27714)

《句》:每念古人事,終夜歎以呻。自警(真德秀《黄子厚詩後序》,《全編》第4994頁)。

按:黄銖《自警》詩散句《全宋詩》有輯録,但是漏收"每念古人事,終夜歎以呻"一句。

(三五)釋崇嶽(45/27814)

《詩一首》:當頭一著没諵訛,去住還如水上波。有意氣時添意氣,從教平地起干戈。(孟猷《〈松源和尚語録〉後序》,《全編》第4742頁)

(三六)張良臣(46/28456)

1.《句》:乞與新詩了行脚。(釋道璨《跋張雪窗詩》,《全編》第5548頁)

2.《感時》:去年正月不如前,正月今年又不然。世事狂瀾趨愈下,明年恐不及今年。

《有感》:鐘鳴鼎食是誰家,不愛桑麻只愛花。近日愛花人絶少,也隨老圃種桑麻。(陳著《跋盧致遠雲龍詩》,《全編》第5561頁)

(三七)楊方(44/28608)

《題王才臣南山隱居》:南山高且明,其下有深谷。文豹識顯藏,終朝霧如沐。(朱熹《跋楊子直所賦王才臣絶句》,《全編》第4387頁)

(三八)吕祖謙(47/29136)

《句》:勸我勿作詩,詩中道路長。

《句》:汝無已時杜喬齋。(孫德之《書陳道父詩卷後》,《全編》第5316頁)

按:題跋中但言作者爲東萊公,吕本中與吕祖謙世稱均爲"東萊先生",不知此句爲誰,暫定爲吕祖謙。

(三九)樓鑰(47/29317)

《詩一首》:定州有片石,石上幾行字。千人萬人題,只是這箇事。(樓鑰《跋桑澤卿〈蘭亭博議〉》,《全編》第4562頁)

(四〇)王信(47/29562)

《句》:種竹偶然成故事,隔窗時可賦新詩。(王信《中書門下後省題跋》,《全編》第4612頁)

(四一)方士繇(50/31094)

《句》:白黑未分時。(朱熹《跋湯叔雅墨梅》,《全編》第4378頁)

(四二)黄疇若(51/31973)

《句》:才高真俊快,世隘多疑忌。(魏了翁《跋黄侍郎疇若送虞永康剛簡赴召詩》,《全編》第4943頁)

(四三)趙汝談(51/32022)

《句》:雪騎追窮漠,風飃轉廣津。(劉克莊《跋趙南塘洪平齋湯晦静遺墨》,《全編》第5237頁)

(四四)曹彦約(51/32131)

《詩一首》:世事須權重與輕,莫臨利害膽先驚。但知折獄他遑恤,便到糜軀也合争。富貴信從生處有,是非衹要後來明。若教無罪俱蒙戮,我亦何顔過此生!(曹彦約《跋陳宜州詩後》,《全編》第4744頁)

(四五)王大受(52/32782)

《句》:天不能寒獨有梅,一涉春風不足奇。(洪咨夔《〈易齋詩稿〉跋》,《全編》第 4911 頁)

(四六)劉學箕(53/32915)

《句》:清香貫鼻風傳信,瘦影横窗月寫真。(方立《〈方是閒居士小稿〉跋》,《全編》第 4871 頁)

(四七)劉宰(53/33342)

《詩一首》:我是江南把釣翁,横塘埭下幾經從。開編喜見詩中畫,太息難追物外踪。(劉宰《跋〈聽雨圖〉》,《全編》第 4836 頁)

(四八)度正(54/33654)

《句》:選入周官未厭多。

《句》:嫖姚校尉師古訓。(吴泳《度郎中鄉會詩跋》,《全編》第 5052 頁)

(四九)李簡(54/33710)

《句》:賦詩纔刻畫,語墜渺茫間。題清音堂(劉克莊《題南谿詩》,《全編》第 5152 頁)

(五〇)趙汝鐩(55/34199)

《句》:留取葡萄浮大白,肯將容易博凉州。(劉克莊《跋趙明翁詩稿》,《全編》第 5149 頁)

(五一)張達明(55/34309)

《句》:虎頭圖一卷,高貴鄉公畫。

《句》:潼關四山萬木送,車闐咽導騎交馳。(樓鑰《跋〈二疏圖〉》,《全編》第 4559 頁)

(五二)真德秀(56/34823)

《詩一首》:萬玉兮森森,清風兮滿林。有幽人兮高蹈,時擊節兮長唫。長唫兮陸續,鳳爲起舞兮鸞爲度曲。羌此樂兮誰知,雖簞瓢兮亦足。(真德秀《跋陳慧父竹坡詩稿》,《全編》第 5005 頁)

(五三)魏了翁(56/34864)

《句》:不見兩至人。(李心傳《跋王周卿注魏鶴山先生〈梅花詩〉》,《全編》第 4855 頁)

(五四)劉克莊(58/36133)

1.《詩一首》:易結千金客,難扶六尺孤。憑君傳掬淚,一爲灑西崦。(劉克莊《跋孚若贈翁應叟〈歲寒三友圖〉》,《全編》第 5131 頁)

2.《詩一首》:一夕死生異,百年甘苦同。孤身操井臼,愁殺老梁鴻。(劉克莊《跋陸氏墓誌》,《全編》第 5134 頁)

(五五)王柏(60/37993)

《句》:《吟稿》與塵俱不見,誄文和恨總成空。(王柏《跋〈怡齋吟稿〉》,《全編》第 5386 頁)

(五六)許玠(61/38151)

《句》:適性窮居不加損,武夷新命從天至。一出處,皆君賜。(曹彦約《跋許介之〈東溪詩集〉》,《全編》第 4746 頁)

(五七)方岳(61/38262)

1.《詩一首》:漢騎城夔仲謀懼,艾氈入劍孫吴平。素船倒峽長江一,袒俘入朝江南下。(方岳《跋李君〈蜀議〉》,《全編》第5416頁)

2.《詩一首》:我聞昔有善知識,發大勇猛精進心。欲書諸經了無有,但握爪爲書空相。其人既去其處存,雖無是經經不滅。天龍護持此處所,自然嚴净雨不濡。彼刹塵中所見聞,無不讚歎罕有事。而一比丘獨撫掌,乃言止是半藏經。是知一切有爲法,受想行識皆爲累。世主妙嚴及行願,豈可色見聲音求。揮毫徑入佛三妙,人人清净《華嚴經》。我觀經卷八十一,卷凡幾品品幾字。一字一畫一心具,心心修習盡未來。於一毫端能放光,一一普現法界性。稽首吾翁大長者,所成就非寫經故。爲我問訊彼上人,云何了證真實際。百一十城無可參,陶泓毛穎俱成佛。(方岳《跋師紹書〈華嚴經〉》,《全編》第5418頁)

3.《句》:珊瑚三四尺,高者六七株。(程鳴鳳《〈蘭皋集〉跋》,《全編》第5593頁)

(五八)趙汝騰(62/38869)

《句》:男兒不朽事,只在自身心。(文天祥《跋李敬則〈樵唱稿〉》,《全編》第5703頁)。

按:題跋中但言"庸齋贈詩",考趙汝騰號庸齋,暫定爲作者。題跋原文如下:三百五篇之詩,間出於田夫野叟之作,當時樵者固多能詩。自晋唐來,詩始爲一道,而作者有數矣。今李敬則莊翁於詩太用工力,然猶不敢自以爲傑,謙而托諸樵。今樵安得此可人?其古樵之流亞歟!抑君嘗從蔡覺軒學,庸齋復贈詩曰:"男兒不朽事,只在自身心。"君生武夷山下,此晦翁理窟。山林之日長,學問之功深,君非徒言語之樵也,身心之樵何幸從君講之!

(五九)歐陽守道(63/39708)

《詩一首》:出有客兮入有圃,客吟風兮我鋤雨。客之懷兮湖海,我竭力兮愛此寸土。客瓢天漿兮粻瓊靡,我擷我蔬兮不能足。我容塵兮客厭去,終老此圃兮與而侶。(歐陽守道《題李希聖詩卷》,《全編》第5488頁)

(六十)方逢辰(66/41191)

1.《句》:世間立脚不宜低。(釋道璨《題蛟峰按部詩卷》,《全編》第5547頁)

2.《句》:當面有山人不識,却於山外更求山。

《句》:風水不從天上落,元來只是屋簷頭。(方逢辰《跋洪智堂〈地理心機〉》,《全編》第5605頁)

(六一)周密(67/42497)

《句》:凄凉怕問前朝事,老大猶看後世書。(馬廷鸞《題周公謹〈弁陽集〉後》,《全編》第5621頁)

(六二)朱清(68/43139)

《句》:潭底魚龍天上立,樹梢鸛鵲身都濕。(姚勉《跋〈雪浪閣詩〉》,《全編》第5585頁)

(六三)何希之(70/43919)

《詩一首》:詩通南北史,氣涵天地先。九原寧復恨,書帶亦欣然。(何希之《書永豐郭友

仁〈佩觿集〉後》,《全編》第 5712 頁)

二、補《全宋詩》漏收之人(《全宋詩》未收其人而實有詩作可補者,除輯佚詩句之外,作者凡有事迹可考者,均撰小傳附於其後。其作者依《全編》題跋順序列出,名姓不可考者以"无名氏"列於最後)

(一)公翼

《句》:蕭然野趣忽在手,仿佛江南煙雨村。(釋惠洪《題〈平沙遠水圖〉一》,《全編》第 3463 頁)

公翼,姓與名不可考,生平未詳。

(二)釋善琦

《聯句》:訓狐不相報。提刑學士公行不動塵。釋善琦(釋善琦《澹岩詩跋》,《全編》第 3706 頁)

釋善琦,高宗時僧人,住永州澹岩寺。善琦此跋云:"提刑學士一日同文發先輩來遊澹岩,且不預知,忽爾鞏鏕入寺。善琦驚而復謝:'不獲出山遠迎台旆。'學士曰:'訓狐不相報。'善琦則對'公行不動塵'云云。"題跋之中但言提刑學士,不知爲何人。

(三)鄭舜卿

《句》:羊車春草空芊芊。重瞳光射搔頭偏。但願夕烽常不驚甘泉,妾身勝在君王前。昭君曲(陸游《跋鄭虞任〈昭君曲〉》,《全編》第 4008 頁)

鄭舜卿,字虞任,號陶窗,長樂人,項氏(安世)《平庵詩稿》中與之酬唱最多。[①] 按:宋末人所選輯《詩家鼎臠》卷上,載有鄭舜卿《昭君曲》全詩,詩前有小序,謹録如下:

> 前輩作《昭君曲》,其辭多後人追感昭君之事而憐之耳,未足以見當時馬上之情而寄其隱悲也,從當時之稱,當曰《昭君曲》。
>
> 沙平草軟雲連綿,臂弱不勝黄金鞭。琵琶圍繞情如訴,妾心驟感君王憐。自入昭陽宫,過箭流芳年。娙娥容華貌如玉,瑣牕粉黛添嬋娟。妾醜己自知,羊車春草空芊芊。内中時時宣畫工,分定愧死行金錢。那知咫尺間,筆端變媸妍。玉階銅砌呼上馬,重瞳光射搔頭偏。念此一顧恩,穹廬萬里寧無緣。紫臺房櫳夢到曉,日暮忍看征鴻翩。吞聲不敢哭,哭聲應徹天。但得君王知妾身,應信目前皆山川。不必誅畫工,此事古則然,但願夕烽常不驚甘泉,妾身勝在君王前。寄語幕南諸將軍,虎頭燕頷食肉休,篝邊自呼琵琶寫,此曲有聲無調誰能傳。

(四)陳申公

《句》:讜論見排姦。(袁燮《題魏丞相詩》,《全編》第 4667 頁)

---

① 于北山:《陸遊年譜》,北京:中華書局,1961 年,第 224 頁。

袁燮此跋有云:“丞相壽春魏公以詩名聞天下,清雄贍逸而歸於義理之正,其發有源,故流不竭。蓋公嘗使北矣,冒不測之險,戈戟滿前,不少撓屈,卒定敵國之禮。相我阜陵,中外寧一。其薨且葬也,故相陳申公作詩挽之,有‘讜論見排姦’之句,則知當時邪佞小人見沮於公者不少矣。正直如是,詩律之嚴可推而知也。”

按:據題跋文意,“丞相壽春魏公”當指南宋壽春府(今安徽壽縣)人魏杞,杞字南夫,紹興十二年(1142)進士。歷太府寺主簿、宗正少卿,出使金,與金議和成。遷給事中、同知樞密院事,進參知政事、右僕射兼樞密使。以左諫議大夫、提舉太平興國宫,授知平江府,爲諫官所論,奪職。告老,除資政殿大學士,淳熙十一年(1184)卒。題跋言“故相陳申公作詩挽之”,考魏杞同時代陳姓拜相者惟陳俊卿一人,俊卿字應求,興化(今福建莆田)人。紹興八年(1138)進士。乾道元年(1165),除吏部侍郎、同修國史。四年(1168),授尚書右僕射、同中書門下平章事兼樞密使。淳熙八年(1181)告老,以少師、魏國公致仕。陳俊卿封爵魏國公,似又與此“陳申公”不符,待考。

(五)陸維之

《句》:結囊勿浪出,寒具染凡指。(釋居簡《跋陸永仲題江貫道〈寒林圖〉》,《全編》第4808頁)

陸維之,字永仲。《輯補》中輯有其詩兩首,詩前有湯華泉先生據咸淳《臨安志》與《洞霄圖志》所撰小傳,[①] 另楊倩苗主編《宋代人物詞典》亦收有陸維之,[②] 所述陸維之生平著述基本相同,不贅述。

(六)孟猷

《句》:豆籩學舍又秋丁。(劉宰《跋孟侍郎猷詩》,《全編》第4830頁)

孟猷,《全宋文》收其文兩篇,其前有小傳,[③] 可供參考,此不贅述。

(七)劉次皋

《詩一首》:妙詩圓美走盤珠,照我形骸穢纇除。光與《離騷》争日月,人非《爾雅》注蟲魚。一廛總覽溪山秀,萬卷森羅寶玉書。誰肯犯嚴開夸□,忍教夫子久窮居。(劉次皋《〈方壺存稿〉跋》,《全編》第4862頁)

劉次皋,《全宋文》收其文兩篇,前有其小傳,[④] 此不贅述。《全編》此跋據《全宋文》録入,《全宋文》據明刻本《方壺存稿》卷末所附題跋録入,筆者翻檢原書,發現“誰肯犯嚴開夸□”一句中的方框“□”當爲“口”字之誤。

(八)翁葆光

《詩一首》:手握天機六六秋,年年此夕不勝憂。神功妙道三人就,黍粒靈元二八脩。信

---

① 湯華泉輯撰:《全宋詩輯補》,合肥:黄山書社,2016年,第3181頁。
② 楊倩苗主編:《宋代人物詞典》,保定:河北大學出版社,2015年,第511頁。
③ 曾棗莊主編:《全宋文》第292册,上海:上海辭書出版社、合肥:安徽教育出版社,2006年,第200頁。
④ 曾棗莊主編:《全宋文》第302册,第1頁。

道竈爐須福地,要知錢鶴上揚州。誰能假我扶摇便,一舉同遷在十洲。(龍眉子《〈金液還丹印證圖〉後識》,《全編》第4862頁)

龍眉子原跋述曰:余師若一子嘗曰:"曾聞我師無名子翁先生云:'吾師乃廣益順理子劉真人。祖偕悟真仙翁肄業辟雍,惟翁不第,夙植靈根,學道道遂。後因念其同舍之有孫,時在紹興戊午,劉遇悟真得其道,願力不能成,遂刊彭真人《參同契義疏》,隱於市朝,方便接引。既諧同志乾道戊己歲成道於虎丘山之下。叨竊仙恩,誤蒙真蔭。紹興中於浙江跨浦橋承真人之顔陶鑄,貲力素無,未克成就,日夜遑遑,已逾三紀。嘗因中秋有感云:手握天機六六秋……"

按:細讀跋文,此詩作者當爲翁葆光,《輯補》將其列入龍眉子名下,題名爲《中秋有感》。[①] 翁葆光,字淵明,號無名子,南宋時象川人。爲劉永年弟子,屬南宗双修派,著有《紫陽真人悟真篇注疏》《悟真篇注釋》《紫陽真人悟真篇拾遺》《紫陽真人悟真直指詳説三乘秘要》等。[②]

(九)葉子淵

《詩一首》:先生固清高,弄拙反成巧。一人御六子,終被雪兒炒。(洪咨夔《題〈洪崖圖〉》,《全編》第4914頁)

葉子淵,從洪咨夔此跋可知其爲吴興人,生平無考。

(一〇)性上人

《詩一首》:飯一鉢兮香普薰,卧連床兮堂七楹。一句子也年已陳,信不信兮自有人。(釋師範《跋闡提頌軸》,《全編》第4931頁)

性上人,生年已不可考,卒於崇寧三年(1104),福建人。遊方至龍安,留從悦禪師之門。《五燈會元》卷一七列臨濟宗南嶽下十三世爲從悦,性上人嗣法從悦,當爲臨濟宗南嶽下十四世。[③]

(一一)胡晋臣

《句》:崔嵬諫臣心,憂主無一僞。橄欖詩(魏了翁《跋胡文靖公晋臣〈橄欖詩〉真迹》,《全編》第4951頁)

胡晋臣,南宋蜀州(治今四川崇州)人,字子遠。紹興二十七年(1157)進士。淳熙初,累官至成都府通判。淳熙四年(1177),以范成大薦,召試學士院,除秘書省校書郎兼國史院編修官。次年,遷著作佐郎兼右曹郎官,尋出知漢州。擢潼川府路提點刑獄。召歸,入對首言選將帥、廣常平、治渠堰,更銓法,通楮幣五事,除度支郎。累遷侍御史。光宗嗣位,遷工部侍郎,除給事中。紹熙元年(1190),除簽書樞密院事,遷參知政事兼同知樞密院事。以親君子、遠小

① 湯華泉輯撰:《全宋詩輯補》,第4025頁。
② 胡孚琛主編:《中華道教大辭典》,北京:中國社會科學出版社,1995年,第132頁。
③ 周裕鍇:《宋僧惠洪行履著述編年總案》,北京:高等教育出版社,2010年,第73頁。

人、抑僥倖、消朋黨爲務,中外帖然。官終知樞密院事,卒謚文靖。[①]《宋史》卷三百九十一有傳。胡晋臣幾無詩、文傳世,此殘句尤顯可貴。

(一二)宋彦祥

《句》:點撿精時管甚人。

《句》:事事安排要似渠。(魏了翁《題彭山宋彦祥詩卷》,《全編》第4989頁)

宋彦祥,彭山人,生平無考。

(一三)樓治

《詩一首》:一脉能分妙喜泉,薰風一轉代流傳。等閒坐斷南山頂,擊碎珊瑚也直錢。(樓治《題北磵禪師語録後》,《全編》第5060頁)

樓治,一作"樓冶",《全宋文》録其文兩篇,前有小傳,[②]不贅述。

(一四)江公望

《句》:高低山接勢,清淺水分灣。(劉克莊《跋江民表三賢帖》,《全編》第5209頁)

江公望,《輯補》輯有其詩21首,殘句1句,前有公望小傳,頗簡略,可參看《全宋文》所撰小傳,[③]不贅述。

(一五)林格

《句》:身先失父母,禄止及妻兒。新酬焚黄親奠先塋(劉克莊《跋林通議遺墨》,《全編》第5243頁)

林格,福州福清人。熙寧六年(1073)特奏名登進士第。仕至建州司理參軍。克莊《林沅州(誕)墓誌銘》有云:"公諱誕,字仲成。其先固始人,八世祖著作平遷福清。曾祖諱伯材,三舉進士不第。祖諱格,特奏名,爲建州司理參軍,贈通議大夫。"[④]明黄仲昭《八閩通志》卷四六《選舉·科第·福州府·宋》:"熙寧六年癸丑余中榜諸科　林格,長樂人。試監簿。"明何喬遠《閩書》卷七九《英舊志·福州府福清縣·宋科第》:"熙寧六年癸丑　林格。"民國《福建通志》卷三三《選舉志·宋特奏名》:"熙寧六年　林格,福清人。"[⑤]

(一六)趙師夏

《句》:傳心識顔冉,折衷辨師商。(王柏《跋趙遠庵帖》,《全編》第5359頁)

趙師夏,《全宋文》録其文五篇,其前有小傳,不贅述。[⑥]

(一七)邵絜矩

《題五夫墾田》:足見山深俗轉淳,可容鉏處盡耕耘。膏腴萬里長淮闊,何日耕桑得似聞。

《句》:芽節扶疏生意足,要從此處見天然。新篁(王柏《跋邵絜矩詩》,《全編》第5363頁)

---

① 楊倩苗主編:《宋代人物辭典》,第258頁。
② 曾棗莊主編:《全宋文》第318册,第404頁。
③ 曾棗莊主編:《全宋文》第121册,第304頁。
④ 曾棗莊主編:《全宋文》第331册,第162頁。
⑤ 參見龔延明、祖慧編著《宋代登科總録》,桂林:廣西師範大學出版社,2014年,第1129頁。照比原文,略有增删。
⑥ 曾棗莊主編:《全宋文》第294册,第330頁。

邵絜矩,生平無考。

(一八)蘇文洪

1.《句》:潔白事脩持,從容中繩墨。

《句》:之死了不惑。

《句》:爲此重憂惻。(王柏《跋蘇愚翁詩》,《全編》第5383頁)

2.《句》:羽翰一息凌霄去。(王柏《跋前人垂死兩日前分韵詩》,《全編》第5383頁)

蘇文洪,字基先,號愚翁。生於慶元五年(1199)十一月二十七日,温州瑞安人。登寶祐癸丑第,初調臨安府浙江税,終金華令。蘇文洪有子三人,長曰太古,仲曰佩書,季曰會心,皆所以號也。長子蘇模,字太古,博雅有識,兩薦浙漕。蘇文洪與王柏過從甚密,文洪卒,王柏爲其撰有墓誌、祭文。①

(一九)王桐

《句》:名士誄文千古恨,《怡齋吟稿》一編塵。(王柏《跋〈怡齋吟稿〉》,《全編》第5386頁)

王桐,字適莊,生於宋孝宗淳熙八年(1181),婺州金華縣人,王柏伯兄。宋寧宗嘉定四年(1211),王柏父親王瀚去世,其時王柏十五歲,作爲族兄,王桐擔負起撫教王柏的重任,王柏事之甚恭,中年同處,益盡和孺之樂,兄弟間時常詩詞唱和。理宗景定元年(1260)秋,王桐八十壽辰,王柏與金履祥等相聚爲賀。王桐卒於何年,未見有明確記載。②

(二〇)王普

《句》:莫嫌此笏太彎薄,三引宸旒拜玉皇。(趙亟夫《跋〈陳修撰遺稿〉》,《全編》第5471頁)。

兩宋時代名王普可考者凡兩人:其一爲神宗熙寧年間人,字君道,號南明子,《全宋文》輯有其《浮渡山題名》一則,③有關此王普全部信息均出於此題名;另一王普字伯照,爲福州閩縣(今福建福州)人。徽宗宣和三年(1121)進士。歷太常丞、太常博士、都官員外郎。經術湛深,尤精於禮,議論淹貫,爲朱熹所稱許。《全宋文》録其文章二十四篇,其前有小傳,④頗爲詳盡,可參看。

趙亟夫此跋有云:"僕初娶于王,其祖則兵部尚書賓是也。是時,黄潛善、汪伯彦當國,而王則位獨座,知平日二人之奸惡,袖疏欲攻之。不謂其謀已洩,未及上殿間,已傳宸命左遷兵書矣。自此,先正秘撰於是乎叩閽焉。一而二,二而三,其詞愈切且直。雖攖不測之禍,而直節忠名具載青史。昔王公欲發而不得者,其在九原,豈不少自慰哉!厥後一傳有子曰普,以訂正曲臺之禮事阜陵,至蒙殊遇,嘗有'莫嫌此笏太彎薄,三引宸旒拜玉皇'之句。是前之未

① 有關蘇文洪生平,主要參考了潘猛補與程元敏的相關考證。具體請參見〔清〕孫詒讓撰,潘猛補校補《温州經籍志》,上海:上海社會科學院出版社,2005年,第137—138頁;程元敏:《王柏之生平與學術》,上海:華東師範大學出版社,2011年,第39頁、95頁、126頁、128頁、133頁、134頁。

② 有關王桐生平,主要參考了程元敏的相關考證。具體請參見程元敏《王柏之生平與學術》,第37頁、45頁、51頁、100頁、105頁。

③ 曾棗莊主編:《全宋文》第78册,第163頁。

④ 曾棗莊主編:《全宋文》第183册,第38頁。

遇,乃所以爲後之遇也。”據題跋文意,此王普當爲趙亹夫父輩人物,其生活時段與趙亹夫相符,且“以訂正曲臺之禮事阜陵,至蒙疏遇”與《全宋文》小傳的“經術湛深,尤精於禮”正合,所以推測此殘句當爲閩縣人王普。

(二一)方善夫

《句》:但有門生來集序,已無省吏催詞草。(歐陽守道《題方山長〈鄙能小稿〉》,《全編》第 5494 頁)

方善夫,其生平事迹已經不可考。據題跋,其爲福建莆田人,與劉克莊、歐陽守道過從甚密,咸淳元年(1265)前後曾任白鷺洲書院山長。[①]

(二二)俊癯翁

《詩一首》:萬疊青山繞茅屋,閑灌春畦分杞菊。荷鋤歸來逢故人,相對衡門數修竹。江海合并能幾回,折鐺煮茗話幽獨。春色滿筇花木香,天開圖畫山川緑。(釋道璨《書俊癯翁送清别澗詩後》,《全編》第 5536 頁)

俊癯翁,道璨僧友,名 × 俊,號癯翁,善詩。[②] 道璨《無文印》卷十九“書劄”有《俊癯翁》一通,稱其與俊癯翁有“十年交遊之舊”。宋僧釋行海、釋文珦亦與俊癯翁有所交遊,行海有《寄陽羨山俊癯翁》《送俊癯翁並憶少野》《留癯翁》三詩,文珦有《丈亭别癯翁》一首。道璨書劄《俊癯翁》中有言,“亦聞青鞋布襪,時到苕溪雪水間,岸草汀花皆入行卷”,[③] 苕溪、雪水,皆位於南宋兩浙西路湖州府境内,行海詩《寄陽羨山俊癯翁》所提到的陽羨山位於南宋兩浙西路常州府境内,兩處地理上毗鄰,可以推知俊癯翁大概生活在這個區域之内。

(二三)禮菊泉

《句》:鶯在元豐樹上啼。

《句》:掃階雲上帚。

《句》:亂泉飛作雨。(釋道璨《跋〈禮菊泉詩〉集》,《全編》第 5536 頁)

禮菊泉,南宋僧,名 × 禮,號菊泉,能詩。[④]

(二四)徐子蒼

《句》:但願緑陰青子後,只如疏影暗香時。擬寄盧梅坡(陳著《跋徐子蒼〈徽池行程詩〉》,《全編》第 5558 頁)

宋劉黻撰《蒙川遺稿》卷一有《寄徐子蒼琦》詩一首,據詩題,徐琦字子蒼。劉黻生於宋寧宗嘉定十年(1217),卒於宋恭宗德祐二年(1276),陳著生於宋寧宗嘉定七年(1214),卒於元成宗元貞三年(1297),劉、陳二人處於同一時代,所以陳著跋中徐子蒼有可能就是劉黻詩中的徐琦。《全宋詩》收有徐琦詩一首,其前有小傳述云:“徐琦,江山(今屬浙江)人。應鑣長

---

① 陳元:《南宋時期白鷺洲書院山長補遺》,《江西教育學院學報》2010 年第 5 期,第 108 頁。

② 黄錦君校注:《釋道璨全集校注》,成都:巴蜀書社,2014 年,第 323 頁。

③ 道璨書劄,見黄錦君校注《釋道璨全集校注》,第 584 頁。

④ 黄錦君校注:《釋道璨全集校注》,第 324 頁。

子。理宗淳祐九年(1249)進士。宋亡,父子四人舉家殉國。事見清同治《江山縣誌》卷七”。[①] 翻檢《宋代登科總録》,淳祐九年衹有上舍釋褐三人,并無徐琦之名,不知《江山縣誌》所據何從。但是《宋代登科總録》於寶祐元年却載有徐琦:“隆興府南昌縣人。寶祐元年登進士第”。[②] 其所據文獻依次爲嘉靖《江西通志》、萬曆《新修南昌府志》、同治《南昌府志》、光緒《江西通志》,所述極爲簡略,但言“徐琦,南昌人”。所以,《全宋詩》所録徐琦,與陳著題跋中字子蒼的徐琦似乎并非同一人。另宋陳杰撰《自堂存稿》卷三有《徐子蒼自金陵遣詩來用韵送魚臘》詩、卷四有《和徐子蒼揚州夢梅》,元陳鎰撰《午溪集》卷五有《次韵同徐子蒼賞海棠》卷九《余患肺病徐子蒼寄詩問安次韵答之》,皆問候唱對之作,并無任何生平信息可考。由於生活時代接近,推測即爲同一人。據此大致可判斷徐子蒼大約生活于宋末元初,與陳著、劉黻、陳杰、陳鎰等人時常詩詞唱和,交遊往來。

(二五)僧日損

《句》:手中一片攔江網,只待風平浪静時。漁父詞

《句》:蓑衣亦有安危慮,水面無波是太平。漁父詞(舒岳祥《跋僧日損詩》,《全編》第5600頁)

日損,善于詩,有詩集,方元善爲序,舒岳祥跋其後。[③]

(二六)南溪翁

《句》:儲嗣知何日?銷兵在幾時?閑煩惱

《句》:事雖關造化,責在理陰陽。秋甲子

《句》:方城徒峻如平地,漢水雖深不是池。憶襄陽

《句》:五月已傷糶新穀,三春何忍督新苗?警催科吏(馬廷鸞《跋舅氏南溪翁〈漁唱集〉後》,《全編》第5614頁)

據題跋文意,南溪翁當爲馬廷鸞舅父輩人物,姓名無法確認,生平無考。

(二七)李秋山

《句》:世事從來易荆棘,人生樂處在山林。(馬廷鸞《題〈李秋山家傳〉後》,《全編》第5619頁)

李秋山,饒州安仁縣人。登嘉定七年(1214)進士第。正德《饒州府志》卷二《學校·附科貢·安仁·宋》:“宋李秋山,中嘉定七年。官編修。”同治《饒州府志》卷一四《選舉志·進士·宋》:“嘉定七年甲戌袁甫榜　安仁,李秋山,編修,上三策言恢復中原事。”光緒《江西通志》卷二二《選舉表·宋進士》:“嘉定七年甲戌袁甫榜　李秋山,安仁人,翰林編修。”按:宋無“翰林編修”。[④]

---

① 北京大學古文獻研究所編:《全宋詩》第65册,北京:北京大學出版社,1998年,第40862頁。

② 龔延明、祖慧編著:《宋代登科總録》,第6046頁。

③ 李國玲編著:《宋僧録》,北京:綫裝書局,2001年,第97頁。

④ 龔延明、祖慧編著:《宋代登科總録》,第4753頁。

(二八)葉宗貴

《句》: 主死妾猶未。(牟巘《跋葉一山所藏文山相國書後》,《全編》第5654頁)

葉一山,生卒年不可考。方回《桐江續集》卷二十七有《贈葉宗貴一山》詩,據此可知,一山爲其字,名爲宗貴。牟巘除此跋外,还有《贈葉一山》詩,可見其與葉氏過從甚密。另《真山民集》載有《秋夜次葉一山韵》、尹廷高《玉井樵唱》卷中載有《送葉一山求官》等詩,與其唱和者大都宋末元初之人,可知其大約生活于宋元易代之際。

(二九)釋觉恩

《句》: 下方雷作嬰兒叫。

《句》: 驚倒人間八十翁。(牟巘《跋恩上人詩》,《全編》第5669頁)

恩上人,即雲門宗僧人釋覺恩。據《禪宗全書》,覺恩字以仁,號斷江,慈溪(今屬浙江)人,俗姓顧,幼依雲門廣孝寺落髮。後從明之延慶聞法,受四教儀,七日通之,莫不驚訝。再參育王如珙得法,命典内記。由是德業日彰,遐邇知名。師所制詩頌。典雅高古,與牟巘等人相友善。[①]《輯補》輯有其詩10首,句2句。[②]

牟巘此題跋云: 或謂禪家每以詩爲外學,上古德多有言句,不知是詩是禪、是習是悟、是外是内耶? 上人受業雲門,口口靈澈,若是到處,亦復何異,但恨世無夢得、子厚諸人知之。然正亦何用人知,其爲莫逆,暢遊天目,曰"下方雷作嬰兒叫",非常語也。予因題云:"把斷風光不許通,坐天目頂月明中。下方雷作嬰兒叫,莫是山僧耳太聰?"旁一人笑曰:"何不道'驚倒人間八十翁?'"予亦大笑曰:"然,且還詩卷去也!"

根據題跋文意,"下方雷作嬰兒叫"當是恩上人詩中之一句,牟巘感而復題,直接引用了此句,詩成,旁邊有人謂牟巘詩句"莫是山僧耳太聰"何不作"驚倒人間八十翁"。《全宋詩》收録了牟巘此詩,本文將此二句列爲《全宋詩》佚句,"旁一人"已經不可考,系於釋覺恩之下。

(三〇)鄭宷

《句》: 蔽欺高君子,權勢折忠臣。(王城《感〈雪竹賦〉題跋》,《全編》第5676頁)

鄭宷,字載伯,號北山,福建福安人。南宋理宗朝重要政治人物,閩東最有影響力的政治、學術人物之一。紹定二年(1229)甲科進士,在隆興(南昌)府任推官。理宗時歷任秘書省正字、校書郎、著作郎,累擢右正言兼侍講、殿中侍御史,宦海生涯末期,任端明殿學士,同簽書樞密院事。劉克莊有《樞密鄭公行狀》,《宋史》有傳。

(三一)无名氏

1.《句》:江南黄茂先,江北段少連。(黄庭堅《跋自書東坡〈乳泉賦〉》,《全編》第3233頁)

2.《句》: 似彼造化力,由兹方寸中。(汪伯彦《跋徽宗皇帝御書草聖詩》,《全編》第3432頁)

---

① 藍吉富主編:《禪宗全書》第16册,臺北: 文殊出版社,1988年,第630頁。

② 湯華泉輯撰:《全宋詩輯補》,第3181頁。

3.《句》:是非不到釣魚處,榮辱常隨騎馬人。(釋惠洪《跋荆公元長元度三帖》,《全編》第3480頁)

4.《詩一首》:藝祖憲章誰遺迴,門門户户有人開。清晨山後九州没,日落河頭萬騎來。地近蓬蒿堆百骨,巷無人迹長蒼苔。可憐司馬碑猶卧,誰奏伊公一笛哀。(高世則《書趙子砥〈燕雲録〉》,《全編》第3602頁)

按:題跋中但稱作者爲靖康初成皋人。

5.《詩一首》:煌煌靈芝,一年三秀。予獨何爲?有志不就。(朱熹《題袁機仲所校〈參同契〉後》,《全編》第4392頁)

6.《句》:朝來倚危欄,爽氣真可嚥。秋山(袁燮《跋雲巢王公〈續雅〉》,《全編》第4664頁)

按:題跋中但言詩句作者爲雲巢王公,其人與張孝祥爲"莫逆交",待考。

7.《句》:自從孟子知言後,惟有揚雄識字多。(董南一《〈切韵指掌圖〉後序》,《全編》第4793頁)

8.《駐蹕山》:舉頭驚日近,滿目覺春還。好語從天下,榮名落世間。鬼神驚拜賜,草木頓開顔。

《乘月登樓》:烏啼秋瘁柳,人上月明樓。刁斗聲無勇,家山淚欲流。

《句》:譙門長嘯外,胡騎一時收。

《句》:腐草化爲螢,寒光忽獨醒。腐草化爲螢

《句》:我來餘禮樂,人去獨林巒。杏壇詩

《句》:雲歸還寂寞,日落更徘徊。望祀蓬萊

《句》:涕零遊憩北,望斷莽蒼基。墮淚碑

《句》:良時天不再,前事水空流。志士思秋

《句》:蕭條終日趣,寂寞古人心。活計一張琴

《句》:沙磧三年戍,秋風一夜寒。口伐可汗(劉克莊《跋起余草堂詩》,《全編》第5238頁)

按:據辛更儒先生《劉克莊集箋校》,起余草堂詩,諸書未見載録,所以其作者也無法考證。

9.《句》:十載梅花曾作祟,一番紅藥又無情。(劉克莊《跋嚴愨上舍詩卷》,《全編》第5251頁)

按:題跋中但言有客贈詩。

10.《句》:整頓乾坤自有人。(釋道璨《書〈聚星圖〉後》,《全編》第5548頁)

按:此句前一句爲釋慧空《送清知客》詩中最後一句"栽松只在寒岩畔",題跋中與"整頓乾坤自有人"上下相連。此句《全宋詩》失收,作者無考,或即道璨借用慧空詩句,續接一句。此處存疑,作者暫標署爲"佚名"。

11.《句》:寧爲蘇門嘯,莫作華林悔。(馬廷鸞《題〈樵歌〉後》,《全編》第5615頁)

(李寶,黑龍江大學文學院中國語言文學博士後流動站在站研究人員,哈爾濱學院助理研究員)

《全宋文》補目 61 篇*

劉永海

[摘　要] 自《全宋文》問世以來,學界屢有補遺之作發表。儘管如此,仍有遺珠。筆者近日翻檢明清宫觀山志等文獻,檢得宋文 61 篇,其中已收作者 24 人 32 篇,未收作者 25 人 29 篇,均不見於《全宋文》及諸家補遺之作。今一并録出,以助補《全宋文》之缺。篇幅所限,所補宋文僅予補目。

[關鍵詞] 全宋文　補遺　61 篇

曾棗莊、劉琳主編《全宋文》,[①] 煌煌 360 册,蔚爲鴻業。鑒於宋代典籍浩如煙海,纂輯全宋之文都爲一集,難免遺漏。自其問世以來,學界屢有補遺之作發表。儘管如此,仍有遺珠。筆者近日翻檢明清宫觀山志等文獻,檢得宋文 61 篇,其中已收作者 24 人 32 篇,未收作者 25 人 29 篇,均不見於《全宋文》及諸家補遺之作。今一并録出,以助補《全宋文》之缺。篇幅所限,所補宋文僅予補目。凡《全宋文》已收作者,括弧内標注該著者之文在《全宋文》起始册數、卷數、頁碼,以便檢索,并加按語;凡《全宋文》未收著者,徑直加簡要按語,略加考辨。

一、《全宋文》已收作者

1. 張問(48\1029\5)1 篇

《瓊花賦》

按:是文宋陳景沂《全芳備祖》前集卷五《花部》、[②] 清陳元龍輯《御定歷代賦彙》卷一二五《花果》、[③] 清王灝等編《御定佩文齋廣群芳譜》卷三七、[④] 清貴正辰《瓊花集》卷二《雜文》,[⑤] 皆收録。

2. 蘇軾(85\1849\131)1 篇

《遊英榜山賦》

* 本文是國家社科基金西部項目“明清宫觀山志的編纂及其價值研究”(17XZS025)的階段性成果。

① 曾棗莊、劉琳主編:《全宋文》,上海:上海辭書出版社、合肥:安徽教育出版社,2006 年。以下引用《全宋文》版本同。

② 〔宋〕陳景沂:《全芳備祖集》,《景印文淵閣四庫全書》第 935 册,上海:上海古籍出版社,2003 年,第 73—74 頁。以下引用《景印文淵閣四庫全書》版本同。

③ 〔清〕陳元龍:《御定歷代賦彙》,《景印文淵閣四庫全書》第 1421 册,第 610—611 頁。

④ 〔清〕王灝:《御定佩文齋廣群芳譜》,《景印文淵閣四庫全書》第 846 册,第 225—226 頁。

⑤ 〔清〕貴正辰:《瓊花集》,《中國道觀志叢刊正續編》第 51 册,揚州:廣陵書社,2015 年,第 40—42 頁。以下引用《中國道觀志叢刊正續編》版本同。

按：是文載於清劉世馨《雷祖志》卷二。① 今雷州城西南五里之英榜山有該賦之碑刻。

3. 常安民(119\2563\135)1篇

《靈濟王行狀》

按：是文收録於《祠山事要指掌集》卷三，② 以及《祠山志》卷三。③

4. 張澄(185\4068\244)1篇

《臨安府祈雨祝文》

按：是文收録於《祠山事要指掌集》卷一〇及《祠山志》卷九。④

5. 周淙(209\4645\315)1篇

《臨安府謝雨文》

按：是文收録於《祠山事要指掌集》卷一〇及《祠山志》卷九。⑤

6. 洪遵(219\4855\83)2篇

《建康府祈雪文》《建康府謝雪文》

按：二文收録於《祠山事要指掌集》卷一〇及《祠山志》卷九。⑥

7. 史浩(199\4397\82)1篇

《史相國請香火歸明州供養王》

按：是文收録於《祠山事要指掌集》卷一〇及《祠山志》卷九。⑦

8. 沈濬(206\4582\380)1篇

《廣惠廟靈異記》

按：是文收録於《祠山事要指掌集》卷一〇及《祠山志》卷一〇。⑧

9. 洪邁(221\4911\338)1篇

《靈濟應禱記》

按：是文收録於《祠山事要指掌集》卷九及《祠山志》卷一〇。⑨

10. 馬廷鸞(353\8177\299)1篇

《重修祠山廟記》

按：是文收録於《祠山事要指掌集》卷九及《祠山志》卷一〇。⑩

---

① 〔清〕劉世馨輯：《雷祖志》，《中國道觀志叢刊正續編》第61册，第160—162頁。

② 〔宋〕周秉秀撰，〔元〕梅應發續輯：《祠山事要指掌集》，國家圖書館藏明宣德八年(1433)刻本。

③ 〔宋〕周秉秀編，〔清〕周憲敬重編：《祠山志》，《中國道觀志叢刊正續編》第44—45册，第230—243頁。

④ 〔宋〕周秉秀編，〔清〕周憲敬重編：《祠山志》，《中國道觀志叢刊正續編》第44—45册，第459—460頁。

⑤ 〔宋〕周秉秀編，〔清〕周憲敬重編：《祠山志》，《中國道觀志叢刊正續編》第44—45册，第463—464頁。

⑥ 〔宋〕周秉秀編，〔清〕周憲敬重編：《祠山志》，《中國道觀志叢刊正續編》第44—45册，第464—466頁。

⑦ 〔宋〕周秉秀編，〔清〕周憲敬重編：《祠山志》，《中國道觀志叢刊正續編》第44—45册，第466—467頁。

⑧ 〔宋〕周秉秀編，〔清〕周憲敬重編：《祠山志》，《中國道觀志叢刊正續編》第44—45册，第505—508頁。

⑨ 〔宋〕周秉秀編，〔清〕周憲敬重編：《祠山志》，《中國道觀志叢刊正續編》第44—45册，第508—510頁。

⑩ 〔宋〕周秉秀編，〔清〕周憲敬重編：《祠山志》，《中國道觀志叢刊正續編》第44—45册，第557—561頁。

11. 邵伯温(128\2780\362)1 篇

《嵩山紀行》

按:是文收録於《嵩嶽志》之《嵩嶽文志》卷八。①

12. 孫奭(9\193\349)1 篇

《諫疏》

按:是文收録於《岱史》第二册第六卷《狩典紀》。②

13. 胡致堂(189\4153\1)1 篇

《封禪論》

按:胡致堂,本名胡寅,字明仲,建寧崇安人,胡安國之侄。是文收載於《岱史》第二册第六卷《狩典紀》之《歷代儒臣封禪論》。③

14. 范至能(224\4975\232)1 篇

《驂鸞記》

按:范成大,字至能。是文收録於明彭簪《衡嶽志》卷五。④

15. 王端朝(221\4896\121)1 篇

《城隍廟記》

按:是文收録於《高淳縣城隍白府君廟志》卷三。⑤

16. 白玉蟾(296\6746\146)2 篇

《答鶴林問道書》

按:是文清宋廣業撰《羅浮山志會編》卷一〇收録。⑥

《真君像贊》

按:《逍遥山萬壽宫志》卷一八收録此文。⑦

17. 朱涣(336\7760\391)1 篇

《貴玄思真洞天碑》

按:是文元明善撰、張國祥續《續修龍虎山志》卷五收録。⑧

18. 賈善翔(109\2356\57)1 篇

《上清觀重修天師殿記》

---

① 〔明〕陸柬輯:《嵩嶽志》,《中國道觀志叢刊正續編》第 40 册,第 606—607 頁。
② 〔明〕查志隆:《岱史》,《中國道觀志叢刊正續編》第 41—42 册,第 172—173 頁。
③ 〔明〕查志隆:《岱史》,《中國道觀志叢刊正續編》第 41—42 册,第 179—182 頁。
④ 〔明〕彭簪:《衡嶽志》,《四庫全書存目叢書》第 229 册,濟南:齊魯書社,1996 年,第 305 頁。以下引用《四庫全書存目叢書》版本同。
⑤ 〔清〕鮑漣纂,〔清〕夏文源續:《高淳城隍廟志》,《中國道觀志叢刊正續編》第 50 册,第 65 頁。
⑥ 〔清〕宋廣業:《羅浮山志會編》,《中國道觀志叢刊正續編》第 63 册,第 687 頁。
⑦ 〔清〕金桂馨、〔清〕漆逢源纂輯:《逍遥山萬壽宫志》,《中國道觀志叢刊正續編》第 30—31 册,第 914 頁。
⑧ 〔元〕元明善撰,〔明〕張國祥續,《續修龍虎山志》,《中國道觀志叢刊正續編》第 49 册,第 151—159 頁。

按：是文元明善撰、張國祥續《續修龍虎山志》卷五收録。①

19. 高似孫(292\6647\172)1篇

《重修靖通庵記》

按：是文元明善撰、張國祥續《續修龍虎山志》卷五收録。②

20. 周方(352\8151\275)1篇

《重建天師家廟演法觀記》

按：是文元明善撰、張國祥續《續修龍虎山志》卷五收録。③

21. 謝枋得(355\8213\47)2篇

《疊山賀(許旌陽)生辰表》《賀真君沖舉兼募緣表》

按：《逍遥山萬壽宫志》卷一七收録此二文。④

22. 曾鞏(57\1231\2)1篇

《憩真觀記》

按：《逍遥山萬壽宫志》卷一八收録此文。⑤

23. 宋理宗(345\7966\80)3篇

《紹定四年加封真牧普應真人誥》《寶祐五年加封妙應真人誥》《寶祐五年封龍君誥》

按：宋理宗三篇誥文收録於《九宫山志》卷一四。⑥

24. 宋度宗(359\8328\349)4篇

《加封普興真君誥》《封真君父母誥》《加封神應君誥》《封孚惠真人誥》

按：宋度宗四篇誥文收録於《九宫山志》卷一四。⑦

二、《全宋文》未收作者

1. 劉敖1篇

《創建通玄觀碑記》

按：是文《通玄觀志》卷下收録，⑧文末題“紹興三十二年(1162)七月中元日記”。清阮

---

① 〔元〕元明善撰,〔明〕張國祥續:《續修龍虎山志》,《中國道觀志叢刊正續編》第49册,第196—205頁。

② 〔元〕元明善撰,〔明〕張國祥續:《續修龍虎山志》,《中國道觀志叢刊正續編》第49册,第205—210頁。

③ 〔元〕元明善撰,〔明〕張國祥續:《續修龍虎山志》,《中國道觀志叢刊正續編》第49册,第216—220頁。

④ 〔清〕金桂馨、〔清〕漆逢源纂輯:《逍遥山萬壽宫志》,《中國道觀志叢刊正續編》第30—31册,第903—905頁;第906—908頁。

⑤ 〔清〕金桂馨、〔清〕漆逢源纂輯:《逍遥山萬壽宫志》,《中國道觀志叢刊正續編》第30—31册,第961—963頁。

⑥ 〔清〕傅燮鼎重輯:《九宫山志》,《中國道觀志叢刊正續編》第7册,第130—131頁。

⑦ 〔清〕傅燮鼎重輯:《九宫山志》,《中國道觀志叢刊正續編》第7册,第131—133頁。

⑧ 〔明〕姜南撰,〔清〕吴陳琰補:《通玄觀志》,《中國道觀志叢刊正續編》第54册,第153—156頁。

元《兩浙金石志》卷九亦收録。[①] 劉敖,鹿泉人,高宗内侍,後入道,修真於通玄觀,賜名能真。事見民國《杭州府志》卷一七一《方外》。[②]

2. 留夢炎1篇

《重建大有宫記》

按:留夢炎(1219—1295),字漢輔,號忠齋(一作中齋),衢州(今浙江衢縣)人。南宋末期宰相。是文收録於胡昌賢撰、王維翰續撰《委羽山志》卷三。[③]

3. 左瀛1篇

《委羽續集自序》

按:是文載於王維翰《委羽山續志》卷一。[④] 左瀛,字睿之,一字桂庭,黄岩(今屬浙江)人。以詩名,度宗咸淳初卒,著有《委羽續集》,已佚。事見清光緒《黄岩縣志》卷二〇、卷二八。

4. 陳浩然1篇

《清水祖師本傳》

按:是文收録於清夏以槐修《清水岩志》卷一。[⑤] 據乾隆《福州府志》卷三六《選舉一·宋·進士》:陳浩然,字彦章,通判臺州,政和二年(1112)進士。[⑥]

5. 余克濟2篇

《祖師祈雨跋》

按:是文載於《清水岩志》卷上、[⑦] 清楊浚輯《清水岩志略》卷三。[⑧] 文末標注,撰於宋寧宗嘉定三年(1210)。據《萬姓統譜》卷八、[⑨] 正德《姑蘇志》卷四二,[⑩] 余克濟,字叔濟,安溪人,慶元五年(1199)進士。另據文後按語,時余克濟官從政郎、長泰縣令。

《清水寶塔記》

按:是文載於夏以槐《清水岩志》卷上、[⑪] 楊浚《清水岩志略》卷三。[⑫]

6. 林泳1篇

《致祭大師文》

---

① 〔清〕阮元:《兩浙金石志》,《續修四庫全書》第911册,上海:上海古籍出版社,2002年,第6—7頁。以下引用《續修四庫全書》版本同。

② 陳璚等:民國《杭州府志》第171卷,1922年鉛印本,第10頁。

③ 〔明〕胡昌賢:《委羽山志》,《中國道觀志叢刊正續編》第55册,第42—46頁。

④ 〔清〕王維翰輯:《委羽山續志》,《中國道觀志叢刊正續編》第55册,第193—194頁。

⑤ 〔清〕夏以槐修:《清水岩志》,《中國道觀志叢刊正續編》第59册,第53—56頁。

⑥ 〔清〕徐景熹:乾隆《福州府志》一,《中國地方志集成·福建府縣志輯》,上海:上海書店出版社,2000年,第696頁。

⑦ 〔清〕夏以槐修:《清水岩志》,《中國道觀志叢刊正續編》第59册,第79—80頁。

⑧ 〔清〕楊浚輯:《清水岩志略》,《中國道觀志叢刊正續編》第60册,第54—56頁。

⑨ 〔明〕凌迪知:《萬姓統譜》,《景印文淵閣四庫全書》第956册,第186頁。

⑩ 〔明〕王傲:《姑蘇志》,《景印文淵閣四庫全書》第493册,第777頁。

⑪ 〔清〕夏以槐修:《清水岩志》,《中國道觀志叢刊正續編》第59册,第93—95頁。

⑫ 〔清〕楊浚輯:《清水岩志略》,《中國道觀志叢刊正續編》第60册,第56—59頁。

按: 是文載於夏以槐《清水岩志》卷上、[①] 楊浚《清水岩志略》卷三,[②] 文末題撰於嘉定四年(1211)。據乾隆《福建通志》卷二三、[③] 楊浚《清水岩志略》文末標注,林泳,咸淳五年(1269)官安溪知縣事。

7. 徐明叔 1 篇

《清水寺興造記》

按: 是文載於夏以槐《清水岩志》卷上、[④] 楊浚《清水岩志略》卷三。[⑤] 徐明叔,字仲晦,晋江人,第進士甲科,[⑥] 官朝散郎,主管成都府玉局觀,景定四年(1263)官兵部侍郎。[⑦]

8. 劉榘 1 篇

《九鯉湖新敕額記》

按:該文收録於明黄天全《九鯉湖志》卷三。[⑧] 劉榘,字仲則,興化軍莆田(今屬福建)人,淳熙八年(1181)黄由榜進士及第。[⑨] 清道光《福建通志》卷一八〇有傳。[⑩] 文中謂劉榘"既逐宦牒,一出八年",考劉榘爲淳熙八年(1181)進士,中進士第八年係淳熙十五年(1188);又文中有"祠宫成於戊申之春,踰年敕書至"之句,"戊申"爲淳熙十五年(1188),二説相合。則"踰年"亦即淳熙十六年(1189),當爲此文撰寫之年。

9. 黄録 1 篇

《九鯉湖記》

按: 是文載於《九鯉湖志》卷三。[⑪] 黄録,《九鯉湖志》目録列爲宋人,標注"知縣"。[⑫]

10. 陳澡 1 篇

《何仙淮南江左名山行曆記》

按: 是文載於《九鯉湖志》卷三。[⑬] 陳澡,《九鯉湖志》目録列爲宋人,標注"進士,莆田人。"[⑭] 文中有"皇朝景德"之説,謂宋真宗景德年爲皇朝,亦可證陳澡爲宋人。

11. 周秉秀 1 篇

《神龍出現真像文》

---

① 〔清〕夏以槐修:《清水岩志》,《中國道觀志叢刊正續編》第 59 册,第 88—89 頁。
② 〔清〕楊浚輯:《清水岩志略》,《中國道觀志叢刊正續編》第 60 册,第 63—65 頁。
③ 〔清〕郝玉麟等兼修,〔清〕謝道承等編纂:乾隆《福建通志》,《景印文淵閣四庫全書》第 528 册,第 199 頁。
④ 〔清〕夏以槐修:《清水岩志》,《中國道觀志叢刊正續編》第 59 册,第 97—100 頁。
⑤ 〔清〕楊浚輯:《清水岩志略》,《中國道觀志叢刊正續編》第 60 册,第 60—63 頁。
⑥ 〔明〕凌迪知:《萬姓統譜》,《景印文淵閣四庫全書》第 956 册,第 181 頁。
⑦ 〔清〕楊浚輯:《清水岩志略》,《中國道觀志叢刊正續編》第 60 册,第 63 頁。
⑧ 〔明〕黄天全:《九鯉湖志》,《中國道觀志叢刊正續編》第 61 册,第 83—88 頁。
⑨ 〔宋〕佚名:《南宋館閣續録》,《景印文淵閣四庫全書》第 595 册,第 513 頁。
⑩ 〔清〕孫爾准等修,〔清〕陳壽祺纂,〔清〕程祖洛等續修,〔清〕魏敬中續纂:道光《重纂福建通志(五)》,《中國地方志集成·省志輯·福建(七)》,南京:鳳凰出版社,2011 年,第 199 頁。
⑪ 〔明〕黄天全:《九鯉湖志》,《中國道觀志叢刊正續編》第 61 册,第 88—93 頁。
⑫ 〔明〕黄天全:《九鯉湖志》目録,《中國道觀志叢刊正續編》第 61 册,第 8 頁。
⑬ 〔明〕黄天全:《九鯉湖志》,《中國道觀志叢刊正續編》第 61 册,第 93—98 頁。
⑭ 〔明〕黄天全:《九鯉湖志》目録,《中國道觀志叢刊正續編》第 61 册,第 8 頁。

按：是文收録於《祠山事要指掌集》卷三、[①]《祠山志》卷四。[②] 周秉秀，南宋人，編輯《祠山事要指掌集》，元梅應發續輯，今國家圖書館有明正德八年(1513)刻本。

12. 周承直 3 篇

《臨安府祈雨公文》《本軍申尚書省得雨狀》《申臨安府乞褒崇狀》

按：三文收録於《祠山事要指掌集》卷一〇及《祠山志》卷九，[③] 皆作於紹興九年(1139)。周承直，待考。

13. 湯景仁 1 篇

《崇寧功德紀遺記》

按：是文收録於《祠山事要指掌集》卷九(殘缺)及《祠山志》卷一〇。[④] 據《明一統志》卷一七《廣德州・人物》，湯景仁，廣德人，熙寧中登進士第，爲寧國令，以廉介稱。[⑤]

14. 陸元光 1 篇

《重建三門記》

按：是文收録於《祠山事要指掌集》卷九及《祠山志》卷一〇。[⑥] 據《宋詩紀事》卷四一，陸元光，字蒙老，歸安人，博學善吟詠，宣和初爲嘉興令，後改晋陵。[⑦]

15. 陳頤 1 篇

《廣惠廟興修記》

按：是文收録於《祠山事要指掌集》卷九及《祠山志》卷一〇，[⑧] 文末題撰於淳熙六年(1179)。據《宋元學案》卷五六《龍川學案》，陳頤，永康人，嘗從同甫(按:陳亮，字同甫)遊。[⑨]

16. 范鎔 1 篇

《重建祠山廟記》

按:是文收録於《祠山事要指掌集》卷九及《祠山志》卷一〇。[⑩] 據光緒《淳安縣志》卷六，范鎔，金華人，嘉定年間淳安主簿、知縣，博學，善文。[⑪]

17. 胡庶 1 篇

《靈濟王碑》

---

① 〔宋〕周秉秀撰，〔元〕梅應發續輯:《祠山事要指掌集》，國家圖書館藏明宣德八年(1433)刻本。
② 〔宋〕周秉秀編，〔清〕周憲敬重編:《祠山志》，《中國道觀志叢刊正續編》第 44—45 册，第 299—301 頁。
③ 〔宋〕周秉秀編，〔清〕周憲敬重編:《祠山志》，《中國道觀志叢刊正續編》第 44—45 册，第 457—461 頁。
④ 〔宋〕周秉秀編，〔清〕周憲敬重編:《祠山志》，《中國道觀志叢刊正續編》第 44—45 册，第 510—519 頁。
⑤ 〔明〕李賢等:《明一統志》，《景印文淵閣四庫全書》第 472 册，第 389 頁。
⑥ 〔宋〕周秉秀編，〔清〕周憲敬重編:《祠山志》，《中國道觀志叢刊正續編》第 44—45 册，第 544—548 頁。
⑦ 〔清〕厲鶚:《宋詩紀事》，《景印文淵閣四庫全書》第 1484 册，第 784 頁。
⑧ 〔宋〕周秉秀編，〔清〕周憲敬重編:《祠山志》，《中國道觀志叢刊正續編》第 44—45 册，第 552—554 頁。
⑨ 〔清〕黄宗羲原著，〔清〕全祖望補修，陳金生、梁運華點校:《宋元學案》，北京: 中華書局，1986 年，第 1851 頁。
⑩ 〔宋〕周秉秀編，〔清〕周憲敬重編:《祠山志》，《中國道觀志叢刊正續編》第 44—45 册，第 555—557 頁。
⑪ 〔清〕李詩等纂修: 光緒《淳安縣志》，《中國方志叢書・華中地方・第二〇八號・浙江省》，臺北: 成文出版社，1975 年，第 532 頁; 第 606 頁。

按:是文收録於《祠山事要指掌集》卷九及《祠山志》卷一〇。[①] 胡庶,元豐二年(1079)進士。據同治《蘇州府志》卷五三《職官二·歷代縣令·常熟縣》,胡庶,元符元年(1098)以宣德郎任(常熟縣知縣)。[②]

18. 王著1篇

《(嵩山)會善寺(碑記)》

按:是文收於《嵩嶽志》卷上,[③] 題曰宋王著記。考文獻所載,宋代王著多人。其一,王著(928—969),字成象,單州單父(今山東單縣)人,《宋史》卷二六九有傳,《全宋文》卷四九收其文;[④] 其二,王著,政和中爲奉議郎,知保州竇塞縣事,事見光緒《保定府志》卷四六,《全宋文》卷三一三〇收其文。[⑤] 其三,王著(?—990),[⑥] 字知微,京兆渭南(今屬陝西)人,《宋史》卷二九六有傳,《全宋文》未收其文。據錢大昕《潛研堂金石文跋尾》卷一二,是文又名《嵩山會善寺重修佛殿碑》,題翰林學士、朝請大夫、尚書兵部郎中、知制誥、柱國、賜紫金魚袋王著撰。錢大昕謂是碑立於開寶五年(972)閏二月。若此,立碑時,單州單父王著已卒。錢氏又謂"前攝大理評事王正已書"。王正已(1119—1196),明州鄞縣(今浙江寧波)人,原名慎言,字正之,因避孝宗諱改今名,字伯仁。則書寫碑文與立碑之時已去百餘年,亦不合情理。錢氏復斷言此碑撰文之王著,"非太宗時模勒《閣貼》者也",[⑦] 所謂模勒《閣貼》,指淳化三年(992),太宗令出内府所藏曆代墨迹,命翰林侍書王著(字知微)編次摹勒上石於禁内,名《淳化閣帖》一事,若錢氏所云有據,則王知微亦非撰者。至於政和年間知保州竇塞縣事之王著,是否此碑撰者,亦無據可考。是故,是碑撰者究竟是宋朝哪個王著,難於確認。

19. 章俊卿2篇

《封禪論》

按:是文《岱史》第六卷《狩典紀》之《歷代儒臣封禪論》收録。[⑧] 章俊卿,字如愚,婺州金華(今屬浙江)人,寧宗慶元年間(1195—1200)進士。

《明堂論》

是文《岱史》第八卷《遺迹紀》收録。[⑨]

---

① 〔宋〕周秉秀編,〔清〕周憲敬重編:《祠山志》,《中國道觀志叢刊正續編》第44—45册,第565—574頁。
② 〔清〕李銘皖、〔清〕馮桂芬等纂修:同治《蘇州府志(二)》,《中國地方志集成·江蘇府縣志輯(8)》,南京:江蘇古籍出版社,1991年,第500頁。
③ 〔明〕陸柬輯:《嵩嶽志》,《中國道觀志叢刊正續編》第40册,第77—79頁。
④ 曾棗莊、劉琳主編:《全宋文》第3册,第207頁。
⑤ 曾棗莊、劉琳主編:《全宋文》第145册,第262頁。
⑥ 據《宋史》卷二九六《王著傳》,王著卒於淳化元年(990),誤。參見成海明《〈宋史〉一個錯誤的糾正——王著卒年考》,《書法賞評》2010年第6期。
⑦ 〔清〕錢大昕:《錢大昕潛研堂金石文跋尾》,《嘉定錢大昕全集》第6册,南京:江蘇古籍出版社,1997年,第303頁。
⑧ 〔明〕查志隆:《岱史》,《中國道觀志叢刊正續編》第41—42册,第182—184頁。
⑨ 〔明〕查志隆:《岱史》,《中國道觀志叢刊正續編》第41—42册,第292—293頁。

20. 王與權 1 篇

《上清正一宮碑》

按: 是文《續修龍虎山志》卷五收録。[①] 王與權,又名王與鈞,字立之,江西饒州德興人,宋寧宗慶元二年(1196)進士。

21. 鄭淡 1 篇

《雄石鎮記》

按: 是文《續修龍虎山志》卷五收録,[②] 雍正《江西通志》卷一二五《藝文·記四·宋》。[③] 鄭淡,江西貴溪雄石鎮邑人。

22. 劉先覺 1 篇

《嘉定皇后受籙之記》

按:《茅山志·録金石第十一篇》下卷之十三收録是文,篇尾題"嘉定三年庚午歲五月十六日,右街道録、凝神齋高士臣劉先覺拜手稽首恭記"。[④] 嘉定係南宋寧宗年號,嘉定三年爲公元 1210 年。

23. 杜昱 1 篇

《(石橋岩)記略》

按: 是文收録於明魯點撰《齊雲山志》卷二《建置》,[⑤] 杜昱,篇題作宋人。

24. 謝聞韶 2 篇

《九宮山記》《張道清傳》

按: 二文收録於《九宮山志》卷九。[⑥] 謝聞韶,《九宮山記》題作宋人,《張道清傳》篇尾題"咸淳二年(1266)夏月。"

25. 楊恢 1 篇

《玉清萬壽宮記》

按: 是文收録於《九宮山志》卷九。[⑦] 文末題"時淳祐改元歲次辛丑十一月望。"淳祐改元即淳祐元年(1241)。楊恢,字充之,號西村,眉山人(今屬四川)。

(劉永海,貴州師範大學歷史與政治學院、歷史研究院暨貴州民間文獻研究中心教授)

① 〔元〕元明善撰,〔明〕張國祥續:《續修龍虎山志》,《中國道觀志叢刊正續編》第 49 册,第 159—163 頁。
② 〔元〕元明善撰,〔明〕張國祥續:《續修龍虎山志》,第 213—216 頁。
③ 〔清〕謝旻等監修: 雍正《江西通志》,《景印文淵閣四庫全書》第 517 册,第 383—384 頁。
④ 〔元〕劉大彬編,〔明〕江永年增補:《茅山志》,上海: 上海古籍出版社,2018 年,第 397—398 頁。
⑤ 〔明〕魯點:《齊雲山志》,北京: 社會科學文獻出版社,2015 年,第 71 頁。
⑥ 〔清〕傅燮鼎重輯:《九宮山志》,《中國道觀志叢刊正續編》第 7 册,第 212—213 頁; 第 214—229 頁。
⑦ 〔清〕傅燮鼎重輯:《九宮山志》,《中國道觀志叢刊正續編》第 7 册,第 230—234 頁。

劉子翬《屏山集》版本源流考

趙　昱

[摘　要] 劉子翬是兩宋之際的重要學者、文人,其詩文别集《屏山集》在南宋前期編成。是書宋元舊刻幾已無存,明清兩朝屢經重刻,版本衆多。通過梳理考察現存《屏山集》的版本源流情况,認爲上海圖書館藏《屏山文集》殘本,過去著録爲"弘治刻本"有誤,它與明清諸本在卷次、内容方面都有明顯差異,當爲劉子翬别集早期刊本面貌之遺存;明弘治十七年建寧刻本《屏山集》爲現存各本的祖本,清刻諸本雖有詩文連排與詩文分排兩種不同的類型,但其實同出一源;劉子翬的《屏山集》,尚待在更充分的版本研究基礎上,問世一個完善的點校本,以供學界利用。

[關鍵詞] 劉子翬　屏山集　版本考

劉子翬(1101—1147),字彦沖,號病翁,崇安(今福建武夷山市)人。韐子。以父蔭補承務郎,辟真定府幕屬。高宗建炎四年(1130),通判興化軍,有善政。後以疾辭歸故鄉屏山,學者稱爲"屏山先生"。海内名士多所從遊,朱熹父松亦以子託之。紹興十七年(1147)卒,年四十七。《宋史》卷四三四《儒林四》有傳。

劉子翬之詩文,紹興三十年初由其子玶編次成集,命曰《屏山集》,并囑子翬生前好友胡憲作序。後十餘年,門生朱熹又多方訪求遺逸、反復讎訂,至孝宗乾道九年(1173),"此二十卷者始克成書,無大訛謬",是爲《屏山先生文集》二十卷。① 自此而後,《屏山集》始終以二十卷本歷代相沿,流傳不廢。

《屏山集》最早著録於陳振孫《直齋書録解題》卷一八,② 其後《宋史・藝文志》亦載"劉子翬《屏山集》二十卷"。③ 今檢明清諸家藏目,皆著録爲二十卷,無卷數差異;間有卷首一卷、附録一卷等,主要收録序跋、挽詩、祭文等篇章。

今日可知《屏山集》最早刊印,不晚於宋末。④《增訂四庫簡明目録標注》卷一六謂"至元庚辰刻於崇安",《續録》稱"至元本有高凝跋"。⑤ 而祝尚書《宋集序跋彙編》即收録了高凝這篇《書屏山文集後》:

---

① 〔宋〕朱熹:《晦庵先生朱文公文集》卷八一《書屏山先生文集後》,朱傑人、嚴佐之、劉永翔主編:《朱子全書》第 24 册,上海:上海古籍出版社、合肥:安徽教育出版社,2002 年,第 3824—3825 頁。

② 〔宋〕陳振孫撰,徐小蠻、顧美華點校:《直齋書録解題》,上海:上海古籍出版社,1987 年,第 534—535 頁。

③ 〔元〕脱脱:《宋史》,北京:中華書局,1977 年,第 5375 頁。

④ 祝尚書《宋人别集叙録》稱朱熹編定的《屏山先生文集》二十卷"不詳何時刊刻,蓋在此後(筆者注:孝宗乾道九年,1173)不久",北京:中華書局,1999 年,第 885 頁。但由於宋刻《屏山先生文集》已無版本實物存世,其體例、内容、刊刻時間地點等各方面信息也於史無徵,因而初刻情況衹能暫付闕如。

⑤ 〔清〕邵懿辰撰,〔清〕邵章續録:《增訂四庫簡明目録標注》,北京:中華書局,1959 年,第 724 頁。

甲寅秋，獲拜今左轄魯齋公京兆府庠，預講席之末，又知周、程而下，繫之延平之李、屏山之劉，晦庵乃師承之。…… 至元己卯，因按事閩省，道建安而旋留止旬日，得際屏山裔孫，且出先生文集二十卷，皆晦翁公親嘗讎校，…… 至元庚辰元日，覃懷高凝書於崇安官廨。（成化刻本《屏山先生文集》卷首）①

"至元己卯"爲公元1279年，則高凝從劉子翬裔孫處得見的這部《屏山文集》二十卷，當爲宋本。次年刊行時（此處從《增訂四庫簡明目録標注》"至元庚辰刻於崇安"説），又將高凝跋語附刻於書後。② 上海圖書館現藏《屏山文集》殘帙一部（存卷七至卷一〇、一五至二〇，共十卷），據書題、序跋、諸家題識，疑即元本孑遺，價值尤其珍貴。此外，《天禄琳琅書目》卷六"元版集部"著録"《屏山集》，二函，十二册"，《天禄琳琅書目後編》卷一一"元版集部"著録"《屏山集》，一函，八册"，"《屏山集》，一函，四册"。③ 清嘉慶二年（1797），《天禄琳琅書目》前編書盡燬，十二册本亦付之一炬，天壤無存。至於《後編》中的這兩部《屏山集》，八册本"入宫前爲清人揆叙舊藏"，"宣統十四年（1922）九月二十五日賞溥傑，賜出宫外，尚不知是否存於世間"；四册本實爲明正德刻本，"現藏臺北'中央研究院'傅斯年圖書館"，"版刻風格確是弘治、正德時期，墨色濃重，寫刻端正"，"經改裝重訂爲八册，…… 出宫後曾經江寧鄧邦述（1868—1939）所藏，每册卷端下有'群碧樓'白文方印一方"。④ 又核鄧氏《羣碧樓善本書録》卷三，著録明正德刊本《屏山集》二十卷，八册，"有'天禄繼鑑''乾隆御覽之寶''五福五代堂寶''八徵耄念之寶''太上皇帝之寶''天禄琳琅'諸印"，⑤ 確爲清宫舊物。那麼《天禄琳琅書目後編》原先將之歸於"元版集部"之下，名實并不相符。

現存《屏山集》最早且最完整之本，當推明弘治十七年（1504）刻本。正德七年（1512），又有劉澤刻本問世。這兩次刊刻，相隔僅八年，二本版式、行款、卷帙基本相同，殆出一源，俱稱精善。不過後者存世更多，中國國家圖書館、上海圖書館、南京圖書館、日本宫内廳書陵部、日本國立公文書館（原内閣文庫）、尊經閣文庫均有收藏。刻本之外，則又有明末葉萬（1619—1685）舊藏抄校本一種。

有清一朝，《屏山集》多次刊行，綿延二百餘年，或稱《屏山先生文集》，或稱《劉屏山先生集》，或稱《屏山集》，或稱《屏山全集》，名異而實同。今日見存者，有清初刻本、康熙三十九年（1700）刻本、雍正八年（1730）歸三堂刻本、道光十五年（1835）佩三堂刻本、道光十八年秋

---

① 祝尚書：《宋集序跋彙編》，北京：中華書局，2010年，第1307—1308頁。按：現存劉子翬别集并無成化刻本，未詳何據。

② 祝尚書《宋人别集叙録》認爲"至元庚辰"爲元順帝至元六年（1340），第886頁。然而許衡（1209—1281，號魯齋）於元憲宗四年（1254）出任京兆提學，是年秋，高凝從其學，則跋文中的"至元己卯""至元庚辰"等當爲元世祖忽必烈年號（"前至元"），早於順帝年號（"後至元"）一甲子。

③ 〔清〕于敏中等撰，徐德明標點：《天禄琳琅書目·天禄琳琅書目後編》，上海：上海古籍出版社，2007年，第196—197、626頁。

④ 劉薔：《天禄琳琅知見書録》，北京：北京大學出版社，2017年，第365頁。

⑤ 鄧邦述撰，金曉東整理：《羣碧樓善本書録·寒瘦山房鬻存善本書目》，上海：上海古籍出版社，2014年，第114頁。

柯草堂刻本、光緒十二年(1886)佩三堂刻本、光緒二十八年雲屏山房刻本以及時代未詳之清刻本二種,另有《四庫全書》本及清抄本一種。民國二十二年(1933),又有三餘書室鉛印本。

以上總計刻本、抄本凡16種,兹依時代先後,臚述如次。

一、上海圖書館藏殘本《屏山文集》

上海圖書館藏殘本《屏山文集》十卷(以下簡稱"上圖殘本"),六册,索書號:綫善856147-52;館内古籍卡片目録與網上檢索系統均將其著録爲"明弘治十七年刻本"。

首册前三頁爲董增儒手書題記二篇,次袁克文所題寫書名頁:中間大字"元槧屏山文集/見存十卷　寒雲",左行小字"丁巳冬月獲於滬市二酉書屋",右上鈐"月中桂子,雲外天香","寒雲"二字署名上亦鈐"寒雲"陰方。

第一册爲卷七,第二册爲卷八,第三册爲卷九、一〇,皆詩;第四册爲卷一五、一六,第五册爲卷一七、一八,第六册爲卷一九、二〇,皆文,凡六册十卷。前三册爲半葉十行,行十九字;後三册爲半葉十行,行二十字。左右雙邊(間或四周單邊),雙順魚尾,細黑口,版心刻書名、卷次、頁碼。各卷所見鈐印,有"孤本書室""袁克文""董伯尊收藏圖籍印記""董增儒所得金石文字""小瑯環室鑒藏""董氏""激面軒董氏藏書印""增儒""卧滄""抱殘""扈槼""寒雲藏書""董伯純圖書記""寒雲心賞"等十餘種。

正文之後,爲朱熹跋文及元人高凝《書屏山文集後》,朱跋葉下有"季振宜印""董增儒印"二朱方,高文尾頁鈐"掃塵齋積書記""禮培私印""裒存""董伯純圖書記"。全書最末,有費寅、董增儒跋各一,皆藍格紙,費跋墨書,董跋朱書;又有袁克文跋一篇,寫於白紙上。另外,書中還有夾簽三張:"元槧《屏山集》係元代福建刻本,惜印時已至明代。用竹紙印,約存百五十葉,至少值三百至五百金。可請上海文管會主委徐森玉老人鑒别,并可設法賣出或交上海古籍書店。""有元翻宋本的李氏的'林泉第一'章子,最可寶貴。""元覆宋刻明印本《屏山集》,原二十卷,現存十卷,衹合原書半數。書中除配葉外,存一百四十七葉。卷十末葉有李氏'林泉第一'章。係袁寒雲舊藏。"對照字迹推測,疑董增儒所書。

據《現存宋人别集版本目録》《中國古籍總目·集部》,這個本子也都被著録爲"明弘治十七年刻本"。[①] 然而,弘治刻本前九卷爲文,後十一卷爲賦、詩、詞,與上圖殘本先詩後文的編次截然不同,因此上圖殘本顯然不是弘治刻本。[②] 至於它的時代論定:首先,朱熹《跋屏山集》首葉右下,鈐"季振宜印"朱方,蓋原爲季氏舊藏。核《季滄葦藏書目·宋元雜板書》有"宋

① 沈治宏:《現存宋人别集版本目録》,成都:巴蜀書社,1990年,第193頁;《中國古籍總目·集部》,北京:中華書局,2012年,第299頁。

② 明弘治十七年刻本《屏山集》,今藏中國社會科學院文學研究所、浙江圖書館、遼寧省圖書館、中國臺灣"國家圖書館"等處。中國臺灣"國家圖書館""古籍影像檢索資料庫"有弘治本原文圖像,可資參考對照。此外,張元濟先生在《明弘治刻本〈劉屏山先生集〉跋》中也稱:"全集文凡九卷,賦、詩、詞凡十一卷,與光緒刊本編次相同,而分卷略異,……是則弘治所刻,在今日固無最古之本矣。"見《張元濟全集》第10卷"古籍研究著作",北京:商務印書館,2010年,第179頁。

屏山劉子翬集二十卷”，[1]當即此本。其次，高凝《書屏山文集後》這篇跋語，爲元初刻本《屏山文集》所獨有，上圖殘本仍之，或與元刊關係密切。再次，費寅、袁寒雲、董增儒諸家題跋識語多謂“元槧”“元代福建刻本”“元翻宋本”“元覆宋刻明印本”等，殆有其據。尤其“元覆宋刻明印本”，這一描述最爲具體，也能爲書中的漫漶、斷板現象找到較爲合理的解釋——書板直至明代還在使用，難免日漸損毀，刷印效果不佳。今與現存明清諸本詳細比較可以發現，上圖殘本無論在版刻體例上還是在内容編次上都呈現出十分顯著的差異，甚至保留了不見於後出各本的劉子翬佚詩 6 首、佚文 22 篇，這些現象足以説明，這個本子確在極大程度上反映了劉子翬别集的早期刊本面貌，不似明弘治十七年刻本以降所經過的重新編次整合，誠爲現存全部《屏山集》版本之中最爲特殊的一部，具有異常珍貴的文獻價值。[2]

二、明代版本

劉子翬《屏山集》現存明代版本三種——弘治十七年（1504）建寧刻本、正德七年（1512）劉澤刻本、明末葉萬舊藏抄校本；其中以弘治十七年刻本時代最早，且係明人重編之後的面貌，影響深遠。

（一）弘治十七年建寧刻本（以下簡稱“弘治本”）

此本半葉十行，行十九字，雙行小注字數同；四周雙邊，粗黑口，雙順魚尾（部分葉爲左右雙邊，單魚尾），版心刻書名、卷次（“屏山集卷 ×”）及頁碼。卷一首行頂格題“屏山集卷第一”，次行低八格署“宋文靖公劉子翬著”；其後各卷僅有首行大題。

弘治本，今有浙江圖書館、遼寧圖書館、中國社會科學院文學研究所、中國臺灣“國家圖書館”等處見藏。中國社會科學院文學研究所藏本，有張元濟、張惟驤、錢振鍠跋，其中張元濟先生的跋語又見《張元濟全集》第 10 卷《明弘治刻本〈劉屏山先生集〉跋》：

> 常州劉子逸甫、逸樵以其先德宋《屏山先生集》示余，且言先生後七世孫遷居於常州之東鄉芳茂山下，聚族而居，迄於今二十有八世矣。光緒間，族人等刊其遺集以行，今復得明弘治本，欲覆鋟以傳於世，索余一言。余受而讀之，首胡憲序，次《屏山集》跋，又《家藏劉病翁遺帖跋》，又《劉公墓表》，皆先生弟子朱文公筆也。次張皤謚議，鄭起潛覆議，次弘治十七年崇祀公移。全集文凡九卷，賦、詩、詞凡十一

① 〔清〕季振宜：《季滄葦藏書目》，《海王邨古籍書目題跋叢刊》第 1 册，北京：中國書店，2008 年，第 232 頁。

② 關於上海圖書館藏《屏山文集》殘本的情況以及從中輯録新發現的劉子翬佚詩佚文，筆者已經分别撰有《上海圖書館藏〈屏山文集〉殘本考論》（《版本目録學研究》第九輯，北京：國家圖書館出版社，2018 年，第 211—221 頁）和《劉子翬佚詩佚文輯補》（《北京大學中國古文獻研究中心集刊》第十六輯，北京：北京大學出版社，2017 年，第 193—201 頁）兩篇文章，可以參看。

卷,與光緒刊本編次相同,而分卷略異,蓋彼出於正德刻本,此居其前。以書貴初刻律之,固當較勝。舊傳有崇安至元庚辰刊本,惟天禄琳琅自云有之,然其書不存,且其題記亦無以證其確爲元刊。是則弘治所刻,在今日固無最古之本矣。……其書舊爲嘉興李聘、長洲顧湘舟、海鹽黄錫蕃所藏。李、顧均藏弆至富,黄氏爲余邑先哲,與百宋主人相契,賞鑒亦精。余獲睹此,尤深幸也。時民國紀元二十六年八月十四日國軍與日本戰於上海第二朝,炮聲隆隆不絶。[①]

這段文字直接或間接地向我們生動揭示出:第一,弘治本的卷首篇目與内容編排,特别是“全集文凡九卷,賦、詩、詞凡十一卷,與光緒刊本編次相同,而分卷略異”,既可證前述上圖殘本先詩後文的特徵顯與弘治本有别,又説明光緒間劉氏族人重刻先祖别集時有改變分卷之舉(即下文“光緒十二年佩三堂刻本”)。但是他認爲光緒刊本“分卷略異”的情况出於正德刻本,而實際的情况則是正德十二年刻本與弘治本行款、卷帙幾乎全同,并不存在“分卷略異”的差别,光緒刊本將詩詞與文章全部分開,自有其淵源(具體論述詳後),不應混爲一談。當然,由於未能目驗上圖殘本與弘治本之間不同的卷帙編次,得出“弘治所刻,在今日固無最古之本”的結論也在情理之中,不必苛求。第二,弘治本刊刻的時代背景。據《明實録·孝宗實録》卷二一二,弘治十七年五月,“尚賓司歷事魏浚奏:宋儒劉子翬生於建寧,講道屏山,……爲大儒朱熹師。其所著述,具載《性理大全》等書。建寧故有屏山書院,國初改建安縣學,祀子翬於學宫之旁。天順間,改書院於府治南,祀子翬於中,左以朱熹、右以從子樞密珙配。緣未有秩祀,乞下有司春秋致祭,以示崇儒重道之意。禮部覆奏,從之”。[②]因爲劉子翬曾經做過朱熹的老師,所以在明代中期理學熾盛的時代,他的地位也随之提高,得以獲享崇祀,這就是所謂“崇祀公移”的來由。類似的内容,卷首“崇祀公移”更加明言:

有宋之時,先儒如劉子翬、胡安國、朱熹、蔡沈、真德秀,皆生於建寧。一時後先相望,講明道學,其有功于聖門甚大。……朱熹在宋,已進於從祀之列,……迨至我朝崇儒重道,……若安國、若沈、若德秀,又以次加封爵秩,從祀孔廟。……及思劉子翬實朱熹之師,……平生所著,具載《性理》等書。伏讀《御製爲善陰騭》,有曰“劉子翬以道德學問爲朱文公師”。聖訓昭然,萬世共睹。……舊有屏山書院在府治之東。國初,改爲建安縣學,止祀子翬于學宫之傍。天順六年,建寧府知府劉鉞改立書院于府治城南,祀子翬于中堂,左以朱熹、右以從子樞密劉珙配。空堂寥落,過者興嗟。……况朱熹得傳道統之正,實由子翬啓發之力。令門弟得沐殊恩,爲師落落於後,非惟聖朝之典有闕,抑恐朱熹之心有未安也。……

① 《張元濟全集》第10卷“古籍研究著作”,第179頁。
② 《明實録》,中國臺灣“中央研究院”語言研究所複印本,1962年,第32册,第3961—3962頁。

聖旨……看得尚賓司歷事監生魏浚奏稱……准其所奏，行移福建布政司轉，行該府縣將舊祠修葺，每歲備辦祭物，就遣本府堂上官致祭。……

右劄付建寧府准此。弘治十七年十月二十四日對同通吏毛鳳。

換言之，大概由於魏浚的奏言最終得到響應，于是建寧府在敬祀劉子翬的同時，纔又重新編刻了他的别集。由此觀之，弘治本在此時此地的梓行，其實藴涵了明確而深刻的現實意義，絶非偶然。第三，張元濟先生親見的這個本子，先後經李聘（字一徵）、顧沅（1799—1851，號湘舟）、黄錫蕃（字晋康，號椒升）等江浙名流賞鑒遞藏，甚可寶貴。第四，張跋寫於 1937 年 8 月 14 日早晨，即淞滬會戰打響之次日，正值日寇發動全面侵略、中華民族危難當頭的存亡時刻。而這部弘治刻本《劉屏山先生集》歷經炮火硝煙，幸免於難，完整地流存下來，又有名家題跋爲之增輝添趣，更屬不易。

此外，中國臺灣“國家圖書館”網站上的“古籍影像檢索資料庫”中有弘治本原文圖像，最便利用。據書影頁下“禮培私印”陰方可知，這個本子曾屬王禮培（1864—1943）舊藏。[①]不過它的卷首衹有胡憲《屏山集序》及朱熹《跋家藏劉病翁遺帖》《跋屏山集》《有宋屏山先生劉公墓表》，“謚議”“覆議”“崇祀公移”諸篇脱缺。

（二）正德七年劉澤刻本（以下簡稱“正德本”）

此本半葉十行，行十九字，雙行小注字數同；四周雙邊，粗黑口，雙順魚尾（部分葉爲左右雙邊，單魚尾），版心刻書名、卷次（“屏山集卷 ×”）及頁碼。卷一首行頂格題“屏山集卷第一”，次行低八格署“宋文靖公劉子翬著”；其後各卷僅有首行大題。行款、卷帙全與弘治本相同。

而卷首各篇，除了弘治本已有之内容外，更新增梁儲題記一段及《宋史·儒林傳》中的劉子翬本傳。梁儲的這篇文字稱：“右晦庵先生所作屏山先生遺帖、跋也，蓋得之朱子大全集中，兹敬録奉附《屏山集》後。……正德七年壬申夏六月吉日，建安後學梁儲謹書。”全書最末，又有劉澤跋文一篇：

右先祖屏山先生文集二十卷，蓋幸而存者，其漫失者亦已多矣。其門人朱夫子嘗加訂正，而不得全覩爲憾。後之人因續附入一二，其真得先生手稿附之，誠是也。間有語意不類者，亦概不考而混入焉。雖曰奏胡笳於律吕之側，音韵自别，然觀者不細玩詳辨，未有不爲所惑。□甚病之，而未有據也。近得舊本，遂謀諸匠氏，鋟之于梨，俾疑者以釋，訛者以正，贋者以明，庶乎不失朱夫子訂正之初心、我先祖崇王

① “王氏畢生藏書，除一部分後來毁於兵燹外，今日仍有不少見存湖南圖書館、中國國家圖書館、北京大學圖書館、上海圖書館以及中國臺灣傅斯年圖書館、中國臺灣‘國家圖書館’等處”，則這部弘治本即其中見存之一者。《上海圖書館藏〈屏山文集〉殘本考論》，《版本目録學研究》第九輯，第 217 頁。

黜邪之實學。正德七年壬申冬十月朔日,十二世孫澤拜書。

文中所謂“舊本”,或即弘治本。然而劉澤於八年之後重刻先祖文集時,卷首的兩篇文章《跋家藏劉病翁遺帖》《跋屏山集》需要從朱子的全集中另行輯補,以成完篇。并且,他也知道劉子翬《屏山集》在編刻、流傳的過程中發生了篇章的殘缺漫失,所以纔會有“不得全覩爲憾”的感慨。

(三)葉萬舊藏抄校本

此本分爲上下兩册:上册書衣題“屏山集上册,宋劉子翬著,士禮居藏本”,内頁題“屏山集二册,葉石君藏本”;下册書衣僅題“屏山集下册”。半葉十行,行十九字,雙行小注字數同;卷一首行頂格題“屏山集卷第一”,次行低八格署“宋文靖公劉子翬著”;其後各卷僅有首行大題,行文款式全與弘治本、正德本相同。

書前先全文抄録《四庫全書總目》中的《屏山集》提要。後有翁同書題識二則,其一稱:“舊鈔本《屏山集》二十卷,蓋葉石君故帙,後歸士禮居者。咸豐丁巳正月得諸廣陵市上。蓬山散吏翁同書。”其二稱:“《論時事劄子》於兵間形勢,指畫了然,於以知此公非迂闊者,讀書人極難得此種議論。至其《漢書雜論》,當少特識,亦不免稍迂。”卷首包括胡憲《屏山集序》、朱熹《跋家藏劉病翁遺帖》與《跋屏山集》、張磻《謚議》、鄭起潛《覆議》、朱熹《有宋屏山先生劉公墓表》、《宋史》本傳等。

書中鈐印,有“石君”“士禮居藏”“翁同書藏”“同書”“翁同書字祖庚”“寶瓠齋”諸方,則此本初爲明末葉萬所藏,中經黄丕烈士禮居,又爲翁同書購獲。葉萬(1619—1685),一名樹廉,字石君,吴縣(今江蘇蘇州)人。孫從添《藏書記要・校讎》盛讚“惟葉石君所藏書籍皆手筆校正,臨宋本印宋抄俱借善本改正,博古好學,稱爲第一。葉氏之書,至今爲寶,好古同嗜者賞識焉”。[①] 黄丕烈(1763—1825),字紹武、紹圃,號蕘圃、求古居士、佞宋主人、士禮居主人等,吴縣人。平生惟嗜宋元舊刻舊鈔,同時也不輕視明人的刻本、鈔本。衹可惜,對於這部舊抄本《屏山集》,黄丕烈并没有留下任何題跋文字,詳述得書始末。至其晚年家境困窘,書亦流散他處。翁同書(1810—1865),字祖庚,號藥房,常熟(今屬江蘇)人。翁心存長子,同龢長兄。道光二十年(1840)進士。咸豐七年(1857),翁同書於廣陵市上購得此本,歸其插架。翁氏的家族藏書,後來流傳有序,保存完整——一部分於民國時由後人捐贈給北平圖書館,即今中國國家圖書館之前身,此葉萬舊藏《屏山集》當在其列;另一部分自二十世紀四十年代由後人秘密運往美國妥善保管,直至二十一世紀初重回國内,入藏上海圖書館。

① 〔清〕孫從添著,王嵐、陳曉蘭點校:《藏書記要》,《經籍會通(外四種)》,北京:北京燕山出版社,1999 年,第 102 頁。

三、清代及民國版本

《屏山集》二十卷，弘治本、正德本的編次順序皆爲前九卷文（論、記、序、雜著、表、劄子、啓、祭文、墓誌、墓表等），後十一卷賦、詩、詞。其中卷一〇包括賦三篇（《聞藥杵賦》《溽暑賦》《哀馬賦》）和詩二十四首（《涼月》至《偶步》）。清代及民國各本，既有保持原編次者（詩文連排形式），又有卷一〇僅《聞藥杵賦》等三篇而將《涼月》詩等二十四首移至卷一一最前、以後各卷不變者（詩文分排形式）。其中，詩文連排本包括康熙三十九年刻本、《四庫全書》本、道光十八年秋柯草堂刻本、光緒十八年雲屏山房刻本、上海圖書館藏清刻本、清抄本，計六種；詩文分排本包括清初刻本、雍正八年归三堂刻本、中國國家圖書館藏清刻本、道光十五年佩三堂刻本、光绪十二年佩三堂刻本、民國二十二年三餘書室鉛印本，計六種。并且，後一系列的諸本之間具有明顯的承襲關係。

（一）詩文連排本

1．康熙三十九年（1700）刻本（以下簡稱“康熙本”）

此本題《劉屏山先生集》，二十卷，首都圖書館藏（索書號：丙四 1597），一函六册。半葉十行，行十九字，雙行小注字數同；四周單邊，無界欄，白口，雙魚尾，版心刻書名、卷次、頁碼。各册首頁鈐“亨壽家藏書畫印”朱方；册一末頁最後，有楊亨壽題識二行：“光緒癸酉買自杭垣。丁巳陽春，負暄重讀。……鶴賓楊亨壽記。”“癸酉爲同治十二年，今誤書。”中鈐“亨壽”朱方。

卷首一卷，包括胡憲《屏山集序》、朱熹《跋屏山集》《跋家藏劉病翁先生遺帖》《有宋屏山先生劉公墓表》、張磻《謚議》、鄭起潛《覆議》、魏浚《崇祀公移》、《宋史》本傳以及是集之《凡例》、《水簾洞宋儒劉屏山先生祠圖》《宋儒劉屏山先生族譜遺像》，後三部分皆劉氏裔孫劉秉鐸增輯。

在《凡例》中，劉秉鐸詳細地介紹了這個本子編刻的情形：

……

一、是集係正德七年十二世孫貢士任建昌通判劉澤刊刻，舊本年深板失，僅存此卷。恐又湮没，因加考校，絶去魚魯，付諸棗梨，俾垂久遠。

一、是集皆鐸手書付鐫，凡古序跋、墓表、公移、謚議、《儒林傳》等篇，仍舊載於編首。偶於《山曉閣古文選》得先生《蘇雲卿傳》一首，附入之，以補家書之闕。

一、先生詩集中多有古體、拗體，不拘於平仄，兹分别出之，以便學者之觀覽。間有詩句兩存者，仍留於後，不敢僭删。其人名用雙竿、精意用圈點，悉依鄭富沙評點原本。

……

後裔漱亭秉鐸識

據此可知,康熙本源出正德本,由劉秉鐸考校并手書,更從孫琮(字執升)編選的《山曉閣古文選》中新輯劉子翬《蘇雲卿傳》一篇,附於集末;另外,還依照鄭重(號山公)評注本《屏山集》的形式,不僅字旁多有圈點符號,天頭及卷末也都保留了評點的内容。例如,卷一《聖傳論十首》,卷末"總評":"先生《聖傳》十首,理精而意純,言盡而味永。朱子曰:'先生精微之學,足以發蒙蔽。'不信然耶?宜其承道統以開後學也。至其行文開闔跌宕,渾浩流轉,直造兩漢之堂而入韓、歐之室。"卷二《維民論上》開篇,天頭處批:"全篇維民在得心,得心在寬賦。"卷一五《次韵士特贈别》,天頭處批:"典麗似唐人風格。"卷一九《李丞相挽詩三首》,天頭處批:"李綱以一身係安危,得先生挽詩,可慰忠魂於地下矣。"凡此之類,皆未加删省,照舊刻入。[①]

在《祠圖》之後,又有劉秉鐸按語:"謹案《宋史》,先生辭官山居不出,凡十七年。是時劉岳卿隱居水簾,先生嘗與其門人往來講學,居此洞中。殆先生歿,即洞建祠,門人朱子題曰:'百世如見。'宋時遂以朱子、岳卿配享左右,祠由來遠矣。沿及明季,祠宇傾圮,先祖諱炎捐資重建,先父諱夢斗、胞叔諱夢熊時加修葺,設立祭田,春秋祀奠。鐸敬考建祠之原委,以昭於圖後,俾知水簾洞之屏山祠,自宋迄今,其創建蓋已久矣。"則崇安劉氏建屏山祠以祀奠劉子翬,相沿五百餘年,不絶如縷。

卷首的最後一部分是全書目録,先述及卷首諸篇:"胡《序》排第一,次朱《跋》《跋帖》,次《表墓》,次《謚議》,次《公移》,次《儒林》,次《凡例》,次《遺像》,次《祠圖》。"然核之版心頁碼,《祠圖》在第二十葉,《像》在第二十一葉,稍有出入。

正文部分,卷一首行無大題,徑作"宋儒贈齊國公謚文靖通判興化劉子翬彦沖屏山先生著　卷一",次行起署劉氏"裔孫秉鍈有聲、秉鎬振西、秉鐸振木、秉鎮瑞五、秉銘期新"等28人仝捐鐫。其後各卷,主要的題署形式是:首行題"屏山集卷第×",次行署"宋儒贈齊國文靖公劉子翬彦沖著",三行起爲正文。卷二〇末附《蘇雲卿傳》及"古文孫執升先生原評"。[②]

全書最後,有劉秉鐸跋語:

……顧其鐫版散失,因與弟輩共謀付梓,手録其文而藏其原本,俾先生之文廣傳於天下。後世之學者,苟讀先生之文而恍然有得,則先生之"不遠復"三字,固不

① 鄭重評注本《屏山集》,今已散亡,幸賴此康熙本纔得以保留圈點式樣及前四卷卷末的"總評"文字。下文將要論及的光緒二十八年武夷潘氏雲屏山房刻本,同樣保存了天頭之間的批點文字,但由於它的底本是道光十八年秋柯草堂刻本,所以并没有卷末的"總評"。因此從這個意義上來看,康熙本既是年代久遠、存世稀少的善本,又自有其他版本所不具備的獨特内容,應當引起一定的重視。

② 《蘇雲卿傳》,弘治本、正德本悉無,殆爲劉子翬集外佚文;康熙本據《山曉閣古文選》附於書末,下文將要述及的詩文分排本則多置於卷六"雜著"部分最後。

獨先生佩之、朱子承之，而人人皆可以服膺勿失也。吾道之傳，豈不盛哉！朱子曰："先生精微之學，足以發蒙蔽。"學者勿淺視斯集焉可矣。噫，懿範在前，家學不遠，雖不能至，心嚮往之。聊題數語，以跋厥後。後裔漱亭秉鐸振木敬跋，康熙叁拾玖年穀旦。

"弟輩"者，秉鍈有聲、秉鎬振西、秉鎮瑞五、秉銘期新等。末二行又刻"舒民凱、葛茂若鐫"，于是手書者、捐資者、鐫版者名氏，一目瞭然。而後世子孫對於先祖遺風懿範的欽敬、追慕，亦藉由此跋，躍然於紙上。

2.《四庫全書》本

清乾隆年間，詔開《四庫全書》館，廣收天下圖籍，匯爲《四庫全書》；一一撰寫提要，編成《四庫全書總目》。《總目》著録的劉子翬《屏山集》爲"兩江總督採進本"，核《四庫採進書目·兩江第一次書目》，其中就有"《劉屏山集》二十卷，宋劉子翬著，四本"。[①]

以今日最易得見的文淵閣本爲例，卷首衹有胡憲《屏山集序》，而將朱熹《跋屏山集》《跋家藏劉病翁遺帖》二篇移至卷末，其餘序跋更悉數删去。又與他本相校，文字多有删改。例如，卷七《論時事劄子八首代寶學泉州作·守江》"虜頻盜邊，犬羊猥衆"，文淵閣本後一句作"肆兇搶掠"，此因違礙而改；卷一一《胡兒莫窺江》全詩、卷一八《汴京紀事二十首》其一"帝城王氣雜妖氛，胡虜何知屢易君。猶有太平遺老在，時時灑淚向南雲"與其三"聖君嘗膽憤艱難，雙蹕無因日問安。漢節凋零胡地闊，北州何處是通汗"，文淵閣本皆無，後者僅題《汴京紀事》，不標明具體數量，此因違礙而删；卷一七《春圃六言三首》（其三）"小凍猶殘柳雪，新□□□□□。能詩正自不急，對酒時須一中"，文淵閣本無，改題《春圃六言絶二首》，此因缺字而删。由是觀之，文淵閣本的問題較多，若非一一對校不能輕易發現，所以不可盲目信從。[②]

3.道光十八年（1838）秋柯草堂刻本（以下簡稱"秋柯草堂本"）

此本題《屏山全集》，二十卷，國家圖書館、北京大學圖書館、上海圖書館等皆有藏。半葉九行，行十九字，雙行小注字數同；左右雙邊，單魚尾，版心刻書名、卷次、頁碼，下書口刻"秋柯草堂藏書"六字。字大行寬，開卷疏朗。

全書最前有牌記一頁：中間大字篆書"屏山全集"；右刻"道光十八年重鐫"，左刻"温陵李廷鈺題"，皆隸書。温陵爲泉州的别稱，與崇安同屬閩地。

卷首先爲李廷鈺《重刊屏山全集序》："……又念此書既世所罕覯，恐久而就湮，爰付之剞氏，以廣其傳。……生先賢鄉而慮著述失傳，亦敬恭桑梓之誼也，此不佞重刊斯集意也。若有誚我以書生結習未除者，不佞亦姑聽之不遑恤矣。道光丁酉年正月、温陵李廷鈺撰。"次

① 吴慰祖校訂：《四庫採進書目》，北京：商務印書館，1960年，第33頁。

② 據書前提要，文淵閣本成於乾隆四十一年（1776）五月。乾隆四十九年二月，又有文津閣《四庫全書》本《屏山集》鈔校上呈。與文淵閣本相比，文津閣本的諱改情況更爲嚴重，舉凡"胡""虜""夷""狄"等字，幾無遺漏，其文字内容更不可從。

胡憲《屏山全集序》、朱熹《跋家藏劉病翁遺帖》和《有宋屏山先生劉公墓表》、張磻《謚議》、鄭起潛《覆議》等。

各卷首行題“屏山全集卷第 ×”,次行題“宋文靖公劉子翬著”。目録及各卷末行,有雙行小字“文晟重校,李鴻儀書刻”;二十卷之末,又有“海陽吴開來刻字”一行。全書最後附《宋史》本傳及朱熹《跋屏山集》兩篇文字,注明“補刊”。①

4.光緒二十八年(1902)武夷潘氏雲屏山房刻本(以下簡稱“雲屏山房本”)

此本題《宋劉文靖公屏山全集坿考異》,二十卷,上海圖書館藏(索書號:551654–59),六册。首册書簽題“劉屏山先生集”。半葉九行,行二十一字;四周雙邊,單魚尾,上書口刻書名“屏山全集”,版心刻卷次、文體、頁碼,下書口刻“雲屏山房潘氏藏板”八字。天頭處間有評點批註。

全書首爲潘政明《續刊屏山全集序》:

> 《屏山集》二十卷,孝廉翁安宇先輩主講南浦書院所得,温陵李廷鈺重刊本也。光緒辛丑春,翁先輩過余家,携以相示,謀續刊,已付梓矣。其間篇闕句、句闕字,亥豕魯魚,多不可辨。於心未安,迺復訪求,得富沙鄭重山評注本、學使沈心齋鑒定本,皆劉氏子孫所收藏,板則悉化烏有。蓋吾邑兵燹以來,文獻無徵久矣,網羅散失,是後起者之責也。…… 爰與弟輩及兒子任校讎之役,雖諸本同異參差,而一字之疑,詳加考證,就正山長鄒曉邨年丈,刊訛補闕,而書成焉。…… 抑余更有感者,時局艱難,挽回乏策,與先生所處正復相同。…… 光緒二十有八年三月,武夷後學潘政明謹序。

如序文所述,光緒二十七年(1901)春,翁昭泰(字安宇)曾向潘政明展示秋柯草堂本,潘氏既出於對先賢文獻的存續之心,又有感於晚清政局動蕩、飽受外侮與宋室無力抗金、南遷偏居的形勢正相類似的歷史興衰,决定以秋柯草堂本爲底本,重新校讎、刻印劉子翬之《屏山集》。

次《屏山全集卷首》,内容包括《宋史》本傳、朱熹《跋家藏劉病翁遺帖》《有宋屏山先生劉公墓表》《跋屏山集》、張磻《謚議》、鄭起潛《覆議》、胡憲《屏山全集序》、李廷鈺《重刊屏山全集序》(“原序”)、劉秉鐸跋(“原跋”)等。

各卷首行題“宋劉文靖公屏山全集卷之 ×”,次行題“武彝後學潘政明嚮臣氏校刊”,又次數行題“弟政良燮丞、政齊禮臣氏,男祖貽穀孫氏校對”,可證前序“爰與弟輩及兒子任校讎之役”一語。

① 《中國古籍總目·集部》著録中國國家圖書館藏清乾隆間刻本《屏山全集》一部(索書號:84595),然據版心下方刻“秋柯草堂藏書”六字,實即此道光十八年秋柯草堂刻本,當予訂正。

二十卷之後，又有邑人洪簡《跋續刊劉屏山先生全集》、江西鄒舒宇《跋》、荆門楊紱墀《重刻屏山集後題》三篇，交待版刻緣起（“逮道光丁酉温陵李君重刊之，復罹劫火，書之存者，亦希覯焉。……越明年春，孝廉僑寓潘君政明司馬家，因出是本，謀所以廣其傳。司馬暨其弟中書舍人政良皆博雅嗜古士也，遂力任其事，重加校勘，付諸手民，迺開雕”）、時間起訖（“板開雕於辛丑秋，初告竣於壬寅春季”）、刊印宗旨等，皆作於光緒二十七年冬至二十八年春夏。

全書最末，還有《屏山集考異》一卷，首云“是集開鐫，初影温陵李氏本，嗣得屏山裔人舊刻本。卷中字句，間有同異，廬山真面，罔敢臆定，隨條駢著，敬竢方聞。政明謹識”。就性質言之，《考異》主要是康熙本與秋柯草堂本逐卷比勘的校記匯總。例如卷一《堯舜論》“所通”，《考異》稱“劉本通作守”；卷二《維民論上》“求民之瘼”，《考異》稱“李本上二字作求瘼，下闕二字”。劉本即康熙本，李本即秋柯草堂本。潘氏雖以秋柯草堂本爲底本，但在實際操作中又并非衹是拘泥墨守，而是同時參酌了時代更早的本子，擇善而定。此外，雲屏山房本梓行之際，亦從劉氏子孫處獲得鄭重評注本《屏山集》，則其天頭處的批點文字，殆與康熙本一致。

5．上海圖書館藏清刻本

此本題《劉屏山先生集》，二十卷，上海圖書館藏（索書號：016456），八册。半葉九行，行二十字，雙行小注字數同；左右雙邊，單魚尾，版心刻書名、卷次、文體、頁碼。

全書最前有牌記一頁：中間大字“宋劉屏山先生全集”，右刻“書院藏板”，上刻“□院沈心齋□生鑒定”。疑即前文潘政明《續刊屏山全集序》所稱劉氏子孫收藏的“學使沈心齋鑒定本”。[①] 鈐“待月簃”橢圓長印。

書前胡憲《屏山集序》、朱熹《跋屏山集》與《跋家藏劉病翁遺帖》之後，爲《劉屏山先生集卷首》，題“裔孫孔敬、應宣、懋慶、芳、繼熊、佐、蜚英、勗、晨、駿、巘、□□、起達、□□、□仲、宗漢、□□、□韓、繁盛等編次”，“十八代姪孫淵仝男珽捐資重刊”，收録《宋史》本傳、《有宋屏山先生劉公墓表》《創保安墳祠記》三篇文字。卷一首行上題“劉屏山先生集卷×”，下題“宋文靖公劉子翬著”；卷二至二〇各卷僅有首行大題。

正文之中，部分詞句同文淵閣本諱改，例如卷七“犬羊猥衆”作“肆兇搶掠”、卷一七《春圃六言三首》作《春圃六言絶二首》等；但也有未因違礙而删改的地方。最末殘缺一葉，另有抄録補配，但内容仍不完整。

概言之，劉氏子孫在重刻家藏的這部經過沈心齋先生鑒定的本子時，曾根據文淵閣本對部分文字做了相應改動，因此它的總體質量并不高。

6．清抄本

此本題《屏山集》，二十卷，上海圖書館藏（索書號：422242—422243），二册。

卷首依次爲胡憲《屏山集序》、朱熹《跋家藏劉病翁遺帖》和《跋屏山集》、《宋史》本傳、朱熹《有宋屏山先生劉公墓表》、張磻《謚議》、鄭起濳《覆議》、魏浚《崇祀公移》，書後有劉澤跋。

---

① 沈涵（1651—1718），字度汪，號心齋，浙江歸安（今吴興）人。康熙十五年（1676）進士。曾任福建學政，或是。

卷一首行題“屏山集卷第一”,次行題“宋文靖公劉子翬著”;卷二至二〇各卷僅有首行大題。正文多見朱筆校改。鈐“嬰闇秦氏藏書”朱方、“秦曼青”朱方、“曾在秦嬰闇處”朱文長方等,係揚州秦更年(1885—1956)舊藏。

(二)詩文分排本

1.清初刻本

此本題《屏山先生文集》,二十卷,復旦大學圖書館藏(索書號:4961),一函四册。半葉九行,行二十字,雙行小注字數同;四周雙邊,黑口,雙魚尾,版心刻書名、卷次(“屏山集卷之×”)及頁碼。

卷首依次爲胡憲《屏山集序》、朱熹《跋家藏劉病翁遺帖》與《跋屏山集》、梁儲題記、劉勉之及劉韞《挽屏山詩》、[①] 胡憲《祭屏山文》、朱熹《有宋屏山先生劉公墓表》、《宋史》本傳、張碿《謚議》、鄭起潛《覆議》、魏浚《崇祀公移》。

卷一首行題“屏山先生文集卷第一”,次行題“宋文靖公劉子翬著”,三至八行題“門人朱熹校正,籍溪胡憲參閲,嗣子劉玶編次,明張碿、鄭起潛、梁儲重訂”;[②] 卷二至二〇各卷僅有首行大題。書中鈐“栩栩盦”陰方、“栩緣所藏”朱方、“元和王同愈”陰方、“勝之一字栩緣”朱方、“小人有母”長方等,知爲晚清王同愈(1856—1941)舊藏。

2.雍正八年(1730)歸三堂刻本(以下簡稱“雍正本”)

此本題《屏山先生文集》,二十卷,國家圖書館藏(索書號:22466),二函十册。版式行款、卷首諸篇次序、各卷題署等皆與清初刻本同。

全書最前有牌記一頁:中間大字“大宋名儒劉屏山先生文集”,右刻“朱文公先生校正”,左刻“晋陵新安歸三堂藏板”,皆隸書;上刻“雍正八年重鎸”。晋陵即毗陵,西晋永嘉五年(311),因避東海王司馬越世子毗之名諱而改,治所在今江蘇常州。前文引述張元濟先生《明弘治刻本〈劉屏山先生集〉跋》稱:“常州劉子逸甫、逸樵以其先德宋《屏山先生集》示余,且言先生後七世孫遷居於常州之東鄉芳茂山下,聚族而居,迄於今二十有八世矣。”[③] 結合下文的佩三堂刻本情况推斷,雍正本係劉氏子孫出資刊刻。

3.中國國家圖書館藏清刻本

此本題《屏山先生文集》,二十卷,國家圖書館藏(索書號:93353),一函六册。版式行款、各卷題署等皆與清初刻本、雍正本同,惟卷首諸篇次序有調整:先《宋史》本傳,其後有缺頁,次朱熹《跋家藏劉病翁遺帖》與《跋屏山集》、梁儲題記、劉勉之及劉韞《挽屏山詩》、胡憲《祭

---

① 白水先生劉勉之與劉子翬有交,劉韞爲劉子翬叔父,皆宋人,《全宋詩》却未收録他們的《挽屏山詩》。拙文《〈劉氏傳忠録〉及〈續編〉中的宋佚詩輯考》已補,見《北京大學中國古文獻研究中心集刊》第十三輯,北京:北京大學出版社,2014年,第244、254—255頁。

② 張碿、鄭起潛皆南宋寧宗、理宗時人,此本題署偶誤;下文雍正本、國家圖書館藏清刻本也都沿襲了這一訛錯。

③ 《張元濟全集》第10卷“古籍研究著作”,第179頁。

屏山文》、朱熹《有宋屏山先生劉公墓表》、張磻《謚議》、鄭起潛《覆議》、魏浚《崇祀公移》。

全書最末，有劉澤跋，文字與正德本稍異（其説詳後）；清初刻本和雍正本書末均未見此跋。

4. 道光十五年（1835）佩三堂刻本（以下簡稱“道光本”）

此本題《屏山先生文集》，二十卷，國家圖書館（索書號：22467）、上海圖書館（索書號：353180—353187）皆有藏，後者著録爲“木活字本”，不知何據。半葉九行，行二十字，雙行小注字數同；四周單邊，白口，單魚尾，版心刻書名（“屏山集”）、卷次及頁碼。

全書最前有牌記一頁：中間大字“宋儒劉屏山先生文集”，右刻“門人朱熹校正”，左刻“毗陵新安佩三堂藏板”，上刻“道光十五年重訂梓行”。

卷首依次爲胡憲《屏山集序》、《宋史》本傳、朱熹《跋家藏劉病翁遺帖》與《跋屏山集》、梁儲題記、劉勉之及劉韞《挽屏山詩》、胡憲《祭屏山文》、朱熹《有宋屏山先生劉公墓表》、張磻《謚議》、鄭起潛《覆議》、魏浚《崇祀公移》。梁儲題記明言“右晦庵先生所作屏山先生遺帖、跋也”，篇次井然有序，而上海圖書館藏本却將梁儲題記和《跋屏山集》置於《宋史》本傳之前，僅次胡憲序文後，顯係裝訂倒錯。

卷一首行題“屏山先生文集卷第一”，次行題“宋文靖公劉子翬著”，三至八行題“門人朱熹校正，籍溪胡憲參閲，嗣子劉玶、張磻、鄭起潛編次，明梁儲重訂”；卷二至二〇各卷仅有首行大題。道光本這裏的題署，糾正了清初刻本、雍正本、國家圖書館藏清刻本三者以張磻和鄭起潛爲明人的錯誤，不過就《屏山集》的編次者而言，其實衹有劉玶一人，張、鄭從未參與過。書中各卷，多見朱筆圈改的地方，説明刊印質量不佳，誤字叢生。[①]

全書最末，亦有一篇劉澤跋，然而文字幾乎與正德本所見跋語全異。現比對正德本、國家圖書館藏清刻本、道光本的三篇劉澤跋文，如下表所示：

正德本	國家圖書館藏清刻本	道光本
右先祖《屏山先生文集》二十卷，蓋幸而存者，其漫失者亦已多矣。其門人朱夫子嘗加訂正，而不得全睹爲憾。後之人因續附入一二，其真得先生手稿附之，誠是也。間有語意不類者，亦概不考而混入焉。雖曰奏胡笳於律吕之側，音韵自别，然觀者不細玩詳辨，未有不爲所惑。□甚病之，而未有據也。近得舊本，遂謀諸匠氏，鋟之於梨，俾疑者以釋，訛者以正，贋者以明，庶乎不失朱夫子訂正之初心、我先祖崇王黜邪之實學。正德七年壬申冬十月朔日，十二世孫澤拜書。	右先祖《屏山先生文集》二十卷，蓋幸而存者，其漫失者亦已多矣。其門人朱夫子嘗加訂正，而不得全睹爲憾。後之人因續附入一二，其真得先生手稿附之，誠是也。間有語意不類者，亦概不考而混入焉。雖曰奏胡笳於律吕之側，音韵自别，然觀者不細玩詳辨，未有不爲所惑。澤甚病之，而未有據也。近得舊本，遂謀諸匠氏，鋟之於梨，俾疑者以釋，訛者以正，贋者以明，庶乎不失朱夫子訂正之初心、我先祖崇王之實學云。正德七年壬申冬十月朔日，十二世孫澤拜書。	右先祖文靖公，學者稱爲屏山先生，有文集二十卷，門人朱熹訂正，傳於天下。後世誰不置案頭、藏笥篋，與周、程諸儒之著作並垂不朽哉！然自宋迄今二百餘年，不稍爲釐正，難免魚魯豕亥，澤甚病之。壬申冬，重付梨棗，復加考訂，欲使後之子孫世守勿替，以俟當代君子顯其道德學問，俾得從祀孔子廟庭，庶不負朱子訂正之初心、先祖崇王之實學云。正德七年壬申冬十月朔，十二世孫澤拜書。

① 例如，卷二《維民論下》，雍正本、國家圖書館藏清刻本“貪如谿壑”，道光本作“貪如豁壑”，朱筆改爲“谿”；雍正本、國家圖書館藏清刻本“守令賢則民寛”，道光本作“守令賢其民寛”，朱筆改爲“則”；卷四《漢書雜論下》，雍正本、國家圖書館藏清刻本“雖無道不失天下”，道光本作“雖所道不失天下”，朱筆改爲“無”；卷七《論時事劄子八首代寶學泉州作·守江》，雍正本、國家圖書館藏清刻本“不動聲色”，道光本作“不動色聲”，朱筆有乙正符號等等。

不難看出,正德本與國家圖書館藏清刻本的兩篇跋語,異文僅有兩處;但是到了道光本,除了這兩句之外,其餘文字全異,可以説完全就是一篇新作。我們推測,或許正因道光本所據底本殘損漫漶嚴重,重刻時纔改變了原來的版式,并出現了許多新的誤字,也補入了一篇全新的劉澤跋。

5. 光緒十二年(1886)佩三堂刻本(以下簡稱"光緒本")

此本題《屏山先生文集》,二十卷,上海圖書館藏(索書號:111966－69),一函四册。版式行款、書前牌記、卷首諸篇次序、各卷題署、書末跋語等幾乎都與道光本相同,唯一區别衹是牌記上刻"光緒十二年歲次丙戌重刊"、卷首最前又多了一篇作於這一年的王先謙序。

而通過王先謙的這篇《屏山先生文集序》,同時參考他的另一篇文章《劉氏傳忠録序》,以及光緒十二年刻本《劉氏傳忠録》書後附録的《重梓〈傳忠録〉記》,我們可以清楚地注意到,道光本、光緒本的刊行,都與《劉氏傳忠録》一書的刊行關係密切:

> 道光十四年秋,兄佩瑀購買奇書,忽得閩中清湘公編輯《傳忠録》全集,喜不自勝。告諸通族,莫不踴躍懽忻。又恐其少而易失也,急欲鎸板,以廣其傳。乙未春,鍾奇、洽仁等會議刊刻,…… 文靖公二十四世孫宇和謹誌。
>
> 是録與《屏山文集》,前人舊章,隨譜給發家藏一編,以資考訂。壬申續修家乘,本擬付梓,只因經費不敷,未得如願。…… 迄今十有餘載,…… 而是書遺稿,亦僅有存者。因留心購訪,於乙酉春始得全書於族人宇剛之家,當即告知族人照舊章續刻,固皆欣然樂從,但以費無所出爲慮。…… 越兩春秋,始得成書。…… 光緒十二年丙戌仲冬之吉,文靖公二十五世孫震之謹誌。(以上《重梓〈傳忠録〉記》)
>
> 文靖裔孫佩瑀等於道光十四年始得是編,喜告族人而授之梓,遭亂散失。今其後嗣陽湖學生震之、奉祀生受益、監生思退、岳榮等鳩工重刻,乞言於予。……(王先謙《劉氏傳忠録序》)
>
> 文集二十卷,其嗣子右修職郎平父先生編次,而朱子跋其後。…… 先生裔孫震之、受益、思退、岳榮等重授剞劂,請序於余…… 光緒十二年丙戌秋七月,國子監祭酒、提督江蘇學政長沙王先謙謹序。(王先謙《屏山先生文集序》)

《劉氏傳忠録》由南宋劉學裘裒輯,依次匯録劉韐、劉子羽、劉子翼、劉子翬、劉珙三代忠良的生平事迹和徽宗、欽宗、高宗、孝宗各朝宸翰、奬諭、制詔、論劄等官方文書以及朝臣謚議與名公碩儒所作之記、序、碑文、墓誌、祭文、挽詩,是崇安劉氏節風義行的文獻薈萃。道光十四年,劉佩瑀購獲《劉氏傳忠録》,次年春與《屏山先生文集》一同刊行,散發劉氏子孫各家存藏。至光緒十一年之前,劉氏子孫家藏本大多亡佚,於是再從劉宇剛家尋得全帙付梓,并由劉震之、劉受益、劉思退、劉岳榮等人延請時任江蘇學政的王先謙寫了兩篇序言,基本還原了前後兩次刊行的具體情况。

以上簡要介紹了清初刻本、雍正本、國家圖書館藏清刻本、道光本、光緒本這五個本子，它們的相同之處在於：首先，行款都是半葉九行、行二十字、雙行小注字數同；其次，分卷都是前十卷爲文、後十卷爲詩、詞。不同之處則是：第一，清初刻本、雍正本、國家圖書館藏清刻本都是四周雙邊、黑口、雙魚尾，版心刻書名、卷次、頁碼；道光本、光緒本則是四周單邊、白口、單魚尾，版心同樣刻書名、卷次、頁碼。不過由於挖改了版心，原先刻在中間的書名、卷次（“屏山集卷之×”）分離，於魚尾上方刻書名“屏山集”，中間僅刻卷次。第二，卷首諸篇次序發生了一定的調整（見下表）：

<table>
<tr><th></th><th>清初刻本、雍正本</th><th>國家圖書館藏清刻本</th><th>道光本</th><th>光緒本</th></tr>
<tr><td>一</td><td>胡憲序</td><td rowspan="2">本傳
（其後有缺頁）</td><td>胡憲序</td><td>王先謙序、胡憲序</td></tr>
<tr><td>二</td><td>朱熹遺帖</td><td colspan="2">本傳</td></tr>
<tr><td>三</td><td>朱熹跋</td><td>朱熹遺帖</td><td colspan="2">朱熹遺帖</td></tr>
<tr><td>四</td><td>梁儲題記</td><td>朱熹跋</td><td colspan="2">朱熹跋</td></tr>
<tr><td>五</td><td>挽詩</td><td>梁儲題記</td><td colspan="2">梁儲題記</td></tr>
<tr><td>六</td><td>祭文</td><td>挽詩</td><td colspan="2">挽詩</td></tr>
<tr><td>七</td><td>墓表</td><td>祭文</td><td colspan="2">祭文</td></tr>
<tr><td>八</td><td>本傳</td><td>墓表</td><td colspan="2">墓表</td></tr>
<tr><td>九</td><td>謚議</td><td>謚議</td><td colspan="2">謚議</td></tr>
<tr><td>十</td><td>覆議</td><td>覆議</td><td colspan="2">覆議</td></tr>
<tr><td>十一</td><td>崇祀公移</td><td>崇祀公移</td><td colspan="2">崇祀公移</td></tr>
</table>

可以肯定的是，這五個本子之間具有較爲確定的淵源關係，屬於同一版本分支系統。

6. 民國二十二年（1933）三餘書室鉛印本

此本題《屏山先生文集》，二十卷，首一卷，上海圖書館藏（索書號:021569），一函四册。各册書簽題“宋儒劉屏山先生文集，沈澤春署檢”，下刻“田莘所作”方印。半葉十一行，行二十六字，雙行小注字數同，字旁有句讀；四周單邊，細黑口，單魚尾，版心刻書名、卷次、頁碼，下書口刻“三餘書室藏版”六字。

全書最前有牌記一頁：“宋儒劉屏山先生文集，癸酉長至節吴興沈澤春書”。下刻“沈澤春印”。

卷首依次爲胡憲《屏山集序》、王先謙《屏山先生文集序》、楊雲序（壬申夏五月）、毛鳳龢序（壬申小陽月）、《宋史》本傳、朱熹《跋家藏劉病翁遺帖》與《跋屏山集》、梁儲題記、劉勉之及劉韞《挽屏山詩》、胡憲《祭屏山文》、朱熹《有宋屏山先生劉公墓表》、張磻《謚議》、鄭起潛《覆議》、魏浚《崇祀公移》。

正文之前，先有題名半葉：首行“屏山先生文集二十卷”，次行“宋文靖公劉子翬著”，三行“門人朱熹校正”，四行“籍溪胡憲參閲”，五行“嗣子劉玶編次”，六行“明梁儲重訂”，七行“清楊雲斷句”，八行“裔孫焕成原本”，九至十一行“福同、文康、文藻重梓”；各卷首行則僅有大題“屏山先生文集卷之×”。全書最末，有劉澤跋（文字同道光本）、劉秉鐸跋（文末雙行小字：此篇江灣程動録《屏山志略》補入。按：秉鐸先生，國朝孝廉。）。

與前述道光本、光緒本類似,民國二十二年,三餘書室亦有鉛印本《劉氏傳忠録》四卷、《劉氏傳忠録續編》四卷,版式行款與此本同。[①]《傳忠録》最前有楊雲序(辛未季冬)、曹家達序(壬申秋八月)、毛鳳龢序(壬申小春月)及王先謙等人舊序;《續編》爲程勳從史書、傳記、方志、金石、别集中多方搜輯而成,書前有"二十八世孫焕成謹序",書末有"己巳秋日福建後學詹繼良謹跋"。這樣看來,民國十八年,程勳新輯《劉氏傳忠録續編》書成,詹繼良爲之跋;二十至二十一年,劉氏子孫先後請楊雲、毛鳳龢等爲《劉氏傳忠録》和《屏山先生文集》撰作序文,同時程勳又從詹繼良《屏山志略》中録出原先在康熙本最後的劉秉鐸跋,附入文集之末。民國二十二年,鉛字排印本《劉氏傳忠録》及《續編》、《屏山先生文集》問行於世,是爲劉子翬别集版本之終結。

結　語

《屏山集》二十卷,劉子翬身後由其嗣子劉玶最初編成、門生朱熹進一步完善。其書宋元舊刻幾已罕覩,今日可見最早最完整者爲明弘治十七年刻本,次正德七年刻本。至清代,則版本稍衆、流傳更廣。

就現存各本的前後關係而言,清本源出於明本,内容基本一致(文淵閣本因語涉違礙而删,篇目少於其他各本),卷次偶有調整,出現了詩文連排和詩文分排兩種類型。不過,它們的源流、系統仍然是清楚、明確的。

就現存各本的版刻地點而言,福建、江蘇兩省是主要地區。福建武夷是劉子翬籍貫所在。明弘治十七年,劉子翬作爲朱熹之師得享崇祀,朝廷遂下令建寧府重修舊祠,弘治本《屏山集》也因此應運而出。及至有清三百年間,無論是裔孫劉秉鐸還是邑人李廷鈺、潘政明等,他們爲表彰先賢,精校精刊,促成了《屏山集》的流播,也擴大了劉子翬的影響。而江蘇常州既然是劉氏子孫中的一支遷居所在,出於紀念先祖令名的目的,清初至民國亦屢有重梓之舉。甚至到了後來,更將《屏山先生文集》與《劉氏傳忠録》一起刊行,以彰顯崇安劉氏三代忠賢的高風亮節。總言之,劉子翬既爲劉氏一門的孝義典範,又因朱熹之師的身份備受隆敬,這也正是《屏山集》自宋迄清不斷刊刻、流傳不廢的最重要因素。

最後來看劉子翬詩文的整理情況。劉子翬詩,見《全宋詩》册34卷1912—1922,"版本説明"稱:"以明正德七年劉澤刻本爲底本。校以影印文淵閣《四庫全書》本(簡稱四庫本)、清道光十八年李廷鈺秋柯草堂刊本(簡稱李本,藏北京大學圖書館)。新輯集外詩附於卷末。"[②]新輯集外詩共七首,録自《後村千家詩》卷一六、《後村詩話後集》卷二、《萬姓統譜》卷五四、(嘉靖)《建寧府志》卷三、《歷朝詠物詩選》卷六及傅增湘校秋柯草堂刊本引范氏宋人

① 《劉氏傳忠録》及《續編》,《北京圖書館藏家譜叢刊》閩粵(僑鄉)卷第40册影印,北京:北京圖書館出版社,2000年。
② 北京大學古文獻研究所編:《全宋詩》第34册,北京:北京大學出版社,1998年,第21340頁。

小集選録屏山詩等。[①] 其中,《江上寺》當爲宋人戴復古詩,《題丞廳》《館中簡張約齋》當爲宋人楊方詩,《花椒》當爲明人釋宗林詩,《和晁應之大暑書事》當爲宋人張耒詩,皆屬誤輯,衹有《送彭夷應禮部試》《桃源》兩首纔是《屏山集》集外詩。

劉子翬文,見《全宋文》册 193 卷 4255—4260,"版本説明" 稱:"以影印文淵閣四庫全書本《屏山集》爲底本,校以明正德七年刊本(簡稱明本),補入佚文四篇,編爲六卷。"[②] 這裏選取的底本并非時代更早的弘治本或正德本,而是存在著諱改問題的文淵閣《四庫全書》本;并且依照《全宋文》自身的編纂體例,改變了原本卷次,將九卷半之文集中成六卷。

當然,由於既往研究完全忽略了前述上圖殘本獨特的體例内容和豐富的文獻價值,因而其中較之明清諸本多出的佚詩 6 首、佚文 22 篇也幾乎全爲《全宋詩》和《全宋文》所失收。[③]

此外,還有《屏山集校注與研究》一書,是今日唯一的《屏山集》點校本。是書"校注凡例"稱:

> 1. 本書校勘以影印文淵閣四庫全書(上海古籍出版社 1987 年 6 月版)本《屏山集》爲底本,以明建寧府依明弘治十七年(1504)刻本和清道光十八年李廷鈺秋柯草堂本(簡稱"李本")及光緒崇安刊本《屏山全集》爲參考,對照曾棗莊、劉琳主編《全宋文》(上海辭書出版社、安徽教育出版社 2006 年版),傅璇琮、倪其心、孫欽善、陳新、許逸民主編《全宋詩》(北京大學出版社 1998 年版),唐圭璋主編《全宋詞》,對比考訂,力求精詳。其中將《全宋詩》補入佚詩 5 首,《全宋文》補入佚文 4 篇,亦分别照録於詩文卷末。
>
> 2. 本書校勘,多吸收《全宋文》《全宋詩》《全宋詞》之已有成果。……
>
> 3. 本書校記與《全宋文》《全宋詩》《全宋詞》相同或直接采信上述各書者,均依原校記注明來源;《全宋詩》中隨文夾註式的校記,在本書中均編號列於文末;……[④]

然而,文淵閣《四庫全書》本時代較晚,多有文字諱改,不宜作爲底本;《全宋詩》《全宋文》爲詩文總集,校記删繁就簡;《屏山集》作爲一部宋人别集,整理時需考察現存全部版本情況,在梳理源流、歸納系統的基礎上選擇底本與校本,羅列異文,兼定是非。所以這個點校本無論是底本與參校本的選擇,還是校勘的方式與校記的撰寫,都有未當之處。由此可見,劉子翬的《屏山集》,尚待整理出一個全面、準確、完善的點校本,以供閲讀和研究。

(趙昱,武漢大學文學院特聘副研究員)

① 北京大學古文獻研究所編:《全宋詩》第 34 册,第 21457—21458 頁。

② 曾棗莊、劉琳主編:《全宋文》第 193 册,上海:上海辭書出版社、合肥:安徽教育出版社,2006 年,第 120 頁。

③ 具體言之,6 首佚詩,《全宋詩》皆失收;22 篇佚文中,《代賀秦太師啓》、《雙峽橋記》、《武夷修三清殿疏》已見《全宋文》,所據出處爲《永樂大典》卷九一七及《劉氏傳忠録續編》卷三,其餘 19 篇均失收。見拙文《劉子翬佚詩佚文輯補》,《北京大學中國古文獻研究中心集刊》第十六輯,第 193—201 頁。

④ 楊國學:《屏山集校注與研究》,北京:中國書籍出版社,2012 年,第 1 頁。

金代避諱補考*

馮先思

[摘　要] 傳世金代文獻中保存的金人避諱材料,以“同時材料”之中的避諱現象最爲近真,這些材料中尤以金代所刻字書、韵書保存的避諱資料最爲豐富。金人韓道昭纂《改併五音類聚四聲篇》《新雕改併五音集韵》,現存金刻元修本多部,雖皆殘損,然部分版面文字猶保存金代避諱原貌。金代以法書字形來避諱,也是較爲獨特的避諱方法。

[關鍵詞] 四聲篇海　五音集韵　金世宗　避諱

金代避諱現象,以周廣業《經史避名彙考》所述最爲詳盡。其中《大金集禮》“御名”一節所載避諱情形,爲官方所定避諱原則。金代石刻文獻與版刻書籍,乃金代文獻之“同時材料”,較好地保存了當時避諱之實例,爲周書所未及。今存金代所刻諸書不過十餘部,但因爲其中有字書、韵書,却是尋繹金人避諱的絶佳材料。此外,明人影抄《類篇》底本亦係金刻本,與邢準《新修絫音引證群籍玉篇》較爲全面體現金世宗一朝避諱實况。[①] 金人韓道昭纂《改併五音類聚四聲篇》《新雕改併五音集韵》今存乃金衛紹王以後刻本,其避諱與金世宗朝略異。

一、韓道昭所纂辭書的金元刻本

金明昌七年(1196),韓孝彦改編《增廣類玉篇海》作《五音篇》;金泰和八年(1208),韓孝彦之子韓道昭改訂《五音篇》作《五音新改併類聚四聲篇》(即《四聲篇海》),在王太《增廣類玉篇海》基礎上增入《搜真玉鏡》《俗字背篇》等内容。

金皇統年間(1141—1149)洨川荆璞對《集韵》一書加以改造,“將三十六母添入韵中,隨母取切”,也就是説同一韵部中字序按照聲母分類依次排列。[②] 金崇慶元年(1212)韓道昭等纂成《改併五音集韵》,即采用了荆璞的這種排列方式,並且在各小韵標注等第。韓道昭父子所編《五音新改併類聚四聲篇》(以下簡稱《四聲篇海》)、《改併五音集韵》成爲金代新編的“篇韵”系列,並且在元明兩代風行海内。

現存韓氏編纂《改併五音集韵》有兩部殘本。《舊京書影》著録一部金刻本《崇慶新雕

* 本文是中國博士後科學基金第65批面上資助項目“基於計算機輔助古籍校勘平臺的《類篇》校勘研究”(2019M650017)、國家社科基金重大項目“基於資料庫的古籍計算機輔助版本校勘和編撰系統研究”(15ZDB104)的階段性成果。

① 馮先思:《從〈新修玉篇〉看金代刻書避諱》,《版本目録學研究》第五輯,北京:北京大學出版社,2014年,第551—564頁。

② 《廣韻》等書同音字也大體按照聲母類聚,衹是没有標注,聲母排序也不盡一致。詳參唐作藩《關於五音集韻——校訂五音集韻序》,《古漢語研究》1992年第1期。

改併五音集韵》殘卷，[1] 書前題“真定府松水昌黎郡韓孝彦次男韓道昭改併重編”，次行題“男韓德恩，姪韓德惠，婿王德珪同詳定”，又次行題“洨川荆珍開板”。全書目録之後又題“韓氏門人同詳校正”，次列諸人姓名，松水人有程道珪、張道澄、李道義、孫道全；阜平人有石守珍、張道翼；南唐人有劉道寧、李道澤、彭道琬、程道温。末題“雲中李玉刊”。[2] 開板者荆珍可能是主持刊刻者署名，“雲中李玉”則是刻工題名。[3]

中國國家圖書館亦藏有一部《崇慶新雕改併五音集韵》（A00038），亦見於《舊京書影》著録。卷一卷端題“崇慶新雕改併五音集韵”，卷六、九、十卷端題“大朝新彫改併五音集韵”，當即元朝所刻。卷二、八、十二題“大安新彫併五音集韵”，當即金代原版。卷五卷末題“雲中後學李玉全彫此策”。“大安”（1209—1211）、“崇慶”（1211—1213）乃金衛紹王年號。大朝爲元朝早期之異稱。[4] 此本凡亶或从亶之字（如勯、譠、檀、嬗、驙、壇、儃、鱣、蟺、繵、癉、襢、亶、澶、邅、徻、繵、趲、軅、饘、皽、穜、儃、亶刂、鐔、顫、襢、醰等）皆闕“亶”末筆，即避金熙宗完顔亶之諱。

另外，《舊京書影》著録元代印本殘葉兩本，一本題“至元新彫改併五音集韵”。另一本題“己丑新彫改併五音集韵”，己丑卷前編者題名一如金刻本，唯開板人姓名已改爲“琴臺張仁開板”。[5]

現存五部金元刻《改併五音類聚四聲篇》。臺灣“國家圖書館”藏金刻本一部（110.31 01088），存第一至第三卷。卷前“重刊改併五音篇序”殘損，行書。目録之後行書題“真定府松水昌黎郡韓孝彦次男韓道昭改併重編”，其中韓道昭三字小字雙行，似爲保證此句佔滿一整行而不必换行。次行楷書題“趙州荆璞同編，荆現、荆琪、荆珍、荆琭同開板”，次行題“荆瑞長男荆國器重開板印行”，“寧昌李昺書”。次行題“添補篇海少闕字數石志良”。目録之後署同詳校正昌黎諸門人45人名。末署“門人洨川扶風郡竇慶進重校正”。三卷卷端皆題“泰和五音新改併類聚四聲篇”。

臺灣“國家圖書館”藏金刻元修本一部十五卷（110.31 01089），部分卷次有闕葉。卷前序言楷體，目録前署“□□荆璞同編”，次行題“□□張用男曰張仁重開板印行”，目録之後亦昌黎諸門人姓名，及竇慶進校正字樣。卷一之後有“新集背篇列部之字補添印行”，此卷末署“己丑新集雜部卷終”，己丑即至元二十六年（1289），爲元代補刻。卷二卷端題“至元重刊五音篇卷第二”，卷三、七、十、十一、十三、十五題“泰和五音新改併類聚四聲篇”；卷四題“至元五音新改併類聚四聲篇”；卷五、八、九、十四題“己丑五音新改併類聚四聲篇”（卷末題己丑）；卷六、十二卷前題“改併五音類聚四聲篇”，卷末題“泰和五音新改併類聚四聲篇”。

中國國家圖書館藏金刻元修本一部（A00039），存第一至第十卷。與臺灣藏十五卷本前

① 此本今藏臺北“故宫博物院”。
② 〔日〕倉石武四郎編：《舊京書影》，北京：人民文學出版社，2011年，第232—235頁。
③ 馮先思：《金代荆氏書坊史事新證》，《中國出版史研究》2020年第1期。
④ 蕭啓慶：《説大朝：元朝建號前蒙古的漢文國號》，《内北國而外中國》，北京：中華書局，2007年10月，第62—77頁。
⑤ 〔日〕倉石武四郎編：《舊京書影》，第239頁。

十卷同版,唯卷前署名"趙州荆璞同編""單州張用男曰張仁重開板印行"完整無缺。其他各卷葉面殘缺程度各有差異。

趙萬里《1933年北平圖書館善本書目》著録《泰和五音新改併類聚四聲篇》金刻元修本兩部,一部存三卷(10—12),《舊京書影》著録,卷十首葉鈐"京師圖書館收藏之印"。[1]一部存四卷(1—4)。

二、韓氏篇韵所保存的金代避諱材料

韓孝彦、韓道昭父子所纂篇韵之避諱情形集中於金世宗、金章宗兩朝。現存幾種韓氏篇韵印本,其版刻時代約在金元之際,部分版刻還保留了金代避諱面貌,更多的則已經元人改寫,不再避諱。其中所見避諱情形,有些足可補史籍之闕。

(一)可證金世宗初諱爲"褎"

金世宗初諱,見於《建炎以來繫年要録》記載。[2]劉浦江《金世宗名字考略》曾據遼代石刻《通慧圓明大師塔銘》,確定金世宗原名"完顔褎",[3]後來馮先思復據明代影金鈔本《類篇》避諱字,認爲金世宗原名當爲"完顔褏"。[4]但是所用《類篇》是明代影鈔金刻本,畢竟該文獻的形成年代晚至明末清初,而與金代初年即形成的石刻《通慧圓明大師塔銘》相比,衹能算是次一級的非"共時材料"。

不過,金代刻本《改併五音集韵》雖然形成年代晚於《通慧圓明大師塔銘》,然這一文獻仍然形成於金代,比影鈔本《類篇》具備年代早的時間優勢。《改併五音集韵》卷端題名比較特殊,修版、重刻往往在書名標注刊刻年號,這種習慣從金代一直保持到明代後期,所見年號有泰和、大安、崇慶、至元、成化、正德、萬曆等,因此也較爲容易確定其刊刻年代。國家圖書館藏金刻本《改併五音集韵》卷十二卷端題"大安新彫併五音集韵",當刻於金大安(1209—1211)年間。其中"宥"韵下收"褎、褏"兩字。兩字皆闕筆,當即避金世宗初諱。

金刻本《改併五音集韵》卷十二	

"褎、褏"兩字雖皆闕筆,然其缺損情况並不一致。"褏"字則僅僅缺損末筆捺畫,與上海圖書館藏影鈔本《類篇》一致。"褎"字則缺損右邊的短撇,捺畫仍保存一半。對這兩種差異,筆

① 〔日〕倉石武四郎編:《舊京書影》,第244頁.

② 〔宋〕李心傳著,胡坤整理:《建炎以來繫年要録》,北京:中華書局,2013年12月,第2頁。

③ 劉浦江:《金世宗名字考略》,《北大史學》2013年總第18輯,第73—80頁。後收入劉浦江《宋遼金史論集》,北京:中華書局,第154—161頁。

④ 馮先思:《金世宗初諱考》,《中華文史論叢》2015年第4期,第266頁。另馮先思《金世宗改名辨析》有進一步辨析,見《暨南史學》第十三輯,桂林:廣西師範大學出版社,第50—55頁。

者預設了兩種解釋。第一種解釋,“褏”字闕筆避諱,而“褎”字不避諱。金代避諱闕筆一般爲缺損該字末筆,而這裏缺損撇的全部和捺的部分,可能是後來刷印時候無意中缺損,並非因避諱形成。第二種解釋,“褏”字爲早期闕筆避諱,而“褎”字爲後來追加的闕筆避諱,由於末筆捺畫與右邊短撇相連,去除捺畫的時候不慎將短撇去掉,所以形成了目前的字形。不管哪種解釋,都無法排除其本名爲“褏”,至於後來是否也要避“褎”字,則尚待更多材料印證。

現存兩部影金抄本《類篇》,一本藏上海圖書館,已有影印本。一本藏臺灣“故宫博物院”,僅見孔仲温談及。[①] 臺灣藏本避金諱之處與上海圖書館藏本大體一致,然亦有幾處不同,[②] 即“文”“褏”兩字並不闕筆。[③] 然細察其筆迹、筆勢,似乎本來闕筆,而爲抄録者追改添加,所以其字形並不自然。例如“文”字,在上圖本《類篇》中凡闕筆三次,而在臺灣本《類篇》則皆爲補全,由於第一個“文”字與下文“錯”字,較爲接近,所以新加之捺顯得靠上,其字形也不太自然。“褏”字捺筆雖不如“文”字有明顯的後添痕迹,然比對同葉各從“衣”之字末筆捺畫,也可見“褏”字捺筆略顯拘謹,不如其他各字開張,此或爲後來添補之證。總之,現存兩本《類篇》對於“文”“褏”皆有闕筆避諱之痕迹。

現存幾種金代字書、韵書之避諱皆指向金世宗初名爲“完顏褏”,而非“完顏褎”。

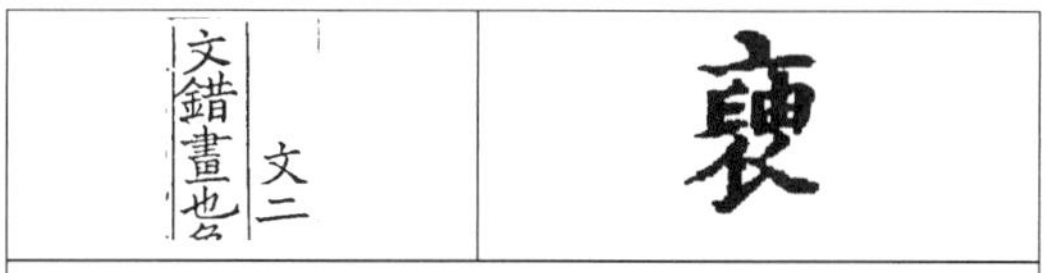

臺北故宫藏《類篇》

(二)元刊本《改併五音類聚四聲篇》保存金代避諱痕迹

臺灣“國家圖書館”藏金刻本《泰和五音新改併類聚四聲篇》一部(110.31 01088),存第一至第三卷。卷前“重刊改併五音篇序”字體行書,雖有殘損,實乃金刻原版。其中卷二巾部“帾”字,革部“鞾”字(13 畫),口部“哢”(10 畫)、“嘵”字(12 畫)、“嚨”字(13 畫)、“囃”(18 畫),犬部“獟”字(12 畫)、“獾”字(13 畫)皆闕末筆。卷三共部“共”字、广部“廱”字、月部“腂”字亦闕末筆。而玉部“玟、珉、瑨、琝、璟、珣”字不闕筆。其避諱集中在金世宗(雍)、金睿宗(世宗之父,宗堯)、金顯宗(允恭)。其中金睿宗爲世宗即位之後追封,金顯宗曾立爲太子,不幸早逝,未能即位,其子金章宗即位之後追封爲金顯宗。

國圖藏“至元重刊五音篇”(A00039)雖在卷端標明爲元代重刊,但是其中仍然保留了一些金代避諱的痕迹,[④] 比如,卷二見部“睍”字闕筆,作“睍”,“睍”與金太祖完顏旻之“旻”

---

① 孔仲温:《類篇研究》,臺北:學生書局,1987 年,第 42 頁。

② 今因杭州師範大學彭秋溪博士之助,得見臺灣藏本書影,謹此致謝。

③ 金太祖完顏旻與金世宗完顏雍之漢名,皆曾改動。太祖原名完顏文,而世宗原名“完顏褏”。由於“文”“褏”爲以前名諱,所以《類篇》中僅僅在這兩字列爲字頭之時闕筆,如再見於本書他處,則不闕筆回避。

④ 考慮到其中的一些卷次題名並不一致,有“泰和五音新改併類聚四聲篇”(卷十三),也有“至元五音新改併類聚四聲篇”(卷四)、“己丑五音新改併類聚四聲篇”(卷五),可能裹頭還保存了部分金代版面。

字同音,闕“民”字末筆。卷四土部從堯之字皆闕“堯”之末筆。卷五女部“嬈”字、卷九艸部“蕘”字、卷十二手部“撓”字、卷十三日部“曉”字、卷十五人部“供”字皆闕末筆。卷一巾部“�”字,在臺灣藏金刻本中闕末筆,國圖藏元刊本不闕。

從上述殘存的避諱現象來看,韓氏篇韵的避諱主要在金章宗一朝,集中於雍、堯、恭三字。而文、褎、褏等金代帝王原名不再避諱,允、宗等字也不避諱。這與金代史籍所載“二名遍諱”之情形不盡相同(史載宗、堯、允、恭皆避諱)。[①]

三、金代避諱的其他方法

避諱的方法無外乎兩種,一爲更换避諱的字形,比如改用異體、同義更换、近義更换、近音替换、拆字、歇後語等;一爲對需避諱的字形加以改造,使其字形或讀音與正字有一定距離,比如闕筆避諱、闕筆加框、避諱改音等情形皆是。金代避諱方法還有一些形式,也值得注意。

(一)字書闕字避諱

上海圖書館、臺北“故宫博物院”藏影抄本《類篇》之底本爲金代刻本,其中也保留了部分宋代避諱的痕迹。其本避玄、敬、匡諸宋諱,如蚟(蚟)等。其諱多爲北宋早期之諱字,孔仲温先生認爲該抄本所據之刻本爲金人印本,而其木版則是由宋入金者,僅僅修改其中的諱字,所據實爲北宋刻版。[②] 其中“朗”字不見於字頭,而見於反切用字。《類篇》不收“朗”作爲字頭,並非編纂失誤,而是出於避諱。“朗”字爲宋太祖始祖“玄朗”名諱,南宋浙刻本《廣韵》作“朗”。但是“朗”字後起,並非《説文》正字,《説文》作“朖”,謂從月、良聲。空海《篆隸萬象名義》:“朖:力儻切。明也。朗,同上。”[③]“朗”最初爲“朖”之異體。《刊謬補缺切韵》立“朗”爲字頭,“朗:盧儻反。明也。亦眼(朖)、誏。”(項元汴跋本)[④]“朗:盧儻反。明。亦作朖、誏。”(宋濂跋本)[⑤] 宋刻《玉篇》“朗:力儻切。明也。亦作眼。脼,古文。”[⑥] 以不收録爲字頭來避諱,當是《類篇》刊刻者有意爲之。

國圖藏元刊本《改併五音類聚四聲篇》殘本卷十心部不收“恭”字,當爲避金顯宗完顔允恭之諱而删,後來翻刻不察,亦未補入。但是此書收録了“允、宗、堯”等字,爲何單獨不收“恭”亦不可解。字書中多以闕筆形式避諱,而少見不列入字頭者。像原本《玉篇》殘卷糸部

① 向熹:《漢語避諱研究》,北京:商務印書館,2016 年,第 132—135 頁。
② 孔仲温:《類篇研究》,第 39 頁。
③ 〔日〕空海:《篆隸萬象名義》,臺北:臺聯國風出版社,1975 年,第 1035 頁。
④ 周祖謨編:《唐五代韻書集存》,北京:中華書局,1983 年,第 569 頁。
⑤ 周祖謨編:《唐五代韻書集存》,第 484 頁。
⑥ 宋刻《玉篇》據日本宫内廳書陵部藏南宋刻本,宋本《玉篇》不收“朖”字。

不收“統”“綱”兩字，乃避蕭綱、蕭統之名諱。[1]《篆隸萬象名義》不收“順”“衍”兩字，乃避蕭順之（梁武帝蕭衍之父）、蕭衍名諱。[2]《切韵》不收“勇”字，乃避隋煬帝楊勇之名諱。[3]宋代《禮部韵略》則於宋代諸帝諱字所在小韵盡行删去。[4]此皆前代字書、韵書不列字頭之避諱方式。《改併五音類聚四聲篇》之不收“恭”字，也出於同樣的道理。

（二）利用書法字體的楷化

利用正字異體來避諱，也是常見的避諱方法。不過前人所述避諱案例，多换用異體，使得應避諱之字形不出現爲原則。金代避諱則利用法書作品的“藝術字形”來避諱，與異體避諱道理近似。這種避諱方式的記載，以《金史·孫即康傳》[5]較爲詳細，其文云：

> （泰和六年），上（衛紹王）問即康、參知政事賈鉉曰：太宗廟諱同音字有讀作“成”字者，既非同音，便不當缺點畫。睿宗廟諱改作“崇”字，其下却有本字全體，不若將“示”字依《蘭亭帖》寫作“未”字。顯宗廟諱“允”，“充”字合缺點畫，如“統”傍之“充”似不合缺。即康奏曰：唐太宗諱世民，偏傍犯如“葉”字作“𦯧”字，“泯”字作“泜”字。乃擬熙宗廟諱從“面”從“且”；睿宗廟諱上字從“未”，下字從“冉”；世宗廟諱從“糸”；顯宗廟諱如正犯字形，止書斜畫。“沇”字、“銃”字各從“口”，“兑”“悦”之類，各從本［傳］（體）。從之，自此不勝曲避矣。[6]

孫即康所擬熙宗諱從“面”從“且”，世宗諱雍從糸作“𦅼”，睿宗諱堯改從冉作“尭”，兑作“兊”，兖作“兗”，即改俗字異體爲諱字。而“宗”字或從“宗”之字，則依照《蘭亭帖》，將“示”字寫作“未”形。國家圖書館藏有《崇慶新雕改併五音集韵》（A 00038）卷端題“崇慶新彫改併五音集韵”，其“崇”字即“崇”形[7]。金刻《蕭閑老人明秀集注》“宗”字作“**宗**”（《續修》286 頁念奴嬌其二），崇字作“**崇**”（《續修》296 頁浣溪沙其一）。

《蘭亭序》唐人摹本		

馮承素摹本	褚遂良摹本	歐陽詢摹本

（馮先思，北京師範大學人文和社會科學高等研究院助理研究員）

① 蘇芃：《原本〈玉篇〉避讳字“统”“纲”发微》，《辭書研究》2011 年第 1 期。
② 吕浩：《〈篆隸萬象名義〉二題》，《寧夏大學學報》（人文社會科學版）2009 年第 2 期。
③ ［日］平山久雄：《〈切韻〉本是陸爽獻給隋太子楊勇説補證》，《語言學論叢》2016 年第 1 期。
④ 虞萬里：《避諱與古音研究》，見《榆枋齋學術論集》，南京：江蘇古籍出版社，2001 年，第 380—381 頁。
⑤ ［元］脱脱：《金史》卷九十九《孫即康傳》，北京：中華書局，1975 年，第 2196 頁。
⑥ 《金史》校勘記以爲“沇”“銃”或爲“兖”“銃”之誤字。
⑦ ［日］倉石武四郎編：《舊京書影》，第 236 頁。

羅振玉藏《永樂大典》殘帙辨僞

高樹偉　張鴻鳴

[摘　要] 二十世紀二三十年代,羅振玉嘗於自藏《永樂大典》殘帙卷尾作跋,并據此册認爲《永樂大典》有分韵編録、全録原書二種。羅氏曾向日本學者松崎鶴雄出示此書,松崎氏也據此認爲《永樂大典》有分韵、分四部二種。此説曾在學術界産生影響,也干擾了部分當代學者的判斷。以上誤解,實由於羅振玉、松崎鶴雄對《永樂大典》具體引書狀况認識不足,又受四庫館臣所撰《永樂大典》提要中嘉靖年間"重録正、副二本"説的影響,誤以爲《永樂大典》在嘉靖年間曾重抄正、副二本。本文指出,羅氏所藏《永樂大典》殘帙實爲明内府朱絲欄抄本《周易傳義大全》之零册,原爲包背裝,後改爲四眼綫裝,書衣之簽原爲空白,書賈僞題"永樂大典"四字,且仿《四庫全書》於書簽右下方注"經部"二字,作僞痕迹明顯,贋鼎無疑。

[關鍵詞] 永樂大典　副本　五經大全　羅振玉　松崎鶴雄

一、前言

光緒二十九年(1903)十月,粤督岑春煊(1861—1933,字雲階)聘羅振玉爲兩粤教育顧問。羅氏以平生未見嶺南風物,遂應聘至粤,居粤秀書院。恰值南海孔氏後人不能守嶽雪樓藏書,羅氏遂盡力購求。① 羅氏此番購書,除《明宣宗實録》《憲章録》《皇明大政記》《泳化類編》《明列卿記》《嘉靖以來首輔傳》《皇明職方地圖》《皇明制書》等有關明代的古籍外,還收得一册奇怪的《永樂大典》(下稱《大典》)。這册《大典》并非常見的類書體例,既無類目,亦非按門類鈔寫,而是鈔録了明代官修《周易傳義大全》一書的開頭内容。羅氏頗看重此書,除撰作跋語外,還曾向日本學者松崎鶴雄出示此書。

松崎鶴雄(1867—1949),號柔甫,晚號柔父,日本著名版本目録學家,曾因兼朝日通訊員之職赴長沙,隨葉德輝、王先謙等人學習版本目録學和經學。② 二十世紀三十年代,松崎氏移居旅順。據羅振玉《墻東避世居雅集紀念詩卷跋尾》,二人相識大致在羅氏移居旅順後。③ 羅氏利用東方文化事業總委員會所提供的資金設"庫籍整理處",延請松崎氏任旅順庫籍管理

① 羅繼祖:《永豐鄉人行年録》,南京:江蘇人民出版社,1980年,第25、26頁。

② 李勤璞:《松崎鶴雄的生平與撰述考略》,《大連大學學報》2012年第2期,第1頁。

③ 羅振玉:《墻東避世居雅集紀念詩卷跋尾》,《遼東詩壇》52(1930年),此據李勤璞:《松崎鶴雄的生平與撰述考略》,《大連大學學報》2012年第2期,第2頁。

處處長，整理明清檔案。[①] 1930年春，羅氏也曾應松崎氏之邀，赴日本講授“清代學術概略”。[②]

松崎氏撰《永樂大典に就て》，認爲《大典》用韵統字，以字繫事，僅讀完全書就十分困難，因此對四庫館臣從分韵編録的《大典》中輯書頗致懷疑。[③] 松崎、羅氏二人交往過程中談及《大典》，羅氏曾向松崎氏出示此册。二人都認爲嘉靖年間重抄《大典》，實有分韵編録、全録原書二種，清乾隆年間所修《四庫全書》實仿自全録原書的《大典》。松崎氏《永樂大典に就て》文末附記云：

> 永樂大典の如く事類により韻字別に排列されにものは、原書の全部を看るのに頗る面倒である。四庫全書に採輯されたといふ點に就て筆者は疑問を抱いて居たが、今回羅振玉翁の歸宅を待つて、此疑團が氷釋した。
>
> 羅説に據ると、永樂大典には、現在してゐる分韻排列たよるものの外に今一部原本の儘に筆寫されたものがあつて、四庫全書には其中から採輯された。翁の所藏にかかる嘉靖年間の寫本の大典周易一册を示されたから證據は確實である。それた厚册大本で、而も歐陽風の正楷大字本であつた。此確證を得たので玆に特筆して置く。[④]

羅氏也曾在此册《大典》卷尾題跋：

> 《周易傳義大全》殘本一册，高今尺一尺七分弱，廣六寸五分强，每葉廿行，行廿二字，書衣有絹籤題“永樂大典”，下方側注“經部”二字。紙質書體并與《永樂大典》相同，每句亦加朱圈。惟彼則尺寸較寬大，且爲蝴蝶裝，此則尺寸稍短狹，而爲册子裝耳。此爲《大全》首册，存凡例、引用書目、勅修人銜名、程子序、易序、上下篇義、朱子圖説、易五贊、易筮儀、易説綱領，總九十八頁，厚幾及寸。往遊粤東，得之南海孔氏嶽雪樓，因書肆言孔氏藏《永樂大典》，故索之。及送至，乃名同而書實異，詫以爲奇，乃亟購存之，鍵行篋中且三十年矣。於此殘册得知，當日《大典》實有二種，一爲分韵编録，二則全録原書。此殘册題經部，則必分經、史、子、集四部，實爲本朝《四庫全書》所自昉，而當世目録家乃絶無知之、言之者，豈天壤間僅存此一册歟！爰書卷尾，以質當世博洽君子。[⑤]

---

① 〔日〕田口稔編：《松崎先生還歷祝賀紀念文集》，加藤新吉跋。轉引自李勤璞：《松崎鶴雄的生平與撰述考略》，《大連大學學報》2012年第2期，第1頁。

② 羅振玉：《清朝學術源流概略》，北京：商務印書館，2018年，第1頁。

③ 〔日〕松崎鶴雄：《永樂大典に就て》，《滿蒙》第18年4月號，1937年，第103頁。

④ 〔日〕松崎鶴雄：《永樂大典に就て》，《滿蒙》第18年4月號，第86—103頁。

⑤ 羅振玉：《〈永樂大典〉殘卷跋》，《後丁戊稿》（《松翁近稿　外十種》下），上海：上海古籍出版社，2013年，第636頁。

由此可知,羅氏、松崎二人對此册《大典》的認識基本一致,即這是一册世所未見的、依經史子集分部的《大典》。後來,此説也影響了部分研究者對《大典》的認知。[①]

二、羅氏藏《永樂大典》即《五經大全》之零册

《大典》正本修成於永樂六年(1408)冬,而據《明實録》,《五經大全》自永樂十二年(1414)末始修,故《大典》不可能收《周易傳義大全》,羅氏所藏殘帙不可能是真的《大典》。

明永樂十二年十一月,翰林學士胡廣等人奉命編纂《五經大全》等書,在東華門外開館,光禄寺給朝夕饌。[②]纂修工作隨即展開,經過一年多時間倉促修纂,《大全》於次年九月即修成進呈。原進呈《四書五經大全》《性理大全》兩部書,永樂皇帝將其析爲《四書大全》《五經大全》《性理大全》三部頒發,成爲全國科舉考試的重要參考書。因纂修倉促,這三部書全襲前人成書而抄撮之。對此,顧炎武、四庫館臣已多有譏評。[③]

《五經大全》修成後,明内府曾抄有一部朱絲欄本。據中國書店藏《周易傳義大全》(存卷22),其裝潢方式爲在原包背裝基礎上改四眼綫裝,紙質爲白棉紙,框高26.5cm,廣16.1cm。[④]中國國家圖書館藏《周易傳義大全》《書傳大全》及《四書集注大全》皆爲包背裝,後又在書脊處打四眼,改作綫裝,書簽空白,未題文字(圖1左下)。中國國家圖書館現藏《周易傳義大全》(存卷4—14)《書傳大全》《四書集注大全》《性理大全書》,四周雙欄,半葉十行,行二十二字,小字雙行同,黑口,雙對魚尾,版心題"周易傳義大全卷某某""書傳大全卷某""性理大全書卷某"。[⑤]相較嘉靖年間所抄《大典》副本,《四書集注大全》《五經大全》及《性理大全書》,除書之高廣、行款、版心略異外,紙張、欄綫、書體及句讀所施朱圈全同。

據松崎氏在《永樂大典に就て》中發表的羅藏此册《大典》書影,比對中國國家圖書館、中國書店所藏明内府朱絲欄抄本《周易傳義大全》殘卷,又比對現存明内府朱絲欄抄本《五經大全》《四書集注大全》《性理大全》等書,可證此册《大典》實爲明内府朱絲欄抄本《周易

---

① 顧力仁:《〈永樂大典〉及其輯佚書研究》第七章第二節所附"卮言",臺北:文史哲出版社,1985年,第314頁。史廣超:《〈永樂大典〉輯佚述稿》,鄭州:中州古籍出版社,2009年,第4頁,注釋2。

② 〔清〕顧炎武著,黄如成集釋,欒保群、吕宗力校點:《日知録集釋》卷十八,上海:上海古籍出版社,2014年,第409、410頁。〔清〕永瑢等:《四庫全書總目》卷五《周易大全》《書傳大全》《詩經大全》《禮記大全》《春秋大全》提要,北京:中華書局,1965年,分見第28、99、128、170、230頁。

③ 〔明〕官修:《明太宗文皇帝實録》卷158,"中央研究院"歷史語言研究所,1963年,第1803頁。

④ 于華剛編:《中國書店藏珍貴古籍圖録》,北京:中國書店,2012年,第284、285頁。據此葉書影,右下鈐"項墨林鑒賞章"(陰文長印)等,天頭上版框鈐"乾隆御覽之寶"(陽文橢圓印),可知此書至遲在萬曆年間即從内府散出,後爲項元汴所藏,清代又回流内府。

⑤ 中國國家圖書館藏内府抄本《周易傳義大全》(http://mylib.nlc.cn/web/guest/search/shanbenjiaojuan/medaDataDisplay?metaData.id=6696863&metaData.lId=3934464&IdLib=402834c3409540be0141aa7d72035310);《書傳大全》(http://mylib.nlc.cn/web/guest/search/shanbenjiaojuan/medaDataDisplay?metaData.id=2099889&metaData.lId=2101471&IdLib=402834c3409540be0141aa7d72035310);《性理大全書》(http://mylib.nlc.cn/web/guest/search/shanbenjiaojuan/medaDataDisplay?metaData.id=2098868&metaData.lId=2100450&IdLib=402834c3409540be0141aa7d72035310)(2019—06—01)。

傳義大全》之首册。明初内府朱絲欄抄本《周易傳義大全》原書裝幀即包背裝，後改四眼綫裝，題簽原爲空白，作僞者於空白書簽上徑題“永樂大典”四字，又仿《四庫全書》書衣題簽於右下綴“經部”二字，此二字字體與《四庫全書》書衣題簽如出一轍(圖1①②)。

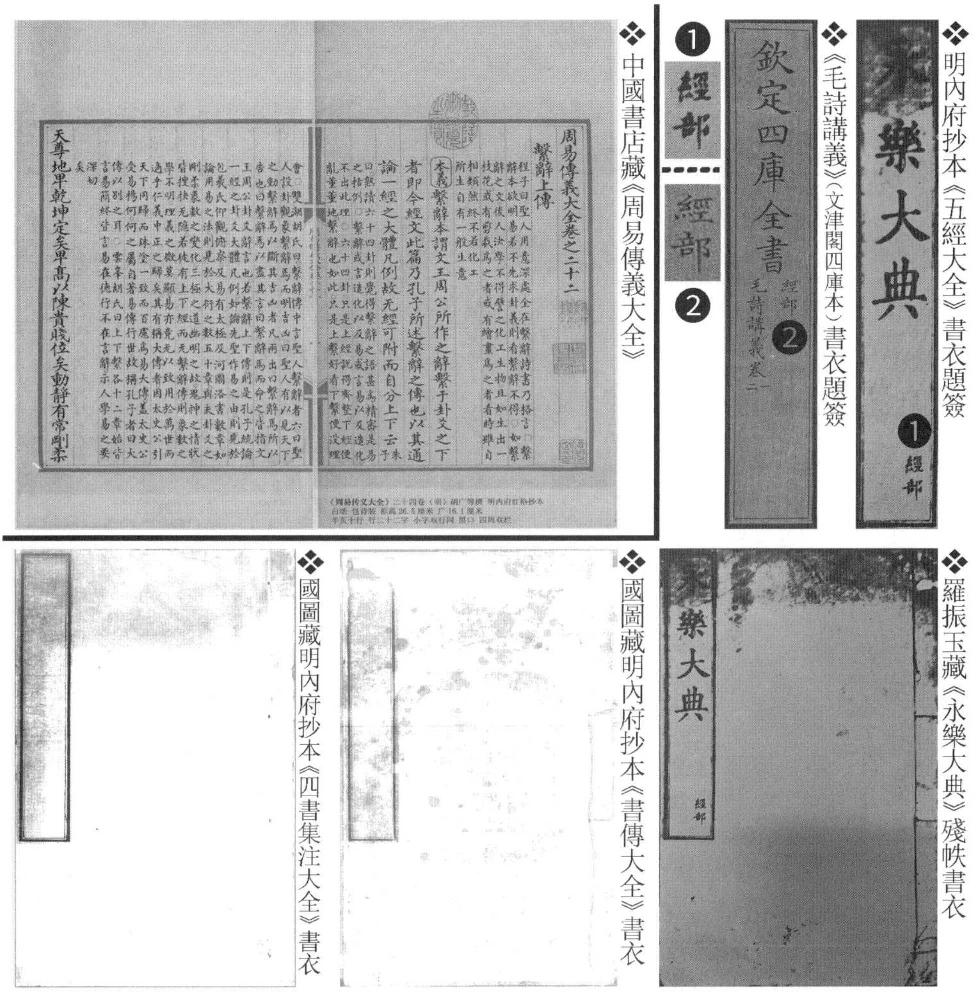

圖一：羅氏藏《大典》殘帙與《欽定四庫全書》(文津閣)及明内府抄本《周易傳義大全》

現存明内府抄本《周易傳義大全》已非完帙，查考所及，僅知國圖所藏卷四至十四及中國書店藏卷二十二，凡十二卷。明永樂十三年，内府始將《五經大全》刻版印行。以現存明内府朱絲欄抄本殘卷與内府刻本對比，二書卷、册對應略有差異。以明永樂十三年内府刻本《周易傳義大全》覈對松崎氏發表的羅氏藏《大典》零册書衣、周易朱子圖説半葉及本册末半葉之“易説綱領”，除版心略異(羅藏本爲黑口，刻本爲白口)，版式其他各項幾乎全同。顯然，羅氏所藏殘帙實即明内府朱絲欄抄本《周易傳義大全》首册，所謂存在脱離《洪武正韻》“全録原書”之《大典》云云，實不可靠。

由此確認，羅氏此書實爲明内府朱絲欄抄本《周易傳義大全》之零册，原書即四眼綫裝，題簽原爲空白，後僞題“永樂大典”四字，又仿《四庫全書》題簽於右下注“經部”二字，僞充

《大典》。[①] 明初官修《大典》(永樂元年始修,成於永樂六年冬)《五經大全》《四書集注大全》《性理大全書》(以上三書永樂十二年始修,次年九月修成)等官書,纂修時間相隔不遠,纂修人員也有不少重疊,故明人傳表行狀中多見"預修《永樂大典》《五經四書大全》《性理大全》《名臣奏議》"[②] 等文字。由於幾部書都是官方主持所修,纂修時間接近,用紙、行款等項也多蹈此前成例。實際纂修抄寫人員多來自翰林院,《五經大全》《四書集注大全》《性理大全書》等書字體也相類。以《大典》副本比對現存明内府抄本《五經大全》殘卷及《四書集注大全》《性理大全書》,其字體接近,用紙相同,欄綫與一葉之中與畫欄綫有關的針孔都非常一致。比對現存明内府朱絲欄抄本《周易傳義大全》殘卷,很容易理解爲什麽羅氏所藏《大典》殘帙除長寬尺寸、版心及裝幀形制與《大典》副本不同外,紙質、欄綫、書體及朱圈與《大典》副本幾乎完全相同。同時也可以理解,爲什麽見過真正《大典》副本的羅振玉會將此本當作真的《大典》零本。

《大典》正本雖至今未見,但由《大典》副本與明初幾部官修《大全》相近,疑《大典》正本版式、欄綫等項也應類此。由此側面也可揣想,嘉靖年間所抄《大典》副本基本因襲正本之舊式。

三、《永樂大典》嘉靖副本之鑒定依據

羅氏、松崎氏之所以對這册《周易傳義大全》産生錯誤認識,與他們對《大典》徵引古書實際狀況的認識不足及受《四庫全書總目》中《大典》提要的影響有非常密切的關係。

《大典》提要嘗談及嘉靖年間録副情形云:

> 嘉靖四十一年,選禮部儒士程道南等一百人重録正、副二本,命高拱、張居正校理。至隆慶初告成,仍歸原本於南京。其正本貯文淵閣,副本别貯皇史宬。明祚既傾,南京原本與皇史宬副本并燬。今貯翰林院庫者,即文淵閣正本,僅殘闕二千四百二十二卷。[③]

據以上四庫館臣對《大典》的認識,《大典》有永樂原本,嘉靖年間曾據永樂原本重抄成

① 據羅振玉跋"因書肆言孔氏藏《永樂大典》,故索之",此册書籤僞題"永樂大典",疑應在從嶽雪樓散出之後,或即書肆所爲。覈孔廣陶《嶽雪樓藏書目初稿》,未見著録此册《周易傳義大全》,加拿大不列顛哥倫比亞大學圖書館藏抄本:https://open.library.ubc.ca/collections/chineserare/items/1.0214203#p183z-7r0f:(2019—09—10)。

② "章敞……預修《永樂大典》《五經》《性理大全》諸書……",〔明〕凌迪加:《萬姓統譜》卷四九,文淵閣《四庫全書》第956册,臺北:臺灣商務印書館1982年影印本,第763頁。"趙友同……預修《永樂大典》《五經大全》諸書",〔清〕嵇璜纂修:《續文獻通考》卷一九一,文淵閣《四庫全書》第630册,第533頁。"吴福……預修《永樂大典》《五經》《四書》《性理大全》……",〔清〕趙宏恩監修:《(乾隆)江南通志》卷一七二,文淵閣《四庫全書》第511册,第894頁。

③〔清〕永瑢等:《四庫全書總目》卷一三七,第1165頁。

正、副二本。隆慶元年（1567）正、副二本抄成後，永樂原本歸藏南京，嘉靖正、副二本則分藏文淵閣、皇史宬。明亡後，南京所藏原本與皇史宬所藏副本已毁，館臣所見到的是藏於文淵閣之正本。而實際上，這一認識是錯誤的。① 副本自隆慶元年抄成後，一直到清初都存放於皇史宬，雍正年間纔移至翰林院。② 提要所謂《大典》於嘉靖年間"重録正、副二本"的説法影響深遠，晚至二十世紀三四十年代，此觀點仍頗爲流行，研究者多輾轉引用。③

羅氏跋文云："於此殘册得知，當日《大典》實有二種，一爲分韵编録，二則全録原書。"④ 羅氏以爲嘉靖年間《大典》曾抄正、副二本，應直接受《大典》提要的誤導。松崎鶴雄對四庫館臣從《大典》輯書的懷疑，也因見到羅氏所藏《大典》殘帙有了"合理"解釋。⑤ 松崎氏贊同羅氏觀點，也認爲《大典》除分韵編録的副本，另有一部分經、史、子、集四部的原本，四庫館輯書所據即原本。⑥

最近新發現的三篇《大典》副本進書表，爲廓清《大典》重抄等細節問題提供了更爲直接的佐證。《大典》僅有永樂年間所修正本及嘉靖年間所抄副本兩部。⑦ 所以，與現存《大典》副本體例是否一致，是鑒定《大典》真僞的首要依據。從整個《大典》纂修與重抄的過程來看，不可能存在像羅振玉收藏的按四部編排的《大典》。

對於松崎鶴雄提出的館臣如何在《大典》中搜輯佚書的問題，館臣在爲《大典》所擬提要中提及《大典》引書情况時，就已明確指出："惟其書割裂龐雜，漫無條理。或以一字一句分韵。或析取一篇，以篇名分韵。或全録一書，以書名分韵。"⑧ 對《大典》中以全書、全章、全篇分韵的這類文獻，館臣在從事具體輯佚時相對容易，館臣從《大典》所輯出的500餘種書在《大典》中的存在狀況，可從現存《大典》書内所粘簽書單窺見一斑。⑨

儘管《大典》正本至今尚未發現，但據嘉靖年間録副時所留下的記載，嘉靖副本應基本按永樂正本原樣抄寫，似有校勘。⑩ 考嘉靖録副之前辦理奏疏，嘉靖皇帝曾明確談及録副要

① 疑《永樂大典》提要出翁方綱之手，現存翁方綱《四庫》提要分纂稿中有《永樂大典》《明世宗實録》等（關於《永樂大典》）、《容齋隨筆》等（關於《永樂大典》），參翁方綱撰，吴格整理：《翁方綱纂四庫提要稿》，上海：上海科學技術文獻出版社，2005年，第625—630頁。

② 高樹偉：《一段被遺忘的〈永樂大典〉庋藏史》，《上海書評》2017年8月19日（https://www.thepaper.cn/newsDetail_forward_1760356）。

③ 如蔣博超（通齋居士）《南溽楛語》認爲嘉靖年間"重録正副二本"，《文獻特刊（國立北平故宫博物院十週年紀念）》，1935年，第28頁。《〈永樂大典〉與〈圖書集成〉》認爲嘉靖年間"重寫正副兩本"，《中國學報》1944年第3期，第39頁。

④ 羅振玉：《〈永樂大典〉殘卷跋》，《後丁戊稿》（《松翁近稿　外十種》下），第636頁。

⑤ "永樂大典の如く事類により韻字別に排列されにものは、原書の全部を看るのに頗る面倒である。"〔日〕松崎鶴雄：《永樂大典に就て》，《滿蒙》第18年4月號，第103頁。

⑥ 據松崎氏文末附記，"羅説に據ると、永樂大典には、現在してるる分韻排列たよるものの外に今一部原本の儘に筆寫されたものがあつて、四庫全書には其中から輯された。翁の所藏にかかる嘉靖年間の寫本の大典周易一册を示されたから證據は確實である"。〔日〕松崎鶴雄：《永樂大典に就て》，《滿蒙》第18年4月號，第103頁。

⑦ 高樹偉、項旋：《新見三篇〈永樂大典〉副本進書表考釋》，審稿中。

⑧ 〔清〕永瑢等：《四庫全書總目》卷一三七《永樂大典》提要，第1165頁。

⑨ 簽佚書單的内容，包括纂修官、簽閲卷數、佚書書名、簽出佚書種數、佚文總條數、發寫時間及謄録者姓名七項。參見張升《〈四庫〉館簽佚書單考》，《中國典籍與文化》2006年第3期，第61—66頁。

⑩ 高樹偉、項旋：《新見三篇〈永樂大典〉副本進書表考釋》。

求,謂“典帙萬計,非歲月可完。今不必若式,只以經書册大,便於匱置,書法亦不必拘,止要副其舊册”。徐階回奏:“臣昨歲嘗恭閱《大典》,有大字,有小字,有篆隸草等字,又有山川、宫室、草木等項形象,若册式一動,則其行數字數與凡款格皆須更改,從新佈置,不若仍從舊式,抄寫便宜,乞聖明裁示遵行。”①

經比對,現存《大典》副本,除了開本,還有紙張、欄綫、行款等處,乃至上下版框及版心處的針孔,都與明初内府所修《五經大全》《四書大全》《性理大全》朱絲欄抄本非常相似。這些物質、形式層面的接近,讓我們有較爲充分的理由相信,嘉靖副本與永樂正本在用紙、行款等項也應趨於一致,祇是由於抄手不同,在字體、繪圖等細節方面或存些許差異。考量現存明初内府所修諸書,如現藏臺北故宫的明内府朱絲欄抄本《永樂琴書集成》(臺北故宫藏,索書號: 故善 014320-014339),② 上海圖書館藏明内府朱絲欄抄本《三國志》,及日本國立國會圖書館所藏明内府朱絲欄抄本《大明會典》(存卷 93—95,索書號:000007606543),③ 其用紙、版式、欄綫等項大都與《大典》副本接近。《大典》永樂正本之狀貌也應類此。

2017 年,筆者曾有幸在中國國家圖書館典籍博物館近距離接觸《大典》嘉靖副本,發現在上版框之下的欄綫上點狀類似針孔的小洞。後來中國國家圖書館舉辦“曠世宏編　文獻大成——國家圖書館藏《永樂大典》文獻展”,又隔著玻璃櫃再次近距離觀察“詩”(卷 821—823)、“人”(卷 2972)、“門”(卷 3518、3519)、“遼”(卷 5251、5252)、“潮”(卷 5343)、“剛”(卷 7543)、“杭”(卷 7602、7603)、“老”(卷 11620)、“智”(卷 13494、13495)等零册,所見紙張欄綫、版心處也都有針孔。細審《大典》嘉靖副本書葉,一葉之中共有 45 個針孔。察其位置,半葉之中,上版框下方朱絲欄有 9 個針孔,下版框上方朱絲欄有 9 個針孔,在版心三個魚尾朝向的不遠處各有 3 個針孔(圖 2)。像手繪欄綫與邊框、欄綫邊框上的針眼的物質形態特徵,也是鑒定《大典》的重要依據。

圖二:《永樂大典》嘉靖副本卷 10110 “紙”字韵首葉上的針孔④

① 〔明〕徐階:《世經堂集》卷六,《四庫全書存目叢書》集部 79 册(影印北京大學圖書館藏明萬曆徐氏刻本),濟南: 齊魯書社,1997 年,第 473 頁下。

② 臺北故宫藏《永樂琴書集成》: http://npmhost.npm.gov.tw/tts/npmmeta/RB/RB.html。

③ 日本國立國會圖書館藏《大明會典》: http://dl.ndl.go.jp/info:ndljp/pid/2540717。

④ 此册包含三卷(卷 10110—10112),現藏愛爾蘭都柏林 Chester Beatty Library。筆者用空白圓點在此葉中做了標示,以清楚顯示各針孔位置。

除此以外，四庫館《〈永樂大典〉點存目録》（乾隆年間四庫館全面查檢《大典》副本的簿册），記録了乾隆年間《大典》副本的缺失、現存等狀況，爲蒐集、鑒定《大典》副本固定了一個較早的坐標系。現藏中國國家圖書館的姚元之（1773—1852，字伯昂，號薦青）抄本《〈永樂大典〉目録》，該抄本包含《韵總歌括》一卷及《韵總》四卷，相對完整、準確，是整體考量《大典》副本卷册的重要文獻。[①] 此目各韵下所注書名，爲深入考察《大典》各韵引書的具體狀况提供了重要的材料。與《〈永樂大典〉點存目録》是否相合，也是鑒定《大典》真僞的重要依據。

要之，儘管目前尚未發現《大典》正本存世，由上文所考，至少可以歸納出鑒定《大典》副本的三項基本原則：其一，體例應與現存《大典》相符，以《洪武正韵》爲基礎分韵編排；其二，應與現存《大典》副本的物質形態一致，具備如手繪欄綫邊框與針孔等特徵。其三，其韵字及分册情况應與現存姚元之抄本《〈永樂大典〉目録》及《〈永樂大典〉點存目録》相符。此外，《大典》副本册末均有的該册録副人員署名頁，也是《大典》副本鑒定的基本標準之一。[②]

四、結語

明初内府倉促所修《五經大全》，曾有朱絲欄抄本，其裝幀、用紙、欄綫等項或與六年前修成的《大典》相類。明祚既傾，内府藏書多數被毁，少數流入民間。明内府藏朱絲欄抄本《五經大全》中的《周易傳義大全》首册，因其《大典》副本在用紙、欄綫、字體等項有諸多雷同，遂有書肆將其變换題簽，僞充《大典》，後爲羅振玉所得。可能是受《四庫全書總目》中《大典》提要的誤導，羅振玉認爲此册是分部所鈔的《大典》，視爲秘寶。二十世紀二三十年代，羅氏曾將此册出示日本學者松崎鶴雄，二人對此册的認識基本一致，即此册爲《大典》在分韵編排之外尚存一種分部編排本的物證。於是羅氏於此册卷尾作跋，松崎氏也於《永樂大典に就て》末補附記，反覆申説，視爲天壤間僅存的以四部分排的《大典》正本。由此辨僞案例，我們總結出《大典》副本的三條基本鑒定標準，即文本體例、物質形態與相關目録著録。對於新見的題爲"永樂大典"的書，缺少這三條中的任意一條，都不能遽斷爲真。

附記：2019年11月3日，我們曾在北京大學人文學部主辦的"中日古典學工作坊"第二届學術研討會上口頭發表此文，今又對原稿作了部分修訂。

（高樹偉、張鴻鳴，北京大學中文系博士研究生）

① 張升：《抄本〈永樂大典目録〉的文獻價值》，《歷史文獻研究·總第33輯》，2014年，第228—236頁。
② 項旋：《〈永樂大典〉副本署名頁之價值考論》，《中國典籍與文化》2014年第2期，第91—105頁。

明孤本方志《莊浪彙紀》研究

汪受寬

[摘　要] 萬曆四十年(1612)擔任莊浪兵備道的王之采,調查情况,建立制度,除舊佈新,編刊成今甘肅永登縣一帶的第一部方志《莊浪彙紀》,如今海内僅存一部全帙者。該志八卷,分别刊載了莊浪衛屬十三營堡的情況、資料,以及數年間的上下行文,再現了明代三邊重鎮莊浪衛各個層面的細節和一系列詳實的統計數據,是明代邊鎮衛所狀况的真實展示,也是明代"能員"工作狀况的實例,對研究明代中期西北民族地區軍事、經濟、社會有極高的價值。
[關鍵詞] 莊浪彙紀　王之采　方志

甘肅省永登縣檔案館收藏的八卷本《莊浪彙紀》,是蘭州地區現存古代方志中唯一明朝撰修刊印本,也是海内僅存全帙的該書孤本。明代甘肅,以南北流的黄河爲界分爲河東和河西兩部分,河東部分歸陝西等處承宣布政使司(簡稱陝西布政使司),即陝西省管轄,河西部分於洪武十二年(1379)設爲擁有實土兼管民事軍政合一的陝西行都指揮使司。陝西行都指揮使司簡稱陝西行都司,後改稱甘肅鎮,陝西行都司洪武十三年至二十五年設於莊浪衛,二十六年移治甘州(今甘肅張掖甘州區),領河西地區與湟水流域十二衛、三守禦千户所。莊浪衛是甘肅最早(洪武五年)設置的衛,也是甘肅鎮最東邊的衛,衛城即今甘肅蘭州市永登縣城關鎮,下轄十三營堡,所領地域除今永登縣外,尚含今蘭州市紅古區、今天祝藏族自治縣,以及今蘭州市安寧、皋蘭兩區縣和今古浪縣、今景泰縣的部分地方。莊浪衛既要抗禦南北方向之青海、河套的蒙古敵對勢力,又要護衛東西方向之蘭州、寧夏與河西走廊的安全,境内"漢土雜居,地方衝要"。[①] 清初梁份論莊浪衛形勢:"其於河東、西,爲蘭州門户,涼、湟堂奥,甘、肅之咽喉,靖、夏之捷徑。車馬絡繹,轂擊肩摩,乃諸郡之統會,九達之莊逵也。"[②] 整理出版記載莊浪衛全面情况的《莊浪彙紀》刻本,不僅有重大的歷史學術價值,更有重要的社會政治意義。

一、作者、成書與版本

《莊浪彙紀》編纂者王之采,字伯亮,山西蒲州(今山西永濟市蒲州鎮)人。王家世代閥閱,其祖父王崇古(1515—1588),嘉靖二十年(1541)進士。隆慶間,先任總督陝西、延、寧、甘肅

① 臺北故宫博物院藏明嘉靖紙本彩繪《甘肅戰守圖略》之《莊浪圖説》。
② 〔清〕梁份著,趙盛世、王子貞、陳希夷校注:《秦邊紀略》卷一"莊浪衛",西宁:青海人民出版社,1987 年,第 87 頁。

軍務，繼轉總督山西、宣、大軍務，“身歷七鎮，勛著邊陲”。萬曆間任刑部尚書、兵部尚書。逝後，贈太保，謚襄毅。著有《莊浪漫記》[①]等數十卷。伯父王謙，官至太僕少卿。兄王之楨，官太子太保、左都督，掌錦衣衛十七年。父王益，母裴氏。王之采萬曆二十六年(1598)進士。四十六年(1618)任陝西左布政使，備兵固原。泰昌元年(1620)，任南京太常寺卿。天啓元年(1621)，改任都察院右副都御史、巡撫寧夏。後任兵部右侍郎、兵部左侍郎。天啓五年(1625)，以兵部左侍郎總督陝西三邊，兩年後致仕。

萬曆四十年(1612)，王之采以陝西右布政使充莊浪兵備道，全面負責莊浪衛軍民事務，管理地方兵馬、錢糧、茶馬、屯田、防衛、民政等。到任後，發現軍務及地方管理混亂，檔案散佚，各項數據、規定模糊不清，人言人殊，無法落實，“各營堡一切兵馬、錢糧、邊垣、險隘及番虜、住牧等項，問之掌故，則歷來之卷案無存；稽之有司，則奸猾之騰挪轉眩，上之所明而課者在此，下之所持而應者在彼，甲之開報似有明徵，乙之更迭輒又互異，紛紜如理亂絲，官守猶流失楫”。他“目擊心傷”，想將本衛諸項事務、資料及山水地勢等一一核實清楚，彙集刊發，以便文武官員處理諸事有所憑藉和遵循。於是指使衛屯兵廳按照兵馬、錢糧、民瘼、軍機等多個方面，設計成册，發給各營堡，要求依據營堡實際及現有檔案文書，“將該營堡所管一應事宜，逐一細加查核各項條件數目”，“作速造册一本呈道”。[②]經過多次嚴厲催促，終於將各營堡資料收齊，王之采親自動手，“簡文武之牘，部別壘置，故實罔軼，而公精心裁之，其體則史，其例則志”。[③]經過幾年努力，編成了這部彙集莊浪衛文武民生等全面情况的《莊浪彙紀》，于萬曆四十四年(1616)底發工雕版印行。

永登縣檔案館所藏《莊浪彙紀》刻本，書首西寧道李作舟序文署以“萬曆四十四年十一月十五日”，此紀年是學界斷其書爲萬曆刊本的根據。書内十數萬字無一字諱改者，亦是其爲明中後期刊本的斷代標誌。刻本每卷一册，共八册，無函套、書匣或夾板，無書牌，亦無任何收藏印章。紙捻包背裝，紙質封面蟲蝕嚴重，後有補襯，左上角貼簽雙綫勾邊，内墨書“莊浪彙紀(一)”等字，字體一般，或近代收藏者修補時所書。書版四圍雙綫框，黑魚口，版心自上而下書以“莊浪彙紀，卷某，葉數”，版框半葉14釐米×22釐米，正文每半葉九行，行十八字，間有雙行夾註，除李作舟序爲行書外，所有内文皆爲楷體。刻本全帙共三百八十五葉，但因四百年風雨蟲蝕，已有六個缺頁(卷一兵備道第十葉、莊浪城第十葉，卷六第十葉及第二十葉、卷八第十五葉、第十六葉)。印本内文有個别漫漶不清者。

《莊浪彙紀》刊刻後，不見明清諸書著録。《中國地方誌聯合目録》著録該書爲“〔萬曆〕莊浪彙記，(明)王之采纂，明萬曆四十四年刻本，北京(又有膠捲)、上海；抄本，上海、湖北”。[④]

---

① 《莊浪漫記》八卷，《明史·藝文志》史部地理類著録。《千頃堂書目》卷二十三著録有《公餘漫稿》，或係同書異名。則該書乃筆記類，且不僅記莊浪事，不宜歸入地理類。

② 〔明〕王之采:《博核邊務以便匯纂事》，《莊浪彙紀》，萬曆四十四年(1616)刊本，卷五第一葉。

③ 〔明〕李作舟:《莊浪彙紀序》，《莊浪彙紀》序第一葉b至第二葉a。

④ 中國科學院北京天文臺主編:《中國地方誌聯合目録》，北京：中華書局，1985年，第209頁。

國家圖書館藏明萬曆刻本《莊浪彙紀》八卷,鈐有京師圖書館、國立北平圖書館藏書印,但殘缺甚烈。所缺者爲,卷一兵備道第十葉,莊浪城第十葉;卷二雙井堡第二、三葉;卷五第一、第十、第十七、第十八、第三十四、第三十五、第四十至五十葉;卷六第五、第六、第八、第十、第十五至三十、第三十三至三十九、第四十二至四十九、第五十一至五十三葉,卷七第二十至六十七葉,卷八第七、第八、第十三至二十五、第二十八、第二十九、第三十二至三十七、第三十九、第四十、第四十三至五十三葉。總計缺佚一百四十三葉,僅存原書的百分之六十三。上海圖書館所藏并非刻本,而是僅餘二百三十二葉的抄本,其分量不到原刻本的百分之六十。據之,我們可以肯定,永登縣檔案館收藏的明萬曆刊《莊浪彙紀》係極珍貴的該書海内孤本。

二、特點、内容與存在問題

《莊浪彙紀》屬於史部地理類都會郡縣誌目,是甘肅省永登縣歷史上的第一部地方史志。但其體例又與一般郡縣方志不盡相同,而有着自己的特點。傳統地方誌,主要有輿地圖考、建置沿革、山川城郭、壇廟寺觀、典禮風俗、公署倉場、職官名宦、兵衛番屬、學校選舉、土地人口、稅賦徭役、古迹名勝、鄉賢孝烈、風俗物産、藝文雜記等方面,大體包括了一地行政、地理、歷史、人物、社會、經濟、生活及著述等各方面的内容,豐富多彩,無所不包,而被稱爲地方百科全書。《莊浪彙紀》既無輿地圖考、建置沿革、典禮風俗、名宦選舉,亦無古迹名勝、鄉賢孝烈、風俗物産、藝文雜記等歷史社會人文的一般門類。衹是根據莊浪衛管理運行和邊防作訓的實際,將全志分爲兩大部分,前四卷按衛城及諸營堡爲序,各以吏、户、禮、兵、刑、工分列地方軍民事務的資料數據,後四卷雖有"事實考略"和"事實"之卷名的不同,其實是收録了萬曆四十年至四十四年王之采自任職莊浪兵備道至該書撰成前的上下行文,包括莊浪衛給各部院的呈文及部院的批復、莊浪衛給所轄諸廳營堡的下行文等。就是説,該志不是包羅萬象類似通史的百科全書式的地方誌,而是收録了萬曆後期,自衛城至諸營堡的軍政統計資料報表及公文檔案,是一部斷代地方檔案彙編,或曰一部純典制體的地方誌。

該志卷一,可視爲全書的綱領或總述。首先録附了三個檔案,一是明神宗萬曆十五年任命王藻爲莊浪兵備道的敕諭,二是巡撫都御史石茂華《議設莊浪兵備道疏》,係莊浪衛設兵備道的原始檔,該疏上奏時間,清乾隆《五凉考治六德全志·平番縣誌》言是嘉靖四十六年,但嘉靖僅四十五年(1522—1566),無四十六年,史載石茂華于隆慶元年(1567)陞都察院右僉都御史,巡撫甘肅、山西,或許其疏上奏於該年。三是莊浪兵備副使梁雲龍于萬曆二十六年(1598)所撰《蕩空松山碑文》,敘述了時任甘肅巡撫田樂與三邊總督李汶指揮的松山之役獲勝,收復莊浪衛北(今景泰縣等)沿綫四百餘里,給西北地方帶來一段相對和平的歷史。其後,是官常、凡例、莊浪城諸篇。官常載莊浪衛及其辦事機構屯兵廳的主要工作,以及下屬莊浪廳與松山廳的工作如何協調的規定。凡例不是本志的撰寫規範,而是莊浪衛日常各項軍事、行政、屯務、銀糧、草料、朋合(遺失死亡之軍馬騾牛的賠補)、茶馬、番務、驛遞、烽火傳遞方式等的基本資料或規則。莊浪城，以吏、户、禮、兵、刑、工六科，分列駐衛城的機構與相關資料。吏類，列莊浪兵備道至在城驛驛丞共十個職官，以及司、道、廳、衛、儒學、草場、茶馬、稅課、驛遞等負責各項具體工作的三十五名吏員。户類，載關城居民户口數；歲入包括莊浪倉諸銀糧草田地數字，莊浪草場各項草料來源數字，莊浪衛庫各項銀錢來源及數字；歲出包括，兵備道、參將、同知的俸糧至公費銀的數額，漢官指揮使、千百户的月俸、折俸，五所掌印官、經歷知事、儒學教授、廩生、教讀、倉場大使、兩廳典吏、孤老降夷、囚犯等的銀糧數據，額支、額外應支的銀兩及其來源，五所軍兵、馬匹的數字及食糧料草數，莊浪營軍降、馬匹的數字及食糧料草數。禮類，有祠廟、壇坎、學校、藥局的情況。兵類，有自參將以下各級官兵及關城、邊垣（長城）、墩台及其人員和武器配置，軍器局的原料來源、各色工匠的數量及每年製造軍器的數量、分配情況，鄉兵、都總甲人數，各路城塘軍兵馬數，茶馬、收買馬駒數，降夷、住牧屬番情況。刑類，載官員、囚犯、守哨擺徒數，刑具等。工類，載諸公署位置及房間數，山川、水利、橋樑、堡寨、團莊、山場情況，記録各部門人馬物件等的循環簿數。

卷二、卷三、卷四，分列衛轄平成堡、松山堡、阿壩營、雙井堡、裴家營堡、武勝堡、岔口堡、鎮羌堡、通遠堡、西大通堡、沙井堡、苦水灣堡、紅城子堡等十三營堡的情況與資料，也是以吏、户、禮、兵、刑、工分别。有則書之，無則空缺，内容詳實，是莊浪衛境内各城堡歷史上第一次的各項情況及統計資料，也是永登等縣鄉鎮情況的第一次記録，可視爲永登等縣鄉鎮合志。

卷五至卷八共收一百二十八件上下行文，包括銀糧茶馬、軍事訓練、墾田水利、公田籽種、蔬菜種植、邊垣烽墩城堡修築維護、人事管理、規章制度、文書規範、鄉兵管理、軍丁勾補、降夷安置防範、行政民事、學校學田與教讀食糧、倉場工匠管理、兵器配置、扶貧濟困、孤老供養、獄囚審理與减贖、禁伐木防火災、清理虚冒裨營伍、出巡規儀、千百户襲職、倒失官馬賠補等，真是包羅萬象。

《莊浪彙紀》歷史和社會價值很高。但無論將其視爲地方誌，亦或視爲檔案資料彙編，都還存在瑕疵。其一，作爲地方誌除了明萬曆後期的現實資料和公文外，基本没有對莊浪地區歷史的任何記載、資料或討論。其二，作爲檔案彙編，既未對所載檔案予以分類，亦未載明檔案産生的時間，造成讀者使用該資料的障礙。其三，編纂體例不盡得法。其卷一卷題爲“兵備道”，卷二至卷四載衛道所轄諸營堡情況，却都没有卷題，卷五至卷八都是收録衛道的上下行文，却兩卷題爲“事實考略”，兩卷題爲“事實”，不知爲何如此。前四卷所收資料，紛紜雜沓，未能統一。如各堡皆有吏類，應該收載本堡官吏如倉大使、攢典，驛遞丞、吏情況。但平成、通遠、阿壩、雙井諸堡與裴家營却將其記於别處。再如，同一營堡在堡驛遞所軍夫與堡外驛站鋪夫的數字及所食銀糧，在歲出中却分到不同地方記載。其四，内容有明顯遺漏。莊浪衛境内有一些千百户，其中最大者（連城）蒙古族魯土司屬下“當軍者雖土兵七百餘人，而其族類蕃衍環内地而耕牧者無慮千萬矣”。[1] 但在《莊浪彙紀》中無論諸土司千百户下屬土兵數

① 〔明〕石茂華：《議設莊浪兵備道疏》，《莊浪彙紀》卷一第一葉b。

還是土民數,皆不見記載。至於所謂駐牧番民,也多無具體人數。其五,審核和校對不精,以至存在標題誤置、資料差誤和錯別字。如卷六“稽考官軍騎操馬匹事”,内容却是講諸驛站騾牛的調配,文不對題。如卷二裴家營堡,有户 48,口 1350,每户平均 28 人,與同衛它營堡户均 3—4 人、全國户均 5 人差距太大。我們懷疑 48 爲 480 之誤。書中有一些明顯的錯别字,如“椎結”寫成“稚結”、“犁鏵耬”寫成“犁鏵樓”、“棲止”寫成“棲址”、“桌椅”寫成“卓椅”、“野狐城”寫成“野孤城”、“本堡”寫成“木堡”、“投石超距”寫成“投石趨距”等等,不一而足。

三、社會價值和歷史價值

首先,具有重大社會和政治價值。明莊浪衛的主體,今爲甘肅省蘭州市永登縣,所轄尚有其南、東、西境的較大地域。作爲永登等地古代第一部地方誌,所記内容包羅萬象,十分豐富,實在難能可貴。而且自古以來,永登等地就是絲綢之路河西走廊幹綫和羌中道(青海綫)支綫的交界,其地四通八達,位置十分重要。况且,永登等地自漢以後就是王朝西部防綫的關鍵地區,又是從中原、江南、關中移民實邊的首要之地,還是多民族的雜居之地,社會情况豐富多彩。《莊浪彙紀》爲永登等相關地區提供了最早且相對集中的歷史和社會資料,從而對研究各地的居民結構來源姓氏文化、民族成分演變、鄉鎮社區形成及其構架、社會風俗和地方管理、道路與交通運輸、農業手工業狀况和經濟發展、生態環境變化、文物古迹狀况、軍事邊防態勢等都有實實在在的幫助。循古追今,居安思危,其社會價值和政治價值是不言而喻的。

其次,是明代邊鎮衛所狀况的真實展示。明朝克復大都以後,進軍西北,殘元勢力逃到和林(今蒙古哈爾和林)。後來蒙古韃靼、瓦剌二部交互稱雄,并經常對明朝西部和北部地方騷擾侵犯。從此,以長城爲界,實際上形成了新的南(明朝)北(蒙古等民族政權)朝對峙局面。爲了防禦北方和青海的蒙古敵對勢力侵擾,明朝對北方原有長城,加修增築,形成西起嘉峪關、東達鴨緑江,全長一萬二千七百多里的北部防綫。又先後在長城沿綫建成遼東、薊州、宣府、大同、太原、延綏、寧夏、固原、甘肅等軍事重鎮,號稱“九邊”。“九邊延袤幾八千里,墩台關口,聯以重牆”,[①] 終於形成以北京爲中心,以長城爲屏障和陣地,以九鎮爲重要軍防區,以衛所等爲網絡的北部和西部防綫。多年來,學界對明代軍鎮有較多的研究,但對軍鎮之下的衛所由於資料的欠缺,則頗爲薄弱。以莊浪衛爲例,明兵部職方清吏司魏焕於嘉靖二十一年(1542)撰成的《皇明九邊考》卷九《甘肅考》中,僅有莊浪衛境十所驛遞的名稱里數,分守莊浪左參將的職責,紅城子守備的職責,莊浪衛原額官軍舍餘并備禦陝西泰平等衛官軍人數,共數百字。該衛其餘情况,均無法得知。《莊浪彙紀》向我們展示了萬曆後期莊浪衛的一系列統計資料和軍政檔案資料,從中,我們可以得知該衛日常事務的運行,各種上下行公

① 〔明〕王士性撰,吕景琳點校:《廣志繹》卷一“方輿崖略”,北京:中華書局,1981 年,第 8 頁。

文的格式，從衛道參將到基層里甲軍政職官的設置、俸禄銀糧，該衛各種軍事力量的組成、數量、任務、部署、武器來源與配備、軍馬、後勤供給等的實際狀況，邊境各種防衛系統如城垣、堡寨、溝濠的設置、狀况與增添，驛遞的組織系統及運行，軍屯、民屯的田畝數、交納糧草的數額、水利狀况，茶馬的管理及其細節，教育管理、各級學校的設立運行、教讀和廪生的供給，各城堡居民人户數、“屬番”“降夷”及孤老等。所有資料數據都是當時調查統計而來，較爲可靠，文史愛好者和研究者可以從中披沙撿金、獲取所需。

第三，是明代“能員”工作狀况的實例。本志作者王之采在萬曆、天啓間由道員迅速陞遷至兵部侍郎，自因其特殊的管理能力和領導業績。天啓二年（1622）八月，時任兵部尚書大學士孫承宗巡歷山海後，上“因條次撫道及兵將宜裁宜增者”疏，薦舉“新侍郎王之采之精練……可備經略之用”，[①] 王之采很快由兵部右侍郎改任兵部左侍郎管右侍郎事。莊浪道是王之采首次獨當一面處理地方軍政事務的開始，我們從《莊浪彙紀》卷五至卷八所載諸上下行文中，可以窺見其到任後，在幾年之内摸清地方情况、建立制度規章、加强軍政設施、關心軍民休戚的突出業績。爲了摸清地方情况，他下令各營堡官按照要求將本營堡一應事宜，“逐一細加查核各項條件數目”，造册呈道。後又廢除各衙門數日至一月一報的舊例，要求對騎操馬匹、驛所騾牛、糧草、商税、番税、軍丁塘馬姓名等變動情况隨時揭報，以便迅速掌握全衛運行狀態，及時予以處理。他發現境内有許多未墾或拋荒的土地，遂仿照古井田之法，推行民屯，官給牛犋及籽種，十分取一，招徠鼓勵百姓開荒，很快開墾出荒地一萬四千餘畝，總督劉敏寬稱讚係“該道實邊至計”。[②] 莊浪道官兵糧餉，主要來自衛内屯科、旱糧和墾糧，但多年以來，屯墾混淆，奸弊叢生。王之采經過調查，決定編制屯墾糧草數目實徵册籍，每年照册徵繳，以便屯墾各别，保證邊儲軍餉。巡按御史董定策讚賞“此舉深於革弊剔蠹，大有裨益”。[③] 莊浪廳屯丁高仲臣等報告，河西五渠“年久淤塞，水勢微細，下流屯地不得實惠，徑成拋荒”。王之采親自調查得實後，批示百户范惟禮督同屯丁高世臣等將淤塞的管道，依照闊五尺、深四尺的標準逐步挑浚，并在一處搭橋築壩，於是“通水灌田，屯民大悦”。[④] 有些比較棘手的問題他也能駕輕就熟妥善處置。如爲了處理各倉貪官與奸商勾結以“會頭”名義貪污，“每一千引官吏各銀四兩，名爲會頭，又每糧一會五十石勒要樣糧一斗，餘糧二廋”，導致“邊庾日就空虚”的問題，他呈詳各部院批准，以後經收銀糧皆“令遊、守、操、防等官親理”，同時告示倉場官吏、商人，“禁絶會頭樣糧等弊”，鼓勵官吏和商民互相告發，有違則“從重究罪，决不輕貸”。[⑤] 他查得衛内南大通、武勝二驛，與其他各驛騾牛數相同，却驛路較短，通遠、西大通二驛，僅當西寧一道，惟沙井和苦水二驛，比其他諸驛雖多騾五頭，但驛路艱難且遠，沙井騾牛

① 《明熹宗實録》天啓二年（1622）八月丙子條，臺北“中央研究院”校刊本，1962年，卷二十五第十四葉a。
② 《開墾荒田事》，《莊浪彙紀》卷五第七葉a。
③ 《清查屯墾地糧事》，《莊浪彙紀》卷五第二七葉a。
④ 《疏通水道以利生民事》，《莊浪彙紀》卷六第三十二葉b。
⑤ 《禁革官商會頭以剔積蠹以裕邊儲事》，《莊浪彙紀》卷五第十四葉a。

還常需在蘭州停留數日,於是他建議,“武、南、通、西四驛騾俱減二頭,共減八頭,給沙井驛五頭,給苦水三頭,將南大通牛減二隻,通、西各減一隻,共減四隻,俱給沙井。庶各驛遠近甘苦頗均,而沙井之驛或得免於逃累”。按院董定策批示:“甚得補偏救弊之方。”[①] 難怪王之采能在官場上步步陞遷,直逼其祖。

第四,《莊浪彙記》有一系列莊浪衛内的統計資料,爲明代相關數字化史學研究提供了保障。這部分資料,見諸於本志前四卷。例如,我們製表,據以統計全衛各項軍民數,包括居民户口、官吏、軍官千百户教授大使總旗吏書手、軍丁及外衛州備禦兵、驛遞站鋪軍夫、鄉兵、屬番降夷、教讀廩生總甲鄉約老人數,自官吏起的所有人都是有俸銀或食糧者。

城堡	户數	口數	官吏	軍官吏書	軍丁備禦	驛遞軍夫	鄉兵	番夷	教甲數
莊浪城	1596	7904	45	194	5006	280	435	244	27
平城堡	131	412		2	178				4
松山堡	700	2000	2	3	640			24	1
阿壩營	1206	4490		5	1278		50	79	6
雙井堡	200	500		1	200				
裴家營堡	480	1350		2	460		104	18	6
武勝堡	33	233	3	1	176	115	30	61	13
岔口堡	69	722	3	2	228	115		46	5
鎮羌堡	367	1589	5	3	564	125	176	100	7
通遠堡	66	279		1	59	65	65		13
西大通堡	3563	8313	3	2	225	65	410	約70	390
沙井堡	48	660	3	1	211	144	102		6
苦水灣堡	290	1458	3	1	212	139	80		10
紅城子堡	71	602	4	2	381	124	270		10
總　計	8820	30512	71	220	9818	1172	1722	642	2082

據上表我們可以得出許多不同於其他朝代或其他地區的結論。如明朝設1531縣衛,光宗泰昌元年(1620)有9835426户、51655459口。[②] 據此計算,全國平均每縣衛6424户、33739人,每户5.25口。地處西陲的莊浪衛,却有8820户30512人,大體達到全國的平均水準,表明其人户數在諸衛中是相當多的,這應與當地爲“諸郡之統會,九達之莊逵”的絲綢之路樞紐地有關。莊浪衛平均每户3.46人,與全國户均人口差距稍大,或因居民中移民占相當比例有關。全衛有11500名官軍鄉兵,數量驚人,是該衛繁重軍事防禦任務的需要。全衛諸驛站鋪陳有1172名軍夫,係其地人員往來和運輸繁忙的反映。衛道營堡總共僅71名行政人員,實在精幹。從卷一至卷四中,我們還可以做屯田種類畝數糧草稅課、水利渠道與

① 《稽考官軍騎操馬匹事》,《莊浪彙紀》卷六第四十六葉a。
② 據《明史》卷四十《地理志一》及《明熹宗實録》卷四泰昌元年(1620)十二月。

灌田數、兵器種類配備更替、軍馬驛遞騾牛來源配備數量賠補繁殖更替、城堡墉汛烽墩軍人和兵器配備、各級官吏軍官兵丁降人孤老等的俸銀食糧數量、茶馬貿易、祠廟、邊牆烽墩的起迄長短距離位置、各種糧食草料馬牛兵器原料的價格等等的統計，這些資料對於從事明代經濟、軍事、社會、村鎮研究來説，都是千金難求的。

第五，該書再現了明代三邊重鎮莊浪衛各個層面的細節，爲研究明代軍事、經濟、社會的重要史料。例如，關於烽墩報警的規定："莊浪、阿壩地方，如虜七八十騎至百騎，爲之小舉，晝則扯旗一面，放炮一個，矮煙一把，擊梆一通，夜則扯燈一個，放炮一個，舉火一把，擊梆一通。如虜二三百騎至千騎，爲之大舉，晝則扯旗二面，放炮二個，矮煙二把，擊梆一通，夜則扯燈二個，放炮二個，舉火二把，擊梆一通。如虜勢衆，晝旗夜燈，照前規則懸掛，火炮、梆聲不絶。以上三令，沿墩相傳，使知警備。"[①] 從中可知明代邊防報警體系之嚴密。關於兵器製造的詳情。莊浪衛有軍器局，每年陝西布政司"額解莊浪衛軍器局鋼六十斤，鐵八千八百斤，魚鰾四十四斤，桐油、熟絲、弓面、牛觔等項折價銀八十一兩六錢五分零。一遇額解不敷支用，請動衛庫鐵料，朋合銀并局庫領到料物銀，差官易買料物。"當時，軍器局有鐵匠二十一名、釘甲匠四名、弓箭皮三色匠十一名、火藥匠三十一名，每年負責製作甲面、裹布各四十副，甲葉四十副，刀四十把，弓四十張，弦八十條，撒袋四十副，刀鞘四十根，箭并頭一千二百枝，焰硝七十八斤，火藥一百斤，火綫八百條，以用於各營堡兵器的補充或更换。關於學校的規定。莊浪城及一些營堡設有社學，分爲文社學與武社學，"選取學行素優生員"爲"教讀"（教員），每名每月給口糧3斗。招收15歲以下男孩入學讀書，從《三字經》《百家姓》《千字文》讀起，讀到《四書》，兼讀《御制大誥》及明朝律令，并由教讀講解冠、婚、喪、祭之禮。還製定《學規》，對學生的作息時間、功課、考試、紀律等做出具體要求。對於武學生另有更嚴格的要求，稱"其應襲武生，亦各先讀《四書》，以明孝悌忠信，預防放僻邪侈，次及《武經》《百將傳》等書，朝夕誦習，不得玩愒。每季終呈道，以憑考試，酌量賞罰，激勸施行"。[②] 特别是其中對莊浪道出巡的禮儀規定，詳盡明確。"發牌之後，各營驛所照牌預備軍牢夫馬。如巡歷松、阿等處，在城并附近各所，挑撥常行擡轎夫四五班伺候。若有警急，大營撥兵馬五六隊，千把官統領護送。如無警急，止用兵馬二隊隨行，或營或道，臨時傳撥。""官吏師生人等，俱在郭外照常迎送，傳免即回。俱毋故違。""起身先一日，該營中軍官禀號。至日，張號三次開門，隨行員役禀明，先發擡，次備馬，次發執事拜匣，次請敕印，陞轎起身。營中止備號頭一對，其餘旗幟、吹響俱免。坐馬務擇調良者二匹備用，毋違。""途次經過墩塘，各軍夜將收執器械、鉛藥、梆鈴、號旗、燈籠並懸牌，執赴道傍，聽候查驗。""經臨進城開門上放炮一聲。遇夜，預火爐六個或八個，前後照燎，以便關防。"下馬後，"隨行員役禀安敕印，執事進擡完，地方官方進呈門厨、皂隷、鎖鑰、封條、刑具等項，刑具務要多備堪用。其文武官吏、生童、鄉耆、鹽商人等，以

① 《凡例》，《莊浪彙紀》卷一例八葉。
② 《請復舊規作養社學以正風化事》，《莊浪彙紀》卷七第二八葉a。

次進見。武職不必披執。守備官待茶如常。”“住宿住所周圍牆壁務要嚴密,桌椅床帳,拂拭潔净。不許遍地鋪氈蓋桌,致滋穢污。量用蒼術蒸除濕氣。夜則鳴鑼巡邏。其内答應人役,止用門厨三名。不許陳設玩具、銀器、牙筯等物,並辦送下程小飯。其應用坐司動支直銀,照印發手本,預備安置,俱要製熟。不許分外多安一物及海錯等味,徒費無用。至於硃墨筆硯俱要齊備。如違重究。”“住宿次日,傳點三次。該營堡有鼓擊鼓,無鼓張號開門,照常收放文書。遇有解審,随便解報,以省人犯跋涉。常行官照次稟發執事完起身,該官吏、鄉耆、兵人等出郭候送。兵馬相時量撥護送照常,至交界止,俱傳免即回。”① 官場的排場和規矩是一般人很難想像的。

第六,是國家珍貴檔案保護和利用的有力手段。作爲明萬曆撰刊孤本的《莊浪彙紀》,在永登縣檔案館受到專業人員長期認真的保護,狀况良好。但到底年代久遠,紙張薄脆,極易損傷,不能隨便觸碰翻閲。對於文獻版本研究的專家來説當然以目睹手撫原本爲要,但多數歷史愛好者和研究者衹是要利用書中的歷史資料。目前,一般檔案和藏書機構,都是將珍貴古籍原本或檔案資料數字化,供需要者機閲,這確實是現代科技爲珍貴古籍檔案保護利用提供的方便。但是《莊浪彙紀》距今久遠,全爲繁體字,無斷句,詞句用字格式内容都帶有極多的時代特徵,即使是其數字版,現代史學愛好者和研究者在閲讀和使用中仍存在障礙,一般讀者對其更似老虎吃天,難以下爪。爲了解决這一難題,永登縣檔案館申請獲准的這一國家重點檔案保護開發項目,邀請歷史文獻和檔案專家遵循古籍整理規範,以全新學術視野和現代科學手段,對館藏《莊浪彙紀》文字予以迻録,再精心分段、標點、校勘、注釋,糾正其不足,予以高品質的整理,由國家權威出版社編輯出版,既使原刻本得到更好的保護,又化一爲萬,給廣大研究者和讀者提供了一部便於閲讀、理解和使用的嶄新版本,確實是國家珍貴檔案保護和利用雙赢的大好事。

(汪受寬,蘭州大學教授)

① 《出巡事》,《莊浪彙紀》卷七第六十五至六十七葉。

明代作家周祚研究三題*

郝潤華　高雲飛

［摘　要］周祚字天寶，浙江山陰人，正德十六年進士，嘉靖年間任東阿縣令、來安令、兵科給事中，任工科左給事中時奉命赴遼東處理軍務，頗有邊績。晚年因病隱居家鄉紹興前梅山，潛心創作。周祚品性耿直，爲人端節，善詩文，倡復古。曾投書"前七子"領袖李夢陽，並成其私淑弟子。明代官私書目有《周祚集》十五卷、《定齋集》四卷等，惜已散佚，《盛明百家詩》録其詩賦一百餘首，並非全帙。本文據《（萬曆）會稽縣志》《（萬曆）紹興府志》《（天啓）新修來安縣志》等文獻輯其詩文十數篇，權補其遺漏，以資相關研究。

［關鍵詞］周祚　事迹　交游　作品

周祚字天保，號定齋子，原籍暨陽（今江蘇江陰），曾祖時徙居山陰之周橋（今浙江紹興），爲官勤正，擅詩文創作，倡言復古，是明代中期頗有影響之人物，然而學界對其人與其文學的關注與研究却不勝寥寥。以下分三方面對周祚其人其事及與"前七子"領袖李夢陽的交游，並其遺詩遺文略作輯考。

一、周祚事迹考述

周祚其人，《明史》無傳，但據明人李默《明徵仕郎工科左給事中定齋周君墓誌銘》記載：[①] 周祚生於成化庚子（十六年，1480）十二月二日，卒於嘉靖己酉（二十八年，1549）六月十二日，享年六十九歲。正德十六年（1521）舉進士，[②] 嘉靖二年（1523），任山東東阿縣令，"邑號罷劇，縮羸苴罅，民獲息肩，教訓聽斷，煦煦如家人，東人悦之"。[③] 上任不足六月，即丁父憂回鄉守制。嘉靖五年，[④] 復官，任來安（今屬安徽）令。不久改任兵科給事中。周祚關心民瘼，勤於軍事，上疏陳任將、賑饑、弭盜、均牧、省兵、稽尺籍、清厩弊、慎祀典、飭荒政、覆首功十事，皆切中時弊，得時人稱許。嘉靖八年前後，遷工科左給事中。嘉靖九年（1530），蒙古韃靼部入侵遼東大康堡（今遼寧省錦州市義縣），殺傷頗衆，朝廷派周祚"按之"。在參與退敵之餘，上疏陳邊兵芻糧大計，世宗皆嘉納之。還至三河（今河北廊坊），遇大風雪，或有向其進獻貂裘

---

*　本文是國家社科基金項目"李夢陽詩文集校箋與研究"（13BZW075）的階段性成果。

① 〔明〕李默：《群玉樓稿》卷七，明萬曆元年李培刻本。

② 〔明〕過庭訓《本朝分省人物考》作"嘉靖丙戌進士"，誤。《皇明貢舉考》作正德十六年，是。

③ 〔明〕過庭訓：《本朝分省人物考》卷五十一《周祚》，明天啓刻本。

④ 《（萬曆）滁陽志》卷十二《列傳》，萬曆四十二年刊本。

者,堅拒,故因寒染疾,致手足攣痿,醫不能治,衹得辭官歸鄉療養。李默《明徵仕郎工科左給事中定齋周君墓誌銘》評周祚云:“君善群物,撫卑幼盡誠,不以色笑加人,宗服其和。家食二十年,非慶吊報辱不踐公室,絶不及私,人欽其介。先大夫遺命作義塾,君未卒哭,即築室捐田,俎豆粗備,里稱其孝。”[①] 自嘉靖九年至其去世近二十年時光,周祚隱居紹興前梅山中,肆志爲文辭,一心創作。“祚尤長於文學,有《周氏集》,爲詞家所稱”。[②]“其詩賦有渾麗沈鬱之風,瑰奇激巖之氣”。[③]《(嘉靖)山陰縣志》稱其“博洽能文,不入城府”。[④] 周祚卒後,由好友李默(字時言)爲其撰寫墓志,[⑤] 敘其生平較詳。過庭訓《本朝分省人物考》卷五十一、徐象梅《兩浙名賢録》卷二十五、凌迪知《萬姓統譜》卷六十一有其略傳。

周祚父周廷澤,字舜龍,號簡庵,“履仁蹈道,勇於爲義”,[⑥]“富而好施。每歲飢,輒捐粟作糜粥以賑;或病死,則爲義棺、義冢以瘞之。鄉人有厚負其租者,携其子鬻於市,廷澤聞之,遂焚其券。又嘗捐金爲錢,清石橋工費鉅萬,至今往來者賴之。其後,四子禎、礽、祚、禩及其孫皓,相繼舉進士,致通顯,人以爲行義之報”。[⑦] 周祚兄弟四人:禎、礽、祚、禩,皆舉進士,名著當時。徐應秋《玉芝堂談薈》“三兄弟同舉”條專載“山陰周禎、周礽、周祚、周禩”。[⑧] 周祚之子周沛,“字允大,讀書前梅山中,入資爲郎官,鄭州州同知,徐文長有《吊周鄭州詩》”。[⑨]《盛明百家詩》之《二周詩集》録其賦3篇,詩40首。可見紹興周氏家族之文化傳承與文學素養。

周祚與當時著名文人李夢陽、皇甫汸、黄佐、李默、夏言、孫宜等均有交游。尤其與文壇領袖李夢陽的交游,轟動當時文壇,成爲一時佳話。周祚卒後,其詩集由孫宜作序,孫《序》曰:“初,天保舉進士也,予蓋髫丱,侍其父京師,每見予所作,輒以爲難。及天保卒,其子允大者,予世交,且殊材也,書抵予,言天保疾亟時,以得子評其詩爲屬,請予序之。”[⑩] 孫宜字仲可,號洞庭漁人,湖南華容人。其父孫繼芳爲何景明之老師,是弘正間著名作家。孫宜中嘉靖七年(1528)舉人,後屢試禮部不第,遂絶意仕途,三十八歲始隱居洞庭,潛心著書立説,有《洞庭集》《孫漁人集》等。因周祚子允大之請,孫宜特爲周祚集撰序,敘其創作成就,惜周祚詩文集已散佚不傳。

---

① 〔明〕李默:《群玉樓稿》卷七。
② 〔明〕徐象梅:《兩浙名賢録》卷十《獨行》,明天啓刻本。
③ 〔明〕凌迪知:《萬姓統譜》卷六十一,文淵閣《四庫全書》本,臺北:商務印書館,1982年,第956册,第929頁。
④ 《(嘉靖)山陰縣志》卷五《選舉表》,明嘉靖三十年刻本。
⑤ 〔明〕李默:《明徵仕郎工科左給事中定齋周君墓誌銘》,《群玉樓稿》卷七。
⑥ 〔明〕李默:《明徵仕郎工科左給事中定齋周君墓誌銘》,《群玉樓稿》卷七。
⑦ 〔明〕徐象梅:《兩浙名賢録》卷十《獨行》。
⑧ 〔明〕徐應秋:《玉芝堂談薈》卷二,文淵閣《四庫全書》本,臺北:商務印書館,1982年,第883册,第44頁。
⑨ 〔清〕錢謙益:《列朝詩集小傳》丙集卷十一《周給事祚傳》,上海:上海古籍出版社,1983年,第320頁。
⑩ 〔明〕孫宜:《周氏集序》,〔清〕黄宗羲:《明文海》卷二百四十八序三十九,清涵芬樓鈔本。

二、周祚與李夢陽交游考

《明史·李夢陽傳》載："吴人黄省曾、越人周祚，千里致書，願爲弟子。"[①] 周祚本係一江南文人，但因仰慕弘治時期已名揚海内的李夢陽，尤其對其道德文章及復古理論十分崇拜，便冒然寫信，信中云："往寓幽、燕，有攜《空同集》過予者，予抱而讀之，再三而嘆之。嗟夫！世有是人，予不得而見之，予豈人也哉！"[②]《空同集》是李夢陽詩文集。他並感嘆道："追憶予年駸駸乎四十有四矣。白日易下，逝水不返，墮弱苟且，以俟其老，將奈何也！"[③] 信中表達自己求師請益的强烈願望。李夢陽收到信後即撰以《答周子書》，並稱贊周祚云："古哉，周子！篤行哉！獨哉！勇哉！""今足下既有同應之聲，又相求也，僕安敢終默也？"表示對周祚的認同與賞識，"今足下於僕同時最近，涉疑而不疑，又無傾蓋之談、接袵之雅，乃一旦走千里之使，聲應而氣求之，僕以是知足下立之獨而往之勇也。以是而的古，何古之不的矣？"[④] 並贈寄《墨本賦》一通、《戰國策》一部作爲二人結識之禮物。對於二人初次書信往來之時間，文獻無確切記載，筆者疑當在嘉靖二年(1523)之時。按，周祚於正德十六年(1521)舉進士。其書信云："方時舉進士，不獲自逸；後二年出宰東阿，又不獲自逸……居東阿不六月，以父憂歸越……然以衰絰嬰已未易奔趨，托便鴻而附音……"[⑤] 又，李默《明徵仕郎工科左給事中定齋周君墓誌銘》云："是時紀元新政，士爭濯磨自效，君以是名在公卿間。時大梁李崆峒方擅文譽，君貽書推慕，贄以雜文。崆峒報之曰：稽山之陰，大浙之濱，多嗜古篤行獨立人者，周子薦行哉！獨哉！勇哉！補東阿令。"[⑥] 據此可斷周祚之投書李夢陽在嘉靖二年(1523)任東阿令之後，確切説當在其丁憂回鄉守制之時。又，李夢陽《刻戰國策序》云："嘉靖二年秋七月，河南省刻其《戰國策》成。或問：'《戰國策》，畔經離道之書也，然而天下傳焉，後世述焉，何也？'"[⑦] 夢陽贈與周祚之《戰國策》即其親自作序、河南省所刻之本。由此可證李夢陽《答周子書》作於嘉靖二年末或三年初，當時李夢陽早已自江西罷官歸大梁(今開封)閑居。

二人間亦有詩歌往來，李夢陽《空同集》卷十收有《贈定齋子》一詩，云：

> 水澄萬形一，鏡明别醜好。哲人静以俟，愚者苦紛擾。君本觀海人，揚旆向東道。高步登岱巔，横覽盡洲島。匪云波水浩，衹見衆山小。孔林秋飈入，漂籜委寒草。明禋展躬謁，蕪翳爲涓掃。

① 〔清〕張廷玉：《明史》卷二百八十六《文苑二·李夢陽傳》，北京：中華書局，1974年，第7348頁。
② 〔明〕李夢陽：《空同集》卷六十二"附書二首"，萬曆三十年鄧雲霄、潘之恒校刻本。
③ 〔明〕李夢陽：《空同集》卷六十二"附書二首"。
④ 以上三條均引自李夢陽：《空同集》卷六十二《答周子書》。
⑤ 〔明〕李夢陽：《空同集》卷六十二"附書二首"。
⑥ 〔明〕李默：《群玉樓稿》卷七。
⑦ 〔明〕李夢陽：《空同集》卷五十。

此詩作於何時何地? 作者未作交代,周祚現存作品中亦不見任何蛛絲馬迹。據詩義,此詩當作於嘉靖初年李夢陽閑居開封時,也即在二人書信往來之稍後。按,據周祚生平,其正德十六年中進士,嘉靖二年授東阿知縣,不久“丁父憂,去。服除,補來安,一修東阿之政,邑人大悦之如東阿”。[①] 詩中有“登岱巔”“孔林”之詞,可見,此詩寫作之時,周祚已在山東東阿任官之後。故夢陽此詩約作於嘉靖三年,是在二人書信相識之後不久,時周祚仍在紹興家鄉丁憂守制。《二周詩集》收録有周祚《答李崆峒三首》,詩曰:[②]

憂居抱文翰,日夕望大梁。大梁越千里,安得在我鄉。遠行多修坂,遥睇登高崗。白日明中原,浮雲鬱蒼蒼。曷以造其止,私心空内傷。

内傷莫我知,安得逢素歡。黄河下穿地,嵩岳上通天。賢哲多伊阻,高明諒終安。文章日燦爛,誰復得摧殘。馳驅道路士,令名誠獨難。

獨難亦何爲,大才世所希。譬之萬仞山,望者自險巇。我獨抱良遇,千里復其辭。晝日回光采,浩思與雲馳。不能爲君報,賤驅徒渴思。

從詩歌内容來看,定是當時周祚收到夢陽贈詩後的回復之作。詩中對李夢陽的贊美、崇敬與關懷之情溢於言表。

李夢陽於嘉靖八年臘月(1530年1月)在開封病逝,時任工科左給事中的周祚聽聞噩耗,作《贈王雲谷游金陵河内兼吊李崆峒》,詩云:[③]

王郎仗劍行且歌,南涉江水北涉河。春風吹花滿江面,翻天波浪愁鼉鼉。人生快意苦不多,古來豪士亦奔波。眼前飢餓空白首,安用典籍青山阿。白下文華古昔美,洛陽大材天下異。九曲黄河繞梁苑,美人娟娟隔千里。美人一去日月暝,梟鷙翔飛鳳凰死。君忽過之神慘傷,我亦言之淚如雨。

周祚是否另有悼念李夢陽的作品,今不得而知,但通過此詩,可見周祚對其恩師的款款深情。從現存周祚一百餘首詩中似乎看不到周、李二人相見的痕迹,筆者推測二人之間衹有書信與詩作往來,應該未曾謀面。

關於周祚投書李夢陽之事,在明清兩代文壇傳爲一時佳話。李默云:“時大梁李崆峒方擅文譽,君貽書推慕,贄以雜文,崆峒報之曰:稽山之陰,大浙之濱,多嗜古篤行獨立人者,周子篤行哉! 獨哉! 勇哉!”[④] 孫宜曰:“慕空同李子之學,馳書訊質,李重其文,答之,而天保以

① 〔明〕徐象梅:《兩浙名賢録》卷二十五《讜直》。
② 〔明〕周祚、〔明〕周沛:《二周詩集》,〔明〕俞憲編:《盛明百家詩》,明嘉靖隆慶間刻萬曆增刻本。
③ 〔明〕周祚、〔明〕周沛:《二周詩集》,〔明〕俞憲編:《盛明百家詩》,明嘉靖隆慶間刻萬曆增刻本。
④ 〔明〕李默:《明徵仕郎工科左給事中定齋周君墓誌銘》,《群玉樓稿》卷七。

是名益顯。"[①] 錢謙益《列朝詩集小傳》載："祚字天保，山陰人，正德辛巳進士，歷官給事中，移疾歸，遂不起。當時李空同崛起河雒，東南士大夫多心非其學，天保自越中走使，千里致書，稱弟子，南方之士，北學於空同者，越則天保，吴則黄省曾也。"[②]《明詩綜》卷三十七《周祚》記："《詩話》：給事同懷兄弟四人，皆取甲第，而能不戀熱官。遠師北地，游心風雅，即其不以門望驕人，可以停澆激薄矣。"[③] 北地，代指李夢陽。明清時代記載周祚投書李夢陽之文獻較多，此不一一列舉。

周祚在嘉靖初年投書並私淑李夢陽，此行爲絶非偶然，這不僅與李夢陽在當時的文壇地位及其復古文學主張有關，也與周祚之文學追求息息相聯。史稱周祚"著書立言，求古人之志，益肆力鉛槧，間所不得意於當時者，往往發之。其文酷慕兩京，質疏達節，去雕去腐，而醲旨自足，時復爲燕趙慷慨悲歌之狀"。[④] 其詩"淡者似建安，沉鬱復似少陵，而瑰心奇氣，若河流下龍門，積石奔激不得瀉，風觸木怒號，擻旋漂擊，已而噫氣泠然。故攬其詩文而志可悲也"。[⑤]《明詩綜》評："孫仲可云：詩以拔去陳故爲尚，天保樂府婉而厚，古詩醇而鉅，近體脱略纖冶，非自空同出邪？"[⑥] 周祚詩文創作"求古人之志""文酷慕兩京"，詩學建安詩人與杜甫，與當時南方文壇盛行的創作風氣大相徑庭。孫宜即指出："中原之音渾雄沈著，含蘊弗露；吴越地偏，厥音輕俊纖靡，幾乎濫矣。斯西施若耶之遺，而勾踐事夫差之所習也。然學士大夫往往從之者，非以其流曼易入，而委媚足以悦人，故遂淫漸如此哉！"[⑦] 周祚的創作取向顯然違和江南文壇氣氛，却恰與李夢陽的復古文學理論如出一轍，因而二人纔能同氣相求、同聲相應。當然，周祚投書這一現象，也折射出明中期文人的良性生存狀態以及濃厚的文學交游風氣，這一文學現象學界應當予以重視。

三、周祚佚詩逸文輯考

周祚詩文集，明代書目即有著録，如明祁承㸁《澹生堂藏書目》著録其《黄門集》十五卷，焦竑《國史經籍志》著録《周祚集》十五卷，黄虞稷《千頃堂書目》卷二二著録《周氏集》十五卷，注曰："字天保，山陰人，工科左給事中。"又著録《定齋集》四卷，並小注曰："玄孫襄緒刊行。"萬斯同《明史・藝文志》作《周氏集》十五卷。[⑧] 可見，周祚詩文作品約有近二十卷，據孫宜《周氏集序》，《周氏集》爲周祚子周允大所編，當時即有刻本行世。王兆雲《皇明詞林

① 〔明〕孫宜：《周氏集序》，〔清〕黄宗羲：《明文海》卷二百四十八序三十九。
② 〔清〕錢謙益：《列朝詩集小傳》丙集卷十一《周給事祚傳》，第 320 頁。
③ 〔清〕朱彝尊：《明詩綜》卷三十七《周祚》，北京：中華書局，2007 年，第 1812 頁。
④ 〔明〕徐象梅：《兩浙名賢録》卷二十五《讜直》。
⑤ 〔明〕過庭訓：《本朝分省人物考》卷五十一《周祚》。
⑥ 〔清〕朱彝尊：《明詩綜》卷三十七《周祚》，第 1812 頁。
⑦ 〔明〕孫宜：《周氏集序》，〔清〕黄宗羲：《明文海》卷二百四十八序三十九。
⑧ 〔清〕張廷玉《明史・藝文志》未著録，可見其有缺漏。

人物考》有記載。可惜周祚集現已散佚不存。俞宪《盛明百家詩》録有《二周詩集》,收録周祚作品,共計賦4篇,詩129題160首,絶非全帙。下文從明清相關文獻中又輯出周祚詩7首、文9篇,並加考證、校訂,俾便學者閲讀或參考利用。

(一)詩歌

1.《江邊詩》

江邊雲氣聚,孤寺發山隈。萬竹銜春暮,群花入霧開。乘閒移屐履,遠眺接樓臺。一水毫茫見,千峰雜沓來。峥嶸雲日出,蕩漾海風迴。白日扶天表,紅宫逼上臺。更疑金作地,番訝繡成堆。物色傷朝代,虚無數劫灰。陰房金筆刓,古瓦玉芝裁。披豁當荒野,淹留對酒杯。依然興[①]不淺,作賦擬鄒枚。

按,此詩不知題名,收入明張元忭《(萬曆)紹興府志》卷二十一《祠祀志三》,詩前云:"上方寺,在上方山,晋天福二年建。"《(雍正)浙江通志》卷二百三十一《寺觀六》亦有收録,詩前載:"上方寺,《(嘉靖)山陰縣志》:在縣西北清風鄉上方山,晋天福二年,僧寧光建號上方院,歲久圮,明洪武十二年僧弘深重建。"詩中"孤寺",當即上方寺。據詩意,似爲周祚嘉靖四年前後守制時在山陰(今浙江紹興)所作。

2.《後峰》

落日滄江返照來,江光倒射碧山隈。山人愛聽楓林響,月滿柴門未肯迴。

按,此詩録自清朱彝尊《明詩綜》卷三十七《周祚》。據詩意,似作於嘉靖四年(1525)前後在家鄉紹興守制時。

3.《給事周祚詩一首》

碧澗諸春溜,丹崖逗夕暉。林間數葉落,天外一僧歸。仕籍分符寵,經書竊禄非。無能去民瘼,有志畢山棲。

按,此詩收入〔明〕周之冕修,王懋續纂《(天啓)新修來安縣志》卷九(明天啓元年刊本)。周祚於嘉靖五年(1526)任來安縣令,詩當作於任職期間。

4.《給事周祚詩一首》

白塔年長瓦甓踈,青林秋晚道場紆。諸天空作經聲寂,一衲還無牖影虚。近見堦前緣吏騎,遥知屋底掛官魚。自憐亦伴香厨宿,壯志嗬恩苦未除。

按,此詩收入〔明〕周之冕修,王懋續纂《(天啓)新修來安縣志》卷九。周祚於嘉靖五年任來安縣令,詩當作於任職期間。

5.《擬青青河畔草》

春日長安陌,落花何脉脉。陌上草青青,行人那復停。歌臺臨大路,相思春日暮。寶騎金作鞍,遥遥花裏度。去時鸞鏡臺,照郎未曾開。青天挂月明,弦望得歸來。

---

① 興,原作"與",據《(雍正)浙江通志》改。

按，此詩録自陳田《明詩紀事》戊籤卷十四，前有周祚小傳。據詩意，似作於在京任官時，時間約在嘉靖八年（1529）前後。

6.《雜詩》

二儀愆恒運，日月斯晦蝕。陰陽靡協和，風雨失其職。天道垂常象，君子重刑式。百揆理四時，允爲天子翼。一物苟失所，憂懷動顔色。邈哉古聖賢，旁招暨幽側。重華闢四門，尼父取三益。周公致太平，吐哺不終食。

按，此詩録自清朱彝尊《明詩綜》卷三十七《周祚》。據詩意，似作於在京任官時，時間約在嘉靖八年前後。

7.《過豐潤有感》

雲幰行應遲，星軺此暫留。天晴一塔出，秋暮野城幽。角韵經霜壯，風聲入夜稠。邊人須慣聽，遠客不悲愁。

按，此詩録自《（康熙）豐潤縣志》卷八（清康熙三十一年刻本）。作者題"山陰定齋周祚給事中"。豐潤，今在河北。據詩意，或爲嘉靖九年（1530）赴遼東途中作。

（二）文章

1.《與李空同》

夫有傾蓋如舊、白首如新。又云曠世相感、對面不相知。嗚呼！嗟夫，是亦足悲矣。祚於越之人也。越俗多士，古稱五千，勾踐之遺風焉。[1]今而求古之士，有不可得也。古務知略，足以興仆起舍，而今多詩書之習，柔順和緩。拉功名而取卿相，拾青紫而享肉酪，反執其所攻而讀之，其辭漫漫，其音嗚嗚，未見其如古人也。嗟夫，予獨何心，能不悲夫？彼生於世而不能自立，非勇也；安乎俗而不能有返，非智也。非勇、非智，不可爲士。我思今人其誰歸乎？往寓幽、燕，有携《空同集》過予者，予抱而讀之，再三而嘆之。嗟夫！世有是人，予不得而見之，予豈人也哉！方時舉進士，不獲自逸；後二年出宰東阿，又不獲自逸。每抱其書不置，予未逮老，當有以遂予之心也。居東阿不六月，以父憂歸越。憂中益思見其人，而於禮有不可出矣，鄉里之人見祚如此，多購近時鳴世之文，相與議論，氣卑意下，祇令人悲悼耳，果追空同哉！嗟乎！予不見其人也，而止是書爾。追憶予年駸駸乎四十有四矣。白日易下，逝水不返，墮弱苟且，以俟其老，將奈何也！求虞翻、趙煒、陸佃、放翁於鄉之遺書而讀之，吾意未覺其有當也。登會稽之山，想黄河之流，浮雲西馳，征翼東向，又不能不空同之思，慷慨幾於泣下，而左右之人豈復知予者哉？誠以惜時不如立名，慕德不如勵行，追古不如就今，執文不如親炙，此王粲有依劉之誠，張敏有夢惠之嘆。古今之所共欽，烈士之尤甘心也。轉展思惟，莫能爲心。昔惠施死，莊子至寢言；子期終，伯牙至不彈。天下之士，豈弟子恨不得師，師亦未嘗不恨不

① "勾踐"上，文淵閣《四庫全書》本有"猶有"二字。

得弟子耳。[1]楚國之寶,惟下士之愛;燕市之石,多衆人之羞。其誠有合不合、知不知,《論衡》致推於蔡子,《玄經》式重於侯巴,詎無其故哉?祚自恃世人少有知識,霄壤百年,忍同螻蟻。男子生不成名,丈夫没無所稱,得不悲矣。足下視予,其真何如,抱兹憤懣,莫與告訴,出門,天地如此之大,往來之人,若是之多。今人爲文,有復逾空同邪?然以衰絰嬰己,未易奔趨,托便鴻而附音,因北風而遡告。復望恕子皮之狂,哀甯戚之志,不吝賜教,感惠無窮矣。

按。此文録自萬曆三十年鄧雲霄、潘之恒刻李夢陽《空同子集》卷六十二,據前文當作於嘉靖二年(1523)。

2.《遊醫巫閭山記》

嘉靖九年九月,給舍周子按遼失事,至醫巫閭之地,適侍御謝子以觀風至,地官寇子以督餉至,三子相會。周子曰:"宿羡醫巫閭之美,請觀之。"謝子、寇子曰:"合觀乎!"以二子似宜觀也,乃盟。是月二十二日焉,遂造所謂觀音閣,醫巫閭之勝,嵓岫萬狀,盡出天上。三子登且觀,飲酒而樂。周子曰:"觀而樂矣,合有感乎?"謝子曰:"吾觀其山之穴,峆焉岈焉,杳焉幽焉,空空焉,洞洞焉,其風氣所出乎?"寇子曰:"吾觀其山之土,穹如窿如,墳如塋如,熇熇如,焞焞如,其物類由産乎?"周子曰:"吾觀其山之形,隩爾窒爾,嶄爾巀爾,崒嵂爾,兀佶爾,開而磅礴爾,聚而輪囷爾,其封守攸籍乎?"周子曰:"感止是也。"謝子曰:"吾觀而風氣俗所寓矣,吾知其理而已矣。"寇子曰:"吾觀而物類財所自生矣,吾知其用而已矣。"周子曰:"吾觀而封守國所自設矣,吾知其防而已矣。"周子於是復起,曰:"吾三子是觀,益不多乎?"夫遊觀外迹也,而咸属是道焉,則觀其可已乎?且吾以爲内外者道也,消息者亦道也。夫知所理,則知所亂,知所用,則知所缺,知所防,則知所失,是又不可懼矣乎。時同遊監軍王公、總兵劉公亦起而曰:"夫三子之言近矣,非徒觀也,是宜書。"周子歸,因書爲《遊醫巫閭山記》。

按,此文録自《遼東志》卷一《地理志》(嘉靖刻本)。作者題"山陰周祚給事中"。據句首,此文當作於嘉靖九年(1530)九月作者任工部左給事中巡行遼東時。醫巫閭山,古稱於微閭、無慮山,今簡稱閭山,在今遼寧錦州境内。

3.《河南按察司副使陳公壯傳》

陳大夫諱壯,字直夫,越之山陰人,世居禹會鄉行義里。祖珪,號毅菴,被詿誤死。父簡,號居蘭,代戍交阯,後移京師,陳大夫即京師所生。予幼時獲嘗會陳大夫,長軀秀月,不知大夫之賢者也,稍長,乃悉大夫之賢,大夫已不在世矣。

大夫生時,骨相奇秀,居蘭公愛之,每抱與人曰:"此子宜當還吾鄉也。"大夫讀書日有名,年二十,中景泰丙子順天鄉試,二十七,中進士,三十,授南道御史。大夫素有直氣,不能阿世求合,讀書亦務寔踐,有用於己。思御史天子諫官,天下事多有不足,大夫者御史,當觸邪,自分死可爲也,不然,當推之人,走吏部,謝不允。時方石謝公鐸、西涯李公東陽,與大夫爲莫逆交,相促之行,大夫無遜,是大夫能也。大夫至南道未久,翰林楓山章公懋、定山莊公昶、未軒

① 第二"不"字,原脱,據文淵閣《四庫全書》本補。

黄公仲昭，俱諫鼇山謫官，大夫慨然疏章力救，得改謫爲御史。數年輒上章不絶，其大要從根本之説，直欲置國家於無窮之休，而人有不能盡知大夫者。一峰羅公倫居官南都，知大夫遂極契厚，及持居蘭公喪，大夫與一峰計處喪事，往復周悉，大夫輒身行之，一峰嘗嘆大夫之勇真可愛也。扶柩歸山陰，營葬事畢，即結廬墓山，不復與世交涉，居三年，人有不知陳大夫者。成化辛卯夏，服闋，僦居錢唐，配張氏卒，繼娶徐氏。徐出大司馬貞襄公孫女，貞襄公子鎡特立，與俗寡偕，見大夫，每加敬焉，且曰："浙士居喪如古禮者，吾見二人，少保于公及今陳大夫御史耳。"至京，復以母徐老，乞南道便養。上書論中官汪直、尚書姚夔，留守未儀，言皆剴切激厲，有益治道。

乙未，太孺人徐卒，居喪，一如居蘭公時。復起爲御史，遷江西按察僉事。大夫念父母卒後雖官不爲榮，遂乞病歸居鄉，即如鄉人不復知爲御史時。布袍蔬食，於清江之浦作鷗沙亭，讀書其中，爲老焉之計。大夫踪迹寡出，非公事未嘗入城府，然風采凛然，鄉人仰之，善者足藉，不善者足畏。有司亦嘗懼大夫，知不敢輒移曲直。良民善衆，玩心高明，見道益切，祀先訓後，皆足作世典則。弘治丙辰，南京吏部尚書張公悦薦大夫，起爲福建按察僉事。辛酉，擢河南按察副使，非大夫素意，雖隨職必有發明，而剛直之氣不衰，且復有仇大夫者矣。刑部尚書林公俊爲都御史時，特舉公自代，然要天下四海之廣，而知大夫者寡矣。癸亥，遂乞身還，時年六十六歲。至甲子仲冬，卒於家。

按，此文録自明代焦竑《國朝獻徵録》卷九十二"河南一"（明萬曆四十四年徐象橒曼山館刻本）。據文意，傳主陳壯於周祚而言爲同鄉前輩，故而爲其作傳。

4.《復陳世德三年喪禮書》

日者承語喪禮三年之故，荒穢未祥，兼多事，不即走，復據古者之制，喪有三年之文，未嘗盡三年而爲之也。夫子曰："子生三年然後免於父母之懷。夫三年之喪，天下之通喪也。"《禮》有曰："父母之喪，既虞、卒哭，蔬食水飲，不食菜菓；期而小祥，食菜菓；又期而大祥，食醯醬；中月而禫，禫而飲醴酒。"是禮又皆夫子考定，比《論語》其次第差詳。蓋再期，則二十五月。中月，鄭注以爲間一月，與始喪之日，則二十七月。喪無飲酒之禮，至是始飲醴酒，則已非居喪時。喪稱三年，舉大數而言，實二十七月也。昔魯人有朝祥而暮歌，夫子曰："又多乎哉！踰月則其善也。"蓋大祥而踰月則禫。夫子曰：以去禫之不多而歌之非禮，至禫而歌，則無責矣。禫之云者，淡而安也。至是則已去喪，或可歌，不然則喪中無可歌者也。是《禮》所載父母之喪不踰二十七月可知也，亦未嘗有貴賤之間。故曰：自天子以至於庶人一也。後唐儒王玄感著論，以三十有六月譏詆當時，張柬之破其説，則亦據《禮》之文而止於二十七月。且以"親喪有終身之痛，創巨者日久，痛深者愈遲，何歲月而止乎？"但先王定以中制，使情文兩備，故仲由不能過制爲姊服，孔鯉不能過期爲母哭也。當世亦以柬之不詭聖人，而玄感論遂廢。然所以必二十七月者，則二十四月盡二年，而所餘三月已爲一年，自緦麻三月以倍之，則九倍矣，其情亦庶幾焉。苟盡於三年，反意極時窮於是，乃有不盡之情，此孝子所以有終身之喪也。非止此，便以爲可報其親而無餘矣。夫天道二十七月則閏生矣，南軒謂天之則也，因人情合天道,此聖人之所以爲禮也。愚也淺陋不足知識,姑即耳目以復萬一,惟高明博究淹思更爲指教,不勝幸幸!

按,此文録自黄宗羲《明文海》卷一百七十一"書二十五"(清涵芬樓鈔本),作者標爲周祚。

5.《水利全書序》

嘉靖甲午,僉憲西蜀朱君子和按水利兩浙,顧昔失常典,民不可守,俾各郡列利害,總其綱紀,成一家之言,名《水利全書》。余讀而序之。

紹興海水,北跨數百里,害之大者也。古者立國居民,疆理爲上,川澤爲下,四海之水常弱,中國之土浮焉,是天地之統會,經理之攸宜也。故四海祀常尊,受璧沉祭,出於川澤。紹興東海支流也,東望扶桑,南瞻溟渤,其所柢極埒焉。民廬舍聚落、肥淤之田,横亘屬縣,亦數百里,去海岸不百步,隄防潰决,湛溺立見,俟退排水澤,而後居之,民不堪矣。大率隄防治否,水害之深繫也,其治之法,與治河異。河水行地中,海水出城外。大禹治天下之水,不及海也,司馬遷《河渠》一書,止於河患,是無治之也。往五六十歲,海水從漁浦入阡陌中,經百里包白馬諸山,後入於海,民雖爲陂障,膏腴决裂矣。前太守謀塞之,魚鱉之地,桑麻相望,其利百倍,民今食之,無窮已也。夫海水,善下引而歸之土中,不幾相漂乎,賈讓治河之説,治土而防其川,猶止兒啼而塞其口,彼之所爲兒口,此則所爲牛後矣。治海而不塞,日見其難矣。繕完隄防勞費無已,雖聖人作用,罔能越是,圖書較明,彰彰可覩也。若夫陂塘江湖,民逐水草,轉而衣食之,則在所簡焉。《漢書》云:會稽,東接於海,南近諸越,北枕大江。是會稽,即今紹興也。余嘗登禹陵之山而深有慨焉,神禹治水,畢功於會稽。夫難者先之,易者後之,聖人行事本末之序也。觀其會百王,朝萬國,曷嘗他務哉!則會稽之水,其略可知矣。朱君不遺巨細,俾皆書之,其知今昔之異,宜不忘於隆盛也耶!

按,此文録自《明文海》卷二百一十六序七。首句"嘉靖甲午",爲嘉靖十三年(1534),時周祚閑居紹興。

6.《漢逸民傳》

《前漢書》無《逸民傳》,《後漢書》則載向長、逢萌、周黨、王霸、嚴光、井丹、梁鴻、高鳳、韓康、法真、龐公,没其名則有野王二老、漢濱老父、陳留老父。諸逸民皆出《後漢書》,考其人,實多前漢所遺。前漢立國二百一十餘年,培植生養風氣民俗,猶足復三代不散之淳,故其時率多高士。非如遭秦虐焰,士類化爲豺狼,少有智識,莫不奮庸走佐高祖,其不屈僅見四皓、二生,要其出先秦之上,而非秦之可抱持者也。漢遭新莽奪國,不甘之心,難辱之節,一何多耶!出而少仕,往往有梅福、龔勝、薛方,高蹈遠走,視新莽之爵禄,真若狗豕之餘食,唾棄不顧,雖至於死而不悔,不可得仕。而深山窮谷之中,大海長江之濱,又有周黨、嚴光之諸賢;亡其名者,又有野王、漢濱、陳留之諸父。吾於是而推,當時不可得見,并亡其辭,又豈無有如野王、諸父,而止於三人;其名迹不能上達於天子,下顯於郡邑,又豈無有如周黨、嚴光之儔,而止於諸賢。下可同於諸父,又焉能知其必無哉?夫士甘於隱逸,其傳不傳,固不足爲士惜也。然思西漢祖宗,培養之厚,方欲遺子孫,以見其得士之效。其爲子孫,乃不能用,而反棄之如隨珠卞玉，委置沙泥荊棘之間而人不知，誠可惜也。嘗觀氣之爲勢也，其始也，未嘗不暢；及其次則平；其後也，未嘗不鬱，及其甚則激。故漢之養士，其惠文之時則暢，武宣之時則平，逮其哀平之時則鬱，至於後而范滂、李膺諸人，則鬱久而激，是亦勢使之，而誠氣爲之也。當周遷之時，王政不立，然而文武之禮樂政教，猶有沾濡浸漬之潤，故孔子有曰：逸民：伯夷、叔齊、虞仲、夷逸、朱張、柳下惠、少連。猶有丈人、接輿、晨門、耦耕，猶有荷蕢、傾蓋。當時逃遯，不復孔子有不可得見者，抑必復多其人，而不止於是也。降自戰國，乃始縱而激，蕩而高，甘殺赴死，真若得聖人成人之旨。若激湍走海，圓石下峻，欲障之有不可得，其亦氣使之固然也。《書》曰："嘉言罔攸伏，野無遺賢。"《詩》曰《衡門》，固非士所甘也。上無堯舜之君，則寧肥遯、考槃，不以有盡之身，而試無益之死，此天下不可無賢士，而可無逸民；不可無逸民，而可無義士。多義士，則必戰國之末，東漢之衰世，益有不可爲矣。故爲范滂、李膺，猶不若嚴光、周黨，然其氣之必致於是者，蓋有人力不可以回也。孔子之道，相傳於子夏，子夏後流而爲莊周，源遠本喪，道衰弊生，固其然也。予深有感於漢之逸民焉。

按，此文録自《明文海》卷四百〇七"傳二十一"，作者標爲"周祚"。

7.《尊經閣記》

新昌縣治屬紹興府，山川秀淑，文獻丕揚，尊崇廣大，昭顯進盛，必由於學。粵稽宋紹興年間，三山林公始建此，其尊經閣尚未建焉。夫地厚者，則樹必碩；蓄深者，則流必長。以今日文學大盛而獨可少哉？諺曰："黍稷無成，不能爲榮。"嘉靖乙未，番陽芝峰姜公地來宰是縣，歛才彰化，儲用觀治，顧瞻聖學，心實不足，而掌教澗泉許公淵亦以是爲請，勤勤不已。姜公曰："夫善治莫先於聽德，聽德莫先於仰觀，仰觀莫先於定制。學而無經，猶大匠而無規矩也；經而無閣，猶良馬而不服乘也。"於是仡仡焉，不辱穡地，不妨官業，以贓贖羡餘請諸上，得之。去明倫堂稍北，買民基益之，爲尊經閣三間，列十二楹，高約四丈許，兩側翼以樓，确磽之地，於是乎基之；官寮之暇，於是乎臨之。盖不日而成也。維時掌教許公實綜理其事，森然矩度，以有成功。而邑丞郭公、司訓許公吴公、邑尉卜公，亦皆與有力焉。由是五經克實，諸史備集，弟子彬彬焉日造時講，若家置書櫃，人懷史局矣。姜公曰："美哉！然而吾猶懼也。夫從政者，以庇民也，民多曠而我取富焉，是勤以自封也。我之爲是，雖脯一束糗一筐，未嘗羞以私焉。今見四方之民羸餒日甚，郊野盈壘，盜賊放縱，是不能先示所從矣。若此又獨弟子爲哉？"昔文公學讀書於季臼，三日，曰："吾不能行也，咫聞則多矣。"對曰："然而多聞以待能者，不猶愈乎？"姜公之意抑多乎哉？靈星門外，故有路斜曲，則改而直之。弟子居無專業，則建校房四十間。又慮其貧，罔有所資，則括廢觀田百畝，佃以歸學。邑丞郭公備贖相成，適新昌者，又一改觀矣。

夫天下事，有迂緩而緊要者，有纖小而洪大者，有幽潛而昌明者，有切近而悠久者。此君子之獨昭，小人之莫省也。尊經閣，以人視之常矣，然學者居而讀之，仕而用之，上可致君如堯舜，下可使民如成康，何往而不得於此哉！祚養病江濱，久荒文學，適年家弟子吕光升持狀幣來乞記，言不能辭，遂書以歸之。

按,此文録自《(萬曆)新昌縣志》卷七(萬曆刻本)。作者題爲"給事中周祚"。另據文中"祚養病江濱"句,可斷此文作於嘉靖十年後作者閑居山陰時。

8.《贈潘薦叔之樂清縣序》

潘子薦叔以進士尹浙之樂清,將行,余往送焉,潘子懼,若不勝。潘子年少學博,其於治邑猶庖丁解牛,伯樂察馬也。余方喜潘子有以用也。潘子貌不逾中人,而心獨雄萬夫,余嘗見潘子用於文矣。夫文以寓道,道其治之種也,以道爲種,以邑爲田,以民爲耕耰,以治與否爲歲之豐凶,潘子方有以用也。余嘗見潘子文,於是特考其功,潘子宜喜矣,奚懼焉。潘子曰:"種固吾嘗獲聞之矣,見今之爲種者多而亦各有獲,以言語餂説其上,以刑法牢籠其下,卑禮而求進,違情以干名,以是種於治者多矣。若此皆吾不能焉,吾易吾種,有不忍也;吾務吾種,恐不得也。"余聞而悲之。噫嘻,世固有是矣。亦嘗聞而見稱於人,其收於種者富矣。然古之善田者或不然乎。其他人所能者,種之賤者也;潘子之所不能者,種之貴者也。累鐵之百,不如一金;累石之千,不如一玉。潘子其務貴者乎?其務賤者乎?故君子不貶道以狗人,賢者不廢法以媚世。潘子能本之以美種,行之以勤力,持之以懼心,守之以曠年,吾見他時之所收,不亦碩且大,豈他人所及哉!潘子曰:"吾始實懼,是得若言,吾庶幾焉。"時同年樂清侯君孟學聞余説,曰:"樂清政荒久矣,賴吾潘子終治之。"俾書以爲别云。

按,該文録自明張時徹輯《皇明文範》卷三十(《四庫全書存目叢書》影隆慶刻本),作者標爲"周祚"。據《(嘉靖)徽州府志》卷十六,潘薦叔,名潢,婺源桃溪人。過庭訓《本朝分省人物考》卷三十七有傳。又據《(萬曆)温州府志》卷九,潘潢任樂清縣令在嘉靖元年,該文當作於此年。周祚於正德十六年(1521)舉進士,嘉靖二年任東阿縣令,嘉靖元年當在京城,因與潘潢同榜進士,故爲其撰寫贈序。

(郝潤華,西北大學文學院教授;高雲飛,西北大學中國古典文獻學專業碩士研究生)

上下融通：晚明商業出版大爆炸中的士人群體
——以南京車書樓爲中心

任利榮

［摘　要］ 士人在中國古代社會是一個特殊的文化群體，至晚明呈現出了獨特的文化内涵。面對晚明商品經濟大發展的歷史潮流，士人群體選擇積極融入其中，"棄儒從商"、士商融合的轉變是最突出的文化現象之一。他們以高度認同的姿態參與其中，充分發揮自身的文化優勢，在商業出版中發揮了巨大的作用。南京書坊車書樓主人王世茂一方面廣結上層名流，另一方面與底層文士積極交游，最終形成了上下融通、立體化的士人編纂群體。這一群體直接成就了車書樓三十餘年的出版活動，很大程度上展示了晚明商業出版大爆炸時期士人群體的整體態勢。
［關鍵詞］ 商業出版　士人群體　王世茂　車書樓

士人在中國古代社會是一個特殊的文化群體，余英時在《士與中國文化》中對其進行了系統的分析研究。士人階層發展到晚明，已經呈現出這一時期獨特的文化内涵，"棄儒從商"、士商融合的轉變是最突出的文化現象之一。不少學者對士人心態發生的本質變化進行討論，如蔣玉斌的《明代中晚期小説與士人心態》，羅宗强的《明代後期士人心態研究》，〔加〕卜正民（Timothy Brook）著、方駿等譯《縱樂的困惑：明代的商業與文化》，徐林的《明代中晚期江南士人社會交往研究》，何朝暉的《晚明士人與商業出版》等，還有不少研究成果，[①] 都從不同角度剖析了明末士人生存狀態所體現的文化意義。

晚明，江南是中國經濟、文化中心。商業的大發展、文化的新趨向、科舉考試超高的落榜率都使士人對商業出版的態度産生了本質的變化。士人爲了維持生計，"一些人爲有錢人代筆，不停地撰寫碑銘墓志、應酬文字、序文和應景之作以换取報酬"，[②] 衹有極少數可以依賴"家族資産或自己的勞動過活"，[③] 但是更多的則是"常常到繁榮的商業出版世界中尋找工作，以獲得至少部分收入"。[④] 故而身处晚明這一商業出版大爆炸時代的士人們，在這個豐富多彩的舞臺上穿梭不息，商業出版也因此具有了更加濃厚的士人文化特徵。

---

① 夏咸淳：《明代後期文士與商人的關係》，《社會科學》1993 年第 7 期。鄭利華：《士商關係嬗變：明代中期社會文化形態變更的一個側面》，《學術月刊》1994 年第 6 期。蔣文玲：《明清士商滲透現象探析》，《江海學刊》1995 年第 1 期。喬凌霄、梁衍東：《明清社會的士商滲透及其影響》，《歷史檔案》1999 年第 1 期。唐力行：《徽州商人的紳士風度》，《史學月刊》2003 年第 11 期。張獻忠：《晚明底層文人的生存狀態——以南京王世茂車書樓爲中心的考察》，《安徽史學》2015 年第 4 期。張獻忠：《從精英文化到大衆傳播——明代商業出版研究》，桂林：廣西師範大學出版社，2015 年。

② 〔美〕周紹明著，何朝暉譯：《書籍的社會史——中華帝國晚期的書籍與士人文化》，北京：北京大學出版社，2009 年，第 95 頁。

③ 〔美〕周紹明著，何朝暉譯：《書籍的社會史——中華帝國晚期的書籍與士人文化》，第 95 頁。

④ 〔美〕周紹明著，何朝暉譯：《書籍的社會史——中華帝國晚期的書籍與士人文化》，第 95 頁。

專門系統地研究士人與商業出版的代表著作即周紹明的《書籍的社會史——中華帝國晚期的書籍與士人文化》,其中第三章《書籍發行與士人文化》,詳細地分析了士人與商業出版的關係。山東大學何朝暉教授對其有深刻地剖析:“明代後期,游離於科舉仕途之外的大量下層知識份子的參與,對出版業的發展産生了深刻的影響。大量士人投身於商業出版領域,成爲職業或准職業作者、編輯家、策劃家、出版家。雖然士人從事出版的現象早已存在,但‘晚明卷入出版世界的士人的特别之處,是這些士人的數量,和他們爲了别人的書籍所從事的商業活動的範圍,以及他們自己從科舉和官場中脱離出來’。另一方面,這些士人也是龐大的書籍消費群體,伴隨着晚明市民文化的興起,催生了一個巨大的圖書消費市場。在書籍生産和消費的兩端都聚集了巨大的能量,出版業的大爆炸也就勢不可擋了。”① 晚明江南出版業“大爆炸”,使得商業出版得到了前所未有的大發展,士人群體的參與提升了商業出版的品質,同時也更加開闊了商業出版的範圍,進一步保證了巨大的文化市場。

目前學界關注較多的是一些知名儒商的出版活動,如陳繼儒、馮夢龍、毛晋等,全方位地研究一個書坊周圍形成的士人群體者較少。南京作爲江南地區出版中心之一,在三山街聚集了衆多書坊,車書樓即其中典型代表。② 在車書樓的商業出版活動中形成了龐大的士人群體,究竟有多少位士人參與其中呢?他們的身份地位如何呢?他們與書坊主王世茂的關係怎麽樣呢?以下將對其進行詳細考述,以期能够較爲深刻地揭示晚明江南士人的生活狀態和文化面貌。

一、遍交上層名流之車書樓主、儒生王世茂

王世茂,字爾培,號養恬,江西金溪人。萬曆四十四年(1616)自刻《百壽類函》③ 爲自己賀五十壽辰,直到崇禎七年(1634)亦有出版活動。大體可以推知王世茂約生於嘉靖四十五年(1566),崇禎七年(1634)以後卒,於南京三山街獨立開設書坊車書樓,出版活動則自萬曆二十九年(1601)到崇禎年間,持續約三十餘年,出版圖書近四十部。④ 主要類型包括文章選集、詩歌選集、類書、官箴書、字書、兵書,尤以文章選集爲重點,達二十八部之多,且多爲“四六”駢文。出版内容決定了車書樓的主要服務對象,官宦士紳階層成爲車書樓最爲核心的消費群體,這就與服務於市民階層的書坊迥然不同。車書樓的出版特色與書坊主王世茂儒生的身份高度吻合,同時更與積極參與車書樓出版活動的士人群體直接相關。换言之,儒生王世茂與他身邊的士人群體一起合力構建了車書樓這樣一個龐大的、具有鮮明士人文化特徵的商業出版集團。

① 何朝暉:《另一種“書史”》,《讀書》2010第5期,第77頁。

② 關於車書樓的商業出版活動,參見拙文《晚明江南書坊經營實態——以南京車書樓爲考察中心》,《中國出版史研究》2017年第1期,第50—60頁。

③〔明〕朱之蕃輯,〔明〕徐榛、〔明〕吴明郊注:《蘭嵎朱宗伯彙選當代名公鴻筆百壽類函》,明萬曆四十四年王世茂車書樓刻本,國家圖書館藏。

④ 詳見附録。

（一）王世茂與狀元朱之蕃

王世茂自稱“儒生”，何謂“儒生”？最早指通經之士，後來泛指一切讀書人。王世茂是以儒生身份進行商業出版活動的，並以此爲傲，車書樓編纂出版的書中經常看到“儒生王世茂”。自雕版印刷興起，書估、書商經常成爲被批判的對象，但到了晚明，經濟大發展，加上大量士人的積極參與，具有較高文化素養的書坊主已然同一般的書估、書商區别開來。書坊主的儒生身份反而成爲商業出版的重要廣告招牌，這也正是晚明科舉録取率低，衆多儒生棄儒從商歷史趨勢的集中展現。

車書樓主王世茂的儒生身份，不是簡單的自我標榜，而是得到了當時許多著名士人的肯定。南京禮部右侍郎朱之蕃稱贊他“博雅嗜古，風流好士，締交多海内明賢”。[①] 另在《叙啓牘琅函》中又贊其曰：“王君知交半環海名英，其所集皆繡虎雕龍，……若登群玉之巔，瑶璵溢目，憑閬風之上。”[②]

朱之蕃，南京錦衣衛籍，祖籍山東茌平。萬曆二十三年（1595）狀元，授翰林院修撰，歷官諭德、庶子、少詹事，進爲禮部侍郎，改吏部。天啓四年（1624）辭世，卒贈禮部尚書。他編選了萬曆四十年（1612）的《中唐十二家詩集》、萬曆四十二年（1614）的《批點崇正文選》，後者封面題“禮部頒行”，與朱之蕃供職禮部直接相關，此書爲錫山施策選，朱之蕃爲批點者，其在序中自言“予既取先生成刻，托友人王生世茂督梓以傳”。[③] 朱之蕃稱王世茂爲其友人，並另爲王世茂萬曆四十七年（1619）左右出版的《精選分注當代名公啓牘琅函》、萬曆四十八年（1620）的《車書樓彙輯皇明四六叢珠》作序。

《百壽類函》收朱之蕃賀王世茂五十壽辰詩一首：《養恬王丈與余稱舊契值半百壽辰謹題一律用求郢正》，[④] 此外萬曆四十五年（1617）出版的《精選當代各名公短札字字珠》收王世茂《奉朱蘭嵎太史北上》，王世茂爲朱之蕃踐行且送其玉屑二束，“聊舟次清玩”。[⑤]

朱之蕃是參與王世茂出版活動中功名官職最高者，二人相交甚厚，其在《四六叢珠序》中直言“予與王君共囿文治，克彰嘉會，文盛以墳，題曰：‘四六叢珠。’”[⑥] 朱之蕃亦以與王世茂共同編纂出版圖書爲驕傲，如萬曆四十八年（1620）《四六叢珠序》末題：“賜進士及第嘉議

---

① 〔明〕許以忠、〔明〕王世茂等編：《車書樓彙輯皇明四六叢珠·四六叢珠序》，明萬曆四十八年刻本，中國科學院圖書館藏，第2頁b。

② 〔明〕許以忠、〔明〕王世茂等編：《精選分注當代名公啓牘琅函》，明萬曆間刻本，國家圖書館藏，第2頁b。

③ 〔明〕施策選、〔明〕朱之蕃批點：《批點崇正文選》卷首《批點崇正文選題詞》，明萬曆四十二年刻本，浙江省圖書館藏，第2頁a。

④ 〔明〕朱之蕃輯，〔明〕徐榛、〔明〕吴明郊注：《蘭嵎朱宗伯彙選當代名公鴻筆百壽類函》卷七，第3頁b：“恬淡怡神静养和，江風山月助吟哦。譚深倉塵宜揮玉，素掃丹經欲换鵝。三經煙蘿翹首外，五車圖籍會心多。庭除秀色琳琅滿，笑拊班斕待振珂。”

⑤ 〔明〕王焞、〔明〕許以忠等編：《精選當代各名公短札字字珠》卷六，《四庫禁毁書叢刊補編》第53册，北京：北京出版社，2005年，影印北京大學圖書館藏明萬曆金陵書坊刻本，第212頁上欄。

⑥ 〔明〕許以忠、〔明〕王世茂等編：《車書樓彙輯皇明四六叢珠·四六叢珠序》，第5頁b、第6頁a。

大夫南京禮部右侍郎秣陵蘭嵎朱之蕃書。"[1] 詳細書寫自己的官職銜名,可見對於參與出版之事甚爲自豪,也表明了編選此書之時仍在禮部任上,同時亦據此推知此前參與出版活動時皆在禮部任上,所以萬曆四十二年(1614)的《批點崇正文選》纔有"禮部頒行"之殊榮。此後朱之蕃辭官,於南京修建府邸,規模頗大,東至倉巷,北至丁家巷,西至古巷(今南京莫愁路),都屬於朱府範圍。朱之蕃雖然官職頗高,但是建造如此大規模的府邸,俸禄當不足以支付,其在任時積極參與商業出版活動或是其重要的經濟收入來源之一。

(二)王世茂與其他上層士人的交游

除了朱之蕃外,范應期、黄洪憲、馮夢禎、謝廷諒、焦竑皆與王世茂交情不淺。

1. 王世茂宴飲狀元范應期

范應期,浙江湖州人。嘉靖四十四年(1565)狀元,初授翰林院修撰,歷中允。曾在南京、北京兩地分别出任文武科舉考試官,後於經筵講學,頗受神宗器重。萬曆十二年(1584)官至國子監祭酒。王世茂與范應期的相識賴陸弘祚[2] 引薦。陸弘祚親自帶王世茂到湖州拜訪范應期,並一同邀請范應期在陽春樓宴飲。車書樓萬曆三十八年(1610)出版的《新刻内閣校正當朝鳳藻經國鴻謨》收范應期的《壽王母周孺人七袠序》,對王世茂頗多贊許,言:"王生雋顔善辭翰,與湖之薦紳大夫傾蓋相善。"[3] 雖然他婉拒了王世茂請其爲母作賀壽文的請求,但直言王世茂貌美而且擅長文章、尺牘,與湖州士人一見如故,善交游。

范應期致仕後,在家受其子牽連被拘捕,萬曆二十二年(1594)不堪受辱自縊而亡。王世茂的車書樓最早也是萬曆二十八年(1600)纔開設,據此可知王世茂在尚未從事商業出版之時,即以儒生的身份廣泛結交上層士人,並得到了高度認可。

2. 王世茂與黄洪憲"論字義"

黄洪憲,浙江秀水人,自號"碧山學士",隆慶五年(1571)進士,授翰林院編修,參與《大明會典》編纂。二人具體交游事迹暫無從查考,但是萬曆間刻《碧山學士集》收《與王養恬論字義》[4] 一文,探討斧、斯、矜三字之義。天啓年間王世茂出版有《隸書十灋》《篆隸心畫》兩

---

① 〔明〕許以忠、〔明〕王世茂等編:《車書樓彙輯皇明四六叢珠·四六叢珠序》,第 6 頁 b。

② 陸弘祚,字蜃台,金門人,布衣博學。生卒年不詳,殆與王世茂同時之人。

③ 〔明〕李廷機、〔明〕吴道南、〔明〕施鳳來等:《新刻内閣校正當朝鳳藻經國鴻謨》卷五,明萬曆三十八年車書樓刻本,中國科學院圖書館藏,第 15 頁。

④ 〔明〕黄洪憲:《碧山學士集》卷十八,《四庫禁毁書叢刊》集部第 30 册,北京:北京出版社,1997 年,影印天津圖書館藏明萬曆間刻本,第 405—406 頁:"斧斯出自《陳風》,古人制字凡從斤從刂,皆取斷割之義。《毛傳》曰:斯,析也。《爾雅》云:斯,侈離也。孫炎云:斯,析之離,讀者如字。析,星曆反。《説文》曰:斤,斫木也,象形,凡斤之屬皆屬斤,《陳風》,斧以斯之,析也,從斤,其聲息移切,考斯字之義如此,然《詩經》用斯字凡百,皆作語助辭。訓析者,獨此耳。矜,訓鰥字,未詳。《説文》云:矜,矛柄也,巨巾切,又居陵切,又棘氷切。鰥,魚也,從魚眔聲。李陽氷曰:當從罣省,古頑切,《鴻雁》之詩曰:爰及矜人,哀此鰥寡。《毛傳》曰:矜,憐也。老無妻曰鰥,偏喪曰寡,《疏》義曰:爰及此可憐之人,貧窮者令賙餼焉,又哀此無妻之鰥夫,偏喪之寡婦,當收斂之,使有所依附也。《箋》義曰:矜人指貧窮無財者,宜賙餼之,然自有親眷不須收斂。鰥寡則既收斂之,又賙餼之,自有二義。小序曰:《鴻雁》美宣王也,萬民離散,不安其居,而能勞來還定安集之,至於矜寡無不得其所焉,所謂矜寡者,蓋言矜人與鰥寡,摘取二字成文,而嚴粲注,乃以矜音鰥,誤矣。門下得無見此乎,幸示之。"

書,《與王養恬論字義》可與此二書共同證明王世茂在善辭翰之外,亦工書法。黄洪憲與王世茂探討字義,是二人學術交往的明證,側面展示了王世茂較高的文化涵養。

3. 王世茂邀約馮夢禎

馮夢禎,萬曆五年(1577)進士,官至南京國子監祭酒。王世茂與他的交往散見其日記《快雪堂集》。

"(萬曆)己亥(1599)八月十八晴間有雲氣…… 王養恬來面送請啓。晚赴吴伯度之約,噉黄爵、蟹。"[①]

"(萬曆)庚子(1600)九月二十四日陰,微雨有晴意,飯而歸新堤散步,遇徐道涇、王養恬。"[②]

馮夢禎日記中的兩條記載,其一是萬曆二十七年(1599)王世茂面送請啓,其二是萬曆二十八年(1600)偶遇王世茂與徐道涇。馮夢禎在南京士人中的地位和影響之高之大毋庸贅言,其日記所記雖爲瑣事,但可以推斷出王世茂與其頗爲熟識。車書樓開設於萬曆二十八年(1600)左右,前此即與馮夢禎有交游,車書樓開設後,馮夢禎的影響力一定程度上會給車書樓的經營活動帶來較大的便利。

4. 同鄉謝廷諒序《批點崇正文選》

謝廷諒,江西金溪人,萬曆二十三年(1595)進士,曾任南京刑部主事,終於順慶知府任上。他爲萬曆四十二年(1614)由朱之蕃主編的《批點崇正文選》作序,言:"朱宗伯欲廣其傳,適故友王君造請入幕,問置幾案者何書,非《文心雕龍》乎,請加批評而授剞劂。"[③]朱宗伯即朱之蕃。謝廷諒曾在南京供職,與王世茂皆是金溪人,二者是故交顯而易見。序言題於石城旅館,且自稱爲"紫龍會山人",當爲謝廷諒卸任後過訪南京時所作。車書樓爲此書督梓者,浙江省圖書館藏本封面有朱文"車書樓主人"印。

5. 焦竑賀王世茂壽

焦竑,萬曆十七年(1589)殿試第一,授翰林修撰。萬曆四十四年(1616)車書樓刻《百壽類函》收有焦竑的《題葡萄壽王養恬五十》:"緑陰匝地老龍眠,吐出驪珠各個圓。誰把金盤剩萬顆,釀成玉液薦華筵。"[④]焦竑與王世茂其他的交游活動暫不可考,但是能親自作詩爲王世茂賀壽,足可證二人交情匪淺。

除了以上知名士人外,賜進士第文林郎江西道監察御史方大鎮也對王世茂有過高度評價。他在《新刻旁注四六類函》序中言:"王生所編《類函》寓目焉,往王生鐫有《萬樹梅》,探驪獲珠,在在幣貴。今又分類别門,棄故取新,覓明碩新牘珠璣,而錯落之,使觀者快於類之

① 〔明〕馮夢禎:《快雪堂集》卷五十七,《四庫存目叢書》集部第165册,濟南:齊魯書社,1997年,影印北京大學圖書館藏明萬曆四十四年黄汝亨、朱之蕃等刻本,第16頁上欄。

② 〔明〕馮夢禎:《快雪堂集》卷五十八,第37頁上欄。

③ 〔明〕施策選、〔明〕朱之蕃批點:《批點崇正文選》卷首《崇正文選序》,第2頁b。

④ 〔明〕朱之蕃輯,〔明〕徐榛、〔明〕吴明郊注:《蘭嵎朱宗伯彙選當代名公鴻筆百壽類函》卷七,第3頁b。

所聚,而品之有所分,王生可謂善於探珠者矣。”①

要之,儒生王世茂在他開設書坊車書樓之前,即已與當時不少江南上層士人有着密切交往,並且得到了他們的充分肯定。其中,狀元朱之蕃與王世茂相交最厚,不僅對其高度贊揚,還積極參與到車書樓的商業出版活動中。另有范應期與王世茂、陸弘祚宴飲於湖州陽春樓,黄洪憲與王世茂探討字義,馮夢禎日記散録王世茂事,焦竑爲其賀壽作詩,方大鎮爲其書作序並對其大加贊賞,以上皆是王世茂儒生身份得到了上層士人認可的明證,據此可以推論王世茂在當時文人學者圈中當有不小影響。

我們可以看到在這些進士及第、官職頗高的上層士人筆下,王世茂儼然一位具有卓越才識的讀書人,不僅善於發掘出版題材,同時也具備良好的文化素養。王世茂遍交上層名流,爲其開設車書樓奠定了良好的口碑,這些上層士人對王世茂的肯定,與其交游,可以爲車書樓出版活動提供最爲直接而且影響巨大的廣告效應,而這也成爲車書樓有别於其他一般坊肆的重要特徵。

二、車書樓商業出版活動中上下融通的士人群體

“許多晚明出版家靠外請編輯來纂輯和編寫圖書出版。當他們以新的形式重印數量驚人的舊籍時,他們需要知識廣博、有條件利用各種藏書開展編纂工作的編輯。”②車書樓周圍就形成了這樣一個龐大的士人群體,初步統計共計二十九位。其中有九人是進士,不少還擔任頗高的官職。另除六人不可考外,有十四人皆是當時商業出版中的知名編纂者。這樣一個由上層文士和底層文人組成的立體化士人群體是車書樓成功的重要基礎。他們一方面成爲車書樓編輯出版圖書所需要的具有廣博知識的編輯;另一方面那些有功名,擔任官職的編纂者,爲車書樓提供了編輯所需的藏書條件和積極的廣告效應;同時這些士人也因爲參與車書樓的出版活動而獲得相應的經濟收益。

(一)車書樓出版活動中上層文士之進士群體

晚明,考取進士是件不容易的事,③而在車書樓的出版活動中有九位進士積極參與其中,或編選、或作序,或在任職期間,或爲致仕居家。形成這樣的進士編纂團體,一方面與儒生身份的王世茂有關,另一方面也是士商融合的歷史趨勢在商業出版中的直接體現。

1.“壬辰會魁”朱錦

朱錦,字文弢,浙江餘姚人。萬曆二十年壬辰(1592)會魁,三甲進士。朱錦曾任萬曆間金溪縣令,乾隆《金溪縣志》卷五《名宦》言其:“在縣愛士作人,尤喜治盜,常冒矢石入盜窟,

---

① 〔明〕許以忠、〔明〕王世茂編:《新刻旁注四六類函》卷首,明萬曆三十六年刻本,山東大學圖書館藏。
② 〔美〕周紹明著、何朝暉譯:《書籍的社會史——中華帝國晚期的書籍與士人文化》,第97頁。
③ 參見郭培貴《明代科舉各級考試規模及其録取率》,《史學月刊》2006年第12期。

擒其渠魁，雖按小盜，亦不輕貸，民獲安枕。”[①] 朱錦後來即編有兵書《新刻國朝名公批點文武並用古今紆籌》。王世茂正是金溪人，朱錦於萬曆三十年（1602）左右遷南京兵部職方清吏司主事，開始與在南京開設書坊的王世茂合作，從事商業出版活動。

朱錦參與了萬曆三十一年（1603）《新刻蒐集群書紀載大千生鑒》、天啓間《車書樓選注當代名公新制四六明珠》的編纂活動並爲之作序。還主編了萬曆三十六年（1608）《新刻旁注四六類函》、萬曆四十二年（1614）《恕銘朱先生彙選當代名公四六新函》、萬曆四十七年（1619）《車書樓彙輯旁注當代名公四六瑶函》。並爲萬曆四十五年（1617）《精選當代各名公短札字字珠》作序，序言稱王世茂爲“余友人王生世茂”，“與王生宿相善”，並言曾在工作之暇爲其選校《四六類函》等啓，結果“四方士争購之，珍之若靈蛇之珠矣”。[②] 同時爲王世茂五十壽辰所刻《百壽類函》作序：“集爲蘭嵎朱宗伯選，而王生之壽梓亦足頌也，因弁其首。”[③] 王世茂於萬曆三十六年（1608）前主動刊刻朱錦主編的兵書《新刻國朝名公批點文武並用古今紆籌》，[④] 朱錦自序中稱王世茂爲“門人”。

朱錦參與車書樓的出版活動自萬曆三十一年（1603）始，持續到萬曆四十五年（1617）左右，大體皆在朱錦居官期間，可見當時官員對於參與商業出版亦習以爲常，且毫不回避自己的身份，朱錦常常在序言後鈐“壬辰會魁”一印，頗引以爲傲。

2. 兵部南司馬張應泰、進士聶文麟

張應泰，直隸涇縣人，萬曆二十年（1592）進士。曾做泰和令，後遷禮部主事，改南兵部司馬尚書職方員外郎，後升泉州府。與朱錦同時參與萬曆三十一年（1603）《新刻蒐集群書紀載大千生鑒》的編纂，“南司馬尚書職方員外郎涇上東山張應泰考正”，當爲二人同在兵部時合作，與王世茂應該也相當熟識。

聶文麟，江西金溪人，天啓二年（1622）進士，授應天府教授，遷南兵部武庫司主事，後降寧波府同知，升潮州知府，遷兩淮鹽運使，進廣西參政。他與朱錦等參與編選萬曆三十一年（1603）後出版的《新大千生鑒聖賢年譜萬壽全書》，與王世茂爲同鄉人，私交甚好。他還爲萬曆四十八年（1620）左右刊刻的《車書樓選刻歷朝翰墨鼎彝》作序，言：“王君養恬輯古今名公箋札，溯周而下，迄於宋元，靡不精加答核。”[⑤] 聶文麟爲廣西參政聶良杞之子，聶良杞於萬曆四十七年（1619）離世，聶文麟在其父離世後再次參加車書樓的出版活動。首次參加車書樓的出版是因爲與王世茂私交甚好，經濟因素較少，其後的十五年皆未參與。但獨在其父離世後，再次爲車書樓刻書作序，與其經濟境況有或多或少的關係，兩年後聶文麟考中進士，此後

① 〔清〕楊文灝、〔清〕丁健等：《乾隆金溪縣志》卷五，清乾隆十六年刻本，國家圖書館藏。

② 〔明〕王焞、〔明〕許以忠編：《精選當代各名公短札字字珠》卷首，第 77 頁下欄。

③ 〔明〕朱之蕃輯，〔明〕徐榛、〔明〕吴明郊注：《蘭嵎朱宗伯彙選當代名公鴻筆百壽類函》卷首，第 4 頁 b。

④ 〔明〕朱錦、〔明〕施浚明編：《新刻國朝名公批點文武並用古今紆籌》，《四庫禁毀書叢刊》子部第 9 册，北京：北京出版社，1997 年，影印明崇禎十二年朱泌之刻本。

⑤ 〔明〕王世茂編：《車書樓選刻歷朝翰墨鼎彝》，《四庫存目叢書》集部第 383 册，濟南：齊魯書社，1997 年，影印國家圖書館藏明刻本，第 304 頁上欄。

再未參與車書樓的商業出版活動。

以上三位進士,朱錦、張應泰、聶文麟皆參加了車書樓首次獨立出版的《萬壽全書》的編選。王世茂以儒生的身份,依靠與以上諸人的私交,發起並組織《萬壽全書》的編纂出版,足可見當時士人對商業出版的積極態度。朱錦在其後的時間中繼續參加車書樓的商業出版活動,一方面和其與王世茂交情深厚有關,另一方面和其在南京供職有直接聯繫。朱錦調至南京後,任南京兵部車駕清吏司員外郎,此官職不高,俸禄亦不豐,故朱錦參與了車書樓後期的不少出版活動,這對改善他的經濟狀况勢必發揮了很大作用。

3. 參編《新刻内閣校正當朝鳳藻經國鴻謨》的吴道南、施鳳來

吴道南,江西崇仁人,萬曆十七年(1589)榜眼,授編修,纍官禮部尚書兼東閣大學士,參預機務,秉公辦事,頗著聲望。因科考被御史李嵩等詆毁,力請罷歸。萬曆三十七年(1609)擢禮部右侍郎兼翰林院侍讀學士,全面處理禮部日常事務。參與編纂萬曆三十八年(1610)《新刻内閣校正當朝鳳藻經國鴻謨》時,正值其在禮部任上。

施鳳來,浙江平湖人,萬曆三十五年(1607)榜眼。萬曆三十八年(1610)與吴道南一起參與編選《新刻内閣校正當朝鳳藻經國鴻謨》,其時正爲翰林院編修。

《新刻内閣校正當朝鳳藻經國鴻謨》,從題目可知該書標榜是由"内閣"校正,編選的内容是當朝經國的好文章。該書的卷端題:"晋江九我李廷機爾張父定裁,崇仁曙谷吴道南行之父品題,平湖存梅施鳳來羽王父匯選。"書中所收包括奏疏、記、碑等類,板式分上下兩欄,上欄即爲吴道南品題之語,若顧起元的《請補閣臣疏》即有評語言:"見理精確,造語琳琅,華實並茂之文也。"[①] 而全書文章皆由施鳳來匯選,其中所收的各種體裁則是由李廷機品定。衹是李廷機在車書樓出版中僅此一見,不知是否托名,但是此書編刻之時,李廷機已以禮部尚書兼東閣大學士入内閣,此正與書名"内閣校正"相符合,故不排除李廷機確有參與此書編選的可能。

4. 徐標參編舉業書

徐標,山東濟寧州人,天啓五年(1625)會魁,二甲進士,官至兵部右侍郎。中進士後,崇禎三年(1630)"駐節高郵,粉署中□無□,惟日課諸生,結社文游臺,攻千秋業"。[②] 恰在此時參與編選《車書樓選刻舉業必用四六津梁》,卷端題"會魁鶴洲徐標準明甫鑒"。[③] 崇禎六年(1633)遷河南布政司右參議,其後時局動蕩,徐標在兵部供職,軍事活動頻繁,再無暇參與出版活動,順治元年(1644)被部下所殺。

5. 其他進士

瞿汝説,直隸常熟人,萬曆二十九年(1601)進士。參與萬曆四十二年(1614)《批點崇正

---

① 〔明〕李廷機、〔明〕吴道南、〔明〕施鳳來等:《新刻内閣校正當朝鳳藻經國鴻謨》卷一,第 1 頁 a。

② 李恒法、解華英編:《濟寧歷代墓誌銘》,濟南:齊魯書社,2011 年,第 204 頁。

③ 〔明〕徐標鑒、〔明〕曾汝魯等參訂:《車書樓選刻舉業必用四六津梁》卷一,明崇禎年間刻本,東北師範大學圖書館藏,第 1 頁 a。

文選》的校正工作。崇禎八年（1635）離世，此書原爲施策所編，瞿氏僅校正而已。參與此書校正工作時殆已謝職。萬曆四十四年（1616）其子瞿式耜中進士，瞿汝説參與此書的出版或與朱之蕃同供職禮部有密切關係。

曹可明，直隸句容人，字懋德，天啓二年（1622）進士，編選天啓三年（1623）刊行的《車書樓批注分類片札鋪茵》、天啓五年（1625）《岳石帆先生鑒定四六宙函》兩書。

積極參與車書樓出版活動的上層文士除以上七位進士而外，還有上文已述及的狀元朱之蕃、金溪謝廷諒，共九人。這九人中有狀元、榜眼、會魁，可見王氏車書樓强大的編纂實力。其中吴道南是江西崇仁人，謝廷諒、聶文麟與王世茂爲江西金溪人，朱錦在萬曆年間做過金溪縣令，後在南京供職。這四位進士多在王世茂南京開設車書樓之前即已熟識。餘下五人，多在南京供職，如張應泰和朱錦同在兵部，朱之蕃在南京禮部且從事較多的商業出版編纂活動，曹可明在考取功名後即參與了車書樓的編選工作。不難看出，和上層文士的密切交游是車書樓商業出版成功的重要因素。這些人大部分在南京供職，禮部、兵部皆有，他們形成的巨大廣告效應不言而喻。上層文士對王世茂的肯定，以及親自參與，都爲車書樓成功的出版活動奠定了堅實的基礎。另一方面，上層士人積極參與商業出版，是晚明商業出版大爆炸的重要特徵，他們的參與直接表明了士人與商業的高度融合，尤其是在出版業中，士人的參與不僅增加了經濟收入，同時也積極推動了整個晚明文化産業的發展。上層文士有着廣泛的人脉和豐富的編輯資源，因此車書樓的出版條件和消費群體就較其他書坊要略高一籌，讀者群體以士人爲主體，而非市民階層。

（二）車書樓出版活動中“低級功名擁有者”的底層文人

九位進士外，另有二十人參與車書樓的出版活動，皆未獲得功名，雖擔任官職，却是較爲低級者。“這些具有低級功名的人，爲極大擴展的讀者群撰著、編寫、纂輯、修訂、複製、出版和收藏讀物。他們的書滿足並滋養了一種對於應試、醫藥、詩文、字典和多種士人愛好等方面的‘指南書’的普遍興趣”。[①] 此論斷在車書樓周圍形成的士人群體上得到了突出體現。車書樓的主要出版對象是“四六”駢文，尤以尺牘短札爲主，這與王世茂的旨趣一致，同時也是參與車書樓出版活動士人群體的文化選擇，這些“四六”選集的出版，一方面滿足了士紳階層的日用交往，另一方面也可供士子們備考之用，同時也從側面反映了明末復古運動對商業出版的影響。

參與車書樓商業出版的低級功名編纂者中有六人不可考：鄭文龍、蘇紫蓋、虞邦譽、黄之芳、徐選。餘下十四位中許以忠、陰化陽、王焞、張一中、劉養聘等是車書樓出版活動的中堅力量，且與王世茂交情深厚。

1. 善翰墨駢儷文之許以忠

許以忠，字君信，由儒士任順天檢校，遷光禄寺典簿，轉户部山東清吏司主事。肆志古學，

① 〔美〕周紹明著、何朝暉譯：《書籍的社會史——中華帝國晚期的書籍與士人文化》，第 95 頁。

同時與孔顧之、張孟雨友善,以翰墨駢儷文爲世所稱,其名在屠隆、王穉登諸人間。所選故事"四六"書,北方學者争相誦習。

許以忠參與編纂車書樓出版的《新刻旁注四六類函》《旁注雪箋一統》《車書樓新刻當代名公尺牘類函》《恕銘朱先生彙選當代名公四六新函》《蘭嵎朱宗伯彙選當代名公鴻筆百壽類函》《精選當代各名公短札字字珠》《車書樓彙輯各名公新制四六珍函》《精選分注當代名公啓牘琅函》《車書樓彙輯皇明四六叢珠》《車書樓彙輯各名公四六争奇》《車書樓校刻四六詞壇》《車書樓選注當代名公四六天花》《車書樓選刻各名公短札字字珠新集》《春雪箋》共計十四部,皆爲"四六"類選集,正是許以忠所擅長者。朱錦在《精選當代各名公短札字字珠序》中即贊其曰:"許貫日君以此技擅名海内。"[①] 充分肯定了其所編選的《字字珠》"新辭麗語,盈溢滿指。維每條寥寥數語,而映如表盤玓瓅,若夜光懸之國門,當與前後照車十二家者比價矣"。[②]

許以忠參與編纂車書樓所刻書的四分之一强,一方面是因爲許以忠以翰墨駢儷文爲世所稱,與王世茂車書樓以尺牘、"四六"選集爲主要出版對象志趣相投;另一方面則是二人私交甚篤。《字字珠》收二人來往信札數則,[③] 如《送許君信短劍小東》,王世茂言"王生雖鉛刀手,與足下相投,意氣無異雌雄,因解自佩匕首以助足下壯游"。許以忠《答王養恬贈劍》則言"豐城神物,光射斗墟,足下把似以忠,謂忠壯士乎……足下礪世磨鈍之功,特藉手以忠耳",表達了對王世茂的感激和知己相交的情誼。另有《與王養恬》,許以忠告知王世茂"擬七夕抵三山",邀約"設瓜李,具壺漿,同乞天巧",且自言"端陽後丁内艱,良苦抑鬱,棘闈盡賓,不得一展足,足下念故人,得毋爲弟扼腕乎"。親人離世,科場不順,其繾綣抑鬱之情皆告知王世茂,足可見二人之友情深厚。

2. 陰化陽編選《四六鴛鴦譜》

陰化陽,字太乙,鄭州莆田人,年幼失怙,與弟弟孝順奉養母親,官至户部廣東司郎中,崇禎十五年(1642)五月,李自成攻破鄭州,不屈,死難殉國。陰化陽與王世茂合作編纂《四六鴛鴦譜》,在《四六鴛鴦譜序》中闡發編選"四六"之緣由:"四六之從來遠矣,凡立朝之獻納,藉以傳心,仕路之牘箋,籍以寄念。"[④] 此書的編纂乃由王世茂發起,"值江右養恬王先生,以科第之世家,校文於車書樓畔,見余詩文,而神交莫逆,一日枉顧冰玉堂,而促膝談心,相與議曰:'詩句者陶一己之情,四六者通人己之情,縉紳家事上答下,尤爲急用。讀公四六集,知其情文俱暢,何不出往日之舊業,而並爲今日之新局。'余揚衡首肯,遂與養恬公搜韵人之新構,未經人道過者而列爲玉散珠聯,稍不足則續以己作。或時令,或姓氏,或宗藩,或官品,或往來雜啓,無不各分類臚列,而細以聯句入其中,且又與養恬公共爲注解。俾讀之者如發西山之

---

① 〔明〕王焞、〔明〕許以忠編:《精選當代各名公短札字字珠》卷首,第77頁下欄。
② 〔明〕王焞、〔明〕許以忠編:《精選當代各名公短札字字珠》卷首,第78頁上欄。
③ 〔明〕王焞、〔明〕許以忠編:《精選當代各名公短札字字珠》卷六,第211頁上欄、210下欄。
④ 〔明〕陰化陽,〔明〕蘇紫蓋編:《四六鴛鴦譜》卷首,《四庫禁燬書叢刊補編》第39册,北京:北京出版社,2005年,影印中國人民大學圖書館藏崇禎書林呂太如刻本,第591頁上欄。

藏，而古典具在，遂名之曰《四六鴛鴦譜》”。[①] 王世茂深知四六選集對於縉紳之家的重要作用，説服陰化陽合作編選《四六鴛鴦譜》，陰化陽對王世茂頗爲瞭解，誇贊其前所編選的四六選集備受士人歡迎。陰化陽在此集的編選中積極配合王世茂，而且對於編選此集，頗爲得意。書中鈐有“奉政大夫”“户部尚書郎陰”兩印，可知是在户部任上所編。

3.“萬曆四子”之王焞

王焞，字次公，號赭玉。明天啓四年（1624）歲貢生，授旌德訓導，終金山衛教授。工詩文，尤長尺牘。與蕪湖張一如、當塗吴士臻、徐人龍，稱“萬曆四子”。著有《江幹小草》《王赭玉詩稿》。王焞曾在南京長期以編書爲生，編有《浣竹山堂注四六排沙集》十六卷，[②] 與王世茂友情深厚，爲車書樓編選《精選當代各名公短札字字珠》《春雪箋》，且爲後者作序。

王焞與王世茂很早即熟識，“宗人王養恬一日偶持短札一帙來山中問序，一則曰珠，再則曰珠。余念其遠來，慰勞備至”。[③] 憶及自己在南京的經歷，復言：“回首往事，已多陳迹。於梓人之事了不關念矣。”[④] 然由於和王養恬交情深厚，“戲謂養恬，養恬珠則珠矣，其爲魚目亦復不少”。[⑤] 故意以此編“卒業焉……於是爲養恬别選一册以補其缺”。[⑥] 集中有二人來往信件，《柬王養恬》曰：“三百里外，故人兩年始一聚首，真同醉夢。”[⑦] 當即指王世茂至山中之事。王世茂回復《復次公兄》言：“舍親面，再辱教札，兼錫驪珠，拙刻倍生光怪矣，弟既得珠，敢忘探珠之力乎？謝謝。”[⑧]

二書收録王焞自己的書信較多，其中絶大多數是王焞貧苦困頓之時所作。《字字珠》卷首《復鄧父母》[⑨] 一則，述説了因洪灾“桑田變海”，造成的“八口嗷嗷啼饑”的困境，鄧父母對其伸以援手，“筆金之惠”使得他們“足充數日”，同時又“分俸以益之”，令王焞感激不盡，回信連説謝謝。又有《答胡孝廉》[⑩] 一則，“旱蝗狎至，穡事蕭疏，筆耕賤士，將歆箕斗，作鄉校書，博青蚨十數緡，易脱粟數十斛，而力涸矣，傷哉貧也，旦暮搏願仁丈先登彼岸，爲弟作津梁耳”。士人未取得功名，衹得在鄉間以教書爲業，遇天灾則可能顆粒無收，此則信札清晰地展現了晚明士人的窘迫生活。信中期望友人胡孝廉能科考順利，以便將來可以助自己一臂之力。這兩則當皆爲王焞未至南京時所作。王焞作爲一個下層文人，未能考取功名，衹能自己耕作，充教書郎，以養家糊口，若遇洪灾、蝗灾則苦不堪言。後至南京，王焞開始了校書生活，他不僅與王世茂熟識，與另一位書坊主亦交情不淺，有《柬周敬竹》[⑪] 一則言周氏“開爽特

① 〔明〕陰化陽，〔明〕蘇紫蓋編：《四六鴛鴦譜》卷首，第 592—593 頁上欄。
② 崇禎元年浣竹山堂周時彦刻本，湖北省圖書館、遼寧大學圖書館藏。
③ 〔明〕王焞、〔明〕許以忠編：《精選當代各名公短札字字珠》卷首，第 79 頁上欄。
④ 〔明〕王焞、〔明〕許以忠編：《精選當代各名公短札字字珠》卷首，第 79 頁上欄。
⑤ 〔明〕王焞、〔明〕許以忠編：《精選當代各名公短札字字珠》卷首，第 79 頁下欄。
⑥ 〔明〕王焞、〔明〕許以忠編：《精選當代各名公短札字字珠》卷首，第 80 頁上欄。
⑦ 〔明〕王焞、〔明〕許以忠編：《精選當代各名公短札字字珠》首卷，第 104 頁。
⑧ 〔明〕王焞、〔明〕許以忠編：《精選當代各名公短札字字珠》首卷，第 104 頁。
⑨ 〔明〕王焞、〔明〕許以忠編：《精選當代各名公短札字字珠》首卷，第 92 頁下欄。
⑩ 〔明〕王焞、〔明〕許以忠編：《精選當代各名公短札字字珠》首卷，第 88 頁下欄。
⑪ 〔明〕王焞、〔明〕許以忠編：《精選當代各名公短札字字珠》首卷，第 100 頁下欄。

達”“擁書萬卷”,與王焞“握手平生”。周時泰,字敬竹,南京太學生,亦是儒生,開設書坊博古堂,曾與王世茂共同出版《萬樹梅書集》《新刻蒐集群書紀載大千生鑒》,後王世茂翻版《新大千生鑒聖賢年譜萬壽全書》,二人决裂。

王焞是晚明下層文人的典型代表,科考不順,自力耕作,或作教書郎,或作校書匠,生活困苦窘迫不堪。至其開始參與商業出版,生活纔有所改善,至少從現存信札及他所作的序言可知,已經未如在鄉間時那樣爲最基本的生計發愁。他與南京兩位儒生書坊主的交往,一定程度上反映了當時士人參與商業出版的真實狀態。

4.《尺牘争奇》的操刀手張一中

張一中,字不偏,編選《尺牘争奇》。序言中言“友人王君養恬,向鎸有《四六争奇》,業已傳播宇内……一日謁余清影壘中,謂余曰‘當今尺牘之選,極爲濫觴,稍能自出手眼,成一厓集,則藝林稱快事也。因謀尺牘一帙,爲四六合刻云’”。[①]《尺牘争奇》的編選與陰化陽編選《四六鴛鴦譜》一樣,都是王世茂親自登門拜訪,極力邀約而成。張一中自己最喜歡收藏尺牘短札“余生平無他嗜慕,獨與名流韵士,寸簡片言有夙契焉”,[②]具備編選尺牘選集的優勢,故而答應王世茂的請求“搜篋中所存名牘若干卷,彙而成編”。[③]且點明這一尺牘選集的去取標準和編選旨趣“唯遇奇者收之,俗者汰之。然奇於意而不詭於理,奇於情而非傷於道。此余之選尺牘意也。爰命之曰:尺牘争奇”。[④]張一中與王世茂交往甚密,在《尺牘争奇》中收録二人很多來往信件,皆是互相邀約之類。他還與王焞、許以忠等關係不錯,有信札往來。

5.其他下層文士

劉養聘,姑蘇人,字覺我,參與校閱《車書樓彙輯皇明四六叢珠》《尺牘争奇》《春雪箋》,與王焞、王世茂善,《尺牘争奇》載二人書信來往。劉維詔,與許以忠同鄉,參與搜輯《新刻蒐集群書紀載大千生鑒》《新大千生鑒聖賢年譜萬壽全書》。徐榛,字籛實,定遠縣人,萬曆間任贛榆縣訓導,持身恭謹,善詩文,有《覆瓿集》行世,後升大理府判官。他參與校閱了《新刻旁注四六類函》《恕銘朱先生彙選當代名公四六新函》《精選當代各名公短札字字珠》《精選分注當代名公啓牘琅函》。此外值得一提的是王世茂與張一中等人來往的信件也被收入徐渭的《古今振雅雲箋》、沈佳胤的《瀚海》中。

以上諸人並未考取進士,但其中不少在官府供職。實際上他們是車書樓商業出版活動的中堅力量,尤以許以忠爲代表。這些士人的積極參與是車書樓出版品質的根本保證,也正是由於有這樣一批高素質的編纂隊伍,車書樓纔得以持續經營三十餘年,“四六”駢文選集暢銷藝林。

---

① 〔明〕張一中、〔明〕王世茂、〔明〕劉養聘編:《尺牘争奇》卷首,《四庫未收書輯刊》第10輯第30册,北京:北京出版社,2000年,影印明刻本,第1頁。

② 〔明〕張一中、〔明〕王世茂、〔明〕劉養聘編:《尺牘争奇》卷首,第2頁b。

③ 〔明〕張一中、〔明〕王世茂、〔明〕劉養聘編:《尺牘争奇》卷首,第2頁b、第3頁a。

④ 〔明〕張一中、〔明〕王世茂、〔明〕劉養聘編:《尺牘争奇》卷首,第3頁。

三、結語

王世茂的車書樓成功經營三十餘年，一則因其具備儒生的身份和良好文化素養，二則與其廣泛的交游密不可分。上層名流若朱之蕃、范應期、馮夢禎、焦竑、謝廷諒、方大鎮，及其他七位進士，這些士人中不乏狀元、會魁，皆與王世茂交情深厚。他們對具有儒生身份的書坊主王世茂高度肯定，對他所從事的商業出版活動也予以積極認同甚至參與其間。上層士人之外，還有事迹可考的十四位下層士人與王世茂交往密切，他們都是低級功名擁有者，如許以忠、陰化陽、王焞等，但是却是構成車書樓商業出版活動的中堅力量。要之，以車書樓爲中心，上層士人—書坊主—下層士人，在晚明商業出版大爆炸的時代，形成了一個以儒生書坊主王世茂爲聯結點的士人群體，上下融通，他們積極投身於車書樓的商業出版活動中。如此立體而又層次完整、明晰的士人編纂群體，在明末的商業出版中極爲典型。

我們可以看到，從王世茂儒生身份的高度自我認同，到上流名士的贊賞肯定和積極參與，再加上底層文士的鼎力編纂，車書樓的商業出版活動持續三十餘年而不衰。上下融通的士人群體，直接决定了車書樓的商業定位和出版對象及消費群體。士人在晚明身份意識的轉變，加之商業出版的大爆炸，他們隨即順應這一歷史趨勢，積極參與其中，在商業出版中獲取經濟利益，甚至提高自身名望，最終使得晚明的商業出版具有濃厚的士人特色，出現了如車書樓這樣不同於其他出版小説、戲曲等市民娱樂讀物的書坊。車書樓出版活動中形成的龐大士人群體集中展現了明末士人乃至官員參與商業出版的普遍性，也正因如此，他們的積極參與成就了車書樓，構成了晚明南京一道别具一格的文化景觀，成爲商業出版大爆炸中最爲絢麗的組成部分。

附　録①

王世茂車書樓經營活動近三十年，出版圖書近四十部，主要的經營模式爲車書樓組織編撰、發行，而具體的刊刻則交付南京其他書坊，目前可考的近四十部書中，僅十部爲車書樓獨力刊行，餘下則皆由别家刊刻，其中不少南京書坊的商業出版活動僅此一見。車書樓在初創期主要與周時泰的博古堂合作，其後與王鳳翔的光啓堂的合作有五次，時段則跨越萬曆、泰昌、天啓。與蔣時機的梅墅石渠閣合作五次，集中於泰昌天啓年間，蔣氏梅墅石渠閣的出版活動持續到了康熙年間。

---

① 2010年起關注車書樓，原本打算將其作爲碩士論文來做，衹是由於時間緊、善本書不易見，故而另换他題。斷斷續續十年時間，感謝導師何朝暉教授一直以來的教誨，感謝爲查閲善本書提供幫助的其他老師和朋友們。

車書樓刻書繫年及其合作書坊一覽表

刊刻時間	書名	合作刊刻書坊
萬曆年間		
萬曆二十九年	萬樹梅書集	王世茂車書樓、周時泰博古堂刊行
萬曆三十一年	新刻蒐集羣書記載大千生鑒	王世茂車書樓、周時泰博古堂刊行
萬曆年間	新大千生鑒聖賢年譜萬壽全書	車書樓獨力刊行
萬曆三十六年前	新刻國朝名公批點文武並用古今紆籌	車書樓獨力刊行
萬曆三十六年	新刻旁注四六類函	吴繼武、王乾龍、車書樓刊行；另有舒承溪刻本
萬曆三十八年	新刻内閣校正當朝鳳藻經國鴻謨	車書樓獨力刊行
萬曆三十八年	旁注雪箋一統	車書樓獨力刊行
萬曆四十年	中唐十二家詩集	車書樓獨力刊行
萬曆四十二年	批點崇正文選	車書樓獨力刊行
萬曆年間	車書樓新刻當代名公尺牘類函	金陵書坊王敬宇刊行
萬曆四十二年	恕銘朱先生彙選當代名公四六新函	金陵王鳳翔刊行
萬曆年間	新刻吕涇野先生校正中秘元本	車書樓獨力刊行
萬曆四十四年	蘭嵎朱宗伯彙選當代名公鴻筆百壽類函	金陵王鳳翔刊行
萬曆四十五年	精選當代刻各名公短札字字珠	金陵書坊傅春溟刊行；另有金陵書坊吴小山刊行
萬曆四十七年	車書樓彙輯旁注當代名公四六瑶函	金陵張少吾(張鍾福)刊行
萬曆年間	車書樓彙輯各名公新製四六珍函	金陵張鍾福(張少吾)刊行
萬曆年間	精選分注當代名公啓牘琅函	金陵王鳳翔刊行
萬曆四十八年	車書樓彙輯皇明四六叢珠	金陵傅夢龍刊行
萬曆四十八年	車書樓彙輯各名公四六争奇	鳳來堂刊行；
萬曆年間	車書樓校刻四六詞壇	金陵書坊書林李潮刊行
萬曆年間	車書樓選刻歷朝翰墨鼎彝	金陵黄復宇刊行
泰昌天啓年間		
泰昌元年	車書樓選刻各名公短札字字珠新集	金陵書坊傅春溟刊行；另有金陵書坊吴小山刊行
天啓三年	車書樓彙輯各名公四六争奇	蔣時機刊行
天啓年間	尺牘争奇	車書樓獨力刊行
天啓年間	車書樓選注當代名公新製四六明珠	金陵王鳳翔刊行
天啓五年	岳石帆先生鑒定四六宙函	金陵蔣時機刊行
天啓年間	新刻精纂詳注仕途懸鏡	蔣時機刊行
天啓年間	隸書十瀔	蔣時機刊行
天啓年間	篆隸心畫	蔣時機梅墅石渠閣刊行
天啓七年	車書樓選注名公新語滿紙千金	車書樓獨力刊行
天啓七年	車書樓纂注四六逢源	周譽吾得月齋刊行
天啓年間	車書樓選注當代名公四六天花	書林龔舜緒刊行
崇禎年間		
崇禎二年	車書樓精選名公四六篇篇錦	金陵王鳳翔刊行
崇禎年間	車書樓選刻舉業必用四六津梁	池英俊刊行
崇禎年間	春雪箋	金陵王世烘刊行
崇禎七年	四六鴛鴦譜	稽古齋吕太如刊行
崇禎年間	書簡活套翰墨連環譜	德聚堂刊行

(任利榮，四川省社會科學院助理研究員)

曹溶《流通古書約》考*

張　升

[摘　要]　清初曹溶所撰《流通古書約》以其先進、開放的理念，簡便明確的操作方法，在藏書史、圖書流通史上久享盛譽。該約并不是曹溶所寄託之空想，而是被其多次付諸實施。曹溶在康熙十三年(1674)擬成此約後，首先與徐乾學兄弟訂約，然後又依次與范氏、錢氏等多人訂約。在實踐中，該約的理念得到了很好的貫徹與踐履，也取得了很好的效果。從中我們亦可以發現影響藏書家締約的關鍵因素：交情、對等、開放與靈活。對曹溶締約實施情況的考證，有助於我們認識清代藏書家"書籍之交"的普遍性。

[關鍵詞]　曹溶　流通古書約　藏書家　書籍之交

曹溶(1613—1685)，字秋嶽，一字潔躬，亦作鑒躬，號倦圃、鉏菜翁，浙江秀水(今嘉興)人，明崇禎十年進士，官御史等；入清後官至户部右侍郎，爲清初著名藏書家。曹溶所撰《流通古書約》是關於藏書家之間流通圖書的協議，以先進、開放的理念，簡便明確的操作方法，在藏書史、圖書流通史上久享盛譽。目前學界對該約的研究已有一定的開展，但是，這些研究除了簡單介紹該約的具體内容，以及充分肯定該約所倡導的圖書開放思想之外，很少提及該約的實際操作情況。① 有的學者甚至説："曹溶的這種保存古籍的思想，集中反映在《流通古書約》一文中。這篇文章也是中國藏書史上重要的文獻，他流通古書的設想，在當時是行不通的。"② 這不禁讓人産生這樣的疑問：《流通古書約》衹是表達一種理想與願望，還是曾經付諸實踐的協議呢？最近，筆者通過研讀曹溶尺牘，并結合其詩集等文獻來分析，逐漸對該問題有了較清晰的認識：曹溶不但提出了很好的理念，而且確實多次將其付諸實踐。這一認識不但有助於我們更深刻地理解《流通古書約》，也有助於我們認識到清代藏書家之間"書

*　本文是教育部人文社科基金項目"明清士大夫書籍之交研究"(19YJA770023)的階段成果。

①　目前學界的相關研究主要有：王文：《曹溶及其〈流通古書約〉》，《圖書館學研究》1984年第2期，第17—19頁；傅金柱、黄雅琴：《明清時代的兩個流通書約》，《江蘇圖書館學報》1994年第6期，第49—50頁；徐健：《試論〈流通古書約〉與〈古歡社約〉的圖書流通思想》，《河南圖書館學刊》2001年第12期，第69—70頁；汲言斌：《曹溶與〈流通古書約〉》，《圖書館工作與研究》2012年第7期，第83—85頁；席會芬：《〈流通古書約〉評析》，《河南科技學院學報》2015年第5期，第39—43頁；李軍：《朱彝尊、曹溶藏書交流考述》，王紹仕主編：《江南藏書史話》，上海：上海古籍出版社，2009年，第476—486頁。以上諸文中衹有李軍一文明確認爲《流通古書約》的思想在當時是曾經被實施過的，并推測曾應用于朱彝尊等人。但是，除了朱氏外，該文并没有考證其他人參與實踐該約的依據。

②　顧志興：《曹溶的"静惕堂"藏書與〈流通古書約〉》，顧志興：《浙江藏書家藏書樓》，杭州：浙江人民出版社，1987年，第164—165頁。

籍之交”的普遍性。[①]

一、《流通古書約》簡介

曹溶《流通古書約》載:

> 自宋以來,書目十有餘種,燦然可觀。按實求之,其書十不存四五,非盡久遠散佚也。不善藏者,護惜所有,以獨得爲可矜,以公諸世爲失策也,故入常人手,猶有傳觀之望,一歸藏書家,無不綈錦爲衣,旃檀作室,扃鑰以爲常。有問焉,則答無有。舉世曾不得寓目,雖使人致疑於散佚,不足怪矣。近來雕版盛行,煙煤塞眼,挾資入賈肆,可立致數萬卷。於中求未見籍,如采玉深厓,旦夕莫覬。當念古人竭一生辛力,辛苦成書,大不易事。渺渺千百歲,崎嶇兵攘劫奪之餘,僅而獲免,可稱至幸。又幸而遇賞音者,知蓄之珍之,謂當繡梓通行,否,亦廣諸好事。何計不出此,使單行之本寄篋笥爲命,稍不致慎,形跺永絶,只以空名掛目録中?自非與古人深仇重怨,不應若爾。然其間有不當專罪吝惜者。時賢解借書,不解還書,改“一瓻”爲“一癡”,見之往記。即不乏忠信自秉、然諾不欺之流,書既出門,舟車道路,摇摇莫定,或童僕狼藉,或水火告災,時出意料之外。不借未可盡非,特我不借人,人亦决不借我,封己守株,縱累歲月,無所增益,收藏者何取焉?予今酌一簡便法:彼此藏書家各就觀目録,標出所缺者,先經注,次史逸,次文集,次雜記,視所著門類同,時代先後同,卷帙多寡同,約定有無相易,則主人自命門下之役精工繕寫,校對無誤,一兩月間,各齎所鈔互换。此法有數善:好書不出户庭也;有功于古人也;己所藏日以富也;楚南燕北皆可行也。敬告同志,鑒而聽許。或曰:此貧者事也,有力者不然。但節宴遊玩好諸費,可以成就古人,與之續命。出未經刊佈者壽之梨棗,始小本,迄巨編,漸次恢擴,四方必有聞風接響,以表章散佚爲身任者。山潛塚秘,羡衍人間,甚或出十餘種目録外。嗜奇之子,因之覃精力學,充拓見聞。右文之代,宜有此禎祥,予矯首跂足俟之矣。倦圃老人曹溶約。[②]

以上是《流通古書約》的全文。該文包括三部分内容:緒言、約文、附言。

緒言,爲立約之背景及原因,主要講:當時稀見之古書不易看到,而藏書家不願出借。

約文,主要包括:各藏書家相互公佈自己的藏書目;在對方書目中標出自己所缺的書;在雙方所缺之書基本對等的情况下,將對方所缺之書抄校好,然後彼此互换所抄的書。這樣,

① “書籍之交”,是指中國古代士大夫(尤其是藏書家)之間非商業性圖書流通。可參張升《明清民間社會的“書籍之交”》,《歷史教學問題》2015年第4期,第53—61頁。

② 〔清〕曹溶:《流通古書約》,〔明〕祁承㸁等:《澹生堂藏書約(外八種)》,上海:上海古籍出版社,2005年,第35—36頁。

雙方就能獲得自己所缺之書，而不用將藏書出借。

附言，爲補充説明，主要講：如果有實力的人能刊刻稀見的或未刻之書，則更好。也就是説，貧者衹能相互傳抄，而富者可以考慮將這些書刊刻。這表達了曹氏更大的希望。

關於此約，曹溶在《絳雲樓書目題辭》中有進一步的討論。《題辭》云：

> 虞山宗伯（引者按：指錢謙益）生神廟盛時，早歲科名、交遊滿天下，盡得劉子威、錢功父、楊五川、趙汝師四家書。更不惜重貲購古板本，書賈聞風奔赴，捆載無虚日。用是所積充牣，幾埒内府，視葉文莊、吴文定及西亭王孫或過之。中年，構拂水山房，鑿壁爲架，庋其中。四時從遊之士，不遠千里，行縢修贄乞其文，刻系牲之石，爲先世光榮者，絡繹門外。自王弇州、李大泌以還，此事殆希見也。宗伯文價既高，多與清流往來，好延引後進，大爲壬人所嫉，一蹶不復起。晚歲浮沉南國，操委蛇術容其身，所薦某某，大異平居所持論，物望爲之頓損。入北未久，稱疾告歸，居紅豆山莊，出所藏書重加繕治，區分類聚，棲絳雲樓上，大櫝七十有三，顧之自喜曰：我晚而貧，書則可云富矣。甫十餘日，其幼女中夜與乳媪嬉，樓上剪燭灺，誤落紙堆中，遂燧。宗伯樓下驚起，焰已漲天，不及救，倉皇走出。俄頃，樓與書俱盡。予聞駭甚，特過唁之，謂予曰：古書不存矣，尚有割成明臣志傳數百本，俱厚四寸余，在樓外。我昔年志在國史，聚此。今已灰冷，子便可取去。予心豔之，長者前未敢議值，則應曰諾諾。别宗伯，急訪葉聖野，托其轉請。聖野以稍遲，越旬日，已爲松陵潘氏購去。歎息而已。今年，從友人得其書目，手抄一過，見不列明人集，偏於瑣碎雜説收録無遺，方知云厚四寸者，即割文集成之，非虚語也。予以後進事宗伯，而宗伯絶款曲。丙戌同客長安，丁亥、戊子同僦居吴苑，時時過予。每及一書，能言舊刻若何，新板若何，中間差别幾何，驗之纖悉不爽。蓋於書無所不讀，去他人徒好書束高閣者遠甚。然太偏性，未爲愛惜古人者，有二端：一所收必宋元板，不取近人所刻及抄本，雖蘇子美、葉石林、三沈集等，以非舊刻，不入目録中。一好自矜嗇，傲他氏以所不及，片楮不肯借出，儘以單行之本，燼後不復見於人間。予深以爲鑒，偕同志申借書約：以書不出門爲期，第兩人各列所欲得，時代先後，卷帙多寡，相敵者，彼此各自覓工寫之，寫畢各以奉歸。昆山徐氏、四明范氏、金陵黄氏，皆以爲書流通而無藏匿不返之患，法最便。①

綜上可以看出，《流通古書約》的産生與錢謙益絳雲樓失火、藏書被毀有直接的關係。也就是説，錢氏如果當年能出借藏書，他人得以傳抄，不至於最終“燼後不復見於人間”，因此，曹氏“深以爲鑒，偕同志申借書約”。可以説，曹氏長期搜書，深切體會到得書之難，而錢氏絳

① 〔清〕曹溶：《絳雲樓書目題辭》，〔清〕錢謙益：《絳雲樓書目》，北京：中華書局1985年影印《叢書集成初編》本，第1—2頁。

雲樓之失火是最終導致其制訂此約之關鍵因素。

正如前文所云“偕同志申借書約”,《流通古書約》實際上就是“借書約”,也就是關於借書的協議。此外,下文還會提到,此約也可稱爲“借抄(或互抄)之約”。不過,所謂“借書約”“借抄(或互抄)之約”都是通俗的説法,其正式的名稱還是“流通古書約”,因爲《静惕堂集》所收該約文即稱爲“流通古書約”,[①] 而且,後來的傳抄、翻刻本也一直延用此稱。

二、《流通古書約》最早訂立時間

據前引“敬告同志,鑒而聽許”“偕同志申借書約”可知,此約的訂立在最初并没有一個固定的對象,衹要是同志者即可。换言之,此約是開放性的,隨時可以應用於那些有共同志願者。因此,這裏所説的訂立時間,是指最早實施該約的時間。兹考證其訂立時間如下:

其一,從曹溶《絳雲樓書目題辭》看,此約文應作于錢謙益去世後。錢氏逝於康熙三年(1664),而曹溶逝於 1685 年,因此,此約肯定訂立於這期間。

其二,曹溶《絳雲樓書目題辭》提到昆山徐氏、四明范氏、金陵黄氏都認爲此約好,應該是較早參與訂約之人。而且,一般而言,此三家應是以訂約時間先後排列的。據此又可知,昆山徐氏(即徐乾學兄弟)應爲最早訂約者。

其三,曹溶“與汪晋賢(一)”載:“弟入秋來埋首鉛槧,與吟嘯稍疏。今史輯已成,將以歲寒燈火料理元詩選事,恨所藏元籍止百家,未稱大備。前聞老年翁收濮川沈氏書多奇秘,能以書目見示否?弟與昆山昆季通借抄之約一年,所增彼此各不下數十種。同人多以此爲便,仿而行之。裘杼樓主人當亦踴躍從事也。”[②] 據《汪森年表》可知,汪氏收濮川人家之書是在康熙十四年二月,[③] 那麽,此信應該是作於該年秋天。信中説其與徐氏通約有一年了,則大致可推算出與徐氏訂約應在康熙十三年(1674)。而且,信中所言“弟與昆山昆季通借抄之約一年,所增彼此各不下數十種。同人多以此爲便,仿而行之”,亦可印證前面的推斷:與徐氏訂約最早,其他同人則仿而行之。

曹溶與徐乾學兄弟一直保持密切的關係,詩書往來不斷,而且,徐乾學兄弟是當時的大藏書家,所藏明史資料衆多,又主持《明史》編修,而曹氏自 1664 年離官歸里後,一直從事編修有關明朝之史書,因此,曹氏擬成此約後即首先與徐氏訂約,是可以理解的。綜上所述,我

---

① 〔清〕葉昌熾《藏書紀事詩》卷四“曹溶(潔躬)”條(上海:上海古籍出版社,1989 年,第 352—353 頁)載:《静惕堂集·流通古書約》。可見,該約是收在曹氏文集中的。但可惜的是曹氏文集目前遍搜不得,估計已失傳。〔清〕錢泰吉《甘泉鄉人稿》卷九(清同治十一年刻光緒十一年增修本,第 28 頁 a\b)亦提到該約,并提到曹氏文集四卷:“曹倦圃有《流通古書約》,有力收藏傳鈔者當取法焉。大略云:酌一簡便法,彼此藏書家各就觀目録,標出所缺者。…… 敬告同志,鑒而聽許。倦圃《静惕堂文集》鈔本四卷,亦生沐所藏。”

② 本文所收書信,除特别注明者外,均出自〔清〕胡泰選《倦圃曹先生尺牘》(清康熙、雍正年間含暉閣刻本)。該書所收均爲曹溶給他人之書信。

③ 陳水雲、孫婷婷:《汪森年表》,杜桂萍主編:《明清文學與文獻》第 4 輯,北京:社會科學文獻出版社,2016 年,第 165 頁。

們可以大致推斷：曹氏在康熙十三年（1674）擬定此約，并首先與徐乾學兄弟訂約，然後又依次與范氏、錢氏等訂約。

三、《流通古書約》的訂約者

除了前面提到的昆山徐氏、四明范氏、金陵黄氏外，曹溶書信中還提到一些人物有可能是訂約者，兹一并考證如下：

1. 昆山徐氏（徐乾學、徐元文、徐秉義兄弟）

除前引"與汪晋賢（一）"及《絳雲樓書目題辭》外，提及徐氏參與此約的材料還有：

"與黄俞部"載："冠山堂宋集已許對抄十四種。蘇潁、方回等，其中弟有之，不啻先生有之，通融最便。某處尤多奇秘，以利動之，欣然代抄。……弟十月之間，不免北行。九月前後，尚冀龔天老使者來，弟已抄就《中興（潔海）[禦侮]録》《靖康要録》等書，恐勖老未遽到，故不敢冒昧寄。語天老，乞致此意。"[①]冠山堂爲徐乾學書齋名。這裏提到徐氏答應"對抄"，即互抄對方之書，正是《流通古書約》所提到的抄書法。"某處尤多奇秘，以利動之，欣然代抄"，"某處"應該指的是曹氏；"以利動之"，是曹氏推行借書約之重要手段，指曹氏以自己的藏書來吸引别人來締約。而且，"其中弟有之，不啻先生有之"，説明曹氏之書也可以與黄氏對抄，這樣，曹氏之書即可視爲黄氏所有。龔天老，即下文的龔翔麟，他們之間也有互抄之約。

"與龔蘅圃（一）"載："弟將宋元詩選，已得專集二百七十餘種，所未備者方求玉峰徐氏、四明范氏、虞山錢氏、鹽官胡氏。人間奇寶，歲月之内可悉列几案間。弟嘗見蓄書家往往富有自矜，緘秘不出，反使古人述作由我而不傳。牧老絳雲一炬，斷絶不少，頗爲得罪名教也。弟每得佳書，力既不能付刻，發願廣之同人，冀得流通不絶，稍以此結文字緣。老年翁地居上游，書籍所匯，又手握奇藻，與昔賢針芥相投，博訪多藏，正在今日。"玉峰徐氏，也是指徐乾學兄弟。曹氏在信中非常自信地稱，其未備之書可以在"歲月之内可悉列几案間"，説明其與信中所提四家（玉峰徐氏、四明范氏、虞山錢氏、鹽官胡氏）應均有互抄之約。而且，信中還提到"弟每得佳書，力既不能付刻，發願廣之同人，冀得流通不絶，稍以此結文字緣"，這也説明，曹氏是主動地以自己所藏佳本來推動與人訂立互抄之約的，實即前引"與黄俞部"信中所説的"以利動之"。可以説，曹氏所倡的互惠互利的抄書法，非常契合《書籍的社會史》所總結的藏書家得以使用他人藏書的最普遍方法：以自己的藏書來打開别人的藏書樓。[②]

除上述兩信外，其他材料也可以進一步證實曹氏與徐乾學兄弟確實存在互抄之約。例如，徐乾學主持編纂《通志堂經解》時，多借抄曹氏之書。曹溶作於康熙十八年（1679）的《送徐健庵入都》詩云："稽古足專編史局，沃心方值省災年。無忘濟我雕蟲癖，秘笈時當寄

① 勖老，即丁灦，字勖庵，號皋亭、花汀漁隱，江蘇上元（今南京）人。

② 〔美〕周紹明（Joseph P.McDermott）著，何朝暉譯：《書籍的社會史》，北京：北京大學出版社，2009 年，第 136 頁。

遠天。"[①] 其時徐氏遠在北京主持編修《明史》,但曹氏仍希望徐氏能寄予"秘笈"。徐乾學詩文中提及曹氏的不多,但其《寄曹秋嶽先生二首》之二云:"發憤購遺書,搜羅探秘笈。從人借抄寫,瓻甀日不給。側聞曹氏倉,積書如堵立。裝以紺琉璃,重以錦繡襲。漆文既發魯,殘竹或穿汲。昔稱三十乘,較書慚搜葺。矧予保殘闕,嘗苦心力澀。願言解纓組,藤笶自負執。一窺未見書,爲解饑渴急。"[②] 説明徐氏對曹氏之抄書與藏書是頗瞭解的。而且,徐乾學《傳是樓書目》中收宋元人集比較多,[③] 且多爲抄本,可能在一定程度上反映了與曹氏互抄之效果。

2. 四明范氏

除《絳雲樓書目題辭》外,前引"與龔蘅圃(一)"也提到曹溶與四明范氏訂有互抄之約,而此范氏指的就是天一閣范光燮。范光燮(1613—1698),字友仲(又作友中),一字鼎仍,號希聖老人,浙江鄞縣(今寧波)人,范欽曾孫,范汝楠次子,范光文弟。其於康熙十五年(1676)以恩貢生任嘉興府學訓導,在職十餘年,與曹溶來往頗爲頻繁。[④]

范光燮對藏書持較開放的態度,故能讓黄宗羲作爲外人首登天一閣看書,并答應其抄書之請求。據黄宗羲《天一閣藏書記》(己未)云:"天一閣書,范司馬所藏也,從嘉靖至今蓋已百五十年矣。司馬歿後,封閉甚嚴。癸丑,余至甬上,范友仲破戒引余登樓,悉發其藏。余取其流通未廣者抄爲書目,凡經史地志類書坊間易得者及時人之集三式之書,皆不在此列。余之無力,殆與東里少時伯仲,猶冀以暇日握管懷鉛,揀卷小書短者抄之,友仲曰諾。荏苒七年,未蹈前言。"[⑤] 因此,范光燮與曹氏訂互抄之約也是可以理解的。

3. 黄虞稷(金陵黄氏)

《絳雲樓書目題辭》所提及的"金陵黄氏",即當時大藏書家黄虞稷(字俞邰),前引"與黄俞邰"亦可爲證。此外,曹氏"與項東井"云:"所寄俞邰、融谷二劄,皆自爲抄書地,幸一笑,爲我寄之。俞邰嗜學有文,書必肯借。借得,煩覓人速寫。"[⑥] 所謂"自爲抄書地",其實就是希望借抄他人之藏書。因此,曹氏所寄黄虞稷之劄有可能正是向黄氏提出訂約之劄。另據"與龔蘅圃(二)"載:"因俞老迫解維,不及作報劄,幸道相懷。先抄子野、遺山詞二種,其雪樓、蛾術更欲得否,晤時一詢之。"這裏所談應還是曹氏與黄氏互抄之舉,且曹氏曾通過龔氏來問黄氏所欲抄之書。又據"與龔蘅圃(三)"載:"致俞兄一劄,易書一函,如已北發,便存几案間,但求覓便報俞兄,使知弟之不負約也。"這裏提到的也應該是指與黄氏所訂之約。

4. 虞山錢氏(錢曾)

前引"與龔蘅圃(一)"提到的訂約者還有虞山錢氏。曹溶與錢謙益相交頗深,但曹溶作《流通古書約》時錢謙益已去世,因此,這裏的錢氏不可能指錢謙益,而應指錢謙益之族孫錢

---

① 〔清〕曹溶:《静惕堂詩集》卷三十六,清雍正刻本,第18頁b。
② 〔清〕徐乾學:《憺園文集》卷七,清康熙冠山堂刻本,第12頁a。
③ 〔清〕徐乾學《傳是樓書目》(清道光八年味經書屋鈔本)收有前信提到的方回(其實是元人)之集,但没有收蘇頌之集。
④ 例如,曹溶《静惕堂詩集》卷三十七收有《范友仲廣文邀邁人止嶽碁會有詩遥同次韻二首》,約作於1681年。
⑤ 沈善洪主編:《黄宗羲全集》第10册,杭州:浙江古籍出版社,2005年,第119頁。
⑥ 〔清〕黄汝銓選:《曹秋嶽先生尺牘》卷七,清康熙刻本,第24頁b。

曾（字遵王）。曹氏與錢曾亦多有來往，如曹溶《静惕堂詩集》卷四十四《嚴武伯、錢遵王至二首》即提到："花間柔櫓載書來，滴露芸窗拂蠹開。第一風流推此事，不教珠玉起塵矣（埃）。浮雲劫火動相妨，紅豆當年倚恨長。容我一瓻鴛水北，往來吹送白蘋香。"此外，錢曾《讀書敏求記》卷一"陸淳春秋微旨三卷"載："内閣藏本，予從曹秋嶽先生借録。"卷四"離騷草木疏四卷"載："此從曹秋嶽先生借録，得觀斗南原書，何其幸也。"① 亦可證他們之間確實有借抄之舉。

5. 鹽官胡氏

前引"與龔蘅圃（一）"提到訂約者還有鹽官胡氏，此胡氏應指胡夏客、胡申之父子。胡夏客，字宣子，浙江海鹽人，諸生，胡震亨（字孝轅）之子。胡申之，字令修，副貢生，胡夏客之子。胡氏爲藏書世家，黄宗羲亦曾至其家訪書，據前引黄氏《天一閣藏書記》載："胡孝轅考索精詳，意其家必有藏書，訪其（子）[孫]令修，慨然發其故篋，亦有宋元集十餘種，然皆余所見者。"曹溶與胡夏客父子均有交往，據"與吴子文"載："愚與宣子曾通交好，今欲就其家借姚牧庵文集，訂四十日内抄畢奉還，先致此意，當自致柬，切切。"② 這裏還提到了借抄之期限爲四十日。

6. 龔翔麟

龔翔麟（1658—1733），字天石，號蘅圃，又號稼村，晚號田居，清代藏書家，浙江杭州人。前引"與龔蘅圃（一）"載："弟嘗見蓄書家往往富有自矜，緘秘不出，反使古人述作由我而不傳。牧老絳雲一炬，斷絶不少，頗爲得罪名教也。弟每得佳書，力既不能付刻，發願廣之同人，冀得流通不絶，稍以此結文字緣。老年翁地居上游，書籍所匯，又手握奇藻，與昔賢針芥相投，博訪多藏，正在今日。"此信所談正是關於借書約之事。顯然，當時曹、龔雙方還未締約，曹氏衹是表達此意，等待龔氏回應。

大概在此後不久，曹氏與龔氏就締約了，據"與龔蘅圃（四）"載："聞老年翁精修制舉之業……老年翁經笥一刻，近必增多，幸以全帙寄我，倘有未備之册，無妨列目寄來，當繕寫奉到。古人未刻之集，得我而流通，真大快事也。抄書十七册附使者。"龔翔麟於康熙二十年（1681）考取順天副貢生，後由兵部車駕司主事、工部主事遷廣東關税官，再授陝西道監察禦史。曹溶提到"聞老年翁精修制舉之業"，因此，此信應作于龔氏出仕之前。也就是説，兩人訂約應在1681年之前。此外，"與龔蘅圃（五）"載："惟藏籍未多，頗有遺憾，安得博雅好古如老年翁，動念故人，時時通借書之使，則彼此均益矣。向需諸種，業已畢工，托俞老奉上，惟孫莘老《春秋解》卷帙稍繁，尚在繕寫者手，八月可寄也。""與龔蘅圃（六）"載："使者來時，適在省下，所録《靖康録》等書裝潢已久，俱在寒舍，未能取寄。"③ 可見，曹氏與龔氏之互抄還是頗爲頻繁的，而且據後一信看，對方所代抄之書，還要裝潢後再送出。

① 以上分别見〔清〕錢曾《讀書敏求記》，北京：書目文獻出版社，1984年，第7、120頁。

② 〔清〕黄汝銓選：《曹秋嶽先生尺牘》卷六，第32頁a。

③ 〔清〕黄汝銓選：《曹秋嶽先生尺牘》卷三，第26頁b。

7. 汪森

汪森(1653—1726),浙江嘉興府桐鄉人,原名汪文梓,字晋賢,一字碧巢,官户部郎中,藏書樓爲裘杼樓。據前引"與汪晋賢(一)"載:"弟與昆山昆季通借抄之約一年,所增彼此各不下數十種,同人多以此爲便,仿而行之。裘杼樓主人當亦踴躍從事也。"這説明當時(康熙十四年,1675)曹氏與汪氏還未訂互抄之約,但希望與汪氏締約。不過,大概在此後不久兩人就訂立了借書約,因爲曹氏在此後與汪氏的通信中多次提到互抄之舉。例如:

"與汪晋賢(二)"載:"聞續有《詞綜》兩卷,補未備姓名,極善,已付刻否?如未刻,乞命使者録一本見寄。弟所蓄宋人詞不少,或鄴架所乏者,可還録相報也。里巷苦貧,舊書遝出,中間頗有秘本,我兩家共爲收拾,而又有無互相换抄,天一閣、冠山堂不難並峙也。"這裏提到兩家可以互抄,正是《流通古書約》之核心内容。

"與汪晋賢(三)"載:"頃在吴門,見先儒經解及宋元集甚多,囊無濟勝具,往往交臂失之。鄴架近日必大有收藏,幸垂示目録,庶爲彼此借抄之藉也。……《汪玉山集》較《秋厓小稿》爲少,他日當再抄宋集一二種奉易耳。"這裏涉及《流通古書約》的兩項重要内容:其一,據對方書目來確定自己需借抄之書;其二,借抄之書要對等。也就是説,如果互抄之書不對等,一方還需要設法補足。查汪氏《裘杼樓書目》可知,其中著録:方嶽《秋崖小稿》八十卷,十册,另標"又十册";汪應辰《文定集》十三卷,三册,另標"又四册"。《文定集》,即信中所説的《汪玉山集》。本人推測,原書目著録爲"《秋崖小稿》八十卷,十册",後來又補抄了其不全的部分,共十册,故將"又十册"標在原書名之下。《玉山集》的著録也是這種情况。因此,其中補抄部分有可能即是與曹氏互相借抄的結果。

"與汪晋賢(四)"載:"南中焦氏秘册極多,弟購得近百種,清秘倘有所乏,不妨遣人來寫。聞收藏之富,日異月新,亦望列目示之,圖借觀一二也。"可見,如前所述,要達成互抄之約,最好的方法是"以利動之",即啖之以利,誘之以惠,主動提供對方需要之書,而望對方能有所回報。

此外,"與汪晋賢(五)"載:"尊齋宋元集目,希附一閲。他日將彼此互抄而耳。""與汪晋賢(六)"載:"海内積書家裘杼樓實居其一,近必多收秘册,無靳手疏五十里舟程,彼此可通借也。"以上均提到兩家互抄之舉。

8. 朱彝尊

朱彝尊(1629—1709),字錫鬯,號竹垞,浙江嘉興人。其與曹氏爲同鄉戚友,來往頻繁。朱彝尊編纂《經義考》和《詞綜》時,均大量借抄曹溶的藏書。例如,王士禛《居易録》卷十二載:"竹垞過邸舍,云近著一書曰《經義存亡考》,……竹垞篤好經學,所録多鄞范氏天一閣、禾中項氏及曹氏倦圃、温陵黄氏千頃堂秘本。"[1]《詞綜》"發凡"載:"是編所録,半屬抄

---

① 〔清〕王士禛:《居易録》,清康熙刻本,第8頁b。

本，…… 里門則借之曹侍郎秋嶽。”[①] 此外，朱氏《曝書亭著録序》載：“時曹侍郎躬潔、徐尚書源一，皆就予傳抄。”[②] 曹溶“與朱錫鬯（一）”載：“承需宋説，先當抄寄。其《王霸世紀》等，竭終歲之力，次第寫來。《琬琰録》及《朝野雜記》如教摘覽。惟《玉溪編事》，弟處所乏，世間亦未見有此書，不知何故列入目中也。《牧（來）[萊]脞語》，敬拜嘉惠。台處既多秘册，又能博訪諸家，弟欲轉抄二十四種，以敝篋所藏相准，猶恐不均，有新收數種，在俞老劄中，可取閲也。”“與朱錫鬯（二）”載：“惠借諸書，皆敝篋所乏。近年江左藏書絶少，偶有所見，輒爲大力所先。承命采入《道古録》，恐無足以報拳拳者，統俟騶車息軫，悉出恣蒐羅耳。”據上兩信可以看出：他們兩人之間確曾訂有互抄之約；即便是關係非常親密之人，在實施借書約時也要遵循對等原則。1685 年，朱彝尊在京師獲悉曹溶去世的消息，寫下了《曹先生溶挽詩六十四韵》，其中有“簽帙無由借，人琴自此掊”之句，[③] 表達了再也無法向曹氏借書之傷感。

曹溶和朱彝尊均特别重視對宋元人集的搜集，并分别留下了《静惕堂藏宋元人集目》和《潛采堂藏宋元人集目》。兩目比對可以發現，其中有一半以上的書籍是相重的，這有可能在一定程度上反映了兩人相互借抄的效果（當然主要是朱氏向曹氏借抄）。

9. 高佑釲

高佑釲，字念祖，浙江嘉興人。據“與高念祖（一）”載：“兩日借到書籍，已分頭發抄，再借謝宋、陳旅、劉彦炳、郭奎、李孝光五種集，望即付以便，另人並工繕寫，庶不遲滯。”由於所借之書較多，故需要抄工較多，以便分别發抄。而且，從信中可以看出，這些書是借回來再抄的，而不是按條約所定抄了再送的。另據“與高念祖（二）”載：“尊公先生如此嗜書，怪其所藏尚少，仇遠《興觀集》、錢惟善《江月松風集》，不佞有此兩種，人間無第二本，容當抄送鄴架，藉以流傳海内也。釋妙聲、王孟端、謝孔昭、陳亞之四集，惟示之。”[④] 可見仇遠《興觀集》、錢惟善《江月松風集》是抄了再送的，而釋妙聲等四集可能是借了再抄的。由此我們可以進一步推測，雖然協議規定是抄了再互送的，但是真正實施時并不一定按此辦理。例如，珍貴之書可能是抄了再互送，以避免意外，而不那麽珍貴的書可能就直接借出讓對方抄了。

10. 陸漻

陸漻，字其（期）清，號聽雲，江蘇吴縣人。陸漻藏書甚富，但秘不示人。曹溶依舊采用“以利動之”的方法，終得以與之達成通借之約。據《蕘圃藏書題識》卷八“巨鹿東觀集”載，陸期清家藏元刻《玉山雅集》，曹氏欲購，而陸氏未允，“秋嶽遂折節訂交，以宋梓魏仲先《巨鹿東觀集》、孫奕《示兒編》相贈。古人倦倦愛書之意，迄今猶可想見”。[⑤] 另據陸氏《佳趣堂置書述略》載：“甲子歲，（曹溶）以魏仲先《巨鹿東觀集》、孫弈《示兒編》，皆宋槧善本，見贈

① 〔清〕朱彝尊、〔清〕汪森編：《詞綜》，上海：上海古籍出版社，1978 年，第 7 頁。
② 葉元章、鍾夏選注：《朱彝尊選集》，上海：上海古籍出版社，1991 年，第 446 頁。
③ 〔清〕朱彝尊：《曝書亭全集·曝書亭集》，長春：吉林文史出版社，2009 年，第 182 頁。
④ 〔清〕黄汝銓選：《曹秋嶽先生尺牘》卷二，第 22 頁 b—23 頁 a。
⑤ 〔清〕黄丕烈：《黄丕烈藏書題跋集》，上海：上海古籍出版社，2013 年，第 457 頁。

焉。歲辛酉,秀水朱竹垞檢討典試江南,亦造門訂交。晚選《詩綜》,有闕來借。二先生(指曹氏與朱彝尊)往來尺牘不下四五十番。”何焯跋《柳河東集》云:“其清不輕與人通假書籍,倦圃、竹垞兩先生欲抄録其藏本,甚秘者即不肯出。尋常小書亦必頁數卷數相當,始得各易所無。”[①]“與陸期清”載:“繳到《易》注二種,奉送《孝經》一種。董鼎《孝經大義》正在發抄,抄畢送上。《鉅鹿東觀集》内缺三卷,乞發原本來,俟抄成仍以刻本奉繳。告借三種,洪炎《西渡集》、陳謨《海桑集》《六經雅言圖辨》。”[②]可見兩人之間相互借抄之頻繁。

此外,下面這些人可能與曹氏也訂有互相借抄之約。

楊體元,號香山,直隸大興人,曾任台州府同知,入清不仕,流寓杭州。曹氏在信中稱楊氏爲“敝門人”,説明其曾受教于曹氏。據“與楊香山”載:“知需唐二李集,因在大櫃中,俟簡出即付善書者録兩册充鄴架之藏。有便信至台州,乞寫馮再老處《周易通義》一種見惠,則彼此均有益矣。”[③]曹氏將楊氏所求之書抄了再送,也希望楊氏轉抄自己所需的書惠贈,以使彼此均受益。這正符合曹氏推動訂約的“以利動之”、互惠互利之原則。

金亦陶,名侃,江蘇吴縣人,以詩畫名世,隱居不出。金氏頗好抄書,葉昌熾引《乾隆蘇州府志》稱金氏云:“杜門抄書,校讎精審,宋元人名集秘本插架甚富。”[④]金氏跋《剡源先生文集》云:“余賦性最淡,一切世人所熱中奔競者舉無所好,顧獨好書。然家貧授徒以糊其口,安得有餘資買書,勢不得不從友人借抄,所謂少好抄書,老而彌篤者矣。然亦用以耗壯心,送餘年耳,非欲以矜博覽、誇收藏也。歲己未,嘉禾曹侍郎秋嶽先生過余草堂,極稱元人戴帥初之文,許抄以寄我。會余客他郡者數年,歸訊先生,則已爲古人矣。”[⑤]己未爲康熙十八年(1679)。又據“與金亦陶”載:“日前曾以《湛然居士集》奉納,已達記室否?借書最忌浮沉,故特動問。篋中元人秘集甚多,幸録目垂示。”曹氏説自己藏的元人集較多,如果金氏要借抄,可以將要借抄的書目開示。綜上所述,他們之間可能也訂有借抄之約。

沈皞日(1637—1703),字融谷,號茶星,又號柘西,浙江平湖人,諸生,著有《柘西精舍集》。據前引“與項東井”載:“所寄俞邰、融谷二劄,皆自爲抄書地,幸一笑,爲我寄之。俞邰嗜學有文,書必肯借。借得,煩覓人速寫。”曹氏與俞邰(黄虞稷)、融谷(沈皞日)的信均是“自爲抄書地”,既然曹氏與黄氏訂有通借之約,那麽其與沈氏也可能訂有通借之約。

項奎(1623—1702),字天武、子聚,號東井,浙江嘉興人。嘉興項氏爲藏書世家,而曹溶與項奎交往頗多。曹氏《静惕堂詩集》收有多首與項氏唱和的詩,可見他們關係不一般。例如,該書卷二十三《東井和糖瓜二韵奉酬八首》載:“故家堆萬卷,有約更聯床(東井以書借我)。”可見他們之間也有書籍往還。前引“與項東井”提及曹氏與他人通借之約,那麽,曹氏與項

---

① 以上分别轉引自鄭偉章《文獻家通考》,北京:中華書局,1999年,第111、112頁。
② 〔清〕黄汝銓選:《曹秋嶽先生尺牘》卷五,第25頁b。
③ 〔清〕黄汝銓選:《曹秋嶽先生尺牘》卷六,第20頁b。
④ 〔清〕葉昌熾:《藏書紀事詩》,第320頁。
⑤ 轉引自鄭偉章《文獻家通考》,第54頁。

氏之間應該也不難訂約。

毛扆，字黼季，江蘇常熟汲古閣毛晋之子。據曹溶《静惕堂詩集》卷三十六《從毛黼季借書》載："十萬牙籤海内誇，一傳哲嗣更才華。白魚宋季留官本，丹槧江南訪故家。問字雲樓停酒舫，讎書銀箭落檠花。石蒼徒愧虚名在，幾欲相尋限浦沙。"此詩約作於1678年，正是曹氏與徐乾學兄弟訂立通借之約之後。毛扆也喜歡抄書，曾與錢曾互抄藏書，因此，推想其與曹氏訂有通借之約亦是有可能的。

黄宗羲，字太沖，號南雷，浙江余姚縣人。黄氏是當時大藏書家，與曹溶來往也很多。前引黄氏《天一閣藏書記》云："曹秋嶽倦圃之書，累約觀之而未果。據秋嶽所數，亦無甚異也。"黄氏寫此記約在1680年，其時曹氏已與人訂立了通借之約。從黄氏所述看，曹溶多次約請黄氏來看自己的藏書，其目的之一可能即希望與黄氏通借書之約。① 但是，黄氏認爲曹氏之藏書并無甚珍奇的，當時可能并未訂約。不過，據黄百家《明文授讀發凡》載："吾家所藏宋、元文集極多，皆先遺獻假於各藏書家以鈔得者，於昔則借鈔于吾族白下之千頃堂、虞山錢氏之絳雲樓、山陰祁氏之澹生堂、鈕氏之世學樓、甬水范氏天一閣、禾中曹氏之倦圃，近複得吾師果亭徐先生鈔寄培林堂所藏集本，以補吾家所未備。"② 全祖望《梨洲先生神道碑文》云："公（黄氏）晚年益好聚書，所抄自鄞縣之天一閣范氏、歙之叢桂堂鄭氏、禾中倦圃曹氏，最後則吴之傳是樓徐氏。"③ 可見，黄氏後來確實曾借抄曹氏之藏書。據此推想，曹氏也應該會對抄黄氏之藏書，或亦因此訂有互抄之約。

由於當時與曹溶交往的藏書家比較多（除上述諸人外還有周篔、吕留良、吴之振等），而且，目前存世的曹溶書信數量有限，而其文集亦未見存，衹有詩集存世，因此，以上的考證肯定會有不少疏漏之處。但是，可以肯定的是，與曹溶訂互抄之約的人應該還是比較多的。

四、總結與評價

綜上所述，曹氏確實將《流通古書約》付之實施，而參與締約的人也比較多，説明此約的推行取得了很好的效果。兹就上述最初訂約之時間、訂約者以及條約的實施總結如下。

其一，關於最初訂約之時間。

曹溶大概是在康熙十三年（1674）擬定此約文，然後在該年首先與昆山徐乾學兄弟締約。

其二，關於訂約者。

除徐乾學兄弟外，曹氏隨後又陸續與天一閣范氏、黄虞稷、錢曾、鹽官胡氏、龔翔麟、汪森、朱彝尊、高念祖、陸期清等締約。此外，楊體元、金亦陶等人也可能參與了締約。這些訂

① 曹溶"與汪晋賢（七）"載："太沖老人曾將弟所列未備宋元書目標識。"曹氏可能將其求書目交付黄氏，希望黄氏能提供搜尋綫索。
② 沈善洪主編：《黄宗羲全集》第11册，第202頁。
③ 朱鑄禹：《全祖望集彙校集注》上册，上海：上海古籍出版社，2000年，第224頁。

約者多爲曹氏之朋友(有的是舊交,有的是新朋),其中有的與曹氏還有着同鄉、親戚等關係。從地理範圍上看,訂約者均爲江浙之人或流寓江浙之人,且以嘉興府或嘉興府附近區域的人居多,如胡氏父子、龔翔麟、汪森、朱彝尊、高念祖都是嘉興人。訂約者有的是大藏書家,有的藏書并不多;有的是朝廷大臣,有的衹是普通士人。可以看出,曹氏締約對象的範圍還是比較廣泛的,而這主要應該與曹氏的交遊圈較廣、搜書積極有關。

其三,關於條約之實施。

以下結合《流通古書約》中的協議内容與上述的締約細節作分析,以考察協議的具體實施情况:

(1)"彼此藏書家各就觀目録,標出所缺者"。此條有明確的落實。例如,曹氏在信中經常提到請對方提供藏書目録,而且,自己也會主動提供藏書目録供别人參考。

(2)"先經注,次史逸,次文集,次雜記"。此條是就搜書的一般規律而言的,但曹氏并没有完全按此法施行,而是視當時所需而確定搜求的圖書。例如,曹氏在一開始訂約時,主要是爲了編修明末史書而求書,所以更多地希望對方提供自己需要的明末史書。後來,曹氏開始編輯宋元人詩文總集,因而其搜書的對象則轉爲稀見的宋元人集。從實際情况來看,這一變通方法更可取,效果也更好。這説明協議的實施是可以調整和變通的。

(3)"視所著門類同,時代先後同,卷帙多寡同,約定有無相易"。這可以概括爲"三同"原則。此條有明確的落實。例如,曹氏在信中提到,要看别人所藏的元人集,則自己也可以提供相應的元人集給對方;如果卷數有差距,還會想方設法予以補足。總之,在實踐中確實儘量去履行"三同"原則。

(4)"主人自命門下之役精工繕寫,校對無誤,一兩月間,各齎所鈔互换"。此條有明確的落實。例如,曹氏在信中提到,自己抄好了書再送人,而且在送人之前還要將所抄書裝潢好。至於一兩個月間互换,從信中看也大致如此,如信中提到的借書以"四十日"爲限等。當然,如果兩家距離太遠,就不一定以一兩個月爲限了。另外,我們從信中也能發現,有時訂約雙方不一定是抄送,而是借了再抄。其實,如果藏書家相熟,且互相信任,做到此點也不難。總之,此條在具體的實施中會有適當的變通。

此外,約文最後談到了訂約的好處,一共有四點,即"好書不出户庭也;有功于古人也;己所藏日以富也;楚南燕北皆可行也"。從曹氏的經歷看,此四點亦可得到充分的印證。例如,通過互相借抄,曹氏獲得了大量自己所需要之書,從而爲自己編纂多部大型圖書提供了資料保障。而且,曹溶藏書日益增多,并形成了富有抄本宋元詩文集的藏書特色。[①] 此外,訂約者雖然均爲江浙地區之人,但互相借抄的範圍則遠涉北京(如當時在京城任官的徐乾學兄弟與曹氏之間亦有互抄之舉)。因此,此約在全國各地均可以推行,而各地的藏書家亦均可以參與

① 據〔清〕曹溶《静惕堂藏宋元人集目》(臺北成文出版社1978年版《書目叢編》本)統計,其中收有宋人集197家,元人集139家。

訂約。

綜上所述，通過對《流通古書約》約文及實施情況的分析，我們可以大致歸納出實施《流通古書約》的關鍵因素：[1]

交情。訂約者必須有一定的交情基礎，或是同鄉，或是親戚，或是師生，或是朋友，等等，總之都是交遊圈中之人。這是雙方締約的基礎。這也決定了締約者多是附近地區之人：一方面有較深的交情，另一方面便於操作。

對等。即前述的"三同"原則。對等是就互相借抄之書而言的，而不是就締約者的身份、地位而言的。

開放。如前所述，訂約者均爲交遊圈中之人，但是，人的交遊圈總是在變動的（如不斷有新人加入等），因此，訂約對象也會隨著交遊圈的變化而變化。例如，曹溶的締約對象既有老友，又有新朋。

靈活。從曹溶的實踐看，他會對協議的實施作適當的變通。例如，他并不一定按"先經注，次史逸，次文集，次雜記"的順序來搜書，也不一定都要求對方抄送，而是有時借了再抄。此外，申約方爲了對方能順利參約，往往會更主動、更積極，甚至不惜做出一些讓利施惠舉措。例如，曹溶就經常主動提供自己的藏書給他人，然後纔徵詢對方是否願意提供藏書。因此，前述的"對等"也不是絶對的。還有，由於古人（包括古代士大夫）在日常交往中普遍不重視訂立協議文本，因此，針對被士大夫視爲雅事、韵事的圖書交流活动，士大夫應該更不會在意簽訂白紙黑字的協議。據此我們也可以推想，儘管曹氏擬有約文，但在真正推行之時，可能在大多數情況下雙方衹有口頭承諾，而没有見諸字紙的協議。[2] 這其實也體現了《流通古書約》在實施上的靈活性。

總之，曹溶確實將《流通古書約》付之實施，并取得了很好的效果：一方面曹氏通過互相借抄，獲得了大量所需的圖書（如宋元人集等）；另一方面，參與締約者也從曹氏那裏得到了大量所需的圖書。這對於我們認識清代士大夫間的"書籍之交"會有諸多啓發意義。例如，首先，在書籍之交的廣度方面。陳冠至《明代的江南藏書》提到的曹溶藏書集團（指與曹氏有書籍往來的藏書家），衹是包括曹溶、周篔、吕留良、陸雯若、蔣之翹、李延昰、吴任臣、龔佳育、龔翔麟、朱彝尊、吴之振、汪文桂等十二人。顯然，其所述的範圍還是太小了。我們如果將上述訂約者均包括進來的話，則會發現曹氏的藏書集團或書籍之交的範圍是相當大的。其次，在書籍之交的深度方面。由於材料所限，我們以往看到的清代藏書家的圖書交流活動大多是零散的、片斷的，但是，如果從上述《流通古書約》的實施情況看，許多清代藏書家之間可能存在著長期的、常態化的圖書交流活動。這説明當時藏書家之間的圖書交流是非常深入的。

此外，需要注意的是，與《古歡社約》有特定的締約對象（僅限於丁雄飛與黄虞稷二人）

① 藏書是訂約的最基本條件，這一點大家很好理解，故不將其列入討論。

② 當然，協議文本有時可能也是需要的。例如，黄汝銓選《曹秋嶽先生尺牘》卷八（第20頁a）"與友（七十）"載："約言奉上，乞爲我道謝。古人所謂義氣相感激也。肝鬲共照，無生他疑，並語木公知之。"此"約言"有可能即指《流通古書約》。

的圖書交流協議不同,[①]《流通古書約》是一個開放性的協議,因而也更具有推廣價值與普遍意義。清中期以後,一些讀書人仿其約而行之,并將這一做法稱爲“流通之約”。[②] 至於更多的讀書人雖可能亦有類似之舉,但正如前述士大夫不喜爲圖書交流這類雅事、韵事訂立協議文本一樣,因而也就不立文字,而相關的記載也就不多見。因此,從清中期藏書家黄丕烈廣泛的書籍之交、藏書四友的出現,一直到清末民初董康與繆荃孫、[③] 張元濟與傅增湘等以論書尺牘爲代表所體現的頻繁的書籍往還,都可以依稀看到《流通古書約》的影子。可以説,清代以來許多藏書家之間雖然并不訂立《流通古書約》,但他們其實一直都在踐履着《流通古書約》的精神。

(張升,北京師範大學歷史學院教授)

① 《古歡社約》亦爲清初關於藏書流通的協議。關於《古歡社約》的討論,可參張升《歷史文獻學》,北京:北京師範大學出版社,2016 年,第 90 頁。

② 例如,〔清〕葉昌熾《緣督廬日記抄》卷五(民國上海蟫隱廬石印本,第 55 頁 a)載:“彼此借鈔,誠合於倦圃流通之意。”卷七載:“許仿倦圃流通之約,盛德事也。”葉昌熾《奇觚廎文集》卷上《陸存齋儀顧堂題跋序(代)》(1921 年刻本,第 15 頁 a)載:“觀察處聖明之世,守流通之約。”《隨盦叢書續編序》(第 37 頁 b)載:“其賢者亦頗有如倦圃流通之約。”

③ 繆荃孫於清末民初編刊叢書《藕香零拾》,將《流通古書約》收入其中,使之得以廣爲流傳。而且,繆氏還將《流通古書約》中的一段話作爲該叢書的分册序號(繆荃孫:《藕香零拾》卷首繆荃孫題記,北京:中華書局,1999 年影印本)。

論翁方綱《纂校四庫全書事略》的文獻價值

李振聚

[摘　要] 翁方綱《纂校四庫全書事略》作爲纂修《四庫全書》的早期文獻，成書於乾隆三十八年閏三月至五月之間，涉及到《四庫全書》纂修初期對内府藏書利用等諸多問題。《四庫全書》纂修，初期實際是以内府藏書爲主開始辦理和謄録的，也就是説《文淵閣四庫全書》在初期使用的底本是内府藏本，與《四庫總目》著録來源採進本并不一致。《纂校四庫全書事略》作爲翰林院四庫全書館校辦材料之一，所載"内發書單"是清代内府藏書重要史料，可補《四庫採進書目》之不足。也可以由此來看當日纂修官纂辦流程和方式，豐富了我們對纂辦《四庫全書》流程的認識。
[關鍵詞] 纂校四庫全書事略　翁方綱　四庫全書

翁方綱《纂校四庫全書事略》是《四庫全書》研究中重要的史料之一，有重要且獨特的文獻價值，但學術界長期以來對它重視不够。今天看來，由《纂校四庫全書事略》（以下簡稱《纂校事略》）一書，可以發現以下幾個問題：一是《纂校事略》可以看作《四庫採進書目》的一個重要補充。《四庫採進書目》記録内府藏書衹涉及到武英殿交出書目，并没有對宫中其他地方交出的書單有記載。當然由此也可以略窺清代乾隆時期内府藏書之大略，是清代宫廷藏書研究的重要史料。二是《纂校事略》與《武英殿四庫全書館謄録檔册》（以下簡稱《檔册》）互證，可以看出在《四庫全書》纂修初期，《文淵閣四庫全書》的謄録是以内府藏本爲底本開始的，與《四庫全書總目》著録來源於採進本并非完全一致。三是翰林院四庫全書館臣分列的應刊、應鈔等書，經過總纂、總裁的審定後，有的并未刊入《武英殿聚珍版叢書》或鈔入《四庫全書》，有的原列應刊、應鈔反而入了存目和禁毁。通過這種情况，可以窺探《四庫全書》纂修過程中收書標準的變化。另外，結合其他《四庫全書》相關文獻，如新發現的《檔册》和《四庫全書初次進呈存目》（以下簡稱《初次進呈存目》）等文獻來看的話，它們之間還有一些可以互證的地方，而《纂校事略》作爲《四庫全書》研究中的重要史料，是不應被忽視的。

一、《纂校四庫全書事略》内容與成書時間

南京圖書館藏翁方綱撰《纂校四庫全書事略》，[①]稿本。上册外封題"四庫全書纂校事略"，有題記云："五月二日，取原心亭紀、勵諸公校《永樂大典》册子三本，即於寶善亭校訖，交魚

① 〔清〕翁方綱：《纂校四庫全書事略》，北京：國家圖書館出版社《南京圖書館藏稀見書目書志叢刊》2017年影印稿本，第362頁。

門手。又取原心亭京中各家所進遺書册二本,于初三日亦交館,此五本俱送還。其諸公所校《永樂大典》之册子尚有幾本,應取對。”下册外封題“蘇叁纂校四庫全書事略”。内封“閏三月十八日到館。五月初八日,於寶善亭分看外省遺書,每人分廿四部”。正文首爲“閏三月十六日同諸公敬閲内發書單,商定應刻者凡二十種”。次爲“應鈔者凡四百七十四種”,所列有南書房、武英殿做書作庫、御書房、齋宫、圓明園諸處書單。次爲“另圈擬備刻者十二種”。次爲“應諸公恭閲者一百零八種”,所列有南書房、武英殿做書作庫、御書房、瀛台等處書單。次爲“另圈總書目六種”。次爲“另點出應商酌者一百一十九種”。附有與程晋芳書一通、查核書目。末有擬定十一種書分類意見。

翁方綱的《纂校事略》標示有明確時間者,如首題“閏三月十六日同諸公敬閲内發書單商定應刻者凡二十種”。可見翁方綱於乾隆三十八年閏三月十六日已到翰林院四庫館。内封又題“五月初八日,於寶善亭分看外省遺書,每人分廿四部”。《纂校事略》應該屬於自乾隆三十八年閏三月十六日開始的纂校記録,但截止時間需要考論。按《纂校事略》下册有批云:“各省府州縣誌暨各名山志,應如何辦理,須公商。”而《檔册》乾隆三十八年五月之前擬定謄録書單中已有《甘肅通志》《江南通志》《山東通志》《吴郡志》等書,可見已經公商,論定了《四庫全書》中應收哪些方志的問題。《檔册》的書單是預先確定好,分發各謄録者名下,至乾隆三十八年五月已有謄録交付的記録。① 由此可知,翁方綱《纂校事略》當成書於乾隆三十八年五月之前。《纂校事略》外封有題記云:“五月八日於寶善亭分看外省遺書,每人分廿四部。”當是《纂校事略》書成之後,翁氏添補者。考翁氏於乾隆三十八年三月充補四庫全書纂修官。②《纂校事略》首即題曰“閏三月十六日同諸公敬閲内發書單商定應刻者凡二十種”。由此可知,《纂校四庫全書事略》一書當爲乾隆三十八年閏三月十六日至五月八日之間翁方綱在翰林院四庫全書處工作記録。值得注意的是,内發書單後附有翁方綱致程晋芳信劄一通,末題四月九日,以此可以推測,翁氏校核内府書單的時間有可能在乾隆三十八年四月九日之前。確定了《纂校四庫全書事略》的大致成書時間,那麼關於《四庫全書》纂修的幾個問題就可以明確了。

二、《四庫全書》收書範圍

由《纂校四庫全書事略》一書所載可知,在《四庫全書》纂修的初期,四庫全書館校辦、謄録諸書應該以内府藏書爲主,非外省進呈之本。

乾隆三十八年閏三月十一日翰林院四庫館纂修各員正辦理《永樂大典》,另派鄒奕孝、

① 按《武英殿四庫全書館謄録檔册》一書,爲新發現的《四庫全書》纂修檔案,詳見李振聚《新發現的〈武英殿四庫全書館謄録檔册〉文獻價值考述》一文。

② 〔清〕翁方綱撰,〔清〕英和校訂:《翁氏家事略記》,清道光刻本。又見沈津《翁方綱年譜》,臺北:“中央研究院”中國文哲研究所,2002年,第66頁。

劉權之、王燕緒等辦理内府藏書，“即内府舊儲書籍。卷帙亦爲浩博，現有之纂修三十員，僅敷校辦《永樂大典》，其餘各種書册并須參考分稽，需員辦理。臣等公同酌議，于翰、詹兩衙門内除各書館有專辦之事難於兼顧各員外，選得侍講鄒奕孝，洗馬劉權之，贊善王燕緒，候補司業劉亨地，編修金蓉、黄瀛元、鄭際唐、朱諾，檢討蕭芝、左周等十員，令其作爲纂修，分派辦理”。[①] 閏三月十六日，翁方綱即接到内發書單，選出應刻、應鈔者，“閏三月十六日同諸公敬閲内發書單，商定應刻者凡二十種”。[②] 翰林院四庫全書館確定後，將總纂、總裁審核過的應刊、應鈔書單再發往武英殿四庫全書館。應該在此時，武英殿四庫全書館即開始分發謄録，據《檔册》所載可知，至遲到本年五月已經有謄録成果交上。見於《纂校事略》應鈔書單，且《檔册》列入謄寫者如：武英殿做書作庫《朱子語類》，御書房藏《全芳備祖》，武英殿做書作庫《長慶集》，御書房藏《唐詩記事》，御書房藏《册府元龜》，武英殿做書作庫馮惟訥《詩紀》，圓明園藏《歷代名臣奏議》，御書房藏《龍筋鳳髓判》，武英殿做書作庫《通鑑總類》，南書房藏《本草綱目》，御書房《韓文考異》。

據《檔册》可知，《文淵閣四庫全書》所用者，皆爲内府藏本，而《四庫全書總目》題曰採進本，二者所用底本并不一致。纂修《四庫全書》的程式一般是翰林院四庫館臣當先據内府藏書之書目單（并非原書），分别應刊、應鈔，[③] 經由總纂、總裁覆核後，然後送遞武英殿四庫全書館進入校正、謄録等流程。[④] 當時各家進呈之本尚未大規模運抵北京。[⑤] 觀翁方綱《纂校事略》一書可知，《檔册》所據之本多源出武英殿以及内府藏本。而翰林院四庫館臣所纂提要則又在謄寫内府藏書之後，或據翰林院所存採進之本，兩者不完全是一個系統。如御書房藏《全芳備祖》，《四庫全書總目》（以下簡稱《總目》）作編修厲守謙家藏本。御書房藏《唐詩記事》，《總目》作江蘇巡撫採進本，御書房藏《龍筋鳳髓判》，《總目》作浙江鄭大節家藏本。武英殿做書作庫藏《通鑑總類》，《總目》作安徽巡撫採進本。南書房藏《本草綱目》，《總目》作大學士于敏中家藏本。乾隆三十九年七月二十五日上諭中始指示提要辦理須添注來源：“今進到之書，於纂輯後仍須發還本家，而所撰總目若不載明係何人所藏，則閲者不能知其書所自來，亦無以彰各家珍弆資益之善。著通查各省進到之書，其一人而收藏百種以上者，可稱爲藏書之家，應即將其姓名附載於各書提要末；其在百種以下者，亦應將由某省督撫某人採訪所得，附載於後。其官版刊刻及各處陳設庫貯者，俱載内府所藏，使其眉目分明，更爲詳細。”[⑥]

① 中國第一歷史檔案館：《纂修四庫全書檔案》，上海：上海古籍出版社，1997年，第76頁。乾隆三十八年閏三月十一日《辦理四庫全書處奏遵旨酌議排纂四庫全書應行事宜折》。

② 〔清〕翁方綱：《纂校四庫全書事略》，第362頁。

③ 乾隆三十八年乾隆皇帝諭云：“現今所有内府舊藏，並《永樂大典》内檢出各種及外省進到之書，均分别應鈔、應刊，以垂永久。”見《高宗實録》卷九三三，第564頁。

④ 張升：《四庫全書館研究》，北京：北京師範大學出版社，2012年，第99頁。

⑤ 乾隆三十八年五月翰林院四庫全書館館臣纔開始校辦採進書。張升《四庫全書館研究》第65頁。進呈四庫全書館外省遺書，有李質穎於乾隆三十八年閏三月、四月分三次進呈八百十八種，見《纂修四庫全書檔案》第134頁。

⑥ 《四庫全書總目》卷首“聖諭”，北京：中華書局影印本，1965年，第2頁下。《纂修四庫全書檔案》題爲《諭内閣著四庫全書處總裁等將藏書人姓名附載於各書提要末並另編〈簡明書目〉》，第228—229頁，文字略有出入。

實際上,《檔册》所用的這批書應該都是内府及武英殿所貯之本,《總目》題作諸處採進之本,兩者當各有所據。翰林院四庫館撰寫提要,僅據進呈本撰寫提要,不及再調武英殿以及宫内所儲之書。調用内府藏書需要一些程式,《纂校事略》所載"《農桑書》一套,已領出至四庫全書處對",一套,應如今天所稱之一函,可見當日内府書不能隨意取閲,需要指定領取。而採進書皆集于翰林院四庫全書館,可以隨時取閲。撰寫提要,自然優先選取易得之本,而不必在《四庫全書》纂修事務繁複之時,屢屢再從内府藏書中領出,衹有在採進本不能滿足要求時纔開始調用内府藏書。所以説,單憑《四庫全書總目》提要中所載之本判斷《四庫全書》所據底本是有一定危險性的。

三、《四庫全書》纂修過程中館臣取捨標準

乾隆三十八年閏三月十一日《辦理四庫全書處奏遵旨酌議排纂四庫全書應行事宜折》:"遵旨將官刻各種書籍及舊有諸書,先行陸續繕寫。"[①] 可知乾隆三十八年閏三月十一日乾隆皇帝有諭旨,先利用官刻和現有諸書進行繕寫。而這些書應以内府藏書爲主,"應寫全書現貯武英殿者居多",[②] 翰林院四庫全書館就需要對這些書進行辦理。翁方綱作爲翰林院四庫全書館纂修官,於閏三月十六日接到"内發書單",開始對内府所藏的這些官刻各種書籍及舊有諸書進行校核,分别應刊、應鈔、應商諸項。乾隆三十八年四月二十八日乾隆皇帝又强調説:"現今所有内府舊藏,并《永樂大典》内檢出各種及外省進到之書,均分别應鈔、應刊,以垂永久。"[③] 由翁方綱《纂校事略》中所載應刊、應鈔諸書與《初次進呈存目》《總目》對比,可以發現,四庫全書纂修過程中,收書的標準與分類的標準,是有一定的變化的。

(一)翁方綱《纂校事略》與《四庫全書初次進呈存目》《四庫全書總目》的收書標準

翁方綱《纂校事略》中所列應鈔諸書,最後未鈔入《四庫全書》,如武英殿做書作庫藏《六書精藴》《六書索隱》《古今釋疑》《舊京詞林志》《蘇米志林》《宋詩删》《壺史》《文選雙字類要》《餘冬序録》《坤輿圖説》《文選類林》《史義拾遺》,御書房藏《甲子會紀》《聖門人物志》《忠武志》等書。《六書精藴》《六書索隱》《蘇米志林》《宋詩删》《文選雙字類要》等書也被《初次進呈存目》著録,而這幾部書《四庫全書總目》皆入存目。

翁方綱《纂校事略》中所列應鈔諸書,最後并未鈔入《四庫全書》,《四庫全書總目》也未著録。如瀛台所藏舊刊《匯古菁華》,南書房所藏《古今類傳》一套,御書房藏《古今法書苑》等書,《四庫全書》未收,《總目》亦未入存目。這些書是當日内府書單有目無書,還是後來剔

① 中國第一歷史檔案館:《纂修四庫全書檔案》,第75頁。
② 中國第一歷史檔案館:《纂修四庫全書檔案》,第75頁。
③ 見《高宗實録》卷九三三,第564頁。

除，需要進一步考索。

（二）翁方綱《纂校事略》與《四庫全書初次進呈存目》《四庫全書總目》的分類

翁方綱《纂校事略》末有一個擬定分類書單，可以看做翰林院四庫全書館擬定分類方案初稿，間有簡短的提要。這11種書，《四庫全書總目》所收録者6種。今具録如下：《中朝故事》，唐尉遲偓，是説部，記唐時之雜事，應入小説家。《宣政雜録》，宋江萬里，記政和宣和間雜異怪，應入小説家。《大中遺事》，宋令狐澄，雜記大中間士大夫雜事，應入小説家。《金鑾密記》，唐韓偓，應入雜家記述。《四朝寶訓》，闕名，記宋朝中雜事間及詩賦，應入雜家記述。《甲申雜記》，宋王鞏，應入記述。《聞見近録》，宋王鞏，應入記述。《續聞見近録》，宋王鞏，應入記述。《明皇十七事》，唐李德裕，入雜家記述。《稽古定制》，闕名，入雜家記述。《朝會儀記》，漢蔡質，似《漢官儀》之類。

翁氏擬定分類，宋王鞏撰《甲申雜記》《聞見近録》，皆入子部雜家記述。這兩種載入《初次進呈存目》。在《初次進呈存目》時期，又將這兩種書改隸史部雜史類。《四庫全書總目》最後仍入子部，不過列于小説家類。有些分類意見如《中朝故事》《甲申雜記》，《四庫全書總目》入子部小説家類，仍然遵照翁方綱的擬定意見。可見翰林院四庫全書館臣擬定分類之後，還要經過總纂、總裁等一系列的覆審程式，在覆審時，會有調整修訂的情况出現。于敏中與陸錫熊的信劄中關於四庫所收諸書分類的問題往復討論，可見一斑。而《大中遺事》《宣政雜録》《金鑾密記》《四朝寶訓》《明皇十七事》《稽古定制》《朝會儀記》這幾種書，《四庫全書》未收入，《總目》亦未著録。這些書很大可能是宛委山房《説郛》本，館臣可能以爲割裂過甚，予以删汰，不予收録。

（三）翁方綱《纂校事略》所列應刻、備刻者與《武英殿聚珍版叢書》

翁方綱《纂校事略》首即列應刻諸書二十種："閏三月十六日同諸公敬閲内發書單，商定應刻者凡二十種。""商定應刻者"，可見應刊諸書是經翰林院四庫全書館纂修官共同商議的，并非翁方綱一人的意見。書名下用紅筆標示次序，今録於下：《修文殿御覽》、《漢官儀》、《五曹算經》、《通鑑長編》、《兩漢刊誤》、孫逢吉《職官分紀》、《元典章》、《唐史論斷》、王禎《農書》、《聖宋文選》、《新唐書糾繆》、雪山王氏《詩總聞》、《方輿勝覽》、《歐陽詹集》、《三孔文集》、孫奕《示兒編》、《羅鄂州小集》、《琬琰集》、《黄山谷精華録》、《胡雲峯集》。

《修文殿御覽》列爲應刻之書首部，可見四庫館臣對此書的重視。《修文殿御覽》一書，後來亦不見踪迹，可以看出當日内發書單有其目，或原書已不能尋到，抑或殘損過甚，不堪使用。至少可以説明，在清中期的書單上尚有《修文殿御覽》一書，至於完缺與否，已不可知。

列爲應刻者凡二十種，最後收入《武英殿聚珍版書》中者有《五曹算經》、《兩漢刊誤》、《唐史論斷》、王禎《農書》、《新唐書糾繆》、雪山王氏《詩總聞》。而《唐史論斷》《新唐書糾繆》二書遲至光緒二十一年福建增刻武英殿聚珍版時方增刻入《武英殿聚珍版叢書》,[①] 并未列入乾隆時内府所校《武英殿聚珍版書》。而《五曹算經》、王禎《農書》兩種,《武英殿聚珍版叢書》乃至《文淵閣四庫全書》《四庫全書總目》皆使用《永樂大典》本,這兩種書也同《修文殿御覽》一樣,内府藏本有目無書,各地採進之中也未見著録,衹好轉用《永樂大典》本。

翁方綱《纂校事略》載有"備刻者十二種":《格古要論》、《權文公集》、《元次山集》、《杜樊川文集》、曾鞏《隆平集》、《蘭亭續考》、《爾雅翼目録》、嚴氏《詩緝》、《蘭亭考》、《東萊詩紀》、《隸釋》、《漢隸字源》,皆未收入《武英殿聚珍版叢書》中。

四、四庫全書館辦理採進本的開始時間

翰林院四庫全書館何時開始辦理進呈本,《纂校事略》能够提供一些信息。乾隆三十八年五月二日已經開始校辦採進書,《纂校事略》書衣題:"五月二日,取原心亭紀、勵諸公校《永樂大典》册子三本,即於寶善亭校訖,交魚門手。又取原心亭京中各家所進遺書册二本,于初三日亦交館,此五本俱送還。其諸公所校《永樂大典》之册子尚有幾本,應取對。"可見,乾隆三十八年五月,京中各家所進遺書已經送遞翰林院四庫全書館。

《纂校事略》副頁:"閏三月十八日到館。五月初八日,於寶善亭分看外省遺書,每人分二十四部。"在乾隆三十八年閏三月至五月之間,外省採進本原本解京者,衹有李質穎解進採進書八百十八種。乾隆三十八年六月二十四日《兩淮鹽政李質穎奏專差賫送第五批書籍折》:"於閏三月及四月内,三次共呈進書八百十八種,又於六月初八日呈進書二百四十種,均經奏明在案。奴才復飭曉事商總等,因親及友,設法訪求。隨時覓得書籍,奴才細加檢查,擇其流傳尚少者,酌取四百七十種,今專差送交四庫全書總裁處,聽侯選辦外。謹繕書目清單,恭呈御覽。"其他各處採進本皆先進呈書單,并未解送到京。張升《四庫全書館研究》認爲由於採進書送進較晚,"大概到乾隆三十八年五月館臣纔開始校辦採進書",[②] 這個時間較爲可信。

五、從翁方綱與程晋芳的信看辦理《四庫全書》的一些細節

翁方綱《纂校事略》下册中有《與程吏部》信劄一通:

> 所以必五人集於一几辦之者,蓋此事須虚公研討,又須各種書目,應取備檢閱之件粗足以供擴摭,而後此目可就。然即以吾輩五人者所蓄前史諸志並前賢讀書

① 上海圖書館編:《中國叢書綜録》,上海:上海古籍出版社,1982 年,第 128 頁。
② 張升:《四庫全書館研究》,第 65 頁。

諸記，未必能一家兼有之。假如兄處有可查之書十許種，而次日集弟齋。弟所蓄只一二種，則兄必將所有之十許種者皆携來乎？抑何由而知彼三君者之所携不有複乎？且又焉知吾五人者，此時所蓄之件合之即皆足乎。假若明日到館商之，爲一日又過，則萬一後日集兄處，而人皆恃兄處之各種皆全，竟不携來，未可知也。携而複，又未可知也。複而仍不足，又未可知也。細思此事，如庀室材，竹頭木屑，皆須預計。莫若於明日即寫一知單，列五人者之名，而各疏所必携之書目等，毋使複出。其有不足，而實想不出者，則亦已矣。其不足，而五人稍能憶及者，即乘明日午後于廠肆索之。即如兄處之《菉竹堂書目》，現在弟處，一友寫之，弟即已遣人追來也。如必需某人集某題跋，或向某友借之，亦即於某人名下寫出，則□而不紊事易集。四月九日。

文末鈐"覃溪"白文方印。這個四月九日，當是乾隆三十八年四月九日。由此信劄可以看出翰林院四庫全書館纂修官辦理四庫書的一些細節。一是集中辦理，互相討論。"所以必五人集於一几辦之者，蓋此事須虚公研討，又須各種書目，應取備檢閲之件粗足以供攟摭，而後此目可就。"翁氏《纂校事略》所載應鈔、應刊諸書，應是經過"公商"的，"閏三月十六日同諸公敬閲内發書單，商定應刻者凡二十種"。二是辦理書單，所需各種參考資料問題，翁方綱建議"莫若於明日即寫一知單，列五人者之名，而各疏所必携之書目等，毋使複出。其有不足，而實想不出者，則亦已矣。其不足，而五人稍能憶及者，即乘明日午後于廠肆索之"。《翁氏家事略記》亦云："在寶善亭與同修程魚門晋芳、姚姬川鼐、任幼植大椿諸人對案，詳舉所知，各開應考證之書目。是午，携至琉璃廠書肆訪查之。"[①]《纂校事略》"與程吏部書"之後附載書目，備列卷帙、頁碼，應爲當時所開參考之書。

六、翁方綱《纂校事略》與《四庫全書》相關文獻的關係

（一）由《纂校事略》來看《覃溪雜抄》中"内發書單"的性質

《覃溪雜抄》中有御書房、南書房、懋勤殿、清漪園、清明園、暢春園、齋宫、古董房、瀛台、畫舫齋、圓明園、天禄琳琅、續天禄琳琅、景陽宫、摛藻堂、五所前庫、御書房撤下書籍等書單。張升《明清宫廷藏書研究》云："《覃溪雜抄》中保留有一些翁方綱開擬的宫廷藏書目録。"[②]這個書單應該不是翁方綱開擬的，而是纂修《四庫全書》初期内府發下翰林院四庫全書館的需要校辦的書單，翁氏衹是鈔撮校辦而已。翰林院四庫全書館接到這個書單之後，開始進行

① 〔清〕翁方綱撰，〔清〕英和校訂：《翁氏家事略記》，清道光刻本。
② 張升：《明清宫廷藏書研究》（修訂本），北京：商務印書館，2015年，第278頁。

了校辦工作。這項工作分了兩種：一是分類,書名下標示相應符號,如以"○"表示經部書,以"□"表示史部書,以"△"表示子部書,以"、"表示集部書。二是從中摘抄出應刊、應鈔書目。《纂校事略》中的應刊、應鈔書單基本上可以看做是在《覃溪雜抄》内府發出書單基礎上進行的選擇,特别是標示藏所的書單,二者基本能够一一對應。可以看出這個書單應該是與《纂校事略》有密切因襲關係的。如《纂校事略》應刊書單中的第一種《修文殿御覽》即在《覃溪雜抄》"瀛台"書單中。《纂校事略》應刊書單多不標示藏所,而《覃溪雜抄》巨細不遺一一標明。《纂校事略》已於乾隆三十八年閏三月十六日確定應刊、應鈔諸書,那麽《覃溪雜抄》中的"内發書單"應成書於此前。《覃溪雜抄》中的"内發書單"與《纂校事略》一起互相補充,反映了翰林院四庫全書館纂校《四庫全書》初期的基本情況,是《四庫採進書目》的重要補充,勾勒出"内府藏書"的基本面貌。

(二)由《纂校事略》來看《四庫全書初次進呈存目》的成書時間

《初次進呈存目》的成書時間,現在仍有争議。夏長朴認爲應在分纂稿編寫完成之後,《四庫全書薈要》等編纂之前。即在乾隆四十年五月至四十一年正月之間。[①] 劉浦江認爲《初次進呈存目》是截至乾隆三十九年七月之前爲止已進呈提要的彙編本。[②] 關鍵的一個證據是《纂校事略》爲乾隆三十八年開館初期之檔册,可以看出開館初期校鈔《四庫全書》狀況。其中有160餘種圖書,《初次進呈存目》也有著録。乾隆三十九年七月二十五日諭内閣旨云:"其官板刊刻及各處陳設庫貯者,俱載内府所藏,使其眉目分明,更爲詳備。"如果《初次》這本書成書於乾隆三十九年七月之後,必會添補"内府藏本"等字樣。《纂校事略》中160餘種圖書必然會有一定數量鈔入《四庫全書》,但《初次進呈存目》不注藏處,可見《初次進呈存目》的成書時代,應當在乾隆三十九年七月之前。在這一點上,筆者贊同劉浦江的觀點。

(三)《纂校事略》與《武英殿四庫全書館謄録檔册》

翁方綱的《纂校事略》是翁氏入職翰林院四庫全書館初期時的記録,見於《纂校事略》,且列入《檔册》者如:武英殿做書作庫《朱子語類》、《長慶集》、馮惟訥《詩紀》、《通鑒總類》;御書房藏《全芳備祖》《唐詩記事》《册府元龜》《龍筋鳳髓判》《韓文考異》;圓明園藏《歷代名臣奏議》;南書房藏《本草綱目》。翁《纂校》所辦理諸書,以内府藏本爲主,這與四庫全書館初期謄鈔諸書皆以内府藏本爲主正相合。

---

① 夏長樸:《四庫全書總目研究的新資料——臺北國圖所藏〈四庫全書初次進呈存目〉》,《第二届中國古文獻與傳統文化國際學術研討會論文集》(2011年),第17頁。

② 劉浦江:《四庫全書初次進呈存目再探》,《中華文史論叢》2014年第3期,第304頁。

七、翁方綱《纂校事略》所載"内發書單"與清代内府藏書

翁方綱《纂校事略》載有清乾隆時期宫廷六處藏書目録，如南書房、御書房、武英殿做書作庫、齋宫、圓明園、瀛台等處，可以看做清代宫廷藏書的目録。内發書單中御書房所藏諸書多見於《天禄琳琅書目》前編。内發書單中武英殿做書作庫中所貯書目與《四庫採進書目》中"武英殿第一次書目""武英殿第二次書目"所載諸書相合。而《四庫採進書目》衹記武英殿書單，不載宫中他處供纂修《四庫全書》採擇的書單。翁氏《纂校事略》可以看做内府藏書備采入《四庫全書》者，這個書單應該也屬於"四庫採進書目"性質的，可補《四庫採進書目》之未備。由此可見，《四庫全書》纂修與宫廷藏書之關係值得進一步探索。

《四庫全書》的謄録就在武英殿四庫全書館。武英殿做書作庫所藏諸書，利用起來應該比較方便。内府之中如御書房、圓明園等處藏書，翰林院四庫全書館和武英殿四庫全書館如何取出使用呢？翁方綱《纂校事略》中記有一條"《農桑書》一套已領出，至四庫全書處對"，此處特意説"領出"，可見當日内府藏書，并非能够隨意取閲，需要有一個"領書"的程式。《明清宫廷藏書研究》中"這些内府藏書從宫中送出至翰林院，專門集中在一個地方，由《四庫》館臣辦理"①的説法應該不準確。内府藏書不可能大規模發至翰林院四庫全書館，最大的可能是翰林院四庫全書館擬定應鈔、應刊書單後，交由内府人員撿出或謄録出副本交予武英殿四庫全書館繕書處謄録。故《明清宫廷藏書研究》又云："當時宫廷藏書不可能均送至翰林院，也不可能隨便取出，而應該是有目的地選取的"。② 待到《四庫全書總目》纂修時，採進之本已經雲集翰林院四庫全書館，這些書利用起來當然較内府藏本方便。故有些書《四庫總目》所載多爲採進本，《文淵閣四庫全書》所使用的爲内府藏本，兩者并不一致。

翁方綱撰寫内府所藏的《考古圖》提要分纂稿時，有跋提及其所見《考古圖》爲謄録副本"此書僅得見館寫副本"。按此《考古圖》乃天禄琳琅藏錢曾影宋鈔本，那麽就帶來一個問題，四庫館利用内府藏本時，是否先有一個謄録副本呢？未得可知。内府藏書，特别是天禄琳琅所藏皆多宋元舊本，本是薈萃内府藏書之菁華，精選而成，故不可能像外省採進遺書一樣，拿原本輕易示人。故有謄録副本爲《四庫全書》館臣撰寫分纂稿乃至謄録《四庫全書》正本所用。天禄琳琅原本謄寫副本之後，歸於原處，外臣自然不能輕易取用。

纂修《四庫全書》初期，四庫館臣開始辦理内府藏書，自武英殿庫房中所檢出宋元舊本也會送藏天禄琳琅。送入天禄琳琅之書，經過乾隆皇帝之鑒别題詠，一般會鈔入《四庫全書》。如《九家集注杜詩》《五百家注柳子厚集》等。《天禄琳琅書目》著録之宋刊《九家集注杜詩》即自武英殿庫貯中發現，而移藏於天禄琳琅之中。乾隆三十九年(1774)五月，乾隆皇帝于

---

① 張升：《明清宫廷藏書研究》(修訂本)，第278頁。
② 張升：《明清宫廷藏書研究》(修訂本)，第278頁。

《題郭知達集九家注杜詩》"適以遺編搜四庫,乃斯古刻見漕司"句下小注記述此書發現之經過:"此書舊藏武英殿,僅爲庫貯陳編,無有知其爲宋槧者。兹以校勘《四庫全書》,向武英殿移取書籍,始鑒及之。而前此竟未列入天禄琳琅,豈書策之遇合遲早亦有數耶?"①《天禄琳琅鑒藏舊版書籍聯句》小注亦云:"《九家集注杜詩》,是書從武英殿庫貯殘書内檢得之。"②次年正月,于敏中奉敕編《天禄琳琅書目》著録此書,過録乾隆皇帝御制詩,但并未録及詩中小注。《五百家注柳子厚集》同《九家集注杜詩》一樣,得自武英殿庫貯殘書。《天禄琳琅鑒藏舊版書籍聯句》小注:"《五百家注柳子厚集》乃武英殿舊貯,因新得《五百家注韓集》取校之,同爲韓醇刊本,足稱雙璧。"③

翁方綱《纂校四庫全書事略》一書,是《四庫全書》纂修初期辦理内府藏書的重要文獻之一。與《檔册》《四庫全書初次進呈存目》等《四庫全書》相關文獻互證,可以窺見《四庫全書》纂修初期的一些情況。當然還有一些問題,如《四庫全書》纂修初期,到底利用了多少内府藏本,哪些書是選用的内府藏本,還需要進一步的探討。

(李振聚,山東大學文學院研究員)

① 〔宋〕郭知達輯:《九家集注杜詩》三十六卷,文淵閣《四庫全書》本,臺北:臺灣商務印書館,1983年,第1068册,第1頁。按此詩《天禄琳琅書目》著録,并未録及小注。

② 〔清〕于敏中等:《天禄琳琅書目》,上海:上海古籍出版社,2007年,第6頁。

③ 〔清〕于敏中等:《天禄琳琅書目》,第6頁。

義理與考證之間——夏炘經學思想探微*

周文焰　周國林

[摘　要] 當塗夏炘是晚清著名學者，著述宏富。其經學思想主要有以下特點：一、兼宗漢宋，多以鄭玄、朱子之説爲準繩，也能自抒心得；二、好駁近儒，强調考證以捍衛正道爲旨歸，但對清代考據大家成果也多有讚許和尊重；三、於《詩》《禮》造詣尤深，維繫世教人心；四、日常中注重對"禮"的踐履，具有濃厚的理學經世色彩。究其學術淵源，既有乾嘉考據之餘韵，社會之底色，亦有家學根柢，以及個人仕宦交遊的影響。其經學思想，體現了時代性與地域性統一，個人與社會的交織，在晚清經學研究學者中，具有代表性。

[關鍵詞] 夏炘　經學思想　考據　理學經世

夏炘（1789—1871），字心伯，一字弢甫，[1]安徽當塗人，爲道、咸間著名經學家。夏炘出生於當地有名學術世家，父夏鑾（1760—1829），字德音，號朗齋，嘉慶三年（1798），舉優貢，補正藍旗教習，後選授徽州府學訓導。夏炘十九歲入泮，於道光五年（1825）中舉，以武英殿校録議叙，歷任吴江、婺源等地教諭。咸豐初年，時值太平軍起義，其曾在婺源倡辦團練，後授潁州府教授，因道遠而未能赴任，又以援浙案内保升内閣中書，四品卿銜。其一生宦海沉浮，多爲地方教職，官位不顯，但治學勤奮，筆耕不輟，著述宏富。

一、夏炘著述及評介

夏炘篤志好學，博覽群書，著作等身，成果豐碩。在諸經的研究方面，於《詩》《禮》造詣尤深。朱子學方面，著有《述朱質疑》十六卷、《朱子詩集傳校勘記》一卷。詩學成就主要爲《詩

*　本文是國家社科基金青年項目"張舜徽與中國馬克思主義史學研究"（19CZS004）的階段性成果。

① 夏炘的字號，諸史料略有差異：《清儒學案》（徐世昌：《清儒學案》卷一百五十五《心伯學案》，北京：中華書局，2008年，第6023頁）、《皖志列傳稿》（金天翮：《皖志列傳稿》卷五《夏炘程朝儀傳》，臺北：成文出版社，1974年，第399頁）均稱其字心伯，一字弢甫。《中國近現代人物名號大辭典》（陳玉堂：《中國近現代人物名號大辭典》，杭州：浙江古籍出版社，2005年，第986頁）及《諸子百家大辭典》（馮克正、傅慶升：《諸子百家大辭典》，瀋陽：遼寧人民出版社，1996年，第259頁）稱其字欣伯，一字心伯，號弢甫。《清人文集别録》（張舜徽：《清人文集别録》，武漢：華中師範大學出版社，2004年，第362頁）、《民國當塗縣志》（魯式穀：《民國當塗縣志》，《中國地方志集成・安徽府縣志輯》第40册，南京：江蘇古籍出版社，1998年，第84頁）稱其"字心伯，號弢甫"。《安徽省人物志》（安徽省地方志編纂委員會編：《安徽省志・人物志》，北京：方志出版社，1999年，第851頁）等衹稱其"字心伯"。夏炘於自己的著作《景紫堂全書》及《景紫堂文集》，既有題"心伯"的，也有題"弢甫"的，而友人及弟子在其序跋、書信往來中衹稱"弢甫氏，弢甫兄"等，也有學者稱呼其"弢甫先生"。筆者以爲，一般來説，某甫是古代對男子的尊稱。某是表字的設代。如"（桑）調元，字弢甫，錢塘人，爲孝子天顯之子。"（趙爾巽：《清史稿》卷四百八十《儒林一》，北京：中華書局，1977年，第13148頁。）故字"欣伯"之説或可免，號"弢甫"的可能性也不大，即："夏炘，字心伯，一字弢甫。"

章句考》一卷、《詩樂存亡譜》一卷、《讀詩札記》八卷。禮學成果有《學禮管釋》十八卷、《三綱制服尊尊述義》三卷、《學制統述》二卷、《檀弓辨誣》三卷。音韵學則有《六書轉注説》二卷,《詩古韵二十二部集説》二卷。此外另有《聖諭十六條附律易解》一卷、《漢唐諸儒與聞録》六卷、《訏謨成竹》一卷、《息游泳歌》一卷、《賈長沙政事疏考補》一卷、《陶主敬年譜》一卷、《景紫堂文集》十四卷、《儒林亦政編》二册等。記載徽州風土人情的有《聞見一隅録》三卷、《墨稼堂詩鈔》二卷、自定《年譜》一卷,編訂《祁門縣志》三十六卷、《貴池縣志》四十四卷等。

對於夏氏的學術成就,不少學者、名流都給予極高評價。曾國藩在見到夏氏著作後,"歎爲東南耆宿,頻邀入幕"。[①] 左宗棠於咸豐十一年(1861)大敗太平軍後,至婺源訪夏炘,并把他的著述十七種八十一卷彙編成集,親題"景紫堂全書"名。陳浚在《景紫堂全書》序言中嘆服夏氏:"由漢學之專勤,探宋儒之精粹,沉潛於文義之近而默契乎性天之微,有非近世經生所能及。"[②] 桐城方宗誠稱其"《檀弓辨誣》三卷有功孔子,《述朱質疑》十六卷有功朱子。《三綱制服尊尊述義》三卷,有所發明"。[③]《清儒學案》評其爲學"兼宗漢宋,長《詩》《禮》二經。於義理、訓詁、名物、制度、説文、小學,皆能博考精研,深造自得,其所撰著以輔翼世教爲心"。[④] 李慈銘於時人不輕讚許,但閱《景紫堂全書》後,稱夏炘爲:"近日經學名家,紫陽之學,更推嫡嗣。自記其道光戊子已官吴江教諭,迄今三十六年,猶秉婺鐸,皋比皓首,窮經不倦,東南師儒,當爲魁艾,不勝碩果之悉矣。"[⑤] 張舜徽先生對其文集亦不惜讚美之辭,如認爲《鄭氏三禮注讀如考》"發凡起例,條貫精密"。[⑥] 由上引論可知,夏炘之學,在前輩學人中影響廣泛,深受讚許。

然而,對於這樣一位學者,目前學術界尤其是大陸學者對其研究却不多,僅有少量碩士論文和幾篇期刊文章論述夏氏,專著更是寥寥。[⑦] 相比之下,臺灣對夏炘的研究成果較爲豐富。[⑧] 可見,對於夏氏研究,有待進一步開拓的空間。以往研究更多側重於夏氏某一專著或某一方面成就,而縱觀夏氏一生,其"成就主要在經學方面"。[⑨] 有鑒於此,對夏炘經學思想作整體和宏觀上的爬梳鈎沉,可以對夏氏的學術有一個更加客觀公允的評價,且夏氏學宗程

① 魯式穀:《民國當塗縣志》,《中國地方志集成·安徽府縣志輯》第40册,南京:江蘇古籍出版社,1998年,第84頁,下同。

② 〔清〕夏炘:《苔岑尺牘》附録《景紫堂全書序》,《叢書集成三編》第77册,臺北:新文豐出版公司,第633頁。

③ 王鍾翰:《清史列傳》,北京:中華書局,1987年,第5418頁。

④ 徐世昌:《清儒學案》卷一五五《心伯學案》,北京:中華書局,2008年,第6024頁。

⑤ 〔清〕李慈銘:《越縵堂讀書記》,北京:中華書局,1963年,第822頁。

⑥ 張舜徽:《清人文集别録》,武漢:華中師範大學出版社,2004年,第362—363頁。

⑦ 如張桂麗:《清代安徽當塗夏氏學術成就探析》,《貴州文史叢刊》2013年第3期;吕華亮:《程瑶田、汪萊生平資料補:從〈景紫堂文集〉中三篇文章説起》,《古籍研究》2014年第1期;楊莉:《夏炘的〈詩〉學思想研究》,安徽師範大學碩士學位論文,蕪湖,2006年;彭劍:《左宗棠幕府研究》,華中師範大學碩士學位論文,武漢,2014年。

⑧ 如楊錦富《夏炘學記》,《中國學術思想研究輯刊》第六編25册,新北:花木蘭文化出版社,2009年。另有楊錦富:《夏炘〈述朱〉"敬"義論述》,《當代儒學研究》2010年第9期;蔡龍九:《論〈述朱質疑〉對"朱陸異同"的評析效力》,《"國立"政治大學哲學學報》2012年第27期;鄧名敦:《夏炘〈詩古音二十二部集説〉研究》,臺灣東吴大學碩士學位論文,臺北,2011年。

⑨ 張桂麗:《清代安徽當塗夏氏學術成就探析》,《貴州文史叢刊》2013年第3期,第57頁。

朱，亦重考證，在清後期學術轉型中具有典型性，透過夏炘個案研究，也可更好理解和探究清後期學術史的脉絡。

二、夏炘經學思想及其特點

（一）學兼漢宋，尤尊鄭玄、朱子

夏炘一生篤守朱子之學，多以考證闡釋義理。在《述朱質疑序》中就自叙其“幼讀朱子之書，長好朱子之學，老官朱子之鄉，高山仰止，欲從由來”。[①] 在平時，“與生徒講學，惟以誦法朱子相勖”，[②] 對朱子敬仰之情躍然紙上，甚至自書其齋名“景紫堂”，一爲傾慕紫陽先生之意，更有捍衛朱子正道，繼承發揚朱子思想爲己責的認知。《述朱質疑》中，多以考證辨明爬梳朱子學術之早晚、生平著作之異同、師友之淵源、出去之節目等等，對於朱子一生居敬涵養、窮理致知、明倫察物、反躬踐履、内聖外王、由博返約之道皆能考察臚列。清代治朱子之學，向推王懋竑，張舜徽先生認爲夏氏《述朱質疑》一書“鈎校推闡之功，視懋竑加密”。[③]

夏炘自少好學詩，既冠學禮。其他著作如《學禮管釋》條舉禮文節目，逐條詮釋，不分經區類，多折衷於鄭康成之説。誠如他在《序言》中所云：“自註疏外，宋元明人及近儒之説，皆喜讀之，偶有所得，便加詮釋。既不分經，復不區類，隨時記録，聊備遺忘而已。”[④] 對宋明理學及清代漢學解經成果多有吸收。夏氏在《學制統述》中認爲：“漢、唐以來，言學制者紛紛，迄不得其要領。惟北海鄭君之《注》，融匯貫通，若合符節。”[⑤] 考成周學制之體，剌取經注，皆以康成之説爲是。《詩章句考》一書，據《左氏傳》在揚水之卒章，語駁孔穎達古詩口以相傳未有章句之非。又詮次毛公、鄭氏、《朱子集傳》之異同，“其他諸儒之説，頗資採取，宗而録之，間附己意”。[⑥]《詩樂存亡譜》一卷，謂古人祭射燕享，有樂則必有詩。詩歌因種類不同或頒在學宫或否，導致詩詞或亡或存，主鄭玄《鐘鼓》九夏注，進而認爲孔子未嘗删《詩》，《笙詩》未嘗無詞。既有繼承康成之説，亦有自發之心得。

由夏炘後人及弟子彙編的《景紫堂文集》中，多考證和闡釋經史之作。張舜徽先生認爲：“大抵炘之治學，自朱子入。而終身服膺不衰，故以景紫名其堂。後乃潛研鄭學，肆力《詩》《禮》，所著《學禮管釋》《讀詩札記》《學制統述》諸種，卓然可傳。昔之治朱學者，向推王懋竑用力最深。而炘所撰《述朱質疑》一出，鈎校推闡之功，視懋竑加密。而是集卷十一《與胡琡卿論白田草堂雜著書》《與朱福堂論年譜書》二文所言，足爲懋竑諍友。至其研精《三禮》，

① 徐世昌：《清儒學案》，第6026頁。
② 王鍾翰：《清史列傳》，第5418頁。
③ 張舜徽：《清人文集别録》，第363頁。
④〔清〕夏炘：《學禮管釋序》，《續修四庫全書》第93册，上海：上海古籍出版社，2002年，第33頁。
⑤〔清〕夏炘：《景紫堂文集》卷六《學制統述叙》，《近代中國史料叢刊》第1輯934册，臺北：文海出版社，第315—316頁。
⑥〔清〕夏炘：《景紫堂文集》卷五《詩章句考叙》，第297頁。

功力湛深。觀是集卷十《與胡竹邨論燕寢書》《與董叔充論深衣書》,可知其於制度名物,確有新悟。而卷一《鄭氏三禮注讀如考》一篇,發凡起例,條貫精密,尤有功於鄭氏。他若卷五《述均叙》,論及韵部異同。卷六《傳是樓書目叙》,臚列録略體例。皆能條别源流,自申己見。則其於問學之事,所涉已博,又不徒限於鄭君、朱子而已。"[①]張先生這段論述,對其兼宗漢宋,博采衆家的治學特點,概括精確到位。

其家鄉先賢陶安(1310—1368),字主敬,安徽當塗人,官翰林學士。夏炘以爲陶氏守朱子之學而開有明儒術之先,"當塗自建縣以來,道德、功業、文章一人而已",於是謹懷景仰之情,"參匯元明兩《史》《太平府志》暨公《全集》",作《陶主敬年譜》,在年譜叙中楊大容就以爲該書"實與《述朱質疑》相爲表裏"。[②]書中依據陶安《黄岡寓稿》及《鶴沙小紀》等詩文集,重新考證其生卒年等問題,認爲《明史》對陶安的生卒年記載有失。足見夏氏推敲考證之功,亦見其尊朱之情。

至若音韵、訓詁、名物等小學,夏炘雖力主鄭玄及朱子之説,但也能深造自得,自抒己意。《鄭氏三禮注讀如考》中,以鄭氏《三禮注》爲考察對象,以爲漢儒注經有讀如、讀若、讀爲、讀曰者,當爲或爲。以古文今文之不同,提出:"讀爲某、讀曰某者,以所讀之字易經中之字,詁其音而詁其義。讀如某、讀若某者,其所讀之字不易經中之字,主詁音而不主詁義,亦有兼顧其義者。"[③]條貫縝密,引論翔實,確有發明,實有功於鄭氏。在文集中如《與董叔允論深衣書》《與胡竹村論燕寢書》《述均叙》等等諸篇,多與友人論及制度名物,音韵訓詁之學,頗有自得之見解。

儘管對朱子極爲景仰,但在學術上,夏氏也并不盲從。如對《朱子集注》中認爲《論語·逸民》中"虞仲及仲雍"[④]的説法就不讚成,并進一步旁徵博引,加以考辨,自抒心得。在《檀弓辯誣中》,基於"《檀弓》一書,專爲詆訾孔門而作"的認知,對鄭玄的《注》、孔穎達的《正義》也頗有微詞,可以説兩人"亦或始作俑者"。[⑤]可見,夏氏在經學研究中,以考證形式闡發義理,兼及漢宋,雖多主鄭玄、朱子之説,但也能堅持自己的觀點,并非盲從。

(二)好駁近儒,考證以捍衛正道爲旨歸

乾嘉年間,考據之學大昌。夏炘一如其弟夏炯,對於近儒專事瑣碎考據,支離破碎,離經叛道的現象大爲不滿。對於近儒考證之風盛行,多爲異説的風氣更是批判尤力。夏炘就直言:"今世考據家陳陳相因,不過剿襲前言耳,非能發古人所未發也。"[⑥]這種觀點在其弟夏炯的身

---

① 張舜徽:《清人文集别録》,第363頁。

② 〔清〕夏炘:《明翰林學士當塗陶主敬先生年譜》,《北京圖書館藏珍本年譜叢刊》第37册,北京:北京圖書館出版社,1999年,第266、268、337頁。

③ 〔清〕夏炘:《景紫堂文集》卷一《鄭氏三禮注讀如考》,第49—71頁。

④ 〔清〕夏炘:《景紫堂文集》卷六《述朱質疑序》,第311頁。

⑤ 楊錦富:《夏炘學記》,第5頁。

⑥ 〔清〕夏炘:《衡齋算學跋》,李兆華:《衡齋算學校證》,西安:陝西科學技術出版社,1998年,第262—263頁。

上表現得尤爲明顯。如夏炯在與友人的論述中就直言："但今日口耳之陋，稍知句讀，痛詆宋儒，謂宋儒爲禪學，謂宋儒腹中無書，謂義理之學虛談心性，不切日用，凡此謬戾之説，啓學者浮薄之風，爲天下人心之害實非細。……漢學諸家，就其著述，求其實用，煌煌巨帙之中，獨無一言關於身世，其視昔賢著書立説之意，抑何古今人太不相及也。一唱百和，破碎支離，乃復沾沾自喜，攻駁程、朱，若非大聲疾呼，何以撤其蒙蔽！"[①] 儘管這段論述不免有門户之見，但對於考據之學的弊端直言不諱，透徹已極。

即便是名家考證之作，夏氏也往往多有駁斥。夏炘認爲近世儒生挾好勝之心，每多異論，"必挾好勝之心，痛加詆毀，使古經已正者仍復亂，注説之釐定者仍復淆"。[②] 戴氏《孟子字義疏證》一書，學人多有好評，即便是夏炘友人也予以盛讚，夏氏則認爲朋友對該書"爲近今之巨制"[③] 的評價抬得過高。更對《孟子字義疏證》中"理者，條理、分理之謂，《孔》《孟》《六經》及傳記群籍理字不多見"等觀點，一一條陳駁斥，認爲該書，有些條目張冠李戴，"專與程朱爲仇"，[④] 駁斥不遺餘力，儘管有深閉固拒之嫌，但也足見其捍衛理學正宗之心。

它若戴震之《原善》、凌廷堪《復禮》、阮元的《論語論仁論》，夏炘也多有批駁和辨訾。在《鄭氏三禮注讀如考》中，以讀如某、讀若某者，其所讀之字不易經中之字，主詁音而不主詁義，亦有兼顧其義立論。認爲阮氏所立論之基，"仁者，人也，讀如相人偶之人，以人意相存問之言"，"不辨而知其謬"。[⑤]

對於《禮記·檀弓》一篇，夏炘素來喜好，并誦之極熟，久而覺其妄。專門作《檀弓辨誣》一書，開宗明義認爲："《檀弓》一書，專爲詆訾孔門而作。"[⑥] 其質疑始於《檀弓》篇記禮之失，所失者盡在孔門，以及門下高賢弟子。并進一步論證檀弓之輩，造孔子三世出妻之誣、不知父墓之誣、造防墓崩之誣、彈琴食祥肉之誣等，對於孔門高足曾子也極盡污蔑之能事。由是，夏氏認爲檀弓明爲孔氏之門，實爲墨、法之流，專行陽奉陰違之道，以使孔氏蒙千古不白之冤。文中對檀弓誣蔑之舉逐一辯駁考證，目的在於捍衛正道，挽救人心，實見其良苦用心。

當然，對於近儒考證風氣盛行，多有異説者，雖出於衛道的立場予以批駁，但對於考證大家的著作也多有讚許和肯定，也不是全盤否定學者之功。如在《詩古音二十二部集説》中，對昆山顧亭林（炎武）、婺源江慎修（永）、金壇段茂堂（玉裁）、高郵王懷祖（念孫）、歙江晋三的音韵學成就予以充分肯定，尤其是對顧氏《音學五書》，給以"博考群編，釐正唐韵"的評價，認爲江氏、段氏等的工作："精益求精，並補顧説之所未備，至王、江兩先生出，集韵學之大成

① 〔清〕夏炯：《夏仲子集》卷六《與朱蘭友公讜書》，民國十四年（1925）鉛印本，轉引自張桂麗：《清代安徽當塗夏氏學術成就探析》，《貴州文史叢刊》2013 年第 3 期，第 60 頁。

② 〔清〕夏炘：《景紫堂文集》卷四《讀康誥》，第 201 頁。

③ 〔清〕夏炘：《景紫堂文集》卷十一《與友人論〈孟子字義疏證〉書》，第 579 頁。

④ 〔清〕夏炘：《景紫堂文集》十一《與友人論〈孟子字義疏證〉書》，第 587 頁。

⑤ 〔清〕夏炘：《景紫堂文集》卷一《鄭氏三禮注讀如考》，第 69—70 頁。

⑥ 〔清〕夏炘：《檀弓辨誣序》，《續修四庫全書》第 107 册，上海：上海古籍出版社，2002 年，第 1—2 頁。

矣。”[①] 并進一步肯定王氏“不分中東未爲無見”,“至部之分則王氏之所獨見”,甚至這種讚許在其文集中也多次表露。

在其文集中,對顧炎武及江永的音韵學貢獻一再讚揚,謂“亭林考古之功,卓越前後,而審音而定古韵,弇侈洪細緻限,則自慎齋始”[②]。此外,在對於今古文的問題上,夏氏以爲“無論今文古文,細核之,皆有後人附益,是未經秦火之先經師授受之,本已不能盡符矣”,因此認爲“今文爲真古文爲僞”[③] 的認知是不能令人信服的。這就更加能體現其不盲信古人及近儒之説,堅持自己的獨立思考意識。

從以上論述可見,夏氏治學,出於捍衛正道,匡扶世教的立場,對近儒之異議多有辯駁、批評,雖有深閉固據之嫌,但其也并非一味否定,專事攻擊,對大家之作,也有肯定和讚揚。

(三)長《詩》《禮》二經,維繫世教人心

《清儒學案》對夏炘學術整體評價爲:“長《詩》《禮》二經,而尤深於朱子之學。”[④] 在《學禮管釋》開篇即説:“余少好學詩,既冠學禮”。[⑤] 可見,《詩》《禮》二經之學在夏炘經學研究體系中,占有重要地位。就《詩》《禮》的作用來看,誠如《毛詩正義序》所説:“夫《詩》者,論功頌德之歌,止僻防邪之訓,雖無爲而自發,乃有益於生靈。六情静於中,百物蕩於外,情緣物動,物感情遷。”[⑥] 詩是爲歌功頌德,詠物抒懷,對遠離古怪與凶邪的訓示,一種由内而外情感的昇華。《禮》是:“經天地,理人倫…… 禮者,理也。”[⑦] 禮是一種維護人倫禮儀規範,一種外在規則制度,一種對“理”的堅守。《詩》《禮》,一内一外,互爲表裏,相輔相成,共同構成儒家思想的兩個重要部分。

夏炘詩學成就主要有《詩章句考》《詩樂存亡譜》《讀詩札記》《朱子詩集傳校勘記》《詩古音二十二部集説》等著作。《禮》學方面的著作包括《學禮管釋》《學制統述》《三綱制服尊尊述義》等。楊莉在《夏炘的〈詩〉學研究》中,概括夏炘詩學研究具有調和漢宋經學、寄託經世致用兩個主要方面整體特徵。同時在文中也看到了夏炘《詩經》研究的衛道色彩以及程朱理學對夏炘《詩》學的滲透和浸潤,并評介了夏氏《詩》學研究的成就影響以及局限性,較爲全面和客觀公允。[⑧] 總體而言,夏氏《詩》學研究“申明毛公及朱子之説爲多”,“祖述孔子、子思、孟子及發明性善之旨,俱與荀子殊轍”。[⑨] 這既是夏炘詩學研究的總體特點之一,也是其經學思想的一大特徵。

---

① 〔清〕夏炘:《詩古韻表廿二部集説》,《續修四庫全書》第 248 册,第 331 頁。
② 〔清〕夏炘:《景紫堂文集》卷五《述均敘》,第 291 頁。
③ 〔清〕夏炘:《景紫堂文集》卷一《古文孝經考》,第 31 頁。
④ 徐世昌:《清儒學案》卷一五五《心伯學案》,第 6024 頁。
⑤ 〔清〕夏炘:《學禮管釋序》,《續修四庫全書》第 93 册,第 33 頁。
⑥ 〔唐〕孔穎達:《毛詩正義序》,〔清〕阮元:《十三經注疏》,北京:中華書局,2009 年,第 553 頁。
⑦ 〔唐〕孔穎達:《禮記正義序》,〔清〕阮元:《十三經注疏》,第 2653 頁。
⑧ 楊莉:《夏炘的〈詩〉學思想研究》,第 32—48 頁。
⑨ 徐世昌:《清儒學案》卷一五五《心伯學案》,第 6038 頁。

《三綱制服尊尊述義》是夏氏禮學代表作之一，最能體現其禮學思想。其在《三綱制服尊尊述義叙》中開宗明義，認爲《儀禮·喪服》一篇，非聖人不能作，非賢者不能述，後世學者議論損益增減皆不當。并進一步認爲服生於情，情生於親，這個道理"雖途之人皆知之"，但是"知親親而不知尊尊，猶是野人之見"，并進一步提出："尊尊之義奈何？三綱而已矣。"[①] 謂知親親而不知尊尊爲野人之見，尊尊以三綱爲重。舉《儀禮傳》中"父至尊也、君至尊也、夫至尊也"三語，分父綱制服、君綱制服、夫綱制服三部分，包括《儀禮·喪服》一百四十餘條，逐一闡釋，文中全方位貫穿其儒家綱常倫理的思想。

夏炘在中舉後，任武英殿校録期間，得以有機會窺見朝廷巨典，以成周學制相質疑，遂加留心，成《學制統述》。上卷"仿朱子《儀禮釋宫》、錢氏文子《補漢兵制》制例，刺取經注，分條縷析"，下卷"别爲問答，以發其意"。在全篇撰述中，"每解一經，必融匯全旨，每闡一注，必貫穿全經"。[②] 其解經多以鄭玄之説爲是，所謂"融匯全旨""貫穿全經"的意思，就是融匯貫穿孔孟之道，儒家性善之旨，其目的更多在於爲孔孟程朱辯護，以此維繫世教人心，綱常明教。

（四）重"禮"的踐履，理學經世思想

古籍之中，言禮之語不勝枚舉，對其定義也言者紛紛。如孔子説："禮者何也？即事之治也。君子有其事，必有其治。"（《禮記·仲尼燕語》）管子也説："禮者，因人之情，緣義之理，而爲之節文者也。"（《管子·心術上》）孔穎達在《禮記正義序》中云："'禮'者，體也，履也。統之於心曰'體'，踐而行之曰'履'。"[③] 又如朱熹明確定義了"禮"與"理"的關係。他説："禮即理也，但謂之理，則疑若未有形迹之可言。制而爲禮，則由品節文章之可見矣。"[④] 在朱熹看來，"禮"也就是"理"，在一定程度上，二者是可以等同的。

從以上論述可知，大致説來，禮者，可以理解爲理，亦可解釋爲節文，其落實在人倫日用，是待人接物的準則，亦是人與人相處的規範。總之，禮有兩端，一爲禮之節文，一爲禮之踐履，前者側重於社會禮儀的整飭和規範，後者重日常生活中對禮的堅守和踐履，其最終的作用體現在"經天地，理人倫"。

對於學風引導及社會風俗的的整飭、教化，夏炘一直以衛道爲己任。從《述朱質疑》《三綱制服尊尊述義》到《學制統述》乃至編訂《陶朱敬年譜》等等，無不是出於對世風日下的擔憂，對社會風氣上專事瑣碎考據，相互標榜，"挾好勝之心，每多異論"[⑤] 的排斥。在日常生活中，夏炘更加注重對理的踐履和堅守。

---

① 〔清〕夏炘：《景紫堂文集》卷六《三綱制服尊尊述義叙》，第 321 頁。
② 徐世昌：《清儒學案》卷一五五《心伯學案》，第 6027 頁。
③ 〔唐〕孔穎達：《禮記正義序》，〔清〕阮元：《十三經注疏》第 2655 頁。
④ 〔宋〕朱熹：《晦庵先生朱文公文集》，上海：上海古籍出版社，2002 年，第 2893 頁。
⑤ 徐世昌：《清儒學案》卷一五五《心伯學案》，第 6026 頁。

在婺源任職期間,夏炘就以能鑽研朱子的學術且在朱子的家鄉做官而自詡。每每有學生來訪,與生徒講學,必定以朱子的學術和爲人相勸勉。任職期間,刊發《小學》《近思録》諸種書籍,以作爲學者們入德之門,使得當地士習大爲改觀。農閑之時,周歷鄉村,現身説法宣講聖諭鄉約,"與村民講約,以淺語闡發《聖諭十六條》"。時常對人説:"教官以教爲職,非獨教士,雖庶民與遊責焉。"[①]充分體現了夏氏以教爲職,把教化人心,落實在具體的工作之中,在其位而謀其政的責任擔當。

夏炘門人吏部侍郎胡肇智以《聖諭十六條附律易解》《述朱質疑》《檀弓辨誣》三書進呈朝廷,諭旨下達内閣,有"安徽潁州府教授夏炘恭繹《聖諭十六條附律易解》一卷,暨所撰《檀弓辨誣》三卷,《述朱質疑》十六卷,當交南書房翰林閲看。據稱該員所輯《附律易解》尚得周官與民讀法遺意,用於講約,甚有裨益。其《檀弓辨誣》《述朱質疑》二書亦均能有所發明。該員年届耄耋,篤學不倦,甚屬可嘉,即著武英殿將該員所繹《聖諭十六條附律易解》刊刻頒發,其《檀弓辨誣》《述朱質疑》兩書均著留覽"[②]的褒獎。對其學問及貢獻給予充分肯定,足以説明夏氏并非衹是埋頭紙上學問、兩耳不聞窗外事的書呆子型學者。相反,其於國家社會具有强烈的責任感,積極對儒家"禮"的踐履理念落到實處,實實在在爲國家社會做事,有利於世教民心。

夏炘經邦濟世的情懷還表現爲,於國家危亡之際,挺身而出的勇氣和行動。咸豐初年,太平天國起義爆發。夏炘雖已届古稀之年,但出於士人保家安民的責任意識,在婺源倡辦團練。并與當地人定約説:"七十老翁不能任天下事,願與若死守婺而已",因而"城賴以全"。[③]左宗棠督辦浙江軍務,聽説夏炘曾經輔佐浙江巡撫阮元平定海寇,多次邀請夏炘充當幕僚,爲國家建言獻策。夏炘積極回應,建議以徽州爲江浙門户,救婺源即是援浙,衹有後路肅清而後浙江可以安然無憂。在具體用兵原則上建議:"用兵之要,以慎爲先。未復之地,慎進攻,不可輕犯賊鋒,致墮詭計;已復之地,慎回顧,不使賊出我後,頓棄前功。"[④]這些建議都得到左宗棠的肯定和采納。以援助浙江之功,保升内閣中書,加四品銜,授予潁州府教授。夏氏所作所爲,當稱得上"位卑未敢忘憂國"的真實寫照,於國難當頭之際,對理學經世思想的身體力行。

三、夏炘經學思想淵源

夏炘生活時代,雖值乾嘉考據之學由盛轉衰之時,但餘韵猶存,夏氏學術淵源,不免有乾嘉考據之餘風。社會方面,鴉片戰争爆發,西學東漸勢頭正盛,加之太平天國起義等因素的影

① 徐世昌:《清儒學案》卷一五五《心伯學案》,第6023頁。
② 《清穆宗實録》卷二四七,同治七年(1868)十一月下,北京:中華書局,1987年,第436—437頁。
③ 王鍾翰:《清史列傳》卷六七《夏炘》,第5418頁。
④ 王鍾翰:《清史列傳》卷六七《夏炘》,第5418頁。

響，中國面臨千百年未有之巨變，世風日下，人心不古，夏氏經學思想中，社會底色較爲濃郁。此外，夏炘出生於書香之家，幼受庭誥，兄弟之間互相師友，相互砥礪，亦有家學根柢。再者，夏炘多年任地方教職，任職期間也是其學習著述之際，在婺多年，婺源爲朱子之鄉，徽州爲理學重鎮，以及個人仕宦交遊的影響，都滋養了夏炘的經學思想。

（一）乾嘉考據之流風餘韵

考據之學在乾嘉年間達到鼎盛，儼然成爲整個清代學術的代名詞。學者或以“樸學”，或以“考據”，亦或是“漢學”自詡，雖名目不一，但究其内涵則是相通的，三者學術旨趣并無太大區别，都是被梁啓超稱之爲“純漢學”[①]的學問。

對於考證之學在乾嘉年間的盛况，學者多有論述。如阮元在《漢學師承記》序言中説：“我朝儒學篤實，務爲其難，務求其是，是以通儒碩學束髮研經，白首而不能究者。”學者束髮砥礪，皓首窮經，可謂壯觀。汪中之子汪喜孫在爲《漢學師承記》作跋時云：“國朝漢學昌明，超軼前古。”[②]昭槤亦云：“本朝諸儒皆擅考據之學。”[③]以上論述無疑説明，考據在清朝成爲主流學術風尚，乾嘉之後雖有衰微之勢，但餘風尚存。另外，晚清隨著西學東漸，洋務運動興起，漢宋由門户之争到漢宋合流趨勢加强。夏炘生活在這樣一個大的環境之中，其經學研究中，兼宗漢宋，多考證經史之作，以考證求義理的學問取向自然就不難理解了。

（二）社會危機的加深

清朝在經歷了康乾盛世之後，於道咸之際，各種危機在帝國後期開始全面凸顯。到道咸時，帝國内部更是腐朽不堪，軍備廢弛，貪官污吏横行，再加上天災人禍，“一次次變亂不停，以後又激出太平天國”。[④]於咸豐初年，終於爆發了波瀾壯闊的太平天國起義，短短幾年時間，就席卷大半個中國，掐斷清政府主要財源，起義前後長達十四年，使得風雨飄摇的清政府雪上加霜。反觀西方世界，如英國等國家，正值工業革命，改革之風蔓延歐美大陸。爲打開中國市場，西方侵略者用堅船利炮和鴉片打開中國的大門，清帝國面臨嚴重的統治危機。

面對這樣内憂外患的局勢，民族危機的加深，廣大知識份子意識到，一心衹是埋頭於故紙堆，致力於經典考據，顯然不符合社會需要，於是當時的士人對社會危機，對過往的學風做了深刻的思考。

對於考據之學的批判反思，以方東樹作《漢學商兑》爲代表，在學術界引起巨大反響。這種批判和反思進一步在社會上發酵，夏炘跋汪萊《衡齋文集》稱：“今世考據家陳陳相因，

① 梁啓超：《飲冰室合集》專集七五《清代學術變遷與政治的影響》，北京：中華書局，1989年，第22頁。
② 〔清〕江藩：《國朝漢學師承記》（外兩種），北京：生活·讀書·新知三聯書店，1998年，第1、160頁。
③ 〔清〕昭槤：《嘯亭續録》卷二《考據之難》，北京：中華書局，1997年，第428頁。
④ 錢穆：《中國歷代政治得失》，北京：生活·讀書·新知三聯書店，2012年，第167頁。

不過剿襲前言耳,非能發古人所未發也。"[1]這種批判性在其弟夏炯身上表現得更加明顯。

夏炯《與方植丈書》云:"邇來訓詁之家,咬文嚼字,何益身心?何裨於國?好爲無用之辨,虛驕之氣而已。其始也,如毛西河肆口詆詈,不過如蚍蜉之撼大樹,於朱子何傷!臧玉林、惠定宇出,終日搜求古義兢炫新奇,已漸能錮蔽聰明之耳目,至戴東原、錢竹汀等謬爲狂言,謂非訓詁則不能通義理,一時學者從而和之,凌次仲之《復禮》、程瑶田之《論學》、阮芸臺之《論語論仁》,遂竟以訓詁爲義理之所處而居之不疑,天下聰穎特達之士,盡爲訓詁所牢籠而不知。"[2]這種批判切中要害,尤爲深刻有力。今文經學派如龔自珍及魏源、姚瑩、曾國藩等有識開明地主階級都走到歷史前臺,理學經世思想也應運而生。

就夏氏個人來説,正值世風日壞,"粵匪擾東南",[3]國家處於内外交困之際,加上學風的轉變,這些無疑對其經學思想研究産生了極爲明顯的影響,迫使其更多關注現實,更加具有匡扶世教人心,經邦濟世情懷。

(三)家學淵源

夏炘出生於書香之家,父親夏鑾以身爲教,夏炘兄弟四人"幼承庭訓,朝警夕誡,讀書做人",[4]耳濡目染之下,對夏炘學術及人品的形成都有莫大的影響。據夏炘《先考行述》記載,夏鑾一生學術純正,品行端嚴,曾發奮流覽漢唐大儒之諸經注疏,爲實事求是之學,病世俗帖括之家,遊談無根,不通古今之病。在徽州府訓導任上,以闡揚理學、造就人才爲己任,"於世俗一無所好,惟愛惜人才如命,有一節之長,稱譽不止"。[5]

平時,夏鑾以朱子讀書法教授諸生,治學提倡由博返約、循序漸進。表彰先賢江永,推賞寒儒汪萊、程厚、汪文臺等。尤其是庚午年丁憂在家期間,精研程朱之學,尤其服膺於朱氏《小學》一書,時時爲夏炘兄弟講解,"每自悔向者溺於訓詁而聞道之晚也",夏鑾常説:"國朝理學惟陸清獻公爲朱子嫡傳,其餘雖篤實如湯文正、苦節如李二曲,皆未能盡脱姚江藩籬。又病近世學者如《原善》《復禮》諸篇,皆穿鑿義理,大爲學術之害,故訓士教子必以篤信朱子爲先。"[6]這種學術旨趣直接影響到夏氏四兄弟的學術方向,甚至影響到夏炘一生學術追求,誠如《皖志列傳稿》所云:"炘既承名父師之教,以研經衛道爲職志。"[7]

據夏炘自己文集中闡述,夏炘雖幼受庭誥,但由於夏鑾寓居京師,并没能兼顧夏炘的學問,所以纔有"炘幼失學"之語,而夏炘正式受到師友的教誨是從十六歲開始,也就是夏鑾官徽州訓導任上。對於這段治學經歷,夏炘記載詳細:"年十六,先君子自京師歸,憂心於色,明

① 〔清〕夏炘:《衡齋算學跋》,李兆華:《衡齋算學校證》,第262—263頁。
② 〔清〕夏炯:《夏仲子集》卷六《與方植丈書》,民國十四年(1925)鉛印本。
③ 徐世昌:《清儒學案》卷一五五《心伯學案》,第6024頁。
④ 〔清〕夏炘:《景紫堂文集》卷一三《先考行述》,第740頁。
⑤ 〔清〕夏炘:《景紫堂文集》卷一三《先考行述》,第737—746頁。
⑥ 〔清〕夏炘:《景紫堂文集》卷一三《先考行述》,第737—746頁。
⑦ 金天翮:《皖志列傳稿》卷五《夏炘程朝儀傳》,臺北:成文出版社,1974年,第400頁。

歲乙丑，携至新安訓導任，三月三日從許子含夫子讀書。"[1] 夏炘於花了兩年時間讀完《五經》及《四子書》注，十九歲入泮。爲了給四子一個良好學習條件，夏鑾在家中設墨稼堂，購藏宋明來諸儒理學名著，及本朝經師學者的考據之作，作爲學術導向。這種家庭教育及父母的關心督導，對夏炘的學問成長無疑是至關重要的。

（四）個人仕宦交遊經歷

交遊是一個學者學術成長中不可或缺的部分，友人中，對夏炘影響最大的莫於過胡竹村、程瑶田、凌廷堪、汪萊、胡培翬、江有誥、黄式三、李兆洛諸公。對於這種學術成長的過程，除却夏炘在《記益友胡竹村先生事》及《清儒學案·心伯學案》附録"心伯交遊"多有論及外，由於兄弟四人一同授業於師，其弟夏炯在個人文集自序中説得更加透徹："炯年十一二侍先君子官新安，一時與先君講學諸先生若程征君瑶田、凌教授廷堪、及吾師汪先生萊，皆稱海内通人。炯兄弟朝夕聆其講論，得稍稍有志於漢唐諸儒之學。……逾年，新安開志局，常州宋孝廉因培、婺源余孝廉煌皆應聘來局中。宋孝廉邃於經，余孝廉通天文算術，時江寧黄檢討葆淳主紫陽講習，究心六書金石之學，歙江文學有誥精古今韵學。炯兄弟皆得而友之。每間日必聚，聚則論經史，論算，論六書音韵，各獻其疑，以資集益。家本多藏書，宋元明三朝諸儒説理與國朝人説經之書，分數相埒。先君聽鼓應公之暇，則手宋元明三朝之書一編，而炯兄弟與諸君互相駁難，先君雖喜其獲益友之助，然時戒其涉於標榜，不宜收束身心也。"[2] 這種多向名家請教，探討，兄弟之間互相師友、督促，對於一個學者的學術成長，無疑具有較大助益。

通過以上論述，可以看出，由於父親關心督導，夏炘四兄弟與徽州諸位學者名公有機會相互交流學習，當面請教，學問自然日益精進。此外，夏氏四兄弟平時也是相互切磋，相互督促，彼此激勵。夏炘作爲兄長，教學相長，對三位弟弟學問也多有關心，"在新安時，四人共事師受業，己巳回當塗，先君子命余課讀三弟"，[3] 并且這種相互師友的習慣一直保持。在道光三年燮母吴孺人病卒期間，四兄弟處於一室，據夏燮在爲夏炯作行狀中記載："俾於天倫聚首之中，兼學問切磋之益。"[4] 夏氏四兄弟志趣相近，學問相通，《清儒學案》説："當塗夏氏兄弟，自相師友，各有成就。"這種概括，最爲貼切，這種良好的學習氛圍，對夏炘經學思想及整個學術成長都有莫大裨益。

夏炘多任地方教職，輾轉於吴江、婺源等地，尤其是任婺源教諭十八年。夏炘雖名位不高，"而一時名公巨德，如湯金釗、姚文田、陶澍、曾國藩、張芾、潘祖蔭、桂超萬等，皆忘分與年"，[5] 這種仕宦交遊經歷，對夏炘經學思想最終成熟有重大關係。婺源爲朱子故鄉，徽州府

---

① 〔清〕夏炘：《景紫堂文集》卷九《記益友胡竹村先生事》，第 473 頁。

② 〔清〕夏炯：《夏仲子集》卷首，道光甲午（1834）自序，轉引自張桂麗：《清代安徽當塗夏氏學術成就探析》注六，《貴州文史叢刊》，第 56 頁。

③ 〔清〕夏炘：《景紫堂文集》卷一三《卯生和甫兩弟行略》，第 755 頁。

④ 〔清〕夏燮：《夏仲子集》卷首《先兄仲子行狀》。

⑤ 金天翮：《皖志列傳稿》卷五《夏炘程朝儀傳》，第 403 頁。

自宋明以來爲理學重鎮,士大夫熱衷於宣講聖諭鄉約,啓迪廣大士民忠孝節義、禮義廉耻,因而儒家教化思想、倫理綱常觀念深入民心。再加上幼承家學,父親師友的教誨,使得夏炘經學研究中具有濃厚的理學色彩。

結語:當塗夏氏是晚清有名學術世家,夏炘是其中代表。夏炘學術成長於道咸年間,此時乾嘉考據之學正值衰落之際,但餘威尚存,出於"藏本庭誥"及個人仕宦影響,這種複雜的環境,構成了夏炘經學思想兼宗漢宋,"以鄭氏、朱子爲本",[①] 也能自抒心得的特色。面對日益嚴重的社會及民族危機,再加上西學入侵,世風日壞,夏炘出於士人階層的責任意識,以維護綱常名教爲己任,學問中雖好駁近儒,强調考證以捍衛正道爲旨歸,這種維護和捍衛儒家正道的志趣,在其《詩》《禮》等經學研究中尤爲明顯,稍有保守之虞和門户之見,但對於清代考據大家成果也多有讚許和尊重。在内有農民起義,外有列强侵略的環境下,不同於一些學者埋頭於故紙堆的做法,夏炘在日常中注重對"禮"的踐履,并付諸行動,具有濃郁的經學經世色彩。其禮學重踐履和社會教化,不同於亦師亦友的凌廷堪,這一點也或許是其禮學的一大特色。夏炘經學思想的發展,既有乾嘉考據之餘韵,社會之底色,亦有家學根柢,以及個人仕宦交遊的影響。在晚清經學研究學者中,夏炘學術思想,體現了時代性與地域性統一,個人與社會的交織,是一個時代的縮影,在晚清"漢宋合流""理學復興"學術背景下,具有代表性。

(周文焰,湖南大學嶽麓書院博士研究生;周國林,華中師範大學歷史文獻學研究所教授)

① 〔清〕李慈銘:《越縵堂讀書記》,第 822 頁。

關於古籍注釋名稱與體例

閻崇東

［摘　要］古籍注釋中主要的經常出現的名稱有注、傳、疏、箋、訓、故、論、説、章句、正義、集解等。圖注是古籍注釋的一種體例，它常常以一個“圖”字出現在古籍名稱中，古今學者很少論及，但它却以一種特有方法和體例實實在在地存在着，由來已久，且功用又是其他注釋不可替代的，《三禮圖》是其開創者。古代學者對古籍注釋在其名稱、内容、方法上有一些論述，但主要針對和儒家經典相關的。當代學者論及得並不多，有的按注釋内容、性質、知識量進行分類，有的將常見的體式總結爲“集注”“譯注”等七類，有的將古注分爲傳注、集解、義疏三大類，但都有些褊狹，缺乏嚴密性。注釋名稱並不等於注釋體例，講到體例必須是内容和具體格式的統一，古籍注釋體例實爲注、疏、章句、集解、圖注五種。

［關鍵詞］注　疏　章句　集解　圖注

一、古籍注釋名稱之釋義與釋例

古籍注釋中的名詞俗語多而繁雜，而解釋清楚這些名詞俗語本身的含義，無疑對理解注釋文獻和具體的注釋内容都是大有助益的，以下便羅列一些主要的常見的注釋名詞並給以古代文獻中的解釋和筆者個人的一孔之見。

（一）注

漢許慎《説文解字》云：“注，灌也。”[①] 宋丁度《集韻》云：“注屬主。《説文》灌也。一曰屬也，或做屬。”後又有“註，一曰解也，識也”。[②] 宋代《廣韻》文中云：“注，灌注也，又注，記也。”[③] 清段玉裁《説文解字注》云：“注，注之云者，引之有所適也，故釋經以明其義曰注，交互之而其義相輸曰轉注。”[④] 鑒於以上解釋，趙國璋、潘樹廣主編之《文獻學大辭典》概括云：“注，取義於灌注。古書文義艱深，需解釋纔能明白，好比水道阻塞，需灌注纔能通暢。這是箋注學中用得最廣泛的名稱。字亦從言作‘註’。”[⑤] 這一段文字概括得生動而又準確。

---

① 〔漢〕許慎撰，〔宋〕徐鉉校定：《説文解字》卷一一，北京：中華書局，2016 年，第 232 頁下欄。
② 〔宋〕丁度：《集韻》卷八《去聲・過韻》，上海：上海古籍出版社 1985 年影印述古堂本，第 496 頁。
③ 〔宋〕陳彭年等編：《宋本廣韻》卷四，北京：中國書店 1982 年影印張氏澤存堂本，第 344 頁。
④ 〔漢〕許慎撰，〔清〕段玉裁注：《説文解字注・水部》上册，成都：成都古籍書店 1981 年影印本，第 588 頁。
⑤ 趙國璋、潘樹廣主編：《文獻學大辭典》，揚州：廣陵書社，2005 年，第 681 頁。

注從本義之灌注,到“引之有所適也”,從而應用到注釋文獻上,“釋經以明其義曰注”,並擴大到其他文獻中,就有了“解也”“釋也”“記也”之意,最終成爲注釋學中用得最廣泛的名詞。而作爲後起之“註”字,它完全取代了“注”字的引申義,成爲其同義詞。

古代學者對文獻典籍進行的“注”是很多的,對儒家經典進行的就有《周易》魏王弼、韓康伯注,《周禮》《儀禮》《禮記》漢鄭玄注,《春秋公羊傳》漢何休注,《孝經》唐玄宗注,《爾雅》晋郭璞注,《孟子》漢趙岐注等。經部之外,對史部、子部、集部文獻進行注釋的名著有《戰國策》《吕氏春秋》漢高誘注,《水經》北魏酈道元注,《漢書》唐顔師古注,《後漢書》唐李賢等注,《資治通鑑》宋末元初胡三省音注,《孫子》三國魏曹操等注,《世説新語》南朝宋劉孝標注,《文選》唐李善等注,《楚辭》宋洪興祖補注,《杜詩》清錢謙益注等。這些注釋名著,都已經成爲我們學習研究相關文獻的最重要的資料而爲大家所熟知。下面我們舉幾個例子,以説明“注”的表現形式、内容及其作用。

《周易・繫辭上》有“方以類聚,物以群分,吉凶生矣”三句,其下王弼注云:“方有類,物有群,則有同有異,有聚有分也。順其所同,則吉;乖其所趣,則凶,故吉凶生矣。”①

《資治通鑑・唐高祖武德三年》有“世充尉州刺史時德叡帥所部杞、夏、陳、隨、許、潁、尉七州來降”一句,胡三省注云:

> 王世充蓋置杞州於雍丘,夏州於陽夏,陳州於宛丘;隨州無所考,意洧州之誤也;許州於長社,潁州於汝陰,尉州於尉氏。帥,讀曰率。降,户江翻;下同。②

又如《淮南子・原道訓》文中有“夫道者,覆天載地,廓四方,柝八極”四句,高誘注云:“道無形而大也。廓,張也。柝,開也。八極,八方之極也,言其遠。柝讀重門擊柝之柝也。”③

從以上舉例中可以看到,注,衹要需要隨斷隨注,可就一段、一句、一詞進行解釋,内容涉及任何方面不受限制。

(二)傳(zhuàn)

《説文解字》云:“傳,遽也。”④ 漢劉熙《釋名》云:“傳,傳也。人所止息而去,後人復來,轉轉相傳,無常主也。”⑤ 三國張揖《廣雅》有“諺、譯、膚、禪、傳也”一條,王念孫注云:“傳車驛馬,皆取傳遞之義。”⑥ 看來這些傳世較早的文字學文獻都把“傳”視作“驛車”“驛舍”爲其

---

① 〔魏〕王弼注,〔唐〕孔穎達正義:《周易正義》卷七,《十三經注疏》整理委員會整理《十三經注疏》本,北京:北京大學出版社,2000年,第303頁。

② 〔宋〕司馬光:《資治通鑑》卷一八八,北京:中華書局,1956年,第5890頁。

③ 〔漢〕劉安:《淮南子》卷一,國學整理社編:《諸子集成》第7册,上海:上海書店,1988年,第1頁。

④ 〔漢〕許慎撰,〔宋〕徐鉉校定:《説文解字》卷八,第163頁上欄。

⑤ 〔東漢〕劉熙撰,〔清〕畢沅疏證,王先謙補:《釋名疏證補》,北京:中華書局,2008年,第183頁。

⑥ 〔三國〕張揖撰,〔清〕王念孫注:《廣雅疏證》卷四上,南京:江蘇古籍出版社,2000年,第206頁。

本義了，當然由此可引申出傳達、傳授、解釋等義。

其實“傳”在古籍注釋中很早就是指注釋或闡述經義的文字了。《公羊傳·定公元年》有一句“主人習其讀而問其傳”，東漢何休注云：“讀謂經，傳謂訓詁。”①《漢書·淮南衡山濟北王傳》文中云：“初，安入朝，獻所作《内篇》，新出，上愛秘之，使爲《離騷傳》。”師古曰：“傳爲解説之，若《毛詩傳》。”②像儒家經典《春秋》，它很早就有了《左傳》《公羊傳》《穀梁傳》，即所謂的“春秋三傳”，它們或以增加内容、事實爲主，或以闡述經文的微言大義爲主，或以唯傳大義、平正立論爲主。無論怎樣，都是以儒家經典爲綱，起着注釋的作用。《漢書·藝文志》中《尚書》一節有《傳》四十一篇，是專門注釋《尚書》的。《詩經》一節也有《齊后氏傳》《齊孫氏傳》《韓内傳》《韓外傳》《毛詩故訓傳》③等五部，也是專注《詩經》的。

比如《春秋·莊公二十五年》原文云：

二十有五年春，陳侯使女叔來聘。夏五月癸丑，衛侯朔卒。六月辛未朔，日有食之。鼓，用牲于社。伯姬歸于杞。秋，大水。鼓，用牲于社、于門。冬，公子友如陳。

《左傳》云：“二十五年春，陳女叔來聘，始結陳好也。嘉之，故不名。夏六月辛未朔，日有食之。鼓，用牲于社，非常也。唯正月之朔，慝未作，日有食之，於是乎用幣于社，伐鼓于朝。秋，大水。鼓，用牲于社、于門，亦非常也。凡天災，有幣無牲。非日月之眚，不鼓。晋士蔿使群公子盡殺游氏之族，乃城聚而處之。冬，晋侯圍聚，盡殺群公子。”④

《公羊傳》云：“日食則曷爲鼓用牲于社？求乎陰之道也。以朱絲營社，或曰脅之，或曰爲闇，恐人犯之，故營之。其言于社于門何？于社，禮也。于門，非禮也。”⑤

《穀梁傳》云：“其不名，何也？天子之命大夫也。言日言朔，食正朔也。鼓，禮也。用牲，非禮也。天子救日，置五麾，陳五兵、五鼓。諸侯置三麾，陳三鼓、三兵。大夫擊門。士擊柝。言充其陽也。其不言逆，何也？逆之道微，無足道焉爾。高下有水災，曰大水。既戒鼓而駭衆，用牲可以已矣。救日以鼓兵，救水以鼓衆。”⑥

《三傳》以不同的文字内容詮釋着其經《春秋》。

再如《詩經·周南·葛覃》云：“葛之覃兮，施於中谷，維葉萋萋。”毛亨傳曰：“興也。覃，

① 〔漢〕何休注，〔唐〕徐彦疏：《春秋公羊傳注疏》卷二五，《十三經注疏》整理委員會整理《十三經注疏》本，北京：北京大學出版社，2000年，第627頁。
② 〔漢〕班固撰，〔唐〕顏師古注：《漢書》卷四四，北京：中華書局，1962年，第2145—2146頁。
③ 〔漢〕班固撰，〔唐〕顏師古注：《漢書》卷三〇，第1705、1707—1708頁。
④ 〔晋〕杜預注，〔唐〕孔穎達正義：《春秋左傳注疏》卷一〇，《十三經注疏》整理委員會整理《十三經注疏》本，北京：北京大學出版社，2000年，第320—324頁。
⑤ 〔漢〕何休注，〔唐〕徐彦疏：《春秋公羊傳注疏》卷八，第200—201頁。
⑥ 〔晋〕范甯注，〔唐〕楊世勛疏：《春秋穀梁傳注疏》卷六，《十三經注疏》整理委員會整理《十三經注疏》本，北京：北京大學出版社，2000年，第106—107頁。

延也。葛所以爲絺綌,女功之事煩辱者。施,移也。中谷,谷中也。萋萋,茂盛貌。"①

以上例子説明,較早古籍注釋中之"傳",以經文爲本,"傳"或補充事實,或闡發文句含義,或進一步説明個中道理,或解釋經文中之字詞。總之,都是圍繞儒家經典文句進行的。後來隨着典籍特别是史、子、集部文獻的大量出現和日益發展,傳已不再專屬於經典,而和注已無區别。

(三)疏

《説文解字》云:"疏,通也。"②《釋名》云:"紡𦂶絲織之曰疏。疏,寥也,寥寥然也。"③《廣雅》云:"疏,識也。"④ 這些文字學典籍釋意雖不一致,但還都能引申到"疏通"意義上。

古籍中對於"疏"的解釋還是很多的。唐李隆基在《孝經序》文中云:

> "是以一章之中,凡有數句;一句之内,意有兼明。具載則文繁,略之又義闕。今存於疏,用廣發揮。"宋邢昺疏:"正義曰:'此言必須作疏之義也。發,謂發越。揮,謂揮散。若其注文未備者,則具存於疏,用此義疏,以廣大、發越、揮散夫子之經旨也。'"⑤

宋程大昌《演繁露·注疏箋傳》文中云:

> 後世之名注疏者,先列本文於上,而著其所見於下。其曰"注"者,言本文如水之源,而其派流之所分注如下文所言也。至其曰"疏"者,則舉注而條列之,其倫理得以疏通也。⑥

清劉獻廷《廣陽雜記》云:"古書有注復有疏,疏以補注之不逮,而通其壅滯也。"⑦《四庫全書總目·周易正義》文中云:"是雖(王)弼所未注者,亦委曲旁引以就之。然疏家之體,主於詮解注文,不欲有所出入。"⑧ 鑒於此,便産生"疏不破注"之説,謂對於儒家經典疏通闡發不突破原注的界説。在《十三經注疏》中就有《周禮注疏》《儀禮注疏》《春秋公羊傳注疏》

① 〔漢〕毛亨傳,〔漢〕鄭玄箋,〔唐〕孔穎達正義:《毛詩正義》卷一,《十三經注疏》整理委員會整理《十三經注疏》本,北京:北京大學出版社,2000年,第36頁。
② 〔漢〕許慎撰,〔宋〕徐鉉校定:《説文解字》卷十四,第312頁上欄。
③ 〔東漢〕劉熙撰,〔清〕畢沅疏證,〔清〕王先謙補:《釋名疏證補》卷四,第152頁。
④ 〔三國〕張揖撰,〔清〕王念孫注:《廣雅疏證》卷三,第72頁。
⑤ 〔唐〕李隆基注,〔宋〕邢昺疏:《孝經注疏》卷首,《十三經注疏》整理委員會整理《十三經注疏》本,北京:北京大學出版社,2000年,第21頁。
⑥ 〔宋〕程大昌:《演繁露》卷五,文淵閣《四庫全書》第852册,上海:上海古籍出版社,1987年,第111頁。
⑦ 〔清〕劉獻廷:《廣陽雜記》卷四,北京:中華書局,1957年,第198頁。
⑧ 〔清〕永瑢等:《四庫全書總目》卷一,北京:中華書局,1965年,第3頁。

《春秋穀梁傳注疏》《論語注疏》《孟子注疏》《爾雅注疏》《孝經注疏》等，它們一律保持着經文、注文、疏文這樣三個層次，注文是對經文的注釋，疏文不僅注釋經文，而且對注文也進行詮釋。但後來的一些疏文，並不一定遵循"疏不破注"之成規，而變得寬泛和自由。

比如，《周禮注疏·玉府》文中云：

> "玉府掌王之金玉、玩好、兵器，凡良貨賄之藏。"鄭玄注："良，善也。此物皆式貢之餘財所作。其不良，又有受而藏之者。"好，呼報反，及《内府》皆同。藏，才浪反，注同。賈公彦疏："云'掌王之金玉玩好兵器'者，言玉府以玉爲主，玉外所有美物，亦兼掌之。言'此物皆式貢之餘財所作'者，案上《大府》云'式貢之餘財以共玩好之用'，彼玩好之中兼有金玉、兵器，故知式貢餘財也。云'其不良，又有受而藏之者'，即上《大府》云'受藏受用之府'是也。"[①]

再如，《孝經注疏·諸侯章》有"《詩》云：'戰戰兢兢，如臨深淵，如履薄冰。'"三句，李隆基注：

> "戰戰，恐懼。兢兢，戒慎。臨深恐墜，履薄恐陷，義取爲君恒須戒慎。"邢昺疏："《正義》曰：'夫子述諸侯行孝終畢，乃引《小雅·小旻》之詩以結之，言諸侯富貴不可驕溢，常須戒懼，故戰戰兢兢，常如臨深履薄也。'""《正義》曰：'此依鄭注也'。案《毛詩傳》云：'戰戰，恐也。兢兢，戒也。'此注'恐'下加懼，'戒'下加慎，足以圓文也。'恐墜'謂墜入深淵，不可復出。'恐陷'謂没在冰下，不可拯濟也。云'義取爲君常須戒慎'者，引《詩》大意如此。"[②]

後"疏"常和"注"合爲一詞，統稱爲"注疏"，而成爲注釋的代名詞。

（四）箋

對於"箋"字，《説文解字》解釋爲"表識書也。"[③] 此四字並不太好理解。《辭源》這樣闡釋："箋，注釋古書，表明作者之意，或斷以己意。漢鄭玄注釋諸經，皆稱'注'，獨注《毛詩》稱'箋'。"[④]《漢語大詞典》給以更多的文字描述：

---

① 〔漢〕鄭玄注，〔唐〕賈公彦疏：《周禮注疏》卷六，《十三經注疏》整理委員會整理《十三經注疏》本，北京：北京大學出版社，2000年，第184頁。

② 〔唐〕李隆基注，〔宋〕刑昺疏：《孝經注疏》卷二，第12頁。

③ 〔漢〕許慎撰，〔宋〕徐鉉校定：《説文解字》卷五，第91頁上欄。

④ 廣東、廣西、湖南、河南辭源修訂組，商務印書館編輯部編：《辭源》（修訂本）第3册，北京：商務印書館，1983年，第2363頁。

> 箋,本指狹條形小竹片,古代無紙,用簡策,有所表識,削竹爲小箋,繫之於簡。《毛詩》篇首"鄭氏箋",孔穎達疏:"鄭於諸經皆謂之'注'。此言'箋'者,吕忱《字林》云:'箋者,表也,識也。'鄭以毛學審備,遵暢厥旨,所以表明毛意,記識其事。故特稱爲箋。"後因以稱注釋古書,以顯明作者之意爲箋。①

《毛詩正義》在"鄭氏箋"下"案:鄭《六藝論》文,注《詩》宗毛爲主,其意若隱略,則更表明,如有不同,即下己意,使可識别也"。②《四庫全書總目》認爲:"鄭氏發明毛義,自命曰'箋'……然則康成特因毛傳而表識其傍,如今人之簽記,積而成帙,故謂之'箋',無容别曲説也。"③ 通過以上的文字表述,説明箋原本就是鄭玄爲了區别毛傳而自命一詞,没有其他含義。

比如,《詩經·關雎》云:

> "求之不得,寤寐思服。"毛亨傳曰:"服,思之也。"鄭玄箋云:"服,事也。求賢女而不得,覺寐則思職事當誰與共之乎?""悠哉悠哉,輾轉反則。"毛亨傳曰:"悠,思也。"鄭玄箋云:"思之哉!思之哉!言己誠思之。卧而不周曰輾。"④

在後來的古籍注釋中,真正用"箋表識書"意進行的很少見到,更多的是以"箋證""箋注"等形式出現,就是注釋之意了。

(五)訓

《説文解字》釋"訓"爲"説教也"。⑤《爾雅·釋詁》云:"訓,道也。"⑥《周禮·地官》有"土訓,掌道地圖,以詔地事。"鄭玄注云:"道,説也。説地圖,九州形勢山川所宜,告王以施其事也。"又有"誦訓,掌道方志,以詔觀事。"鄭玄注云:"説四方所識久遠之事,以告王觀博古。"⑦唐陸德明《經典釋文·爾雅音義·釋訓第三》文下云:"張揖《雜字》云'訓者,謂字有意義也'。案《釋詁》以下三篇皆釋古今之語,方俗之言,意義不同,故立號亦異。至於訓釋墳典,其實一焉。"⑧ 以上説明"訓"字原本就有"説教"之義,進而引申出"闡明""注釋"等含意,並用在

---

① 漢語大詞典編輯委員會、漢語大詞典編纂處編纂,楊金鼎主編:《漢語大詞典》第 8 册,上海:漢語大詞典出版社,1991 年,第 1190 頁。
② 〔漢〕鄭玄箋,〔唐〕孔穎達正義:《毛詩正義》卷一,第 4 頁。
③ 〔清〕永瑢等:《四庫全書總目》卷一五,第 120 頁。
④ 〔漢〕鄭玄箋,〔唐〕孔穎達正義:《毛詩正義》卷一,第 31 頁。
⑤ 〔漢〕許慎撰,〔宋〕徐鉉校定:《説文解字》卷三,第 46 頁上欄。
⑥ 〔晋〕郭璞注,〔宋〕刑昺疏:《爾雅注疏》卷二,《十三經注疏》整理委員會整理《十三經注疏》本,北京:北京大學出版社,2000 年,第 54 頁。
⑦ 〔漢〕鄭玄注,〔唐〕賈公彦疏:《周禮注疏》卷一六,第 488—489 頁。
⑧ 〔唐〕陸德明:《經典釋文》卷二九,上海:上海古籍出版社,1985 年,第 1618 頁。

有關注釋的書名上。

比如,《漢書・藝文志》中有“《淮南道訓》二篇”,其下還注明“淮南王安聘明《易》者九人,號九師説”,[①] 還有“《毛詩故訓傳》三十卷”。[②]《隋書・經籍志》中“《春秋釋訓》一卷,賈逵撰”“《漢書音訓》一卷,服虔傳”“《漢書續訓》三卷,梁平北諮議参軍韋稜撰”[③] 等。此類書籍流傳至今的很少能見到,僅《漢書音訓》還可從顔師古的注中見到一些例子。

例如,《漢書・高帝紀》文中云:“田儋與從弟榮、横起齊,自立爲齊王。”服虔《音訓》云:“儋音負擔之擔。”[④]

再如,《漢書・宣帝紀》文中云:“幸萬歲宫,神爵翔集。”服虔《音訓》云:“萬歲宫在東郡平陽縣,今有津。”[⑤]

從以上例子中可以看出,“訓”與“注”並没有什麽不同。

（六）故

在《漢書・儒林傳》中有“景帝時,（丁）寬爲梁孝王將軍距吴楚,號丁將軍,作《易説》三萬言,訓故舉大誼而已,今《小章句》是也”一段,唐顔師古注曰:“故謂經之旨趣也。它皆類此。”[⑥] 同樣在《漢書・劉歆傳》中有“初《左氏傳》多古字古言,學者傳訓故而已,及歆治《左氏》,引傳文以解經,轉相發明,由是章句義理備焉”一段,師古亦曰:“故謂指趣也。”[⑦] 看來“故”很早就有“旨趣”“含義”之意,並進一步引申而有了“闡釋旨趣”之説,用在了典籍注釋中。《漢書・藝文志》就有《大小夏侯解故》《魯故》《齊后氏故》《齊孫氏故》《韓故》《杜林蒼頡故》[⑧] 等注《尚書》《詩經》《蒼頡》這些典籍的作品。

不少人認爲,在注釋古籍意義上,“故”通“詁”。詁,也是古籍注釋中常見的名稱之一。《説文解字》文中即云“詁,訓故言也”。[⑨]《集韻》釋“詁”爲“通古今之言也”。[⑩] 唐陸德明《經典釋文》説得更全面詳細,詁“音古,又音故,樊光、李巡本作故。《説文》云‘詁,故言也’。《字林》同。張揖《雜字》云‘詁者,古今之異語也’。”[⑪]

帶“詁”字的古籍注釋著作漢代就有何休的《春秋公羊解詁》、王隆的《漢官解詁》。《隋書・經籍志》中有賈逵的《春秋三家經本訓詁》十二卷,張揖的《古今字詁》等。[⑫]

---

① 〔漢〕班固,〔唐〕顔師古注:《漢書》卷三〇,第 1703 頁。
② 〔漢〕班固,〔唐〕顔師古注:《漢書》卷三〇,第 1708 頁。
③ 〔唐〕魏徵等:《隋書》卷三三,北京:中華書局,1973 年,第 928 頁。
④ 〔漢〕班固,〔唐〕顔師古注:《漢書》卷一,第 11 頁。
⑤ 〔漢〕班固,〔唐〕顔師古注:《漢書》卷八,第 259—260 頁。
⑥ 〔漢〕班固,〔唐〕顔師古注:《漢書》卷八八,第 3597—3598 頁。
⑦ 〔漢〕班固,〔唐〕顔師古注:《漢書》卷三六,第 1967—1968 頁。
⑧ 〔漢〕班固,〔唐〕顔師古注:《漢書》卷三〇,第 1705—1706 頁。
⑨ 〔漢〕許慎撰,〔宋〕徐鉉校定:《説文解字》卷三,第 47 頁上欄。
⑩ 〔宋〕丁度:《集韻》卷七,第 501 頁。
⑪ 〔唐〕陸德明:《經典釋文》卷二九,第 1594 頁。
⑫ 〔唐〕魏徵等:《隋書》卷三二,第 932、942 頁。

例如,《春秋公羊傳》就是何休爲其作"解詁"的。《春秋公羊傳·隱公二年》云:

(《春秋》)曰:"夏,五月,莒人入向。"(《公羊傳》)曰:"入者何?得而不居也。"(何休《解詁》)曰:"入者,以兵入也。已得其國而不居,故云爾。凡書兵者,正不得也。外内深淺皆舉之者,因重兵害衆,兵動則怨結構禍,更相報償,伏尸流血無已時。諸侯擅興兵不爲大惡者,保伍連帥,本有用兵征伐之道,魯入杞不諱是也。入例時,傷害多則月。"①

再如,漢新汲令王隆仿《凡將》《急就》篇四字一句,爲《漢官》作注,名《漢官解詁》。其在"光禄勛"下云:"光禄大夫,諫議大夫,揖讓羣卿,四方則之。"②

(七)章句

章,《説文解字》釋爲"樂竟爲一章",③ 即音樂演奏完一曲爲一章。後亦指詩、文的段落、篇章。《左傳·文公十三年》就有"子家賦《載馳》之四章,文子賦《采薇》四章"④ 之例句。句,《集韻·去聲上·遇韻》釋曰:"句,詞絶也。"⑤ 指的是説話用詞造句需停頓或完結的意思,而《莊子·駢拇》文中所云"駢於辯者,纍瓦結繩竄句,遊心於堅白同異之閒,而敝跬譽無用之言非乎"⑥ 之"句",講的就是今日"句子"的含義。在古代文獻典籍中,又往往出現把二者並列在一起的情況。如《玉篇·句部》:"句,止也,言語章句也。"⑦《文心雕龍》甚至列"章句"爲其《創作論》之一節,⑧ 這裏他們雖並列在一起,却還是章節和句子的意思。

而章句作爲一個復合詞出現,有剖章析句之意,隨着也就成爲注釋者解説古籍的專用詞語,這種釋例也不少。比如《後漢書》文中有"(徐)防以《五經》久遠,聖意難明,宜爲章句,以誤後學"。⑨ 又如《顔氏家訓·勉學》文中云:"學之興廢,隨世輕重。漢時賢俊,皆以一經弘聖人之道,上明天時,下該人事,用此致卿相者多矣。末俗已來不復爾,空守章句,但誦師言,施之世務,殆無一可。"⑩ 沈欽韓云:"章句者。經師指括其文,敷暢其義,以相教授。"⑪ 以上用例就是指分别章句,斷其句讀,以詮釋文獻典籍内容大義。

---

① 〔漢〕何休注,〔唐〕徐彦疏:《春秋公羊傳注疏》卷二,第35—36頁。
② 〔清〕孫星衍輯:《漢官解詁》,〔清〕孫星衍等輯,周天游點校:《漢官六種》,北京:中華書局,1990年,第13頁。
③ 〔漢〕許慎撰,〔宋〕徐鉉校定:《説文解字》卷三,第52頁下欄。
④ 〔春秋〕左丘明撰,〔晋〕杜預集解:《春秋左傳集解》卷九,上海:上海人民出版社,1977年,第490頁。
⑤ 〔宋〕丁度:《集韻》卷七,第494頁。
⑥ 曹礎基:《莊子淺注》,北京:中華書局,1982年,第122頁。
⑦ 胡吉宣:《玉篇校釋》卷二九,上海:上海古籍出版社,1989年,第5734頁。
⑧ 周振甫:《文心雕龍今譯》,北京:中華書局,1986年,第305頁。
⑨ 〔南朝宋〕范曄:《後漢書》卷四四,北京:中華書局,1965年,第1500頁。
⑩ 王利器:《顔氏家訓集解》卷三,上海:上海古籍出版社,1980年,第169—170頁。
⑪ 〔清〕沈欽韓:《漢書疏證》卷二四,光緒二十六年浙江官書局刻本。

後來産生了許多以"章句"命名的注釋文獻。《漢書·藝文志》就有"(《周易》)《章句》施、孟、梁丘各二篇""(《尚書》)《歐陽章句》三十一卷""《公羊章句》三十八篇""《穀梁章句》三十三篇"。[①]《隋書·經籍志》中也有"《韓詩》二十二卷(漢常山太傅韓嬰、薛氏章句)""《毛詩章句義疏》四十四卷(魯世達撰)""《月令章句》十二卷(漢左中郎將蔡邕撰)"[②]等。《舊唐書·經籍志》[③]中也記載了不少。

南宋朱熹的《大學章句》《中庸章句》是典型的章句體例注釋作品：

《康誥》曰："克明德。"(一)《大甲》曰："顧諟天之明命。"(二)《帝典》曰："克明俊德。"(三)皆自明也。(四)

《朱子章句》：

(一)《康誥》,《周書》。克,能也。

(二)大,讀作泰。諟,古是字。《大甲》,《商書》。顧,謂常目在之也。諟,猶此也,或曰審也。天之明命,即天之所以與我,而我之所以爲德者也。常目在之,則無時不明矣。

(三)峻,《書》作俊。《帝典》,《堯典》,《虞書》。峻,大也。

(四)結所引書,皆言自明己德之意。[④]

仲尼曰："君子中庸,小人反中庸。(一)君子之中庸也,君子而時中；小人之中庸也,小人而無忌憚也。"(二)

《朱子章句》：

(一)中庸者,不偏不倚,無過不及,而平常之理,乃天命所當然,精微之極致也。唯君子爲能體之,小人反是。

(二)王肅本作"小人之反中庸也",程子亦以爲然。今從之。君子之所以爲中庸者,以其有君子之德,而又能隨時以處中也。小人之所以反中庸者,以其有小人之心,而又無所忌憚也。蓋中無定體,隨時而在,是乃平常之理也。君子知其在我,故能戒謹不睹、恐懼不聞,而無時不中。小人不知有此,則肆欲妄行,而無所忌憚矣。[⑤]

從以上兩例可以看出,所謂的章句體例作品,它們以一章爲一個單元,注釋放在句末,在一章之末,都有一些總結性的話語在其中。

---

① 〔漢〕班固,〔唐〕顔師古注:《漢書》卷三〇,第1704、1705、1713頁。
② 〔唐〕魏徵等:《隋書》卷三二,第915、917、922頁。
③ 〔後晋〕劉昫:《舊唐書》卷四六,北京:中華書局,1975年,第1966—1982頁。
④ 〔宋〕朱熹:《四書章句集注》,上海:上海古籍出版社,2006年,第7頁。
⑤ 〔宋〕朱熹:《四書章句集注》,第25頁。

(八)正義

“正義”一詞在古籍中較早有正確、公正合理的意思,比如《荀子·正名》文中所云“正利而爲謂之事,正義而爲謂之行”[①]即此意。而《韓詩外傳》文中所講“耳不聞學,行無正義,迷迷然以富利爲隆,是俗人也”[②]亦是這一意思。《後漢書·桓譚列傳》文中指出的“陛下宜垂明聽,發聖意,屏羣小之曲説,述《五經》之正義,略靁同之俗語,詳通人之雅謀”[③]一段,正義和曲説相對立,應該就是指正確的道理和理論。後在經史注釋中有以“正義”爲名的,便是正(糾正或端正)前人之義疏(或注釋)的意思。

爲經典注釋取名爲“正義”的,應是唐太宗李世民。《舊唐書·孔穎達列傳》中云:

先是,與顔師古、司馬才章、王恭、王琰等諸儒受詔撰定《五經》義訓,凡一百八十卷,名曰《五經正義》。太宗下詔曰:“卿等博綜古今,義理該洽,考前儒之異説,符聖人之幽旨,實爲不朽。”[④]

撰定《五經正義》,就是爲了搞一個官方認定的權威的儒家經典詮釋本流傳後代,以順應大一統的政治局面。所以《周易正義》《尚書正義》《毛詩正義》《禮記正義》《春秋左傳正義》五部儒家經典注釋書一直流傳下來,並被收録於阮元的《十三經注疏》本中。

孔穎達《五經正義》後,張守節於唐開元二十四年完成了三十卷的《史記正義》,他認爲:

守節涉學三十餘年,六籍九流地里蒼雅鋭心觀採,評《史》《漢》詮衆訓釋而作正義,郡國城邑,委曲申明,古典幽微,竊探其美,索理允愜,次舊書之旨,兼音解注,引致旁通,凡成三十卷,名曰《史記正義》。發揮膏肓之辭,思濟滄溟之海,未敢侔諸秘府,冀訓詁而齊流,庶貽厥子孫,世疇茲史。[⑤]

張守節之“正義”實則甄别衆釋,發揮一己之見罷了。

以《禮記正義》爲例。《禮記·曲禮》云:

“敖不可長,欲不可從,志不可滿,樂不可極。”鄭玄注:“四者慢遊之道,桀紂所以自禍。”正義曰:“此一節承上人君敬慎之道,此亦據人君恭謹節儉之事,故鄭引

① 北京大學《荀子》注釋組:《荀子新注》第二十二《正名》,北京:中華書局,1979年,第367頁。
② 〔漢〕韓嬰撰,許維遹校釋:《韓詩外傳集釋》卷五,北京:中華書局,1980年,第171頁。
③ 〔南朝宋〕范曄:《後漢書》卷二八,第960頁。
④ 〔後晋〕劉昫:《舊唐書》卷七三,第2602—2603頁。
⑤ 〔漢〕司馬遷,〔南朝宋〕裴駰集解,〔唐〕司馬貞索隱,〔唐〕張守節正義,趙生群等整理:《史記》附録三《史記正義序》,北京:中華書局,2014年,第4057—4058頁。

桀、紂以證之。”孔穎達等疏云：“‘敖不可長’者，敖者矜慢在心之名，長者行敖著迹之稱。夫矜我慢物，中人不免，若有心而無迹，則於物無傷；若迹著而行用，則侵虐爲甚。傾國亡家，必由乎此，故戒不可長。‘欲不可從’者，心所貪愛爲欲，則‘飲食男女，人之大欲存焉’是也。人皆有欲，但不得從之也。‘志不可滿’者，六情徧睹在心未見爲志，凡人各有志意，但不可自滿。故《六韜》云：‘器滿則傾，志滿則覆。’‘樂不可極’者，樂者天子宫縣以下，皆得有樂，但主歡心，人情所不能已，當自抑止，不可極爲。故《樂記》云：‘樂盈而反，以反爲文。’”正義曰：“案《尚書》《史記》説紂惡甚多，不可具載。皇氏云：‘斮朝涉之脛，剖賢人之心，是長敖也。糟丘酒池之等，是從欲也。玉杯象箸之等，是志滿也。靡靡之樂，是樂極也。’桀之爲惡，唯有民隊塗炭，淫於妺嬉之事，雖史傳不言四事，亦應俱有四者之惡，故紂焚宣室，桀放南巢。但‘天作孽，猶可違，自作孽，不可逭’，桀、紂皆自身爲惡，以致滅亡，故云‘自禍’也。”①

此段中的“正義曰”實際上就是一個提示和進一步的論説、總結。

又如，《史記·齊太公世家》云：“吕尚蓋嘗窮困，年老矣，以漁釣奸周西伯。”張守節《史記正義》引《括地志》云：

兹泉水源出岐州岐山縣西南凡谷。《吕氏春秋》云“太公釣於兹泉，遇文王”。酈元云“磻磎中有泉，謂之兹泉。泉水潭積，自成淵渚，即太公釣處，今人謂之凡谷。石壁深高，幽篁邃密，林澤秀阻，人迹罕及。東南隅有石室，蓋太公所居也。水次有磻石可釣處，即太公垂釣之所。其投竿跪餌，兩膝遺迹猶存，是有磻磎之稱也。其水清泠神異，北流十二里注於渭”。《説苑》云“吕望年七十釣於渭渚，三日三夜魚無食者，望即忿，脱其衣冠。上有農人者，古之異人，謂望曰：‘子姑復釣，必細其綸，芳其餌，徐徐而投，無令魚駭。’望如其言，初下得鮒，次得鯉。刺魚腹得書，書文曰‘吕望封於齊’。望知其異。”②

從以上一段可以得知，張守節之“正義”和其他古籍注釋並無兩樣，祇不過它更注重引用文獻、地理考查而已。

---

① 〔漢〕鄭玄注，〔唐〕孔穎達正義：《禮記正義》卷一，《十三經注疏》整理委員會整理《十三經注疏》本，北京：北京大學出版社，1999年，第9—10頁。

② 〔漢〕司馬遷，〔南朝宋〕裴駰集解，〔唐〕司馬貞索隱，〔唐〕張守節正義，趙生群等整理：《史記》卷三二《齊太公世家》，第1790頁。

(九)集解

集解,即集合各家之注爲一書,亦稱“集注”“集釋”。三國魏何晏在其《論語注疏解經序》文中云:

前世傳授師説,雖有異同,不爲訓解。中間爲之訓解,至於今多矣。所見不同,互有得失。今集諸家之善,記其姓名,有不安者頗爲改易,名曰《論語集解》。

何晏的《論語集解》是我國最早使用“集解”這一名稱和其形式來注釋典籍的。唐孔穎達等人在其下作了詳細的解説:

此叙《集解》之體例也。今謂何晏時,諸家謂孔安國、包咸、周氏、馬融、鄭玄、陳羣、王肅、周生烈也。集此諸家所説善者而存之,示無勦説,故各記其姓名。注言“包曰”“馬曰”之類是也。……“有不安者”,謂諸家之説於義有不安者也。“頗爲改易”者,言諸家之善則存而不改,其不善者頗多爲改易之。注首不言“包曰”“馬曰”,及諸家説下言“一曰”者,皆是何氏自下己言,改易先儒者也。“名曰《論語集解》”者,何氏注解既畢,乃自題之也。杜氏注《春秋左氏傳》謂之“集解”者,謂聚集經傳爲之作解也。此乃聚集諸家義理以解《論語》,言同而意異也。①

晋杜預在“立功之後,從容無事,乃耽思經籍,爲《春秋左氏經傳集解》”。② 他在其《序》中認爲:

古今言《左氏春秋》者多矣,今其遺文可見者十數家。大體轉相祖述,進不成爲錯綜經文以盡其變,退不守丘明之傳。於丘明之傳,有所不通,皆没而不説,而更膚引《公羊》《穀梁》,適足自亂。預今所以爲異,專脩丘明之傳以釋經。經之條貫,必出於傳。傳之義列,揔歸諸凡。推變例以正褒貶,簡二傳而去異端,蓋丘明之志也。其有疑錯,則備論而闕之,以俟後賢。然劉子駿創通大義,賈景伯父子、許惠卿,皆先儒之美者也,末有潁子嚴者,雖淺近亦復名家,故特舉劉、賈、許、潁之違,以見同異。分經之年,與傳之年相附,比其義類,各隨而解之,名曰《經傳集解》。③

---

① 〔魏〕何晏注,〔宋〕刑昺疏:《論語注疏》卷首,《十三經注疏》整理委員會整理《十三經注疏》本,北京:北京大學出版社,2000 年,第 7 頁。
② 〔唐〕房玄齡等:《晋書》卷三四,北京:中華書局,1974 年,第 1031 頁。
③ 〔晋〕杜預注,〔唐〕孔穎達正義:《春秋左傳注疏》卷一,第 25—27 頁。

杜預之作“集解”，充分表現他“專脩丘明之傳以釋經”“聚集經傳爲之作解”的特點。

後來作集解的還有晋代的范甯，他“以《春秋穀梁氏》未有善釋，遂沈思積年，爲之集解”，[1]“帥門生故吏、我兄弟子姪，研講六籍，次及三傳”，“各記其所識，並言其意”，“今撰諸子之言，各記其姓名，名曰《春秋穀梁傳集解》”，[2]范甯此《集解》，“其義精審，爲世所重，既而徐邈復爲之注，世亦稱之”。[3]

南朝宋裴駰亦有《史記集解》存世，他作集解的思路十分明確，其序文中云：

> 考較此書，文句不同，有多有少，莫辯其實，而世之惑者，定彼從此，是非相貿，真僞舛雜。故中散大夫東莞徐廣研核衆本，爲作《音義》，具列異同，兼述訓解，麤有所發明，而殊恨省略。聊以愚管，增演徐氏。采經傳百家並先儒之説，豫是有益，悉皆抄内。删其游辭，取其要實，或義在可疑，則數家兼列。《漢書音義》稱“臣瓚”者，莫知氏姓，今直云“瓚曰”。又都無姓名者，但云“漢書音義”。時見微意，有所裨補。譬嘒星之繼朝陽，飛塵之集華嶽。以徐爲本，號曰《集解》。[4]

裴駰之《史記集解》是較早的集解注釋書之一，也是最早的爲史書進行集注的作品，而“采經傳百家並先儒之説”“未詳則闕，弗敢臆説”是其主要特點。

比如，《論語·先進》文中云：

> 柴也愚，（何晏注：“弟子高柴，字子羔。愚，愚直之愚。”）參也魯，（孔曰：“魯，鈍也，曾子性遲鈍。”）師也辟，（馬曰：“子張才過人，失在邪辟文過。”）由也喭。（鄭曰：“子路之行，失於畔喭。”）子曰：“回也，其庶乎！屢空。賜不受命，而貨殖焉，億則屢中。”（何晏注：“言回庶幾聖道，雖數空匱，而樂在其中。賜不受教命，唯財貨是殖，億度是非。蓋美回，所以勵賜也。一曰：‘屢，猶每也。空，猶虛中也。以聖人之善道，教數子之庶幾，猶不至於知道者，各内有此害。其於庶幾每能虛中者，唯回懷道深遠。不虛心，不能知道，子貢雖無數子之病，然亦不知道者，雖不窮理而幸中，雖非天命而偶富，亦所以不虛心也。’”）[5]

再比如，《史記·酷吏列傳》文中云：

---

① 〔唐〕房玄齡等：《晋書》卷七五，第1989頁。

② 〔晋〕范甯注，〔唐〕楊世勛疏：《春秋穀梁傳注疏》卷首《春秋穀梁傳序》，第13—14頁。

③ 〔唐〕房玄齡等：《晋書》卷七五，第1989頁。

④ 〔漢〕司馬遷，〔南朝宋〕裴駰集解，〔唐〕司馬貞索隱，〔唐〕張守節正義，趙生群等整理：《史記》附録《史記集解序》，第4038頁。

⑤ 〔魏〕何晏注，〔宋〕刑昺疏：《論語注疏》卷一一，第167頁。

張湯者,杜人也。(《史記集解》注云:"徐廣曰:'爾時未爲陵。'")其父爲長安丞,出,湯爲兒守舍。還而鼠盜肉,其父怒,笞湯。湯掘窟得盜鼠及餘肉,劾鼠掠治,傳爰書,訊鞫論報,(《史記集解》注云:"蘇林曰:'謂傳囚也。爰,易也。以此書易其辭處。鞫,窮也。'張晏曰:'傳,考證驗也。爰書,自證不如此言,反受其罪,訊考三日復問之,知與前辭同不也。鞫,一吏爲讀狀,論其報行也。'")①

"集解"顯然不同於其他注釋,它的特點便是"集合前人之注釋,或加以己意"來詮釋原文。

除了上述的注釋名稱外,古籍注釋中還出現過論、説、通、微、記、解、釋、述、音、義、詮、證等一些名稱。相比來講,它們出現的頻率較低,注釋的内容可能有些不同,而注釋的格式體例則基本與注相同,没有普遍意義,故在此不再贅述。但還有一種注釋名稱和體例,是本文特別强調的,那就是"圖注"。

(十)圖注

關於"圖"字,《説文》中云:"畫計難也。"徐鍇隨後解釋云:"規畫之也。"②《釋名》云:"圖,度也,畫其品度也。"③從以上解釋不難看出,它們對"圖"的解釋都有和其原有文字不可分割的聯繫,是對原文、原物的規畫、品度和議論。而繪圖作注和以"某某圖"命名的注釋文獻很早就出現了,並成爲人們司空見慣的一種注釋體例。

1.繪圖作注由來已久

對於將"圖注"視爲古籍注釋的一種體例,有人可能不太理解或不大認同,而實際上用圖作注由來已久,並呈現逐漸發展、日益增多之趨勢。衹是没有引起人們的注意而已。所以在這裏多增加一些筆墨闡述之。

無疑,《漢書·藝文志》是我國現存最早的書目和目録學文獻,我們查閱該志,就會發現其"易"一節中有《古雜》八十篇,《雜災異》三十五篇,《神輸》五篇,《圖》一。"論語"一節中有"《孔子徒人圖法》二卷","兵權謀"一節有"《吴孫子兵法》八十二篇,《圖》九卷。《齊孫子》八十九篇,《圖》四卷"。④《漢志》所記載的圖作雖不多,今天基本都看不到了,但它們都應是對原書進行補充説明和詮釋的。

鄭玄生在東漢末年,其所著《三禮圖》不可能列在《漢書·藝文志》中,而《後漢書》又不設"藝文志",所以他的《三禮圖》衹是在《隋書·經籍志》中纔有了明確的記載。但無論如何,

① 〔漢〕司馬遷,〔南朝宋〕裴駰集解,〔唐〕司馬貞索隱,〔唐〕張守節正義,趙生群等整理:《史記》卷一二二《酷吏列傳》,第3809—3810頁。

② 〔漢〕許慎撰,〔宋〕徐鉉校定:《説文解字》卷六,第125頁上欄。

③ 〔東漢〕劉熙撰,〔清〕畢沅疏證,〔清〕王先謙補:《釋名疏證補》,第211頁。

④ 〔漢〕班固,〔唐〕顔師古注:《漢書》卷一〇,第1703—1757頁。

鄭玄的《三禮圖》爲《周禮》《儀禮》《禮記》作注的意義是巨大的，影響着後世以至於今天。

《隋書·經籍志》中已經出現了不少圖作。其中有《周易新圖》《周易普玄圖》《毛詩圖》《毛詩孔子經圖》《周官禮圖》《喪服變除圖》《喪服君臣圖儀》《五服圖》《喪服禮圖》，鄭玄《三禮圖》，《周室王城明堂宗廟圖》《五宗圖》《月令圖》《樂懸圖》《論語義注圖》《爾雅圖》《孝經左右契圖》《孝經分野圖》《孝經内事圖》《孝經内事星宿講堂七十二弟子圖》《文字圖》《古今圖雜録》《諸衛左右廟旗圖樣》《洛陽圖》《山海經圖贊》《江圖》《水飾圖》《隋區宇圖志》《隋西域圖》《錢圖》《吴孫子牝牡八變陣圖》《黄石公五壘圖》《碁圖勢》《周髀圖》《渾天圖》《二十八宿二百八十三官圖》《相宅圖》《明堂孔穴圖》《靈秀本草圖》《黄帝明堂偃人圖》《鍼灸圖經》《治馬經圖》《馬經孔穴圖》《引氣圖》《道引圖》等。[①]

以上《隋書·經籍志》中所記録的隋以前有關“圖”的文獻，它們分别都是和《易》《毛詩》《周禮》《儀禮》《禮記》《樂》《論語》《爾雅》《孝經》，及古代文字、儀注、雜傳、地理、小説、兵書、天文、醫方等經典原著相配合的起注釋作用的繪圖。但是，由於時代久遠和刻印技術的限制，漢代以及漢代以前的繪圖文獻絶大多數我們已經看不到了。但至少是在唐代，我們仍然能够瞭解到還是有一些流傳了下來，甚至還有新作問世。

《舊唐書·經籍志》中有《喪服天子諸侯圖》《喪服圖》，鄭玄《三禮圖》，嚴彭祖《春秋圖》《孝經應瑞圖》，郭璞《爾雅圖》及其《山海經圖贊》《洛陽圖》《職貢圖》《開元三年十道圖》《劍南地圖》，張衡《靈憲圖》和《渾天儀》，劉徽《九章重差圖》，《三陰圖》《竹苑仙棋圖》《雜墓圖》《明堂圖》《芝草圖》《新修本草圖》等。[②]

宋代歐陽修、宋祁撰寫的《新唐書》在其《藝文志》“經部”中增加了《大衍玄圖》、《毛詩草木蟲魚圖》（其後附有“開成中，文宗命集賢院脩撰並繪物象”等文字）、《琴聲律圖》。“地理類”增加較多，有《區宇圖》《潤州圖注》《江圖》，李吉甫《元和郡縣圖志》《諸道行程血脉圖》《西域圖記》等。“天文類”增有《天文横圖》《孝經内記星圖》《周易分野星圖》；“兵書類”增有《龍武玄兵圖》；“醫術類”增有《藥圖》《本草圖經》《五色傍通五藏圖》。[③]

《宋史·藝文志》中有歷代保存下來的書籍，但大部分還是宋代人撰寫的，其中有關圖作的數量大大增加，其中經部“易類”增有《易龍圖》《大易源流圖》《卦圖》《周易先天流衍圖》；“書類”又有《洪範圖論》《禹貢治水圖》《禹貢論圖》《尚書治要圖》《尚書百篇圖》；“禮類”又有聶崇義《三禮圖集注》，《井田王制圖》《周禮圖》《周禮開方圖説》《儀禮圖解》；“樂類”又有《樂器圖》《大樂圖》《琴式圖》《律吕圖》；“春秋類”增加了不少，有《春秋指要圖》《春秋名號歸一圖》《春秋龜鑑圖》《春秋圖鑑》《春秋列國圖》《世本圖》《春秋興亡圖鑑》；“論語類”有《論語井田圖》；“經解類”又有《授經圖》《六經圖》《六經圖説》；“小學類”增有《辯字圖》《歸字圖》；史部“地理類”增加不少，有《九疑山圖記》《天下郡縣圖》《域中郡國山

---

① 〔唐〕魏徵等：《隋書》卷三二—卷三五《經籍志》，第 912—1049 頁。
② 〔後晋〕劉昫：《舊唐書》卷四七—卷四八，第 1973—2048 頁。
③ 〔宋〕歐陽修等：《新唐書》卷四七—卷五〇，北京：中華書局，1975 年，第 1427—1570 頁。

川圖經》《黄山圖經》《西南蠻夷朝貢圖》《宣和奉使高麗圖經》《福建地理圖》《契丹疆宇圖》《契丹地里圖》。子部“儒家類”增有《太玄圖》;“農家類”增有《古今泉貨圖》《耕織圖》;“天文類”增有《天象圖》《日行黄道圖》《月行九道圖》;“蓍龜類”增有《龜圖》;“曆算類”增有《官曆刻漏圖》;“兵書類”增有《握機圖》《三鑑圖》《占風雲氣圖》《决戰勝負圖》《武侯八陣圖》《武備圖》《神機靈秘圖》《軍鑑圖》《兵書氣候旗勢圖》《水陸陣圖》《教閲陣圖》《握奇陣圖》;“醫書類”增有《黄庭五藏六府圖》《芝草圖》《崔氏産鑑圖》《新鑄銅人腧穴鍼灸圖經》。①

我們發現,有宋時期已經出現了一些以“圖説”“圖解”命名的書籍,在經典原著文字闡述的基礎上加以繪圖,其作注的意圖明確顯現。

《明史·藝文志》僅記明朝一代之圖書,所以其中之圖作均爲新增之書。經部“易類”有《周易圖釋》《易圖説》;“書類”有《禹貢圖注》;“禮類”有《周禮圖説》《昏禮圖》《鄉射禮圖注》《飲射圖解》《三禮圖》;“樂類”有《六樂圖》《八音圖注》;“諸經類”有《六經圖全集》《六經圖考》;“小學類”有《圖説》《數學圖訣發明》。史部“儀注類”大增,有《鄉飲酒禮圖式》《乘輿冕服圖説》《武弁服制圖説》《玄端冠服圖説》《圜丘方澤總圖》《圜丘方澤祭器樂器圖》《太廟總圖》《太廟供器祭器圖》《大享殿圖》《皇史宬景神等殿圖》;“地理類”亦增加不少,有《增補朱思本廣輿圖》《職方地圖》《海外輿圖全説》《金陵古今圖考》《貴陽圖考》《九邊圖説》《兩鎮邊關圖説》《宣大山西諸邊圖》《籌海圖編》《漕河圖志》《嶽麓書院圖志》《備倭圖記》;“兵書類”有《西洋火攻圖説》;“天文類”有《天文圖學》《測候圖説》《天文地理圖説》;“曆數類”有《寒暑經圖解》等。②

《清史稿·藝文志》除輯佚書之外,亦斷自清代,所以大部分是明以後新增之圖書。經部“易類”有《易圖解》《周易藴義圖考》《讀易觀象圖説》《易卦圖説》《周易鄭注爻辰圖》;“書類”有《書經圖説》《大雲山房十二章圖説》;“詩類”有《毛詩名物圖説》;“禮類”有《考工記圖注》《車制圖考》《士昏禮對席圖》《儀禮圖》《廟制圖考》《三禮圖》;“樂類”有《笛律圖注》《律吕通今圖説》;“四書類”有《大學知本圖説》《鄉黨圖考》;“經總義”有《群經宫室圖》《授經圖》。史部“正史類”有《漢書地理志水道圖説》《漢西域圖考》;“地理類”有《皇朝職貢圖》《歷代地理沿革圖》《皇朝輿地全圖》《大清一統輿圖》《長江圖説》《黄河全圖》《中國黄河經緯圖》《歷代黄河變遷圖考》《二渠九河圖考》《江蘇水利圖説》《海道圖説》《西域圖志》《漢西域圖考》《帝陵圖説》《浙江通志圖説》《游歷日本圖經》《帕米爾圖説》;“政書類”有《大清會典圖》《皇朝禮器圖式》《廟制圖考》《大錢圖録》。子部“儒家類”有《太極圖説集注》《太極圖説集釋》《太極圖説注解》;“兵家類”有《握奇經定本》(《圖》一卷)、《礮規圖説》;“農家類”有《農圃備覽》《橡繭圖説》;“醫家類”有《本草綱目藥品藥目》(《圖》三卷);

① 〔元〕脱脱等:《宋史》卷二〇二—二〇七,北京:中華書局,1985年,第5034—5320頁。
② 〔清〕張廷玉等:《明史》卷九六—卷九八,北京:中華書局,1974年,第2344—2444頁。

“天文演算法類”有《新測恒星圖表》《赤道南北恒星圖》《赤道經緯恒星圖》《勾股圖解》《九章算術細草圖説》《弧矢算術細草圖解》《致曲術圖解》；“譜録類”有《植物名實圖考》《種烏柏樹圖説》。集部“楚辭類”有《補會離騷全圖》《離騷圖》。①

從以上明、清兩部《藝文志》中新增的圖作可以看出，不少書名後附有“圖説”“圖注”“圖考”“圖解”“圖説集釋”“圖説集注”等，這就充分説明了這些圖書完全是爲了説明和補充原著的，就是對原著的全面和更深入的注釋。當然我們上面所列書目，僅是針對帶有“圖”字的，事實上還有大量的經典原著中本身就有豐富的繪圖作注的資料，這裏不再涉及。

2. 古今學者對繪圖作注功用之論述

前文已提到，在《漢書・藝文志》中就有爲《周易》《論語》《吴孫子兵法》《齊孫子》等經典作注的“圖”出現，但因這些圖作早已亡佚，所以我們現在不得而論。但在《隋書・經籍志》中却有“《三禮圖》九卷，鄭玄及後漢侍中阮諶等撰”②一條記載。對《三禮圖》，彭林先生認爲：

> 《三禮》中，《儀禮》一書最爲難讀。各種禮儀，行禮者都身穿特定的禮服，陳設複雜的器物組合，人物要在不同的建築背景前活動。其中不少服飾、器物都難以用語言描述，宫室的構造更是如此，所以需要用圖來配合。《隋書・經籍志》有鄭玄所作《三禮圖》九卷，此書已亡佚，但隋代猶在。但是，由於鄭玄《三禮圖》早佚，加之《後漢書・鄭玄傳》没有提到鄭玄作《三禮圖》之事，因此，有人認爲，此書可能是鄭玄的弟子所作，而託名鄭玄。我們認爲不能如此輕率地否定《隋書》的記載。《隋書》所記，必有所本。當是鄭玄講授《三禮》時，曾用圖作爲輔助，後被輯爲一書，隋時尚能見到，故被録入。鄭玄的《三禮圖》雖然亡佚較早，但他開創了一條用圖示來輔助名物訓釋的道路，影響很大，後世禮圖之作層出不窮。③

顯然，彭林的觀點是很有説服力的。可以這樣講，無論《三禮圖》的作者是誰，都否認不了《三禮圖》對《周禮》《儀禮》《禮記》做進一步注釋的作用，他對典籍注釋的作用是劃時代的、開創性的。正是在《三禮圖》的帶動下，用繪圖作注的方法，首先在儒家經典中如雨後春笋般發展起來，繁衍壯大，後來還影響到其他領域的典籍注釋中。

到了宋代，聶崇義“因取《三禮圖》再加考正”，他“研求師説，耽味禮經，較於舊圖，良有新意”，④在宋太祖趙匡胤的支持下刊刻了《新定三禮圖》。正如竇儀在其序中所言：

> 博採《三禮》舊圖，凡得六本。……遂鑽研尋繹，推較相求，原始以要終，體本

① 〔民國〕趙爾巽等：《清史稿》卷一四五—卷一四八，北京：中華書局，1977年，第4221—4422頁。
② 〔唐〕魏徵等：《隋書》卷三二，第924頁。
③ 彭林：《鄭玄與〈三禮〉名物研究》，王振民主編：《鄭玄研究文集》，濟南：齊魯書社，1999年，第113頁。
④ 〔元〕脱脱等：《宋史》卷四三一，第12794頁。

以正末,躬命繢素,不差毫釐,率文而行恐迷其形範,以圖爲正則應若宫商。[①]

該序生動地闡明了《新定三禮圖》的頒行意義以及其繪圖作注的作用。

南宋鄭樵在其《通志》中專設一門《圖譜略》,深入地論述了圖與書之關係,他認爲:

圖,經也;書,緯也。一經一緯,相錯而成文。圖,植物也;書,動物也。一動一植,相須而成變化。見書不見圖,聞其聲不見其形;見圖不見書,見其人不聞其語。圖,至約也;書,至博也。即圖而求易,即書而求難。[②]

他還指出:"今總天下之書,古今之學術。而條其所以爲圖譜之用者十有六。"它們分别是天文、地理、宫室、器用、車旂、衣裳、壇兆、都邑、城築、田里、會計、法制、班爵、古今、名物、書。[③]

作者雖不是專門針對繪圖作注而言,對圖的作用似乎也有些誇大,但却實實在在地説明了圖對文字表述的重要且具體的作用,有了圖就更清楚地瞭解所對應的文字内容。而且它所指出的十六個方面,後來也確實成爲繪圖做注的最主要的領域。

元袁桷在《新安程子見四書圖訓序》中云:

新安程子見取《論》《孟》《中庸》《大學》之書,切於吾身者析而爲圖,以輔翼朱子之教,抑亦使夫人知爲學之叙,非字義之可盡,條分目舉,必有能篤行而親識之者,斯足以盡夫斯道之要,其勤且備可謂能矣。[④]

文中明確指出繪圖作注之"輔翼"功能。

元貢師泰在其《易象圖序》中指出:

清江張理仲純讀《易》而有得焉,於朱子《本義》所列九圖之外,復推演爲圖一十有二,以明陰陽、剛柔、奇偶之象,然後動静、闔闢、往來、交互、變易、縱衡、上下,坦然明著矣。[⑤]

序中具體説明繪圖作注對學習研究《易經》好處是"明著"的。

---

① 〔宋〕聶崇義撰,丁鼎點校:《新定三禮圖》,北京:清華大學出版社,2006年。
② 〔宋〕鄭樵:《通志略·圖譜略第一》,上海:上海古籍出版社,1990年,第729—730頁。
③ 〔宋〕鄭樵:《通志略》,第730頁。
④ 〔元〕袁桷:《清容居士集》卷二一,《四部叢刊·集部》1418册,上海涵芬樓影印元刊本,第4—5頁。
⑤ 〔元〕貢師泰:《玩齊集》卷六,文淵閣《四庫全書》第1215册,上海:上海古籍出版社,1987年,第584頁。

清代官修《欽定儀禮義疏》文中云：

> 復曩從朱文公讀《儀禮》，求其辭而不得，則擬爲圖以象之，圖成而義顯。凡位之先後秩序，物之輕重權衡，禮之恭遜文明，仁之忠厚懇至，義之時措咸宜，智之文理密察，精粗本末，昭然可見矣。①

繪圖注釋的作用"昭然可見"。

清代官修《欽定禮記義疏》亦云："古《六經》皆有圖，蓋左圖右史，所以按驗而便稽考也。兹編既成，復因《禮器》《三禮》諸圖之舊，損益爲圖，並加圖説，俾窮經者瞭如指掌。"② 有了圖、圖説，對於學習、理解儒家經典便會更明確、清楚。

皮錫瑞明確講到："讀《儀禮》有三法：一曰分節，二曰釋例，三曰繪圖。得此三法，則不復苦其難。"③ 繪圖成爲讀懂理解原文必不可少的一環。

《欽定補繪蕭雲從離騷全圖》提到：

> 原書只有三閭大夫、鄭詹尹、漁夫合繪之一圖，《九歌》九圖，《天問》五十四圖。今自《離騷》篇起，至《香草》止，爲補繪九十一圖，共成一百五十五圖。庶幾圖既補，亡篇無剩義云爾。④

繪圖或爲學習《離騷》之關鍵。

清人張守癡在《閲史津逮》"叙"中講：

> 清朱約淳撰是書，以閲史不諳地理無由識其形勢，乃孜訂往牒，正其舛譌，各繪以圖。圖六十有六，首爲《禹貢圖》，次爲《歷代疆國》《歷代割據圖》及《省會圖》《九邊圖》《鎮番圖》《鎮蠻圖》《漕河圖》《海運圖》《黄河圖》《域外圖》，終以《天文圖》。圖各有叙，詳述沿革及其形勢，條分臚列，經緯詳明。目見耳聞，記載典核，非馬遷、班固徒傳聞於譯史，法顯、玄奘多附會於佛書者所可比也。⑤

繪圖作注早已運用到地理學科領域，而朱約淳能在該書繪出六十六部地圖來配合文字描述，實屬極其不易，是繪圖作注的典範，爲閲史者提供了絶大的便利。

---

① 〔清〕乾隆十三年敕撰：《欽定儀禮義疏》，文淵閣《四庫全書》本，第 106 册，上海：上海古籍出版社，1987 年，第 26 頁。
② 〔清〕乾隆十三年敕撰：《欽定禮記義疏》，文淵閣《四庫全書》第 124 册，上海：上海古籍出版社，1987 年，第 4—5 頁。
③ 〔清〕皮錫瑞：《經學通論》，北京：中華書局，1954 年，第 32 頁。
④ 〔清〕蕭雲從：《欽定補繪蕭雲從離騷全圖》卷上，文淵閣《四庫全書》第 1062 册，上海：上海古籍出版社，1987 年，第 497 頁。
⑤ 〔清〕朱約淳：《閲史津逮》不分卷，《四庫全書存目叢書·史部》第 173 册，濟南：齊魯書社 1996 年影印本，第 513 頁。

古今學者對繪圖作注的論述是很多的,衹不過還没有達到認識上的自覺和提到一定高度。但無論怎樣,鄭玄的《三禮圖》首創繪圖作注注釋體例的功勞是不可磨滅的,影響並被後世所沿襲。

3. 繪圖注釋之釋例

例一:《新定三禮圖・冠弁服》文中云:“田獵則冠弁服。後鄭云:‘冠弁,委貌也。委,安也。服之所以安正容體也。若以色言之則曰玄冠。故《士冠禮》云:“主人玄冠、朝服、緇帶、素韠。”其注云:“玄冠,委貌也。”朝服,則十五升緇布衣,素裳,白舄。養老、燕群臣亦服之。其諸侯不限畿内畿外,視朝行道皆服之。天子諸侯之卿大夫祭其廟亦皆同服之,但白屨爲别。然則周之委貌,殷之章甫,夏之毋追,並用緇布爲之,故有玄冠之名。三代諸侯各爲朝服以行道。’”①

圖一

例二:《隋書・經籍志・雜傳》文中就有“《山海經圖贊》二卷,郭璞注”②的記載,所以有人認爲,東晋郭璞爲《山海經》作注及圖贊,也有人認爲今天在《山海經》中看到的繪圖是後人補書的。

《山海經》文中云:“又東五百里,曰丹穴之山,其上多金玉。丹水出焉,而南流注於渤海。有鳥焉,其狀如雞,五彩而文,名曰鳳皇,著文曰德,翼文曰順,背文曰義,膺文曰仁,腹文曰信。是鳥也,飲食自然,自歌自舞,見則天下安寧。”③

例三:元《大東總星之圖》文中云:“織女,天女也。牽牛,服駕也。啓明、長庚,皆金星也,以其先日而出,故謂之啓明;以其後日而入,故謂之長庚。天畢,畢星也,狀如掩兔之畢也。箕、

圖二

圖三

① 〔宋〕聶崇義撰,丁鼎點校:《新定三禮圖》卷一《冕服圖》,第23頁。
② 〔唐〕魏徵等:《隋書》卷三三,第984頁。
③ 袁珂:《山海經校譯》,上海:上海古籍出版社,1985年,第8頁。

圖四

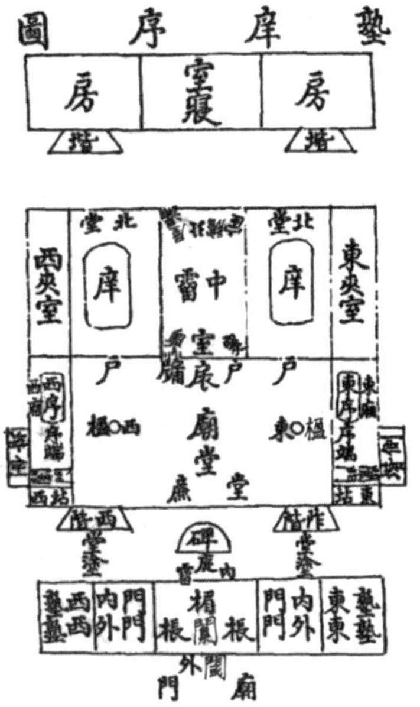

圖五

斗二宿，以夏秋之間見於南方，云北斗者，以其在箕之北也。”①

例四：明鮑山《野菜博録》文中云：“桔梗，一名利如，一名房圖，一名白藥，一名梗草，一名薺苨根。如手指大，黄白色。春生苗莖高尺餘，葉似杏葉，長橢四葉，相對生。開花紫碧色，頗似牽牛花，秋後結子。根葉味辛苦，性微温，有小毒。食法：採葉煠熟，换水浸去苦味，淘洗净，油鹽調食。”②

例五：《家山圖書》文中云：“塾，《説文》‘閭，里門也’。《爾雅》曰：‘門側之堂謂之塾。’《尚書大傳》曰：‘大夫七十而致仕，老其鄉里，大夫爲父師，士爲少師，歲事已畢，餘子皆入學，距冬至四十五日始出學，傳農事。上老平明坐於右塾，庶老坐於左塾，餘子畢出，然後歸夕亦如之。蓋古者合二十五家而爲之門塾，坐父師、少師於此，所以教之學也。’庠、序，《孟子》曰：‘庠者，養也。序者，射也。’鄉飲酒尊兩壺於房户之間，鄉射尊於賓席之東。蓋鄉飲在庠，而庠有房室。鄉射在序，而序無房室也。”③

其實，在浩如煙海的古籍中，還有許多有注釋的文獻並没有出現以上所涉及的名詞俗語。有的用正文頂格、注文低一格或兩格的形式出現。還有的用大字表示正文，用雙排小字表示注文。而這兩種中，標有著者之名的，當然是“他注”，没寫著者之名的，就是我們常説的“自注”。這些因爲常見亦好理解，我們也就不再贅述和舉例。

① 〔元〕朱公遷等：《詩經疏義》卷一，《元代古籍集成·經部詩類》，北京：北京師範大學出版社，2013 年，第 15 頁。
② 〔明〕鮑山：《野菜博録》卷上，《四部叢刊三編·子部》，影印北平圖書館藏明刊本，第 45 頁。
③ 《家山圖書》一卷，文淵閣《四庫全書》第 709 册，上海：上海古籍出版社，1987 年，第 424 頁。

二、古今學者對古籍注釋名稱及體例之論述

(一)古代學者之論述

梁劉勰在其《文心雕龍·論説》中云:

若夫注釋爲詞,解散論體,雜文雖異,總會是同。若秦延君之注《堯典》,十余萬字;朱普之解《尚書》,三十萬言;所以通人惡煩,羞學章句。若毛公之訓《詩》,安國之傳《書》,鄭君之釋《禮》,王弼之解《易》,要約明暢,可爲式矣。[①]

作者在文中較早地提出"注釋"一詞,並把它歸結到自己的"論文"範疇裏,短短的一段文字中雖使用了訓、傳、釋、解四個不同字詞,但含義應該是相同的。

唐劉知幾在其《史通》中更有《補注》一篇,專門對古籍注釋進行了比較詳細的論述:

昔《詩》《書》既成,而毛、孔立傳。傳之時義,以訓詁爲主,亦猶《春秋》之傳,配經而行也。降及中古,始名傳曰注。蓋傳者轉也,轉授於無窮;注者流也,流通而靡絶。惟此二名,其歸一揆。如韓、戴、服、鄭,鑽仰《六經》;裴、李、應、晋,訓解《三史》,開導後學,發明先義,古今傳授,是爲儒宗。

既而史傳小書,人物雜記,若摯虞之《三輔决録》,陳壽之《季漢輔臣》,周處之《陽羡風土》,常璩之《華陽士女》,文言美辭列於章句,委曲叙事存於細書。此之注釋,異夫儒士者矣。

次有好事之子,思廣異聞,而才短力微,不能自達,庶憑驥尾,千里絶群,遂乃掇衆史之異辭,補前書之所闕。若裴松之《三國志》,陸澄、劉昭《兩漢書》,劉彤《晋紀》,劉孝標《世説》之類是也。

亦有躬爲史臣,手自刊補,雖志存該博,而才闕倫叙,除煩則意有所吝,畢載則言有所妨,遂乃定彼榛楛,列爲子注。若蕭大圜《淮海亂離志》,楊衒之《洛陽伽藍記》,宋孝王《關東風俗傳》,王劭《齊志》之類是也。

榷其得失,求其利害,少期集注《國志》,以廣承祚所遺,而喜聚異同,不加刊定,恣其擊難,坐長煩蕪。觀其書成表獻,自比蜜蜂兼采,但甘苦不分,難以味同萍實者矣。陸澄所注班史,多引司馬遷之書,若此缺一言,彼增半句,皆采摘成注,標爲異説,有昏耳目,難爲披覽。竊惟范曄之删《後漢》也,簡而且周,疏而不漏,蓋云備矣。

① 周振甫:《文心雕龍今譯》,第170頁。

而劉昭采其所捐損，以爲補注，言盡非要，事皆不急。譬夫人有吐果之核，棄藥之滓，而愚者乃重加捃拾，潔以登薦，持此爲工，多見其無識也。孝標善於攻繆，博而且精，固以察及泉魚，辨窮河豕。嗟乎！以峻之才識，足堪遠大，而不能探賾彪、嶠，綱羅班、馬，方復留情於委巷小説，鋭思於流俗短書；可謂勞而無功，費而無當者矣。

自兹已降，其失逾甚。若蕭、楊之瑣雜，王、宋之鄙碎，言殊揀金，事比雞肋，異體同病，焉可勝言。大抵撰史加注者，或因人成事，或自我作故，記録無限，規檢不存，難以成一家之格言，千載之楷則。凡諸作者，可不詳之？

至若鄭玄、王肅，述《五經》而各異，何休、馬融，論《三傳》而競爽。欲加商榷，其流實繁。斯則義涉儒家，言非史氏，今並不書於此焉。①

劉知幾所作名《史通》，所以在其《補注》中以論述史部注釋作品爲主，這自然無可厚非。既是如此，他也提到不少注釋名稱，如傳、注、訓解、章句、子注、補注等。雖對唐以前注釋文獻批評指摘多，但畢竟梳理涉及了很多注釋史上的重要作品，爲我們分析注釋體例提供了較豐富的素材。

宋洪邁《容齋隨筆》中談到《經解之名》，他認爲：

晉唐至今，諸儒訓釋《六經》，否則自立佳名，蓋各以百數，其書曰傳、曰解、曰章句而已。若戰國迨漢，則其名簡雅。一曰故，故者通其指義也。《書》有《夏侯解故》，《詩》有《魯故》《后氏故》《韓故》也。《毛詩故訓傳》，顔師古謂流俗改"故訓傳"爲"詁"，字失真耳。小學有杜林《蒼頡故》。二曰微，謂釋其微指。如《春秋》有《左氏微》《鐸氏微》《張氏微》《虞卿微傳》。三曰通，如洼丹《易通論》名爲《洼君通》，班固《白虎通》，應劭《風俗通》，唐劉知幾《史通》、韓滉《春秋通》。凡此諸書，唯《白虎通》《風俗通》僅存耳。又如鄭康成作《毛詩箋》，申明其義，他書無用此字者。《論語》之學，但曰《齊論》《魯論》《張侯論》，後來皆不然也。②

洪邁所説"經解之名"，當然應該指注釋儒家經典之名稱，文中已經提到了傳、解、章句、故、詁、微、通、箋、論等，其中故、微、箋還指出其含義，和我們今人理解的基本上是一致的。所舉書例大部分是符合實際的，但有些似乎有些牽强。例如作者將《史通》一書看作是一部注釋書，又説"凡此諸書，唯《白虎通》《風俗通》僅存耳"，都有失偏頗。

章學誠在其《文史通義》中指出：

① 〔唐〕劉知幾著，張三夕、李程評注：《史通》卷五《補注第十七》，南京：鳳凰出版社，2013年，第78—81頁。
② 〔宋〕洪邁撰；孔凡禮點校：《容齋隨筆》下卷六《容齋五筆》，北京：中華書局，2005年，第893頁。

若夫子之作《春秋》也,筆削既具,復以微言大義口授其徒。《三傳》之作,因得各據聞見,推闡經蘊,於是《春秋》以明。諸子百家既著其説,亦有其徒相與守之,然後其説顯於天下。

遷書自裴駰爲注,固書自應劭作解,其後爲之注者猶若干家,則皆闡其家學者也。

太史《自叙》之作,其自注之權輿乎?明述作之本旨,見去取之從來,已似恐後人不知其所云而特筆以標之,所謂"不離古文"及"考信六藝"云云者,皆百三十篇之宗旨,或殿卷末,或冠篇端,未嘗不反覆自明也。班《書》年表十篇與《地理》《藝文》二志皆自注,則又大綱細目之規矩也。其陳、范二史,尚有松之、章懷爲之注。至席惠明注《秦記》,劉孝標注《世説新語》,則雜史支流,猶有子注,是六朝史學家法未亡之一驗也。

劉氏《史通》,畫補注之例爲三條,其所謂小書人物之《三輔决録》《華陽士女》,與所謂史臣自刊之《洛陽伽藍》《關東風俗》者,雖名爲二品,實則一例,皆近世議史諸家之不可不亟復者也。惟所謂思廣異聞之松之《三國》,劉昭《後漢》一條,則史家舊法,與《索隱》《正義》之流大同小異者也。

使自注之例得行,則因援引所及而得存先世藏書之大概,因以校正藝文著録之得失,是亦史法之一助也。

夫翰墨省於前而功效多於舊,孰有加於自注也哉?①

章學誠在其著作中並没有專門論述"注釋"的篇章,但在以上的引文中還是涉及了一些相關内容。除了説到《三傳》對於闡明《春秋》大義之作用外,其他都是圍繞文、史兩大部分進行。其中提到注釋之"家學"問題、"自注"問題、"子注"問題等,還是新穎並有參考價值的。但文中講到"太史叙例之作"是"自注之權輿","班《書》年表十篇與《地理》《藝文》二志皆自注",使人不好理解。

清黄以周在其《儆季襍著五種》文中云:

漢儒注經,各守義例,故、訓、傳、説,體裁不同,讀藝文志猶可考見。故、訓者,疏通其文義也;傳、説者,徵引其事實也。故、訓之體,取法《爾雅》;傳、説之體,取法《春秋傳》。②

黄以周文雖僅此一小段,但他明確地講到了漢儒注經的名詞俗語和"體裁"問題,對我們理解注釋名詞之含義和體例還是有助益的。

---

① 〔清〕章學誠著,倉修良編著:《文史通義新編新注》,杭州:浙江古籍出版社,2005年,第274—276頁。
② 〔清〕黄以周:《儆季襍著五種》之三《史説略一》,光緒二十年江蘇南菁講舍本。

清沈欽韓在其《漢書疏證》開篇"顏師古注"文下云：

> 漢以來，傳《五經》諸子，如毛、鄭、薛漢、馬融、趙岐、何休、高誘等，曰傳、曰注、曰學、曰章句，皆以博聞，多見函雅，故通古今，不假裒集，獨揭名氏，自爲一家。後此，何晏於《論語》，杜預於《左氏傳》，范甯於《穀梁傳》，薛瓚於《史記》《漢書》，雖極研究義，既奥衍新學小生，不能獨了。故高挹羣言，勝於穿鑿私智，然不敢自專，故曰"集解""集注"。至杜預獨没姓名，使古今莫别，猶爲攘善。今顏師古亦標專注，而天文、地理，非孟康、臣瓚，無以發明；典章、方俗，非應劭、如淳，不能宣究。故《律曆》《天文》《翼奉》《京房》諸篇，通無一語。齊梁以降，陸澄、蕭該、姚察等，皆專門大師。洎顏氏父祖之講習，悉没其名氏，而揜有之，非司馬貞、張守節等發之，幾無由知其乾没矣。宋祁謂師古未見蕭該《音義》，豈知彼於已佈行者不能全覆，猶稍稍竄名。以李善《文選注》考之，如服虔、韋昭、張揖諸家，今《漢書》率爲師古。其近者，則懷郭象、何法盛之智，已恣漁獵，偶有遺脱耳。夫崇臺非一幹珍裘，不一腋既藉衆賢，乃標絶智以質古人，能不有愧？開卷成疻，此當首難。①

沈欽韓此文簡約而明確，抓住了注釋學發展之綱目，對我們學習和研究古籍注釋很有幫助。至於對於杜預、顏師古"獨没"前人名氏，"亦標專注"作法的指摘是完全正確的，要引起後人之注意。

古代學者對注釋的相關論述，有的從某一方面進行，有的就某個時期而言，文字或多或少，自然也就缺少全面性，整體性，缺陷和不足難以避免。

（二）當代學者之論述

張舜徽先生在其《中國古代史籍校讀法》一書中指出：

> 爲着更好地發揮傳注的作用，我們首先必須弄清楚傳注的體例和流别，纔能正確地、有效地去使用它。古代傳注家們的寫作很多，其中最主要的大約有十種。在體例上、形式上都各有不同。兹分述如下：
>
> 一、傳。"傳"是傳述的意思。……傳的起源，以此（《易大傳》）爲最早。後來繼續這一體例從事寫作的很多，在内容上又有多種多樣的不同。有些是論述本事、證發經意的，如《春秋左氏傳》便是；有些是闡明經中大義的，如《春秋公羊傳》《穀梁傳》便是；有些是依着經文逐字逐句解釋的，如《毛詩詁訓傳》便是；有些不依經文而别自爲説的，如《尚書大傳》便是。此外尚有一種，如《漢書·藝文志》所言"采

① 〔清〕沈欽韓：《漢書疏證》卷一，清光緒二十六年浙江官書局刻本。

雜説,非本義”的寫作,叫做“外傳”,如《韓詩外傳》之類便是。

二、説。“説”是解釋的意思。……“説”的體裁,起源也很早,和經、傳相輔而行。它的内容,大約是以稱説大義爲歸宿,和那些專詳名物制度的寫作有所不同。

三、故。“故”字亦作“詁”,是以今言釋古言的意思。

四、訓。“訓”也是解書的通稱。

五、記。“記”是疏記的意思。……《禮記正義》説過:“記者,共撰所聞,編而録之。”“記”的功用和“傳”“説”是很相近的。

六、注。“注”,取義於灌注。文義艱深,必解釋而後明;猶水道阻塞,必灌注而後通。

七、解。“解”是分析的意思。漢人沿用此名,也有兩種不同的稱號。有的叫做“解誼”,……有的叫做“解詁”。

八、箋。“箋”是表識的意思。鄭玄説《詩》,宗毛爲主。如果《毛傳》講得不很明顯,或太簡略,鄭氏便加以補充發揮,如果自己對《毛傳》還有不同的見解,便記下自己的意思,不和《毛傳》相雜;於是稱這一寫作爲“箋”。

九、章句。古人所稱“章句”,亦指傳注言。……沈欽韓《漢書疏證》云:“章句者,經師指括其文,敷暢其義,以相教授。”……漢人趙岐疏釋《孟子》,稱《孟子章句》,每章末尾用韵語綜括大旨,名爲“章指”。

十、集解。這是薈萃衆説的傳注體例。……都是“集諸家之説,記其姓名;有不安者,頗爲改易”。後世“集解”“集注”“集釋”“集説”一類的寫作,都是由此發展起來的。

以上所列舉的十種體例,可以統括傳注中最重要的寫作。[①]

張舜徽是建國後最早論及古籍注釋的學者,他在其著作中用一節的篇幅闡述“傳注”問題,有着開創和指導意義。之後,有不少學者也提到了古籍注釋及其體例問題。

榮孟源曾發表了《談注解》一文,文中云:

注解起源約是《春秋》“三傳”。漢代注解《五經》,起初也叫傳,後來纔叫注。……傳與注意義相同,都是把文章加以解釋,使讀者容易明瞭。此外,還有:解、釋、訓、詁、故、述、説、音、箋、章句、索隱、正義、解詁、訓詁、詁訓等名稱,書中有:作者自注,他人的注,還有給注再加注的疏和疏證、箋證等等。注解的名稱多,式樣也多。[②]

---

① 張舜徽:《中國古代史籍校讀法》,上海:上海古籍出版社,1962年,第44—50頁。
② 榮孟源:《談注解》,《東嶽論業》1984年第4期,第78—82頁。

作者在文中列舉了不少注釋的名稱，並將名稱和式樣等同起來。

張振珮在《談注釋》一文中云：

注釋古文，自古迄今約有傳、義、訓、詁、詮、證、音、注、釋、解、疏、箋等，括言之，實僅三種，一曰注，二曰疏，三曰箋。一是注。自釋、解以上除傳外皆爲注。傳是儒家轉授往聖經旨，傳示來者，…… 義亦專用作傳授往聖微言大義，後有正義、引義之作，實近於疏。訓、詁重在釋義，詮、證則具言事理，而證又或涉及考據，音、注、釋、解，其爲注體甚是明顯，不過各異其詞而已。次言疏。是就古注疏通其義，或曰義疏。…… 三曰箋。漢末鄭玄據毛萇詩傳，發明毛義，自命曰箋，箋體始行於世。…… 後之箋記積而成帙，仍同於注。…… 後人遂以箋探其引文典故出處，使箋有别於注。…… 近人有就某一著作會注、集注者，搜集舊注必求齊備，而録入新編可視其價值及影響，作詳略不同的處理。[①]

作者將古籍注釋歸結爲三種類型：注、疏、箋，有其見地。

汪耀楠在其所著的《注釋學綱要》"注釋異名釋名"一節中指出：

古籍注釋中有傳、説、解、詁與故、訓、故訓與訓詁、箋、詮、訂、校、證、考、術、微、義、疏、音（音義）、章句等名稱。

就"注釋的種類"問題，作者指出：

我們可以從三個方面來考慮劃分注釋書的類型：按注釋内容可以分爲：文字注釋類、章句類、義理類、綜合類。按注釋性質可以分爲：首注自爲類、補述類、辨證類、校訂類、纂集類。按注釋的知識量可以分爲：簡注類、詳注類、集注類。[②]

作者從注釋内容、注釋性質、知識量來區分類型，似將問題複雜化。

董洪利在其著作《古籍的闡釋》中認爲，古籍注釋的體式常見的有：

一、集注。顧名思義就是集衆家之説而爲之注。二、注疏。注疏體是古籍注釋一種常見的形式，就是對前人注釋所作的疏解。三、字注加串講。它是注釋中最基本、最常見的形式，就是在注釋中包括字詞解釋和句意、段意的解釋。四、考據性注

---

① 張振珮：《談注釋》，《古籍整理研究學刊》1988 年第 1 期，第 10—11 頁。

② 汪耀楠：《注釋學綱要》，北京：語文出版社，1991 年，第 31—75 頁。

釋。它是指以考據爲主要内容的注釋。五、校注。就是校勘加注釋。六、評注。就是注釋之外再加上不同角度的評論。七、譯注。就是注釋加翻譯。①

該文前三種涉及了體例,但後四種又從注釋内容談起了。

黄永年在其著作《古籍整理概論》"古籍舊注的沿革及體式"一節中提到:

戰國時代,前此爲官府專有的《詩》《書》《禮》《易》《春秋》等經典,到了儒家手裏就給予種種哲理化的講解,用文字寫出來就叫"傳"也叫"説"。……西漢中後期,尤其到了東漢、魏、晋時期,對原先的經、傳又紛紛作注釋。注釋的名目很多,流傳到今天的就有"傳""解詁""箋""注""集解"。這些都是對前此的經、傳所作的逐句逐字的解釋,除標明集解的一般是彙集前人的注解再加上自己的見解外,並不因名稱不同而注釋的體式有所不同。……南北朝時,又出現一種新的注釋體式,叫做"疏",也叫做"講疏""義疏""述義"等等。都是一個含義,是對原先的注再作解釋,同時還直接對經、傳的正文作解釋,簡單地説就是對經和注的解釋。……受經傳注疏之學的影響,對子部、史部中比較著名的書也先後有人作注釋。一般都衹是注。……當時衹有一種注有些特色,即前面提到過的劉宋時裴松之給《三國志》作的注,梁劉孝標給《世説新語》作的注,以及北魏酈道元的《水經注》,他們都是彙集有關史料給正文作注,而對正文本身則很少作一般的解釋。……這種彙集史料作注叫"合本子注"。……此外,還有運用史料和掌故,有時還加上注者本人的見聞,專給詩文注本事的,一般不叫"注"而叫"箋",和鄭玄箋《毛詩》之"箋"名同而實異。②

黄先生文中概括了古籍注釋的發展史,他説到的"流傳到今天的就有'傳''解詁''箋''注''集解'"等的觀點是可以借鑒的。

劉琳、吴洪澤所著《古籍整理學》也有一章談到"古籍注釋",其中第一節即講到"注釋的名稱和類型"。書中指出:"前代的注釋有很多種名稱,不同的名稱往往表示不同的注釋體例,但也有名異而實同的。"而且還列舉了一些主要的名稱:

傳,古人把解釋經義的書稱之爲傳,傳是傳述的意思,解説經義以傳示後人;説,即述説其義;解,即解釋;詁、故,詁與故通,都是從"古"得義,重在字句的訓詁;訓,實際上與詁意思相近;注,"注"字的本義爲灌注,引申爲注釋,由於"注"字之

① 董洪利:《古籍的闡釋》,瀋陽:遼寧教育出版社,1993年,第232—300頁。
② 黄永年:《古籍整理概論》,上海:上海書店出版社,2001年,第129—131頁。

義可以涵蓋注釋的多種體例，因此後代注釋之書以“注”爲稱的最多；箋，意即標誌，其若今之書簽，上面可以寫上簡單的注釋、心得之類的文字；章句，這是對古書逐句逐章詳加解釋的一種體例，不但注解難懂的詞語，而且串講句意，並在每章之末總括此章的大旨；疏，疏通文意，有的不但釋經，而且釋舊注，以“義疏”爲多，後又有“正義”出現；音義，即注音釋義。[①]

作者關於“注”“章句”“疏”的論述更加切近體例的内涵。

許凌雲在其《讀史入門》一書中有《注解》一節，文中認爲：

先秦古籍流傳到漢代，很多人已經不能完全讀懂了，於是一些儒生便專門爲先秦古書做注解工作，他們分章析句，對先秦的經書都作過一番解釋，這就是漢代的章句之學。到了後來，兩漢的注解也成了使人費解的東西，要讀懂古籍，先要讀懂漢人爲古書作的注解，於是不僅要解釋古籍原文，還要給前人的注解加以注解，這就是“注疏”。南北朝時期“義疏”之學大盛，它的特點是“引取衆説，以示廣聞”，它的體例很近於“集解”。這類著作，頗爲繁雜，客觀上需要一種較爲簡約劃一的本子，爲衆人所從，因而在唐初便出現了“正義”。所謂“正義”，即是“正前人之疏義，奉詔更裁，定名曰正義”。其精神實質，便是對舊注加以引申發明，也就是爲舊注作注。所謂“義疏”，就是疏解經義。“疏解”，便是疏通舊注。這種“義疏”的作品，在當時，官修的稱爲“正義”，私修的，便稱爲“疏”。

作者還指出：

流傳至今的舊注名目繁多，含義也稍有不同，大體説來，可析爲三類：一是傳注類，細分之，又有傳、説、訓、詁、記、注、解、箋等名稱。總之，無論是傳、説、訓、詁，還是記、注、箋、解，它們之間並無多少區别，都可稱爲注。另一種是集解類，所謂“集解”，顧名思義，係指薈萃諸家注解，而匯爲一書的傳注體例。後來有“集解”“集注”“集釋”“集説”等名目，都是從這一體例而來。三是義疏類，這是既要注疏原文又要注釋古注的一種體例，有注又有疏。

作者還指出，如果從古書注解的内容來看，則可分爲注音、釋義、釋事、校勘、評論幾個方面。[②] 作者總結的三類，實即注（傳注）、集解、疏（注疏）。

---

① 劉琳、吴洪澤：《古籍整理學》第五章《古籍注釋》，成都：四川大學出版社，2002年，第145—148頁。

② 許凌雲：《讀史入門》下編第二章《注解》，北京：中國人民大學出版社，2011年，第354—358頁。

當代學者對古籍注釋名稱及其體例的論述,由於出發點、切入點不同,都有各自的根據和結論,但文字内容清楚易懂,所以本文在這裏便不作評述。但總結、概括每人的觀點,有走向一致的趨勢。

三、古籍注釋體例之種類

(一)何謂體例

什麽叫體例,《辭源》釋云:"體例,編寫格式。"[①]《漢語大詞典》將體例定義爲"著作的編寫格式; 文章的組織形式"。[②]《辭海》的表述比較詳細:"體例,著作的編寫規範格式。用以保證書稿的規格整齊和内容層次分明。"[③] 以上是漢語三大工具書對"體例"一詞的解釋,雖有一些文字上的多少和細微的差别,但都一致認定: 體例就是著作的編寫格式。就此我們認爲,古今學者中有一些人對古籍注釋體例的認識和看法有偏差,我們不能以一個注釋名詞俗語就定一種體例,也不能就注釋的具體内容來確定什麽體例,而是必須將其注釋内容和編寫格式(也就是他的表現形式)結合起來,來確定和區分其注釋體例。通過本文以上對注釋名詞俗語的解釋以及所舉實例和翻閱大量古籍注釋文獻,我們借鑒前人的一些結論和成果,借用古籍注釋中古人慣用的名稱,將古籍注釋體例歸納爲以下五種。

(二)古籍注釋體例實爲五種

1. 注。直接注釋原文句子中的文字、詞義,包括了讀音、語法、地理、名物、典章制度等,有的還評説、議論,甚或補充資料、增加史實。總之認爲需要注釋的就加以注釋了,形式上看直接了當,即斷即注。正如前文許凌雲所講"無論是傳、説、訓、詁,還是記、注、箋、解,它們之間並無多少區别,都可以稱爲注"。正文之外,用低一格或兩格表示注文以及"自注"的,都屬於這一類。

2. 疏。它建立在"注"的基礎上,不僅對原文作注,而且對"注"文進行疏通,是對原文及舊注作進一步的解釋、闡述和發揮的,所謂的義疏、注疏、疏證均包括在内。其表現形式即"原文 + 注 + 疏"。

3. 章句。章句這種體例,其注文不割斷句子,它總是在句子之末加注,先解釋原文中的文字詞義等,再解釋全句句意,而後在一章前或一章後闡述、概括整個章節大意或在全文中所起的作用。

4. 集解。或叫"集注""彙釋"等。它將前人對文本注釋的不同見解按一定的方式(或依

① 廣東、廣西、湖南、河南辭源修訂組,商務印書館編輯部編:《辭源》(修訂本)第 3 册,第 476 頁。
② 漢語大詞典編輯委員會、漢語大詞典編纂處編纂,章錫良主編:《漢語大詞典》第 12 册,第 414 頁。
③ 辭海編輯委員會編:《辭海》(縮印本),上海: 上海辭書出版社,1999 年,第 275 頁。

時代先後，或依觀點區别）集中起來加以注釋，有的還表示作者本人的觀點，有的並不表態，衹是羅列，讓讀者自己分析。形式上看，它必須是兩種以上注釋文字的彙集。

5. 圖注。用繪圖的方式直觀地解釋描繪原文，特别是對比較複雜的事物，用語言文字表達不清的，都可以用繪圖的形式出現，它是對原文或舊注的補充説明，會使人對原文或舊注的理解更準確、更全面。

綜上所述，基於對古籍注釋名詞俗語和體例的古文獻的解釋，又通過許多釋例的闡述和分析，按照内容和表現形式相統一的原則，我們認爲古籍注釋體例實際應爲五種，它應該包括了古今注釋的所有實際面貌。本文希望能對今後古籍注釋起到一個鋪路石或拋磚引玉的作用，使古籍注釋更科學化、規範化。

在大力弘揚傳統文化的當今，我們更應該重視和加强對古籍注釋的科學認識和宏觀把控，出更多的古籍注釋精品，以造福於子孫後代和偉大的中華民族。

（閻崇東，内蒙古師範大學教授）

"以身殉學"的史家張森楷及其《廿四史校勘記》

劉重來

[摘　要] 巴渝史家張森楷一生精彩而悲壯。其著作宏富,治史嚴謹,精益求精。古稀之年爲校訂新作而奔走京津,終因心力耗盡而客死他鄉,被學界譽爲"以身殉學"。其《廿四史校勘記》是費時二十三年,六遍精讀《二十四史》,走訪大江南北數十位名家碩儒,四易其稿的三百一十八卷史學巨著,是其衆多著述中最具代表性之作。中華書局組織點校《二十四史》時就采用了此書稿。其體大思精,嚴謹縝密的治史精神深得學界敬仰。

[關鍵詞] 張森楷　廿四史校勘記

張森楷(1858—1928),重慶合川人。原名家楷,字元翰,早號式卿,晚號端叟,後改名石親,一生經歷精彩而悲壯。張森楷是著名史學家,其學生郭沫若早在1942年就評價張森楷是"四川乃至全中國有數的歷史學專家,而且是很有骨鯁之氣的一位學者"。①

一、一位没被遺忘的史家

1978年5月14日,對於中國歷史文獻學界和對張森楷本人來説,都是一個值得紀念的日子。因爲在這一天,《人民日報》和《光明日報》同時用一個整版的篇幅刊登了由著名歷史學家趙守儼執筆,以中華書局編輯部名義撰寫的題爲《用科學的態度對待歷史遺産——〈二十四史〉整理工作的一點體會》的文章。②

這篇文章對中國歷史文獻學界來説,之所以不同尋常,是因爲這是在粉碎"四人幫"不久後第一次提出要以科學態度正確對待中國歷史文化遺産,包括在"文革"中被斥之爲"封建糟粕",是"爲帝王將相歌功頌德、塗脂抹粉"的《二十四史》。此文發表在黨的十一届三中全會前夕,也昭示着中國歷史文獻研究的春天即將到來。

這篇文章對張森楷來説也不尋常,因爲在這篇長文中指名道姓的學者並不多,但却有張森楷。這是因爲中華書局在組織點校《二十四史》時,吸取了大量前代學者的學術成果,包括正式刊印的著作和未刊稿,這其中就用了張森楷《廿四史校勘記》未刊遺稿。此段文字如下:

① 郭沫若:《釣魚城訪古》,《郭沫若全集·歷史編》第三卷,北京:人民出版社,1984年,第364頁。
② 趙守儼:《雨雨風風二十年——〈二十四史〉點校始末記略》,中華書局編輯部編:《回憶中華書局》下編,北京:中華書局,1987年,第119頁。在此文中,趙守儼提到《人民日報》所刊文章名義上是中華書局編輯部所寫,而實際上是他執筆的。

> 無論學術研究或文化遺產的整理,都不能不對於已有的研究成果批判地加以總結,否則就會重複別人已做過的事,走些彎路;或失之於陋,人家早已解决的問題,我們還在喋喋不休。從宋朝直到近現代,都有不少人對這些史書做過研究考訂,他們的成果或已寫成專書,或散見於他們的讀書札記,有的是針對某一史的,有的包括幾史,甚至《二十四史》的全部。對這些考訂意見,我們已吸收了其中屬於校勘範圍的合理部分。還有些未刊稿,如近人張森楷的“校勘記”(限於十七史,到五代爲止,稿本藏南京圖書館),張元濟先生主持下所作的各史校勘記録,也都曾采用。此外還參考了一些批校本或某一史的校勘記稿本。[①]

就張森楷來説,這段文字透露了兩個重要的資訊:一是表明中華書局在組織點校《二十四史》時,吸取了張森楷的《廿四史校勘記》未刊遺稿;二是透露了張森楷的這些未刊遺稿收藏在南京圖書館。

實際執筆寫這篇長文的趙守儼在1986年的一篇回憶文章中也記述了在點校《二十四史》時采用張森楷未刊遺稿的詳情:

> 1959—1960年,我們對於各史具體情况和工作上的問題作了全面研究,在校勘方面提出了新的要求:除做好版本對校外,還要比較系統地進行“本校”(本史各部分的互證)和“他校”(以有關史籍及類書等比勘),並强調要吸取前人對本史的研究成果,後借到張森楷先生的十七史校勘記和張元濟先生的《二十四史》校勘記稿本,供各史工作者參考。[②]

從1978年至今,42年過去了。這篇長文的發表,對於中國歷史文獻學界來説,是改革開放42年來難以忘懷的事情;而文中提到的張森楷,也應是一個不能忘記的學者。

二、精彩而悲壯的人生

在中國歷史上,能被稱之爲“以身殉學”的史家恐怕不多,而張森楷就是其中一個。其精彩而悲壯的一生讓人敬佩,也讓人感嘆。綜觀其一生,可從六個方面概述。

(一)張森楷自幼天資聰慧,才華出衆,從小在其家鄉合川就有“神童”之稱。更可稱道的是,他從小就愛好史學。13歲時,他到重慶參加童子試,在沿街書攤上購得《史記菁華録》和《日知録》兩書的殘本,竟愛不釋手,反復研讀。有學者説他“治學及經世之志,實於此樹

---

① 中華書局編輯部:《用科學的態度對待歷史遺産——〈二十四史〉整理工作的一點體會》,《人民日報》1978年5月24日。

② 趙守儼:《雨雨風風二十年——〈二十四史〉點校始末記略》,中華書局編輯部編:《回憶中華書局》,第115頁。

其基礎”。[①]

更神奇的是,在他18歲時,因其勤奮好學、才思敏捷,竟得正出任四川提學使的大學者張之洞的賞識,不僅手諭遴選他入州學,而且將自己的著作《輶軒語》和《書目答問》親贈於他。有學者稱:“張之洞的贈書,對張森楷既是獎勵,也是促進,不但擴大了知識的天地,而且引導張森楷循此去書的海洋中遨遊,去獲取更多的知識。”[②]

(二)張森楷一生著述宏富到了驚人的地步,總共成書48部,1300多卷,1000餘萬言。其中還包括一些大部頭著作。如《通史人表》296卷,《歷代邦交録》100卷,《廿四史校勘記》318卷,《史記新校注》133卷,《合川縣志》83卷,等等。可惜的是,除了《史記新校注》《合川縣志》等極少數著述正式刊印外,其他著作都是未刊稿,有的還下落不明。

(三)張森楷雖然一生著作宏富,但他治學嚴謹,精益求精。爲寫《廿四史校勘記》,他前後費時二十三年,六遍精讀《二十四史》,請教了數十位名家碩儒,參閱了大量善本經典,四易其稿纔成書。可以説,《廿四史校勘記》是他一生心血之作,代表之作,是最能體現他的史識、史德、史才之作。然而可惜的是,此作至今仍是一部未刊稿,且一分爲二,隔海相望。

晚年爲了校訂新作,張森楷不顧年邁體弱,竟遠赴京津,到大藏書家羅振玉、傅增湘寓所參閱衆書,每天18個小時的勞作,終因心力耗盡而死於他鄉。後世學者譽之爲“以身殉學”之史家。

(四)張森楷還是一位卓有成就的實業家,當他爲《廿四史校勘記》而奔走江浙拜訪名家大儒期間,當地的蠶桑絲綢業的繁盛給他很大啓示。1900年他在家鄉合州(今重慶合川區)興辦蠶絲業。1901年,他在合州大河壩創辦了四川民立蠶桑公社,自任社長。爲了培養技術人才,他又創辦了“四川民立實業中學堂”。爲了學習先進技術,他還東渡日本考察蠶桑業新技術、新成果,又專門到江浙一帶延聘技術人員來合州傳授技藝。

由於張森楷善於經營,很快將其企業創辦成集種桑、養蠶、繅絲一條龍的大型企業。其反響之大,以致每天來參觀的“學者百數十,校舍不能容”。很快四川全省也都紛紛仿效,竟然出現了“蠶社如笋,桑株如薺,絲廠如林,歲進千餘萬”[③]的紅火場面。有學者認爲四川“全省出現的新興蠶桑實業則在張先生的開拓下發展了起來”。[④]爲此,張森楷還獲清廷頒發的“三等商勛”嘉獎。

(五)張森楷也是一位教育家。他創辦過學校——四川民立實業中學堂,且在書院、小學、中學、大學教過書。1895年,他被聘爲成都尊經書院襄校(相當於副院長),1909年至1911年又在成都府中學堂任歷史教員。著名史學家郭沫若就是在此時受教於張森楷。1942年6月郭沫若參觀合川釣魚城時,就曾提到他的老師張森楷,不僅對他的學問評價很高,而且對

① 楊家駱:《張石親先生年譜》,唐唯目編:《張森楷史學遺著輯略》,重慶:西南師範大學出版社,1998年,第18頁。
② 唐唯目:《張森楷生平簡介》,唐唯目編:《張森楷史學遺著輯略》,第2頁。
③ 楊家駱:《張石親先生年譜》,唐唯目編:《張森楷史學遺著輯略》,第20—21頁。
④ 唐唯目:《張森楷生平簡介》,唐唯目編:《張森楷史學遺著輯略》,第7頁。

他的遺稿未能出版十分惋惜:

> 張先生是我的老師,我在成都中學堂念書的時候,曾經聽過他的歷史講義。他是我們四川乃至全中國有數的歷史學專家,而且是很有骨鯁之氣的一位學者。他的遺稿很多,聞有《二十四史校勘記》尚未刊行,近來也有好些是散佚了。這真是可惜。合川不乏有力的通達之士,爲什麽不爲這位鄉梓增光的學者表揚,而爲國家保存這一部分可寶貴的遺産呢? [①]

張森楷還有一個得意弟子是日後成爲著名愛國實業家,被毛澤東讚譽爲發展我國近代民族工業不能忘記的四位實業界人士之一的“中國船王”盧作孚。大約是在1906年左右,張森楷在合川任縣立中學教員,常被請到鄰近的瑞山小學講課,而此時盧作孚正在此校讀書。張對勤奮好學、聰明過人的盧作孚十分賞識,而多有關照。盧對張也特別尊敬和感激。後來張森楷主持編纂《合川縣志》,还特别邀請盧作孚參與。[②]1928年張森楷病逝北京,是盧作孚及鄉人李鴻慚多方設法將其遺體運回合川,安葬於嘉陵江畔的學士山,並建亭紀念。[③]

1925年,67歲的張森楷又被聘爲新成立的成都大學國史教授。應該説,當教師,培育人才,也是張森楷精彩人生的重要部分。

(六)張森楷還是一位熱心的學以致用的社會改革家。1907年他在北京向都察院上書《通籌四川應辦事宜書》,提出了“分立省治,廣興邊屯,密備軍防,仿設佐官,試用紳力,通籌公費,明示捐數,專理教約,嚴查學課,編講治規,多開蠶社,遍設工場,精研商學,實查礦産,改良路政,曲恤農艱”十六項舉措[④]。幾天後,此上書在《北京日報》全文刊載,反響强烈。朝廷下令“着交四川總督試行”。[⑤]

更令人感佩的是,他還以極大的熱情投身於震動全國的四川保路運動中。他公開譴責清廷宣佈的鐵路國有政策是“誤國政策”。他還不顧個人安危,冒死營救被清廷抓捕的愛國志士。中華民國建立後,他被推選爲川漢鐵路成都局總經理,並大力推進改革陳規陋習,整頓路政。[⑥]

總之,張森楷是位才華横溢、著作宏富、治學嚴謹、求實致用、多才多藝的史家,一生精彩而悲壯。

---

① 郭沫若:《釣魚城訪古》,《郭沫若全集·歷史編》第三卷,第364頁。
② 盧子英:《懷念二哥盧作孚》,周永林等編:《盧作孚追思録》,重慶:重慶出版社,2001年,第31頁。
③ 唐唯目編:《張森楷史學遺著輯略》,第12頁。
④ 唐唯目:《張森楷生平簡介》,唐唯目編:《張森楷史學遺著輯略》,第7頁。
⑤ 楊家駱:《張石親先生年譜》,唐唯目編:《張森楷史學遺著輯略》,第20頁。
⑥ 唐唯目編:《張森楷史學遺著輯略》,第9頁。

三、從“離經叛道”到立意寫《廿四史校勘記》

張森楷用二十三年時光撰寫的《廿四史校勘記》,是他一生善於獨立思考,不隨波逐流,敢於質疑經史的學術成果。

1878年,20歲的張森楷考入成都尊經書院。此書院是當時四川最高學府,也是讀書人追求功名的預備學堂。書院院長是精通《詩》《禮》《春秋》的大學者王闓運。王闓運對張森楷的聰慧好學十分賞識。但想不到兩年後,竟被王闓運開除出尊經書院,並“削弟子籍”。其原因是張森楷在研讀經史時,發現了不少疑問,不免與人議論。有人忌恨他的才華,故意加油添醋,向王闓運誣告他在讀經典時狂言“《周禮》不可信;《論語》正誤各半;史書記事真僞摻混;制義之學束縛人,鄉試於我祇應命差事”等,① 攻訐張森楷離經叛道。王闓運不得已將他除名,並“削弟子籍”。但張森楷十分坦然。他的學生伍非百1936年回憶道:

> 先生治史,亦不依壬秋(王闓運字壬秋)家法,時立異同。壬秋拒,辭之。先生自稱壬秋門下削籍弟子,以此自豪。②

1879年,張森楷被尊經書院除名後,又轉學成都錦江書院。從這一年起,他决意專攻史學,開始精研細讀《二十四史》,逐句逐字,檢讀疏證,對其中之疑點,一一考證,絶不輕易放過。自此,開始撰寫《讀史質疑》(即《廿四史校勘記》之前身)。

爲了專攻史學,他立下誓言:“不爲書畫倡酬,不應歲科優拔試及保結童生,不作尊經課並其所宗向之經學詞賦,獨精史部,以整齊故事,諟正文字爲期”。③ 他還自刻圖章以勵志,上刻“一生謹慎,小事糊塗”八個字以自勉。

由此,他開始了前後二十三年《廿四史校勘記》之著述。正如張森楷在《〈廿四史校勘記〉序例》中言:“森楷以前清光緒五年(1879年)秋始事丹鉛,至二十六年(1900年)冬殺青斯竟,前後積二十三年。”④

張森楷從21歲開始撰寫《廿四史校勘記》,到43歲纔完成。可以説,爲撰寫《廿四史校勘記》,張森楷獻出了自己的青春年華。

---

① 唐唯目:《張森楷生平簡介》,唐唯目編:《張森楷史學遺著輯略》,第3頁。
② 伍非百:《紀念張石親先生》,唐唯目編:《張森楷史學遺著輯略》,第17頁。
③ 張森楷:《戊午六十生日自序》,唐唯目編:《張森楷史學遺著輯略》,第24頁。
④ 張森楷:《〈廿四史校勘記〉序例》,唐唯目編:《張森楷史學遺著輯略》,第54頁。

四、精益求精,覓求善本典籍

要精校《二十四史》,必須盡可能多地參閱相關典籍,特别是那些難以尋覓的孤本、善本。張森楷所處之地十分偏僻,交友又有限,尋覓相關典籍也十分困難。爲此,他想盡了辦法。

如 1879 年張森楷轉學錦江書院,“伍肇齡院長安排他爲院都講,兼典書局管書籍事”,[①]這爲他參閱衆書提供了極大方便。這也與他從這一年起,決心撰寫《廿四史校勘記》有很大關係。

張森楷還曾爲修訂《宋書》等校勘稿,專門致函張之洞借書。但也許是張之洞公務繁忙,也許是信函根本未到張之洞之手,一直未得回音。幸運的是,1892 年,曾任清廷駐英、法、西班牙參贊,駐日大使的黎庶昌來重慶出任川東兵備道。這黎庶昌也是位極有文化修養的學者型官員,他在駐日大使期間,曾盡力搜集日本尚存的我國已佚古代典籍如《太平寰宇記》等,輯爲《古逸叢書》刊行,自己還著有《拙遵園叢稿》《西洋雜志》等。他多年海外任職,見多識廣,對獎掖人才不遺餘力。張森楷知黎藏書極豐,則不失時機上門求助。黎庶昌對張森楷的才華和學識十分賞識,兩人一見如故。爲了給張森楷創造著述條件,特將張森楷任爲川東道觀察府幕僚,每年支薪 200 兩白銀,言明衹專心治史,不問其他,並特允可參閱觀察府所有藏書。

在如此優厚條件下,張森楷僅用了 10 個月時間,就完成了《晋書》《宋書》《南齊書》《梁書》《南史》《魏書》的校勘補訂工作。

五、出川訪學,虚心請教

張森楷深知,要使《廿四史校勘記》更加完美,除了參閱更多藏書外,還要向學界名家請教,聽取高見,以校訂其書。

1893 年,機會來了。這一年,清廷特開恩科取士,張森楷本無心科考,但經不住黎庶昌多方敦勸,勉强進省城應試,不想竟中了第六名舉人。循例凡中舉者第二年要進京會試。張森楷無心會試,却感到這是出川向名家請教的好機會。

1894 年,張森楷進京參加會試,由於無意功名,並不用心,自然落榜,但他不以爲意,開始了爲《廿四史校勘記》請教學界名家的活動。張森楷《〈廿四史校勘記〉序例》和楊家駱《張石親先生年譜》中都有記:

> 光緒二十年(1894 年·甲午),先生三十七歲。先生在都(北京),以《通史人表》

① 唐唯目:《張森楷生平簡介》,唐唯目編:《張森楷史學遺著輯略》,第 3 頁。

《廿四史校勘記》兩書例言付石印,遍謁當世學者盛煜、繆荃孫、王懿榮、李慈銘、蒯光典、康有爲諸人,請求諟正,頗有磋商。試罷出京,南游江淮,更訪俞樾於蘇州,陸心源於湖州,丁丙、丁立誠於杭州,見袁韜、王祖惠、汪康年、羅振玉、章鈺於上海。又曾贄於翁同龢、潘百寅、黄恩永、端方、張雲摶、陸純伯諸人,出所業請教,得商榷亦如之。①

更令人感動的是,張森楷《廿四史校勘記》雖於1900年已完稿,但一有機會,仍不忘徵求意見。1914年,張森楷爲他事入北京,又就《廿四史校勘記》《史記》部分"加以訓釋,閱十月成《史記新校注》初稿三十二卷,曾出以質於湘潭王闓運、富順宋育仁、宜都楊守敬、新城王樹楠、南通張謇、仁和邵章、侯官陳衍、儀徵劉師培等"。②

難能可貴的是,這些受訪的名家學者對張森楷登門請教都十分熱情,對《廿四史校勘記》評價很高。如羅振玉認爲"《校勘記》則全史功臣,一經播佈即爲史學家所不能廢";③著名學者劉光謨認爲《廿四史校勘記》"當能匡繆正俗,補闕拾遺,裨益來學不少"。④

張森楷爲《廿四史校勘記》,千里迢迢,專赴各地向名家學者求教,這樣虚懷若谷的史家是很少有的。

六、勞累過度,"以身殉學"

最令人感動的是,古稀之年的張森楷爲使其新作《史記新校注》更完美,毅然辭去成都大學國史教授之職,不遠千里,奔赴京津兩地訪書。他先去正住在天津的大學者,也是大藏書家的羅振玉寓所,"用其善本,再寫、三寫《史記新校注》,俾成定本。振玉故復辟黨人,行踪無定,不常家居,供應多缺"。⑤張森楷又轉赴北京大藏書家傅增湘寓所參閱其善本。"先生在北平期間,每天勞作十八小時左右,約兩月,重訂了《史記新校注》123卷。年過七旬的張森楷在連續的强度勞累下,精力不支,又加上患腹瀉疾,日遺十數次,雖經醫治療,但無效,於民國十七年(1928年)六月二十三日病逝於北平鄧木魯家,終年71歲"。⑥後世學者爲此稱之爲"以身殉學"。

實際上,《史記新校注》就是他《廿四史校勘記》中的《史記》校勘稿的深入擴大之作。楊家駱在《張石親先生年譜》一文中對兩書關係寫得很清楚:1914年,張森楷就《廿四史校

① 楊家駱:《張石親先生年譜》,唐唯目編:《張森楷史學遺著輯略》,第19頁。
② 楊家駱:《張石親先生年譜》,唐唯目編:《張森楷史學遺著輯略》,第21頁。
③ 張森楷:《〈史記新校注〉自序》,唐唯目編:《張森楷史學遺著輯略》,第61頁。
④ 唐唯目編:《張森楷史學遺著輯略》,第43頁。
⑤ 戴藩瑨:《〈張森楷史學遺著輯略〉序》,唐唯目編:《張森楷史學遺著輯略》,第4頁。
⑥ 唐唯目:《張森楷生平簡介》,唐唯目編:《張森楷史學遺著輯略》,第12頁。

勘記》《史記》部分"加以訓釋，閲十月成《史記新校注》初稿三十二卷"。[①] 至 1928 年去世爲止，爲寫《史記新校注》，張森楷花費了 15 年時間。由此也可以説，張森楷從 1879 年 22 歲開始撰寫《廿四史校勘記》，一直寫到 1900 年 43 歲成書，又從 1914 年 57 歲開始就《廿四史校勘記》《史記》部分"加以訓釋，閲十月成《史記新校注》初稿"，一直寫到 1928 年 71 歲去世爲止，前前後後爲《廿四史校勘記》花費了约 38 年時間，耗盡了大半生的時間。

七、《廿四史校勘記》一分爲二，隔海相望

1978 年 5 月 14 日中華書局編輯部在《人民日報》和《光明日報》同時發表的《用科學的態度對待歷史遺産——〈二十四史〉整理工作的一點體會》一文中，明明白白説在點校《二十四史》時所用張森楷《廿四史校勘記》未刊稿衹"限於十七史，到五代爲止，稿本藏南京圖書館"。那麽還有七史校勘記未刊稿爲什麽不用，又藏在了哪裏呢？

原來張森楷於 1928 年突然病故於北京。他的遺稿在家人的搜尋下於 1935 年全部運回合川，在經濟拮据，出版無望的情况下，賣給了合川縣圖書館。早在抗戰前夕，著名文獻學家、時任中國辭典館館長的楊家駱就曾在上海向張森楷的學生、著名實業家盧作孚打聽張森楷遺稿的下落。[②] 因爲楊深知張森楷的學識，也深知其遺稿的價值，早就有心搜集、整理出版。

抗戰爆發後，中國辭典館遷到離合川咫尺的重慶北碚。爲了整理張森楷的遺稿，楊家駱聯絡各界人士成立了"張石親先生遺著編刊會"，楊爲會長，著名企業家文化成爲副會長，並以"編刊會"的名義將收藏在合川圖書館的張森楷遺稿全部取走，這其中也包括《廿四史校勘記》未刊稿。[③] 應該説，爲了系統整理一位學者的遺稿而專門成立"編刊會"，這在當時學界還是極少見的，可見當時學界對張森楷學術成就的認可程度。

據合川學者稱，抗戰勝利後，"楊家駱盡携所借張先生遺著手稿，隨國民政府遷回南京。全國解放前夕，國民政府由南京潰逃臺灣，楊家駱又携張森楷遺著去了臺灣，僅遺下《廿四史校勘記》中的十七史手稿 73 册與石印的《賁園書庫目録輯略》。"[④]

由此可知，張森楷《廿四史校勘記》還有七史校勘稿在臺灣。一書一分爲二，隔海相望，讓人深感遺憾。

前幾年，分藏海峽兩岸的元朝畫家黄公望《富春山居圖》曾在中國臺北"故宫"合璧展出，反響巨大。也希望有一天，張森楷的《廿四史校勘記》遺稿能合璧刊印出版，以便兩岸學者研讀。

---

① 楊家駱：《張石親先生年譜》，唐唯目編：《張森楷史學遺著輯略》，第 21 頁。
② 楊家駱：《〈北碚九志〉序》，張守廣編：《北碚城鎮化變遷——北碚志九篇及相關資料彙編》，北京，人民日報出版社，2017 年，第 22 頁。
③ 唐唯目編：《張森楷史學遺著輯略》，第 33—34 頁。
④ 唐唯目編：《張森楷史學遺著輯略》，第 34 頁。

八、結語

張森楷一生著述達四十八部之多,但除了《史記新校注》和《合川縣志》外,他的絶大多數著作都是未刊稿,這也許是他在史壇上不太知名和很少有人研究的原因,如能一一將其書稿整理出版,將是中國史學界之盛事。由此也可知,對張森楷的研究,還大有空間和潛力。

(劉重來,西南大學漢語言文獻研究所教授)

地方文獻整理研究與中國歷史文獻學學科建設高峰論壇會議紀要

陳丹琪　周録祥等

論壇時間：

2019年11月22日9:30—11:40

論壇地點：

韓山師範學院潮學研究院三樓會議室

與談專家：

趙生群：南京師範大學教授　山東大學特聘教授

朱傑人：華東師範大學終身教授

曹書傑：東北師範大學教授

顧宏義：華東師範大學教授

張濤：北京師範大學教授

黄愛平：中國人民大學教授

董恩林：華中師範大學教授

郝潤華：西北大學教授

杜澤遜：山東大學講席教授　教育部"長江學者"特聘教授

周録祥：韓山師範學院教授

主持人：王鍔：南京師範大學教授

其他參與者：韓山師範學院、韓山書院有關人員

王鍔：各位先生、各位同學，大家上午好！很高興在韓山師範學院參加"地方文獻整理研究與中國歷史文獻學學科建設高峰論壇"。今天論壇約兩小時左右，首先請中國歷史文獻研究會會長趙生群教授介紹研究會的情況。

趙生群：尊敬的各位老師，很榮幸有機會在潮州，在韓山師院召開我們中國歷史文獻研究會第40届年會。中國歷史文獻研究會歷史是比較長的。我們的創會會長是華中師範大學張舜徽先生，他是歷史研究和古典文獻研究領域非常著名的專家。

我們年會成立於1979年，是最早的一批全國性學會，現在由教育部和民政部雙重管理，屬於國家一級學會。我們學會堅持以學術爲本，每年都開一次年會，有的時候在一次主要年會之外，還會搞各種各樣的專題探討，搞一些論壇。我們有一個非常鮮明的特色，就是我們學會和地方文獻的研究結合得比較緊密。張舜徽先生當年有一句話，他説要讀萬卷書，行萬里路，就是要帶領我們的會員走遍中國大地，走遍祖國的萬水千山。（笑聲）所以我們歷史文

獻研究會除了由一些高校主辦會議以外,也經常和一些地方政府聯合起來辦會。

每届年會基本圍繞兩個主要的方面,一個是我們的本位研究,就是中國歷史文獻研究。我們所説的歷史文獻,内涵相當於古代文獻(古籍),就是説經史子集四部文獻都在我們學會的研究範圍之内。這個範圍非常廣泛,議題也多,所以我們的會員很多,大概前後入會的有一千幾百人,當然經常參會的大概有幾百人,這是我們主要的一個研究方向。另外還有一個研究方向,就是地方文獻、地方文化的研究。我們每到一個地方,當地的一些名人,他們的相關著作,相關的歷史文獻、文化方面的一些東西,我們會特别加以關注,組織會員來寫論文,展開一些專題的、有針對性的探討。

我們的會刊,開始的時候叫《中國歷史文獻研究集刊》,後來改名爲《歷史文獻研究》。以前是每年出一期,後來因爲評了C刊。近年來C刊有了新的要求,就是每年必須出兩期,所以我們現在出兩期,厚厚的兩大本,我們《歷史文獻研究》内容專門,厚重扎實,歷任會長爲我們打下了非常好的基礎,包括張舜徽先生,然後是劉乃和先生,再後來是周國林先生、周少川先生,還有今天到會的朱傑人先生。

中國歷史文獻研究會歷史比較長,辦會風氣也正。除了出會刊、論集以外,我們每年的年會都開得非常認真。去年在杭州開會,到會的有180多位學者和相關的人士,收到的論文有170多篇。今年據周録祥介紹好像至少也有170人左右,應該説這也是一個非常可觀的規模。今年收到的論文,也非常可觀,有6本,比去年更多了,内容確實非常豐富,全部印刷可能都要一大筆費用,周録祥説一套可能要300多元,要打一兩百份的話,那也不得了,是吧?所以我們年會每年開得也還挺有成效。

另外,年會以外,還有各種各樣的專題探討,有時候也會搞一些論壇。比如去年我們年會之外,還在新疆還開了一個會,是吧?我們也有一部分會員參加。今年很高興到韓山師院,到潮州,這個地方的歷史文化内涵是非常深厚的,有千年的文脉,今年正好又趕上韓愈刺潮1200周年。我們郝會長也是中國韓愈研究會的副會長,今天也來了,我們也是想和當地的一些先生、一些學者作一些文化上的交流。

非常感謝韓山師院承辦今年年會,周録祥現在科研處工作,手下能幫忙的人不是很多,所以一個人主要唱獨角戲,辦會也非常辛苦,在此也表示感謝!我就先簡單地介紹這麽多。謝謝大家!

王鍔:朱傑人會長是研究朱熹的大家,主持整理過《朱子全書》。朱子的著作既是地方性的,也是全國性的。我們今天討論的是地方文獻與中國歷史文獻學科的關係,所以先請朱會長談一談朱子的文獻與歷史文獻學科的關係。謝謝!

朱傑人:我聽説這個會議是地方領導也來參加,我有很多話想講給領導聽,所以我正式準備了一下。我準備的不是關於朱子文獻的内容,而是談地方文獻的。

第一個問題是,現在地方文獻整理研究很火熱,這是經濟發展的一個必然結果,而且這個局面方興未艾。這是一件好事情。對研究文獻學的學者來説,它可以大大地開拓我們文獻學研究的廣度，開闊我們的視野，并且可以開掘歷史文獻研究的生命。另外，地方文獻研究和整理，對地方的文化經濟發展有推動和促進作用。

第二個問題是，地方文獻的研究和整理，我認爲要處理好以下幾個關係。

一是要注意地方文獻的研究整理與地方經濟發展、GDP的關係。必須要認識到地方文獻的研究與整理，不可能立竿見影地産生經濟效益，更不可能帶來直接的經濟效益。

二要注意尊重歷史與尊重地方利益的關係。這是進行地方文獻的研究和整理工作中非常重要的一對關係。現在部分地區的地方文獻整理工作，往往會把地方的利益凌駕於歷史之上，這是非常危險的動向。

三是要處理好尊重學術與尊重領導的關係。我認爲確實要尊重党的領導，尊重地方的領導。但是，尊重地方領導的同時，不能不尊重學術，不能够無限地拔高所謂的地方文化、地方文獻或者地方名人，也不能不分是非、不擇手段。

四是地方文獻的研究離不開民間和地方學者，但還是要處理好地方和民間學者與專業學者的關係。許多業餘學者雖然熱情很高，但是他們没有接受過基本的學術訓練，做出來的研究成果是很難説是科學的、準確的。所以專業學者要尊重和鼓勵民間和業餘學者，幫助他們，提升他們。民間和業餘學者，也應該很虚心地聽聽專業學者的話。

第三個問題是，關於地方文獻的整理和研究，應該有頂層設計。所謂的頂層設計，就是當地政府、文化部門應該有頂層設計，而且要持之以恒。地方文獻對地方來説確實是很重要的，對專業人員也是很重要的。但是如果没有頂層設計，那就是亂來，如果没有持之以恒，那也是不可持久的。

第四個問題是，地方文獻的整理和研究著力于培養人才，要提高現有隊伍人員素養。現在地方文獻的研究是主要依靠地方誌辦公室，他們有一批經過訓練的學者。但是我認爲還應該多培養人才，包括民間和業餘學者，要提高現有隊伍的素養。

最後一點是，要提升地方文獻的研究和整理水準，要實現可持續發展，一定要與高校和研究機關開展合作。并且，各個研究機關，包括我們學會，也應該主動地和有意願的地方政府開展合作，幫助他們，提升他們對地方文獻的研究，避免走彎路。這是我想到的一些意見，供大家參考，謝謝！

王鍔：謝謝朱會長就地方文獻的研究和人才的培養談了很好的看法。在座的韓山師院的各位老師，還有什麽問題想跟朱會長再交流的？

周録祥：朱會長，您擔任華東師範大學出版社社長多年，爲學術界出過不少地方文獻整理的書，您認爲這方面還有什麽開拓空間？或者説還有什麽新的思路、方法、視角等，能够讓年輕的老師或者有志於從事地方文獻工作的人，能够儘快地參與進去，而不至於老是在胡同裏面繞路。

朱傑人：很多地方，尤其是經濟發展比較好的地方確實會面臨這個問題，因爲它資金充裕，可以支持大項目。比如我的老家鎮江就做了《鎮江文庫》，地方文庫大多是大部頭，但是，是不是地方文獻整理工作就窮盡了呢? 我以爲不然。

第一,做地方文獻不能離開民間、田野的調查。我覺得還可以深入到民間去深挖,這還是有空間的。現在大家收集到的大多是表面上的文獻,如果還有資金支持,這個工作就很容易進行。難做的是什麽都没有。

第二,把基本的文獻搜羅齊全之後,就要進入研究。這是必須要做的事情,但比搜集文獻更難。我做朱子學以後,跟哲學界的朋友混得很熟。但哲學界很多人看不起我們搞文獻的人,認爲我們没有思想,他們纔是有思想的。這個説法我當然不能同意,但我也覺得這給我們提出一個問題,就是做文獻的人能不能也出點思想。我們掌握了第一手文獻,是最應該出思想的人! 如果我們從文獻入手進入研究,我們就可以産生思想。

對於出版業來説,他們對出版地方文獻的積極性不高,因爲地方文獻有局限性。但如果有出版資助,出版社積極性就會提高。而且出版地方文獻,無論是對出版社還是地方都是好事,可以説是雙贏的。所以做地方文獻其實是大有可爲的。

王鍔: 我想,可能高校的老師特别關注一個問題,就是整理文獻、研究文獻的人科研壓力會很大,會關心文章應該怎麽寫纔能刊發。曹會長是文獻學研究的大專家,有《中國古籍輯佚學論稿》享譽學界,而且他常年主持《古籍整理研究學刊》,在古籍整理界、文獻學界影響很高,可不可以請曹老師就這一方面談一些高見?

曹書傑: 我在這方面真的是没有發言權。説一點模糊的事,地方文獻的整理應該説近二十年,其實是在國家層面上熱門,很多地方也在做這項比較大的一些工程。

但是我倒是有個想法。無論做什麽工作,第一步都是得先清理家底,做好目録學工作。同時,地方文獻是分層次的,不是所有的地方文獻的價值都相等。另外,有一些地方文獻它的影響力大一些,一般的簡單整理也是不够的。有些文獻雖屬於地方,但它對史部有影響力,所以有一些地方文獻還得做進一步的整理,簡單的標點,然後再涉及深入的話題。

另外,我建議,高校裏還是要推動文獻學的課程體系建設。在一般的教學單位中,許多古代文學、古代史的研究學者本身大多不做文獻整理,他們所借助的文本其實是文獻學家已經做好的,所以他們似乎感覺即使不懂文獻學,也可以把學問做得挺好,從事文獻學專業的人在他們心裏的存在感很弱。開玩笑地説,我認爲不懂文獻學的人,衹能成爲一個二流學者,不能成爲一流學者。可是這個情况很難改善,國家的建設、單位的具體掌門人是誰,確實是影響著單位整體的走向,這個是客觀存在的情况。

王鍔: 謝謝曹老師! 剛纔提到了地方文庫整理,我們在座的杜澤遜教授主持過《山東文獻集成》項目,所以,我想請他就主持《山東文獻集成》談一點經驗。

杜澤遜: 地方文獻的整理,一是收集影印,一是點校,更重要的是要進行研究。再有名的人也有家鄉,而家鄉的人對家鄉文獻的關心度也遠遠高於對外地的文獻,這裏面有地域、地方上的情感。

但是我們還要考慮讀書人自己應該走什麽樣的路,那肯定是要做一個有學問的人、有成果的人，纔能成爲最真正的學人。對文獻進行深入研究，其實不會受制於任何條件。特別是在這個數字化和信息化的時代，我想找一本書，托朋友、找親戚也找不到、看不見的情況已經很罕見了。所以對個體來説，應該積極地去開展研究。地方文獻的事情，現在能辦就辦，不能辦就留待後人辦。東西就在這裏，現在的保存條件也不至於有水火之慮了。

進一步來説，要做一個大項目有很多的忌諱。第一個忌諱就是不能靠官。官員不在知識界是最靠不住的，因爲官换得太快。第二個就是不能進行平級的合作。如果幾個單位的級别一樣，這樣的合作過了一段時間就要分裂。第三個是學者之間這類的合作也是禁忌，一定要有一個强有力的人來統率，事情纔能搞成。所以要開展項目的話，還是要開展獨立自主的地方文獻整理研究，這樣是有出路的。重大項目工作的推動，首先要擺脱人的問題。

剩下來問題就是找錢和下功夫的問題。如果做出了一定的成績，再去申請後續經費，就有了理由。就像顧廷龍先生説的，火車要先開起來，開起來了纔可以到站。怎麽樣纔能開起來呢？由近及遠，由易到難。如果因爲這樣那樣的原因，手邊能辦的事情也不辦，這件事情就肯定辦不成！還有一些問題最終不能解決，就先把它擱在一邊。不能太理想化，能辦多少就辦多少。

王鍔：謝謝杜老師！董恩林老師長年從事歷史文獻教學研究工作，您能不能就古文獻學在文史哲學科當中的作用談談高見？

董恩林：其實我們在座的都是做歷史文獻學研究的，黄愛平老師對這個主題研究比我精深，應該讓黄老師來談。今天在座的中青年老師很多，我想咱們師院這個層次的學院的中青年老師，最感到頭疼的就是申報項目，我想就這個談一點體會。

我這些年經常參與教育部和國家社科基金的通訊評審。剛纔咱們講的地方文獻，我覺得的確還是大有可爲的，就個體來説是一個很好的研究方向，應該説是一個主要方向。其次，現在各地做的工作其實大多是影印，這衹是地方文化、文獻研究的準備階段，真正有意義的，是在此基礎上做專題研究，而且地方學者是最有條件來做專題研究的。現在的問題是，大家都在思考怎麽發現題目。對此我覺得衹有一個笨辦法，就是埋頭進去讀地方文獻這個大塊頭。衹要鑽進去了，應該是容易發現選題的。

至於申報項目，這些年我發現一個問題，部分中青年老師的題目不是通過自己做研究在實際中發現的，而是在開始評國家社科基金時，纔想一個題目去申請。這是肯定不行的。要申報到項目，一定要有自己的前期成果，否則設計得再好的題目也没用。我個人評估時就是這樣，如果没有前期成果，那我就否決了。因此前期成果很重要，一定要和前期研究結合起來，不能憑空設想。另外，我在評項目的時候，經常會碰到一些看半天都看不懂的題目。所以題目的設計也很重要，主題要明確集中，又要能够結合形勢，有意義，這也很重要。

王鍔：黄愛平老師是四庫學和清代學術研究的專家，而且在清史方面組織過很多文獻的項目。請黄老師來談談！

黄愛平：我想結合自己這幾年做的一些文獻整理工作，來談一下自己的一些想法。我特别贊成剛纔朱會長所説,地方文獻整理和歷史文獻學學科的建設發展應該是相互促進、相輔相成的關係。比如我們做了《通州方志集成》,這個項目恰恰跟最近幾年北京市行政副中心通州的發展有關聯,可以説既發掘整理了地方文獻,又爲北京城市副中心的建設提供了參考借鑒,感覺還是挺有成效的。

從長遠來看,我非常贊成剛纔朱老師所説,地方政府、地方機構一定要有頂層設計和統一規劃,否則就特别容易各行其是,就可能造成文獻資料出版和研究工作的重複。如果有了總體設計,情況可能就會好得多。

第二個,就是要眼光向下,也就是朱會長剛纔提到的田野調查。比如許多地方小圖書館藏有一些從來没有人翻看、整理,也不知道是什麽的文獻資料,圖書館囿於工作繁瑣和學術力量有限,也整理不了。所以地方館藏可能還有一些需要發掘、需要整理的文獻資料,很可能裏面就會有一些重要的,之前我們不知道的文獻資料。如果条件具备,有必要组织力量进行发掘整理。

再者,地方上往往重視“全書”“文庫”的文獻整理,但後續的研究可能還不太能跟得上,這點跟剛纔其他老師所説的,与項目申請有關係,我們地方學者重視地方文獻,不光要把它整理出版出來,引用出來,我們還要做研究。無論地方政府、地方機構,還是學校來説,都需要進一步重視和加强這方面的工作。

對我們專業學者來説,首先我們要沉得下心來,坐得下冷板凳,來做這些辛苦的、基礎性的工作,這是對我們從事文獻、從事學術研究最基本的要求。我特别贊成剛剛朱老師提到的,我們要有主動地爲地方歷史文化做基礎工作的精神。既然我們生活、工作在這一方熱土,那麽就有責任爲這片地方的文化發展,甚至經濟建設貢獻自己的力量,要有這種主動合作,主動去做的精神。

還有一個多年的老問題。在很多高校,文獻整理的成果都没有得到應有的重視,不被計入科研成果。從這個角度來説,作爲從事這方面的學者和有關機構,在一些場合、在一些必要的時候,要爲我們自己多呼籲,争取我們應該有的權益,讓學術界和全社會能够瞭解我們做的文獻工作的價值所在。

王鍔:謝謝黄老師!我們今天在潮州討論地方文獻與歷史文獻學的關係,韓愈和潮州文化密切相關,我們在座的郝會長是韓愈研究的專家,也是韓愈研究會的副會長,請您來談談韓愈和潮州文化的關係問題。

郝潤華:全國韓愈研究會是地方政府創立組織的,部分參會人員對韓愈研究的熱情很高,但是學術水準有限,連基本的資料都看不到。所以韓愈研究還是要依託高校,這是因爲研究的隊伍在高校,研究資料也集中在高校。這幾年,年輕老師當中大概研究韓愈的不太多了,我希望韓山師院能把韓愈研究承擔起來,作爲一個特色學科。

另一個問題就是潮學的界限和研究内容。潮學不是無所不包的,要有一個界限。至於研究内容,饒宗頤先生就是在他父親饒鍔先生的基礎上編了《潮州藝文志》,這部《潮州藝文志》是在民國年間編的，肯定是收不全的，三十年代後饒宗頤先生又去了外地，也没有接著編。在那個基礎上，可以先做個目録出來，摸清家底。我覺得潮學大概從學理上來説還是要做一些界定的，比如韓愈的研究算不算潮學的一部分？如果要納入潮學，它應該是一個非常重要的部分。韓文公祠是南宋年間建的，它裏面有好多歷代文人留下來的石刻，韓文公祠也編了圖録，這些也可以進行深入研究。

王鍔：非常感謝！我們張濤會長是從事儒家經典《周易》研究的專家，就經典與地方文獻的關係，請您談談高見。

張濤：剛剛聽了各位老師的高論，我也很受啓發。我想接著郝老師剛纔談到的韓愈的問題。這是地域文化研究、地方文獻整理非常重要的内容，地方文獻整理和地域文化研究要抓住重點，抓住幾個重要的人物，這些人物應該是在全國、甚至全球有影響力的，這樣的地方文獻整理會有後勁兒。

二是其實學科建設是有一個界限的，必須是教育部和國務院學位辦説的所謂的學科。我們現在平常説的三級學科，也就是個研究方向或者研究特點。現在各個高校都在搞“雙一流”的建設，但不是二級學科就能“一流”，得整個一級學科是“一流”。老師的需要和學校發展的需要也存在結合的問題，如果不結合，學校也不願意支持。地方政府就更不用説了，地方領導是不够瞭解學校的。

部分學科的歸屬也是問題。跨學科的研究已經喊多少年了，現在却是倒退的情况，跨學科、綜合型的研究越來越麻煩。地方文獻、地方文化的研究，實際上帶有很强的跨學科性質，包括咱們歷史文獻會，本來中國古典文獻學、歷史文獻學都是同一個研究範疇，但是現在要求我們必須表明是屬於具體哪個學科，不想表示都不行。范文瀾先生是歷史學家，但他的《文心雕龍注》是同類著作中最好的，包括韓愈這種大家、名家的研究，他在各個領域都有貢獻，也很難劃歸具體學科。

王鍔：謝謝張會長！其實文獻是一個非常寬廣的概念，中文、歷史學、圖書館學下面都有相關的學科。最近幾年在文獻學的整理研究界，大家開始關注新的文獻類型，比如書劄和日記。唐宋以來，潮汕在對外交流方面是走在前沿的，肯定也有類似這樣的文獻。我們在座的顧宏義教授整理過朱子的書劄，請顧會長談談書札與地方文獻的關係。

顧宏義：各位老師上午好！在談書劄之前我想先談一下前面提到的找題目的問題。我雖然没做地方文獻，但參加過一些評審會與圖書出版發佈會，發現地方文獻大部分都是影印出版。這對於地方文獻的發佈和應用當然很有幫助，但單單影印出版顯然是不够的，還需要加以深入研究。那麼該怎麼做呢？我認爲大概包括兩個方面内容。

第一個方面，很多地方文獻的整理、研究已經産生了很多成果著作，但這些成果的影響經常衹局限在本地。這往往限制了地方文獻研究的學術地位的提高，以及其他地區學者的學術研究對這些成果的利用。第二個方面，就是文獻史料方面的研究，就是地方文獻的撰寫、傳佈的共性與特點。

其實這兩方面既互有影響而又有區别。文獻作爲一個載體有它的特殊性。比如我做書信研究時,注意到它具有一個特點,即書信是有來有往的。有些年代較早的往來書信往往是不全的,所以很難確定書信的寫作時代。這是一個很大的問題。明清時期書信的研究在這個問題可能會難度小一點。

做地方文獻的書信整理與研究,會帶來很大的好處。一是地方學術圈的聯繫和交流對某一個地區或學者學問的展現、研究方向的轉化、研究學問的提高,都有直觀的理解。所以在書信的編纂過程中,就可以看出一個學者早年跟晚年思想發展的變化。對一個地區而言,很顯然可以看出學者間的學術交流,以及學者間的思想、學説的關係。關於這一類的研究,我們現在看到的還比較少,其實有很大的研究空間。

另外,古代的通訊、交通是有較大限制的,有時候傳遞的信件會丢失。所以我們在做研究的時候,包括區域學人的書信研究,包括相關學者間的學術交流研究,一定要考慮到這個因素。另一個要考慮的因素是古代書信的傳遞速度、來往頻率,這裏面的時間差可能是非常大的。在這些基礎上做深入研究,肯定會有很多新的發現,而且不少學術發現很可能會出乎意料。這是我個人做書劄的一些體會,希望能够在各位選擇題目的時候提供一些小的幫助。謝謝大家!

王鍔:謝謝顧老師!其實在地方文獻當中,書劄是非常重要的一類文獻,包括一些外界不知道的地方文獻的整理、發掘和研究,對地方文化的推動是非常重要的。韓愈講“傳道授業解惑”,對於地方高校教師,除了自己的科學研究、解決學生的疑惑外,可能還要幫助地方政府的主管者解惑,共同推進地方文獻的整理和地方文化的建設。

因時間關係,今天的座談到此結束。再次感謝各位光臨!

(陳丹琪,南京師範大學文學院碩士研究生;周録祥,韓山師範學院文學與新聞傳播學院教授)

紀念韓愈治潮1200周年學術研討會暨中國歷史文獻研究會第40届年會綜述

胡　露　周録祥

"紀念韓愈治潮1200周年學術研討會暨中國歷史文獻研究會第40届年會"於2019年11月22日至25日在歷史文化名城廣東潮州圓滿召開，來自清華大學、南京大學、復旦大學、北京師範大學、中山大學、山東大學、華東師範大學、華中師範大學、東北師範大學、陜西師範大學、西北大學、南京師範大學、重慶師範大學、臺灣政治大學、中國社會科學院、上海博物館等高校及科研院所一百七十餘位專家學者參加會議，提交論文145篇，共襄盛舉。本次年會由韓山師範學院與中國歷史文獻研究會聯合主辦，韓山師範學院嶺東人文創新應用研究中心、粤東地方文獻與檔案實驗室和韓山書院共同承辦。

在11月23日上午的開幕式上，韓山師範學院副校長黄景忠教授，中國歷史文獻研究會會長、南京師範大學趙生群教授，中國歷史文獻學會原會長、華東師範大學朱傑人教授，韓山師範學院文學與新聞傳播學院院長趙松元教授分别致辭。學會與主辦方互贈紀念品後，朱傑人、杜澤遜、劉薔、鄧偉龍、張升、孔令彬六位教授圍繞韓愈研究及歷史文獻研究等問題做了主題發言，董恩林副會長作了精彩點評。

隨後與會學者展開分組報告與討論，由於此次參會人數衆多，依照韓愈研究、嶺南文獻與文史研究、經部文獻研究、史部文獻研究、子部文獻研究、集部文獻研究等六個方向進行分組，兹將討論内容分述如下：

一、韓愈研究組

今年是韓愈貶任潮州刺史1200周年，本組研討地點特意設在韓山脚下、千年學府韓山書院中，也在潮人供奉韓愈的韓文公祠旁。除朱傑人教授、劉薔研究員、鄧偉龍教授已在大會宣讀論文外，另有29位學者提交25篇學術論文，内容圍繞韓愈及其作品和流傳研究，與本届會議主題十分契合。具體説，又包括以下方面：

（一）對韓愈及其作品的研究。或可簡稱爲"本體研究"，共9篇。朱傑人《儒家道統譜系中的韓愈》分析了韓愈、朱熹對儒家道統的不同建構，以及朱熹排斥韓愈等漢唐諸儒進入其道統體系的原因。張濤、孫世平的《易學視野下的韓愈》一文從易學視野出發探討韓愈的爲學、爲文，透視韓愈在易學史和文學史上的意義，研究深入，見解新穎；皮凌斐、董恩林《韓愈窮困考論》一文致力於分析韓愈窮困的不同内涵、成因及其影響，認爲窮困對韓愈詩文創作有促進作用;范春義《理性與巫術之間:“雄文徙鱷”的文化闡釋》對“雄文徙鱷”的建構過程進行還原,對立論雙方加以對照,全面認識以文驅鱷現象,從中窺見中國古代民間信仰以及地方管控的重要一面。鄧偉龍《韓愈非老辨》分析了韓愈非老的動機,以及韓愈現實生活中對老子、道家的親近和認同,并分析這看似矛盾現象的根本原因。趙君堯《韓愈刺潮及其海洋文學創作》認爲韓愈對海洋文化較爲認同,以海洋文學自覺進行創作活動,在海洋文學上有較大貢獻,大大推動嶺南海洋文學的發展。孫順霖、賈鳳娃的《一篇除惡治愚的檄文》認爲韓愈的《祭鱷魚文》寓意在除惡治愚;陳偉《韓愈〈南山詩〉的藝術特色》探討了韓愈以賦、古文入詩及對山水詩的變革創新;常娜娜《〈南山詩〉與〈大千居士六十壽詩用昌黎南山韵〉》對韓愈《南山詩》和饒宗頤《大千居士六十壽詩用昌黎南山韵》作了探討。

(二)韓愈價值、影響研究。共有 6 篇。吴海蘭的《韓愈與唐代後期的儒史新風》認爲韓愈堅守孔孟之道,旗幟鮮明地闡發道統論,將排斥佛教與復興儒學融爲一體,并倡導直指人倫、掃除章句的治學方式,從而開啓了儒學的新風,同時與其弟子一起影響了唐代後期的史學:修史注重求“聖人之心”“是非與聖人同辯”,强調以孔子的是非觀和價值觀作爲撰史的根本原則,作史目的和史學對象也隨之變化。阮愛東《中唐公薦風氣與韓孟詩派的形成》認爲韓愈在長安短暫任職後改分司東都,期間集中公薦了一大批青年士子,吸引了賈島、李賀等更多詩人加入詩派唱和,最終推動了中唐成員最多的一個詩歌流派“韓孟詩派”逐漸形成。趙雅娟《范墨韓文傳不朽——范仲淹手抄〈伯夷頌〉的原因及影響解讀》通過范仲淹手抄韓愈《伯夷頌》,分析范氏對韓愈的態度、相關的政治背景及其重要的精神意義,以及宋代士大夫精神主體意識的覺醒。王書華的《可憐無補費精神——王安石論韓愈在儒學史上的地位》分析了王安石出於與洛學、蜀學争奪儒家道統的正統地位的考慮,將韓愈剔除儒家道統,而將以其爲代表的新學學派列入儒家道統的過程。李慧玲《從韓愈“儀禮難讀”説到今天的“三禮”難讀》一文,針對王力主編的《古代漢語》中涉及“三禮”的部分作個案分析,探賾索隱,深入考察,訂訛補缺,頗見功力,指出了這本影響最大的教材在“三禮”使用和注釋方面的不足,用實踐證明了經學研究在當今時代的意義。江中雲的《韓愈與唐宋派關係研究》分析了韓愈對後世文學流派尤其是唐宋派的巨大影響。

(三)對韓愈著作的文獻研究。共 7 篇。高文智、趙望秦合撰的《現存宋蜀刻本韓愈集及其影印本四題》一文對今存兩種宋代蜀刻本韓愈集從缺頁與配補、版式行字、避諱、刻印時間四個方面作了考察,認爲宋蜀刻《新刊經進詳注昌黎先生文》刊刻於南宋孝宗乾道二年至光宗淳熙之前這段時間,屬於坊刻本。此文校勘、考證紮實,結論成立。郝潤華《世綵堂〈昌黎先生集〉影印序》分析了世綵堂《昌黎先生集》刊刻與流傳及其價值:刊刻時間早、刻版裝幀精良,也有一定的校勘價值。劉薔《天禄遺珍——乾隆皇帝御題〈朱文公校昌黎先生集〉》考訂其版本,釐清遞藏脉絡,備述其學術及文物價值,認爲此書實爲元代刻本。李文博《南圖所藏韓集批校本二種述略》介紹了陳景雲《韓集點勘》和蔣宗海批校本,認爲前者雖廣爲流傳,但批點本韓集中仍有部分珍貴内容爲《韓集點勘》所無,後者更罕爲人知,其中的批語多有突破前人之處，實應納入學人之視野。馮先思《查慎行韓愈詩集評語考異》關注查氏《初白庵詩評》，考察國圖藏查氏等評韓愈詩與《初白庵詩評》録存者的差異，認爲清代詩學文獻之輯集還大有可爲。王建新《從歷代名家書法看〈送李願歸盤谷序〉》認爲歷史書法文獻中的韓愈作品書寫時間比較明確保留原貌，相對於圖書版本，更具可信性，可提供考察韓集版本一個新視角。楊新勛《〈四庫全書〉韓愈文集考正著作提要考辨三則》則引證大量資料，考辨有關韓愈著作四庫提要的問題。

（四）韓愈研究學術史的梳理。共有6篇，如徐偉軒《方世舉〈韓昌黎詩集編年箋註〉之箋釋方法與情志批評研究》認爲方世舉在某些篇章或系列中，建構了詩人的形象，也在細膩的考證中，深化了對詩歌的認識，確實達到了"知人論世"的效用。宋立英《對韓愈〈平淮西碑〉毁譽原因的探討》針對韓愈《平淮西碑》歷來衆説紛紜、毁譽不一的評價，認爲評價者秉持的標準受到時代政治及文學崇尚的影響，偏離了事件的本身，帶有批評者自身的主觀感情色彩，剖析深入，鞭辟入裏。李如冰的《吕大防的韓愈研究及其影響》分析吕氏校勘、整理、刊刻韓集，并開創了年譜這一體例，啓發了後來編年詩集的出現，相關文學觀念對後世的文學批評也有重要影響。彭汪鑫《美國漢學家田安韓愈研究的視角特點》認爲田安主張從群體角度觀察韓愈，以韓愈與文人的交遊和文人群體身份建構爲切入點理解他的詩文和思想，按友誼發展階段縱向探討友誼與贈序、詩歌、書信和碑傳文等體裁的文本實踐的相互影響，注重從文學生産視角探究韓愈文學遺産的後世重建。楊波《韓國詩話中的韓愈史料評析》根據史料分析抄録者的選擇取向以及傳承源流，考察古代朝鮮半島文人對韓愈好施獎詡的品質，以文爲詩、氣魄宏大的文學特色的關注，認爲韓愈文學創作在朝鮮半島流傳廣、内容豐、時間久。李福標《陳澧對韓愈大顛交遊的態度及其與佛教的關係》分析了晚清廣東學者陳澧早年、晚年對韓愈與僧人大顛交遊的不同態度變化，以及前後對佛教關係的轉變，并探究其原因，視角也很獨特。

總之，論文對韓愈的研究既有古今，也有中外，議題涵蓋面十分廣泛，同時研究内容具體深入，學術觀點新穎，多能從小處立論，小中見大，以考帶史，以史帶論，縱論古今，大膽創新，富有學術啓示意義，都引發了與會學者的研討熱情。

二、嶺南文獻與文史研究組

本組研討設在廣東省普通高校人文社會科學重點研究基地潮學研究院，與主題也很契合。除孔令彬教授已在大會宣讀《饒宗頤與無錫國專考述》外，另有25位學者提交24篇學術論文，圍繞嶺南文獻與文史多方面内容展開研討，具體説主要有以下主題：

（一）嶺南文獻研究。其中有三篇爲嶺南經部文獻研究，即劉德州《簡朝亮尚書學探微》、孫建偉《論康有爲〈孟子微〉之"微"》對嶺南籍經學家的著作進行分析，前者一文糾正了前人對簡朝亮《尚書》研究評價不高的看法，認爲其《尚書學》研究既能廣泛吸取前人成果，又有自己的去取標準,内容博贍,值得重視。後者對康有爲《孟子微》的“微”作了深刻揭示,認爲《孟子》之微,當於《春秋》求之,其闡發的是孔子托古改制的思想,并指出,康有爲對《孟子》有較多發揮,如孟子之學不出曾子,而出有子。熊展釗《〈大學衍義補〉版本考述》則考察了明代名臣丘濬《大學衍義補》的版本情况,認爲該書現存版本較多,其中以弘治建寧府刻本、陳仕錫評閲本及四庫本三個版本對後世的影響最大。其中弘治本是祖本,而民國以來出版的《大學衍義補》多以四庫本爲底本,應以弘治者爲底本。三篇爲潮州古地志文獻的研究:張保見《隆慶〈潮陽縣誌〉述評》考察隆慶《潮陽縣誌》的成書及史料價值,認爲該書史論結合,是潮陽地方文獻的資料淵藪。甘良勇《嘉靖潮州府志》認爲該書依照官定要例修撰而成,保留了大量的明代史料,是研究明代潮州地區政治、經濟、文化、社會風俗等不可或缺的重要文獻。吴榕青《〈永樂大典·潮州府〉卷外潮州舊志輯校》通過人工系統搜集《永樂大典·潮州府》卷外潮州舊志資料,并校正其中的錯誤之處。此外,宋迪《嶺南詩歌總集版本略論》從文獻學的角度,關注嶺南詩歌總集著録及版本情况,對於從整體上瞭解嶺南詩歌的概貌和特點,具有重要的參考價值。周少川、黄曉丹《〈鹿洲全集〉與潮汕歷史》和陳賢武《考獻徵文,蓋記其實也》針對地域文獻進行考辯,前者强調指出雍正時潮州知府藍鼎元所著《鹿洲全集》在潮汕歷史沿革、潮汕風俗民情和社會治理方面重大的史料價值。後者主要考察林大川《韓江記》《西湖記》二書的文獻價值。周瀟《明代潮州籍詩人及其著述考》臚列明代潮州詩人及著述,鄭群輝《佛教史上一樁未結的公案》辨析了《心經注》的作者是宋代大顛了通,而非唐代大顛寶通,也都具有重要的價值。

(二)嶺南人物研究:其中有五篇爲饒宗頤研究:孔令彬《饒宗頤與無錫國專考述》梳理了饒宗頤1944至1945年在桂林、蒙山執教無錫國專的經歷,對饒學研究中一些較爲重要的問題進行辨析。閆雪瑩《饒宗頤〈九龍與宋季史料〉述評》是一篇書評文字,對該書在宋季史、香港史上的地位給予了高度評價,也有學者指出對饒書的評價似有拔高之嫌。劉文菊《饒宗頤與冼玉清的學術交誼考略》考察饒宗頤與冼玉清的學術交誼情况,該文對於深入瞭解饒宗頤先生的生平經歷、早年的志向,以及他編撰《潮州志》的過程,具有相當的學術價值。趙松元、陳展鵬《饒宗頤題畫詩略論》以獨特的視角,去探討饒公“以詩生畫”理論的提出及内涵,認爲其題畫詩中,體現着詩意的畫境、自在的獨立和精妙和哲思。夏志歡《饒詩與蘇詩的藝術比較——以饒宗頤〈佛國集〉爲中心》以《佛國集》爲中心,比較饒詩與蘇詩在語言風格、詩歌結構和意境上的不同。該文立足文本,做了很紮實的對比解讀工作,分析細密,解讀也比較到位,期待更深層次的對比特徵。其餘則涉及嶺南人物研究的各個方面,如黄愛平《屈大均文字獄與四庫禁書》旨在梳理屈大均文字獄是如何引起清廷大規模的禁書活動。鍾嘉芳《胡銓雷州行踪考論》考察了胡銓被貶海南經過雷州時的行踪。許曉雲《林大欽詩歌的藝術特色》認爲林大欽詩歌具有明顯的師陶特徵,其詩歌既能把情、景、理融於一體,又能借意象表達他的審美情趣。此文體會細膩,語言雅致優美,具體的分析與林大欽的詩歌創作融爲一體。郭偉川《郭之奇的事功烈節與歷史評價——兼述王夫之詆譭郭之奇的來龍去脉》一文評述郭之奇一生事迹，辨析王夫之對郭負面評價的原因。

（三）嶺南文史研究。于秀情《秦漢時期嶺南越人的國家認同研究》梳理了秦、漢時期中央王朝治理嶺南的重要史實，并以此反映該歷史時期嶺南越人的國家認同、文化交流研究。張熊《韶關古虞祠考》歸納并總結韶州皇崗山虞帝廟三個發展階段及特點，并以小見大，以古虞祠爲中心，揭示出粤北地區文化與廣東其他地區文化的差異。陳友喬、鍾桂萍《明代潮州府進士的分佈及仕進》一文考察了明代潮州進士時空分佈的差異及由來。熊燕軍《宋季忠義故事“辭郎洲”的書寫與流傳》考察了“辭郎洲”故事的書寫及流傳情况，認爲故事發生在潮州，文本却源於福建漳州，而且是後人虚構的文傳奇。張文恒《從潮州鐵枝木偶戲的歷史與現狀看傀儡戲、木偶戲、影戲之間的關係》，從潮州鐵枝木偶戲的歷史、現狀出發，釐清了傀儡戲、影戲與木偶戲之間的名實關係，并從比較視角對潮州鐵枝木偶戲進行了學術定位。

總起來看，本組的絶大多數論文都能聚焦學術問題，不論是文獻研究，還是文史研究，都能遵循文獻學的基本方法，論證充分、結論可信，體現出良好的專業素養和較爲深厚的學術功底。討論過程開放熱烈，收到了切磋學問，結交友朋的目的。稍欠不足之處是，議題或文獻的開掘仍有不足，仍集中在對方志和地方名人文集的研究，對於普通人的歷史的關注，包括各種類型的地方民間文獻，如歌册、契約、族譜等，研究尚不足。其次是視角或方法仍然較爲傳統，主要基於傳統文獻學的問題意識，在版本、目録、校勘、輯佚等方面著力，對於其他相關學科最新的研究理論和方法吸收尚有待提高。

三、經學文獻研究組

本組參會論文共24篇，涉及經典的文字訓詁、經典的版本與校勘、經學研究重要典籍的鉤沉輯佚、經學與傳承、經典的義理發揮等方面的探討，具體包括：

（一）經籍纂詁：幾篇論文從傳統小學的文字訓詁來闡釋經部文獻，加深了對文獻考據學的認識。如黄懷信《再説“克己復禮爲仁”》一文中，認爲“復”，應爲“覆”，是“覆蓋”之意，所以“復禮”就是被禮所覆蓋，不出禮的範圍，以成就“仁”的前提。魏宇文《孫怡讓〈札迻〉卷二〈釋名〉之案語》選取清代文獻學家孫怡讓的校勘名著《札迻》卷二《釋名》中的39條案語進行爬梳整理，充分認可了校勘和訓詁價值，認爲對我們今天閲讀和研究《釋名》提供了依據與指導作用。周翠英《卜筶之“筶”源流考——兼談漢字字形任意性與理據性之間的張力》一文，認爲卜筶之“筶”之意多爲占卜工具，有時也用作動詞，在歷史上有11種寫法。封樹芬《汲古後人毛扆“精於小學”考述》認爲毛扆受其父毛晋與當時學術風氣影響，有深厚的小學造詣，精校、精抄、精刻了小學類圖書，特别是其刊刻的《説文解字》，推動了清代乾嘉學術的發展。邵妍《論〈尚書孔傳〉釋訓類詞語的訓詁内容及方法》，對《尚書孔傳》釋訓類語詞訓詁内容、方法和特點進行了考察。蘇芃以《史記》傳本用字爲例，梳理了數目字合文“廿”“卅”“卌”的源流，并通過對這幾個數目字合文在唐宋之際演變規律的概括，認爲可以建立文獻底本時代的參照座標,高效提取文本年代資訊,助益於古文獻的斷代與辨僞。

(二)博通經籍:一些論文從傳統文獻學版本、輯佚、校勘、校注的角度研究經部文獻,彰顯"辨章學術,考鏡源流"的文獻學精神。張琪《陳祥道〈禮書〉版本述略》考論了北宋學者陳祥道的論著《禮書》自宋代以來各抄本、刻本之間的差異。李學辰從題名、標識、體例、版心、文字等方面,對比了和珅本《禮記注疏》與元十行本《禮記注疏》板式之間的差異,認可了和珅本《禮記注疏》的版本價值。方向東通過對國圖藏《春秋穀梁傳注疏》宋刻元修本與其他版本的異文校勘以及阮元校勘記的考察,證明阮刻本《十三經注疏》的底本非宋刻元修本,而是元明遞修本。崔梅、郭馨馨的《阮刻本〈附釋音周禮注疏〉校勘劄記》一文,以中華書局影印阮刻本《附釋音周禮注疏》爲底本,以臺灣藝文印書館影印嘉慶二十年江西南昌府本爲對校本,參校多個版本,揭示阮刻系統各版本文字差異。劉冬穎、李思遠的《嚴可均撰〈唐石經校文〉的文獻價值》一文,從堪正傳世經文版本之誤,保存唐石經之真以及辨證前人對唐石經的誤讀三個方面,認可了嚴可均的《唐石經》在經學傳承上的文獻價值。劉立志《清代〈詩經〉研究佚著鉤沉》一文稽考方志、文集、序跋等清代文獻,輯録出清人《詩經》研究佚著18種。王化平《論清華簡所見〈蟋蟀〉改編自〈唐風·蟋蟀〉》一文,則運用二重考據法,用出土文獻與傳世文獻互證來研究經典文本《詩經》的具體篇目。

(三)執經叩問:一些論文則更多關注經學傳承中的經典闡釋文本。如王利《〈毛詩正義〉引〈尚書注〉存疑》一文,是在經典文本的研讀中,提出了自己獨到的觀點。侯婕論文通過對經解彙刻傳統與明末清初"原典回歸"讀本要求的回顧,認爲《通志堂經解》對納蘭《補正》、衛氏《集説》的收録與刊行,在一定程度上實現了明末清初以來學界呼籲"原典回歸"的讀本要求,爲清代《禮記》注解闡釋、版本校勘工作提供讀本、文本依據,其所具備的經學文獻文化史價值,值得我們進一步揭示、肯定。謝輝則通過對四庫所收元代易學典籍的研讀,認爲約三十種四庫所收元代易學典籍中,有十五種是據《通志堂經解》本抄録,認爲《通志堂經解》是四庫全書重要的選目依據與底本來源。方錦、任利偉關注到了明代嶺南文獻大儒丘濬的易學思想,認爲其中體現了民本思想、經濟思想、法律思想,代表了嶺南學術經世致用的思想。續曉瓊《論易學與史學關係的發展與演進》通過對《易經》用史明易的解讀,探索易學與史學關係的互證。吴柱從對《論語》"山梁雌雉"章新釋論,探討了孔子時宜之道與鳥獸人格象徵,將義理與傳統文獻結合,用文獻研究助益傳統文化的傳播。陳良中關注了宋代《尚書》大家真德秀的《尚書》學研究,真德秀對《尚書》的闡釋主要見於《大學衍義》,是大學思想框架下的《尚書》學,其思想主旨是致君堯舜、主散涵養。朱玉霞同樣關注到了宋代另一位《尚書》學大家陳鵬飛的《陳博士〈書解〉研究》,提煉了陳鵬飛著作體察文經文學解經的特色。

此外,吴國昇《從出土文獻資料看春秋時期漢字筆劃形態的發展演變》據出土文字材料可見春秋時期漢字筆劃存在三個方面的變化,并評述在漢字發展史上的意義。王鍔《〈禮記注疏長編〉緣起》一文,記述了他帶領學禮堂團隊編纂《禮記注疏長編》的思路以及相關進展情況,都給大家留下深刻印象。

四、史學文獻研究組

本組參會論文共26篇，在文獻類型上，既涉及傳世文獻，也涉及出土文獻；既涉及史部經典文獻，也涉及檔案、日記、專志等文獻。在文體風格上，既有精細考證之文，也有史論結合之作；既有整體性的論述分析，也有集萃式的劄記考辨。就研究的内容而言，本組論文大致可分六類：

（一）基於歷史文獻學的史部文獻整理考釋。如王璐、趙望秦的《國圖藏佚名録錢孫保批校〈史記索隱〉考述》一文，就錢孫保對毛晋汲古閣本《史記索隱》對批、校、補進行了研究和校勘，從中反映出錢氏的歷史觀以及毛本的不足。王雨霏、王永吉的《游明生平及刻書考述》一文對明人游明的生平進行了梳理，并對其在福建刻書的版本存佚及其影響進行了論述。章義和、田豐的《蕭常、郝經二氏之〈續後漢書〉版本流傳與學術價值芻議》一文，比較二書各種版本優長和不足，認爲二書雖對三國史研究没有太大補益，但對宋元史學史研究有其價值。原慧琴的《兩部〈會典〉的異》一文，比較了弘治《大明會典》與萬曆《大明會典》的不同之處，并指出四庫本弘治《大明會典》多有篡改和謬誤，在使用時要特别注意。朱曦林的《正定三梁著作的史料價值及其版本概述》一文通過對明清之際梁維樞、梁清遠、梁清寬三人的《玉劍尊聞》《雕邱雜録》《祓園集》的整理，指出其對史學和文學上都有一定的價值，并分析了這些著作版本的異同。谷敏的《天一閣藏明抄本〈本朝奏疏〉初探》指出該書爲海内孤本，并來自於嘉靖内府檔案，具有很高的學術價值。周赫、李德山的《晚清東北輿圖説文獻考介》一文，介紹了晚清四部東北輿圖説文獻，認爲這是中國傳統輿地學與近代西方地理學結合的產物，在研究邊疆歷史地理領域有着獨特的史學價值。陸平的《關於隋唐東都洛陽的兩則劄記》雖然簡短，但考訂細實，精當有據，令人信服。楊緒敏的《論明代軍事史地文獻的編纂、内容、體例及價值》一文屬於通論一代專門性文獻的論文，在統計明代軍事史地文獻的基礎上，按内容進行分類，着重分析了編撰者的動機、各書的體例及其在軍事史、歷史地理研究中的價值。

（二）基於文獻分析的史學史研究。如趙生群先生的《〈資治通鑑〉治國理政的智慧》一文，在細緻爬梳《資治通鑑》資料的基礎上，總結了《資治通鑑》把握天下大勢、防微杜漸、德主刑輔的治國理政思想，文章充滿着現實關懷，很好地體現了"資治"的價值取向。邱亞的《張舜徽的通鑒學研究》則認爲張舜徽先生通鑒學研究的成就，以及張舜徽先生在治學態度，就是評論前人著述要着眼大處，不求全責備，要辨章學術、考鏡源流。魏訓田的《元代政書〈經世大典〉體例淵源及特點考述》一文，分析了《經世大典》在體例上主要是參考《元典章》和《通制條格》，同時在類目上有創新，而且具有結構嚴謹、提綱挈領、追本溯源、編排得法的特點。舒習能的《〈光緒會典〉纂修新探》一文，從發凡起例、選人途徑、人事糾葛、提調職責等方面，詳細分析了《光緒會典》的纂修，既指出其網羅人才以保證品質之功，但指出其存在的弊端。韓傑的《〈典略〉〈魏略〉:一書抑或二書》一文,討論了兩者的關係問題,認爲《典略》是一部帶有通史性質的史書,《魏略》則是《典略》的一個組成部分。

(三)基於文獻分析的史事研究。如原昊的《〈世本〉楚世系史料的出土文獻印證考論》一文,依據茆泮林輯本,將傳世文獻與出土文獻相互印證,認爲《世本》楚世系基本可信,論文考訂細密,言之有據。張顯成的《D151西北屯戍漢簡所見"貰賣""貰買"綜論》一文,主要根據《居延漢簡》《肩水金關漢簡》,闡釋了"貰賣""貰買"的含義,并指出這種商業活動由起先的個人日用品交易逐漸轉化爲士卒的經營牟利行爲,在看到其有活躍經濟的同時更應看到其影響軍隊戰鬥力的消極作用。論文資料豐富,考釋有理有據,有裨於簡牘學、經濟史的研究。黄雲鶴的《關於唐五代時期落地貢舉人拔解問題的探討》一文,從對文獻的梳理,對"拔解"含義的變化作了翔實的闡釋,釐清"拔解""取解"的含義,并指出唐五代的拔解并不普遍,規模也不大,可謂正本清源。

(四)基於文獻的書院研究。鄧洪波的《〈明山書院私志〉小考》一文,主要對該書的流傳以及作者進行了細緻的考訂,認爲該書的作者應是汪玉。周文焰的《雍正元年"改生祠書院爲義學"小考——兼論生祠書院》一文的核心是辨明了"生祠書院"的含義,體現了雍正"實政"的執政理念。蘭軍的《清代縣級書院管理體制探究——以〈平陽龍湖書院志〉爲例》一文,通過《龍湖書院志》分析了清代書院官學化傾向的加深,官府對書院管控的加强,以及山長選任模式的在晚清時的變化。

(五)乾嘉學派研究。郭康松、陳莉的《清代考據學派的學術特點及其學術貢獻》一文,系統總結了清代考據學派的四個學術特點,即由小學以通經明道的學術宗旨、實事求是的治學精神、嚴格的學術規範、科學的考據方法,而學術貢獻則在於推陳出新,集前代經學考據成果之大成,整理刻印了大量古文獻。劉玲的《清代乾嘉考據學興盛原因探微》一文,從勢、物、人、籍四方面全面分析了乾嘉考據學興盛的原因,是由"合力"的作用促成的。

(六)特殊文獻的史學價值研究。如周喜存的《明刻本〈四箴封事録〉考論》一文,簡要分析了該書産生的背景、文獻價值,以及雒於仁的寫作動機。曾志文的《晚清續購快船籌議——以〈李鴻章電稿〉爲中心》一文以電稿爲切入點,分析了晚清續購快船的曲折歷程,揭示了清政府海防權力的轉移,以及晚清海軍近代化的艱辛。萬志禕的《張舜徽〈壯議軒日記〉研究綜述》一文,以散論的方式,簡要闡述了張舜徽先生的學術精神、學術活動、學術師承、處事原則。此外,在文獻方法論方面,有曹書傑先生的《顧頡剛、李學勤文獻方法論上的異同》一文,簡明扼要地闡釋了顧頡剛先生和李學勤先生文獻方法論,認爲二者在文獻方法論上没有本質上的區别,但在認識論上却是有差異的,把握住了問題的結症,令人豁然開朗。

總之,本組論文在研究對象、研究方法、研究視角、研究範式等方面均呈現出多樣性的特點。小組討論熱烈,即肯定成績,又指出不足,實事求是,學風嚴謹,多有啓迪。

五、子部文獻研究組

本組包括杜澤遜、張升兩篇大會報告，共計有23篇論文，内容涵蓋子部文獻的各個方面，具體説：

（一）目録文獻的研究。這一方面與史部文獻略有交叉，關係密切。如顧宏義《宋史・藝文志樂類辯證》據相關史料對《宋志・樂類》存在的四十餘則訛誤進行辨析考正。孔煜華《錢大昕的〈隋書・經籍志〉研究》揭示錢大昕《廿二史考異》等對隋志考異與糾謬、考釋、補遺等研究的價值，以及考史、考志相結合的史學家研究風格。潘婷婷《莊仲方及映雪樓藏書目録考論》分析桐城派古文家莊仲方映雪樓藏書目的、特色和重要價值，并揭示其《映雪樓藏書目録》在桐城派文人交遊研究、作品研究、同時期學風文風演變研究方面具有的史料價值。劉鳳强《關於民族地區高校中國歷史文獻學教材改革的思考》針對民族地區高校開設中國歷史文獻學課程存在的種種問題，認爲應推動改革教材，體現中國多民族共同體的歷史與現實。杜澤遜《〈書目答問〉分類的幾個問題》在將此書與其他50餘家推薦書目在分類上的分歧，并進行考辨。同張升《曹溶的"書籍之交"——以〈流通古書約〉爲中心的考察》盛讚其先進、開放的理念，簡便明確的操作方法，在藏書史、圖書流通史上久享盛譽，并考察前後實踐經過，分析清代藏書家"書籍之交"的普遍性。這些論文既有對經典正史藝文志的校勘考證，可以爲將來"二十四史"的點校修訂奠定堅實基礎，又有從學術史角度對清代史學家史志研究的總結，更有對以往爲人所忽視的清代藏書家與學術、藏書交流的考論，從不同層面對目録學相關問題進行考論，而且將傳統的校勘考據與新興的文化史研究視野相結合，呈現出嶄新的面貌。

（二）傳統子部典籍的文獻研究。這是本組論文關注最多的主題，包括楊棟《淮南子引老子的文本特徵及校勘價值》，將《淮南子》所引《老子》與出土簡帛本以及傳世通行本《老子》對讀，認爲保存了漢代古本《老子》的許多文本特徵，爲《老子》的校勘提供了較早的文本證據，有助於對《老子》一書的發展、定型過程的認識。鄭曉峰《博物志札迻》將前賢時彦校證疏漏處，補苴罅隙；有争議處，略陳管見；有需要釋疑處，再稍加考辨，并提出了譯注該書的一些基本原則。竇秀豔《永樂大典本帝范源流初探》對明初抄入《永樂大典》的《帝範》的前世今生進行追源溯流，并對《大典》本《帝範》的流裔四庫抄本、殿本、浙本、粤本作了個案研究，也指出《帝範》"聚珍本"之稱有失允當。何亮《判文的融滲與唐五代小説家身份》根據判文分析了唐五代小説家的主要身份，并從小説作品内容、小説家交遊、士人圈等，考察他們與科舉、官場有密切關係，認爲科舉、仕宦制度是判文融入唐五代小説的重要因素。孫赫男《玉照新志文獻價值探析》對此包藴的歷史文化内涵，和作者王明清的撰述主旨、風格等做了具體、深入發掘，并揭示其作爲宋代社會、歷史及王明清本體研究之資的意義。沈暢《張宗祥校本説郛版本考實》分析了該版本的來源，認爲其作爲迄今唯一的完整整理本，主體底本優良,并利用來源文獻傳世版本校正大量訛誤,對原本《説郛》的傳播起到巨大的作用,也指出該版本在底本上存在的不足,以及導致他校工作中存在的大量誤判。楊宗紅《清代志怪小説集陰陽鏡考述》考證了此書的版本及作者,并與《隨園戲墨》《怪異録》進行了對比分析,研究了此書的性質及特點。趙庶洋的《張鷟朝野僉載原貌考索》對《朝野僉載》在宋代書目著録中出現的《朝野僉載補遺》一書以及“分三十五門”的説法這兩個問題集中考察,從而勾勒出此書原貌的一些特徵,爲重新整理此書提供參考。以上八篇論文所關注的研究對象均在各自領域有重要價值,如唐太宗《帝範》一書之四庫本與域外所存本異同比對、張宗祥校訂本《説郛》成書所據諸底本及其校訂中所存問題等,均對學術界慣用之典籍提出非常系統且有深度的反思,爲今後的重新整理及利用指明了方向。

(三)朱子學文獻的研究。包括任莉莉《稿本黄叔璥近思録集朱讀法初探》介紹了該書的撰輯體例、選輯宗旨和批校符號的使用問題,有助於該書的傳播及閲讀。楊青華《陳建學蔀通辨與清初的朱王之争》分析了《學蔀通辨》創作緣由與刊刻,考察《學蔀通辨》與明末清初的朱陸之争以及《四庫全書總目》對《學蔀通辨》之評價,以此書爲綫索,通過對其撰作動機與該書在清代接受史的考察,試圖呈現出明代中葉至清中葉的的思想史脉絡,從而揭示《學蔀》一書在明末清初思想史上的重要價值。霍明坤《衛三畏中國總論中的朱熹》一文介紹了衛三畏《中國總論》一文的價值和影響,并剖析了《中國總論》中有關於朱熹的叙述未引起足够關注的原因。這三篇論文分别關注到朱子學文獻、朱子學史以及國際漢學中的朱子研究三個方面,雖然數量不是最多的,却涵蓋了朱子學研究中非常重要的三個分支,體現出隨着以《朱子全書》爲代表的朱子學文獻系統整理而對朱子學研究的全方位推動,這是非常值得其他學科研究借鑒的。

(四)宗教文獻以及民俗文獻的研究。包括王晶波《善惡童子考》結合傳世及出土文字和圖像資料,系統考察善惡童子的名稱、職掌、形象及在唐宋民間信仰中的體現等,以期爲深入認識地獄信仰及佛道兩教融合提供有益的視角與材料。金建峰《論宋刊本冥樞會要的成書、内容和學術價值》結合與《宗鏡録》的比較,對《冥樞會要》一書成書時間、編纂過程、成書原由、編撰傾向、内容特點、學術價值等相關問題進行了深入的研究。華海燕《破山禪師語録版本探析》考察了三種版本的刻印時代、編纂者、内容及語言風格,分析其中的差異及其緣由,并補充《破山禪師語録》佚文之失,有助於多方面考證破山其人其事,全面展示破山禪師的語言精髓。管仲樂《房山石經所藏“藏外文獻”輯論》對這些藏外文獻産生的原因加以探討,并認爲該類文獻具有體裁全面,文獻豐富,并體現一定的時代特色等特點,具有豐富的文獻學價值及歷史文化價值。仝建平《弟子規前身訓蒙文考析》認爲清代後期以來流行的蒙學經典《弟子規》係賈存仁改編李毓秀《訓蒙文》而成。并考察《訓蒙文》内容并分析李毓秀的相關主張,以及賈存仁將《訓蒙文》删訂爲《弟子規》的過程。王於飛《讀敦煌講經文劄記》也提出了自己研讀敦煌講經文許多心得,皆富有啓發意義。這六篇文章。既有對宗教、民俗文獻的版本考察、輯佚、考訂,又有對相關宗教、民俗現象的考索,更加難得的是能够將文字文獻與圖像文獻的研究互相結合，别開生面。

總的來説，本組論文在學術方法上，體現出傳統校勘考據與新興文化史研究的多元化，在具體研究中根據研究物件以及研究預設的不同靈活采用多種方法，實事求是，不存偏見。同時，學術視野寬廣，涵蓋傳世文獻、出土文獻等多個方面，既不盲目追求新潮，也不默守陳規，能够做到守正出奇，推陳出新。

六、集部文獻研究組

本組參加交流的論文共22篇，從文本看涉及詩詞歌賦各種文體，從時間看，上起先秦，下至晚清，既有單篇作品的理解闡釋，又有對總集、選集的研究分析，還有對某一時代文學思潮、文學現象的深入探討。具體説：

（一）對作品、著作文獻價值的揭示分析：何易展《賈誼〈旱雲賦〉版本異文考述》對清代賦選載録的《旱雲賦》文字進行辨訛和訂正，文章小中見大，呈現明清時代賦文選本刊刻、傳播的特點。佘康《王維〈能禪師碑並序爲人作〉校釋》針對明清時代《能禪師碑並序爲人作》的諸家注本與《全唐文》等的文本差異，指出其中34處異文，并在校勘基礎上對有疑議處進行判斷與取捨，最後疏通出一個比較暢達的碑文文本。張麗華《八旗詩歌總集〈遺逸清音集〉的編纂、性質與價值》考證、論析了産生於清末民初的一部特殊文人群體的詩歌總集，從編纂者個人精神、心態考察成書過程，從選詩範圍、思想内容論其性質、特點，從思想的現實性、輯佚、校勘等角度總結其價值。王福元《佚存本〈景文宋公集〉的文獻價值》，將清四庫館臣從《永樂大典》輯出的宋祁《景文集》與《佚存叢書》中的《景文宋公集》進行比較，肯定佚存本的重要文獻價值。張福清《〈北宋戲謔詩校注〉的文獻價值及意義》詳細介紹了他即將完成的整理成果的命名問題、研究現狀、應用價值及理論意義。陳才《上海博物館藏四庫全書本〈晦庵集〉述略》，通過將此文瀾閣劫餘殘本與文淵閣本、文津閣本對校，發現此本校正痕迹對點校整理《朱子全書》等具有重要價值。周挺啓《古籍選注本的典範之作——以〈中國古典文學讀本叢書〉爲例》認爲該叢書體例嚴謹完備，校勘精審，註釋精當，學術水準高，又能凸現選注者個性，是典範之作，有力推動了中華優秀傳統文化的創造性轉化和發展。劉娜《〈唐詩三百首〉海外傳播研究》著重論述了《唐詩三百首》在各國傳播、接受的情況，從一個側面闡述了中國文化在海外傳播的狀況。

（二）基於文獻考辨的文學家、文學史的研究：孟祥娟《"北闕"與"南山"之間——唐代詩人仕隱心態的地理方位表達》，揭示唐詩中以建築、方位來表達仕途升沉榮辱遭際的特殊現象，認爲唐詩中普通出現的有傾向性的對舉意象可反映一代文人的心靈史，具有特定的文化史意義。陳文輝《元雜劇〈博望燒屯〉之張飛形象考》揭示了"莽張飛"這一人物形象中夾雜着的"滑稽"因素，并細緻梳理了其發展變化的過程，認爲其來源是李逵的形象。師海軍《杜甫避賊間道至鳳翔的誤解與正解》中，針對歷代研究者對杜甫避賊間道對鳳翔的誤注與誤解,利用文學地理學方法,對路綫、授左拾遺的時間等問題,進行重新訂正和考述。楊繼剛《金代文學家王庭筠生卒年考辨》針對關於王庭筠生卒年的兩種代表性説法,結合其生平經歷、詩歌創作和交遊狀態,提出自己的説法。李賓《宋人題跋徵引詩、詞現象述略》就所閲兩宋題跋中950餘則徵引前人或時人的詩詞進行研究,認爲題跋文徵引詩詞數量上具有不均衡性,内容上具有差異性。左福生《宋代寺院的石刻詩及其傳播》,認爲宋代寺院的石刻詩已經成爲寺院傳播文學的一種常見形態,從宋人寺院讀碑賞計的文化習尚等四個方面進行深入論述,很見功力。馮小禄《明代使交集及散見詩文鉤沉》增補了7種明人出使安南的使交專集,鉤沉出部分散見詩歌,文章徵引材料視野開闊,考論細密。劉永海《〈林則徐全集〉輯釋一則》,輯得《重修吴山城隍廟記》一篇佚文,并對該文進行詮釋,切入點雖小,但體現紮實的學術功力。温顯貴《躬耕帝藉,以詩記事:乾隆的耕藉活動與耕藉詩》在全面考察乾隆御製詩的基礎上,結合清代其他文史資料,對乾隆帝的耕藉活動與耕藉詩進行分析,材料豐富,論證翔實,角度獨特。柳燕《從〈四庫全書總目〉集部看元代文學發展史》,根據四庫提要,勾勒出有元一代文學發展概貌,視角獨特,客觀上呈現了以四庫館臣爲代表的清代官方的元詩史觀。周録祥《〈四庫全書總目〉明人别集提要舉正十一則》也引證地志、詩文集等資料,對《總目》明人别集提要各方面的問題進行辨證。

(三)其他文獻研究内容:因爲分組等特殊原因,一些非集部文獻研究的論文也在本組參與研討,也各有價值。如諸偉奇、敖堃《古籍版本學在實踐中完善》從實踐、出版、普及、理論四個角度,系統梳理了1949—1979年古籍版本學發展史,回顧歷史,總結經驗教訓,很有現實意義。朱寶元《晚清局本的刷印》在目驗原本的前提下,充分運用文獻資料,從五個方面詳細考察了局本的刷印情況,關注點獨特,能言他人所不能言。高遠《七十年來臺灣地區四庫學研究現狀與啓示(1949—2019)》細緻梳理了70年來中國臺灣地區四庫學的研究現狀,并對四庫學在當下和未來的發展提出自己的思考。

經過兩個半天的分組討論環節之後,大會通過分組推薦再經會長團專家評審,評出本次會議優秀論文6篇,其中一等奬1篇,二等奬2篇,三等奬3篇,評審更爲嚴格,論文質量普遍較高,充分體現本次年會的學術水準,本次會議優秀論文奬得到北京翁洪武科研原創基金的資助。

會議閉幕式由顧宏義副會長主持,六個討論小組代表楊新勛、熊燕軍、劉冬穎、韓傑、趙庶洋、柳燕分别做了總結發言,張濤副會長宣佈獲奬論文,并與趙生群、朱傑人先生共同爲獲奬論文作者頒奬,老會員代表諸偉奇教授、主辦單位代表周録祥教授先後發言,王鍔秘書長作2019年工作匯報,江蘇師範大學歷史文化學院劉德州副教授介紹了2020年承辦會議的情況。最後,黄愛平副會長致閉幕詞,本届年會圓滿結束。

22日上午,韓山師範學院還舉辦了地方文獻整理研究與中國歷史文獻學學科建設高峰論壇,趙生群會長等專家參與研討。22日晚的理事會增選了山東大學杜澤遜教授爲學會副會長，討論了學會秘書處遷往山東大學、增補常務理事和會員入會等有關事宜。

（本文撰寫得到了楊新勛、熊燕軍、劉冬穎、韓傑、趙庶洋、柳燕六位小組總結人的幫助，謹致謝忱）

附：中國歷史文獻研究會第40届年會優秀論文獎名單

一等獎

張顯成：D151西北屯戍漢簡所見"貰賣""貰買"綜論

二等獎

王晶波：善惡童子考

原昊：《世本》楚世系史料的出土文獻印證考論

三等獎

鄧偉龍：韓愈非老辨

范春義：理性與巫術之間："雄文徙鱷"的文化闡釋

侯婕：從《通志堂經解》的編纂看清初的《禮記》研究

（胡露，韓山師範學院圖書館副研究員；周録祥，韓山師範學院文學與新聞傳播學院教授）